KB057358

일상생활에 꼭 알아두어야 할

생활 법률 백과

저자 김종석

 법문북스

머리말

    인간은 요람에서 무덤까지 사회생활을 하면서 법의 테두리 안에서 생활하고 있습니다. 즉 태어나면 출생신고를 해야 되고, 결혼하면 혼인신고를, 죽으면 사망신고와 그 자녀들은 상속절차를 밟아야 하는 등 모든 일생을 법의 속박 안에 생활하고 있습니다. 이와 같이 법은 우리 모든 생활 속에 살아 숨 쉬고 있어 이를 간과해서는 큰 손해를 볼 수 있습니다.

    '법은 권리 위에 잠자는 자를 보호하지 않는다.'라는 법 격언이 있듯이 법과 관련된 지식은 반드시 배워야 유사시에 손해를 보지 않고 살아 갈 수 있습니다. 만에 하나 모르고 그랬든 고의로 그랬든 간에 법에 있는 내용을 무시하면 범죄 행위를 저지른 것으로 간주되어 처벌받거나, 행정관청에서 과태료나 벌금을 내야 하는 등의 불이익을 받을 수 있으므로 사회 속에서 살아가는 사람이라면 법을 지키도록 노력하는 것이 지혜로운 생활을 영위할 수 있습니다.

    이 책에서는 이와 같은 일상생활을 하면서 복잡하지만 상식적으로 꼭 알아야만 하는 가정생활에서 발생하는 출생, 결혼, 이혼, 사망, 상속에 관한 법 상식들을 제1편에, 사회생활을 하면서 발생하는 주택임대차, 빌려준 돈 회수방법, 민사소송 및 형사소송 절차들을 제2편에 해설과 문답식으로 관련 서식과 함께 수록하여 누구나 쉽게 이해할 수 있도록 하였습니다.

이러한 자료들은 대법원의 전자민원센터의 절차안내와 최신 판결례, 법제처의 생활법령, 대한법률구조공단의 상담사례 및 서식 등을 참고하였으며, 이를 종합적으로 정리·분석하여 일목요연하게 편집하였습니다.

이 책이 일상생활을 하면서 법을 잘 몰라서 억울하게 피해를 보거나 민·형사소송의 복잡한 절차를 이해하려고 하는 분들과 이들에게 조언을 하고자 하는 실무자에게 큰 도움이 되리라 믿으며, 열악한 출판시장임에도 불구하고 흔쾌히 출간에 응해 주신 법문북스 김현호 대표에게 감사를 드립니다.

2019. 2.
편저자

목 차

【제1편 가족관계 생활법률】

제1장 결혼하면 어떤 법적 효과가 있나요?

1. 법률혼과 사실혼의 구분 ··3

2. 사실혼 부부의 권리와 의무 ··3

   2-1. 사실혼 상태에서 인정되는 사항 ··4

   2-2. 사실혼 상태에서 제한되는 사항 ··4

   [서식] 사실혼관계해소로 인한 위자료 등 청구의 소 ················5

  ■ 법률혼과 사실혼은 상속관계에서는 어떤 차이가 있는지요? ·········9

  ■ 사실혼당사자가 사망한 경우 함께 모은 재산에 대해서 재산분할을 청구할 수 없
    는지요? ··9

3. 결혼의 효과 ···11

   3-1. 신분관계의 변화 ···11

   [서식] 부부동거 조정신청서 ··12

   3-2. 재산관계의 변화 ···16

4. 결혼 무효 ··18

   4-1. 결혼 무효 사유 ···18

   4-2. 결혼 무효 방법: 혼인무효확인소송 ··································19

   [서식] 혼인무효확인 청구의 소(당사자 간 직계인척) ·············19

   [서식] 혼인무효확인 청구의 소(당사자 간 직계혈족) ·············22

[서식] 혼인무효확인 청구의 소(혼인 불합의) ·································· 24

■ 동거하다가 헤어진 졌는데, 일방이 혼인신고를 했을 경우 혼인신고를 무효로 할
   수 있는지요? ·· 26

4-3. 결혼 무효 효과 ·· 27

■ 혼인할 의사 없이 일상가사대리권을 행사하여 가재도구를 구입한 경우 판매자는
   어떠한 주장을 할 수 있는지요? ··· 28

5. 결혼 취소 ··· 29
   5-1. 결혼 취소 사유 ·· 29

■ 만16세에도 적법하게 혼인할 수 있을까요? ··· 30
■ 부모의 동의없이 만18세미만인 사람이 결혼한 경우 법률행위를 하였다면 이의 효
   력은 어떻게 되나요? ··· 31

   5-2. 결혼 취소 방법: 혼인취소소송 ··· 32
   5-3. 결혼 취소 효과 ·· 33

■ 부부의 일방이 제3자와 부정행위를 한 경우에 그로 인하여 배우자가 입은 정신적
   고통에 대하여 불법행위에 의한 손해배상의무를 지는지요? ······················· 33

6. 혼인신고 절차 ·· 34
   6-1. 신고기간 및 신고인 ·· 34
   6-2. 혼인신고에 필요한 서류 ··· 35

   [서식] 혼인신고서 ·· 36

   [서식] 혼인동의서 ·· 40

   [서식] 등록부정정허가신청서(위장결혼) ··· 41

■ 결혼한 당사자 일방이 임의적으로 혼인신고를 할 수 있는지요? ················· 42
■ 혼인신고를 할 때 반드시 양쪽 혼인당사자가 직접 출석해야 하나요? ··········· 43
■ 사실혼관계에 있지 않은 상태에서 일방이 혼인신고를 한 경우 혼인는 유효하다고
   볼 수 있는지요? ··· 43
■ 혼인신고를 하고 바로 혼인관계증명서를 발급받을 수 있나요? ··················· 44
■ 영혼결혼을 하면 혼인신고가 가능한지요? ··· 45

7. 부부재산약정등기 ··· 46
■ 부부 간 재산약정의 효력은 어디까지 인정되나요? ······················ 47
■ 부부재산계약은 다른 사람들에게도 그 계약 내용을 주장할 수 있는지요? ······· 48

제2장 출생신고는 어떻게 하나요?

1. 신고기간 및 장소 ·· 49
2. 신고인 ··· 49
3. 제출서류 ·· 49
4. 출생신고서 기재사항 ··· 51
5. 가족관계등록부의 작성 ·· 51
6. 위반 시 제재 ·· 52
   [서식] 출생신고서 ·· 52
   [서식] 친생부인의 소(배우자 부정행위로 인한) ······························ 56
   [서식] 친생자관계부존재확인 청구의 소(허위의 출생신고) ······················ 58
   [서식] 친생자관계부존재확인 청구의 소(출생신고 잘못으로 인한) ················ 60
   [서식] 등록부정정허가신청서(출생일 정정) ·································· 62
   [서식] 등록부정정허가신청서(출생일) ······································ 64
■ 인공수정으로 출생한 자의 법적지위는 어떻게 되나요? ····················· 66
■ 실제로는 입양한 아이를 친생자로 출생신고 한 경우의 효력은? ·············· 67
■ 친생자가 아닌 자에 대한 친생자출생신고의 효력을 다투기 위하여 인지에 대한
   이의의 소 또는 인지무효의 소를 제기해야 하는지요? ······················· 68
■ 출생신고서에서 모자관계가 일치한다는 내용의 사설감정기관의 유전자검사서를 첨
   부하여 출생신고를 할 수 있는가요? ······································ 69
■ 등록담당공무원이 착오로 출생신고한 경우 어떻게 정정할 수 있나요? ·········· 69

■ 출생신고를 해태했을 때의 어떤 불이익을 받게 되나요? ················· 70
■ 출생연월일이 잘못된 경우 정정할 수 있나요? ······················· 70
■ 실제로 존재하지 아니하는 자의 출생신고가 수리되어 가족관계등록부에 기재된 경우 어떻게 하면 그 등록부를 정정할 수 있는지요? ······················ 71
■ 외국에서 혼인절차를 마치고 자녀를 출산하여 외국에서 출생신고를 하였으나 현재까지 한국에서는 혼인신고를 하지 않은 경우 출생신고가 수리되는지요? ········ 72
■ 이중으로 출생신고를 한 경우 처벌을 받는지요? ····················· 73

7. 혼인 외 출생자의 출생신고 ···································· 75
   7-1. 출생신고 절차 ··· 75
   7-2. 가족관계등록부의 작성 ··································· 76
   [서식] 친생자관계부존재확인 청구의 소(혼인외의 자) ················· 77

■ 사실혼 중 출생한 미성년의 자녀에 대한 양육문제가 협의되지 않을 경우에는 법원에 양육권자지정신청을 할 수 있는지요? ························· 80
■ 혼외자에 대한 친생자출생신고로 인지의 효력이 발생하는지요? ········· 81
■ 친생자 아닌 자를 자신과 내연관계에 있는 남자의 혼외자로 출생신고 한 것이 유효한지요? ·· 82
■ 혼인 외 출생자를 양육한 제3자가 아이를 키운 비용을 생부에게 달라고 하고 싶은데 가능할까요? ·· 83
■ 부가 혼인 외의 자에 대한 출생신고시 모를 불상으로 신고할 경우 수리되는지요? 83
■ 혼인 외 출생자의 모의 이름을 생모로 정정하는 절차는? ·············· 84
■ 우리나라에 거주하는 외국 국적의 혼인 외 출생자에 대하여 대한민국 국적의 생모가 법정대리권을 행사할 수 있는지요? ························· 85

8. 외국에서의 출생신고 ·· 86
   8-1. 외국에서의 출생신고 절차 및 장소 ·························· 86
   8-2. 복수국적자 ·· 86

■ 외국에는 출생등록이 되어 있으나 한국에 출생신고가 되어 있지 아니한 혼인외 출생자가 가족관계등록부가 작성되기 전에 사망한 경우에 인지신고를 할 수 있는 절차는? ··· 88

제3장 이혼은 어떤 절차로 할 수 있나요?

1. 이혼 방법 ··· **90**

　　1-1. 이혼의 종류 ·· 90

　　[법원양식] 이혼소송청구 ·· 91

2. 협의이혼 ··· **92**

　　2-1. 협의이혼의 의의 ··· 92

　　2-2. 협의이혼의 성립요건 ··· 93

　　[서식]이혼(친권자 지정)신고서 ·· 95

　　[서식] 협의이혼의사확인신청서 ·· 99

■ 협의이혼을 하려면 어떻게 해야 하나요? ·· 102
■ 협의이혼에 합의한 후 이혼을 번복할 수 있는지요? ································ 103
■ 협의이혼을 가장(假裝)으로 한 경우, 사정이 변경된 때에는 이혼을 무효화시킬 수
　있는지요? ··· 104
■ 협의이혼에 합의하고 금원을 받았으나, 불성립되어 재판상 이혼을 한 경우 위자료
　청구가 가능한지요? ·· 105
■ 3개월 이내에 이혼신고하지 않은 경우 협의이혼의사확인의 효력은 어떻게 되는지
　요? ··· 106
■ 협의이혼시 숙려기간과 숙려기간의 단축이나 면제사유는 어떤 것이 있는지요? 107
■ 강박이나 사기로 협의이혼을 한 경우에 이혼을 취소할 수 있는지요? ········· 108
■ 사기 또는 강박으로 인하여 이혼의 의사표시를 한 자는 이혼의 취소를 청구할 수
　있나요? ··· 109
■ 협의이혼신고서가 위조된 경우 협의이혼신고의 효력에 영향이 있는지요? ······ 110
■ 일방적 혼인신고사실을 알고도 계속 동거생활 한 경우에 헤어지려면 이혼을 해야
　하는지, 아니면 위 혼인신고의 무효를 다투어야 하는지요? ························· 111

　　[서식] 협의이혼의사철회서 ··· 112

■ 협의이혼의사를 철회하려면 어떠한 방법으로 진행하여야 하는지요? ·············· 114
■ 해외거주 중인 부부의 협의이혼은 어떤 절차로 하나요? ··························· 115

■ 외국에 있는 배우자와 협의이혼하는 방법이 있는지요? ················· 115

3. 재판상이혼 ··· 116
1-1. 재판상 이혼의 개념 ·· 116
1-2. 재판상 이혼 유형 ··· 116
1-3. 재판상 이혼 사유 ··· 117
■ 부정행위를 한 남편이 협의이혼을 해주지 않을 경우 어떻게 하면 이혼할 수 있는
  지요? ··· 118
■ 재판상 이혼사건 진행 중 상대방의 부정행위가 불법행위를 구성하는지요? ···· 120
■ 남편이 가정을 돌보지 않고 아내를 유기한 경우에 어떻게 하면 되는지요? ···· 121
■ 배우자가 악의로 다른 일방을 유기한 경우에 해당하는지요? ···················· 123
■ 성적 불능 기타 부부 상호간의 성적 요구의 정상적인 충족을 저해하는 사실이 존
  재하는 경우 재판상 이혼을 청구할 수 있나요? ······································· 129
■ 북한이탈주민이 북한지역의 잔존 배우자를 상대로 대한민국 법원에 이혼청구가 가
  능한지요? ·· 131
■ 이혼 합의사실의 존재가 재판상이혼사유에 해당되는지요? ························· 132
■ 유책배우자의 재판상 이혼청구가 가능한지요? ·· 132

[서식] 이혼 조정신청서 ·· 135

[서식] 이혼청구의 소(유기) ·· 137

[법원 양식] 소장(이혼) ·· 139

[법원 양식] 답변서(이혼) ··· 142

제4장 장사(葬事)는 어떤 절차로 합니까?

1. 장사의 방법 ·· 152

2. 장사의 장소 ·· 152

3. 장사(장례·매장·화장·자연장)의 절차 ··· 153

3-1. 상례 ·· 153

3-2. 시신의 장사 ·· 153

■ 분묘발굴죄에서의 '분묘'의 의미는? ······························· 154

■ 타인 소유의 토지에 방치한 무연고묘지는 어떤 방법으로 처리할 수 있나요? 155

[서식] 장례식등의 방해죄 ·· 157

[서식] 유족보상일시금 및 장의비 부지급 취소청구의 소 ············· 159

3-3. 사망신고 ·· 162

[서식] 사망신고서 ··· 164

[서식] 실종선고 심판청구서 ··· 169

[서식] 실종선고 취소 심판청구서 ··································· 170

[서식](①실종 ②부재) 선고신고서 ································· 172

■ 실종선고 받은 전 남편이 돌아온 경우 처의 재혼은 취소되는지요? ········ 173

■ 실종선고가 있어도 상속이 개시되는지요? ······················· 174

■ 실종선고신고에 의하여 가족관계등록부에 실종선고가 기재된 사람에 대하여 해당 실종선고심판등본 및 확정증명서를 첨부하여 다시 사망신고를 하여야 하는지요? ·· 174

4. 재산의 정리 등 ··· 175

■ 장례비용도 상속비용에 해당하는지요? ··························· 176

■ 저는 1순위 상속인인데요, 제가 상속을 포기하였다면 장례비용을 부담하지 않아도 되나요? ··· 176

■ 장례비와 상속세가 유류분산정을 위한 기초재산에 포함되는지요? ·········· 177

■ 부의금은 누구에게 귀속되는지요? ······························· 177

■ 사자(死者)명의의 문서를 작성한 경우 사문서위조죄가 되는지요? ·········· 178

제5장 상속재산은 어떻게 분배되나요?

1. 상속의 개념 ··· 180

2. 상속의 대상 ···180

3. 상속의 개시 ···180

   3-1. 피상속인의 사망으로 개시 ···180

   3-2. 상속이 개시되는 장소 ···180

   [서식] 상속승인기간 연장허가청구서 ···181

   3-3. 상속의 비용 ··182

4. 상속인의 개념 ···182

   ■ 태아도 재산상속을 할 수 있는지요? ···183

   ■ 이북 지역에 남은 가족을 재산상속인에서 제외할 수 있는지요? ·········184

5. 상속순위 ···185

   ■ 다음의 경우에 누가 상속인이 될까요? ······································187

   ■ 제1순위 상속인이 상속을 포기한 경우 상속순위는 어떻게 되나요? ·········188

   ■ 유언없이 죽은 경우 직계비속과 직계존속의 상속순위는 어떻게 되나요? ·······189

   ■ 자녀가 있는 경우 직계존속의 상속순위는 어떻게 되나요? ·········189

   ■ 남편과 아들이 동시에 사망한 경우 남편 재산의 상속인은 누가되나요? ········190

   ■ 재산상속에 있어서 법정상속인의 상속순위는 어떻게 되나요? ·········191

   ■ 양자가 사망한 경우에 양자의 상속인에는 친부모도 포함되는지요? ·······192

   ■ 피상속인이 외국인인 경우에도 상속받을 수 있나요? ················193

   ■ 상속은 언제까지 포기해야 하나요? ···193

6. 배우자상속인 ··194

   6-1. 배우자상속인이란? ···194

   6-2. 배우자의 공동상속 ···194

   ■ 이혼 소송 중인 배우자도 상속이 가능한가요? ·························194

   ■ 사실혼 배우자도 상속을 받을 수 있나요? ·································195

7. 대습상속인 ··195

   7-1. 대습상속인이란? ··195

7-2. 대습상속인이 되려면 ·· 195
■ 대습상속인의 상속분은 얼마나 되나요? ·································· 196
■ 상속인이 될 직계비속이 피상속인과 동시에 사망한 경우에도 대습상속이 이루어지나요? ·· 196
■ 아버지를 여읜 아들은 할아버지의 재산을 상속받을 수 있나요? ·········· 197

8. 상속결격자 ·· 197
■ 남편의 사망 후에 태아를 낙태한 부인은 남편의 재산을 상속받을 수 있을까요? 198
■ 상속에 유리하게 하기 위해 아버지를 속여 유언장을 작성하게 한 아들이 상속을 받을 수 있나요? ·· 198

9. 상속재산의 이전 ·· 199
9-1. 상속의 효력 ·· 199
9-2. 상속재산 ·· 199
[서식] 상속재산의 분리 심판청구서 ·· 200
[서식] 상속재산포기 심판청구서 ·· 201
[서식] 상속한정승인 심판청구서 ·· 204
■ 채무도 상속이 되나요? ·· 206
9-3. 상속되지 않는 재산 ·· 207
■ 제사주재자는 누가 되는지요? ·· 208
■ 제사용 재산의 승계와 상속회복청구권에 관한 제척기간이 적용되는지요? ····· 208
■ 보험금지급청구권은 상속재산인가요? ······································ 210
■ 교통사고로 사망한 사람의 상속인은 교통사고의 가해자에 대해 손해배상을 청구할 수 있을까요? ·· 210
■ 유족연금이 상속재산인가요? ·· 211
■ 부의금(賻儀金)이 상속재산인가요? ·· 211

10. 상속분 ·· 212
10-1. 상속분이란? ·· 212
10-2. 배우자의 상속분 ·· 212

　　10-3. 대습상속인의 상속분 ·· 212
■ 상속인이 될 자녀 전원이 피상속인의 사망 이전에 사망한 경우 손자들의 상속분
　은 어찌 됩니까? ·· 212
■ 본위상속과 대습상속은 재산상속관계는 어떻게 되는지요? ···················· 213

　　10-4. 공동상속인의 상속분 ·· 214
■ 다음의 경우에 상속인과 상속분은 각각 어떻게 되나요? ······················ 214
■ 대습상속인의 상속분은 어떻게 계산하나요? ····································· 215
■ 미혼 동생이 사망한 경우 형제의 상속분은 어떻게 계산하나요? ············ 216

11. 특별수익자의 상속분 ·· **216**
　　11-1. 특별수익자란? ·· 216
　　11-2. 특별수익이란? ·· 216
　　11-3. 특별수익자가 있는 경우 상속분의 산정방법 ······························ 217
■ 특별수익자가 있는 경우 그 상속분은 어떻게 계산하나요? ················· 218
■ 특별수익의 가액이 상속분을 초과하는 경우에 특별수익자는 이를 반환해야 하나
　요? ··· 218
■ 특별수익자는 상속분에서 어떤 주장을 할 수 있나요? ······················ 219
■ 특별수익자가 있는 경우의 상속은 어떻게 분배하나요? ···················· 220

12. 기여자의 상속분 ·· **221**
　　12-1. 기여자란? ·· 221
　　12-2. 기여분이란? ·· 221
　　12-3. 기여분의 결정 ·· 222
　　12-4. 기여자가 있는 경우 상속분의 산정방법 ···································· 222
■ 공동상속인 중 기여자가 있는 경우 상속재산의 산정은 어떻게 하나요? ········ 223
■ 피상속인 재산의 증가에 기여한 상속인의 기여분은 어떻게 판단합니까? ······ 224
■ 기여분과 상속분은 상속이익에 포함되는 범위는? ···························· 225

13. 공동상속 ·· **226**
　　13-1. 공동상속이란? ·· 226
　　13-2. 공동상속인이란? ·· 226

13-3. 공동상속인의 상속재산공유 ……………………………………… 226
13-4. 공동상속인의 권리의무 승계 ……………………………………… 226
13-5. 공동상속재산의 관리·처분 ……………………………………… 226
13-6. 공동상속분의 양수(讓受) ……………………………………… 227

14. 공동상속인의 상속재산분할 ………………………………………… 227
14-1. 상속재산 분할 ……………………………………………………… 227
14-2. 상속재산분할의 대상 ……………………………………………… 228
[서식] 상속재산분할협의서 ……………………………………………… 229
■ 공동상속인 중 한 사람이 법정상속분을 초과하여 채무를 부담하기로 하는 재산분
  할의 협의가 가능한가요? ……………………………………………… 230
■ 상속받은 금전채무에 대해서 협의로 분할할 수 있는지요? ………… 230

14-3. 상속재산 분할의 방법 ……………………………………………… 232
[서식] 자필증서에 의한 유언증서 ……………………………………… 232
■ 자필증서에 의한 유언의 효력은 각서도 인정되는지요? ………… 233
[서식] 구수증서 의한 유언증서 ………………………………………… 235
■ 구수증서에 의한 유언은 어떤 요건이 필요합니까? ……………… 236
[서식] 유언증서 검인신청서 …………………………………………… 237
■ 공정증서에 의한 유언은 어떤 효력이 있나요? …………………… 238
■ 컴퓨터로 작성한 유언장도 효력이 있나요? ……………………… 238
■ 상속재산은 어떻게 분할하나요? …………………………………… 239
■ 상속재산분할협의에 의하여 소유권이전등기가 이루어졌다면, 이 분할협의는 보호
  받을 수 있는지요? …………………………………………………… 241
■ 상속재산분할협의의 합의해제가 허용되는지요? ………………… 242
■ 아버지가 분할방법의 지정을 유언이 아닌, 생전행위로 하였을 경우 효력이 있을까
  요? ……………………………………………………………………… 242
■ 아버지가 사망하시고 고려기간 중 일부 상속인들이 분합협의를 요구하는데 이에
  응할 의무가 있나요? ………………………………………………… 243
■ 상속재산에 대해 협의분할을 마쳤는데 새로운 상속재산이 나타난 경우 새롭게 상

　　속재산을 협의할 수 있나요? ·· 244
■ 상속인이 미성년자인 경우 상속재산분할시 주의해야 할 점은 무엇인가요? ··· 244
■ 상속재산의 분할이 완료된 후에 새롭게 상속인이 된 사람은 상속재산을 분할청구
　　할 수 있을까요? ·· 245
■ 아버지가 사망하시고 생전에 금전채무가 있는 경우 이 부분에 대하여도 상속인들
　　간에 분할협의를 해야 하나요? ·· 245
■ 상속재산분할협의의 합의해제가 허용되는지요? ································ 246
■ 상속재산분할의 소급효는 제한되나요? ·· 247

【제2편 사회생활에 필요한 법률】

제1장 주택임대차에서 발생하는 법률

1. 주택임대차보호법의 적용 ·· 251

2. 주택임대차보호법의 의미 ·· 251

3. 주택임대차보호법의 보호 대상 ······································ 252
   3-1. 자연인 ·· 252
   3-2. 외국인 및 재외동포 ·· 252
   3-3. 법인 ·· 252

4. 주택임대차보호법의 적용 범위 ······································ 253
   4-1. 주택의 임대차 ··· 253
   4-2. 미등기 전세 ·· 254
 ■ 옥탑방을 주거용으로 임차한 경우 주택임대차보호법이 적용되는지요? ·········· 254
 ■ 임차주택의 일부를 점포로 사용한 경우에도 주택임대차보호법이 적용되는지요? 255
 ■ 동의 받은 전대차의 경우 전차인이 전입신고를 하지 않았을 때 주택임대차보호법
   의 보호를 받을 수 있는지요? ······································· 258
 ■ 살림집 딸린 가게를 임차하였는데 건물이 경매로 넘어간다면 보증금을 받을 수
   있는지요? ·· 259
 ■ 토지분할로 지번 변경된 후에도 주민등록상 주소변경을 하지 않은 경우에 주택임
   대차보호법의 보호를 받을 수 있는지요? ·························· 260
 ■ 같은 담장 내 3필지 토지 중 임차주택 부지가 아닌 지번으로 전입한 경우에 주택
   임대차보호법의 보호를 받을 수 있는지요? ······················ 261
 ■ 미등기 또는 무허가 건물도 주택임대차보호법의 보호를 받을 수 있을까요? · 263
 ■ 미등기주택을 임차한 경우에 주택임대차보호법이 적용되는지요? ··········· 264

5. 주택임대차보호법의 적용 제외 ······································ 266

6. 주택임대차보호법의 주요내용 ·· 266

　6-1. 대항력 ··· 266

　6-2. 우선변제권 ·· 266

■ 주택신축 중 토지에 근저당권이 설정된 경우 주택임차권가 불이익을 당할 염려가 없는지요? ··· 267

　6-3. 임대차 존속기간의 보장 ·· 269

　6-5. 임차권등기명령제도 ·· 270

　6-6. 차임 증액 또는 보증금의 월차임으로 전환의 경우 제한 ···················· 270

■ 재계약시에도 주택임대차보증금의 증액제한규정이 적용되는지요? ·········· 270

7. 주택임대차의 계약 ·· 273

　7-1. 계약 전 확인 사항 ·· 273

　7-2. 부동산등기부 확인 ·· 273

■ 표제부 ··· 275

■ 갑구와 을구 ·· 276

　7-3. 등기된 권리의 순위 ·· 277

■ 담보가등기된 주택을 임차하면 보호받을 수 있는지요? ······················· 278

■ 공인중개사를 통해 주택임대차계약을 체결하는데, 임차인이 따로 등기부를 확인해야 하나요? ·· 279

■ 공유주택을 임차할 경우에 공유자 전원의 동의를 받아야 하는지요? ······· 280

　7-4. 확정일자 등 확인 ··· 282

　7-5. 임대차계약 ·· 283

■ 명의수탁자로부터 주택을 임차한 자의 명의신탁자에게 어떻게 대응해야 하는지요? ·· 286

■ 주택임대차계약을 체결하고 주민등록 이전과 함께 이사를 하여 거주하고 있는데 진짜 집주인이 따로 있다면 어떻게 해야 하나요? ······························ 288

■ 명의신탁자와 주택임대차계약을 한 경우의 임차인은 보호를 받을 수 없는지요? 289

■ 임대주택법에 위반하여 체결된 임대차계약은 효력이 있는지요? ············· 290

　7-6. 임대차계약서의 작성 ··· 292

　　[서식] 주택 임대차표준계약서 ································· 294

■ 주택임차인이 2년 미만으로 약정한 임차기간을 주장할 수 있는지요? ·········· 304

　　7-7. 임대차계약의 특약 사항 ······························· 305

　　7-8. 임대차계약 후 받아야 할 서류 ························· 307

　　[서식] 중개대상물 확인·설명서 ···························· 308

제2장 빌려준 돈 이렇게 받으세요!

1. 소액사건 재판으로 해결하기 ································· 312

　　1-1. 소액사건재판의 개념 ································· 312

■ 소액사건 재판이란 어떤 제도인지요? ························· 312

　　1-2. 소액사건재판의 특징 ································· 314

　　1-3. 소액사건의 범위 등 ································· 315

■ 소액사건의 소가 산정은 어떻게 하는지요? ····················· 316

■ 소액사건심판법 적용을 받기 위하여 분할청구가 가능한지요? ········· 317

■ 500만원을 빌려줬는데 갚지 않아 소송을 해야 할 것 같은데 비용이며, 시간이
　　꽤 들 것 같네요. 방법이 없을까요? ······················· 318

　　1-4. 소액사건재판의 진행과정 ····························· 319

　　1-5. 소액사건재판의 절차 ································· 319

■ 이행권고결정제도란 어떤 것인가요? ························· 320

■ 소액사건재판 절차는 어떻게 진행되나요? ····················· 321

2. 소송의 제기 ··· 322

　　2-1. 소액사건의 소 제기 ································· 322

　　2-2. 소장의 작성 ····································· 323

　　[서식] 대여금청구(소액) ································· 324

　　2-3. 재판장의 소장 심사 ································· 325

2-4. 소를 제기할 법원 ··· 325

2-5. 이송(移送) ·· 327

■ 소액사건으로 소제기를 하려는데, 어느 법원에 소장을 제출해야 하나요? ······ 328

2-6. 소송대리인의 범위 ··· 329

[서식] 소송위임장(소액사건) ·· 330

■ 소송위임장 제출이 민사소송법상 '기일지정의 신청'에 해당하는지요? ············ 331
■ 소액사건 소송은 꼭 본인이나 변호사만 할 수 있나요? ···························· 333
■ 소액사건에서 가족이 소송대리를 할 수 있는지요? ································ 333

2-7. 소 제기 시 준비사항 ·· 334

■ 소액사건재판을 청구하려는데 인지대와 송달료의 계산은 어떻게 하나요? ····· 336
■ 채무자가 소송관계서류의 송달 받기를 거부할 때의 송달방법은 어떻게 신청하나
요? ·· 336
■ 주소를 알고도 공시송달로 승소확정판결 받은 경우 구제방법은 없는지요? ··· 338

3. 이행권고결정제도 ··· 340

3-1. 이행권고결정제도의 개요 ·· 340

■ 소액사건의 이행권고결정제도는 지급명령제도와는 어떠한 차이가 있는지요? 340

3-2. 이행권고결정 및 송달 ·· 342

3-3. 이행권고결정의 양식 ··· 343

[서식] 이행권고결정서 ··· 343

3-4. 송달불능된 경우의 처리 ··· 344

[서식] 주소보정서 ··· 344

3-5. 이행권고결정에 대한 이의신청 ·· 345

■ 이행권고결정에 대한 이의신청을 2주일 내에 하지 못하였을 경우에 구제절차는
없나요? ·· 346
■ 이행권고결정에 대한 이의신청은 어떤 방법으로 해야 되나요? ···················· 347
[서식] 이행권고결정에 대한 이의신청서 ·· 350

[서식] 재산명시신청서(이행권고결정에 기하여) ···················· 351

[서식] 채무불이행자명부등재신청서(이행권고결정에 기하여) ··········· 352

■ 이행권고결정이 확정되었을 경우에 이를 근거로 채무자 재산에 강제집행을 할 수 있는지 여부와 그 절차를 알려 주십시오? ····················· 353
■ 채무자와 사실혼관계에 있는 자의 물건에도 강제집행이 가능한지요? ········· 354
■ 승계집행문이 부여된 경우 당초 발행된 집행문이 유효한지요? ············· 356
■ 이행권고결정을 받은 경우 어떻게 대처해야 하나요? ·················· 356
■ 이행권고결정이 확정된 경우라도 재심으로 다시 다툴 수 있는지요? ········· 357
■ 지급명령이나 이행권고결정을 다투고자 하는 경우에 해결방법이 무엇이고 소송비용은 얼마나 들어가나요? ·························· 358

제3장 민사소송은 어떤 절차로 진행되나요?

1. 민사소송의 개념 ·· 360

2. 민사소송절차도 ·· 361

3. 민사전자소송제도 ·· 362

   3-1. 사용자 등록 ·· 362

   3-2. 소제기 ·· 363

   3-3. 답변서 제출 ·· 363

   3-4. 송달 ·· 363

   3-5. 사건기록열람 ·· 363

4. 민사소송의 요건 ··· 364

   4-1. 소송요건의 개념 ·· 364

   4-2. 법원의 관할 ·· 364

[서식] 관할합의서 ·· 366

[서식] (관할위반에 의한 직권이송의 촉구)소송이송신청서 ············ 366

■ 인터넷으로 구입한 물건과 관련된 소송은 제가 거주하는 법원에 소송을 제기할
  방법은 없을까요? ··· 368
■ 관할합의에 위반한 소송에서 항변 없이 답변서를 제출한 경우, 아직 변론기일이
  지정되지는 않았는데, 사건을 이송시킬 방법이 없을까요? ······················· 369
■ 대여금청구소송을 채권자의 주소지 관할법원에 제기할 수 있는지요? ··········· 369
■ 방문판매와 관련된 소송은 어느 법원의 관할에 속하는지요? ······················· 371

    4-3. 당사자 ··· 371
    4-4. 소송물 ··· 372
    [서식] 당사자선정서(소를 제기하면서 선정하는 경우) ······························ 372

■ 당사자표시가 잘못된 경우 곧바로 각하할 수 있는지요? ······························· 373
■ 회장선거가 부적법하여 효력이 없는 경우, 입주자대표회의의 당사자능력이 소멸하
  는지요? ··· 374
■ 미성년자 단독으로 임금청구소송을 할 수 있는지요? ····································· 376
■ 2억원 초과 약속어음금청구사건에서 처가 소송대리 할 수 있는지요? ··········· 377
■ 사해행위취소소송의 피고는 누구인지요? ·· 378

5. 소송비용의 산정방법 ·· 379

6. 소송의 제기 ··· 379
    [서식] 소장 작성방법 ··· 380

■ 각자 부담하게 되는 소송비용에 대하여 상계가 가능한가요? ······················· 384
■ 소송비용확정절차에서 소송비용 상환의무의 존부를 다툴 수 있는지요? ········· 384
■ 변호사보수에 부과되는 부가가치세가 소송비용에 포함되는지요? ················· 385
■ 패소한 자에 대하여 변호사선임비용을 청구할 수 있는지요? ······················· 386
■ 화해권고결정에 의하여 소송이 종료된 경우 소송비용은 누가 부담해야 하나요? 387

7. 전자소송의 경우 ··· 388
    7-1. 전자소송의 진행절차 ··· 388
    7-2. 전자문서의 작성·제출 ··· 388
    7-3. 전자문서의 접수 ··· 389
    7-4. 전자적 송달 또는 통지 ··· 389

5-5. 제출된 전자문서의 보완 ································ 390

■ 전자소송에서 전자문서 등재사실에 관한 통지의 방법은? ············· 391

■ 전자소송에서 송달방법이 잘못된 경우 대항을 어떻게 해야 하는지요? ········ 392

■ 전자소송에서 판결문을 전자적으로 등재 및 통지한 경우 판결문 송달의 효력이
  발생하는 시기는 언제인가요? ································ 393

8. 피고의 답변서 제출 ································ 394

8-1. 답변서 제출통보 ································ 394

8-2. 답변서의 작성 ································ 394

8-3. 답변서의 첨부서류 ································ 395

8-4. 답변서 제출기한 ································ 395

8-5. 보정명령 ································ 395

8-6. 답변서의 송달 ································ 395

8-7. 답변서 미제출의 효과 ································ 395

[서식] 답변서 ································ 396

■ 소송이 부당하다고 생각하여 답변서를 제출하지 않는다면 불이익이 있나요? 399

■ 관할위반에 항변 없이 답변서를 제출한 경우 어떻게 해야 하나요? ············· 399

8-8. 전자소송의 경우 ································ 400

9. 피고의 반소 제기 ································ 401

[서식] 반소장 ································ 401

■ 반소로 차임 감액을 청구할 수 있는지요? ································ 404

■ 피고가 민사소송법 제412조 제1항 에 따라 반소를 제기할 수 있는지요? ····· 404

■ 상대방의 동의 없이 반소를 제기할 수 있나요? ································ 405

■ 반소를 제기한 경우 고등법원으로 사건이 이송되는지요? ································ 406

10. 변론절차 ································ 407

10-1 쟁점정리기일 및 변론준비절차(입증책임) ················ 407

10-2. 쟁점정리기일 ································ 408

10-3. 변론준비절차 ································ 408

[서식] 변론제한신청서 ·· 410

[서식] 변론기일 지정신청서 ································· 411

■ 변론준비기일에서 양쪽 당사자 불출석의 효과가 변론기일에 승계되는지요? ··· 411

■ 변론기일에 2회 불출석하면 소송이 취하한 것으로 본다고 들었는데 소송이 취하
된 것으로 되는지요? ··· 412

11. 준비서면 ··**414**

11-1. 개념 ··414

[서식] 준비서면 ··414

11-2. 기재사항 ··416

■ 준비서면에 자백에 해당하는 내용이 기재되어 있는 경우, 재판상 자백이 성립하는
지요? ·· 417

■ 답변서에 적힌 주장을 다투고 싶은데 어떠한 절차를 통해야 하나요? ············ 417

12. 증거의 신청 ··**418**

12-1. 신청시기 ··418

12-2. 증인신청 ··418

[서식] 증인신청서 ··· 418

[서식] 사실조회신청서 ·· 420

■ 소송상대방에게 있는 서류를 법원에 증거로 제출하도록 하는 방법은 없을까요? · 421

■ 증인으로 신청하고자 하는데 그 절차는 어떻게 되나요? ······························ 422

■ 채무자와의 대화를 몰래 녹음한 테이프도 증거로 될 수 있는지요? ··············· 423

13. 소송의 종결 ··**424**

13-1. 소송의 종결사유 ···424

13-2. 화해권고결정 ··425

■ 항소심의 환송판결이 종국판결인지요? ·· 426

■ 주소를 알고도 공시송달로 승소판결이 확정된 경우에 다시 재판하여 다툴 방법이
있는지요? ·· 426

14. 상소 ·· 427

14-1. 상소의 개념 ··· 427

14-2. 상소의 종류 ··· 427

[서식] 항소장(대여금, 전부불복, 항소이유서 추후제출의 경우) ·············· 428

[서식] 항소이유서 ··· 430

[서식] 불상소합의서 ·· 431

■ 상소심에서 소송비용에 대한 담보제공 신청을 할 수 있는지요? ············ 432
■ 판결이유에 불복한 상소가 가능한지요? ·· 433

15. 재심 ·· 434

15-1. 재심이란? ··· 434

15-2. 재심제기기간 ··· 434

[서식] 재심소장(대여금 청구) ·· 435

■ 상소심 재심사건의 판결에서 소송비용액을 정하지 않은 경우, 어떤 법원이 소송비
용액의 확정결정을 해야 하는지요? ··· 437
■ 허위의 주소로 사위(詐僞)판결을 받은 경우 재심사유인지요? ·············· 438
■ '재심의 사유를 안 날'은 구체적으로 언제로 보아야 할까요? ·············· 439
■ 재심의 소에서 신청구를 병합할 수 있는지요? ································· 440
■ 민사상 증인이 위증죄의 확정판결을 받으면 항상 재심청구사유인지요? ········ 441
■ 재심기간을 준수하였는지 어떻게 판단하나요? ······························· 442

제4장 형사소송은 어떤 절차로 진행되나요?

1. 형사사건의 뜻과 처벌원칙 ··· 443

2. 형벌의 종류 ·· 443

■ 농아자도 일반인과 같은 처벌을 받게 되나요? ································· 446
■ 정신질환자의 범죄에 대해 형법에서 항상 처벌할 수 없는 것인가요? ·········· 446

■ 형사상 미성년자를 고소하면 형사처벌을 받아야 하는지요? ·············· 447

3. 구속 ··· **448**
　3-1. 구속과 영장주의 ··· 448
　3-2. 영장주의의 예외 ··· 449
　3-3. 구속영장의 집행 ··· 449
　3-4. 구속기간 ··· 450
　3-5. 재구속의 제한 ··· 451
■ 친구가 폭행치상죄로 유치장에 구속되었을 경우, 풀려나게 할 수 있는 방법은 없
　나요? ·· 451

4. 구속영장실질심사 ·· **452**
　4-1. 피의자심문 ··· 452
　4-2. 심문장소 및 기일 통지 ··· 452
　4-3. 국선변호인 선정 ··· 452
　4-4. 심문절차 ··· 453
　4-5. 구속 여부의 결정 ··· 453
　4-6. 재구속의 제한 등 ··· 453

5. 구속적부심사 ·· **454**
　[서식] 구속적부심사청구서 ·· 454

　[서식] 구속적부심사청구취하서 ·· 455

■ 구속적부심사권이란 무슨 뜻인가요? ······································· 456

　5-1. 청구권자 및 청구의 방식 ·· 456

　[서식] 구속적부심사청구서 ·· 457

　[서식] 구속취소청구서 ··· 460

　[서식] 구속집행정지신청서 ·· 461

　5-2. 담당재판부 ··· 462

5-3. 심문기일의 지정과 통지 ···································· 462

5-4. 국선변호인의 선정 ··· 462

5-5. 심문 ·· 462

5-6. 결정 ··· 463

5-7. 재구속의 제한 등 기타사항 ······························· 463

6. 공소제기 ··· 464

6-1. 공소제기의 효과 ··· 464

6-2. 공소제기의 방식 ··· 464

7. 공판절차 ··· 466

7-1. 공판의 준비 및 공판준비절차 ····························· 466

[서식] 공판(선고)기일 연기 신청서 ·························· 466

■ 공판기일은 어떤 식으로 진행되는지요? ···················· 467

■ 공판기일에 불출석하면 구속되는지요? ···················· 468

7-2. 의견서 제출 제도 ·· 468

7-3. 증거의 열람·등사 제도 ···································· 469

7-4. 피고인의 진술거부권 ······································ 469

7-5. 인정신문 ··· 469

7-6. 검사의 모두진술 ·· 469

7-7. 피고인의 모두진술 ··· 469

7-8. 재판장의 쟁점정리 등 ······································ 470

7-9. 증거조사 ··· 470

7-10. 피고인신문 ··· 470

7-11. 구형과 변론 ·· 470

7-12. 변론종결 및 판결선고 ····································· 471

8 집행유예 ··· 473

8-1. 요건 ··· 473

8-2. 보호관찰 및 사회봉사·수강명령 ·························· 474

8-3. 집행유예의 효과 ·· 474

8-4. 집행유예의 실효와 취소 ······························ 474

9. 국선변호 선정제도 ··· 476

9-1. 필요적 국선변호 ·· 476

9-2. 임의적 국선변호인 선정 ································ 476

9-3. 국선변호인 선정 청구 ··································· 477

[서식] 국선변호인선정 청구서 ···························· 478

9-4. 국선변호인 ··· 480

■ 국선변호인의 선임절차는 어떻게 되는지요? ··········· 480

■ 소년 사건에도 국선변호인의 도움을 받을 수 있는지요? ········ 481

10. 배상명령 ··· 482

[서식] 배상명령신청서 ·· 483

10-1. 배상의 대상과 범위 ···································· 484

10-2. 배상신청인과 상대방 ··································· 484

10-3. 신청절차 ··· 484

10-4. 배상명령의 효력 ·· 485

10-5. 형사소송절차에서의 화해 ····························· 485

■ 배상명령을 받은 이후, 배상명령에 대한 금액을 지급하지 않는 데 어떻게 해야 하나요? ··· 486

■ 형사재판절차에서 상해로 인한 치료비를 받을 수 있는지요? ········ 487

■ 배상명령 확정 후 인용금액을 넘어선 부분에 대해서 소를 제기할 수 있는지요? 489

11. 보석 ··· 489

11-1. 보석 청구권자 ·· 490

11-2. 보석 허가사유 ·· 490

[서식] 보석허가 청구서 ······································ 491

[서식] 보석허가청구서(변호인이 신청하는 경우) ··········· 492

[서식] 보석허가청구서(배우자가 신청하는 경우) ……………………………… 494

11-3. 보석의 심리 및 재판 ……………………………………………………… 495

11-4. 보석의 조건 및 취소 ……………………………………………………… 495

■ 보석 조건 위반 시 무조건 보석이 취소되는 것인지요? ………………… 496

■ 보석으로 석방된 사람에 대한 주거의 제한을 조건으로 부가하는 것이 타당한 것
  인지요? ………………………………………………………………………… 497

■ 보석 이외에 급박하게 이용할 수 있는 다른 방법은 없는지요? ……………… 498

11-5. 보석보증금의 몰수 및 환부 ……………………………………………… 499

[서식] 보석보증금 납입방법 변경신청서 ……………………………………… 499

■ 보석으로 석방된 사람이 입원치료 중 도주한 경우 보석의 효력은 어떻게 되는지
  요? …………………………………………………………………………… 500

■ 보증금 없이 보석결정을 받을 수 있는지요? ………………………………… 500

12. 상소(항소·상고) …………………………………………………………… 502

[서식] 항소장(고등법원) ………………………………………………………… 502

[서식] 항소이유서(상해) ………………………………………………………… 503

[서식] 항소보충이유서(상해) …………………………………………………… 504

[서식] 상고장(법령위반) ………………………………………………………… 505

[서식] 답변서(검사의 상고이유에 대한) ……………………………………… 506

12-1. 상소권자 ……………………………………………………………………… 511

12-2. 상소제기의 방식 …………………………………………………………… 511

12-3. 상소법원 …………………………………………………………………… 511

12-4. 상소제기기간 ………………………………………………………………… 511

12-5. 상소이유서 제출기간 ……………………………………………………… 512

12-6. 항소이유와 상고이유 ……………………………………………………… 512

12-7. 불이익변경의 금지 ………………………………………………………… 512

■ 선고내용을 잘못 듣고 항소하지 못한 때 상소권회복청구 가능한지요? ……… 513

■ 피고인에게 소송기록접수통지가 되기 전에 변호인이 선임된 경우, 변호인의 항소

      이유서 제출기간의 기산일은 언제인가요? ··· 514
■ 형사사건의 항소절차와 상고절차는 어떻게 되는지요? ······························ 515
■ 형사재판의 항소심에서 형량이 늘어날 수도 있는지요? ···························· 517
■ 항소심 법원 판결에 불복하여 대법원에 상고하였는데, 변론없이 서면심리에 의하
  여만 판결을 받았을 경우, 이는 재판받을 권리를 침해당한 것이 아닌지요? · 518
■ 양형부당을 이유로 항소한 경우 사실오인을 이유로 상고할 수 있는지요? ······ 519
■ 상고심에서 그동안 주장하지 않은 새로운 주장을 할 수 있는지요? ··············· 520

13. 재심 ···521
    13-1. 재심청구의 대상과 재심사유 ···521
    13-2. 재심의 청구 ···522
    [서식] 재심청구서 ·· 523
    [서식] 재심청구 취하서 ··· 524
■ 상고기각 판결이 부당하다는 취지만으로 재심청구가 가능한지요? ··············· 525
■ 재심청구인이 재심 청구를 한 후 청구에 대한 결정이 확정되기 전에 사망한 경
  우, 재심절차를 배우자나 자녀들이 계속하여 진행할 수 있는가요? ············· 526
■ 재심사건에 불이익변경금지의 원칙이 적용되는지요? ······························· 526
■ 해외에 유학 중인 아들을 대신해 재심을 청구할 수 있는가요? ················· 527

14. 형사보상청구 ···528
    14-1. 구금 등에 의한 형사보상 ···528
    14-2. 비용의 보상 ···530
    [서식] 구금에 의한 형사보상청구서 ·· 531
    [서식] 비용보상청구서 ·· 533
    [서식] 형사보상금 청구서 ··· 534
■ 무죄판결을 받았는데, 보상받을 방법은 없나요? ···································· 536
■ 판결 이유에서 무죄로 판단된 경우, 형사보상청구를 할 수 있는지요? ········· 537
■ 형사보상청구권자가 사망하였을 경우 상속인이 청구할 수 있는지요? ········· 538
■ 구속피고인이 무죄확정판결을 받은 경우, 형사보상을 청구할 수 있는지요? ·· 538

15. 약식명령 ···540

  15-1. 약식명령의 청구 ··540

  15-2. 약식사건의 처리 ··540

■ 약식명령이란 무엇인지요? ·· 540

■ 음주운전에 대한 약식명령이 확정된 후 무면허운전을 처벌할 수 있는지요? · 542

■ 약식명령에 대한 정식재판절차에서 유죄판결이 선고되어 확정된 경우 재심청구를
  할 수 있는가요? ··· 542

  15-3. 정식재판청구 ··· 543

  [서식] 정식재판청구서 ·· 544

  [서식] 정식재판청구 취하서 ·· 545

■ 약식명령에 대해 정식재판을 청구할 경우 형이 가중될 수 있는지요? ········· 545

  15-4. 정식재판청구권회복청구 ···546

  [서식] 정식재판청구권 회복청구서 ·· 547

■ 정식재판 청구를 함께 하지 아니한 약식명령에 대한 정식재판청구권 회복청구가
  적법한지요? ··· 548

16. 즉결심판 ···549

  16-1. 즉결심판의 대상 ··549

  16-2. 즉결심판의 청구권자 ··549

  16-3. 심판절차 ··549

  16-4. 불출석심판청구 ··550

  16-5. 즉결심판의 효력 ··550

■ 즉심에 대한 정식재판청구 시 국선변호인선정이 가능한지요? ················· 551

■ 즉심 받은 후 피해자가 사망한 경우 다시 처벌받게 되는지요? ··············· 552

■ 즉결심판에 불복하는 경우 불이익변경금지의 원칙이 적용 되는지요? ·········· 553

제1편
가족관계 생활법률

제1장 결혼하면 어떤 법적 효과가 있나요?

1. 법률혼과 사실혼의 구분

① 법률혼이란 결혼의 실질적 요건과 형식적 요건을 모두 갖추어 법에 의해 인정된 결혼을 말합니다. 반면, 사실혼이란 결혼의 형식적 요건을 갖추지 않고, 즉 혼인신고를 하지 않고 부부공동생활을 하는 것을 말합니다.

② 우리나라는 혼인신고라는 명시적인 방법에 의해 부부관계를 인정하는 법률혼주의를 채택하고 있어, 사실혼 상태의 부부에게는 법률혼에서 인정되는 권리와 의무가 일부 제한됩니다.

2. 사실혼 부부의 권리와 의무

① 사실혼은 결혼의 형식적 요건만 갖추지 않았을 뿐 혼인하겠다는 의사의 합치, 결혼적령, 근친혼금지, 중혼금지 등 결혼의 실질적 요건은 충족한 상태라고 할 수 있습니다.

② 따라서 사실혼 상태에서도 부부공동생활을 전제로 하는 일반적인 결혼의 효과가 인정되는 한편, 혼인신고를 전제로 하는 결혼의 효과는 인정되지 않습니다.

③ 대법원은 "사실혼이란 당사자 사이에 주관적으로 혼인의 의사가 있고, 객관적으로도 사회관념상 가족질서적인 면에서 부부공동생활을 인정할 만한 혼인생활의 실체가 있는 경우라야 하고, 법률상 혼인을 한 부부가 별거하고 있는 상태에서 그 다른 한 쪽이 제3자와 혼인의 의사로 실질적으로 부부생활을 하고 있다고 하더라도, 특별한 사정이 없는 한 이를 사실혼으로 인정해서 법률혼에 준하는 보호를 할 수는 없다"(대법원 2001. 4. 13. 선고 2000다52943 판결)라고 해서, 중혼적 사실혼을 인정하지 않고 있습니다.

2-1. 사실혼 상태에서 인정되는 사항

① 사실혼 상태의 부부는 법률혼 상태의 부부와 마찬가지로 부부간 동거의무, 부양의무, 협조의무 및 정조의무를 부담하며, 일상가사대리권이 인정됩니다.

② 한편, 부부 일방이 결혼 전부터 가진 고유재산과 결혼 중 자신의 명의로 취득한 재산은 특유재산으로 인정되며, 귀속이 불분명한 재산은 부부의 공유로 추정됩니다.

2-2. 사실혼 상태에서 제한되는 사항

① 친족관계의 미발생 및 상속권의 제한

사실혼 상태에서는 친족관계가 발생하지 않으므로 사실혼 상태의 배우자가 사망하더라도 상속권이 발생하지 않습니다. 다만, 사망한 사실혼 배우자에게 상속인이 한 명도 없는 경우에는 특별연고자(特別緣故者)로서 상속재산에 대한 분여권(分與權)을 가질 수 있습니다.

② 중혼(重婚)금지의 예외

중혼은 원칙적으로 금지됩니다. 중혼의 판단은 접수된 혼인신고를 기준으로 하는데, 사실혼은 혼인신고가 되지 않은 상태이므로 사실혼 배우자가 다른 사람과 결혼하더라도 중혼에 해당하지 않습니다.

③ 성년의제(成年擬制)의 예외

미성년자가 결혼하면 성년에 달한 것으로 보지만, 사실혼인 경우에는 성년의제가 인정되지 않습니다.

④ 생자의 법적 지위

사실혼 부부 사이에서 출생한 자녀는 혼인 외의 출생자가 되어 어머니의 성(姓)과 본(本)을 따르게 됩니다. 다만, 아버지가 혼인 외의 출생자를 자신의 자녀로 인지(認知)한 경우에는 아버지의 성과 본을 따를 수도 있고, 부모의 협의에 따라 종전대로 어머니의 성과 본을 따를 수도 있습니다.

[서식] 사실혼관계해소로 인한 위자료 등 청구의 소

소　　장

원　　고　　　　○○○ (주민등록번호)
　　　　　　　　등록기준지 ○○시 ○○구 ○○길 ○○
　　　　　　　　주소 ○○시 ○○구 ○○길 ○○(우편번호)
　　　　　　　　전화.휴대폰번호:
　　　　　　　　팩스번호, 전자우편(e-mail)주소:

피　　고　　　　1. □□□ (주민등록번호)
　　　　　　　　등록기준지 ○○시 ○○구 ○○길 ○○
　　　　　　　　주소 ○○시 ○○구 ○○길 ○○(우편번호)
　　　　　　　　전화.휴대폰번호:
　　　　　　　　팩스번호, 전자우편(e-mail)주소:
　　　　　　　　2. ◇◇◇ (주민등록번호)
　　　　　　　　주소 ○○시 ○○구 ○○길 ○○(우편번호)
　　　　　　　　전화.휴대폰번호:
　　　　　　　　팩스번호, 전자우편(e-mail)주소:

사건본인　　　　△△△ (주민등록번호)
　　　　　　　　등록기준지 ○○시 ○○구 ○○길 ○○
　　　　　　　　주소 ○○시 ○○구 ○○길 ○○(우편번호)

사실혼관계해소로 인한 위자료 등 청구의 소

청 구 취 지

1. 사건본인에 대한 친권행사자 및 양육권자로 원고를 지정한다.
2. 피고 □□□는 원고에게 사건본인에 대한 양육비로서 이 사건 판결선고일 다음날부터 사건본인이 성년에 이르기 전날까지 월 금 500,000원을 매월 말일 지급하라.
3. 피고들은 원고에게 위자료로서 각 금20,000,000원 및 이에 대하여 이 사건 소장부본 송달일 다음날부터 완제일까지 연 15%의 비율

에 의한 금원을 지급하라.
4. 피고 □□□는 원고에게 재산분할로 금40,000,000원 및 이에 대한
   이 사건 판결확정일 다음날부터 완제일까지 연 5%의 비율에 의한
   금원을 지급하라.
5. 소송비용은 피고들의 부담으로 한다.
6. 제3항은 가집행할수 있다.
라는 판결을 바랍니다.

청 구 원 인

1. 기초사실

가. 원고와 피고는 20○○년경 지인의 소개로 만나서 교제하던 중
    20○○년경부터 사실혼관계를 시작하며 슬하에 사건본인인 자녀1
    명(여,○세)을 두고 있습니다.
나. 원고와 피고는 20○○. ○. ○.경 ○○○소재 ○○○결혼식장에서
    가족친지들을 모시고 결혼식을 올렸으나, 피고는 혼인신고를 거부
    하였습니다.
다. 피고는 20○○. ○월경부터 음식점을 운영하면서 알게 된 거래처
    직원인 여자와 ○년 정도 만나면서 부정한 관계를 하였고, 원고
    가 이를 알고 헤어지려 하였으나, 피고가 다시는 부정행위를 하
    지 않겠다고 하면서 간절히 용서를 구하고 사건본인들이 아직 어
    려서 부득이 피고와 사실혼 생활을 계속하게 되었습니다.
라. 피고는 20○○. ○월 중순경 원고에게 술을 마시고 밤늦게 들어와
    집안의 물건들을 마구 때려 부수고 이를 말리는 원고에게 주먹을
    휘둘러서 얼굴에 전치 3주의 상해를 입었으며 옆에 있던 아이도
    폭행하였으며 원고를 집에서 나가라고 하면서 폭언과 협박을 하
    였습니다.
마. 원고는 20○○. ○. ○.경 피고의 내연녀를 만나게 되어 그간 피
    고가 지속적으로 위 내연녀를 만나 교제한 것을 알게 되었고 또
    한 그 사이에 아이까지 낳았다는 사실을 알게 되어 본 소에 이르
    게 되었습니다.

2. 친권자 및 양육권자 지정에 관하여

원고는 사건본인이 출생하였을 때부터 현재까지 양육하고 있고 피
고는 잦은 가출로 인하여 가정을 소홀히 하고 있는 점, 폭력을 상습
으로 행사하여 아버지를 무서워하며 원고와 생활하기를 원하고 있
기에는 점 등을 고려할 때 원고로 하여금 사건본인을 양육하게 하
는 것이 이들의 건강한 성장과 복지에 유익하다고 할 것이므로 원
고를 사건 본인의 양육자 및 친권행사자로 지정함이 타당합니다.

3. 양육비에 관하여

피고는 사건본인의 친부로서 마땅히 사건본인에 대한 양육비를 분
담하여야 할 의무가 있다 할 것이고, 현재 사건본인은 ○세인바,
공·사교육비 및 기본생계비등이 필수적으로 소요될 될 것이 예상되
므로 상대방이 분담하여야 할 금액은 사건본인이 성년에 이르기까
지 적어도 매월 금 500,000원씩은 되어야 할 것입니다.

4. 피고들의 위자료 지급의무에 관하여

위와 같이 원고와 피고 □□□의 혼인생활은 피고 □□□의 원고에
대한 상습적인 폭력의 행사와 피고 ◇◇◇의 여자와의 외도로 사실
혼관계가 파탄에 이르게 되었는바, 원고가 이로 인하여 극심한 정신
적 고통을 입었음이 자명하고, 피고들은 이를 금전적으로나마 위자
할 의무가 있다고 할 것이며, 원고와 피고 □□□의 혼인생활의 경
위 및 파탄의 경위, 원고와 피고 □□□의 재산상태 및 그 형성의
경위 등을 종합하여 볼 때 그 위자료의 수액은 최소한 각 금
20,000,000원 정도는 되어야 할 것입니다.

5. 피고 □□□의 재산분할의무에 관하여
가. 원고와 피고 □□□의 재산

원고는 그 명의로 보유하고 있는 재산이 전혀 없고, 피고 □□□는
그 명의로 ○○시 ○○구 ○○길 ○○소재 시가 8천만원 상당의 주
택을 보유하고 있습니다.
나. 재산형성의 경위 및 피고 □□□의 재산분할의무에 관하여

원고와 피고 □□□가 소유하고 있는 위 재산은 원고와 피고 □□
□의 공동의 노력으로 이룩한 부부공동의 재산으로서 원고는 현재
와 같은 재산의 형성과 유지 및 감소방지에 상당한 기여를 하였습
니다. 그렇다면, 피고 □□□는 재산분할로 총 자산가치인 금

80,000,000원의 50%인 금40,000,000원을 지급하여야 할 것입니다.

입 증 방 법

1. 갑 제1호증   가족관계증명서
1. 갑 제2호증   사건본인(△△△)기본증명서
1. 갑 제3호증   사건본인(△△△)가족관계증명서
1. 갑 제4호증   주민등록표등본
1. 갑 제5호증   결혼식 사진
1. 갑 제6호증   진단서
1. 갑 제7호증   부동산등기사항증명서

첨 부 서 류

1. 위 입증방법   각 1통
1. 소장부본   2통
1. 송달료납부서   1통

20○○. ○. ○.

원고 ○○○ (서명 또는 날인)

○○가정법원 귀중

■ 법률혼과 사실혼은 상속관계에서는 어떤 차이가 있는지요?

Q
甲은 乙과 혼인할 의사로 乙과 동거하면서, 실질상 부부와 같이 생활하였으나 혼인신고는 거치지 아니하였습니다.

이러한 상태에서 乙이 갑자기 사고로 사망하였고, 甲은 자신이 乙의 사실상 배우자라는 이유로 乙의 재산을 상속받아야한다고 주장합니다. 甲은 乙의 재산을 상속받을 수 있는지요?

A
혼인신고를 하지 않은 상태로 결혼생활을 하는 것을 사실혼, 혼인신고를 한 상태로 결혼생활을 하는 것을 법률혼이라고 합니다. 우리나라는 법률혼주의를 취하고 있기 때문에 혼인신고를 해야만 부부간의 권리와 의무를 인정받을 수 있습니다. 따라서 사실혼 상태에서는 법률혼에서 인정되는 권리와 의무의 일부만 인정됩니다. 다만, 사실혼이라도 혼인신고만 안 했을 뿐 결혼의 실체가 있으므로 법은 사실혼 배우자를 일정부분 보호하고 있습니다.

사실혼 상태의 부부는 법률혼 상태의 부부와 마찬가지로 부부간 동거의무, 부양의무, 협조의무 및 정조의무를 부담하며, 일상가사 대리권이 인정됩니다.

한편, 부부 일방이 결혼 전부터 가진 고유재산과 결혼 중 자신의 명의로 취득한 재산은 특유재산으로 인정되며, 귀속이 불분명한 재산은 부부의 공유(共有)로 추정됩니다. 다만, 사실혼 상태에서는 친족관계가 발생하지 않으므로 사실혼 상태의 배우자가 사망하더라도 상속권이 발생하지 않습니다. 따라서, 甲은 乙과 사실혼 관계에 있다는 이유로 일부 부부간의 권리는 누릴 수 있으나, 법률상의 혼인관계를 전제(신분관계의 발생)로 하는 권리(상속)는 주장할 수 없다고 할 것입니다.

■ 사실혼당사자가 사망한 경우 함께 모은 재산에 대해서 재산분할을 청구할 수 없는지요?

Q
저는 자식이 있는 이혼남 甲과 혼인신고를 하지 못하고 동거에 들어가 사실혼 관계로 12년간 살아왔고 저희 사이에 자식은 없습니다. 남편 甲은 자영업자였고, 저도 회사에 다니면서 맞벌이부부로 생활하면서 작은 아파트도 마련했습니다. 아파트의 등기는 甲의 명의로 되어 있습니다. 그러나 최근에 교통사고로 甲이 사망하였고, 전처 소생의 자식인 乙이 나타나 자신이 유일한 상속권자라고 하며 권리를 주장합니다. 제가 甲과 함께 모은 재산에 대해서 재산분할을 청구할 수 없는지요?

A 사실혼에 관하여는 법률혼에 대한 민법의 규정 중 재산상속 등 혼인신고를 전제로 하는 규정은 유추적용 할 수 없으나, 동거, 부양, 협조, 정조의 의무 등 법률혼에 준하는 일정한 효력이 인정됩니다.

법률혼에 있어서 혼인 중 일방 배우자가 사망하면 상대방 배우자는 사망한 배우자의 재산을 상속하게 되는 반면, 사실혼관계에 있어서는 사실혼 배우자 일방이 사망한 경우에는 상대방 배우자에게 상속권이 인정되지 않기 때문에 생존한 사실혼 배우자를 보호하기 위하여 생존 배우자에게 상속인을 상대로 하는 재산분할청구권을 인정하여야 한다는 견해가 제기되고 있습니다.

판례는 "법률상 혼인관계가 일방 당사자의 사망으로 인하여 종료된 경우에도 생존 배우자에게 재산분할청구권이 인정되지 아니하고 단지 상속에 관한 법률 규정에 따라서 망인의 재산에 대한 상속권만이 인정된다는 점 등에 비추어 보면, 사실혼관계가 일방 당사자의 사망으로 인하여 종료된 경우에는 그 상대방에게 재산분할청구권이 인정된다고 할 수 없다."라고 하여 사실혼 관계에 있어 배우자 일방이 사망한 경우 상대방 배우자에게 재산분할청구권을 인정하고 있지 않습니다(대법원 2006. 3. 24. 선고 2005두15595판결).

따라서 위 사안의 경우 귀하는 사망한 상대방의 자녀인 乙에 대하여 재산분할을 청구할 수 없다고 보입니다. 다만, 위 사안에는 해당되지 않으나, 민법 제1057조의2에서는 피상속인에 대하여 상속권을 주장하는 자가 없는 때에는 가정법원은 피상속인과 생계를 같이 하고 있던 자, 피상속인의 요양간호를 한 자 기타 피상속인과 특별한 연고가 있던 자의 청구에 의하여 상속재산의 전부 또는 일부를 분여할 수 있다고 규정하고 있는 바, 만일 사망한 사실혼 배우자의 상속권을 주장하는 자가 없는 경우에는 상대방 사실혼 배우자가 민법 제1057조의2에 따라 특별연고자로서 상속재산에 대한 분여청구를 할 수 있을 것입니다.

3. 결혼의 효과

3-1. 신분관계의 변화
3-1-1. 친족관계의 발생
① 결혼하면 부부는 배우자라는 신분을 얻게 되는 동시에 남편 또는 아내의 친족과 인척관계를 맺게 되는데, 인척의 범위는 혈족의 배우자(며느리, 사위 등), 배우자의 혈족(장인·장모, 시부모, 처제, 시동생 등), 배우자의 혈족의 배우자(동서 등)입니다.
② 결혼이 취소되거나 이혼하면 배우자관계와 인척관계가 종료됩니다. 인척관계는 부부의 일방이 사망하더라고 소멸되지 않지만, 생존배우자가 재혼한 경우에는 소멸됩니다.

3-1-2. 부부공동생활상 의무 발생
① 동거(同居)의무
  ㉮ 부부는 동거할 의무를 부담합니다. 다만, 출장·전근·입원 등 정당한 이유로 일시적으로 동거하지 않는 경우에는 서로 인용(認容)해야 합니다.
  ㉯ 배우자가 동거의무를 이행하지 않으면 법원에 동거에 관한 심판을 청구할 수 있으며, 악의(惡意)를 가지고 상대방을 유기(遺棄)했다는 이유로 이혼을 청구할 수 있습니다.
  ㉰ 부부의 동거 장소는 부부가 협의해서 결정하는 것이 원칙이지만, 협의가 이루어지지 않으면 당사자의 청구에 의해 가정법원이 정하게 됩니다.

부 부 동 거 조 정 신 청

신 청 인   ○ ○ ○(주민등록번호)
　　　　　등록기준지   ○○시 ○○구 ○○길 ○○
　　　　　주소   ○○시 ○○구 ○○길 ○○(우편번호)
　　　　　전화   ○○○ - ○○○○

피신청인   △ △ △(주민등록번호)
　　　　　등록기준지   ○○시 ○○구 ○○길 ○○
　　　　　주소   ○○시 ○○구 ○○길 ○○(우편번호)
　　　　　전화   ○○○ - ○○○○

부부동거 조정신청

신 청 취 지

1. 피신청인은 신청인의 주소지에서 신청인과 동거하라.
2. 피신청인은 신청인에게 20○○년 ○월 ○일부터 혼인관계의 해소
   에 이르기까지 매월 말일에 금○○○원씩을 지급하라.
라는 조정을 구합니다.

신 청 원 인

1. 신청인과 피신청인은 19○○. ○○. ○○. 혼인신고를 마친 법률상
   의 부부로서 슬하에 1녀를 두고 있습니다.
2. 신청인은 19○○. ○.경 ○○대학교 2학년 휴학중이던 피신청인을
   만나 사귀다가 혼인하였습니다.
3. 혼인 후 신청인은 직장이 있던 신청인 주거지에서 피신청인과 함
   께 기거하다가 피신청인이 위 ○○대학교 2학년에 복학함에 따라 ○
   ○시 ○○구 ○○길에 있는 피신청인의 큰누이인 소외 □□□의 집
   에서 기거하며 학업을 계속하였는데, 신청인이 혼인 후에도 계속하
   여 직장생활을 하면서 주말마다 수시로 피신청인을 만나고 피신청인

의 학비나 생활비등을 충당하여 주는 등으로 생활하였습니다.

4. 그러던 중 신청인은 피신청인이 공부에 전념하지 아니하고 학교에서 여학생과 어울려 다닌다는 등의 소문을 듣기도 하고 또 혼인 초부터 별거하다시피 하여 온 피신청인과의 혼인생활방식에 다소 문제가 있다고 생각하고 19○○. ○.경 직장을 사직하고 퇴직금 등으로 마련한 금 ○○○원을 전세보증금조로 피신청인에게 송금한 뒤 상경하여 위 □□□의 집에 방을 얻고 피신청인과 합류하여 실질적인 동거생활을 시작하였습니다.

5. 그런데 그 무렵 피신청인은 대학을 졸업하고 같은 대학 대학원에 진학하여 공부를 계속하면서 신청인에게 공부를 이유로 당분간 서로 각방을 쓸 것을 요구하였고 신청인도 이에 응함으로써 신청인. 피신청인간에는 위와 같이 동거하기 시작하면서부터 다시 각 방을 쓰며 지내게 되었습니다.

6. 그 후 신청인은 그 동안의 저축금을 가지고 피신청인을 뒷바라지 하며 아울러 가계도 도맡아 꾸려 나갔는데 피신청인은 학업에만 전념하는 모습을 보이지 않고 친구들과 자주 주점 출입을 하면서 다른 여학생 또는 주점 여종업원과 어울리기도 하고, 평소 버스보다는 택시를 타고 다닌다거나 미용실 출입을 자주하는 등 형편에 비해 그 씀씀이가 헤프게 생활하여 이에 불만을 품게 되었고, 아울러 그 동안에 이어져 온 두 사람간의 결혼생활 방식에 대하여 일말의 회의를 가지게 되어 피신청인과의 불화가 잦아졌습니다.

7. 신청인은 위와 같은 부부간 불화가 계속되자 생활환경을 바꾸어 두 사람 사이의 관계호전을 기대하는 한편 지속적인 생계대책을 고려하여 20○○. ○. ○.경 신청인의 주거지 소재 3층 건물의 방 2칸을 보증금 ○○○원, 월세 ○○○원에 임차하고 그 곳으로 이사하여 피신청인과 함께 생활하면서 학원을 운영하여 가계를 꾸려 나가며 자녀인 신청외 ▽▽▽를 부양하여 왔으나 피신청인은 학업에 지장이 있다는 이유를 들며 위 주거지로 이사한지 6개월 후인 20○○. ○. ○.경 피신청인의 누나인 위 □□□ 주거지로 돌아가 버렸습니다.

8. 피신청인은 20○○. ○. ○. 위 대학원을 졸업하고 신청인의 주거지 부근에서 직장생활을 하고 있으나 신청인이 동거요구에 특별한 이유 없이 불응하고 있으며 피신청인의 수입 또한 피신청인 혼자 소비하며 신청인의 생활비용분담 요청에도 협조하지 않고 있습니다.

9. 결국 피신청인은 부부간의 동거.부양.협조 또는 생활비용부담의 의무가 있음에도 이를 이행하지 않고 있어 이 사건 조정을 신청합니다.

첨 부 서 류

1. 혼인관계증명서   1통
1. 가족관계증명서   1통
1. 주민등록등본   1통
1. 납부서   1통

20○○년   ○월   ○일
위 신청인 ○ ○ ○   (인)

○ ○ **가정법원 귀중**

② **부양의무**

㉮ 부부는 부양이 필요한 상대 배우자를 부양할 의무를 부담합니다).

㉯ 대법원은 "민법 제826조제1항에 규정된 부부간의 상호부양의무는 부부의 일방에게 부양을 받을 필요가 생겼을 때 당연히 발생하는 것이기는 하지만..."(대법원 2008. 6. 12. 자 2005스50 결정)이라고 해서, 부부의 부양의무가 발생하는 시기를 상대 배우자에게 부양받을 필요가 생긴 때로 판단하고 있습니다.

㉰ 부양이 필요함에도 불구하고 배우자가 부양의무를 이행하지 않으면 법원에 부양에 관한 심판을 청구할 수 있으며, 악의를 가지고 상대방을 유기했다는 이유로 이혼을 청구할 수 있습니다.

③ **협조의무**

㉮ 부부는 서로 협조할 의무를 부담합니다.

㉯ 배우자가 협조의무를 이행하지 않으면 법원에 협조에 관한 심판을 청구할 수 있으며, 결혼생활을 지속하기 어려운 중대한 사유에 해당함을 이유로 이혼을 청구할 수 있습니다.

④ **정조(貞操)의무**

㉮ 부부는 정조의무를 부담합니다.

④ 상대 배우자가 정조의무를 위반한 경우에는 손해배상을 청구할 수 있으며, 이혼을 청구할 수도 있습니다. 또한, 배우자가 있음을 알면서도 통정(通情)한 상대방에 대해서는 공동불법행위책임을 물어 손해배상을 청구할 수 있습니다.

3-1-3. 일상가사대리권 발생

① 일상가사란?

일상가사란 부부의 공동생활에 필요한 통상의 사무를 말합니다. 일상가사의 범위는 부부의 직업·재산·수입·생활수준·지역차이·사회적 지위 등 모든 생활형태를 종합적으로 고려해 사회통념에 따라 개별적·구체적으로 결정되는데, 일반적으로 식료품이나 생활용품의 구입, 주택의 월세지급, 자녀의 양육비 등이 여기에 포함됩니다.

② 일상가사대리권

㉮ 부부는 일상가사의 범위에서 서로를 대리할 수 있습니다.

㉯ 일상가사에 속하지 않는 사항에 관해 배우자를 대리하려면 위임장을 받거나 구두로 확인을 받는 등 별도의 수권(授權)행위가 있어야 합니다. 예를 들어, 별거해서 외국에 체류 중인 배우자의 재산을 처분하는 행위, 매매대금이 거액에 이르는 대규모주택을 구입하기 위해 금전을 빌리는 행위 등은 일상가사에 속하는 것으로 보기 어렵고 별도로 대리권을 수여받아야 합니다(대법원 1993. 9. 28. 선고 93다16369 판결, 대법원 1997. 11. 28. 선고 97다31229 판결 등).

3-1-4. 성년의제(成年擬制)

① 미성년자가 결혼하면 성년자로 보아, 성년자와 동일한 행위능력을 갖게 됩니다. 즉, 후견인, 유언의 증인, 유언집행자가 될 수 있으며, 친권과 소송능력도 인정됩니다.

② 다만, 민법상의 행위능력만 인정될 뿐이고, 공직선거법, 청소년 보호법, 근로기준법, 국세기본법 등에서는 여전히 미성년자로 취급됩니다. 즉, 선거권·투표권·피선거권이 없으며, 상속세를 납부할 때 미성년자 공제를 받을 수 있습니다.

3-2. 재산관계의 변화

3-2-1. 부부재산약정

① 부부재산약정의 의의

결혼하면 부부의 재산은 법률에 의해 특별한 취급을 받게 됩니다. 즉, 결혼 전의 고유의 재산과 결혼 중 자신의 명의로 취득한 재산은 특유재산으로 인정되고, 귀속이 불분명한 재산은 부부공유재산으로 추정됩니다. 그러나 결혼 전에 미리 결혼 당사자가 재산관계에 대해 계약을 체결하고 등기하면 그 재산에 대해서는 위의 규정들이 적용되지 않습니다.

② 부부재산약정의 내용

부부재산약정은 부부의 결혼 중의 재산관계를 정하는 것이므로, 부부재산약정으로 이혼 등 결혼해소 시의 재산관계를 정할 수는 없습니다.

③ 부부재산약정의 변경

부부재산약정은 혼인신고를 한 후에는 변경할 수 없는 것이 원칙입니다). 그러나 부부 일방이 배우자의 재산을 관리하면서 부적당한 관리로 그 재산을 위태롭게 한 경우와 같이 정당한 사유가 있으면 법원의 허가를 받아 변경할 수 있습니다.

④ 부부재산약정등기

부부재산약정은 혼인성립 전(즉, 혼인신고 전)까지 등기해야 부부의 승계인 또는 제3자에게 대항할 수 있습니다. 등기신청자는 결혼 당사자 쌍방이 됩니다.

3-2-2. 부부별산제

① 부부별산제

부부재산약정이 체결된 경우가 아니라면 부부재산의 귀속과 관리는 민법에 따라 이루어지는데, 민법은 부부 각자의 재산을 인정하고 이에 따라 부부재산을 산정하도록 하는 부부별산제를 채택하고 있습니다.

② 특유재산

㉮ 부부의 일방이 결혼 전부터 가진 고유재산과 결혼 중 자신의 명의로 취득한 재산은 그의 특유재산으로 하며, 부부는 그 특유재산을 각자가 관리, 사용, 수익합니다.

㉯ 즉, 부부 중 일방의 명의로 된 재산은 그 명의자의 재산으로 추정되므로 상대 배우자의 재산이 본인소유라거나 공동소유라는 것을 주장하려면 그 재산취득을 위한 비용을 부담했거나 부부의 재산을 증식하기 위한 노력을 적극적으로 했다는 것을 증명해야 하며(대법원 1995. 10. 13. 선고 95다25695 판결), 막연히 재산취득에 협력했다거나 상대 배우자를 내조했다는 것만으로는 추정을 번복할 수 없습니다(대법원 1998. 6. 12. 선고 97누7707 판결).

㉰ "특유재산의 추정을 번복하기 위해서는 다른 일방 배우자가 실제로 해당 부동산의 대가를 부담해서 그 부동산을 자신이 실질적으로 소유하기 위해 취득했음을 증명해야 하므로, 단순히 다른 일방 배우자가 그 매수자금의 출처라는 사정만으로는 무조건 특유재산의 추정이 번복되어 해당 부동산에 관해 명의신탁이 있었다고 볼 것은 아니고, 관련 증거들을 통해 나타난 모든 사정을 종합해서 다른 일방 배우자가 해당 부동산을 실질적으로 소유하기 위해 그 대가를 부담했는지 여부를 개별적·구체적으로 가려 명의신탁여부를 판단해야 한다."(대법원 2008. 9. 25. 선고 2006두8068 판결)

③ 공유재산

㉮ 부부 중 누구에게 속하는 것인지 분명하지 않은 재산(예를 들어 전세보증금)은 부부의 공유재산으로 추정됩니다. 그러므로 이 재산을 사용, 관리, 수익하려면 상대 배우자의 동의가 있어야 합니다.

㉯ 또한, 결혼 중에 부부가 공동으로 협력해서 취득한 재산은 비록 그 명의가 부부 일방으로 되어 있어도 실질적으로 공유재산으로 보아 이혼 시 재산분할의 대상이 될 수 있습니다.

3-2-3. 일상가사로 인한 채무의 연대책임

① 일상의 가사에 대해 부부의 일방이 제3자와 법률행위를 한 경우에 이로 인해 발생한 채무는 부부가 함께 책임집니다. 즉, 부부가 생활필수품 구입 등 일상생활에 필요한 지출 때문에 은행이나 다른 사

람에게 빚을 지게 된 경우는 공동으로 갚아야 합니다.
② 다만, 이미 제3자에게 부부의 다른 일방의 책임 없음을 명시했다면 연대책임을 지지 않습니다.

3-2-4. 생활비용의 공동부담

① 공동부담이란?
공동부담이란 산술적으로 균등하게 부담한다는 의미가 아니라, 부부 각자의 경제적 능력에 따라 분담한다는 것을 의미합니다.
② 생활비용의 공동부담
㉠ 의식주 비용, 자녀 양육비 등 부부의 공동생활에 필요한 비용은 부부간에 특별한 약정이 없으면 공동으로 부담합니다.
㉡ 부부 중 일방이 가사노동을 전담하는 경우에도 그 가사노동은 다른 일방이 소득활동을 가능하도록 돕는 노동으로서 사회적·경제적 가치가 있다고 평가되어 공동생활비를 부담하고 있는 것으로 해석되고 있습니다.
㉢ 생활비용의 부담 비율·방법 등은 부부간의 협의로 결정할 수 있는데, 이에 관해 협의가 이루어지지 않으면 법원에 조정·심판을 청구할 수 있습니다.

4. 결혼 무효

4-1. 결혼 무효 사유
다음의 어느 하나에 해당하는 경우에는 결혼이 무효로 됩니다.
1. 당사자 사이에 결혼에 대한 합의가 없는 경우
2. 8촌 이내의 혈족(친양자의 입양 전 혈족을 포함) 간 결혼인 경우
3. 당사자 사이에 직계인척관계가 있거나 있었던 경우(예를 들어, 시아버지와 며느리, 장모와 사위, 계모와 계자 사이)
4. 당사자 사이에 양부모계의 직계혈족관계가 있었던 경우(예를 들어, 양부와 양녀, 양모와 양자 사이)

4-2. 결혼 무효 방법: 혼인무효확인소송

① 소송의 제기권자

결혼 무효 사유에 해당하는 경우에는 당사자, 법정대리인 또는 4촌 이내의 친족이 가정법원에 혼인무효확인소송을 제기할 수 있습니다).

② 소송의 상대방

혼인무효확인소송의 상대방은 부부의 일방이 소송을 제기한 경우에는 배우자가, 제3자가 소송을 제기한 경우에는 부부가 되며, 소송의 상대방이 될 사람이 사망한 경우에는 검사가 상대방이 됩니다.

③ 조정절차의 생략

혼인무효확인소송은 법원의 조정절차를 거치지 않습니다.

[서식] 혼인무효확인 청구의 소(당사자 간 직계인척)

소   장

원   고   ○   ○   ○

        1900년 ○월 ○일생

        등록기준지   ○○시 ○○구 ○○길 ○○

        주소   ○○시 ○○구 ○○길 ○○ (우편번호)

        전화   ○○○ - ○○○○

피   고   김   △   △

        1900년 ○월 ○일생

     윤   △   △

        1900년 ○월 ○일생

        ○○시 ○○구 ○○길 ○○

   위 피고들의 등록기준지   ○○시 ○○구 ○○길 ○○

        주소   ○○시 ○○구 ○○길 ○○ (우편번호)

        전화   ○○○ - ○○○○

혼인무요확인청구의 소

청 구 취 지

1. 피고들 사이에 20○○. ○. ○. ○○시 ○○구청장에게 신고하여 한 혼인은 무효임을 확인한다.
2. 소송비용은 피고들이 부담한다.
라는 판결을 구합니다.

청 구 원 인

1. 피고 김△△은 원고의 차녀이며, 같은 피고 윤△△는 20○○. ○. ○.에 피고 김△△와 혼인신고를 한 법률상 부부로서 원고에게는 둘째 사위입니다.
2. 피고 김△△은 ○○제과 ○○대리점의 영업사원으로 근무하다 대리점 주인이었던 소외 망 윤▲▲와 혼인을 하였던 사실이 있습니다. 그러나 원고는 장성한 자식들이 있는 위 망 윤▲▲와 피고 김△△의 혼인관계를 인정할 수 없어 연락을 두절하고 살았는데, 그 후 몇 년 만에 위 망 윤▲▲가 사망하자 얼마 되지 않아 피고 김△△와 같은 피고 윤△△가 재혼하였다는 소식을 듣게 되었습니다.
3. 피고들은 결혼식을 올리지도 않고 동거에 들어가면서 혼인신고를 마친 후, 법률상 부부로서 살고 있었는데 이후 집안간 왕래하는 과정에서 피고 윤△△가 위 망 윤▲▲의 자로서 피고들 간에 직계인척 관계가 있었던 사실이 밝혀졌습니다.
4. 원고와 가족들은 위와 같은 청천 벽력같은 소식에 우선 당사자들에게 관계를 정리하고 모든 것을 없었던 상태로 되돌릴 것을 요구하였으나 당사자들은 이미 자신들이 법률상 부부이므로 헤어질 수 없다며 가족들의 요구를 거절하고 있습니다.
5. 원고와 가족들은 피고들이 원만히 이번 일을 해결하기를 바랐으나, 가족들의 거듭된 요구를 거절하고 있고, 당사자들의 혼인이 민법 제815조 제3호에 해당되어 무효인 혼인에 해당되므로 원고가 스스로 피고들의 패륜적인 관계를 종결시키고자 본 소송에 이른 것입니다.

입 증 방 법

```
1. 갑 제1호증        가족관계증명서(김△△)
1. 갑 제2호증        가족관계증명서(윤△△)
1. 갑 제3호증        혼인관계증명서


            첨 부 서 류


1. 위 입증방법                      각 1통
1. 소장부본                          2통
1. 납부서                            1통

           20○○년  ○월  ○일
           원    고    ○  ○  ○ (인)

○ ○ 가 정 법 원      귀  중
```

■ 참 고 ■

※ 제 출 법 원(가사소송법 제22조)

1. 부부가 같은 가정법원의 관할구역내에 보통재판적이 있을 때에는 그 가정법원
2. 부부가 최후의 공통의 주소지를 가졌던 가정법원의 관할 구역내에 부부중 일방의 보통재판적이 있을 때에는 그 가정법원
3. 제1호 및 제2호에 해당되지 아니하는 경우로서 부부의 일방이 타방을 상대로 하는 때에는 상대방의 보통재판적소재지, 부부의 쌍방을 상대로 하는 때에는 부부중 일방의 보통재판적소재지의 가정법원
4. 부부의 일방이 사망한 경우에는 생존한 타방의 보통재판적소재지의 가정법원
5. 부부 쌍방이 사망한 경우에는 부부중 일방의 최후 주소지의 가정법원

※ 상 대 방

- 부부의 일방이 혼인의 무효나 취소 또는 이혼무효의 소를 제기할 때에는 배우자를 상대방으로 함
- 제3자가 제1항에 규정된 소를 제기할 때에는 부부를 상대방으로 하고, 부부 중 일방이 사망한 때에는 그 생존자를 상대방으로 함
- 제1항 및 제2항의 규정에 의하여 상대방이 될 자가 사망한 때에는 검사를 상대방으로 함

※ 불복절차 및 기간

- 항소(가사소송법 제19조제1항)
- 판결정본이 송달된 날로부터 14일이내

소   장

원   고   ○ ○ ○ (○○○)
　　　　　　　19○○년 ○월 ○일생
　　　　　　　등록기준지   ○○시 ○○구 ○○길 ○○
　　　　　　　주소   ○○시 ○○구 ○○길 ○○ (우편번호)
　　　　　　　전화   ○○○ - ○○○○
피   고   △ △ △ (△△△)
　　　　　　　19○○년 ○월 ○일생
　　　　　　　등록기준지   ○○시 ○○구 ○○길 ○○
　　　　　　　주소   ○○시 ○○구 ○○길 ○○ (우편번호)
　　　　　　　전화   ○○○ - ○○○○

혼인무효확인청구의 소

청 구 취 지

1. 원고와 피고 사이에 20○○. ○. ○. ○○시 ○○구청장에게 신고
   하여 한 혼인은 무효임을 확인한다.
2. 소송비용은 피고가 부담한다.
라는 판결을 구합니다.

청 구 원 인

1. 피고 △△△은 원고의 이종사촌이었으나 원고의 어머니와 피고의
   어머니가 1951년 8월경 피란 도중 헤어지게 되어 이를 알지 못
   하고 피고와 원고는 같은 대학 같은 학과에 입학하여 서로에게
   호감을 갖고 사귀던 중 결혼을 하고 19○○년 ○월 ○일 ○○구
   청에서 혼인신고를 하였습니다.
2. 이후 원고 어머니와 피고 어머니가 옛날 이야기를 하던 도중 6·25
   때 헤어진 자매라는 사실을 알게되어 원고는 혼인무효확인을 청
   구하기에 이른 것입니다.

입 증 방 법

1. 혼인관계증명서   1통
1. 제적등본   1통
   (또는, 가족관계기록사항에 관한 증명서)   1통
1. 결혼식 사진   1통
1. 증언서   1통

첨 부 서 류

1. 위 입증방법   각 1통
1. 소장부본   1통
1. 납부서   1통

20○○년 ○월 ○일

원 고   ○ ○ ○   (인)

○ ○ 가 정 법 원   귀 중

[서식] 혼인무효확인 청구의 소(혼인 불합의)

소 장

원 고   이 ○ ○ (주민등록번호)
　　　등록기준지 : ○○시 ○○구 ○○길 ○○
　　　주소 : ○○시 ○○구 ○○길 ○○

피 고   텐 △△△ (TEN. △△△)
　　　19○○년 ○월 ○일생, 여
　　　국적 : 카자흐스탄
　　　최후 주소 : ○○시 ○○구 ○○길 ○○(우편번호)

혼인무효확인청구의 소

청 구 취 지

1. 가. 주위적 청구
　　　원고와 피고 사이에 20○○. ○. ○. ○○시 ○○구청장에게 신
　　　고하여 한   혼인은 무효임을 확인한다.
　나. 예비적 청구
　　　원고와 피고는 이혼한다.
2. 소송비용은 피고가 부담한다.
라는 판결을 구합니다.

청 구 원 인

1. 원고는 19○○. ○.경부터 □□□ 교회에 다니다가 □□□에서 주
　최하는 국제 합동결혼식절차를 통하여 20○○. ○. ○. 한국 ◎◎
　회관에서 카자흐스탄 국적의 피고와 결혼식을 거행하고, 20○○.
　○. ○. ○○시 ○○구청장에게 혼인신고를 함으로써 가족관계등록
　부상으로는 피고와 부부로 되어 있습니다.
2. 그런데 원고는 위 결혼식 이전에는 피고를 만나 본 사실이 없고 서로
　사진만 본 상태에서 □□□에서 정해주는 절차에 따라 피고와 결혼

식을 올렸습니다. 그리고 결혼식 후에도 즉시 혼인생활을 위한 동거에 들어가지 못하는 □□□ 교리에 따라 피고는 원고와 떨어져 ○○시 ○○구 ○○동 ○○ 소재 □□□ 기숙사에서 40일을 지내야 하였고, 그 기간을 도과한 이후에서야 원.피고는 비로소 정식으로 혼인생활에 들어가도록 예정되어 있었습니다.

따라서 원고는 피고와 결혼식만 올렸을 뿐, 육체관계나 동거 한 번 없이 피고의 국내 체류기간 연장을 위하여 20○○. ○. ○. 피고와 혼인신고를 하였던 것입니다.

3. 그러나 피고는 위 □□□의 별거기간을 끝내고 원고와 혼인생활에 들어가기로 예정되어 있던 바로 전날인 20○○. ○. ○. 비자와 여권을 가지고 도망을 가서 지금까지 소재불명상태인바, 출입국사실을 확인해 본 결과 아직 국내 체류 중으로 되어 있었습니다. 피고의 여권은 원래 원고가 보관하고 있었는데 피고가 □□□의 교구장 목사를 통하여 자신의 여권을 돌려 달라고 사정하는 바람에 20○○. ○. ○. 마지못해 피고에게 여권을 주었는데 여권을 받은 바로 다음날 사라진 것입니다.

4. 위와 같은 사실을 종합해 볼 때 피고는 원고와 혼인할 의사 없이 단지 한국에 입국할 목적으로 원고를 기망하여 혼인신고를 한 것으로서 원.피고의 혼인은 혼인 당사자 간에 혼인에 관한 실질적 합의가 결여된 상태에서 이루어진 것으로서 무효라 할 것입니다.

가사 혼인무효가 인정되지 않는다 하더라도, 민법 제840조 제2호 소정의 재판상이혼사유인 "악의의 유기"에는 해당된다고 할 것입니다.

5. 따라서 원고는 청구취지 기재와 같이 주위적으로는 혼인무효확인을 구하고 예비적으로 재판상 이혼을 구하기 위하여 이 건 소제기에 이르렀습니다.

입 증 방 법

1. 갑 제1호증	혼인관계증명서
1. 갑 제2호증	주민등록등본
1. 갑 제3호증	피고여권사본
1. 갑 제4호증	가출인신고 접수증
1. 갑 제5호증	출입국에관한사실증명
1. 갑 제6호증	원고본인진술서

```
               첨   부   서   류

    1. 소장 부본                   1통
    1. 위 각 입증방법               각 1통
    1. 위임장                      1통
    1. 납부서                      1통


          20○○년  ○월  ○일
              위  원고           (인)


  ○ ○ 가 정 법 원        귀 중
```

■ **동거하다가 헤어진 졌는데, 일방이 혼인신고를 했을 경우 혼인신고를 무효로 할 수 있는지요?**

Q 저는 甲이라는 남자를 알게 되어 양가 부모의 허락도 없이 서울시내 성당에서 결혼식을 올리고 6개월 정도 동거를 한 사실이 있습니다. 그러나 甲은 평소 낭비벽이 심하고 열심히 살려는 의지가 보이지 않아 헤어졌고, 그 후 직장이동관계로 저의 가족관계등록부를 열람해보니 뜻밖에도 甲과 저는 헤어진 후 혼인신고가 되어 있었습니다. 이 경우 혼인신고를 무효로 할 수 있는지요?

A 혼인은 당사자의 합의에 따른 혼인신고에 의하여 법률적으로 유효하게 성립하며, 결혼식을 거행하고 부부로서 생활을 하고 있다 하더라도 혼인신고를 하지 않으면 사실혼에 불과하게 됩니다. 그러므로 혼인신고는 당사자 쌍방의 자유의사에 의하여 이루어져야 합니다. 판례도 "혼인이 유효하기 위해서는 당사자 사이에 혼인의 합의가 있어야 하고, 이러한 혼인의 합의는 혼인신고를 할 당시에도 존재하여야 한다."라고 하였으며(대법원 1996. 6. 28. 선고 94므1089 판결), "결혼식을 올린 다음 동거까지 하였으나 성격의 불일치 등으로 계속 부부싸움을 하던 끝에 사실혼관계를 해소

하기로 합의하고 별거하는 상황하에서 당사자 일방이

상대방의 승낙 없이 자기 마음대로 혼인신고를 하였다면 그 혼인은 무효이다."라고 하였습니다(대법원 1986. 7. 22. 선고 86므41 판결).

다만, "혼인의 합의란 법률혼주의를 채택하고 있는 우리나라 법제하에서는 법률상 유효한 혼인을 성립하게 하는 합의를 말하는 것이므로, 비록 사실혼관계에 있는 당사자 일방이 혼인신고를 한 경우에도 상대방에게 혼인의사가 결여되었다고 인정되는 한 그 혼인은 무효라 할 것이나, 상대방의 혼인의사가 불분명한 경우에는 혼인의 관행과 신의성실의 원칙에 따라 사실혼관계를 형성시킨 상대방의 행위에 기초하여 그 혼인의사의 존재를 추정할 수 있으므로 이와 반대되는 사정, 즉 '혼인의사를 명백히 철회하였다거나' '당사자 사이에 사실혼관계를 해소하기로 합의'하였다는 등의 사정이 인정되지 아니하는 경우에는 그 혼인을 무효라고 할 수 없다."라고 하였습니다(대법원 2000. 4. 11. 선고 99므1329 판결).

위 사안의 경우에도 이미 헤어진 상태에서 甲이 귀하 모르게 한 혼인신고는 무효라고 할 것이므로, 귀하는 가정법원에 혼인무효확인의 소를 제기하여 그 판결이 확정된 후 판결문등본과 확정증명서를 첨부하여, 시(구)·읍·면의 장에게 가족관계등록부의 정정을 신청하면 될 것입니다.

한편, 귀하가 만약 甲을 형사고소하여 甲이 처벌(사문서위조·동행사의 각 죄, 공전자기록등불실기재 등)을 받았다면 처벌사실을 소명하는 서면(형사판결문을 말하며 검찰단계에서 기소유예가 된 경우에는 혼인무효확인의 소를 제기하여야 합니다)을 첨부하여 법원에 가족관계등록부 정정허가신청을 제출하여 그 허가결정을 받은 후에 가족관계등록부를 정정할 수도 있을 것입니다.

4-3. 결혼 무효 효과

① 당사자 사이의 효과

결혼이 무효로 되면 당사자는 처음부터 부부가 아니었던 것으로 됩니다. 따라서 일상가사대리, 상속 등 부부임을 전제로 한 법률관계는 모두 무효로 됩니다. 또한, 당사자 일방의 과실로 결혼 무효가 됐다면 상대방은 그에 대한 재산상·정신상의 손해를 배상할 것을 청구할 수 있습니다.

② 자녀에 대한 효과

결혼이 무효로 되면 당사자 사이에 출생한 자녀는 혼인 외의 출생자가 되며, 그 자녀에 대한 양육문제는 당사자 사이에 협의가 이루어지지 않는 경우 당사자의 청구 또는 직권으로 법원이 정하게 됩니다.

■ 혼인할 의사 없이 일상가사대리권을 행사하여 가재도구를 구입한 경우 판매자는 어떠한 주장을 할 수 있는지요?

> **Q** 甲은 乙과 혼인한 이후 부부 간의 일상가사대리권에 기초해 乙의 명의로 가재도구를 구입하였습니다. 그러나, 甲은 사실은 乙과 혼인할 의사가 없었습니다. 甲에게 가재도구를 판매한 丙은 뒤늦게 이러한 사실을 알게 되었고, 甲을 찾아와 매매계약이 무효라고 주장합니다. 甲은 丙에게 어떠한 주장을 할 수 있는지요?

> **A** 민법 제815조는 아래와 같은 경우를 혼인의 무효 사유로 규정하고 있습니다. 민법상 혼인 무효 사유로는 '당사자 사이에 결혼에 대한 합의가 없는 경우, 8촌 이내의 혈족(친양자의 입양 전 혈족을 포함) 간 결혼인 경우, 당사자 사이에 직계인척관계가 있거나 있었던 경우(예를 들어, 시아버지와 며느리, 장모와 사위, 계모와 계자 사이), 당사자 사이에 양부모계의 직계혈족관계가 있었던 경우(예를 들어, 양부와 양녀, 양모와 양자 사이)' 등을 들 수 있습니다. 이러한 경우에 당사자, 법정 대리인 또는 4촌 이내의 친족은 가정법원에 혼인무효확인소송을 제기할 수 있고, 이를 통해 결혼이 무효인 것으로 판명났다면 양 당사자는 처음부터 부부가 아니었던 것으로 인정됩니다. 따라서, 일상가사대리나 상속 등 부부관계가 있음을 전제로 하는 법률관계는 모두 소급하여
> 무효로 되고, 만일 당사자 일방의 과실로 혼인 무효가 되었다면 상대방은 그에 대한 재산상 및 정신상의 손해배상을 청구할 수 있습니다. 결국, 甲과 乙의 혼인은 그 의사의 합치가 없는 경우로서 무효 사유이며, 무효의 효과로서 甲은 乙을 적법하게 일상가사 대리할 수 있는 권한이 없었던 것이므로 일상가사대리임을 전제로 한 甲의 법률행위는 모두 무효로 되게 됩니다(다만, 표현대리의 여지는 남아 있을 수 있습니다).

5. 결혼 취소

5-1. 결혼 취소 사유

다음의 어느 하나에 해당하는 경우에는 법원에 결혼의 취소를 청구할 수 있습니다.

1. 결혼적령(만 18세)에 도달하지 않은 경우
2. 미성년자 또는 피성년후견인이 부모 또는 성년후견인의 동의 없이 결혼한 경우. 이 경우 당사자가 19세에 달한 후 또는 성년후견종료의 심판이 있은 후 3개월이 지나거나 결혼 중 임신하면 취소를 청구할 수 없습니다.
3. 6촌 이내의 혈족의 배우자, 배우자의 6촌 이내의 혈족, 배우자의 4촌 이내의 혈족의 배우자인 인척이거나 이러한 인척이었던 사람과 결혼한 경우. 이 경우 당사자가 결혼 중 임신하면 취소를 청구할 수 없습니다.
4. 6촌 이내의 양부모계의 혈족이었던 사람과 4촌 이내의 양부모계의 인척이었던 사람과 결혼한 경우. 이 경우 당사자가 결혼 중 임신하면 취소를 청구할 수 없습니다.
5. 중혼(重婚)인 경우
6. 결혼 당시 당사자 일방에게 부부생활을 계속할 수 없는 악질이나 그 밖의 중대 사유가 있음을 알지 못한 경우. 이 경우 상대방은 취소사유가 있음을 안 날부터 6개월이 지나면 취소를 청구할 수 없습니다.
7. 사기 또는 강박으로 인해 결혼의 의사표시를 한 경우. 이 경우 사기를 안 날 또는 강박을 면한 날부터 3개월이 지나면 취소를 청구할 수 없습니다.

■ 만16세에도 적법하게 혼인할 수 있을까요?

Q 甲은 만 16세인 乙과 결혼을 하려 합니다. 甲과 乙은 서로 결혼할 의사가 있으며, 혼인신고에 필요한 절차에도 충실할 생각입니다. 甲은 乙과 적법하게 혼인할 수 있을까요?

A 혼인을 하는 데 있어서는 몇 가지 요건이 필요합니다. 이 때의 요건이란, 당사자 간 의사의 합치, 혼인 적령기의 도달, 근친혼·중혼 등이 아닐 것 과 같은 실질적 요건과 혼인신고를 거칠 것이라는 형식적 요건을 말합니다.

혼인의 의사 합치란, 서로 유효한 의사결정능력이 있는 상태에서 진정으로 결혼하겠다는 의사를 말하며, 판례는 '혼인이 유효하기 위해서는 당사자 사이에 혼인의 합의가 있어야 하고, 이러한 혼인의 합의는 혼인신고를 할 당시에도 존재해야 하며, 결혼식을 하고 사실혼 관계에 있었으나 일방이 뇌졸중으로 혼수상태에 빠져 있는 사이에 혼인신고가 이루어졌다면 특별한 사정이 없는 한 이 결혼은 무효라고 보아야 한다(대법원 1996. 6. 28. 선고 94므1089 판결)'고 판시하고 있습니다. 민법 제807조는 결혼을 하기 위해서는 만 18세에 이르러야 하며, 혼인 적령기에 이르렀더라도 미성년자인 경우에는 부모 내지는 미성년후견인의 동의가 필요합니다.

또한, 민법 제809조는 8촌 이내의 혈족, 6촌 이내의 혈족의 배우자, 배우자의 6촌 이내의 혈족, 배우자의 4촌 이내의 혈족의 배우자인 인척이거나 인척이었던 경우 및 6촌 이내의 양부모계의 혈족이었던 경우와 4촌 이내의 양부모계의 인척이었던 경우를 근친혼으로서, 적법한 혼인으로 인정하지 않고 있습니다. 게다가, 배우자 있는 사람이 다시 혼인을 하는 것은 중혼으로 민법 제810조에 따라 혼인의 취소사유가 됩니다. 이에 더해 '가족관계의 등록 등에 관한 법률'에 따른 혼인신고절차를 갖춘 경우에 혼인이 유효하게 성립하게 됩니다. 따라서 甲은 乙과 혼인할 의사가 있다 하더라도 乙이 혼인적령기에 이르지 않았음을 이유로 적법한 혼인을 할 수는 없다고 하겠습니다.

■ 부모의 동의없이 만18세미만인 사람이 결혼한 경우 법률행위를 하였다면 이의 효력은 어떻게 되나요?

Q
甲남은 乙녀와 혼인하였습니다. 그러나 甲은 혼인 이후, 乙이 결혼 적령(만 18세)에 도달하지 못한 미성년자로서 부모의 동의 없이 결혼한 것임을 알게 되었습니다. 甲 은 乙과의 혼인을 계속 유지하여야 하나요? 만일, 甲이 乙과의 혼인관계를 전제로 법률행위를 하였다면 이의 효력은 어떻게 되나요?

A
결혼적령 미달, 미성년자·금치산자가 동의 없이 결혼한 경우, 친족 간 결혼한 경우, 중혼인 경우, 결혼 당시 당사자 일방에게 부부생활을 할 수 없는 악질·사유가 있음을 알지 못한 경우 등 일정한 사유가 있으면 그 결혼은 취소될 수 있습니다.

결혼이 취소되면 장래를 향해서 결혼이 해소되기 때문에 결혼 취소 전에 한 법률행위는 그대로 유지되며, 결혼 취소에 대한 책임이 있는 상대방에게 재산상·정신상 손해배상을 청구할 수 있습니다. 또한, 결혼이 취소되면 자녀에 대한 친권자는 가정법원이 직권으로 정하며, 양육권에 대해 당사자 사이에 협의가 없는 경우에는 당사자의 청구 또는 직권으로 가정법원이 결정합니다. 혼인취소판결이 확정되면 결혼은 장래를 향해서 해소되며, 소급효는 인정되지 않습니다. 따라서 결혼 중에 출생한 자녀는 혼인 중의 출생자로서의 지위가 유지되며, 배우자 사이에 재산상속이 있은 후에 결혼이 취소되면 그 상속은 무효로 되지 않습니다(대법원 1996.12.23. 선고 95다48308 판결).

또한, 결혼이 취소되면 인척관계는 종료됩니다. 따라서, 甲은 乙의 결혼적령 미달, 미성년자로서 부모의 동의 없음 등을 사유로 하여 乙과의 혼인을 취소할 수 있고, 이는 장래를 향하여만 효력이 있는 바, 혼인 후 취소 전에 있었던 법률행위에 대하여는 별다른 주장을 할 수 없을 것으로 보입니다.

5-2. 결혼 취소 방법: 혼인취소소송

① 소송의 제기권자

혼인취소소송을 제기할 수 있는 사람은 다음과 같습니다.
- 결혼적령(만 18세)에 도달하지 않은 경우: 당사자, 법정대리인
- 미성년자 또는 피성년후견인이 동의 없이 결혼한 경우: 당사자, 법정대리인
- 6촌 이내의 혈족의 배우자, 배우자의 6촌 이내의 혈족, 배우자의 4촌 이내의 혈족의 배우자인 인척이거나 이러한 인척이었던 사람과 결혼한 경우: 당사자, 직계존속, 4촌 이내의 방계혈족
- 6촌 이내의 양부모계의 혈족이었던 사람과 4촌 이내의 양부모계의 인척이었던 사람과 결혼한 경우: 당사자, 직계존속, 4촌 이내의 방계혈족
- 중혼(重婚)인 경우: 당사자, 배우자, 직계혈속, 4촌 이내의 방계혈족 또는 검사

② 소송의 상대방

혼인취소소송의 상대방은 부부의 일방이 소송을 제기한 경우에는 배우자가, 제3자가 소송을 제기한 경우에는 부부가 되며, 소송의 상대방이 될 사람이 사망한 경우에는 검사가 상대방이 됩니다.

③ 조정 신청

혼인취소소송을 제기하려면 우선 가정법원의 조정절차를 거쳐야 합니다.

④ 소송의 제기 및 재판의 확정

㉮ 조정을 하지 않기로 하는 결정이 있거나, ㉯ 조정이 성립되지 않은 것으로 종결되거나), ㉰ 조정에 갈음하는 결정 등에 대해 2주 이내에 이의신청이 제기되어 그 결정이 효력을 상실한 경우에는 조정신청을 한 때 소송이 제기된 것으로 보아, 조정절차가 종결되고 소송절차로 이행됩니다.

⑤ 재판이 확정된 경우에 소송을 제기한 사람은 재판의 확정일부터 1개월 이내에 재판의 등본 및 확정증명서를 첨부해서 결혼 취소 사실을 신고해야 합니다.

5-3. 결혼 취소 효과

5-3-1. 결혼관계의 해소(소급효의 불인정)

① 혼인취소판결이 확정되면 결혼은 장래를 향해서 해소되며, 소급효는 인정되지 않습니다.

② 따라서 결혼 중에 출생한 자녀는 혼인 중의 출생자로서의 지위가 유지되며, 배우자 사이에 재산상속이 있은 후에 결혼이 취소되면 그 상속은 무효로 되지 않습니다(대법원 1996. 12. 23. 선고 95다 48308 판결).

5-3-2. 손해배상의 청구

당사자 일방의 과실로 결혼이 취소됐다면 상대방은 그에 대한 재산상·정신상의 손해를 배상할 것을 청구할 수 있습니다).

5-3-3. 인척관계의 종료

결혼이 취소되면 인척관계는 종료됩니다.

■ 부부의 일방이 제3자와 부정행위를 한 경우에 그로 인하여 배우자가 입은 정신적 고통에 대하여 불법행위에 의한 손해배상의무를 지는지요?

Q 갑과 을은 부부인데, 부부 중 일방인 을이 을의 혼인사실을 알고 있는 병과 부정행위를 한 경우, 갑은 을과 병에게 자신이 입은 정신적 고통에 대하여 불법행위에 의한 손해배상청구를 할 수 있나요?

A 부부는 동거하며 서로 부양하고 협조할 의무를 지고, 이러한 동거의무 내지 부부공동생활 유지의무의 내용으로서 부부는 부정행위를 하지 아니하여야 하는 성적(性的)성실의무를 부담한다. 부부의 일방이 부정행위를 한 경우에 부부의 일방은 그로 인하여 배우자가 입은 정신적 고통에 대하여 불법행위에 의한 손해배상의무를 부담합니다.
한편 제3자도 타인의 부부공동생활에 개입하여 부부공동생활의 파탄을 초래하는 등 그 혼인의 본질에 해당하는 부부공동생활을 방해하여서는 아니 됩니다. 제3자가 부부의 일방과 부정행위를 함으로써 혼인의 본질에 해당하는 부부공동생활을 침해하거나 유지를 방해하고 그에 대한 배우자로서의 권리를 침해하여 배우자에게 정신적 고통을 가하는 행위는 원칙적으로 불법행위를 구성합니다. 그리고 부부의 일방과 제3자가 부담하는 불법행위책임은 공동불법행위책임으로서 부진정연대채무 관계에 있습니다(대법원 2015. 5. 29. 선고 2013므2441 판결).

따라서 갑은 을 뿐이 아니라 병에게도 불법행위에 의한 손해배상 청구를 할 수 있을 것입니다.

5-3-4. 자녀에 대한 효과

① 친권자의 선정

결혼이 취소되면 가정법원이 직권으로 친권자를 정합니다.

② 양육책임

자녀에 대한 양육책임은 당사자가 협의해서 정하고, 협의가 이루어지지 않거나 협의를 할 수 없을 경우에는 당사자의 청구 또는 직권으로 가정법원이 정하게 됩니다.

③ 면접교섭권

㉠ 면접교섭권이란 자녀를 직접 양육하지 않는 부모 일방이 자녀와 서로 대면하고 대화할 수 있는 권리로서 편지교환, 전화, 선물교환, 주말의 숙박 등을 하는 것을 말합니다.

㉡ 자녀를 직접 양육하지 않는 부모의 일방은 자녀에 대해 면접교섭(面接交涉)할 수 있는 권리를 가집니다. 다만, 자녀의 복리를 위해 필요한 경우에는 당사자의 청구 또는 직권으로 가정법원이 면접교섭권을 배제하거나 제한·배제·변경할 수 있습니다.

6. 혼인신고 절차

6-1. 신고기간 및 신고인

① 혼인신고는 신고에 의해 효력이 발생하는 창설적(創設的) 신고로서 신고기간이 따로 정해져 있지 않으며, 결혼을 하려는 당사자가 가

족관계등록기준지, 주소지 또는 현재지의 시청·구청·읍사무소 또는
면사무소에 신고하면 됩니다. 만일 외국에서 대한민국 국민끼리 결
혼했다면, 그 외국에 주재하는 대사관·공사관 또는 영사관에 혼인신
고를 하면 됩니다.
② 외국에 거주하거나 체류하는 대한민국 국민의 경우 재외국민 가족
관계등록사무소에서도 혼인신고를 할 수 있습니다.

6-2. 혼인신고에 필요한 서류

혼인신고를 할 때는 다음의 서류를 갖추어야 합니다.
 - 혼인신고서(당사자 쌍방과 성년자인 증인 2명의 연서가 있어야 함)
 - 혼인 당사자의 가족관계등록부의 기본증명서, 혼인관계증명서, 가족관
   계증명서(가족관계등록 관서에서 확인이 가능한 경우에는 제출 생략)
 - 혼인동의서
 - 사실혼관계존재확인의 재판에 따른 혼인신고인 경우 심판서의 등본
   및 확정증명서
 - 혼인신고특례법에 따른 혼인인 경우 심판서의 등본 및 확정증명서
 - 자녀의 성과 본을 어머니의 성과 본으로 하는 경우에는 그 협의서
 - 혼인 당사자의 신분증명서(단, 사실혼관계존재확인의 확정판결에 따
   른 혼인신고인 경우는 출석한 신고인의 신분확인으로 상대 배우자
   의 신분확인을 한 것으로 봄)

[서식] 혼인신고서

<table>
<tr>
<td colspan="4" style="text-align:center">혼 인 신 고 서
(년 월 일)</td>
<td colspan="4">※ 신고서 작성 시 뒷면의 작성 방법을 참고하고, 선택항목
에는 '영표(○)'로 표시하기 바랍니다.</td>
</tr>
<tr>
<td colspan="2">구 분</td>
<td colspan="3">남 편(부)</td>
<td colspan="3">아 내(처)</td>
</tr>
<tr>
<td rowspan="8">①
혼
인
당
사
자
〈
신
고
인
〉</td>
<td rowspan="2">성명</td>
<td>한글</td>
<td>*(성) / (명)</td>
<td>㉿ 또는서명</td>
<td>*(성) / (명)</td>
<td colspan="2">㉿ 또는서명</td>
</tr>
<tr>
<td>한자</td>
<td>(성) / (명)</td>
<td></td>
<td>(성) / (명)</td>
<td colspan="2"></td>
</tr>
<tr>
<td colspan="2">본(한자)</td>
<td>전화</td>
<td></td>
<td>본(한자)</td>
<td>전화</td>
<td></td>
</tr>
<tr>
<td colspan="2">출생연월일</td>
<td colspan="3"></td>
<td colspan="2"></td>
</tr>
<tr>
<td colspan="2">*주민등록번호</td>
<td colspan="3">-</td>
<td colspan="2">-</td>
</tr>
<tr>
<td colspan="2">*등록기준지</td>
<td colspan="3"></td>
<td colspan="2"></td>
</tr>
<tr>
<td colspan="2">*주소</td>
<td colspan="3"></td>
<td colspan="2"></td>
</tr>
<tr>
<td colspan="7"></td>
</tr>
<tr>
<td rowspan="6">②
부
모
〈
양
부
모
〉</td>
<td colspan="2">부 성명</td>
<td colspan="3"></td>
<td colspan="2"></td>
</tr>
<tr>
<td colspan="2">주민등록번호</td>
<td colspan="3">-</td>
<td colspan="2">-</td>
</tr>
<tr>
<td colspan="2">등록기준지</td>
<td colspan="3"></td>
<td colspan="2"></td>
</tr>
<tr>
<td colspan="2">모 성명</td>
<td colspan="3"></td>
<td colspan="2"></td>
</tr>
<tr>
<td colspan="2">주민등록번호</td>
<td colspan="3">-</td>
<td colspan="2">-</td>
</tr>
<tr>
<td colspan="2">등록기준지</td>
<td colspan="3"></td>
<td colspan="2"></td>
</tr>
<tr>
<td colspan="3">③외국방식에 의한 혼인성립일자</td>
<td colspan="5" style="text-align:center">년 월 일</td>
</tr>
<tr>
<td colspan="3">④성·본의 협의</td>
<td colspan="5">자녀의 성·본을 모의 성·본으로 하는 협의를 하였습니까?
예☐아니요☐</td>
</tr>
<tr>
<td colspan="3">⑤근친혼 여부</td>
<td colspan="5">혼인당사자들이 8촌이내의 혈족사이에 해당됩니까?
예☐아니요☐</td>
</tr>
<tr>
<td colspan="3">⑥기타사항</td>
<td colspan="5"></td>
</tr>
<tr>
<td rowspan="4">⑦
증
인</td>
<td colspan="2">성 명</td>
<td colspan="2">㉿ 또는 서명</td>
<td>주민등록번호</td>
<td colspan="2">-</td>
</tr>
<tr>
<td colspan="2">주 소</td>
<td colspan="5"></td>
</tr>
<tr>
<td colspan="2">성 명</td>
<td colspan="2">㉿ 또는 서명</td>
<td>주민등록번호</td>
<td colspan="2">-</td>
</tr>
<tr>
<td colspan="2">주 소</td>
<td colspan="5"></td>
</tr>
<tr>
<td rowspan="6">⑧
동
의
자</td>
<td rowspan="2">남
편</td>
<td>부</td>
<td>성명</td>
<td>㉿ 또는 서명</td>
<td colspan="2">성명</td>
<td>㉿ 또는 서명</td>
</tr>
<tr>
<td>모</td>
<td>성명</td>
<td>㉿ 또는 서명</td>
<td colspan="3">주민등록번호</td>
</tr>
<tr>
<td rowspan="2">아
내</td>
<td>부</td>
<td>성명</td>
<td>㉿ 또는 서명</td>
<td colspan="2">성명</td>
<td>㉿ 또는 서명</td>
</tr>
<tr>
<td rowspan="3">모</td>
<td rowspan="3">성명</td>
<td rowspan="3">㉿ 또는 서명</td>
<td rowspan="3">후
견
인</td>
<td colspan="3" rowspan="3">주민등록번호</td>
</tr>
<tr></tr>
<tr></tr>
<tr>
<td colspan="2">⑨신고인 출석여부</td>
<td colspan="3" style="text-align:center">① 남편(부)</td>
<td colspan="3" style="text-align:center">② 아내(처)</td>
</tr>
<tr>
<td>⑩제출인</td>
<td colspan="2">성명</td>
<td colspan="2"></td>
<td>주민등록번호</td>
<td colspan="2">-</td>
</tr>
</table>

※ 타인의 서명 또는 인장을 도용하여 허위의 신고서를 제출하거나, 허위신고를 하여 가족관계등록부에 실제와 다른 사실을 기록하게 하는 경우에는 **형법에 의하여 처벌**받을 수 있습니다. **눈표(*)로 표시한 자료**는 국가통계작성을 위해 통계청에서도 수집하고 있는 자료입니다.

※ 아래 사항은 「**통계법**」 제24조의2에 의하여 **통계청에서 실시하는 인구동향조사입니다.** 「통계법」제32조 및 제33조에 의하여 성실응답의무가 있으며 개인의 비밀사항이 철저히 보호되므로 사실대로 기입하여 주시기 바랍니다.

※ 첨부서류 및 혼인당사자의 국적과 혼인종류는 국가통계작성을 위해 통계청에서도 수집하고 있는 자료입니다.

인구동향조사

㉮ 실제 결혼 생활 시작일		년 월 일부터 동거		
㉯ 혼인종류	남편	1초혼 2사별 후 재혼 3이혼 후 재혼	아내	1초혼 2사별 후 재혼 3이혼 후 재혼
㉰ 최종졸업학교	남편(부)	1학력 없음 2초등학교 3 중학교 4 고등학교 5 대학(교) 6대학원 이상	아내(처)	1학력 없음 2초등학교 3 중학교 4 고등학교 5 대학(교) 6대학원 이상
㉱ 직업	남편(부)	1 관리직　　2 전문직 3 사무직　　4 서비스직 5 판매직　　6 농림어업 7 기능직　　8장치기계 조작 및 조립 9 단순노무직 10 군인 11 학생가사무직	아내(처)	1 관리직　　2 전문직 3 사무직　　4 서비스직 5 판매직　　6 농림어업 7 기능직　　8장치기계 조작 및 조립 9 단순노무직 10 군인 11 학생가사무직

작성방법

※ 등록기준지 : 각 란의 해당자가 외국인인 경우에는 그 국적을 기재합니다.
※ 주민등록번호 : 각 란의 해당자가 외국인인 경우에는 외국인등록번호(국내거소신고번호 또는 출생연월일)를 기재합니다.
※ ①,②란 및 ⑤,⑦란은 신고인 모두가 기재하며, 나머지 란(③,④,⑥,⑧)은 해당되는 사람만 기재합니다.
※ 주민등록전입신고는 본 가족관계등록신고와는 따로 하여야 합니다.
②란 : 혼인당사자가 양자인 경우 양부모의 인적사항을 기재합니다.
③란 : 외국방식에 의한 혼인증서등본제출의 경우 혼인성립일을 기재합니다.
④란 : 「민법」제781조제1항의 단서에 따라 자녀의 성.본을 모의 성·본으로 하는 협의가 있는 경우에는 그러한 사실을 표시합니다.
⑤란 : 혼인당사자들이 「민법」제809조제1항에 따른 근친혼에 해당되지 아니한다는 사실[8촌이내의 혈족(친양자의 입양 전의 혈족을 포함한다)]을 표시합니다.
⑥란 : 아래의 사항 및 가족관계등록부에 기록은 분명하게 하는데 특히 필요한 사항을 기재합니다.
　 - 사실상 혼인관계 존재확인의 재판에 의한 혼인신고(양 당사자가 생존한 경우에 소제기자만 신고 가능)의 경우에는 재판법원 및 확정일자
　 - 부모의 혼인으로 인하여 혼인중의 자의 신분을 취득한 자녀가 있을 경우에는

그 자녀의 성명, 등록기준지

⑦란 : 증인은 성년자이어야 합니다.

⑧란 : 미성년자 또는 피성년후견인(2018. 6. 30.까지는 금치산자 포함)이 혼인하는 경우에 동의내용을 기재합니다.

⑩란 : 제출인(신고인이 작성한 신고서를 신고인이 아닌 사람이 제출할 경우만 기재)의 성명 및 주민등록번   호를 기재합니다.[접수담당공무원은 신분증과 대조]

※ 아래 사항은 「통계법」 제24조의2에 의하여 **통계청에서 실시하는 인구동향조사입니다.**

㉮란 : 결혼일자와 관계없이 실제 부부가 결혼(동거)생활을 시작한 날을 기입합니다.

㉯란 : 교육부장관이 인정하는 모든 정규교육기관을 기준으로 기재하되 각급 학교의 재학 또는 중퇴자는 최종 졸업한 학교의 해당번호에 '영표(○)'로 표시합니다. <예시> 대학교 3학년 재학(중퇴) → ④ 고등학교에 '영표(○)'로 표시

㉰란 : 결혼할 당시의 주된 직업을 기준으로 기재합니다.

> ① 관리자 : 정부, 기업, 단체 또는 그 내부   부서의 정책과 활동을 기획, 지휘 및 조정 (공공 및 기업고위직 등)
> ② 전문가 및 관련종사자 : 전문지식을 활용한 기술적 업무(과학, 의료, 복지, 교육, 종교, 법률, 금융, 예술, 스포츠 등)
> ③ 사무종사자 : 관리자, 전문가 및 관련 종사자를 보조하여 업무 추진(행정, 경영, 보험, 감사, 상담·안내·통계 등)
> ④ 서비스종사자 : 공공안전, 신변보호, 돌봄, 의료보조, 미용, 혼례 및 장례, 운송, 여가, 조리와 관련된 업무
> ⑤ 판매종사자 : 영업활동을 통해 상품이나 서비스판매(인터넷, 상점, 공공장소 등), 상품의 광고.홍보, 계산.정산 등
> ⑥ 농림·어업 숙련 종사자 : 작물의 재배.수확, 동물의 번식.사육, 산림의 경작·개발, 수생 동.식물 번식 및 양식 등
> ⑦ 기능원 및 관련 기능 종사자 : 광업, 제조업, 건설업에서 손과 수공구를 사용하여 기계 설치 및 정비, 제품 가공
> ⑧ 장치·기계 조작 및 조립 종사자 : 기계를 조작하여 제품 생산.조립, 산업용 기계·장비조작, 운송장비의 운전 등
> ⑨ 단순노무 종사자 : 주로 간단한 수공구의 사용과 단순하고 일상적이며 육체적 노력이 요구되는 업무
> ⑩ 군인 : 의무복무를 포함하여, 현재 군인신분을 유지하고 있는 경우(국방분야에 고용된 민간인과 예비군은 제외)
> ⑪ 학생·가사·무직: 교육기관에 재학하며 학습에만 전념하거나, 전업주부이거나, 특정한 직업이 없는 경우

첨 부 서 류

※ 아래 1항은 가족관계등록관서에서 전산으로 그 내용을 확인할 수 있는 경우 첨부를 생략합니다.

1. 혼인 당사자의 가족관계등록부의 기본증명서, 혼인관계증명서, 가족관계증명서 각 1통.
2. 혼인동의서[미성년자 또는 피성년후견인(2018. 6. 30.까지는 금치산자 포함)이 혼인하는 경우, 단 신고서 동의란에 기재하고 서명 또는 날인한 경우는 예외] 및 성년후견인의 자격을 증명하는 서면(피성년후견인의 혼인에 성년후견인이 동의하는 경우만)
3. 사실상 혼인관계 존재확인의 재판이 확정되어 혼인신고를 하는 경우 그 재판서의 등본과 확정증명서 각 1부[조정, 화해성립의 경우 조정(화해)조서 및 송달증명서 각 1부].
4. 혼인신고특례법에 의한 혼인의 경우 심판서의 등본 및 확정증명서 1부.
5. 사건본인이 외국인인 경우
   - 한국방식에 의한 혼인의 경우 : 외국인의 혼인성립요건구비증명서(중국인인 경우

미혼증명서) 원본 및 국적을 증명하는 서면(여권 또는 외국인등록증) 사본 각 1부.
- 외국 방식에 의해 혼인한 경우 : 혼인증서등본 1부 및 국적을 증명하는 서면 (여권 또는 외국인등록증) 사본 1부.
6.「민법」제781조제1항의 단서에 따라 자녀의 성.본을 모의 성·본으로 하는 협의를 한 경우에는 협의사실을 증명하는 혼인당사자의 협의서(가족관계등록예규 제414호 별지1 양식) 1부.
7. 신분확인[가족관계등록예규 제443호에 의함]
  ① 일반적인 혼인신고
    - 신고인이 출석한 경우 : 신고인 모두의 신분증명서
    - 신고인 불출석, 제출인 출석의 경우 : 제출인의 신분증명서 및 신고인 모두의 신분증명서 또는 서명공증 또는 인감증명서(신고인의 신분증명서 없이 신고서에 신고인이 서명한 경우 서명공증, 신고서에 인감 날인한 경우 인감증명)
    - 우편제출의 경우 : 신고인 모두의 서명공증 또는 인감증명서(신고서에 서명한 경우 서명공증, 인감을 날인한 경우는 인감증명서)
  ② 보고적인 혼인신고(증서등본에 의한 혼인신고)
    - 신고인이 출석한 경우 : 신분증명서
    - 제출인이 출석한 경우 : 제출인의 신분증명서
    - 우편제출의 경우 : 신고인의 신분증명서 사본
  ※ 신고인이 성년후견인인 경우에는 7항의 ② 서류 외에 성년후견인의 자격을 증명하는 서면도 함께 첨부해야 합니다.
※ 사실상 혼인관계 존재확인의 재판이 확정되어 혼인신고를 하는 경우에는 출석한 신고인(소제기자)의 신분확인으로 불출석한 신고인의 신분확인에 갈음할 수 있습니다.

[서식] 혼인동의서

혼 인 동 의 서

등록기준지   ○○시 ○○구 ○○길 ○○
주   소   ○○시 ○○구 ○○길 ○○(우편번호)
              부(夫) 정 ○ ○   19○○년 ○월 ○일생
              부 정 □ □와 모 박 □ □사이의 장남

등록기준지   ○○시 ○○구 ○○길 ○○
주   소   ○○시 ○○구 ○○길 ○○(우편번호)
              처(妻) 김 ○ ○   19○○년 ○월 ○일생
              부 김 □ □와 모 이 □ □의 2녀

상기자간의 혼인에 동의합니다.

                  20○○년   ○월   ○일

              동의자   처의 부 김 ○ ○ (인)
                        처의 모 이 ○ ○ (인)

※ 18세가 되지 못한 자는 부모의 동의가 없으면 혼인신고서는 수리되지 아니한다. 부부가 모두 미성년자이면 쌍방의 부모가 모두 동의하여야 한다. 부모 중 일방이 동의권을 행사할 수 없을 때 다른 일방의 동의만으로 족하다.

[서식] 등록부정정허가신청서(위장결혼)

등록부정정 허가 신청서

신청인 겸 사건본인 　○　○　○(한자 ○ ○ ○)

　　　　　　　　　　19○○년 ○월 ○일생

　　　　　　　　　　등록기준지　 ○○시 ○○구 ○○길 ○○

　　　　　　　　　　주소　 ○○시 ○○구 ○○길 ○○(우편번호)

　　　　　　　　　　전화　 ○○○ - ○○○○

신 청 취 지

위 등록기준지의 사건본인의 가족관계등록부의 기록사항 중 특정등록
사항란에 기록된 배우자 "□□□"와 일반등록사항란에 기록된 "혼인
사유전부"를 각 삭제하는 것을 허가한다.
라는 결정을 구합니다.

신 청 이 유

1. 사건본인은 혼인의 의사가 전혀 없음에도 사건본인 가족관계등록
   부에 기재된 배우자 □□□와 위장으로 결혼하였습니다.
2. 그러나, 사건본인과 혼인관계증명서에 기재된 배우자는 마치 정상
   적으로 혼인한 것처럼 결혼공정증서등 혼인관계서류를 가족관계등
   록관서에 제출하여 그 정을 모르는 가족관계등록부 담당 공무원으
   로 하여금 본인의 가족관계등록부에 등재하게 하여 공전자기록등
   불실기재등으로 형사처벌을 받았습니다.
3. 이에 사건본인은 위 신청취지와 같이 귀 법원에 가족관계등록부
   정정허가신청서를 제출하오니, 정정허가를 하여 주시기 바랍니다.

첨 부 서 류

1. 사건본인의 기본증명서	1통
1. 혼인관계증명서	1통

1. 주민등록등본   1통
1. 형사판결문등본과 확정증명원(법원)   각 1통
1. 형벌이 벌금, 사회봉사명령인 경우 벌금완납증명서(검찰청) 또
   는 사회봉사명령이행확인서(보호관찰소)   각 1통
1. 인우보증서(보증인 2명의 주민등록등본 첨부)   1통

                    200 .   .   .
                    위 신청인   (인 또는 서명)

○ ○ 가 정 법 원 귀중

■ 결혼한 당사자 일방이 임의적으로 혼인신고를 할 수 있는지요?

Q 저는 1년 전 결혼하였으나 남편이 혼인신고에 동의를 하지 않고 있습니다. 제가 혼자서 일방적으로 혼인신고를 할 수 있는지요?

A 민법 제815조는 ①당사자간에 혼인의 합의가 없는 때, ②혼인이 제809조 제1항의 규정을 위반한 때, ③당사자간에 직계인척관계(직계인척관계)가 있거나 있었던 때, ④당사자간에 양부모계의 직계혈족관계가 있었던 때에 해당하는 경우의 혼인은 무효로 규정하고 있습니다.
따라서 혼인은 당사자의 자유롭고 진정한 의사의 합치로 이루어져야 하므로, 귀하는 혼자서 일방적으로 혼인신고를 할 수 없습니다. 다만, 귀하는 남편과 정식으로 결혼식을 올리고 지금도 살고 있다는 사실을 입증하여 남편 주소지관할 가정법원에 사실상혼인관계존재확인의 청구를 하여 판결을 받은 후 판결문에 근거하여 혼인신고를 할 수 있습니다.
그렇지만 귀하가 위와 같은 소송을 통하여 혼인신고를 하면 남편의 감정이 상할 염려가 있으니 우선 남편과 합의하여 혼인신고하도록 노력하는 것이 좋을 듯합니다.또한, 판례는 "사실상 혼인관계는 사실상의 관계를 기초로 하여 존재하는 것이므로, 당사자 일방의 의사에 의하여 해소될 수 있고, 당사자 일방의 파기로 인

하여 공동생활의 사실이 없게 되면 사실상의 혼인관계는 해소되는 것이다."라고 하였으므로(대법원 1977. 3. 22. 선고 75므28 판결), 사실상혼인관계존재확인청구가 인용되기 위해서는 사실심변론종결시(마지막으로 재판하는 날을 말합니다)까지 사실혼관계가 유지·존속되어야만 할

것이고, 소송계속중이라도 당사자 일방의 의사표시에 의하여 사실혼관계가 해소되면 결과적으로 과거의 사실혼관계의 존재확인을 구하는 셈이 되므로 확인의 이익이 부정되어 확인청구가 각하될 수 있다는 점을 유의하여야 할 것입니다.

■ 혼인신고를 할 때 반드시 양쪽 혼인당사자가 직접 출석해야 하나요?

Q 혼인신고를 할 때 반드시 양쪽 혼인당사자가 직접 출석해야 하나요?

A 한쪽 혼인당사자만 출석해서도 혼인신고를 할 수 있습니다. 다만, 가족관계의 등록 등에 관한 법률은 이를 악용한 피해사례의 발생을 막기 위해 한쪽 혼인당사자가 혼인신고를 하는 경우에는 불출석한 혼인 당사자의 의사를 확인하기 위한 방법으로 그 신분증을 제시하거나 인감증명서를 첨부하도록 하고, 그렇지 않으면 혼인신고가 수리되지 못하도록 규정하고 있습니다(가족관계의 등록 등에 관한 법률 제23조제2항).

■ 사실혼관계에 있지 않은 상태에서 일방이 혼인신고를 한 경우 혼인는 유효하다고 볼 수 있는지요?

Q 저와 甲은 함께 같은 집에서 살림을 차리고 동거를 한 적은 없으나, 결혼을 약속하고 이를 전제로 하여 지속적인 육체관계를 맺어왔고, 그 후 甲이 일방적으로 혼인신고를 한 사실이 있습니다. 지금은 그로부터 약 7년이 지난 시점인데, 저와 甲 사이의 혼인신고를 유효하다고 볼 수 있는지요?

A 위 사안의 경우 사실혼관계에 있지 않은 상태에서 일방이 혼인신고를 한 경우 혼인의 효력이 쟁점입니다. 이와 관련하여 서울가정

법원 1996.8.18. 선고 96드24235 판결을 통해, 다음과 같이 판시하고 있습니다.

'양 당사자가 일정한 장소에서 살림을 차리고 동거를 한 적이 없기는 하나 결혼을 약속하고 이를 전제로 하여 지속적인 육체관계를 맺어 왔으며, 혼인의 무효를 주장하는 일방이 상대방의 일방적인 혼인신고 사실을 알게 되었으면서도 그로부터 약 6년이 경과할 때까지 그 혼인신고에 대하여 특별히 이의를 제기한 바도 없을 뿐 아니라, 그들이 부부로 된 호적에 그들 사이에 태어난 자의 출생신고를 하고 그 호적에 기초하여 자신의 의료보험이나 소득세 연말 정산에 상대방과 자녀를 처, 자로 신고하는 외에도 상대방의 직장, 출산, 상대방 여동생의 결혼 등 상대방의 주위에서 일어나는 여러 가지 문제에 대하여 상대방과 부부로 행동하였던 점에 비추어, 상대방과 처음 결혼할 당시는 물론 그 혼인신고 및 그 이후에도 혼인의사가 계속하여 존재하고 있었다는 이유로, 비록 그 혼인신고가 상대방의 일방적 신고에 의한 것이라 하여도 이는 당사자 간의 합의에 기초하는 것으로서 유효하다.' 이러한 판시취지를 고려할 때, 귀하와 甲은 일정한 장소에서 살림을 차리고 동거를 한 적이 없기는 하나, 귀하는 甲과 결혼을 전제로 하여 지속적인 육체관계를 맺어 왔으며, 혼인신고 이후 수년이 지날 때까지 이의를 제기하지 않은 점 등을 고려할 때 비록 위 혼인신고가 甲의 일방적 신고에 의한 것이라 하여도 이는 당사자 간의 합의에 기초하는 것으로서 유효하다고 보입니다.

■ 혼인신고를 하고 바로 혼인관계증명서를 발급받을 수 있나요?

Q 등록기준지가 서울인 사람도 신혼여행지인 제주도에서 혼인신고를 하고 바로 혼인관계증명서를 발급받을 수 있나요?

A 구「호적법」시행 당시에는 본적지 시·구·읍·면의 장이 혼인신고에 따른 호적업무를 담당하므로, 혼인신고지와 본적지가 다른 경우에 신고지 담당공무원은 혼인신고서를 직접 처리하지 않고 본적지로 송부했습니다. 이에 혼인신고사항이 기재된 호적을 발급받기 위해서는 약 1~2주의 기간이 걸렸습니다. 그러나「호적법」이 폐

지되고 2008년 1월 1일 「가족관계의 등록 등에 관한 법률」이 시행되면서부터는 혼인신고지의 담당공무원이 등록기준지로 신고서를 송부하지 않고 직접 심사하여 가족관계등록부에 기록할 수 있습니다.

따라서, 예를 들어 서울에 등록기준지를 둔 사람이 제주도에 신혼여행을 가서 서귀포시청에 혼인신고를 할 수 있으며, 이 경우 혼인의 성립요건이 모두 충족되었다면 바로 가족관계등록부에 혼인신고사항이 기록되어 즉시 혼인관계증명서를 발급받을 수 있게 됩니다.

■ 영혼결혼을 하면 혼인신고가 가능한지요?

Q 甲男과 乙女는 동일한 교통사고로 사망하였는데, 그들의 넋을 위로하기 위하여 부모들이 합의하여 '영혼결혼식'을 거행해 주었는 바, 이 경우에도 혼인신고를 할 수는 있는지요?

A 사람은 생존한 동안 권리와 의무의 주체가 되는 것이므로, 친족들이 동일한 위난으로 인하여 사망한 남녀 사이에 넋을 위로하기 위하여 '영혼결혼식'을 거행해 주었다고 하더라도 사망한 사람들 사이에는 법률상 혼인은 성립할 수 없는 것입니다.

설사 그 사망한 자들에 대한 혼인신고를 제3자가 신고한 경우라 하더라도 이러한 혼인신고는 무효입니다. 이미 사망한 사람들 사이에 영혼결혼식을 올려준 후 제3자가 그들의 혼인신고서를 작성하여 제출한 경우 이를 수리할 수 있는지 여부에 관한 구 「호적법」 시행 당시의 호적선례도 "사람은 생존한 동안 권리와 의무의 주체가 되는 것이므로, 동일한 위난으로 사망한 남녀 사이에 친족들이 넋을 위로하기 위하여 영혼결혼식을 거행하여 주었다 하더라도 사망한 사람들 사이에는 법률상 혼인은 성립될 수 없는 것이며, 설사 그 사망한 자들에 대한 혼인신고를 제3자가 신고한 경우라 하더라도 그러한 혼인신고는 무효이므로 어떠한 사유로도 수리될 수 없는 것이다."라고 하였습니다(1993. 4. 27. 호적선례 3-248, 3-49).

7. 부부재산약정등기

① 부부재산약정등기

결혼하려는 남녀가 결혼 중의 재산소유·관리방법 등에 대해 결혼성립 전에 미리 계약하는 것을 부부재산약정이라고 합니다. 이 약정은 혼인신고를 하기 전까지 등기하지 않으면 부부의 승계인 또는 제3자에게 대항할 수 없습니다.

② 등기내용

부부재산약정등기의 내용은 특별한 형식 없이 자유롭게 정할 수 있습니다. 다만, 결혼 중의 재산관계에 대해서만 약정할 수 있으므로, 결혼 전이나 이혼 시의 재산관계에 대한 약정은 등기되더라도 법적인 효력을 갖지 않습니다.

③ 등기신청기간 및 신청인

부부재산약정등기는 혼인신고를 하기 전에 결혼 당사자 쌍방(대리인도 가능)이 신청해야 효력이 발생합니다.

④ 등기신청기관

등기신청은 남편이 될 사람의 주소지를 관할하는 지방법원, 그 지원 또는 등기소에서 하면 됩니다.

⑤ 등기에 필요한 서류

부부재산약정등기를 신청할 때는 다음의 서류를 갖추어야 합니다.

- 부부재산약정서
- 각 약정자의 인감증명서. 다만, 본국에 인감증명제도가 없고 또한 인감증명을 받을 수 없는 외국인은 신청서(위임에 의한 대리인이 신청하는 경우에는 그 권한을 증명하는 서면)에 한 서명에 관하여 본인이 직접 작성하였다는 뜻의 본국 관공서의 증명이나 이에 관한 공정증서를 제출해야 합니다.
- 혼인신고를 하지 않은 것을 증명하는 서면
- 주소를 증명하는 서면
- 주민등록번호를 증명하는 서면(다만, 주민등록번호가 없는 재외국민이나 외국인의 경우에는 생년월일을 증명하는 서면)
- 대리인이 등기를 신청하는 경우에는 그 권한을 증명하는 서면

⑥ 변경·말소신청

　부부재산약정등기를 하면 혼인 중에 변경할 수 없지만, 정당한 사유가 있는 경우에는 법원의 허가를 받아 변경할 수 있습니다. 또한, 부부 중 일방이 사망한 경우에는 다른 일방이 부부재산약정등기의 소멸등기를 신청할 수 있습니다.

■ 부부 간 재산약정의 효력은 어디까지 인정되나요?

Q 甲남은 乙녀와 혼인하였습니다. 혼인에 앞서 이들은 결혼 후 취득하는 재산은 명의와 상관 없이 甲의 명의로 하기로 하는 합의를 하였습니다. 이후 甲은 혼인 중, 乙의 명의로 부동산을 취득하였으나 혼인 전 서로 간에 한 재산약정을 원인으로 부동산이 자신의 재산이라 주장합니다. 甲의 주장은 타당한가요?

A 결혼 당사자는 결혼 전에 미리 결혼한 후의 재산관계에 대해 약정하고 등기할 수 있습니다. 부부재산약정등기를 하지 않으면 법정재산제가 적용되어 결혼 전의 고유재산과 결혼 중 자신의 명의로 취득한 재산은 자신의 특유재산이 되고, 귀속이 불분명한 재산은 부부 공유의 재산이 됩니다. 부부는 일상가사로 인해 발생한 채무에 대해 연대해서 책임을 지며, 부부공동생활에 필요한 비용은 특별한 약정이 없으면 공동으로 부담합니다. 결혼하면 부부의 재산은 법률에 의해 특별한 취급을 받게 됩니다. 즉, 결혼 전의 고유의 재산과 결혼 중 자신의 명의로 취득한 재산은 특유재산으로 인정되고, 귀속이 불분명한 재산은 부부공유재산으로 추정됩니다.
　그러나 결혼 전에 미리 결혼 당사자가 재산관계에 대해 계약을 체결하고 등기하면 그 재산에 대해서는 위의 규정들이 적용되지 않습니다. 부부재산약정은 혼인신고를 한 후에는 변경할 수 없는 것이 원칙입니다. 그러나 부부 일방이 배우자의 재산을 관리하면서 부적당한 관리로 그 재산을 위태롭게 한 경우와 같이 정당한 사유가 있으면 법원의 허가를 받아 변경할 수 있습니다. 부부재산약정은 혼인성립 전(즉, 혼인신고 전)까지 등기해야 부부의 승계인 또는 제3자에게 대항할 수 있습니다. 이 때 등기신청자는 결혼 당사자 쌍방이 됩니다.
　결국, 甲과 乙간의 재산관계는 혼인성립 전 부부재산약정으로서 특별한 사정변경이 있어 법원의 허가를 받아 약정을 변경하지 않는 이상 약정에 따라야 하고, 다만 제3자에 대하여는 등기를 하지 않았으므로 이러한 약정을 주장할 수 없다고 하겠습니다.

■ 부부재산계약은 다른 사람들에게도 그 계약 내용을 주장할 수 있는지요?

Q 저는 甲과 혼인을 앞두고 있습니다. 혼인 후에 취득할 재산에 대하여 甲과 미리 합의를 하여 계약 형태로 남겨두고 싶은데, 이러한 계약도 효력이 있는지, 효력이 있다면 다른 사람들에게도 계약 내용을 주장할 수 있는지요?

A 부부재산계약에 대하여는 민법 제829조가 규정하고 있습니다. 구체적으로 ① 부부가 혼인성립 전에 그 재산에 관하여 따로 약정을 하지 아니한 때에는 그 재산관계는 본관 중 다음 각 조에 정하는 바(부부재산별산제)에 의하며, ② 부부가 혼인성립 전에 그 재산에 관하여 약정한 때에는 혼인중 이를 변경하지 못한다. 그러나 정당한 사유가 있는 때에는 법원의 허가를 얻어 변경할 수 있으며, ③ 전항의 약정에 의하여 부부의 일방이 다른 일방의 재산을 관리하는 경우에 부적당한 관리로 인하여 그 재산을 위태하게 한 때에는 다른 일방은 자기가 관리할 것을 법원에 청구할 수 있고 그 재산이 부부의 공유인 때에는 그 분할을 청구할 수 있고, ④ 부부가 그 재산에 관하여 따로 약정을 한 때에는 혼인성립까지에 그 등기를 하지 아니하면 이로써 부부의 승계인 또는 제삼자에게 대항하지 못하며, ⑤ 제2항, 제3항의 규정이나 약정에 의하여 관리자를 변경하거나 공유재산을 분할하였을 때에는 그 등기를 하지 아니하면 이로써 부부의 승계인 또는 제삼자에게 대항하지 못한다고 규정되어 있습니다.
따라서 혼인 전에 甲과 부부재산에 대한 계약을 미리 체결할 수 있으며, 원칙적으로 혼인 중에 계약 내용을 변경할 수는 없고, 계약 내용 관련하여 등기 등 공시절차가 이루어져야 제3자에게 그 내용을 주장할 수 있다고 할 것입니다.

제2장 출생신고는 어떻게 하나요?

1. 신고기간 및 장소

① 출생신고는 신고 대상인 출생자(자녀)가 태어난 날로부터 1개월 이내에 출생지 관할 구청·읍사무소·면사무소 또는 동 주민센터에 하면 됩니다.
② 여기서 동 주민센터는 출생자의 주민등록을 할 지역을 관할하는 동의 주민센터를 의미합니다.
③ 기차나 그 밖의 교통기관 안에서 출생했다면 모(母)가 교통기관에서 내린 곳에서, 항해일지가 비치되지 않은 선박 안에서 출생했다면 그 선박이 최초로 입항한 곳에서 출생신고를 할 수 있습니다.

2. 신고인

① 혼인신고를 한 부모 사이에서 태어난 자녀의 출생신고는 부(父) 또는 모가 해야 합니다. 그러나 부 또는 모가 신고할 수 없는 경우에는 동거하는 친족이, 동거하는 친족이 신고할 수 없는 경우에는 분만에 관여한 의사·조산사 또는 그 밖의 사람이 신고해야 합니다.
② 신고의무자가 출생 후 1개월 이내에 신고를 하지 않아 자녀의 복리가 위태롭게 될 우려가 있는 경우에는 검사 또는 지방자치단체의 장이 출생의 신고를 할 수 있습니다.

3. 제출서류

① 출생신고를 할 때는 다음의 서류를 제출해야 합니다.
1. 출생신고서
2. 출생증명시
 - 의사나 조산사가 작성한 것. 다만, 다음의 어느 하나에 해당하는 서면을 첨부하는 경우에는 의사나 조산사가 작성한 출생증명서를 생

략할 수 있습니다.
  ▽ 분만에 직접 관여한 자가 모의 출산사실을 증명할 수 있는 자료
    등을 첨부하여 작성한 출생사실을 증명하는 서면
  ▽ 국내 또는 외국의 권한 있는 기관에서 발행한 출생사실을 증명하
    는 서면
 - 출생증명서 또는 서면을 첨부할 수 없는 경우에는 가정법원의 출생
   확인을 받고 그 확인서를 받은 날부터 1개월 이내에 출생의 신고를
   해야 합니다.
3. 출생자의 부 또는 모의 혼인관계증명서(전산정보처리조직에 의해 그
   내용을 확인할 수 있는 경우에는 제출 생략)
 - 부가 혼인외의 자를 출생신고하는 경우에는 반드시 모의 혼인관계
   증명서 첨부
 - 출생자의 모의 가족관계등록부가 없거나 등록이 되어 있는지가 분
   명하지 아니한 사람인 경우에는 그 모가 유부녀가 아님을 공증하는
   서면 또는 2명 이상의 인우인 보증서
4. 자녀의 출생 당시 모가 한국인임을 증명하는 서면(예: 모의 기본증
   명서) 1통{1998. 6. 14. 이후에 외국인 부와 한국인모 사이에 출생
   한 자녀의 출생신고를 하는 경우(전산정보처 리조직에 의해 그 내
   용을 확인할 수 있는 경우에는 제출 생략)}
5. 자녀의 출생 당시에 대한민국 국민인 부 또는 모의 가족관계등록부
   가 없거나 분명하지 않은 사람인 경우 부 또는 모에 대한 성명, 출
   생연월일 등 인적사항을 밝힌 우리나라의 관공서가 발행한 공문서
   사본 1부(예를 들어, 여권, 주민등록등본 및 그 밖의 증명서)
6. 자녀가 복수국적자인 경우 취득한 국적을 소명하는 자료 1부
7. 신분확인
 - 신고인이 출석한 경우: 신분증명서
 - 제출인이 출석한 경우: 신고인의 신분증명서 사본 및 제출인의 신
   분증명서
 - 우편제출의 경우: 신고인의 신분증명서 사본

4. 출생신고서 기재사항

출생신고서에는 다음의 사항이 기재되어야 합니다.
  1. 자녀의 성명·본·성별 및 등록기준지
  2. 자녀의 혼인 중의 출생자 또는 혼인 외의 출생자의 구별
  3. 출생의 연월일시 및 장소
  4. 부모의 성명·본·등록기준지 및 주민등록번호(부 또는 모가 외국인
     인 경우에는 그 성명·출생연월일 및 국적)
  5. 자녀의 성과 본에 대해 어머니의 성과 본을 따르기로 협의한 경
     우 그 사실
  6. 자녀가 복수국적자인 경우 그 사실 및 취득한 외국 국적

5. 가족관계등록부의 작성

① 출생신고를 하면 이에 기초해 가족관계등록부가 작성됩니다.
② 가족관계등록부의 구성
가족관계등록부에는 다음의 사항이 기록됩니다.
1. 등록기준지
2. 성명·본·성별·출생연월일 및 주민등록번호
3. 출생·혼인·사망 등 가족관계의 발생 및 변동에 관한 사항
4. 가족으로 기록할 자가 대한민국 국민이 아닌 경우에는 성명·성별·출
   생연월일·국적 및 외국인등록번호(외국인등록을 하지 않은 경우에는
   국내거소신고번호 등을 말함)
5. 신고 또는 신청의 연월일
6. 신고인 또는 신청인이 사건본인과 다른 경우에는 신고인 또는 신청
   인의 자격과 성명
7. 재외공관의 장이나 관공서로부터 신고서류의 송부가 있는 경우에는
   송부연월일과 송부자의 직명
8. 통보일사와 통보사의 성녕
9. 증서·항해일지 등본 작성자의 직명과 제출 연월일
10. 가족관계등록에 관한 재판·허가·촉탁을 한 법원과 그 연월일

11. 등록사건을 처리한 시·읍·면의 명칭

6. 위반 시 제재

출생신고 기간 내에 출생신고를 하지 않으면 5만원 이하의 과태료가 부과됩니다.

[서식] 출생신고서

출 생 신 고 서 (년 월 일)					※ 뒷면의 작성방법을 읽고 기재하시되, 선택항목은 해당번호에 "○"으로 표시하여 주시기 바랍니다.			
① 출 생 자	성 명	한글	(성) / (명)	본 (한자)		성별	①남 ②여	①혼인중의 출생자 ②혼인외의 출생자
		한자	(성) / (명)					
	출생일시		년 월 일 시 분(출생지 시각: 24시각제)					
	출생장소		①자택 ②병원 ③기타					
	부모가 정한 등록기준지							
	주소				세대주 및 관계			의
	자녀가 복수국적자인 경우 그 사실 및 취득한 외국 국적							
② 부 모	부	성명	(한자:)	본(한자)		주민등록 번호		-
	모	성명	(한자:)	본(한자)		주민등록 번호		-
	부의 등록기준지							
	모의 등록기준지							
혼인신고시 자녀의 성·본을 모의 성·본으로 하는 협의서를 제출하였습니까? 예□ 아니요□								
③친생자관계 부존재확인판결 등에 따른 가족관계등록부 폐쇄 후 다시 출생신고하는 경우								
폐쇄등록부상 특정사항		성 명		주민등록번호				-
		등록기준 지		6				
④기타사항								
⑤ 신 고 인	성 명			㉑ 또는 서명	주민등록번호		-	
	자 격		①부 ②모 ③동거친족 ④기타(자격:)					
	주 소							
	전 화			이메일				
⑥ 제출인		성 명		주민등록번호		-		

※ 타인의 서명 또는 인장을 도용하여 허위의 신고서를 제출하거나, 허위신고
 를 하여 가족관계등록부에 부실의 사실을 기록하게 하는 경우에는 형법에
 의하여 5년 이하의 징역 또는 1천만원 이하의 벌금에 처해집니다.
※ 다음은 국가의 인구정책 수립에 필요한 자료로 「통계법」 제32조 및 제33

조에 따라 성실응답 의무가 있으며 개인의 비밀사항이 철저히 보호되므로 사실대로 기입하여 주시기 바랍니다.

	출생자의 부(父)에 관한 사항	출생자의 모(母)에 관한 사항
⑩국적	①대한민국(출생 시 국적취득) ②대한민국귀화(수반포함).인지 국적취득, 　이전국적 :　　　　　　　　　　] ③외국(국적　　　　　　　　　　　)	①대한민국(출생 시 국적취득) ②대한민국귀화(수반포함).인지 국적취득, 　이전국적 :　　　　　　　　　　] ③외국(국적　　　　　　　　　　　)
⑪실제생년 월일	양력 / 음력　　년　　월　　일	양력 / 음력　　년　　월　　일
⑫최종졸업 학교	①무학　　　②초등학교③중학교 ④고등학교　⑤대학(교)　⑥대학원 이상	①무학　　　②초등학교③중학교 ④고등학교　⑤대학(교)　⑥대학원 이상
⑬직　　업	①관리자　　　②전문가 및 관련종사자 ③사무종사자④서비스종사자 ⑤판매종사자⑥농림어업 숙련 종사자 ⑦기능원 및 관련 기능 종사자 ⑧장치·기계 조작 및 조립 종사자 ⑨단순노무 종사자 ⑩학생　　⑪가사　⑫군인　⑬무직	①관리자　　　②전문가 및 관련종사자 ③사무종사자④서비스종사자 ⑤판매종사자⑥농림어업 숙련 종사자 ⑦기능원 및 관련 기능 종사자 ⑧장치·기계 조작 및 조립 종사자 ⑨단순노무 종사자 ⑩학생　　⑪가사　⑫군인　⑬무직
⑭실제결혼생활시작일	년　　　　　월　　　　　일 부터	
⑮모의 총출산아 수	이 아이까지 총 □ 명 출산 (□□ 명 생존, □ 명 사망)	

※ 아래 사항은 신고인이 기재하지 않습니다.

읍면동접수	가족관계등록관서 송부	가족관계등록관서 접수 및 처리
	주민등록 번　호 　　년　　월　　일(인)	

작 성 방 법

※ 등록기준지 : 각 란의 해당자가 외국인인 경우에는 그 국적을 기재합니다.
※ 주민등록번호 : 각 란의 해당자가 외국인인 경우에는 외국인등록번호(국내거소신고번호
　　　　　　　　 또는 출생연월일)를 기재합니다.
①란 : 출생자의 이름에 사용하는 한자는 대법원규칙이 정하는 범위내의 것(인명용 한자)
　　　 으로, 이름자는 5자(성은 포함 안 됨)를 초과해서는 안 되며, 사용가능한 인명용한
　　　 자는 대법원 전자민원센터(www.scourt.go.kr/minwon)에서 확인할 수 있습니다.
　　　: 출생일시는 24시각제로 기재합니다. (예: 오후 2시 30분 → 14시 30분)
　　　: 우리나라 국민이 외국에서 출생한 경우에는 그 현지 출생시각을 서기 및 태
　　　　 양력으로 기재하되, 서머타임 실시기간 중 출생하였다면 그 출생지 시각 옆
　　　　 에 "(서머타임 적용)"이라고 표시합니다.
　　　: 자녀가 복수국적자인 경우 그 사실 및 취득한 외국 국적을 기재합니다.
　　　: 출생장소의 기재는 최소 행정구역의 명칭(시.구의 '동', 읍.면의 '리') 또는 도
　　　　 로명주소의 '도로명'까지만 기재하여도 됩니다.
②란 : 부(父)에 관한 사항 - 혼인외 출생자를 모(母)가 신고하는 경우에는 기재하지
　　　 않으며, 전혼 해소 후 100일 이내에 재혼한 여자가 재혼성립 후 200일 이후,
　　　 직전 혼인의 종료 후 300일 이내에 출산하여 모가 출생신고를 하는 경우에
　　　 는 부의 성명란에 "부미정"으로 기재합니다.

③란 : 친생자관계 부존재확인판결, 친생부인판결 등으로 가족관계등록부 폐쇄후 다시 출생신고하는 경우에만 기재합니다.
④란 : 아래의 사항 및 가족관계등록부에 기록을 분명하게 하는데 특히 필요한 사항을 기재합니다.
- 후순위 신고의무자가 출생신고를 하는 경우 : 선순위자(부모)가 신고를 못하는 이유
- 출생전에 태아인지 한 사실 및 태아인지 신고한 관서
- 외국에서 출생한 경우 : 현지 출생시각을 한국시각으로 환산하여 정하여지는 출생일시를 기재합니다. 그 현지 출생시각이 서머타임이 적용된 시각인 경우에는 그에 관한 사실을 기재합니다.
- 외국인인 부(父)의 성을 따라 외국식 이름으로 외국의 등록관서에 등재되어 있으나 한국식 이름으로 출생신고 하는 경우 : 외국에서 신고된 성명
- 「민법」제781조제1항 단서에 따라 혼인신고시 모의 성.본을 따르기로 협의한 경우 그 취지
⑥란 : 제출자(신고인 여부 불문)의 성명 및 주민등록번호 기재[접수담당공무원은 신분증과 대조]
⑦~⑨ 출생자란 : 출생자에 관한 사항입니다.
⑨란 : 다태아(쌍둥이 이상)여부는 실제로 출생한 아이의 수와 관계없이 임신하고 있던 당시의 태아수에 "○"표시하며, 다태아 중 출생신고 대상 아이마다 출생순위가 몇 번째인지를 표시합니다.
⑩~⑮ 부모란 : 출생당시 출생자 부모에 관한 사항입니다.
⑫란 : 교육부장관이 인정하는 모든 정규교육기관을 기준으로 기재하되, 각급학교의 재학 또는 중퇴자는 최종 졸업한 학교의 해당번호에 "○"으로 표시합니다.
<예시> 대학교 3학년 재학(중퇴) : 고등학교에 "○"표시
⑬란 : 아이가 출생할 당시의 부모의 주된 직업을 기준으로 기재합니다.

① 관리자 : 정부, 기업, 단체 또는 그 내부 부서의 정책과 활동을 기획, 지휘 및 조정(공공 및 기업 고위직 등)
② 전문가 및 관련종사자 : 전문지식을 활용한 기술적 업무(과학, 의료, 교육, 종교, 법률, 금융, 예술, 스포츠 등)
③ 사무종사자 : 관리자, 전문가 및 관련 종사자를 보조하여 업무 추진(경영, 보험, 감사, 상담.안내. 통계 등)
④ 서비스종사자 : 공공안전, 신변보호, 의료보조, 이.미용, 혼례 및 장례, 운송, 여가, 조리와 관련된 업무
⑤ 판매종사자 : 영업활동을 통해 상품이나 서비스판매(인터넷, 상점, 공공장소 등), 상품의 광고. 홍보 등
⑥ 농림어업 숙련 종사자 : 작물의 재배.수확, 동물의 번식.사육, 산림의 경작 및 개발, 수생 동.식물 번식 및 양식 등
⑦ 기능원 및 관련 기능 종사자 : 광업, 제조업, 건설업에서 손과 수공구를 사용하여 기계 설치 및 정비, 제품 가공
⑧ 장치·기계 조작 및 조립 종사자 : 기계를 조작하여 제품 생산.조립, 컴퓨터에 의한 기계제어, 운송장비의 운전 등
⑨ 단순노무 종사자 : 주로 간단한 수공구의 사용과 단순하고 일상적이며 육체적 노력이 요구되는 업무
⑪ 가사 : 전업주부 등   ⑫ 군인 : 의무복무 중인 장교 및 사병 제외, 직업군인 해당
⑬ 무직 : 특정한 직업이 없음

⑮란 : 모의 총 출산아수 - 신고서상 아이를 포함하여 모두 몇 명의 아이를 출산했고 그 중 생존아와 사망아 수를 기재 하며, 모가 재혼인 경우에는 이전의 혼인에서 낳은 자녀까지 포함합니다.

첨 부 서 류

1. 출생증명서 1통(다음 중 하나).
   - 의사나 조산사가 작성한 것.
   - 출생자가 병원 등 의료기관에서 출생하지 않은 경우에는 출생사실을 알고 있는 자가 작성한 것(출생증명서 양식은 가족관계등록예규 제283호에 따로 정함).
   - 외국의 관공서가 작성한 출생신고수리증명서(또는 출생증명서)와 번역문.
   ※ **아래 2항 및 3항은 가족관계등록관서에서 전산으로 그 내용을 확인할 수 있는 경우에는 등록사항별 증명서의 첨부를 생략합니다.**
2. 출생자의 부(父) 또는 모(母)의 혼인관계증명서 1통.
   - 부(父)가 혼인외의 자를 출생신고하는 경우에는 반드시 모(母)의 혼인관계증명서 첨부.
   - 출생자의 모의 가족관계등록부가 없거나 등록이 되어 있는지가 분명하지 아니한 사람인 경우에는 그 모가 유부녀(有夫女)가 아님을 공증하는 서면 또는 2명 이상의 인우인 보증서.
3. 자녀의 출생당시 모(母)가 한국인임을 증명하는 서면(예: 모의 기본증명서) 1통(1998. 6. 14. 이후에 외국인 부와 한국인 모 사이에 출생한 자녀의 출생신고를 하는 경우).
4. 자녀의 출생당시에 대한민국 국민인 부(父) 또는 모(母)의 가족관계등록부가 없거나 분명하지 아니한 사람인 경우 부(父) 또는 모(母)에 대한 성명, 출생연월일 등 인적사항을 밝힌 우리 나라의 관공서가 발행한 공문서 사본 1부(예: 여권, 주민등록등본, 그 밖의 증명서).
5. 자녀가 복수국적인 경우 취득한 국적을 소명하는 자료 1부.
6. 신분확인[가족관계등록예규 제23호에 의함]
   - 신고인이 출석한 경우 : 신분증명서
   - 제출인이 출석한 경우 : 신고인의 신분증명서 사본 및 제출인의 신분증명서
   - 우편제출의 경우 : 신고인의 신분증명서 사본
   ※ 신고인이 성년후견인인 경우에는 6항의 서류 외에 성년후견인의 자격을 증명하는 서면도 함께 첨부해야 합니다.

[서식] 친생부인의 소(배우자 부정행위로 인한)

소 장

원 고 ○ ○ ○(○ ○ ○) (주민등록번호)
　　　　　19○○년 ○월 ○일생
　　　　　등록기준지 : ○○남도 ○○시 ○○길 ○번지
　　　　　주소 : ○○시 ○○구 ○○길 ○번지(우편번호)
피 고 △ △ △(△ △ △) (주민등록번호)
　　　　　19○○년 ○월 ○일생
　　　　　등록기준지 : ○○시 ○○구 ○○길 ○번지
　　　　　주소 : 원고와 같음
　　　　　위 법정대리인 친권자 모 김□□
　　　　　주소 : 원고와 같음

친생부인의 소

청 구 취 지

피고는 원고의 친생자가 아님을 확인하다.
라는 판결을 구합니다.

청 구 원 인

1. 원고와 소외 김□□는 19○○. ○.○. 혼인신고를 한 부부로서 19
　　○○. ○. ○. 피고를 출산하고 가족관계등록부 상 친생자로 출생신고
　　를 하여 피고가 친생자로 등재되었습니다.
2. 원고는 소외 김□□를 만나 동거생활을 한 날짜가 19○○. ○. ○.
　　이며 이 기간 중 해외지사 파견근무를 명받고 원고 혼자 10개월
　　을 캐나다 몬트리올에서 생활했는데 귀국 후 원고와 대학 동기인
　　친구로부터 위 소외 김□□가 새벽녘에 처음보는 사람과 ○○시
　　○○구 ○○길 소재 ○○여관에서 나오는 것을 보았다는 말을 듣
　　게 되었습니다.
3. 그런데 그 후 위 소외 김□□의 외출이 잦아지고 음주까지 하고
　　귀가하여 원고가 이를 의심하여 추궁하였더니 소외 김□□는 원고
　　와 혼인 전부터 알고 지내던 소외 이□□와 피고의 출생일 이전부

터 정을 통한 사실을 자백하였고 소외 이□□에게서도 이와 같은 사실을 확인하였습니다.
4. 이에 원고는 소외 김□□를 상대로 이혼청구를 해놓은 상태이며 청구취지와 같은 판결을 받고자 본 소송을 제기하기에 이르렀습니다.

입 증 방 법

1. 갑 제1호증   가족관계증명서(원고)
1. 갑 제2호증   혼인관계증명서(원고)
1. 갑 제3호증   기본증명서(피고)
1. 갑 제4호증   주민등록등본(피고)
1. 갑 제5호증 1내지2   각 자인서(김□□, 이□□)
1. 갑 제6호증   소제기증명서

첨 부 서 류

1. 위 입증방법   각 1통
1. 소장부본   1통
1. 납부서   1통

20○○. ○. ○.
위 원고 ○ ○ ○ (인)

○ ○ 가 정 법 원 귀 중

■ 참 고 ■

제출법원	※ 아래(1)참조		제 척 기 간	※아래(2)참조
원고적격	부(父)	상 대 방	- 자 또는 친권자인 모 - 모가 없을 때에는 법원이 특별대리인 선임	
제출부수	소장원본 및 부본 각1부		관 련 법 규	가사소송법 제26조, 민법 제847조
불복절차 및 기간	- 항소(가사소송법 제19조제1항) - 판결정본이 송달된 날로부터 14일이내(가사소송법 제19조제1항)			
비 용	- 인지액 : 20,000원(가사소송 및 비송사건수수료표) - 송달료 : 당사자수×3,700원(우편료)×12회분			
의 의	자(子)가 혼인성립의 날로부터 200일 후 또는 혼인관계 종료의 날로부터 300일 내에 출생하여 부의 친생자로 추정받으나 실제로는 친생자가 아닌 경우에 부 또는 처가 소송에 의하여 그 친생추정을 번복하여 법률상의 친생자관계를 부정하는 것을 말함			

1. 자의 보통재판적소재지의 가정법원
2. 자가 사망한 때에는 그 최후 주소지 가정법원
※ (2) 제 척 기 간
- 민법 제847조는 "부인의 소는 자 또는 그 친권자인 모를 상대로 하여 그 출생을 안 날로부터 1년내에 제기하여야 한다."라고 규정하여 1년의 제척기간을 두고 있었음. 그러나 헌법재판소는 "그 출생을 안 날로부터 1년내"부분은 헌법에 합치되지 아니 한다고 위헌 결정하여 효력이 상실되었음.(1997. 3. 27. 95헌가 14)
- 현행 민법 제847조는 "친생부인소는 부(夫) 또는 처(妻)가 다른 일방 또는 자(子)를 상대로 하여 그 사유가 있음을 안 날부터 2년 내에 이를 제기하여야 한다." 라고 개정되었음. 한편 "상대방이 될 자가 모두 사망한 때에는 그 사망을 안 날부터 2년 내에 검사를 상대로 하여 친생부인의 소를 제기할 수 있다." 라고 개정 됨.

[서식] 친생자관계부존재확인 청구의 소(허위의 출생신고)

소　　　　　　장

원　　고　　○　○　○(주민등록번호)
　　　　　　　　19○○년 ○월 ○일생
　　　　　　　　등록기준지　　○○시 ○○구 ○○길 ○○
　　　　　　　　주소　　○○시 ○○구 ○○길 ○○ (우편번호)
　　　　　　　　전화　　○○○ - ○○○○

피　　고　　△　△　△(주민등록번호)
　　　　　　　　19○○년 ○월 ○일생
　　　　　　　　등록기준지　　○○시 ○○구 ○○길 ○○
　　　　　　　　주소　　○○시 ○○구 ○○길 ○○ (우편번호)
　　　　　　　　전화　　○○○ - ○○○○

친생자관계부존재확인청구의 소

청 구 취 지

1. 원고와 피고사이에는 친생자관계가 존재하지 아니함을 확인한다.
2. 소송비용은 피고의 부담으로 한다.

라는 판결을 구합니다.

청 구 원 인

1. 원고는 19○○. ○. ○.에 소외 망 김□□를 아버지로, 소외 이□
□를 어머니로 하여 그들 사이에 출생하였는데, 위 김□□가 마치
원고가 김□□와 피고사이에서 출생한 것처럼 허위의 출생신고를
하여 버렸습니다.

2. 이에 원고는 피고에 대하여 원고가 피고의 친생자가 아님을 확인
받기 위하여 이 사건 소를 제기합니다.

입 증 방 법

1. 갑 제1호증의 1	기본증명서(원고)
1. 갑 제1호증의 2	가족관계증명서(원고)
1. 갑 제2호증	주민등록등본
1. 갑 제3호증의 1	확인서(박□□)
1. 갑 제3호증의 2	확인서(정□□)

첨 부 서 류

1. 위 입증방법	각 1통
1. 소장부본	1통
1. 납 부 서	1통

20○○년   ○월   ○일

원   고   ○   ○   ○   (인)

○○지 방 법 원 귀 중

[서식] 친생자관계부존재확인 청구의 소(출생신고 잘못으로 인한)

소   장

원   고   ○ ○ ○
　　　　　　　19○○년 ○월 ○일생
　　　　　　　등록기준지　○○시 ○○구 ○○길 ○○
　　　　　　　주소　○○시 ○○구 ○○길 ○○ (우편번호)
　　　　　　　전화　○○○ - ○○○○
피   고   1. 김 △ △
　　　　　　　19○○년 ○월 ○일생
　　　　　　　등록기준지　○○시 ○○구 ○○길 ○○
　　　　　　　주소　○○시 ○○구 ○○길 ○○ (우편번호)
　　　　　　　전화　○○○ - ○○○○
　　　　　2. 정 △ △
　　　　　　　19○○년 ○월 ○일생
　　　　　　　등록기준지　○○시 ○○구 ○○길 ○○
　　　　　　　주소　○○시 ○○구 ○○길 ○○ (우편번호)
　　　　　　　전화　○○○ - ○○○○

친생자관계부존재확인청구의 소

청 구 취 지

1. 피고 정△△와 망 정□□(주민등록번호 : 000000-0000000, 등록기준지 : 00시 00구 00동 00) 및 피고 김△△ 사이에는 각각 친생자관계가 존재하지 아니함을 확인한다.
2. 소송비용은 피고들이 부담한다.
라는 판결을 구합니다.

청 구 원 인

1. 피고 김△△과 소외 망 정□□는 부부사이였고, 원고는 동 부부의 7남매 중 차남이며, 피고 정△△는 위 부부사이의 차녀로 호적에

등재된 자입니다.

2. 하지만 피고 정△△와 피고 김△△, 소외 망 정□□와의 사이에는
각 친생관계가 존재하지 아니하고, 단지 위 정□□의 4촌 형수인
박□□가 성명불상인 피고 정△△를 입양하려 할 때 피고 정△△
가 출생신고가 되어 있지 아니하고 위 박□□가 남편 없이 혼자
생활하던 관계로 출생신고를 하기 곤란하여 위 피고 김△△와 소
외 망 정□□가 대신 동인들간의 자로 출생신고를 한 사실이 있을
뿐입니다.

3. 이에 원고는 위와 같이 잘못 신고된 호적을 바로 잡고자 이 사건
청구에 이르게 된 것입니다.

입 증 방 법

1. 갑 제1호증   가족관계증명서
1. 갑 제2호증   기본증명서(망 정□□)
1. 갑 제3호증   사실확인서(4촌형수 박□□)
1. 갑 제4호증   인감증명서

첨 부 서 류

1. 위 입증방법   1통
1. 소장부본   2통
1. 납부서   1통

20○○년 ○월 ○일
원   고   ○ ○ ○ (인)

○ ○ 지 방 법 원 ○○지원 귀 중

[서식] 등록부정정허가신청서(출생일 정정)

등 록 부 정 정 허 가 신 청

신 청 인   최 ○ ○(○○○) (주민등록번호)
            19○○년 ○월 ○일생
            등록기준지   ○○시 ○○구 ○○길 ○○
            주소   ○○시 ○○구 ○○길 ○○(우편번호)
            전화   ○○○ - ○○○○

사건본인   최 △ △(△△△) (주민등록번호)
            등록기준지 및 주소 위와 같음

신 청 취 지

등록기준지 ○○시 ○○구 ○○길 ○○ 번지, 사건본인의 가족관계등록부 중 사건본인 최△△의 출생년월일 "서기 199○년 ○월 ○일"을 "서기 199□년 □월 □일"로 정정하는 것을 허가한다.
라는 결정을 구합니다.

신 청 원 인

1. 사건본인 최△△는 이 사건 신청인인 부 최○○, 신청외 모 정○○ 사이에서 199□. □. □. 출생한 자인바, 199○. ○. ○. 위 최○○이 출생 신고하여 호적(법률 제8435호로 폐지된 호적법에 따른 호적부를 말하며, 이하 "호적"이라고 함)에 등재되었습니다. 이후 호적부는 2008. 1. 1.자 가족관계 등록 등에 관한 법률 시행에 따라 개인별로 구분되어 가족관계등록부로 작성되었고, 현행 가족관계등록부에도 사건본인의 출생년월일이 199○. ○. ○.로 기재되어 있습니다.
2. 그런데 사건본인의 실제 생년월일은 위와 같이 199□. □. □.이나, 출생신고가 늦어 199○. ○. ○. 출생한 것으로 잘못 기재되었습니다.

3. 이와 같이 호적신고 내지 호적기재 잘못 및 이에 기초한 가족관계
   등록부 작성으로 사건본인이 그 원래의 생년월일을 인정받지 못하
   여 유치원이나 초등학교 입학을 제때에 하지 못하는 어려움이 있으
   므로 사건본인의 출생년월일 199○. ○. ○.을 199□. □. □.로 정
   정할 수 있도록 허가하여 주시기 바랍니다.

첨 부 서 류

1. 기본증명서	1통
1. 가족관계증명서	1통
1. 주민등록등본	1통
1. 출생증명서	1통
1. 보증서	1통
1. 보증인주민등록등본	1통
1. 보증인재직증명서	1통
1. 납부서	

20○○년   ○월   ○일

위 신청인 ○ ○ ○   (인)

○ ○ 가 정 법 원 귀중

등 록 부 정 정 허 가 신 청

신 청 인 ○ ○ ○
           19○○년 ○월 ○일생
           등록기준지   ○○시 ○○구 ○○길 ○○
           주소   ○○시 ○○구 ○○길 ○○(우편번호)
           전화   ○○○ - ○○○○

사 건 본 인 △ △ △
           19○○년 ○월 ○일생
           등록기준지   ○○시 ○○구 ○○길 ○○
           주소   ○○시 ○○구 ○○길 ○○(우편번호)
           전화   ○○○ - ○○○○

신 청 취 지

등록기준지 ○○시 ○○구 ○○길 ○○ 번지, 사건본인의 가족관계등록부 중 사건본인 최△△의 출생년월일 "서기 199○년"을 "서기 199□년"로 정정하는 것을 허가한다.
라는 재판을 구합니다.

신 청 원 인

1. (출생년이 잘못 기재된 사유를 구체적으로 기재).
2. 이에 신청인은 등록부정정허가신청을 하오니 실제 연령으로 정정하여 주시길 바랍니다.

첨 부 서 류

    1. 기본증명서   1통
    1. 가족관계증명서   1통
    1. 주민등록표등본   1통

         1. 연령감정서   1통
         1. 출산증명서   1통
         1. 인우보증서   1통

                 20○○년   ○월   ○일
                    신 청 인 ○ ○ ○   (인)

  ○ ○ 가 정 법 원 귀중

Q 인공수정으로 출생한 자의 법적지위는 어떻게 되나요?

A 현행 민법에는 인공수정으로 출생한 자의 법적지위에 관하여 명문의 규정이 없습니다. 이와 관련하여 판례는 "1) 인공수정이란 남녀 사이의 자연적 성행위에 의하지 않고 인위적인 시술에 의하여 수태하게 하는 것으로, 배우자의 정액을 사용하는 경우(artificial insemination by husband: 약칭 aih, 이하 'aih'라 한다)와 비배우자의 정액을 사용하는 경우(artificial insemination by donor: 약칭 aid, 이하 'aid'라 한다)가 있다.

2) aih에 의하여 출생한 자의 친자관계는 자연적인 성결합 대신에 인공적인 기술이 사용되었을 뿐이어서 통상의

자와 마찬가지로서 민법 제844조 에 의해 부(父)의 친생자로 추정 받는다고 할 것이고, 사실혼 부부 사이에 aih에 의한 출생자가 있으면 그 출생자는 모의 혼인 외의 자가 되나, 그 후 부부가 혼인신고를 하게 되면 민법 제855조 제2항 에 기해 준정(準正)에 의한 혼인 중의 자가 된다고 봄이 상당하다.

3) 이와 달리 aid의 경우, 남편이 인공수정에 동의한 경우에 한하여 aid에 의하여 출생한 자는 친생추정을 받는 혼인 중의 출생자가 되고 남편의 친생부인권이 부인되는 한편 aid에 의하여 출생한 자는 정자제공자가 불특정다수로서 그들이 정액을 제공한 후 정액의 행방을 구체적으로 알지 못할 것을 전제로 나중에 수정된 정자의 주인을 찾아 인지청구를 할 수 없다고 할 것이다."라고 판시한 바 있습니다(서울가정법원 2011. 6. 22. 선고 2009드합 13538 판결).

따라서 배우자의 정액을 사용하여 인공수정을 한 경우에는 그 자녀가 남편의 친생자로 추정을 받고(민법 제844조), 비배우자의 정액을 사용한 경우에도 남편이 인정수정에 동의한 경우에는 그 자녀가 남편의 친생자로 추정될 뿐만 아니라 친생부인의 소도 제기하기 어려울 것으로 보입니다. 그러나 비배우자의 정액을 사용하는데 남편이 동의하지 않았다면 그 자녀가 남편의 친생자로 추정될 여지는 있지만, 남편은 친생부인의 소를 통하여 친생추정을 깨뜨릴 수 있을 것으로 보입니다.

■ 실제로는 입양한 아이를 친생자로 출생신고 한 경우의 효력은?

Q 자녀가 없던 저희 부부는 수년 전 미혼모 甲으로부터 출생 직후의 아이를 입양하였습니다. 당시 甲으로부터 아이에 대한 권리를 포기하며 입양에 동의한다는 문서를 받고, 그 아이를 데리고 와 저희들이 아이를 낳은 것처럼 출생신고를 하고 키워왔습니다. 그런데 최근 그 아이의 생모인 甲이 나타나 아이를 돌려 달라고 하는데 그 요구에 따라야 하는지요?

A 부부가 실제로 임신하여 출산하지 않은 자는 설사 친생자로 출생신고를 하였다고 해도 친생자로 되는 것은 아니며 그러한 출생신고는 원칙적으로 무효입니다.

그러나 판례는 "당사자가 양친자관계를 창설할 의사로 친생자출생신고를 하고 거기에 입양의 실질적 요건이 모두 구비되어 있다면 그 형식에 다소 잘못이 있더라도 입양의 효력이 발생하고, 양친자관계는 파양에 의하여 해소될 수 있는 점을 제외하고는 법률적으로 친생자관계와 똑같은 내용을 갖게 되므로, 이 경우의 허위의 친생자출생신고는 법률상의 친자관계인 양친자관계를 공시하는 입양신고의 기능을 발휘하게 된다."라고 하였고 또한, "위와 같은 경우 진실에 부합하지 않는 친생자로서 호적기재가 법률상의 친자관계인 양친자관계를 공시하는 효력을 갖게 된다면 파양에 의하여 그 양친자관계를 해소할 필요가 있는 등 특별한 사정이 없는 한, 그 호적기재 자체를 말소하여 법률상 친자관계의 존재를 부정하게 되는 친생자관계부존재확인청구는 허용될 수 없다."라고 하였습니다(대법원 1994. 5. 24. 선고 93므119 판결, 2001. 5. 24. 선고 2000므1493 판결).

따라서 귀하와 같이 입양신고 대신 친생자로 출생신고를 하였더라도 입양의 효력이 인정될 수 있을 듯하며, 파양의 원인이 없는 한 귀하는 그 아이를 계속 키울 수 있을 것으로 보입니다.

■ 친생자가 아닌 자에 대한 친생자출생신고의 효력을 다투기 위하여 인지에 대한 이의의 소 또는 인지무효의 소를 제기해야 하는지요?

Q 甲과 乙은 혼인신고를 마친 법률상 부부였습니다. 甲은 혼인 기간 중 乙이 출산하지 않은 丙을 자신의 친생자가 아님에도 친생자로 잘못 알고 친생자출생신고를 하였습니다. 甲이 사망한 후 丙이 甲의 친생자가 아님을 알게 된 乙이 丙에 대한 친생자출생신고의 효력을 다투기 위하여 인지에 대한 이의의 소 또는 인지무효의 소를 제기해야 하는지요?

A 이와 관련하여 판례는 "인지에 대한 이의의 소 또는 인지무효의 소는 민법 제855조 제1항 , 호적법 제60조 의
규정에 의하여 생부 또는 생모가 인지신고를 함으로써 혼인외의 자를 인지한 경우에 그 효력을 다투기 위한 소송이며, 위 각 법조에 의한 인지신고에 의함이 없이 일반 출생신고에 의하여 호적부상 등재된 친자관계를 다투기 위하여는 위의 각 소송과는 별도로 민법 제865조 가 규정하고 있는 친생자관계부존재확인의 소에 의하여야 할 것인바, 호적법 제62조 에 부가 혼인외의 자에 대하여 친생자 출생신고를 한 때에는 그 신고는 인지의 효력이 있는 것으로 규정되어 있으나, 그 신고가 인지신고가 아니라 출생신고인 이상 그와 같은 신고로 인한 친자관계의 외관을 배제하고자 하는 때에도 인지에 관련된 소송이 아니라 친생자관계부존재확인의 소를 제기하여야 한다."고 합니다. 한편, 친생관계존부확인의 소와 관련하여 민법 제865조 제2항은 "제1항의 경우에 당사자일방이 사망한 때에는 그 사망을 안 날로부터 2년 내에 검사를 상대로 하여 소를 제기할 수 있다."고 합니다.
따라서 乙은 甲의 사망을 안 날로부터 2년 내에 검사를 상대로 하여 甲과 丙 사이에 친생자관계가 존재하지 않는다는 확인을 구하는 친생자관계부존재확인의 소를 제기하여야 합니다.

■ 출생신고서에서 모자관계가 일치한다는 내용의 사설감정기관의 유전자 검사서를 첨부하여 출생신고를 할 수 있는가요?

Q 미혼의 甲女는 유부남과 사통하여 혼인 외 자를 출산하였으나 출생신고를 하지 못하고 지내던 중 아이의 취학연령에 이르러서야 아이의 출생신고를 하려한다. 다만 출생신고서에 첨부할 '출생을 증명할만한 서면'인 의사 작성의 출생증명서를 첨부할 수가 없는 상황이어서, 유전자검사서를 대신 첨부하고자 하는데 출생신고서에서 모자관계가 일치한다는 내용의 사설감정기관의 유전자검사서를 첨부하여 출생신고를 할 수 있는가요?

A 가족관계등록부 존재신고사안과 관련하여 대법원 선례는 유전자검사서는 모자관계를 소명하는 자료가 될 수 없다는 입장입니다. 따라서 출생신고 역시도 이에 준하여 판단될 것으로 보입니다(선례 200910-1참조), 이는 출생증명서는 통상 분만에 관여한 자가 작성한 것이어서 그 신뢰성을 높이 평가받는 반면 사설기관의 유전자검사결과서의 경우는 드물기는 하지만 잘못된 데이터가 도출될 가능성이 있기 때문인 것으로 보입니다.

■ 등록담당공무원이 착오로 출생신고한 경우 어떻게 정정할 수 있나요?

Q 저는 2018. 5. 5. 혼인 중 출생자인 아들에 대한 출생신고서를 등록관서에 제출하였습니다. 그런데 등록담당공무원은 2018. 5. 6. 출생신고를 수리하면서 2018. 5. 6. 출생한 다른 아이를 제 가족관계등록부상 자녀란에 기재하였습니다. 이를 어떻게 정정하면 될까요?

A 공무원의 과실로 출생신고서에 기재된 내용과 다르게 기재한 것이 명백하므로, 가족관계등록법 제18조 제2항 및 규칙 제60조 제2항 제5호에 따라 간이직권절차로 정정하면 됩니다.

■ 출생신고를 해태했을 때의 어떤 불이익을 받게 되나요?

Q 저와 제 아내는 맞벌이 부부로, 현재 딸의 출생신고를 하지 못하고 있습니다. 출생신고를 언제까지 해야 하는지, 출생신고를 늦게 했을 때 불이익이 있는지 궁금합니다.

A 가족관계의 등록 등에 관한 법률 제46조 제1항은 신고의무자와 관련, "혼인 중 출생자의 출생의 신고는 부 또는 모가 하여야 한다."고 규정하고 있고 동법 제44조 제1항은 출생신고는 출생 후 1개월 이내에 해야 함을 밝히고
있습니다. 출생 신고의 의무가 있는 사람이 정당한 사유 없이 기간 내에 하여야 할 신고 또는 신청을 하지 아니한 때에는 5만원 이하의 과태료가 부과될 수 있으며(동법 제122조), 신고의무자가 위 기간 내에 신고를 하지 아니하여 자녀의 복리가 위태롭게 될 우려가 있는 경우에는 검사 또는 지방자치단체의 장이 출생의 신고를 할 수 있습니다(동법 제46조 제4항).

■ 출생연월일이 잘못된 경우 정정할 수 있나요?

Q 저는 2017. 12. 1. 혼인중에 아이를 출산하였으나 2018. 6. 6. 남편과 협의이혼한 후 2018. 7. 7. 위 아이를 혼인 외 자로 출생신고 하였습니다. 그 아이는 사실 초등학교 동창과의 아이입니다. 이 때 아이의 출생연월일을 실제의 2017. 12. 1. 로 정정하고자 하는데, 가능한 것인지요?

A 판례는 "가족관계의 등록 등에 관한 법률(이하 '법'이라 한다) 제104조 는 가족관계등록부의 기록이 법률상 허가될 수 없는 것 또는 기재에 착오나 누락이 있다고 인정한 때에는 이해관계인은 사건 본인의 등록기준지를 관할하는 가정법원의 허가를 받아 등록부의 정정을 신청할 수 있도록 규정하고 있다. 법이 이러한 간이한 절차에 의해 가족관계등록부의 기록사항을 정정할 수 있도록 한 취지를 고려하면, 정정하려고 하는 가족관계등록부의 기록사항이 신분관계에 중대한 영향을 미치기 때문에 그 기록사항에 관련된 신분관계의 존부에 관하여 직접적인 쟁송방법이 가사소송법 등

에 마련되어 있는 경우에는 법 제107조 에 따라 그 사건의 확정 판결 등에 의해서만 가족관계등록부의 기록사항을 정정할 수 있다. 그러나 이와 달리 가족관계등록부의 기록사항과 관련하여 가사소송법 등에 직접적인 쟁송방법이 없는 경우에는 법 제104조 에 따라 정정할 수 있는데, 가사소송법 등이 사람이 태어난 일시 또는 사망한 일시를 확정하는 직접적인 쟁송방법을 별도로 정하고 있지 아니하므로 특별한 사정이 없는 한 가족관계등록부 기록사항 중 출생연월일·사망일시는 법 제104조 에 의한 가족관계등록부 정정 대상으로 봄이 타당하다(대법원 2012. 4. 13. 자 2011스 160)." 고 하는바, 이에 따르면 가정법원의 허가를 받아서 정정 절차를 밟으면 될 것으로 판단됩니다.

■ 실제로 존재하지 아니하는 자의 출생신고가 수리되어 가족관계등록부 에 기재된 경우 어떻게 하면 그 등록부를 정정할 수 있는지요?

Q 실제로 존재하지 아니하는 자의 출생신고가 수리되어 가족관 계등록부에 기재된 경우 어떻게 하면 그 등록부를 정정할 수 있는지요?

A 가족관계등록부 정정은 다음과 같이 구분됩니다. 첫째 법원의 허 가에 의한 정정으로 이는 비송절차에 의한 것으로 사안이 경미하 여 신분상 중대한 영향을 미치지 않을 뿐만 아니라 착오임이 명 백한 경우에만 허용되며, 둘째 법원의 판결에 의한 정정으로 그 정정사항이 친족법상·상속법상 중대한 영향을 미칠 때 하며, 셋째 직권정정은 시(구)·읍·면장의 과오 등에 의한 정정으로 감독법원 의 허가나 직권에 의해 정정하게 됩니다(가족관계의 등록 등에 관한 법률 제18조). 그리고 「재외국민의 가족관계등록창설, 가족 관계등록부 정정 및 가족관계등록부 정리에 관한 특례법」등 특례 법에 의한 정정이 있습니다.
가족등록부 정정에 관하여 「가족관계의 등록 등에 관한 법률」 시 행으로 폐지된 구 「호적법」상의 판례는 "정정하려고 하는 호적기 재사항이 친족법상 또는 상속법상 중대한 영향을 미치는 것인지의 여부는 정정하려고 하는 호적기재사항과 관련된 신분관계의 존부

에 관하여 직접적인 쟁송방법이 가사소송법 제2조에 규정되어 있는지의 여부를 기준으로 하여, 위 법조에 규정되어 있는 가사소송사건으로 판결을 받게 되어 있는 사항은 친족법상 또는 상속법상 중대한 영향을 미치는 것으로 보아 그와 같은 사항에 관하여는 호적법 제123조에 따라 확정판결에 의하여서만 호적정정의 신청을 할 수 있고, 가사소송법 제2조에 의하여 판결을 받을 수 없는 사항에 관한 호적기재의 정정은 호적법 제120조에 따라 법원의 허가를 얻어 정정을 신청할 수 있다고 보는 것이 상당하고, 실재하지 아니한 자의 출생신고를 수리하여 호적기재를 한 후 그 호적을 정리하는것에 관하여는 직접적인 쟁송방법이 가사소송법은 물론 다른 법률이나 대법원규칙에도 정하여진 바가 없을 뿐더러 허무인을 상대로 소를 제기하거나 허무인이 소를 제기할 수는 없는 노릇이므로, 이와 같은 사항에 관한 호적기재의 정정은 호적법 제120조에 따라서 처리할 수밖에 없다."라고 하였습니다(대법원 1995. 4. 13.자 95스5 결정).

그리고 「가족관계의 등록 등에 관한 법률」 제104조를 보면, "등록부의 기록이 법률상 허가될 수 없는 것 또는 그 기재에 착오나 누락이 있다고 인정한 때에는 이해관계인은 사건 본인의 등록기준지를 관할하는 가정법원의 허가를 받아 등록부의 정정을 신청할 수 있다."라고 규정하고 있습니다.

따라서 사안의 경우에도 등록기준지 관할 가정법원에서 가족관계등록부정정허가를 받아 가족관계등록부를 정정하여야 할 것입니다.

■ 외국에서 혼인절차를 마치고 자녀를 출산하여 외국에서 출생신고를 하였으나 현재까지 한국에서는 혼인신고를 하지 않은 경우 출생신고가 수리되는지요?

Q 저는 베트남 국적의 아내와 베트남에서 혼인을 마치고 자녀를 출산하여 베트남에서 출생신고를 하였습니다. 아직까지 한국에서는 혼인신고를 하지 않았는데, 이 경우 아들에 대한 출생신고가 가능한지요?

A 국제사법 제36조 제2항은 "혼인의 방식은 혼인거행지법 또는 당

사자 일방의 본국법에 의한다. 다만, 대한민국에서 혼인을 거행하는 경우에 당사자 일방이 대한민국 국민인 때에는 대한민국 법에 의한다."고 규정하고 있습니다. 따라서 혼인거행지인 베트남의 법이 정하는 방식에 따른 혼인절차를 마친 경우라면 그 혼인은 유효하게 성립하고, 별도로 대한민국에서 혼인신고를 하지 않더라도 혼인의 성립에는 아무런 영향이 없습니다.

그러므로 귀하의 경우 출생한 자녀는 혼인중의 자로서 출생과 동시에 한국국적을 취득하였으므로(국적법 제2조 제1항 제1호) 출생신고의무자(국내에 거주하는 베트남인 모 포함)로부터 혼인증서등본 및 출생증명서나 베트남법의 방식에 의해 출생신고한 사실을 증명하는 서면 등을 첨부한 출생신고가 있다면 수리될 것입니다. 이 때, 출생신고가 수리된다면 자녀의 가족관계등록부가 작성되고 특정등록사항란에 부모를 기록하여 귀하의 가족관계등록부의 특정등록사항란에도 자녀가 기록되어 서로 연결될 것입니다.

한편, 출생신고를 수리한 시(구)·읍·면의 장은 혼인신고의 신고기간이 경과하도록 혼인신고가 없는 경우라면 신고의무자에 대하여 혼인신고할 것을 최고하여야 하고 최고를 하여도 신고를 하지 아니한 때라면 위 혼인증서등본에 기하여 감독법원의 허가를 받아 직권으로 혼인사유를 기록할 수도 있습니다(가족관계의 등록 등에 관한 법률 제38조).

■ 이중으로 출생신고를 한 경우 처벌을 받는지요?

Q 甲은 출생 당시 부모의 출생신고로 이미 주민등록이 되어 있었으나, 그 사실을 숨기고 출생신고를 다시 하였는데 「가족관계의 등록 등에 관한 법률」상의 출생신고를 하게 된 것이 주민등록법상에서 금지하고 있는 이중출생신고를 한 것에 해당하여 처벌을 받을 수도 있는지요?

A 주민등록법 제10조 제1항은 "주민은 다음 각 호의 사항을 그 거주지를 관할하는 시장·군수 또는 구청장에게 신고하여야 한다."라고 규정하면서 성명·성별·생년월일 등의 사항에 대한 신고의무를 부과하고 있고, 같은 조 제2항은 "누구든지 제1항의 신고를 이중으로 할 수 없다."라고 규정하고 있으며, 같은 법 제14조 제1항

은 "이 법에 따른 신고사항과 「가족관계의 등록 등에 관한 법률」에 따른 신고사항이 동일한 경우에는 「가족관계의 등록 등에 관한 법률」에 따른 신고로써 이 법에 따른 신고를 갈음한다."라고 규정하고 있습니다. 한편, 같은 법 제37조 제3호는 '제10조 제2항을 위반한 자나 주민등록 또는 주민등록증에 관하여 거짓의 사실을 신고 또는 신청한 자'는 3년 이하의 징역 또는 1천만원 이하의 벌금에 처하도록 하고 있습니다.

甲의 경우 이중신고로 인한 처벌문제가 발생할 수 있는바, 이에 관하여 판례는 "주민등록법 제13조의2 제1항(현행 제14조 제1항)은 호적법(현행 가족관계의 등록 등에 관한 법률, 이하 같음)에 의한 신고사항과 주민등록법에 의한 신고사항이 동일한 경우 호적법에 의한 신고와 별도로 주민등록법에 의한 신고를 이중으로 하는 불편을 덜어주고, 호적부(현행 가족관계등록부, 이하 같음)와 주민등록부를 관장하는 행정기관 상호간에는 통지절차를 통하여 호적부와 주민등록부의 기재내용을 일치시키고자 하는 취지의 규정으로서, 이는 호적법에 의한 신고를 한 경우에는 동일한 사항에 관하여 주민등록법에 의한 신고를 이중으로 하지 않아도 된다는 의미일 뿐, 호적법에 의한 신고를 주민등록법에 의한 신고행위와 동일시하거나 호적법에 의한 신고를 주민등록법 제10조 제2항에서 금하는 이중신고로 볼 수 있다는 규정은 아님이 분명하므로, 이미 주민등록이 되어 있는 사람이 호적법에 의한 출생신고를 하였다고 하더라도 이로써 곧 주민등록법상의 이중신고를 한 것으로 볼 수는 없다."라고 하였습니다(대법원 2006. 9. 14. 선고 2006도3398 판결).

따라서 甲의 이중출생신고가 주민등록법 상 처벌되는 이중신고에는 해당하지 않을 것으로 보입니다.

7. 혼인 외 출생자의 출생신고

7-1. 출생신고 절차
7-1-1. 신고인
① 혼인 외의 출생자의 출생신고는 모(母)가 해야 합니다. 그러나 모가 신고할 수 없는 경우에는 동거하는 친족이, 동거하는 친족이 신고할 수 없는 경우에는 분만에 관여한 의사·조산사 또는 그 밖의 사람이 신고해야 합니다.

② 모가 출생 후 1개월 이내에 신고를 하지 않아 자녀의 복리가 위태롭게 될 우려가 있는 경우에는 검사 또는 지방자치단체의 장이 출생의 신고를 할 수 있습니다.

③ 부가 혼인 외의 자녀에 대하여 친생자출생의 신고를 한 경우에는 그 신고는 인지의 효력이 있습니다.

④ 모의 성명·등록기준지 및 주민등록번호를 알 수 없는 경우에는 부의 등록기준지 또는 주소지를 관할하는 가정법원의 확인을 받아 혼인 외의 자녀에 대한 친생자출생의 신고를 할 수 있습니다.

⑤ 가정법원은 위의 확인을 위해 필요한 사항을 직권으로 조사할 수 있고, 지방자치단체, 국가경찰관서 및 행정기관이나 그 밖의 단체 또는 개인에게 필요한 사항을 보고하게 하거나 자료의 제출을 요구할 수 있습니다.

⑥ 위 가정법원 확인의 처리절차에 관하여는 비송사건절차법 및 가족관계의 등록 등에 관한 규칙 제87조제2항·제3항을 준용합니다.

⑦ 위 신고를 할 경우에는 가정법원의 확인서등본을 첨부해야 합니다.

⑧ 다음 중 어느 하나에 해당하는 경우에는 신고의무자가 1개월 이내에 출생신고를 하고 가족관계등록부의 정정을 신청해야 합니다. 이 경우 시·읍·면의 장이 확인해야 합니다.
- 출생자가 제3자로부터 민법 제844조의 친생자 추정을 받고 있음이 밝혀진 경우
  출생지가 대한민국 국적이 아니었음이 밝혀진 경우

7-1-2. 제출서류

① 혼인 중의 여자가 다른 남자와의 사이에서 출생한 자녀는 친자관계에 관한 재판을 거치지 않고는 다른 남자의 자녀로 출생신고를 할 수 없습니다.

② 따라서 부(父)가 혼인 외의 출생자에 대한 출생신고를 할 때는 모의 혼인관계 확인을 위해 일반적인 출생신고에 필요한 서류 외에 출생자의 모의 가족관계등록부 중 혼인관계증명서를 추가로 제출해야 합니다. 만일, 모의 가족관계등록부가 없거나 등록이 되어 있는지가 분명하지 않은 경우에는 그 모가 유부녀가 아님을 공증하는 서면 또는 2명 이상의 인우인 보증서를 제출해야 합니다(출생신고서).

7-2. 가족관계등록부의 작성

① 출생신고를 하면 이에 기초해 가족관계등록부가 작성됩니다.

② 가족관계등록부에는 부모의 성명이 기재되는데, 혼인 외의 출생자의 경우에는 부(父)의 성명이 기재되지 않습니다.

③ 혼인 외의 출생자가 인지되면 그 때부터 부의 성명이 가족관계증명서에 기재됩니다.

[서식] 친생자관계부존재확인 청구의 소(혼인외의 자)

소   장

원 고 1. 신 ○ ○ (주민등록번호)
　　　　　등록기준지 : ○○시 ○○구 ○○길 ○○
　　　　　주소 : ○○시 ○○구 ○○길 ○○(우편번호)
　　　2. 김 ○ ○(주민등록번호)
　　　　　등록기준지 : ○○시 ○○구 ○○길 ○○
　　　　　주소 : 원고 1과 같음
피 고 1. 박 △ △ (주민등록번호)
　　　　　등록기준지 : 서○○시 ○○구 ○○길 ○○
　　　　　주소 : ○○시 ○○구 ○○길 ○○(우편번호)
　　　2. 서울중앙지방검찰청 검사

친생자관계존부확인청구의 소

청   구   취   지

1. 피고 박△△과 소외 망 김□□(주민등록번호)사이 및 피고 박△△과 소외 망 김◎◎(주민등록번호) 사이에는 각 친생자관계가 존재하지 아니함을 확인한다.
2. 원고 김○○와 피고 박△△사이에는 친생자관계가 존재하지 아니함을 확인한다.
3. 원고 신○○과 소외 망 김◎◎(주민등록번호) 사이에는 친생자관계가 존재함을 확인한다.
4. 소송비용중 원고들과 피고 박△△ 사이에서 생긴 부분은 피고 박△△의 부담으로 하고, 원고 신○○과 피고 검사 사이에서 생긴 부분은 국고의 부담으로 한다.
라는 판결을 구합니다.

청   구   원   인

1. 호적상의 친생자관계

소외 망 김□□ (19○○. ○. 경 사망), 소외 망 김◎◎(19○○. ○.경 사망), 원고 김○○는 호적상 소외 망 김◉◉을 부로, 피고 박△△을 모로 하여 그들 사이에 출생한 친생자로 등재되어 있습니다.
[갑 제1호증 (가족관계증명서), 갑 제2호증 (제적등본)]

2. 실제 친생자관계
　가. 위 망 김◎◎, 망 김□□, 원고 김○○는 호적상의 기재와 달리 실제로는 원고 신○○이 위 망 김◉◉과 동거하면서 출산한 원고 신○○의 친생자들입니다.
　나. 피고 박△△은 위 망 김◉◉과 19○○. ○.경 혼인하여 법률상 부부가 되었고 원고 신○○은 19○○. ○월경 위 망 김◉◉을 만나 같은 해 ○월부터 동거생활에 들어갔는데, 당시 피고 박△△은 위 망 김◉◉에게 이혼을 요구하며 가출한 상태였습니다.
　다. 원고 신○○은 피고 박△△의 가출상태에서 위 망 김◉◉과 동거를 하며 그 사이에 위 망 김□□를 출산하였고, 위 망 김◎◎을 포태한 상태에서 피고 박△△이 귀가함으로써 그 때부터는 위 망 김◉◉이 원고 신○○과 피고 박△△ 사이를 오가며 이중생활을 하였습니다.
　　　그 과정에서 원고 신○○은 19○○. ○. ○.경 위 망 김◎◎을, 19○○. ○. ○.경 원고 김○○를 출산하였습니다.
　라. 그런데 원고 신○○은 위 망 김◎◎, 위 망 김□□, 원고 김○○를 혼인외의 자로 만들기 싫어 호적상으로는 피고 박△△의 친생자로 등재시켰던 것입니다. 그러나 위 망인들과 원고 김○○는 원고 신○○이 전적으로 양육했고 피고 박△△과는 거의 남남으로 지내왔습니다.
　마. 증거 : 갑 제3호증 (주민등록초본), 갑 제4호증의 1,2(각 주민등록 말소자 초본), 갑 제5호증 (주민등록표 등본), 갑 제6호증의 1 (출산증인확증서), 갑 제6호증의 2, (인감증명서), 갑 제7호증 (녹취서)

3. 확인의 이익 등
　이 건 친생자관계부존재확인 청구는 생모 또는 당사자 본인이 호적상 잘못된 모자관계를 바로잡기 위한 것이므로 확인의 이익이 있다 할 것이고, 특히 소외 망 김◎◎의 경우에는 사망 당시 미혼이었고 그 명의로 된 연립주택(현재 원고 신○○의 주거지임) 이 있는데, 피고 박△△이 호적상 모로 되어 있는 관계로 실제 단독 상

속인인 원고 신○○이 그 권리를 행사할 수 없어 더욱 확인의 필
요성이 있습니다.
　그리고 위 망 김◎◎의 경우에는 위 망인이 직계비속이 없이 사망
하여 민법 제857조에 의한 사망 후 인지가 불가능하므로 검사 상
대로 친생자관계존재확인을 구할 실익이 있다 할 것입니다.
4. 결 론
　위와 같이 소외 망 김◎◎, 소외 망 김□□, 원고 김○○ 모두 원
고 신○○의 친생자임에도 불구하고 호적상으로는 피고 박△△의
친생자로 잘못 등재되어 있으므로 이를 바로잡고자 이 건 소제기에
이르렀습니다.

입　　증　　방　　법

1. 갑 제1호증　　　　　　　가족관계증명서
1. 갑 제2호증　　　　　　　제적등본
　　　　(만일, 2008. 1. 1. 이후 사망한 경우 기본증명서)
1. 갑 제3호증　　　　　　　주민등록초본
1. 갑 제4호증의 1, 2　　　 각 주민등록 말소자 초본
1. 갑 제5호증　　　　　　　주민등록표 등본
1. 갑 제6호증의 1　　　　　출산증인확증서
1. 갑 제6호증의 2　　　　　인감증명서
1. 갑 제7호증　　　　　　　녹취서

첨　　부　　서　　류

1. 소장 부본　　　　　　　　　　　　　2통
1. 위 각 입증방법　　　　　　　　　　 각 1통
1. 위임장　　　　　　　　　　　　　　 1통
1. 납부서　　　　　　　　　　　　　　 1통

20○○년　○월　○일
위 원고들　　○ ○ ○ (인)
　　　　　　○ ○ ○ (인)

○ ○ 가 정 법 원　　　　귀 중

■ 사실혼 중 출생한 미성년의 자녀에 대한 양육문제가 협의되지 않을 경우에는 법원에 양육권자지정신청을 할 수 있는지요?

Q 甲녀는 乙남과 혼인을 하였으나 혼인신고를 하지 않은 상태에서 자녀 1명을 출산하였습니다. 그러나 성격차이 및 고부간의 갈등문제로 서로의 합의로 헤어지려고 합니다. 그런데 아직 자녀의 출생신고를 하지 않았고 만일 양육문제가 협의되지 않을 경우에는 법원에 양육권자지정신청을 할 수 있는지요?

A 甲과 乙 사이에 설사 주관적으로 혼인할 의사의 합치가 있고 객관적으로 사회관념이나 가족질서적인 면에서 부부공동생활을 인정할 만한 혼인생활의 실체가 인정된다 하여도 혼인신고가 없는 한 이는 사실상의 혼인관계 또는 사실혼에 불과할 뿐 법률상의 혼인관계로 인정될 수는 없습니다.이러한 사실혼관계에 있는 자들 사이에서 출생한 자(子)는 '혼인 외의 출생자'로서 그 모(母)와의 관계에서는 인지(認知)나 출생신고를 기다리지 않고 자의 출생으로 당연히 법률상의 친자관계가 인정될 수 있지만(대법원 1967. 10. 4. 선고 67다1791 판결), 부자관계는 부(父)의 인지에 의하여서만 발생하게 되므로(대법원 1997. 2. 14. 선고 96므738 판결), 사안의 乙이 '혼인 외의 출생자'를 인지하기 전까지는 오직 甲만이 그 자에 대한 유일한 법률상 친권자로서 양육권자에 해당합니다.

따라서 친권자가 복수임을 전제로 하여 공동으로 친권 및 양육권의 행사가 불가능한 경우에 제기되는 양육권지정에 관한 문제는 논리적으로 발생할 여지가 없다 할 것입니다.무엇보다 사실혼 관계의 해소를 이유로 양육자 지정을 청구를 하게 되면 「민법」 및 「가사소송법」상의 규정상 이혼당사자(협의이혼 및 재판상의 이혼)의 신청에 의하거나, 혼인의 무효 또는 취소의 판결을 하는 경우에 그 당사자의 신청에 의하여 자의 양육자 지정이나 양육에 관한 사항을 정하도록 허용되어 있을 뿐, 그 이외의 경우에는 이를 신청할 수 있는 법률상 근거규정이 없음이 명백한 관계로 부적법 각하를 면할 수 없게 됩니다(대법원 1979. 5. 8. 선고 79므3 판결).

그러나 부가 자를 인지한 경우에는 자는 생모뿐만 아니라 부와도 법률상 친자관계가 인정되므로 친권자 및 양육자를 정할 필요가 있게 되며 이러한 경우 친권자 및 양육자의 지정은 원칙적으로 부모 사이의 협의로 정하되, 협의할 수 없거나 협의가 이루어지지 않은 경우에는 당사자의 청구를 통해 가정법원이 지정하게 됩니다.

한편, 甲이 스스로 위 자를 인지하지 아니하는 경우에는 인지청구의 소를 제기할 수 있고 이 경우에는 법원이 직권으로 친권자 및 양육자를 정할 수 있게 됩니다(민법 제909조 제5항).

따라서 위 사안의 경우에는 사실혼 관계의 해소를 이유로 친권자 및 양육자의 지정을 청구할 수 없고 임의인지 또는 강제인지(인지청구의 소)의 방법에 의한 친권자 및 양육자지정절차를 거쳐야 할 것으로 보입니다.

■ 혼외자에 대한 친생자출생신고로 인지의 효력이 발생하는지요?

Q 대한민국 국적의 甲과 태국 국적의 乙은 진실한 부부관계를 맺으려는 의사 없이 오로지 乙을 대한민국에 취업시키기 위한 목적을 가지고 혼인신고를 하였습니다. 甲은 가족을 떠나 외국생활을 하는 乙을 위로하기 위해 저녁을 대접하였습니다. 그날 甲과 乙은 동침하게 되었고, 乙은 甲과의 사이에서 丙을 출산하였습니다. 甲이 丙을 친생자로 출생 신고하였는데 그 신고로 인지로서의 효력이 발생하나요?

A 부가 혼인 외의 자녀에 대하여 친생자출생의 신고를 한 때에는 그 신고는 인지의 효력이 있습니다. 한편, 판례는 "혼인신고가 위법하여 무효인 경우에도 무효한 혼인중 출생한 자를 그 호적에 출생신고하여 등재한 이상 그 자에 대한 인지의 효력이 있다."고 판시한 바 있습니다(대법원 1971. 11. 15. 선고 71다1983 판결).

사안의 경우 甲과 乙은 진실한 부부관계를 맺으려는 실질적 혼인의사가 없어 그 혼인은 무효이며, 丙은 혼인외의 출생자가 되지만, 甲이 丙을 친생자로 출생 신고하였으므로 그 신고에는 인지로서의 효력이 있습니다.

■ 친생자 아닌 자를 자신과 내연관계에 있는 남자의 혼외자로 출생신고
한 것이 유효한지요?

Q 甲은 고아인 丙을 입양의 의사로 양육하여 왔습니다. 丙이 학교에 취학할 나이가 되자 甲은 자신의 내연남 乙의
호적에 자신을 생모로 하여 출생신고를 하게 하였습니다. 그러나 乙은 입양의 의사도 없었고, 丙을 양육하지도 않았습니다. 위 출생신고로 인해 甲과 丙 사이에 양친자관계가 성립하나요?

A 위와 유사한 사안에서 판례는 "호적상 모로 기재되어 있는 자가 자신의 호적에 호적상의 자를 친생자로 출생신고를 한 것이 아니라 자신과 내연관계에 있는 남자로 하여금 그의 호적에 자신을 생모로 하는 혼인외의 자로 출생신고를 하게 한 때에는, 설사 호적상의 모와 호적상의 자 사이에 다른 입양의 실질적 요건이 구비되었다 하더라도 이로써 호적상의 모와 호적상의 자 사이에 양친자관계가 성립된 것이라고는 볼 수 없다. 왜냐하면, 이러한 경우 호적상의 부와 호적상의 자 사이에 입양의 실질적 요건이 갖추어지지 않았다면 호적상 부가 호적상 자를 혼인외의 자로 출생신고를 한 것은 아무런 효력이 없는 것이어서 그 출생신고에 관한 호적상의 기재는 두 사람 사이의 친생자관계부존재를 확인하는 판결에 의하여 말소되어야 하므로, 이처럼 무효인 호적상 부의 출생신고에 기하여 호적상의 모와 호적상의 자 사이에서만 양친자관계를 인정할 수는 없고, 호적상의 부와 호적상의 자 사이에 입양의 실질적 요건이 갖추어진 경우라 하더라도 우리 민법이 부부공동입양의 원칙을 채택하고 있는 점에 비추어 보면, 법률상 부부가 아닌 사람들이 공동으로 양부모가 되는 것은 허용될 수 없다고 보아야 하기 때문이다."라고 판시한 바 있습니다(대법원 1995. 1. 24. 선고 93므1242 판결).
사안의 경우 甲의 내연남 乙은 입양의 의사도 없었고, 丙을 양육하지도 않았으므로 그 출생신고는 입양의 실질적 요건을 갖추지 못한 것으로 그 신고 자체가 무효입니다. 따라서 甲녀와 丙 사이에 다른 입양의 실질적 요건이 구비되었다 하더라도 이로써 양친자관계가 성립된 것이라고는 볼 수 없을 것입니다.

■ 혼인 외 출생자를 양육한 제3자가 아이를 키운 비용을 생부에게 달라고 하고 싶은데 가능할까요?

Q 저의 친구는 미혼모입니다. 친구가 아이를 낳고 저에게 잠깐 맡아달라고 한지 벌써 6년이 지났습니다. 친구는 해외로 이민을 가 연락이 두절되었습니다. 남의 자식을 제 돈을 들여가며 키웠지만 나름 정성껏 제 아이를 키우는 것 같이 아이를 양육했습니다. 그런데 1년 전 길을 가다 생부를 우연히 만났습니다. 생부를 보니 생부는 아이에 대해 돈 한 푼 안들이고 살아가고 있는 것이 너무나도 무책임해 보이고 괘씸해 보입니다. 아이를 키운 비용을 생부에게 달라고 하고 싶은데 가능할까요?

A 만일 혼인 외 출생자인 아이의 생부가 아이를 인지를 하였다는 등의 특별한 사정이 없는 이상, 현실적으로 양육비를 청구하기는 어려워 보입니다. 대법원은 "제3자인 원고가 피고의 혼인외 출생자를 양육 및 교육하면서 그 비용을 지출하였다고 하여도 피고가 동 혼인외 출생자를 인지하거나 부모의 결혼으로 그 혼인중의 출생자로 간주되지 않는 한 실부인 피고는 동 혼인외 출생자를 부양할 법률상 의무는 없으므로 피고가 원고의 위 행위로 인하여 부당이득을 하였다거나 원고가 피고의 사무를 관리하였다고 볼 수 없다." 라고 판시하고 있기 때문입니다(참조 판례: 대법원 1981.5.26, 선고, 80다2515, 판결).

■ 부가 혼인 외의 자에 대한 출생신고시 모를 불상으로 신고할 경우 수리되는지요?

Q 甲은 혼인 외 자 乙에 대한 출생신고시 모를 불상으로 신고하였습니다. 이러한 신고가 수리될지 궁금합니다.

A 가족관계의 등록 등에 관한 법률 제46조 제2항은 "혼인 외 출생지의 신고는 모가 하여야 한다"고 규정하고 있습니다. 따라서, 혼인 외 출생자의 신고의무자는 모이고, 부는 인지신고를 하여야 하는 것이 원칙입니다. 또한 동법 제44조는 출생신고서의 기재사항

으로 '부모의 성명·본·등록기준지 및 주민등록번호'를, 가족관계의 등록 등에 관한 규칙 제38는 출생증명서의 기재사항으로 '모의 성명 및 출생연월일'을 기재하도록 규정하고 있으므로, '모'는 출생사실의 유무 판단에 필요불가결한 사항이라 할 것이어서, 부가 혼인 외의 자에 대하여 모를 불상으로 출생신고하는 것은, '법률상 기재하여야 할 사항으로서 특히 중요하다고 인정되는 사항을 기재하지 아니한 경우'에 해당하므로(동법 제29조 단서), 모를 불상으로 신고한 신고서는 수리되지 않을 것이라고 보는 것이 과거 확립된 실무의 방침이었습니다(가족관계등록선례 201106-2).

다만, 가족관계의 등록 등에 관한 법률 제57조 1항은 "부가 혼인 외의 자녀에 대하여 친생자출생의 신고를 한 때에는 그 신고는 인지의 효력이 있다."고 규정하고 있었는데, 최근 제2항이 신설되어(일명 사랑이법), 모의 성명·등록기준지 및 주민등록번호를 알 수 없는 경우에는 부의 등록기준지 또는 주소지를 관할하는 가정법원의 확인을 받아 제1항에 따른 신고를 할 수 있게 되었습니다. 동시에 가족관계의 등록 등에 관한 규칙 제87조의2는 위와 같은 경우 부가 출생신고를 할 때에는 가정법원의 확인서등본을 첨부하여야 한다고 정하고 있으므로, 甲은 가정법원의 확인서등본을 첨부하여 乙에 대한 출생신고를 할 수 있고, 신고가 수리될 것입니다.

■ 혼인 외 출생자의 모의 이름을 생모로 정정하는 절차는?

Q 저는 현재 혼인 중인 甲과의 사이에서 딸 丙을 낳았습니다. 가족관계등록부에는 丙이 甲과 법률상 처인 乙의 모(母)로 등재되어 있는데, 이를 제 이름으로 정정할 수 있는지 궁금합니다.

A 현재 혼인관계가 종료하지 아니하여 甲과의 사이에서 출생한 丙의 모의 이름을 남자의 법률상 처인 乙에서 귀하로 정정하고 혼인관계가 종료하지 아니한 甲이 乙과의 혼인관계를 해소하기 위해서는 우선 귀하를 비롯한 이해관계인이 "乙과 丙사이에 친생자 관계가 부존재 한다"는 법원(피고의 주소지 관할 법원)의 판결을 받아 그 판결등본 및 확정증명원을 첨부하여 시(구)·읍·면사무소에 가

족관계등록부정정신청을 하여야 합니다.

이 경우, 판결이유에 丙의 생모로 귀하(귀하의 성명 및 주민등록
번호 또는 귀하의 성명 및 등록기준지가 판결 이유에 반드시 기
재되어 있어야 합니다)가 특정될 수 있도록 명시되어 있다면 따
님의 가족관계등록부상 모의 성명을 귀하로 정정할 수 있습니다.

아울러 위 정정절차로 丙의 부모가 甲과 귀하로 정정되고, 추후
甲이 乙과 이혼하고 귀하와 혼인신고를 하게 되면 그 시점부터
丙은 甲과 귀하의 혼인중 출생자가 됩니다.

■ 우리나라에 거주하는 외국 국적의 혼인 외 출생자에 대하여 대한민국
국적의 생모가 법정대리권을 행사할 수 있는지요?

Q 저는 대한민국 국적으로, 우즈베키스탄 국적의 남자와 혼인하
여 대한민국에 거주중이지만, 혼인신고를 하지 않았고, 사이
에 둔 딸도 우즈베키스탄 국적을 가지고 있습니다. 이때 제가
법정대리권을 행사할 수 있는지요?

A 현행 국적법은 부모양계혈통주의를 취하고 있어, 부모 중 어느 한
쪽이 한국 국적을 가지고 있으면 그 자녀는 출생에 의하여 자동
으로 대한민국 국적을 가지게 됩니다(같은 법 제2조 제1항 제1
호). 그런데, 위 규정은 1998년 6월 14일부터 시행되었으므로
시행일 이전의 출생자는, 출생한 당시에 부가 대한민국의 국민이
아니었으면 대한민국 국적을 부여받지 못했습니다.

이 경우, 섭외혼의 성립요건에 관한 국제사법 제36조에 의하면
대한민국 내에서 외국인과 한국인이 혼인할 때, 혼인의 성립요건
은 각 당사자에 관하여 그 본국법에 의하지만(제36조 제1항), 형
식적 요건인 혼인의 방식은 혼인거행지인 대한민국 법에 따라야
합니다(제36조 제2항 단서). 따라서 대한민국에서 혼인신고를 한
사실이 없다면 그 혼인은 유효한 혼인으로서 효력이 없으며, 그
사이에서 출생한 자는 혼인외의 출생자에 해당합니다.

이 때, 국제사법 제45조는 "친자간의 법률관계는 부모와 자(子)
의 본국법이 모두 동일한 경우에는 그 법에 의하고, 그 외의 경우
에는 자(子)의 상거소지법에 의한다."고 규정하고 있으므로, 귀하
와 같이 모와 자의 국적이 서로 다를 경우 자의 상거소지법에 따

라 이를 판단하여야 하는 바, 현재 대한민국에 거주하고 있는 경우라면 자의 상거소지법은 우리나라 민법으로, 민법 제909조 제911조에 따라 자를 출산한 대한민국 국적의 모는 친권자로서 자의 법정 대리인이어서, 자에 대한 법정대리권을 행사할 수 있습니다(서울지법 2003. 7. 25. 선고 2001가합64849 판결).

8. 외국에서의 출생신고

8-1. 외국에서의 출생신고 절차 및 장소

① 외국에서 출생한 자녀의 출생신고 절차는 일반적인 출생신고 절차와 크게 다르지 않습니다. 다만, 출생신고를 국내의 행정관청뿐만 아니라 대한민국 재외공관에서도 할 수 있다는 점에서 차이가 있을 뿐입니다.

② 국내의 행정관청에 직접 출생신고를 하려면 등록기준지 관할 시청·구청·읍사무소·면사무소 또는 재외국민 가족관계등록사무소 가족관계등록관에 출생신고서 및 관련 서류를 우편으로 제출하거나, 귀국해서 직접 제출하면 됩니다.

③ 대한민국 재외공관(대한민국 대사관·공사관·대표부·총영사관·영사관·분관 또는 출장소를 말함)에 출생신고를 하려면 거주지역을 관할하는 재외공관에 신고하면 됩니다.

④ 재외공관에 접수된 출생신고서 및 관련 서류는 수리일로부터 1개월 이내에 외교부 장관을 경유해서 재외국민 가족관계등록사무소의 가족관계등록관에게 송달됩니다.

8-2. 복수국적자

8-2-1. 복수국적의 취득

① 국적을 취득하는 방법에는 속인주의(屬人主義)와 속지주의(屬地主義)의 두 가지가 있습니다. 속인주의란 출생자의 국적이 부모의 국적에 따라 결정되는 것을 말하며, 속지주의란 출생자의 국적이 출생지에 따라 결정되는 것을 말합니다.

② 우리나라 법은 국적에 관한 한 속인주의를 채택하고 있어, 외국에서 출생하더라도 출생 당시에 부 또는 모가 대한민국 국민이거나 출생하기 전에 사망한 부(父)가 대한민국 국민이었다면 그 출생자는 대한민국 국적을 취득하도록 규정되어 있습니다.

③ 위 규정에 따라 대한민국 국적자이거나 사망 당시 대한민국 국적자(부의 경우만 해당)였던 사람의 출생자가 국적에 관한 속지주의를 채택하고 있는 나라(예를 들어 미국, 캐나다, 벨기에 등)에서 태어난 경우에 그 자녀는 대한민국 국적과 외국 국적을 함께 가지게 되는 복수국적(複數國籍)의 문제가 발생할 수 있습니다.

8-2-2. 복수국적자의 국적 선택 등

① 만 20세가 되기 전에 복수국적자가 된 자가 만 22세가 되기 전까지, 만 20세가 된 후에 복수국적자가 된 사람은 그 때부터 2년 내에 국적법 제13조와 국적법 제14조에 따라 하나의 국적을 선택해야 합니다.

② 그러나 법무부장관에게 대한민국에서 외국 국적을 행사하지 않겠다는 뜻을 서약한 복수국적자는 국적을 선택하지 않을 수 있습니다.

③ 복수국적자 중 병역법 제8조에 따라 제1국민역에 편입된 자는 편입된 때부터 3개월 이내에 하나의 국적을 선택하거나 다음 어느 하나에 해당하는 때부터 2년 이내에 하나의 국적을 선택해야 합니다. 다만, 대한민국 국적을 선택하려는 경우에는 다음 어느 하나에 해당하기 전이라도 국적을 선택할 수 있습니다.

   1. 현역·상근예비역 또는 보충역으로 복무를 마치거나 마친 것으로 보게 되는 경우

   2. 제2국민역에 편입된 경우

   3. 병역면제처분을 받은 경우

④ 한편, 직계존속이 외국에서 영주할 목적 없이 체류한 상태에서 출생한 자는 병역의무의 이행과 관련해서 위 제1호~제3호에 해당하는 경우에만 대한민국 국적을 이탈해서 외국 국적을 선택할 수 있습니다.

8-2-3. 국적의 재취득

① 2010년 5월 4일 개정되기 전의 국적법에서는 이중국적자(지금의 '복수국적자'를 말함)가 만 20세 또는 만 22세가 되기 전에 국적을 선택하지 않는 경우 대한민국 국적을 상실하도록 하였습니다.

② 이에 따라 대한민국 국적을 상실하였던 자(남자는 현역·상근예비역 또는 보충역으로 복무를 마치거나 마친 것으로 보게 되는 경우에 한함)이라도 대한민국에 주소를 두고 있는 상태에서 2010년 5월 4일부터 2년 이내에 외국 국적을 포기하거나, 대한민국에서 외국 국적을 행사하지 않겠다는 뜻을 서약하고 법무부장관에게 신고하면 대한민국 국적을 재취득할 수 있습니다.

③ 한편, 종전의 규정에 따라 외국 국적을 포기하고 대한민국 국적을 선택했던 자가 2010년 5월 4일부터 5년 이내에 그 외국 국적을 재취득한 때에는 그 외국 국적 취득일부터 6개월 이내에 대한민국에서 외국 국적을 행사하지 않겠다는 뜻을 법무부장관에게 서약하면 대한민국 국적을 상실하지 않습니다.

■ 외국에는 출생등록이 되어 있으나 한국에 출생신고가 되어 있지 아니한 혼인외 출생자가 가족관계등록부가 작성되기 전에 사망한 경우에 인지신고를 할 수 있는 절차는?

Q 저는 甲과 乙 사이의 혼인 외 출생자로, 현재 일본에 출생등록이 되어 있지만 한국에는 출생신고가 되어 있지 않습니다. 최근 사망한 부 甲을 인지자로 하는 인지판결을 법원으로부터 받았는데 인지신고가 가능한지요?

A 귀하께서는 국적법 제2조 1항 1호에 의해서 출생과 동시에 대한민국의 국적을 취득하셨고, 가족관계의 등록 등에 관한 법률 제46조 제2항은 "혼인 외 출생자의 신고는 모가 하여야 한다"고 규정하고 있습니다.
따라서 신고의무자인 귀하의 모친이 일본국 관공서 발행의 출생계 등본과 그 번역문을 첨부하여 출생신고를 하고, 그에 따라 가족관계등록부가 작성되어야 판결에 따른 인지신고를 할 수 있습니다(가족관계등록선례 제200805-5호).

만일 귀하의 생모가 이미 사망한 경우에는 가정법원의 허가를 받아 가족관계등록부를 창설하여야 판결에 따른 인지신고를 할 수 있습니다.

제3장 이혼은 어떤 절차로 할 수 있나요?

1. 이혼 방법

1-1. 이혼의 종류
이혼하는 방법에는 크게 협의이혼과 재판상 이혼의 두 가지가 있습니다. 부부가 이혼에 합의한 경우에는 협의이혼을 할 수 있으며, 합의가 이루어지지 않는 경우에는 당사자 일방의 청구에 의해 법원의 재판으로 이혼하는 재판상 이혼을 할 수 있습니다.

1-1-1. 협의이혼
① 부부 사이에 이혼하려는 의사가 있으면, 법원에 이혼신청을 하고 일정 기간이 지난 후 법원의 확인을 받아 행정관청에 이혼신고를 하면 이혼의 효력이 발생하는데, 이것을 협의이혼이라고 합니다.
② 협의이혼을 할 때 양육할 자녀가 있는 경우에는 자녀의 양육과 친권에 관한 사항을 부부가 합의해서 정하고, 그 협의서를 이혼확인을 받을 때 법원에 의무적으로 제출해야 합니다. 합의가 이루어지지 않는 경우에는 법원이 직권으로 또는 당사자의 청구에 의해 정하게 됩니다.
③ 위자료나 재산분할에 관한 사항도 부부가 합의해서 정하게 되는데, 합의가 이루어지지 않는 경우에는 법원이 당사자의 청구에 의해 정하게 됩니다.

1-1-2. 재판상 이혼
① 협의이혼이 불가능할 때 부부 중 한 사람이 법원에 이혼소송을 제기해서 판결을 받아 이혼할 수 있는데, 이것을 재판상 이혼이라고 합니다. 재판상 이혼이 가능하려면 다음과 같은 사유가 있어야 합니다.
  1. 배우자의 부정한 행위가 있었을 때
  2. 배우자가 악의로 다른 일방을 유기한 때

3. 배우자 또는 그 직계존속으로부터 심히 부당한 대우를 받았을 때

4. 자기의 직계존속이 배우자로부터 심히 부당한 대우를 받았을 때

5. 배우자의 생사가 3년 이상 분명하지 않은 때

6. 그 밖에 혼인을 계속하기 어려운 중대한 사유가 있을 때

② 이혼소송을 제기하려면 먼저 법원에 이혼조정신청을 해야 하는데, 조정을 신청하지 않고 바로 이혼소송을 제기하면 법원이 직권으로 조정에 회부하게 됩니다. 이 조정단계에서 합의를 하면 재판절차 없이 (조정)이혼이 성립되며, 조정이 성립되지 않으면 재판상 이혼으로 이행됩니다.

[법원양식] 이혼소송청구

이 혼 소 송 청 구

원   고   홍 길 동 (전화   )
주민등록번호   -
주민등록지
실제 사는 곳
등록기준지

피   고   김 갑 순
주민등록번호   -
주민등록지
실제 사는 곳
등록기준지

사 건 본 인   홍 나 라
주민등록번호   -
주소
등록기준지

청 구 취 지

1. 원고와 피고는 이혼한다.

2. 사건본인의 친권자로 원고(피고)를 지정한다.

3. 소송비용은 피고의 부담으로 한다.

라는 판결을 구합니다.

청 구 원 인

(원고와 피고가 이혼을 해야 하는 사유를 구체적으로 기재하십시오.)

첨 부 서 류

1. 가족관계증명서	1통
2. 혼인관계증명서	1통
3. 주민등록등본	1통

2008 . ○. ○.

위 원고 홍 길 동 (인)

○○가정법원 귀중

○○지방법원(지원) 귀중

☞ 유의사항

소장에는 수입인지 20,000원을 붙여야 합니다.

송달료는 당사자수 ×3,700원(우편료) ×12회분을 송달료취급은행에 납부하고 영수증을 첨부하여야 합니다.

2. 협의이혼

2-1. 협의이혼의 의의

협의이혼이란 부부가 서로 합의해서 이혼하는 것을 말합니다. 협의이혼은 부부가 이혼과 자녀의 친권·양육 등에 관해 합의해서 법원으로부터 이혼의사확인을 받아 행정관청에 이혼신고를 하는 방식으로 이루어집니다.

2-2. 협의이혼의 성립요건

2-2-1. 실질적 요건

① 진정한 이혼의사의 합치(合致)가 있을 것

    ㉠ 부부가 협의이혼을 하려면 진정한 의사로 이혼할 것에 합의해야 합니다. 이 때 협의이혼은 부부가 자유로운 의사에 따라 합의한 것으로 충분하며 이혼사유(예를 들어 성격불일치, 불화, 금전문제 등)는 묻지 않습니다.

    ㉡ 이혼의사는 가정법원에 이혼의사확인을 신청할 때는 물론이고 이혼신고서가 수리될 때에도 존재해야 합니다. 예를 들어, 가정법원으로부터 협의이혼의사를 확인받았더라도 이혼신고서가 수리되기 전에 이혼의사를 철회한 경우에는 이혼이 성립되지 않습니다.

② 의사능력이 있을 것

    이혼의사의 합치에는 의사능력이 있어야 합니다. 따라서 피성년후견인도 의사능력이 있으면 부모나 후견인의 동의를 받아 이혼할 수 있습니다.

※ 미성년자가 혼인할 경우에는 부모 또는 후견인의 동의가 있어야 하지만, 혼인하면 성년으로 간주되므로, 이혼할 경우 부모 등의 동의 없이 자유롭게 할 수 있습니다.

③ 이혼에 관한 안내를 받을 것

    협의이혼의사확인을 신청한 부부는 가정법원이 제공하는 이혼에 관한 안내를 받아야 하고, 가정법원은 필요한 경우 당사자에게 상담에 관한 전문적인 지식과 경험을 갖춘 전문상담인의 상담을 받을 것을 권고할 수 있습니다.

④ 이혼숙려기간이 경과한 후 이혼의사확인을 받을 것

    법원으로부터 이혼에 관한 안내를 받은 부부는 안내를 받은 날부터 다음의 이혼숙려기간이 지난 후에 이혼의사를 확인받을 수 있습니다. 다만, 폭력으로 인해 부부 일방에게 참을 수 없는 고통이 예상되는 등 이혼을 해야 할 급박한 사정이 있는 경우에는 이 기간이 단축되거나 면제될 수 있습니다.

    1. 양육해야 할 자녀(임신 중인 자녀를 포함. 이하 같음)가 있는 경우 : 3개월

2. 양육해야 할 자녀가 없는 경우 : 1개월

④ 자녀의 친권과 양육에 관한 합의서 등을 제출할 것

㉮ 양육해야 할 자녀(이혼숙려기간 이내에 성년에 도달하는 자녀는 제외)가 있는 경우에는 협의이혼의사확인을 신청할 때 또는 이혼 의사확인기일까지 그 자녀의 친권과 양육에 관한 협의서 또는 가 정법원의 심판정본을 제출해야 합니다.

㉯ 협의이혼하려는 부부가 양육비용의 부담에 대해 합의한 경우, 가 정법원은 그 내용을 확인하는 양육비부담조서를 작성하여야 합니 다. 이는 이혼 시 양육비를 효율적으로 확보하기 위한 것으로, 이 때의 양육비부담조서는 채무명의로서의 효력을 갖습니다.

㉰ 자녀의 친권과 양육에 관해 부부간 합의가 이루어지지 않는 경우 에는 가정법원이 직권으로 이를 결정할 수도 있습니다.

2-2-2. 형식적 요건 : 이혼신고

① 위의 실질적 요건을 갖추었더라도 이혼신고를 하지 않으면 협의이 혼이 성립하지 않습니다. 즉, 부부가 이혼에 합의했지만 이혼신고를 하지 않은 경우에는 장기간 별거해서 사실상 이혼상태라고 하더라 도 법적으로는 부부관계가 지속됩니다.

② 이혼신고는 부부 중 어느 한 쪽이 가정법원으로부터 확인서 등본을 교부 또는 송달받은 날부터 3개월 이내에 그 등본을 첨부해서 등록 기준지 또는 주소지 관할 시청·구청·읍사무소 또는 면사무소에 신고 해야 하며, 이 기간이 경과하면 가정법원의 확인은 효력을 잃습니다.

[서식]이혼(친권자 지정)신고서

이혼(친권자 지정)신고서 (년 월 일)	※ 신고서 작성 시 뒷면의 작성 방법을 참고하고, 선택항목에는 '영표(○)'로 표시하기 바랍니다.

구 분			남 편(부)		아 내(처)	
① 이 혼 신 고 당 사 인 자	성 명	한글	* (성) / (명)	㉑ 또는 서명	* (성) / (명)	㉑ 또는 서명
		한자	(성) / (명)		(성) / (명)	
	본(한자)		전화		본(한자)	전화
	*주민등록번호		-			-
	출생연월일					
	*등록기준지					
	*주 소					
② 부 모 (양 부 모)	부(양부)성명					
	주민등록번호		-			-
	모(양모)성명					
	주민등록번호		-			-
③기 타 사 항						
④재판확정일자 ( )			년 월 일	법원명		법원

아래 친권자란은 협의이혼 시에는 법원의 협의이혼의사확인 후에 기재합니다.

⑤ 친 권 자 지 정	미성년인 자의 성명					
	주민등록번호		-		-	
	친권자	①부②모 ③부모	효력발 생일	년 월 일	①부②모 ③부모	효력발 생일	년 월 일
			원인	① 협의 ② 재판		원인	① 협의 ② 재판
	미성년인 자의 성명					
	주민등록번호		-		-	
	친권자	①부②모 ③부모	효력발 생일	년 월 일	①부②모 ③부모	효력발 생일	년 월 일
			원인	① 협의 ② 재판		원인	① 협의 ② 재판

⑥신고인 출석여부		① 남편(부)	② 아내(처)
⑦제출인	성 명	주민등록번호	-

※ 타인의 서명 또는 인장을 도용하여 허위의 신고서를 제출하거나, 허위신고

- 95 -

를 하여 가족관계등록부에 실제와 다른 사실을 기록하게 하는 경우에는 형법에 의하여 처벌받을 수 있습니다. 눈표(*)로 표시한 자료는 국가통계작성을 위해 통계청에서도 수집하고 있는 자료입니다.

※ 아래 사항은 「통계법」 제24조의2에 의하여 통계청에서 실시하는 인구동향조사입니다. 「통계법」 제32조 및 제33조에 의하여 성실응답의무가 있으며 개인의 비밀사항이 철저히 보호되므로 사실대로 기입하여 주시기 바랍니다.

※ 첨부서류 및 이혼당사자의 국적은 국가통계작성을 위해 통계청에서도 수집하고 있는 자료입니다.

인구동향조사

㉮ 실제 결혼 생활 시작일	년 월 일부터	㉯ 19세 미만 자녀 수	명
㉰ 실제 이혼 연월일	년 월 일부터		

㉱ 최종 졸업학교	남편 (부)	① 학력 없음 ② 초등학교 ③ 중학교 ④ 고등학교 ⑤ 대학(교) ⑥ 대학원 이상	아내 (처)	① 학력 없음 ② 초등학교 ③ 중학교 ④ 고등학교 ⑤ 대학(교) ⑥ 대학원 이상
㉲ 직업	남편 (부)	① 관리직　② 전문직 ③ 사무직　④ 서비스직 ⑤ 판매직　⑥ 농림어업 ⑦ 기능직　⑧ 장치기계 조작 및 조립 ⑨ 단순노무직 ⑩ 군인 ⑪ 학생가사무직	아내 (처)	① 관리직　② 전문직 ③ 사무직　④ 서비스직 ⑤ 판매직　⑥ 농림어업 ⑦ 기능직　⑧ 장치기계 조작 및 조립 ⑨ 단순노무직 ⑩ 군인 ⑪ 학생가사무직

작 성 방 법

※ 등록기준지 : 각 란의 해당자가 외국인인 경우에는 그 국적을 기재합니다.
※ 주민등록번호 : 각 란의 해당자가 외국인인 경우에는 외국인등록번호(국내거소신고번호 또는 출생연월일)를 기재합니다.
① 란 : 협의이혼신고의 경우 반드시 당사자 쌍방이 서명(또는 기명날인) 하여야 하나, 재판상 이혼신고의 경우에는 일방이 서명(또는 기명날인)하여 신고할 수 있습니다.
② 란 : 이혼당사자의 부모가 주민등록번호가 없는 경우에는 등록기준지(본적)를 기재합니다. 이혼당사자가 양자인 경 우 양부모의 인적사항을 기재하며, 이혼당사자의 부모가 외국인인 경우에는 주민등록번호란에 외국인등록번호(또는 출생연월일) 및 국적을 기재합니다.
③ 란 : 아래의 사항 및 가족관계등록부에 기록을 분명하게 하는 데 특히 필요한 사항을 기재합니다.
　- 신고사건으로 인하여 신분의 변경이 있게 되는 사람이 있을 경우에 그 사람의 성명, 출생연월일, 등록기준지 및 신분변경의 사유
　- 피성년후견인(2018. 6. 30.까지는 금치산자 포함)이 협의상 이혼을 하는 경우에는 동의자의 성명, 서명(또는 날인) 및 출생연월일
④ 란 : 이혼판결(화해, 조정)의 경우에만 기재하고, 협의이혼의 경우에는 기재하지 않습니다.
　: 조정성립, 조정에 갈음하는 결정, 화해성립이나 화해권고결정에 따른 이혼신고의 경우에는 "재판확정일자"아래 의 ( )안에 "조정성립", "조정에 갈음하는 결정확정" 또는 "화해성립", "화해권고결정"이라고 기재하고, "연월

일"란에 그 성립(확정)일을 기재합니다.
⑤란 : 협의이혼의사확인 신청시에는 기재하지 아니하며, 법원의 이혼의사확인 후에
정하여진 친권자를 기재합니다.
지정효력발생일은 협의이혼의 경우 이혼신고일, 재판상이혼의 경우에는 재판
확정일을 기재합니다.
원인은 당사자의 협의에 의해 지정한 때에는 "①협의"에, 직권 또는 신청에
의해 법원이 결정한 때에는 "②재판"에 '영표(○)'로 표시하고, 그 내용을 증
명하는 서면을 첨부하여야 합니다.
자녀가 5명 이상인 경우 별지 기재 후 간인하여 첨부합니다. 임신 중인 자
의 경우에는 출생신고 시 친권자 지정 신고를 합니다.
⑥란 : 출석한 신고인의 해당번호에 '영표(○)'로 표시합니다.
⑦란 : 제출인(신고인이 작성한 신고서를 신고인이 아닌 사람이 제출할 경우만 기재)
의 성명 및 주민등록번호를 기재합니다.[접수담당공무원은 신분증과 대조]

※ 아래 사항은 「통계법」 제24조의2에 의하여 **통계청에서 실시하는 인구동향조사입니다.**

㉮란, ㉯란 : 가족관계등록부상 신고일이나 재판확정일과는 관계없이 실제로 결혼(동거)
생활을 시작한 날과 사실상 이혼(별거)생활을 시작한 날을 기재합니다.
㉰란 : 교육부장관이 인정하는 모든 정규교육기관을 기준으로 기재하되 각급 학교의
재학 또는 중퇴자는 최종 졸업한 학교의 해당번호에 '영표(○)'로 표시 합니
다. <예시> 대학교 3학년 재학(중퇴) → ④ 고등학교에 '영표(○)'로 표시
㉱란 : 이혼할 당시의 주된 직업을 기준으로 기재합니다.

---

① 관리자 : 정부, 기업, 단체 또는 그 내부 부서의 정책과 활동을 기획, 지휘 및 조정
(공공 및 기업고위직 등)
② 전문가 및 관련종사자 : 전문지식을 활용한 기술적 업무(과학, 의료, 복지, 교육, 종
교, 법률, 금융, 예술, 스포츠 등)
③ 사무종사자 : 관리자, 전문가 및 관련 종사자를 보조하여 업무 추진(행정, 경영, 보
험, 감사, 상담·안내·통계 등)
④ 서비스종사자 : 공공안전, 신변보호, 돌봄, 의료보조, 미용, 혼례 및 장례, 운송, 여
가, 조리와 관련된 업무
⑤ 판매종사자 : 영업활동을 통해 상품이나 서비스판매(인터넷, 상점, 공공장소 등),
상품의 광고·홍보, 계산·정산 등
⑥ 농림·어업 숙련 종사자 : 작물의 재배·수확, 동물의 번식·사육, 산림의 경작·개발,
수생 동·식물 번식 및 양식 등
⑦ 기능원 및 관련 기능 종사자 : 광업, 제조업, 건설업에서 손과 수공구를 사용하여
기계 설치 및 정비, 제품 가공
⑧ 장치·기계 조작 및 조립 종사자 : 기계를 조작하여 제품 생산·조립, 산업용 기계·장
비조작, 운송장비의 운전 등
⑨ 단순노무 종사자 : 주로 간단한 수공구의 사용과 단순하고 일상적이며 육체적 노력
이 요구되는 업무
⑩ 군인 : 의무복무를 포함하여, 현재 군인신분을 유지하고 있는 경우(국방분야에 고
용된 민간인과 예비군은 제외)
⑪ 학생·가사·무직: 교육기관에 재학하며 학습에만 전념하거나, 전업주부이거나, 특
정한 직업이 없는 경우

첨 부 서 류

1. 협의이혼 : 협의이혼의사확인서 등본 1부
2. 재판이혼 : 판결등본 및 확정증명서 각 1부(조정.화해 성립의 경우는 조서등본 및 송달증명서).
3. 외국법원의 이혼판결에 의한 재판상 이혼
   - 이혼판결의 정본 또는 등본과 판결확정증명서 각 1부.
   - 패소한 피고가 우리나라 국민인 경우에 그 피고가 공시송달에 의하지 아니하고 소송의 개시에 필요한 소환 또는 명령의 송달을 받았거나 또는 이를 받지 아니하고도 응소한 사실을 증명하는 서면 1부(판결에 의하여 이점이 명백하지 아니한 경우에 한한다).
   - 위 각 서류의 번역문 1부.
   ※ **아래 4항은 가족관계등록관서에서 전산으로 그 내용을 확인할 수 있는 경우 첨부를 생략합니다.**
4. 이혼 당사자 각각의 가족관계등록부의 가족관계증명서, 혼인관계증명서 각 1통.
5. 사건본인이 외국인인 경우
   - 한국 방식에 의한 이혼 : 사건본인 쌍방이 외국인인 경우에는 국적을 증명하는 서면 (여권 또는 외국인등록증)사본 첨부
   - 외국 방식에 의한 이혼 : 이혼증서 등본 및 국적을 증명하는 서면(여권 또는 외국인등록증) 사본 각 1부
6. 친권자지정과 관련한 소명자료
   - 협의에 의한 경우 친권자지정 협의서등본 1부.
   - 법원이 결정한 경우 심판서 정본 및 확정 증명서 1부.
7. 신분확인[가족관계등록예규 제443호에 의함]
   ① 재판상 이혼신고(증서등본에 의한 이혼신고 포함)
   - 신고인이 출석한 경우 : 신분증명서
   - 제출인이 출석한 경우 : 제출인의 신분증명서
   - 우편제출의 경우 : 신고인의 신분증명서 사본
   ※ 신고인이 성년후견인인 경우에는 7항의 ① 서류 외에 성년후견인의 자격을 증명하는 서면도 함께 첨부해야 합니다.
   ② 협의이혼신고
   - 신고인이 출석한 경우 : 신고인 일방의 신분증명서
   - 신고인 불출석, 제출인 출석의 경우 : 제출인의 신분증명서 및 신고인 일방의 신분증명서 또는 서명공증 또는 인감증명서(신고인의 신분증명서 없이 신고서에 신고인이 서명한 경우 서명공증, 신고서에 인감 날인한 경우 인감증명)
   - 우편제출의 경우 : 신고인 일방의 서명공증 또는 인감증명서(신고서에 서명한 경우 서명공증, 인감을 날인한 경우는 인감증명서).

[서식] 협의이혼의사확인신청서

협의이혼의사확인신청서

당사자　　부 ○○○ （주민등록번호:　　　　　　-　　　　　　）
　　　　　　　등록기준지: 주 소:
　　　　　　　전화번호(핸드폰/집전화):
　　　　　　처 ○○○ （주민등록번호:　　　　　　-　　　　　　）
　　　　　　　등록기준지: 주 소:
　　　　　　　전화번호(핸드폰/집전화):

신 청 의 취 지

위 당사자 사이에는 진의에 따라 서로 이혼하기로 합의하였다.
위와 같이 이혼의사가 확인되었다.
　　라는 확인을 구함.

첨 부 서 류

　　1. 남편의 혼인관계증명서와 가족관계증명서 각 1통.
　　　　처의 혼인관계증명서와 가족관계증명서 각 1통.
　　2. 미성년자가 있는 경우 양육 및 친권자결정에 관한 협의서 1
　　　　통과 사본 2통 또는 가정법원의 심판정본 및 확정증명서 각
　　　　3통 (제출___, 미제출___)
　　3. 주민등록표등본(주소지 관할법원에 신청하는 경우)1통.
　　4. 진술요지서(재외공관에 접수한 경우) 1통.　　끝.

년　　　월　　　일

확인기일		담당자
1회	년 월 일 시	법원주사(보)
2회	년 월 일 시	○○○ ㊞

확인서등본 및 양육비 부담조서정본 교부	교부일
부 ○○○　㊞	
처 ○○○　㊞	

신청인　부　○　○　○　㊞
　　　　　처　○　○　○　㊞

○ ○ 가 정 법 원　　귀 중

협의이혼제도안내

1. 협의이혼이란
○ 부부가 자유로운 이혼합의에 의하여 혼인관계를 해소시키는 제서에 그 확인서등본을 첨부하여 관할 시(구).읍.면의 장에게 신고함으로써 이혼의 효력이 발생합니다.

2. 협의이혼절차는
　가. 협의이혼의사확인의 신청
　　① 신청시 제출하여야 할 서류
　　　㉮ 협의이혼의사확인신청서 1통
　　　- 부부가 함께 작성하며, 신청서 양식은 법원의 신청서접수 창구에 있습니다.
　　　- 당사자 혼자 법원에 출석하여 미리 작성안내를 받을 수 있습니다.
　　　㉯ 남편과 처의 가족관계증명서와 혼인관계증명서 각 1통
　　　- 시(구).읍.면사무소에서 발급합니다.
　　　㉰ 이혼신고서 3통
　　　- 신고서양식은 시(구).읍.면사무소 및 법원의 신청서접수창구에 있습니다.
　　　- 신고서는 그 뒷면에 기재된 작성방법에 따라 부부가 함께 작성하며, ⑤"친권자지정"란은 미성년자(만 20세미만)인 자녀에 대하여 친권자를 정한 경우에만 "부" 또는 "모"로 기재합니다.
　　　㉱ 주민등록등본 1통
　　　- 주소지 관할 법원에 이혼의사확인신청을 하는 경우에만 첨부합니다.
　　　㉲ 부부 중 일방이 외국에 있거나 교도소(구치소)에 수감 중인 경우
　　　- 재외국민등록부등본 1통(재외공관 및 외교통상부 발급) 또는 수용증명서(교도소 및 구치소 발급) 1통을 첨부합니다.
　　　- 송달료 2회분(구체적 금액은 접수담당자에게 문의)을 납부합니다.
　　② 신청서를 제출할 법원
　　　○ 이혼당사자의 등록기준지 또는 주소지를 관할하는 법원에 부부가 함께 출석하여 신청서를 제출하여야 합니다.
　　　- 부부 중 일방이 외국에 있거나 교도소(구치소)에 수감 중인 경우에만 다른 일방이 혼자 출석하여 신청서를 제출할 수 있습니다.

③ 협의이혼의사의 확인
○ 반드시 부부가 함께 본인의 신분증(주민등록증, 운전면허증, 공무
원증, 여권 중 하나)과 도장을 가지고 통지받은 확인기일에 법원
에 출석하여야 합니다.
- 첫 번째 확인기일에 불출석하였을 경우에는 두 번째 확인기일
에 출석하면 되나, 두 번째 기일에도 불출석한 경우에는 확인
신청을 취하한 것으로 보므로 협의이혼의사확인신청을 다시
하여야 합니다.
○ 부부의 이혼의사가 확인되면 법원에서 부부에게 확인서등본을 1
통씩 교부합니다.
※ 우리 법원의 확인기일(예: 1회/1일 매일 오후 3시)

나. 협의이혼의 신고
○ 이혼의사확인서등본은 교부받은 날부터 3개월이 지나면 그 효력
이 상실되므로, 신고의사가 있으면 위 기간 내에 당사자 일방 또
는 쌍방이 시(구).읍.면사무소에 확인서등본이 첨부된 이혼신고서
를 제출하여야 합니다.
- 이혼신고가 없으면 이혼된 것이 아니며, 위 기간을 지난 경우
에는 다시 법원의 이혼의사확인을 받지 않으면 이혼신고를 할
수 없습니다.
- 확인서등본을 분실한 경우: 다시 법원에 협의이혼의사확인신
청을 하거나, 그 등본을 교부받은 날부터 3개월 이내라면 이
혼의사확인신청을 한 법원에서 확인서등본을 다시 교부받고
이혼신고서를 다시 작성하여 이혼신고 하면 되고 3개월이 지
난 경우에는 다시 협의이혼의사확인신청을 하여야 합니다.
다. 협의이혼의 철회
○ 이혼의사확인을 받고 난 후라도 이혼할 의사가 없는 경우에는 이
혼신고를 하지 않거나, 이혼의사철회표시를 하고자 하는 사람의
등록기준지, 주소지 또는 현재지 시(구).읍.면의 장에게 이혼의사
철회서를 제출하면 됩니다.
- 이혼신고서가 이혼의사철회서보다 먼저 접수되면 철회서를 제
출하였더라도 이혼의 효력이 발생합니다.
3. 협의이혼의 효과는
○ 가정법원의 이혼의사확인을 받아 신고함으로써 혼인관계는 해소
됩니다.
○ 이혼 후에도 자녀에 대한 부모의 권리와 의무는 협의이혼과 관계
없이 그대로 유지됩니다.

■ 협의이혼을 하려면 어떻게 해야 하나요?

Q 협의이혼을 하려면 어떻게 해야 하나요? 절차 및 구비서류에
대해서 구체적으로 알고 싶습니다.

A 협의이혼하려는 당사자는 부부의 이혼합의에 따라, 도장과 신분등
을 지참하고 함께 관할 지방법원, 지원, 또는 가정법원에 협의 이
혼 의사 확인 신청서를 제출하고, 이혼숙려기간을 거친 후, 법원
에 출석하여 판사의 확인을 받아, 협의 이혼 의사 확인서를 지참
하여 등록기준지 또는 주소지에 이혼신고를 하면 됩니다.
① 이혼의사의 합치
이혼합의의 이유에는 어떤 것이든지 상관없고, 부부간에 이혼의사
의 합치만 있으면 됩니다.
② 협의이혼의 절차
협의이혼을 하고자 하는 부부는 도장과 주민등록증을 지참하여 등
록기준지(예전의 '본적지') 또는 주소지를 관할하는 지방법원 또
는 지원 등에 함께 가서 '협의이혼의사 확인신청서'를 제출합니다.
이 때 자녀의 양육자 결정, 양육비용의 부담, 면접교섭권의 행사
여부 및 그 방법 등이 기재된 '양육사항과 친권자 결정에 관한 협
의서' 또는 가정법원의 심판 정본을 의무적으로 같이 제출하여야
하므로 미리 자녀의 양육에 관한 사항에 관하여 쌍방간에 협의가
되어 있어야 합니다.
③ 이혼숙려기간 및 이혼의사확인
또 협의이혼 당사자는 양육하여야 할 (미성년의) 자녀가 있는 경
우에는 3개월, 양육하여야 할 자녀가 없는 경우에는 1개월이 경
과한 후(이 기간을 '이혼숙려기간'이라고 합니다) 법원이 지정한
날짜에 함께 판사 앞에 출석하여 본인여부 및 이혼의사가 진정한
것인지 여부를 확인받습니다.
④ 확인서 등본 교부 및 가족관계등록부 정리
이후 법원에서 발급한 확인서 등본을 각각 1통씩 받게 되는데,
당사자는 이를 가지고 법원에서 이혼의사 확인을 받은 날로부터
3개월 이내에 등록기준지 또는 주소지에 이혼신고를 하여 가족관
계등록부를 정리하면 됩니다. 이혼신고는 반드시 쌍방이 같이 할
필요는 없고 혼자서도 할 수 있으며, 만약 법원에서 확인서 등본
까지 교부받았다 하더라도 이 신고를 3개월 이내에 하지 않으면
협의이혼은 무효가 되므로 주의하여야 합니다.

⑤ 협의이혼 구비서류
협의이혼에 필요한 서류는 다음과 같습니다.
1. 협의이혼의사확인신청서 1통
2. 혼인관계증명서 각 1통
3. 이혼신고서 3통(증인 2명의 서명날인)
4. 주민등록등본 1통
5. 쌍방의 신분증 및 도장

■ 협의이혼에 합의한 후 이혼을 번복할 수 있는지요?

Q 배우자와 이혼하기로 합의하여 협의이혼신청을 한 후 법원에 가서 이혼의사확인까지 받은 경우임에도, 이혼신고가 되어 있지 않은 상황에서 이혼의 의사를 번복하고 싶은데, 되돌릴 방법이 있을까요?

A 법원에 가서 이혼의사확인을 받아 확인서 등본까지 교부받았다 하더라도 이혼신고를 하지 않으면 협의이혼은 무효가 됩니다. 따라서 이혼신고를 하지 않으면 됩니다. 다만 상대방이 이혼신고를 하게 되면 이혼이 되는 것이므로 그 전에 신속하게 등록기준지 또는 주소지 사무소에 가서 이혼의사 철회서를 제출하는 것이 필요합니다.
대법원 1994. 2. 8. 선고 93도2869 판결에서도 '부부가 이혼하기로 협의하고 가정법원의 협의이혼의사 확인을 받았다고 하더라도 호적법에 정한 바에 의하여 신고함으로써 협의이혼의 효력이 생기기전에는 부부의 일방이 언제든지 협의이혼의사를 철회할 수 있는 것이어서, 협의이혼신고서가 수리되기 전에 협의이혼의사의 철회신고서가 제출되면 협의이혼신고서는 수리할 수 없는 것이므로, 설사 호적공무원이 착오로 협의이혼의사 철회신고서가 제출된 사실을 간과한 나머지 그 후에 제출된 협의이혼신고서를 수리하였다고 하더라도 협의상 이혼의 효력이 생길 수 없다.'고 판시하고 있어, 철회서 제출로서 이혼의사를 번복할 수 있는 것으로 볼 수 있습니다.

■ 협의이혼을 가장(假裝)으로 한 경우, 사정이 변경된 때에는 이혼을 무효화시킬 수 있는지요?

Q 저는 10년 전 남편 甲과 결혼하여 혼인신고를 하고 자녀 2명을 두고 있습니다. 그런데 甲은 몇 년 전 사업에 실패하면서 채권자들로부터 변제독촉이 심하게 되자 저에게 사태가 진정될 때까지만 이혼한 것으로 가장하자고 하였습니다. 그래서 저는 이에 동의하고 관할법원에서 협의이혼의사확인을 받은 후 이혼신고를 마쳤습니다. 그러나 甲은 다른 여자와 혼인신고를 하고 저와 아이들을 돌보지 않고 있는데, 이 경우 제가 위 이혼을 무효화시킬 수 있는지요?

A 부부는 협의에 의하여 이혼할 수 있으나(민법 제834조), 이혼의 합의가 부부 사이에 진정으로 성립하고 있어야 합니다. 즉, 이혼신고가 수리되었더라도 당사자 사이에 이혼의 합의가 없는 경우 즉, 가장이혼(假裝離婚)의 경우에는 그 협의이혼은 당연 무효입니다. 그런데 가장이혼)의 경우 이혼의 합의(이혼의사의 합치)가 없다고 할 수 있을 것인지에 관하여 판례를 살펴보면 "혼인 및 이혼의 효력발생여부에 관하여 형식주의를 취하는 법제하에서는 이혼신고의 법률상 중대성에 비추어 볼 때 협의이혼의 이혼의사는 법률상 부부관계를 해소하려는 의사를 말하므로 일시적으로나마 법률상 부부관계를 해소하려는 당사자간의 합의하에 협의이혼신고가 된 이상 협의이혼에 다른 목적이 있더라도 양자간에 이혼의사가 없다고는 말할 수 없고, 이와 같은 협의이혼은 무효로 되지 아니한다."라고 하였으며(대법원 1976. 9. 14. 선고 76도107 판결, 1981. 7. 28. 선고 80므77 판결, 1993. 6. 11. 선고 93므171 판결), "법률상 부부가 협의이혼계를 제출하였는데도 당사자간에 혼인생활을 실질상 폐기하려는 의사 없이 단지 강제집행회피 기타 어떤 다른 목적을 위한 방편으로 일시적으로 이혼신고를 하기로 하는 합의가 있었음에 불과하다고 인정하려면 누구나 납득할 만한 충분한 증거가 있어야 하고 그렇지 않으면 이혼당사자간에 일시나마 법률상 적법한 이혼을 할 의사가 있었다고 인정함이 이혼신고의 법률상 및 사실상의 중대성에 비추어 상당하다."라고 하였습니다(대법원 1975. 8. 19. 선고 75도1712 판결). 또한 "협의상 이혼이 가장이혼으로서 무효로 인정되려면 누구나 납득할 만한 특별한 사정이 인정되어야 하고, 그렇지 않으면 이혼당사자 간

에 일시적으로나마 법률상 적법한 이혼을 할 의사가 있었다고 보는 것이 이혼신고의 법률상 및 사실상의 중대성에 비추어 상당하다 할 것이다."(대법원 1996. 11. 22. 선고 96도2049 판결, 1997. 1. 24. 선고 95도448 판결 등)라고 하여 가장이혼도 일응 이혼의사의 합치가 있었으므로 원칙적으로는 무효인 이혼은 아니라는 취지로 판시하고 있습니다.

또한, 남편의 감언이설에 속아서 위와 같은 이혼신고를 하게 되었다는 이유로 이혼을 취소할 수 있는지 문제될 수 있는데(민법 제838조), 이 경우에는 협의이혼 당시 남편이 귀하를 속이고 협의이혼하여 다른 여자와 혼인할 의도로 위와 같이 협의이혼을 하였을 경우에 사기가 문제될 것으로 보이고, 만약 남편이 이혼을 하고 난 후에 새로운 여자관계가 계속되어 재혼을 하게 되었다면 사기에 의한 이혼이라고는 할 수 없을 것입니다. 참고로 사기로 인하여 이혼의 취소가 인정된다면 원래의 혼인은 부활되고 재혼은 중혼으로 되지만 중혼은 금지되고 있으므로 후혼(後婚)의 취소를 청구할 수 있게 될 것입니다(대법원 1984. 3. 27. 선고 84므9 판결).

따라서 위 사안의 경우 귀하는 이혼의사가 없었음을 누구나 납득할만한 충분한 증거로 입증하여 위 이혼을 무효화시키거나, 그렇지 않으면 이혼 당시 甲에게 사기를 할 의사가 있었음을 입증하여야 위 이혼을 취소시킬 수 있다고 할 것입니다.

■ 협의이혼에 합의하고 금원을 받았으나, 불성립되어 재판상 이혼을 한 경우 위자료 청구가 가능한지요?

Q 甲과 乙은 협의이혼하기로 하면서 甲은 乙로부터 2천만 원을 지급받기로 합의하였고, 실제로 2천만 원을 지급받았습니다. 그러면서 이후 일체의 이의를 제기하지 않기로 하는 합의이혼 서약서를 작성하였습니다. 그럼에도 이후 사정으로 협의이혼에 이르지 못하고 甲은 乙의 유책사유를 이유로 재판상 이혼을 청구하였는데요, 2천만 원을 미리 지급받았음에도 불구하고 이혼 청구와 동시에 위자료도 청구할 수 있나요?

A 조금 오래된 하급심 판례이기는 하지만 서울가정법원 1997. 4. 3. 선고 96드27609 판결에서는 "협의이혼을 하기로 하면서 일정 금원을 수령하고 이후 어떠한 이의도 제기하지 않기로 약정하였으나 협의이혼이 이루어지지 않고 재판상 이혼에 이르게 된 경우, 그와 같은 약정은 특별한 사정이 없는 한 협의이혼이 이루어질 것을 전제로 하여 한 조건부 의사표시로서 협의이혼이 이루어지지 않은 이상 그 합의는 조건의 불성취로 인하여 효력이 발생되지 아니하므로, 이로써 재판상 이혼함으로 인하여 발생하는 위자료 청구권 및 재산분할 청구권이 당연히 소멸된다고 할 수 없다."고 판시하고 있습니다.

이에 따르면 甲은 乙의 유책사유로 인한 재판상 이혼을 청구하면서 위자료를 청구할 수 있으나, 다만 위자료 액수에 있어 기존에 지급받은 금원이 감안될 것이라 보여집니다.

■ 3개월 이내에 이혼신고하지 않은 경우 협의이혼의사확인의 효력은 어떻게 되는지요?

Q 저는 혼인한지 10년 만에 남편 甲과 합의이혼을 하기로 하고 법원에 출석하여 '협의이혼의사확인서등본'을 교부받았습니다. 그러나 쌍방 모두 이혼신고를 하지 않은 채 3개월이 지났는데, 이 경우 위 협의이혼의사확인의 효력과 자녀에 대한 친권행사관계는 어떻게 되는지요?

A 가족관계의 등록 등에 관한 법률 제75조는 "①협의상 이혼을 하고자 하는 사람은 등록기준지 또는 주소지를 관할하는 가정법원의 확인을 받아 신고하여야 한다. 다만, 국내에 거주하지 아니하는 경우에 그 확인은 서울가정법원의 관할로 한다. ②제1항의 신고는 협의상 이혼을 하고자 하는 사람이 가정법원으로부터 확인서등본을 교부 또는 송달받은 날부터 3개월 이내에 그 등본을 첨부하여 행하여야 한다. ③제2항의 기간이 경과한 때에는 그 가정법원의 확인은 효력을 상실한다. ④가정법원의 확인의 절차와 신고에 관하여 필요한 사항은 대법원규칙으로 정한다."라고 규정하고 있습니다.

협의이혼의사의 확인은 어디까지나 당사자들의 합의를 근간으로 하는 것이고 법원의 역할은 그들의 의사를 확인하여 증명하여 주는데 그치는 것이며 법원의 확인에 소송법상의 특별한 효력이 주어지는 것도 아니고, 가족관계의등록등에관한 법률에 의하여 3개월 이내에 신고를 하여야 효력이 발생하며, 3개월이 경과하도록 신고를 하지 않는 경우에는 그 효력을 상실하게 될 것이며, 만약 계속 이혼할 의사가 있다면 다시 법원의 협의이혼의사 확인을 받아야 할 것입니다.(대법원 1987.01.20. 선고 86므86 판결, 1983. 7. 12. 선고 83므11 판결 각 참조).

그리고 자녀에 대한 친권행사에 관하여 「가족관계의 등록 등에 관한 규칙」 제74조 제2항은 "가정법원은 이혼의사의 확인을 함에 있어서는 부부 사이에 미성년인 자녀가 있는지 여부와 그 자녀에 대한 친권자지정의 협의나 가정법원에의 지정 청구 여부를 확인하여야 한다."라고 규정하고 있으므로, 미성년인 자녀가 있을 경우에는 미리 甲과 협의하여 친권자를 정해두는 것이 좋습니다.

부모가 이혼하는 경우에는 부모의 협의로 친권자를 정하여야 하지만, 협의할 수 없거나 협의가 이루어지지 아니하는 경우에는 가정법원은 직권으로 또는 당사자의 청구에 따라 친권자를 지정하도록 규정되어 있습니다.

■ 협의이혼시 숙려기간과 숙려기간의 단축이나 면제사유는 어떤 것이 있는지요?

Q 저는 과거에 甲과 혼인하여 작년까지 함께 생활하다가, 법원으로부터 협의이혼의사의 확인을 받으려고 합니다. 그 전제로서 이혼숙려기간이 존재한다고 들었으나, 저는 남편의 폭력적인 성향 때문에 하루빨리 협의이혼을 하고 싶습니다. 이러한 경우에 숙려기간을 단축하거나 면제받을 수 있을지요?

A 위 사안과 관련하여서는 협의이혼숙려기간이 단축 내지는 면제될 수 있는지가 쟁점이라고 할 것입니다.

민법 제036조의2 제2항에서는, 이른바 '이혼숙려기간'을 규정하고 있습니다. 이는 협의이혼의 당사자로 하여금 일정기간이 경과한 후 가정법원으로부터 이혼의사의 확인을 받아야만 이혼이 가능하도록 하여 신중하지 아니한 이혼을 방지하도록 한 것입니다. 그 내용은 다음과 같습니다.

"② 가정법원에 이혼의사의 확인을 신청한 당사자는 제1항의 안내를 받은 날부터 다음 각 호의 기간이 지난 후에 이혼의사의 확인을 받을 수 있다.
1. 양육하여야 할 자(포태 중인 자를 포함한다. 이하 이 조에서 같다)가 있는 경우에는 3개월
2. 제1호에 해당하지 아니하는 경우에는 1개월"

다만, 같은 조 제3항에서는, 이혼숙려기간에 대한 예외규정을 두어 특별한 사정이 있는 경우에는 이를 단축 또는 면제할 수 있도록 규정을 하고 있으며, 그 내용은 다음과 같습니다.

"③ 가정법원은 폭력으로 인하여 당사자 일방에게 참을 수 없는 고통이 예상되는 등 이혼을 하여야 할 급박한 사정이 있는 경우에는 제2항의 기간을 단축 또는 면제할 수 있다."

따라서, 귀하의 경우에는 민법 제836조의2 제3항의 '폭력으로 인하여 당사자 일방에게 참을 수 없는 고통이 예상되는 등 이혼을 하여야 할 급박한 사정이 있는 경우'에 해당한다고 보여지는바, 이혼숙려기간이 단축 내지는 면제될 수 있는 경우라고 생각됩니다.

■ 강박이나 사기로 협의이혼을 한 경우에 이혼을 취소할 수 있는지요?

Q 저는 남편 甲과 정식으로 결혼식을 올리고 혼인신고를 필하여 함께 생활하다가, 시부모의 지속적인 강압에 의해 부득이 협의이혼을 하게 되었습니다. 이러한 경우 저는 甲과의 이혼을 취소할 수 있는지요?

A 위 사안과 관련하여서는 이른바 강박에 의한 혼인취소가 가능한지가 문제가 된다고 할 것입니다.
이와 관련하여 민법은 타인의 강박이나 사기에 의해 이혼한 경우

그 이혼을 취소할 수 있도록 규정하고 있습니다(민법 제838조). 같은 법 제839조에서는 제823조의 규정을 준용하고 있는바, 사기 또는 강박으로 인한 혼인은 사기를 안 날 또는 강박을 면한 날로 부터 3월을 경과한 때에는 그 취소를 청구하지 못한다고 할 것입니다. 또한, 이혼을 취소하기 위해선 우선 가정법원에 조정을 신청해야 하며 조정이 성립되지 않으면 제소신청을 할 수 있습니다(민법 제838조, 가사소송법 제2조, 제49조, 민사조정법 제36조).

따라서 위 사건의 경우 귀하는 위 절차에 따라 이혼을 취소할 수 있을 것으로 보여 집니다.

■ 사기 또는 강박으로 인하여 이혼의 의사표시를 한 자는 이혼의 취소를 청구할 수 있나요?

Q 甲은 중증정신이상자인데, 치료를 통해 어느 정도 증상이 회복되고 있는 경과에 법률상 처인 乙이 甲을 데리고 법원으로 가서 이혼신고서를 작성 제출하여 협의이혼의사 확인을 받은 다음 협의이혼신고를 하였습니다. 이 때 甲은 이혼의 취소를 청구할 수 있나요?

A 민법 제 838조는 '사기 또는 강박으로 인하여 이혼의 의사표시를 한 자는 그 취소를 가정법원에 청구할 수 있다.'고 규정하고 있습니다. 한편 대법원 1987. 1. 20. 선고 86므86 판결에서는 '협의이혼 의사 확인절차는 확인당시에 당사자들이 이혼을 할 의사를 가지고 있는가를 밝히는데 그치는 것이고 그들이 의사결정의 정확한 능력을 가졌는지 또는 어떠한 과정을 거쳐 협의이혼 의사를 결정하였는지 하는 점에 관하여서는 심리하지 않는다.'고 하면서 '협의이혼 의사의 확인은 어디까지나 당사자들의 합의를 근간으로 하는 것이고 법원의 역할은 그들의 의사를 확인하여 증명하여 주는데 그치는 것이며 법원의 확인에 소송법상의 특별한 효력이 주어지는 것도 아니므로 이혼협의의 효력은 민법상의 원칙에 의하여 결정되어야 할 것이고 이혼의사 표시가 사기, 강박에 의하여 이루어졌다면 민법 제838조 에 의하여 취소 할 수 있다고 하지 않으면 안된다.'고 판시하고 있습니다.

그러므로 비록 가정법원의 협의이혼의사확인이 존재한다 할지라도 협의이혼의 의사표시 자체에 기망 또는 강박 등 의사표시의 하자가 존재한다면 이는 언제든지 취소를 할 수 있다고 판단할 수 있을 것이므로, 甲은 이혼의 취소를 구할 수 있을 것으로 보입니다.

■ 협의이혼신고서가 위조된 경우 협의이혼신고의 효력에 영향이 있는지요?

Q 저는 과거에 甲과 혼인하여 작년까지 함께 생활하다가, 올해 초 협의이혼을 하게 되었습니다. 법원으로부터 협의이혼의사 확인을 받고, 甲이 구청에 신고를 하였으나, 협의이혼신고서에 기재된 증인 중 한 명의 인장이 甲에 의해 위조된 것을 알게 되었습니다. 이러한 경우 협의이혼신고의 효력에 영향이 있는지요?

A 위 사안과 관련하여서는 협의이혼신고서가 위조된 경우에도 신고의 효력은 유효한지가 문제가 된다고 할 것입니다.
민법 제836조 제1항에서는, "협의상 이혼은 가정법원의 확인을 받아 「가족관계의 등록 등에 관한 법률」의 정한 바에 의하여 신고함으로써 그 효력이 생긴다."고 규정하고 있으며, 제2항에서는 "전항의 신고는 당사자 쌍방과 성년자인 증인 2인의 연서한 서면으로 하여야 한다."고 규정하고 있습니다.
이와 관련하여 대법원은 1962. 11. 15. 선고 62다610 판결에서, 다음과 같은 내용의 판시를 한 바 있습니다. "협의이혼에 있어서 그 신고는 증인이 연서한 서면으로 하는 것이며, 증인의 연서가 위조된 것이라면 그 신고를 수리할 수 없는 것이나 일단 수리된 이상 그 신고의 효력에 영향이 없다 할 것이다."
따라서 위 사안의 경우 귀하의 협의이혼신고서는 비록 위조되었다 할지라도 일단 수리되었으므로 신고의 효력에는 영향이 없다고 보여집니다.

■ 일방적 혼인신고사실을 알고도 계속 동거생활 한 경우에 헤어지려면 이혼을 해야 하는지, 아니면 위 혼인신고의 무효를 다투어야 하는지요?

Q 저는 3년 전 남편 甲과 협의이혼 하였으나, 자녀를 생각하여 계속 동거하며 부부처럼 생활하였습니다. 그리고 甲은 제 동의 없이 일방적으로 혼인신고를 하였으나 甲이 열심히 집안일을 돌보아 문제 삼지 않았습니다. 그러나 최근 甲은 다른 여자와 부정행위를 하는 것 같아 저는 甲과 완전히 헤어지려고 하는바, 이런 경우에 이혼을 하여야 하는지, 아니면 위 혼인신고의 무효를 다투어야 하는지요?

A 혼인이 유효하게 성립되기 위해서는 당사자 사이에 혼인의 합의가 있어야 하고, 이 혼인의 합의는 혼인신고가 수리될 당시에도 존재하여야 합니다(대법원 1996. 6. 28. 선고 94므1089 판결).
그러므로 甲이 귀하와 협의이혼 후 실질적으로 부부생활을 계속하였지만, 귀하의 동의 없이 일방적으로 혼인신고를 함으로써 혼인신고 자체가 상대방의 의사에 반하여 이루어진 이상 혼인신고 당시에는 혼인의사의 합치가 없었다고 볼 수 있습니다(서울가정법원 1996. 12. 11. 선고 96드61197 판결).
그러나 위 사안과 유사한 판례를 보면 "협의이혼한 후 배우자일방이 일방적으로 혼인신고를 하였더라도, 그 사실을 알고 혼인생활을 계속한 경우, 상대방에게 혼인할 의사가 있었거나 무효인 혼인을 추인하였다."라고 하였습니다(대법원 1995. 11. 21. 선고 95므731 판결).
따라서 귀하의 경우에도 위 혼인의 무효를 주장하기보다 그 혼인이 유효함을 전제로 甲의 부정행위를 이유로 한 이혼청구소송을 하여야 할 것으로 보입니다.
참고로 혼인의사의 추정 여부에 관하여 판례는 "혼인의 합의란 법률혼주의를 채택하고 있는 우리나라 법제 하에서는 법률상 유효한 혼인을 성립하게 하는 합의를 말하는 것이므로, 비록 사실혼관계에 있는 당사자 일방이 혼인신고를 한 경우에도 상대방에게 혼인의사가 결여되었다고 인정되는 한 그 혼인은 무효라 할 것이나, 상대방의 혼인의사가 불분명한 경우에는 혼인의 관행과 신의성실의 원칙에 따라 사실혼관계를 형성시킨 상대방의 행위에 기초하여 그 혼인의사의 존재를 추정할 수 있으므로 이와 반대되는 사정, 즉 혼인의사를 명백히 철회하였다거나 당사자 사이에 사실혼관계를 해소하기로 합의하였다는 등의 사정이 인정되지 아니하는 경우에는 그 혼인을 무효라고 할 수 없다."라고 하였습니다(대법원 2000. 4. 11. 선고 99므1329 판결).

[서식] 협의이혼의사철회서

협 의 이 혼 의 사 철 회 서

당사자 부 ○ ○ ○
　　　　19○○년 ○월 ○일생
　　　　등록기준지 ○○시 ○○구 ○○길 ○○
　　　　주소 ○○시 ○○구 ○○길 ○○(우편번호)
　　　　전화 ○○○ - ○○○○

　　　　처 ○ ○ ○
　　　　19○○년 ○월 ○일생
　　　　등록기준지 ○○시 ○○구 ○○길 ○○
　　　　주소 ○○시 ○○구 ○○길 ○○(우편번호)
　　　　전화 ○○○ - ○○○○

　위 당사자간 ○○가정법원에서 200○. ○. ○. 200○호 제○○○○
호 협의이혼의사확인서 등본을 발급받았으나, 위 합의에 이의가 있으
므로 이혼의사를 철회하고자 협의이혼의사확인서 등본을 첨부하여 가
족관계 등록 등에 관한 규칙 제80조에 따라서 이혼의사철회신고를 합
니다.

첨　부　서　류

　1. 협의이혼확인서등본　　　　　　　　　　　　　1통

　　　　　　　　　　200○. ○. ○○.
　　　　　　　위 신청인 부(또는 처) ○ ○ ○ (인)

○ ○ 시 장　　귀 하

협 의 이 혼 의 사 철 회 서

당 사 자	남편	성 명	
		주민등록번호	
		등 록 기 준 지	
		주 소	
	아내	성 명	
		주민등록번호	
		등 록 기 준 지	
		주 소	
확 인 법 원			법원
확 인 년 월 일			20 년 월 일

위와 같이 이혼의사 확인을 받았으나, 본인은 이혼할 의사가 없으므로 이혼의사를 철회합니다.

20   년   월   일

위 철회인   성 명 :   (서명 또는 날인)

연락처 :

잠   귀하

■ 협의이혼의사를 철회하려면 어떠한 방법으로 진행하여야 하는지요?

> **Q** 저는 과거에 甲과 혼인하여 작년까지 함께 생활하다가, 가정불화로 甲과 협의이혼을 하기로 하였습니다. 이에 저희 부부는 법원으로부터 협의이혼의사의 확인을 받은 상황입니다. 그러나 최근에 甲과의 관계가 개선되어 협의이혼의사를 철회하고 싶습니다. 이러한 경우에는 어떠한 방법으로 진행하여야 하는지요?

> **A** 위 사안과 관련하여서는 협의이혼의사의 철회방법이 쟁점이 되는 경우라 할 것입니다.
> 이와 관련하여서는 두 가지의 방법이 존재하는바, 다음과 같습니다.
> ① 이혼신고서의 미제출
> ㉮ 가정법원으로부터 협의이혼의사를 확인받으면 그 확인서를 첨부해서 3개월 이내에 행정관청에 이혼신고를 해야 비로소 이혼의 효력이 발생합니다. 이 3개월의 기간이 지나면 이혼의사확인의 효력이 상실되므로, 이혼을 하려면 법원의 협의이혼의사확인 절차를 다시 거쳐야 합니다.
> ㉯ 따라서 이혼신고를 하기 전에 이혼의사가 없어진 경우에는 이혼신고서를 제출하지 않는 방법으로 이혼이 성립되는 것을 막을 수 있습니다.
> ② 이혼의사철회서의 제출
> ㉮ 이혼신고서가 수리되기 전에 이혼의사확인서 등본을 첨부한 이혼의사철회서를 등록기준지 또는 주소지 관할 시청·구청·읍사무소 또는 면사무소에 제출하면 이혼의사가 철회됩니다.
> ㉯ 그러나 본인의 이혼의사철회서보다 배우자의 이혼신고서가 먼저 제출된 경우에는 이혼이 이미 성립되었기 때문에 철회서를 제출하더라도 그 효력이 발생하지 않습니다.
> 따라서 귀하의 경우에는 위 두 가지의 방법에 따라 협의이혼 의사를 철회하시면 될 것으로 보입니다.

■ 해외거주 중인 부부의 협의이혼은 어떤 절차로 하나요?

Q 저는 오래 전부터 가족들과 함께 미국에 이민을 가서 살고 있는데, 남편과의 불화로 인하여 서로 이혼하기로 합의하였습니다. 이 경우 이혼하려면 한국으로 가서 해야만 하는지요?

A 외국에 거주하고 있는 한국인 부부의 협의이혼은 그 거주지를 관할하는 재외공관의 장에게 협의이혼의사확인을 신청할 수 있고, 그 지역을 관할하는 재외공관이 없는 때에는 인접하는 지역을 관할하는 재외공관의 장에게 신청할 수 있습니다.

협의이혼의사의 확인신청을 받은 재외공관의 장은 당사자 쌍방에게 이혼의사의 유무와 미성년인 자녀가 있는지 여부 및 미성년인 자녀가 있는 경우에 그 자녀에 대한 양육과 친권자결정에 관한 협의서 1통 또는 가정법원의 심판정본 및 확정증명서 3통을 제출받아 확인하고 그 요지를 기재한 서면을 작성하여 기명·날인한 후 이를 신청서에 첨부하여 서울가정법원에 송부합니다.

서류를 송부받은 가정법원은 서류에 의해 이혼의사가 확인되면 확인서등본을 재외공관의 장에게 송부하게 되고, 재외공관의 장은 이를 당사자 쌍방에게 교부 또는 송달하여야 합니다.

당사자들은 위 확인서 등본을 교부받아 한국의 등록기준지나 대한민국 재외공관의 장에게 이혼신고를 할 수 있습니다. 재외공관의 장이 서류를 수리한 때에는 1개월 이내에 외교부장관을 경유하여 재외국민 가족관계등록사무소의 가족관계등록관에게 송부하여야 합니다.

■ 외국에 있는 배우자와 협의이혼하는 방법이 있는지요?

Q 저의 남편은 3년 전 돈을 벌어오겠다면서 외국에 나갔는데, 얼마 전부터 이혼을 요구하고 있습니다. 남편은 현재 다른 여자와 동거하고 있다고 하고, 다시 돌아올 생각이 없는 것 같아 저도 이혼하려고 하는데, 외국에 있는 남편과 협의이혼을 하는 방법이 있는지요?

A 　국내에 거주하는 귀하와 재외국민인 남편이 협의이혼을 하고자 할 경우 첫째 방법으로는 국내에 거주하는 귀하가 협의이혼에 필요한 서류(가족관계증명서, 혼인관계증명서, 이혼신고서, 협의이혼의사 확인신청서)를 준비하여 남편에게 보내고, 이를 재외국민인 남편이 그 거주지역을 관할하는 재외공관의 장 또는 인접지역의 장에게 협의이혼의사확인을 신청하는 방법입니다.

그러면 공관장은 신청서 및 진술요지서를 외교부를 통해 서울가정법원에 보내고, 서울가정법원에서는 대한민국에 거주하는 귀하를 출석시켜 협의이혼확인절차를 밟습니다. 쌍방의 이혼의사가 확인되면 귀하는 3개월 내에 등록기준지 또는 주소지 등에 이혼신고서를 제출하면 됩니다.

둘째 방법으로 국내에 거주하고 있는 귀하께서 협의이혼에 필요한 서류를 서울가정법원에 제출하면 서울가정법원에서는 외교부를 경유하여 남편거주지를 관할하는 재외공관장에게 보내어 남편의 이혼의사확인을 받아 서울가정법원에 보내는 방법도 있습니다.

3. 재판상이혼

1-1. 재판상 이혼의 개념
재판상 이혼이란 민법에서 정하고 있는 이혼사유가 발생해서 부부 일방이 이혼하기를 원하지만 다른 일방이 이혼에 불응하는 경우 이혼소송을 제기해서 법원의 판결에 따라 이혼하는 것을 말합니다.

1-2. 재판상 이혼 유형
재판상 이혼은 이루어지는 방법(절차)에 따라 조정이혼과 소송이혼으로 구분할 수 있습니다.

1-2-1. 조정이혼
① 조정(調停)은 소송과 달리 자유로운 분위기에서 조정 당사자의 의견을 충분히 듣고 여러 사정을 참작해서 상호 타협과 양보에 의해 문

제를 평화적으로 해결하는 제도입니다. 우리나라는 이혼소송을 제기하기 전에 먼저 조정절차를 거치는, 이른바 조정전치주의(調停前置主義)를 채택하고 있습니다.

② 따라서 재판상 이혼을 하려면 이혼소송을 제기하기 전에 먼저 조정을 신청해야 하며, 조정신청 없이 바로 이혼소송을 제기한 경우에는 가정법원이 그 사건을 조정에 회부합니다.

③ 그러나 공시송달에 의하지 않고는 부부 일방 또는 쌍방을 소환할 수 없거나, 이혼사건이 조정에 회부되더라도 조정이 성립될 수 없다고 인정되는 경우에는 조정절차 없이 바로 소송절차가 진행됩니다.

④ 이 조정단계에서 부부 사이에 이혼합의가 이루어지면 바로 이혼이 성립되며, 조정이 성립되지 않으면 소송으로 이행됩니다.

1-2-2. 소송이혼

다음의 경우에는 이혼소송을 통해 이혼 여부가 정해집니다.
 1. 공시송달에 의하지 않고는 당사자 일방 또는 쌍방을 소환할 수 없는 경우
 2. 조정에 회부되더라도 조정이 성립될 수 없다고 인정되는 경우
 3. 민사조정법 제26조에 따라 조정을 하지 않기로 하는 결정이 있는 경우
 4. 민사조정법 제27조에 따라 조정이 성립되지 않은 것으로 종결된 경우
 5. 민사조정법 제30조 또는 제32조에 따라 조정을 갈음하는 결정에 대해 조서정본이 송달된 날로부터 2주 이내에 이의신청이 있는 경우

1-3. 재판상 이혼 사유

민법 제840조는 재판상 이혼 사유로 다음 여섯 가지를 규정하고 있습니다.

1-3-1. 배우자에게 부정(不貞)한 행위가 있었을 때

① 부정행위의 의미

배우자의 부정행위란 혼인한 이후에 부부 일방이 자유로운 의시로 부부의 정조의무(貞操義務), 성적 순결의무를 충실히 하지 않은 일체의 행위를 말하는 것으로 성관계를 전제로 하는 간통보다 넓은

개념입니다(대법원 1992. 11. 10. 선고 92므68 판결). 부정행위인지 여부는 개개의 구체적인 사안에 따라 그 정도와 상황을 참작해서 평가됩니다.

② 판례상 부정행위

1. 부정행위로 본 사례 : 대법원 1992. 11. 10. 선고 92므68 판결, 대법원 1988. 5. 24. 선고 88므7 판결, 대법원 1971.2. 23. 선고 71므1 판결, 대법원 1967. 8. 29. 선고 67므24 판결, 대법원 1963. 3. 14. 선고 62다54 판결

2. 부정행위로 보지 않은 사례 : 대법원 1991. 9.13. 선고 91므 85,92 판결, 대법원 1990. 7. 24.선고 89므1115 판결, 대법원 1986. 6. 10. 선고 86므8 판결

③ 제소기간

배우자의 부정행위를 안 날로부터 6개월, 그 부정행위가 있은 날로부터 2년이 지나면 부정행위를 이유로 이혼을 청구하지 못합니다. 또한, 배우자의 부정행위를 사전에 동의했거나 사후에 용서한 경우에는 이혼을 청구하지 못합니다.

■ 부정행위를 한 남편이 협의이혼을 해주지 않을 경우 어떻게 하면 이혼할 수 있는지요?

Q 남편이 같은 회사의 여사원과 불륜관계를 맺고 있습니다. 그래서 저는 남편에게 이혼을 제의했으나, 남편은 이혼을 못하겠다고 합니다. 어떻게 하면 이혼할 수 있는지요?

A 민법 제840조에 의하면 부부일방은 ①배우자의 부정한 행위가 있었을 때, ②배우자가 악의로 다른 일방을 유기한 때, ③배우자 또는 그 직계존속으로부터 심히 부당한 대우를 받았을 때, ④자기의 직계존속이 배우자로부터 심히 부당한 대우를 받았을 때, ⑤배우자의 생사가 3년 이상 분명하지 아니한 때, ⑥기타 혼인을 계속하기 어려운 중대한 사유가 있을 때에는 가정법원에 이혼을 청구할 수 있다고 규정하고 있습니다. 이와 같이 부부는 동거하면서 서로 부양하고 협조하여야 하며(같은 법 제826조 제1항) 정조를 지킬 의무가 있는데, 다른 여자와 불륜관계를 맺은 것은 부정한

행위로서 재판상 이혼사유가 되므로 남편이 협의이혼에 불응하면 남편의 부정한 행위를 원인으로 하는 이혼소송을 관할 가정법원에 하면 될 것입니다.

그리고 부정행위를 안 날로부터 6개월, 그 사실이 있은 날로부터 2년 내에 이혼청구소송을 제기하여야 합니다(같은 법 제841조).

(관련판례 1)

갑이 남편 을과 을의 직장동료 병의 부정행위로 혼인관계가 파탄에 이르게 되었다고 주장하면서 을과 병의 사용자인 정 주식회사를 상대로 손해배상을 구한 사안에서, 을과 병의 부정한 행위는 성적 자기결정권에 기초한 사생활의 내밀한 영역에서 발생한 것이고, 을과 병이 정 회사에 함께 근무하는 것을 기화로 부정행위를 하였더라도 그 행위가 정 회사의 사업활동 내지 사무집행행위 또는 그와 관련된 사무집행에 관하여 발생하였다고 보기 어렵다는 이유로 갑의 청구를 기각한 사례.(서울가정법원 2015. 6. 17. 선고 2014드합309189 판결)

(관련판례 2)

의식불명의 식물상태와 같은 의사무능력 상태에 빠져 금치산선고를 받은 자의 배우자에게 부정행위나 악의의 유기 등과 같이 민법 제840조 각 호가 정한 이혼사유가 존재하고 나아가 금치산자의 이혼의사를 객관적으로 추정할 수 있는 경우에는, 민법 제947조, 제949조에 의하여 금치산자의 요양·감호와 그의 재산관리를 기본적 임무로 하는 후견인(민법 제940조에 의하여 배우자에서 변경된 후견인이다)으로서는 의사무능력 상태에 있는 금치산자를 대리하여 그 배우자를 상대로 재판상 이혼을 청구할 수 있다. 다만, 위와 같은 금치산자의 이혼의사를 추정할 수 있는 것은, 당해 이혼사유의 성질과 정도를 중심으로 금치산자 본인의 결혼관 내지 평소 일상생활을 통하여 가족, 친구 등에게 한 이혼에 관련된 의사표현, 금치산자가 의사능력을 상실하기 전까지 혼인생활의 순탄 정도와 부부간의 갈등해소방식, 혼인생활의 기간, 금치산자의 나이·신체·건강상태와 간병의 필요성 및 그 정도, 이혼사유 발생 이후 배우자가 취한 반성적 태도나 가족관계의 유지를 위한 구체적 노력의 유무, 금치산자의 보유 재산에 관한 배우자의 부당한 관리·처분 여하, 자녀들의 이혼에 관한 의견 등의 제반 사정을 종합하여 혼인관계를 해소하는 것이 객관적으로 금치산자의 최선의 이익에 부합한다고 인정되고 금치산자에게 이혼청구권을 행사할 수 있는 기회가 주어지더라도 혼인관계의 해소를 선택하였을 것이라고 볼 수 있는 경우이어야 한다.(대법원 2010. 4. 29. 선고 2009므639 판결)

■ **재판상 이혼사건 진행 중 상대방의 부정행위가 불법행위를 구성하는지요?**

Q 甲과 乙은 법률상 부부이나 이혼소송 항소심 진행중입니다. 乙은 등산모임에서 丙을 만나 알게 되어 연락을 주고받고 금전거래를 하는 등 친밀하게 지내왔는데, 위 이혼소송이 항소심에 계속 중이던 시기에 丙의 집에서 乙이 丙과 부정행위를 하다 우연히 甲에게 발각되었습니다. 이 경우 乙은 甲에게 불법행위 책임을 부담하나요?

A A. 이와 유사한 사안에서 대법원 2014. 11. 20. 선고 2011므 2997 사건에서는 다음과 같이 판시하고 있습니다. "부부가 장기간 별거하는 등의 사유로 실질적으로 부부공동생활이 파탄되어 실체가 더 이상 존재하지 아니하게 되고 객관적으로 회복할 수 없는 정도에 이른 경우에는 혼인의 본질에 해당하는 부부공동생활이 유지되고 있다고 볼 수 없다. 따라서 비록 부부가 아직 이혼하지 아니하였지만 이처럼 실질적으로 부부공동생활이 파탄되어 회복할 수 없을 정도의 상태에 이르렀다면, 제3자가 부부의 일방과 성적인 행위를 하더라도 이를 두고 부부공동생활을 침해하거나 유지를 방해하는 행위라고 할 수 없고, 또한 그로 인하여 배우자의 부부공동생활에 관한 권리가 침해되는 손해가 생긴다고 할 수도 없으므로 불법행위가 성립한다고 보기 어렵다. 그리고 이러한 법률관계는 재판상 이혼청구가 계속 중에 있다거나 재판상 이혼이 청구되지 않은 상태라고 하여 달리 볼 것은 아니다."

위 판결내용에 의하면, 비록 이혼소송이 계속 중인 이유로 아직 법률상 혼인관계에 있는 甲과 乙일지라도 이미 부부공동생활이 파탄되어 회복할 수 없을 정도의 상태에 이르렀다면, 乙이 丙과 성적 행위를 하였다고 할지라도 이를 두고 甲에 대한 불법행위를 구성하지는 아니한다고 판단할 수 있을 것입니다.

(관련판례)
부부는 동거하며 서로 부양하고 협조할 의무를 진다(민법 제826조). 부부는 정신적·육체적·경제적으로 결합된 공동체로서 서로 협조하고 보호하여 부부공동생활로서의 혼인이 유지되도록 상호 간에 포괄적으로 협력할 의무를 부담하고 그에 관한 권리를 가진다. 이러한 동거의무 내지 부부공동생활 유지의무의 내용으로서 부부는 부정행위를 하지 아니하여야 하는 성적(성적) 성실의무를 부담한다. 부부의 일방이 부정행위를 한 경우에 부부의 일방은 그로 인하여 배우자가 입은 정신적 고통에 대하여 불법행위에 의한 손해배상의무를 진다.

한편 제3자도 타인의 부부공동생활에 개입하여 부부공동생활의 파탄을 초래하는 등 그 혼인의 본질에 해당하는 부부공동생활을 방해하여서는 아니 된다. 제3자가 부부의 일방과 부정행위를 함으로써 혼인의 본질에 해당하는 부부공동생활을 침해하거나 유지를 방해하고 그에 대한 배우자로서의 권리를 침해하여 배우자에게 정신적 고통을 가하는 행위는 원칙적으로 불법행위를 구성한다.

그리고 부부의 일방과 제3자가 부담하는 불법행위책임은 공동불법행위책임으로서 부진정연대채무 관계에 있다.(대법원 2015. 5. 29. 선고 2013므2441 판결)

1-3-2. 배우자가 악의(惡意)로 다른 일방을 유기(遺棄)한 때

① 악의의 유기의 의미

배우자의 악의의 유기란 배우자가 정당한 이유 없이 부부의 의무인 동거·부양·협조의무를 이행하지 않는 것을 말합니다.

② 판례상 악의의 유기

1. 악의의 유기로 본 사례 : 대법원 1998. 4. 10. 선고 96므 1434 판결, 대법원 1990. 11. 9. 선고 90므583,590 판결, 대법원 1986. 10. 28. 선고 86므83,84 판결, 대법원 1985. 7. 9. 선고 85므5 판결, 대법원 1984.7.10. 선고 84므27,28 판결

2. 악의의 유기로 보지 않은 사례: 대법원 1990. 3. 23. 선고 89므 1085 판결, 대법원 1986. 6. 24. 선고 85므6 판결, 대법원 1986. 8. 19. 선고 86므75 판결, 대법원 1986. 6. 24. 선고 85므6 판결, 대법원 1986. 5. 27. 선고 85므87 판결, 대법원 1986. 5. 27. 선고 86므26 판결, 대법원 1959.5.28. 선고 4291민상190 판결

■ 남편이 가정을 돌보지 않고 아내를 유기한 경우에 어떻게 하면 되는지요?

Q 저는 3년 전 남편과 결혼하여 혼인신고를 하고 딸 1명을 두고 있는데, 지난해 가을부터 남편의 외박이 잦아지더니 몇 달 전부터는 심에 거의 들어오지 않고 시댁에서 잠을 자고 아침에 회사로 곧바로 출근을 하고 있습니다. 남편은 저와는 성격이 맞지 않다느니 정이 떨어졌다느니 하면서 더 이상 같이 살 수

없으니 이혼을 해달라고 하면서 생활비조차 주지 않고 있습니다. 저는 하는 수 없이 딸을 데리고 친정에 와 있는데, 저로서는 어떻게 하면 되는지요?

A 부부는 동거하면서 부양하고 협조해야 하며(민법 제826조), 또한 정조를 지키고 자녀양육비를 비롯하여 부부공동생활에 필요한 비용은 특별한 약정이 없는 한 부부가 공동으로 부담하여야 합니다(민법 제833조, 제974조).

그런데 부부일방이 이러한 의무를 저버린 경우에는 다음 두 가지 선택의 길이 있습니다. 우선, 귀하의 경우 남편이 정당한 이유 없이 성격차이와 사랑이 식었다는 핑계 등으로 처자식을 돌보지 않아 남편으로서의 의무를 저버렸으므로, 그 의무이행을 법으로 강제하는 길이 있습니다. 즉, 남편을 상대로 법원에 부양료청구소송을 제기하여 승소판결을 받아 남편의 월급에서 매월 생활비를 받아내는 방법입니다.

다음으로는 부부일방이 정당한 이유 없이 고의로 다른 일방을 돌보지 않고 유기(遺棄)하거나, 부정한 행위를 한 때, 기타 혼인을 계속하기 어려운 중대한 사유가 있어 결혼생활이 파탄에 이르게 되면 이는 재판상 이혼사유가 됩니다(민법 제840조).

귀하의 경우 남편이 정당한 이유 없이 아내를 저버림으로써 결혼생활이 파탄에 이른 것이므로 그 책임이 남편에게 있다고 할 것이고, 따라서 귀하는 남편을 상대로 이혼소송을 제기하고 동시에 위자료 및 재산분할을 청구할 수도 있습니다.

그리고 딸의 양육관계에 대하여는 당사자간의 협의로 결정하여야 하나, 협의가 되지 않거나 협의할 수 없는 때에는 당사자는 가정법원에 친권자 지정을 청구하여야 합니다(민법 제909조 제4항).

(관련판례)
의식불명의 식물인간 상태와 같이 의사무능력자인 금치산자의 경우, 민법 제947조, 제949조에 의하여 금치산자의 요양·감호와 그의 재산관리를 기본적 임무로 하는 후견인이 금치산자를 대리하여 그 배우자를 상대로 재판상 이혼을 청구할 수 있고, 그 후견인이 배우자인 때에는 가사소송법 제12조 본문, 민사소송법 제62조 제1, 2항에 따라 수소법원에 특별대리인의 선임을 신청하여 그 특별대리인이 배우자를 상대로 재판상 이혼을 청구할 수 있다. (대법원 2010. 4. 8. 선고 2009므3652 판결)

■ 배우자가 악의로 다른 일방을 유기한 경우에 해당하는지요?

Q 甲은 乙과 법률상 혼인관계에 있으나, 혼인신고 이후 곧바로 미국으로 유학을 떠나 별거를 하게 되었습니다. 그러나 甲은 박사학위를 취득하지 못하였고, 그 동안 경제활동을 전혀 하지 못하였습니다. 乙은 甲의 부모님과 함께 생활하였는데, 甲의 부모님은 단지 乙의 임신을 위해 잠시 甲이 있는 미국을 다녀오는 것을 허락하는 등 乙을 자유를 구속하였습니다. 이러한 경우 乙은 甲을 상대로 재판상 이혼을 청구할 수 있나요?

A 민법 제840조는 재판상 이혼사유를 열거하고 있는데, 제2호에서는 "배우자가 악의로 다른 일방을 유기한 때"를, 제3호에서는 "배우자 또는 그 직계존속으로부터 심히 부당한 대우를 받았을 때"를, 제6호에서는 "기타 혼인을 계속하기 어려운 중대한 사유가 있을 때"를 각 규정하고 있습니다.

사안의 경우 甲은 16년간의 유학생활에도 불구하고 박사학위는 취득하지 못하였고, 그 동안 경제활동을 전혀 하지 못하였을 뿐만 아니라, 1996년 이후로는 한번도 귀국하지 않아 국내에서 자녀들을 홀로 양육하며 외롭게 생활을 한 乙의 甲에 대한 애정과 신뢰를 무너뜨렸고, 귀국한 이후에도 특별한 사유 없이 집을 나간 甲의 행동은 민법 제840조 제2, 3, 6호의 재판상 이혼사유에 해당하므로 이를 이유로 한 乙의 이혼 청구는 정당하다고 할 것입니다(서울가정법원 2007. 7. 11. 선고 2006드합1213 판결 참조).

(관련판례)
혼인은 남녀가 일생의 공동생활을 목적으로 하여 도덕 및 풍속상 정당시되는 결합을 이루는 법률상, 사회생활상 중요한 의미를 가지는 신분상의 계약으로서 본질은 양성 간의 애정과 신뢰에 바탕을 둔 인격적 결합에 있다고 할 것이고, 특별한 사정이 없는 한 임신가능 여부는 민법 제816조 제2호의 부부생활을 계속할 수 없는 악질 기타 중대한 사유에 해당한다고 볼 수 없다. 그리고 '혼인을 계속하기 어려운 중대한 사유'에 관한 민법 제840조 제6호의 이혼사유와는 다른 문언내용 등에 비추어 민법 제816조 제2호의 '부부생활을 계속할 수 없는 중대한 사유'는 엄격히 제한하여 해석함으로써 그 인정에 신중을 기하여야 한다.(대법원 2015. 2. 26. 선고 2014므4734,4741 판결)

1-3-3. 배우자 또는 그 직계존속(시부모, 장인, 장모 등)으로부터 심히 부당한 대우를 받았을 때

① 심히 부당한 대우의 의미

배우자 또는 그 직계존속의 심히 부당한 대우란 혼인관계의 지속을 강요하는 것이 가혹하다고 여겨질 정도로 배우자 또는 직계존속으로부터 폭행, 학대 또는 모욕을 당하는 것을 말합니다(대법원 2004. 2. 27. 선고 2003므1890 판결).

② 판례상 심히 부당한 대우

1. 심히 부당한 대우로 본 사례: 대법원 2004. 2. 27. 선고 2003므1890 판결, 대법원 1990. 11. 27. 선고 90므484 판결, 대법원 1990. 2. 13. 선고 88므504,511 판결, 대법원 1986. 5. 27. 선고 86므14 판결, 대법원 1985. 11. 26. 선고 85므51 판결, 대법원 1983. 10. 25. 선고 82므28 판결, 대법원 1969. 3. 25. 선고 68므29 판결

2. 심히 부당한 대우로 보지 않은 사례: 대법원 1999. 11. 26. 선고 99므180 판결, 대법원 1989. 10. 13. 선고 89므785 판결, 대법원 1986. 9. 9. 선고 86므68 판결, 대법원 1986. 9. 9. 선고86므56 판결, 대법원 1986. 6. 24. 선고 85므6 판결, 대법원 1982. 11. 23. 선고 82므36 판결, 대법원 1981. 10. 13. 선고 80므9 판결

1-3-4. 자기의 직계존속이 배우자로부터 심히 부당한 대우를 받았을 때

① 심히 부당한 대우의 의미

자기의 직계존속에 대한 심히 부당한 대우란 혼인관계를 지속하는 것이 고통스러울 정도로 자기의 직계존속이 배우자에게 폭행, 학대 또는 모욕을 당하는 것을 말합니다(대법원 1986. 5. 27. 선고 86므14 판결).

② 판례상 심히 부당한 대우

1. 심히 부당한 대우로 본 사례: 대법원 1986. 5. 27. 선고 86므14 판결, 대법원 1969. 3. 25. 선고 68므29 판결

2. 심히 부당한 대우로 보지 않은 사례: 대법원 1986. 2. 11. 선고 85므37 판결, 대법원 1984. 8. 21. 선고 84므49 판결

1-3-5. 배우자의 생사가 3년 이상 분명하지 않을 때

① 생사불명의 의미

배우자의 생사불명이란 배우자가 살아있는지 여부를 전혀 증명할 수 없는 상태가 이혼 청구 당시까지 3년 이상 계속되는 것을 말합니다.

② 실종선고와 구별

배우자의 생사불명으로 인한 이혼은 실종선고에 의한 혼인해소와는 관계가 없습니다. 즉, 실종선고에 의해 혼인이 해소되면 배우자가 살아 돌아온 경우에 실종선고 취소를 통해 종전의 혼인이 부활하지만, 생사불명을 이유로 이혼판결이 확정된 경우에는 배우자가 살아 돌아오더라도 종전의 혼인이 당연히 부활하는 것은 아닙니다.

1-3-6. 그 밖에 혼인을 계속하기 어려운 중대한 사유가 있을 때

① 혼인을 계속하기 어려운 중대한 사유의 의미

혼인을 계속하기 어려운 중대한 사유란 혼인의 본질인 원만한 부부공동생활 관계가 회복할 수 없을 정도로 파탄되어 그 혼인생활의 계속을 강제하는 것이 일방 배우자에게 참을 수 없는 고통이 되는 것을 말합니다(대법원 2005. 12. 23. 선고 2005므1689 판결). 혼인을 계속하기 어려운 중대한 사유가 있는지는 혼인파탄의 정도, 혼인계속의사의 유무, 혼인생활의 기간, 당사자의 책임유무, 당사자의 연령, 이혼 후의 생활보장이나 그 밖에 혼인관계의 여러 가지 사정을 고려해서 판단됩니다(대법원 2000. 9. 5. 선고 99므1886 판결).

② 판례상 혼인을 계속하기 어려운 중대한 사유

1. 혼인을 계속하기 어려운 사유로 본 사례 : 대법원 2005. 12. 23. 선고 2005므1689 판결, 대법원2004. 9. 13. 선고 2004므740 판결, 대법원 2002. 3. 29. 선고 2002므74 판결, 대법원 2000. 9. 5. 선고 99므1886 판결, 대법원 1997. 3. 28. 선고 96므608,615 판결, 대법원 1991. 12. 24. 선고 91므627 판결, 대법원 1991. 11. 26. 선고 91므559 판결, 대법원 1991. 1. 15. 선고90므446 판결, 대법원 1991. 1. 11. 선고 90므552 판결, 대법원 1987. 8. 18. 선고 87므33,34판결, 대법원 1987. 7. 21. 선고 87므24 판결, 대법원

1986. 3. 25. 선고 85므72판결, 대법원 1986. 3. 25. 선고 85므85 판결, 대법원 1974. 10. 22. 선고 74므1 판결, 대법원 1970. 2. 24. 선고 69므13 판결, 대법원 1966. 1. 31. 선고 65므50 판결

2. 혼인을 계속하기 어려운 사유로 보지 않은 사례: 대법원 1995. 12. 22. 선고 95므861 판결, 대법원 1996. 4. 26. 선고 96므226 판결, 대법원 1993. 9. 14. 선고 93므621,638 판결, 대법원 1991. 9. 13. 선고 91므85,92 판결, 대법원 1991. 2.26. 선고 89므365,367 판결, 대법원 1990. 9. 25. 선고 89므112 판결, 대법원 1984. 6. 26. 선고 83므46 판결, 대법원 1982. 11. 23. 선고 82므36 판결, 대법원 1981. 10. 13. 선고 80므9 판결, 대법원 1981. 7. 14. 선고 81 므26 판결, 대법원 1967. 2. 7. 선고 66므34 판결, 대법원 1965. 9. 25. 선고 65므16 판결, 대법원 1965. 9. 21. 선고 65므37 판결

③ 제소기간

그 밖에 혼인을 계속하기 어려운 중대한 사유로 이혼하는 경우 그 사유를 안 날로부터 6개월, 그 사유가 있은 날로부터 2년이 지나면 이혼을 청구하지 못합니다(민법 제842조). 다만, 그 밖에 혼인을 계속하기 어려운 중대한 사유가 이혼청구 당시까지 계속되고 있는 경우에는 이 기간이 적용되지 않으므로(대법원 2001. 2. 23. 선고 2000므1561 판결, 대법원 1996. 11. 8. 선고 96므1243 판결), 언제든지 이혼을 청구할 수 있습니다.

■ 부부의 일방이 정신병적 증세를 보인다 하여 곧 바로 이혼청구를 할 수 있는지요?

> **Q** 부부의 일방이 정신병적 증세를 보인다 하여 곧바로 이혼청구가 가능한가요?

A 대법원 2004. 9. 13. 선고 2004므740 판결에서는 "부부의 일방이 정신병적 증세를 보여 혼인관계를 유지하는 데 어려움이 있다고 하더라도 그 증상이 가벼운 정도에 그치는 경우라든가, 회복이 가능한 경우인 때에는 그 상대방 배우자는 사랑과 희생으로 그 병의 치료를 위하여 진력을 다하여야 할 의무가 있는 것이고, 이러한 노력을 제대로 하여 보지 않고 정신병 증세로 인하여 혼인관계를 계속하기 어렵다고 주장하여 곧 이혼청구를 할 수는 없다."고 판시하고 있으나, 한편 "부부 중 일방이 불치의 정신병에 이환되었고, 그 질환이 단순히 애정과 정성으로 간호되거나 예후가 예측될 수 있는 것이 아니고 그 가정의 구성원 전체에게 끊임없는 정신적·육체적 희생을 요구하는 것이며, 경제적 형편에 비추어 많은 재정적 지출을 요하고 그로 인한 다른 가족들의 고통이 언제 끝날지 모르는 상태에 이르렀다면, 온 가족이 헤어날 수 없는 고통을 받더라도 타방 배우자는 배우자 간의 애정에 터잡은 의무에 따라 한정 없이 참고 살아가라고 강요할 수는 없는 것이므로, 이러한 경우는 민법 제840조 제6호 소정의 재판상 이혼사유에 해당한다."고 하여 상대방이 불치의 정신병에 걸렸고, 그것이 타방 당사자에게 끊임없는 정신적 ? 육체적 고통을 수반시키는 것이라면, 재판상 이혼사유로 인정할 수 있다는 취지의 판시를 하고 있습니다.

결론적으로, 상대방이 불치의 정신병에 걸렸다면 상대방에게 사회상규상 지나치게 무거운 부담을 지울 수 없는 사정 등을 고려하여 제한적으로 민법 제 840조 제6호 사유에 해당되는지를 판단하는 것으로 보입니다.

(관련판례 1)
갑이 아내인 을을 상대로 을의 책임 있는 사유로 혼인관계가 더 이상 회복할 수 없을 정도로 파탄되었다고 주장하면서 이혼 등을 구한 사안에서, 을이 자신의 기준에 어긋나거나 감정적으로 서운한 경우 비난과 힐난, 폭력적인 방식으로 대응하여 갑과 을의 갈등이 악화된 면이 있으나, 갑 역시 자녀들의 양육문제와 가사를 을에게 모두 미루어 둔 채 남편과 아버지로서의 역할을 등한시하여 갈등을 야기한 측면이 있는 점, 갑과 을이 현재 각방을 쓰면서 신뢰관계가 흔들리고 있으나, 갈등이 심화된 기간에도 한 집에 거주하면서 자녀들을 염려하면서 서로 책임지려는 모습을 보이고 있어 현재의 갈등상황을 갑과 을이 합리적으로 해결할 수 있는 능력과 여지가 있는 것으로 보이는 점 등에 비추어 보면, 갑과 을의 혼인관계가 을의 책임 있는 사유로 파탄되었음을 인정하기에 부족하다.(서울가정법원 2015. 3. 25. 선고 2013드합9048 판결)

(관련판례 2)
부부 중에 성기능의 장애가 있거나 부부간의 성적인 접촉이 부존재하더라도 부부가 합심하여 전문적인 치료와 조력을 받으면 정상적인 성생활로 돌아갈 가능성이 있는 경우에는 그러한 사정은 일시적이거나 단기간에 그치는 것이므로 그 정도의 성적 결함만으로는 '혼인을 계속하기 어려운 중대한 사유'가 될 수 없으나, 그러한 정도를 넘어서서 정당한 이유 없이 성교를 거부하거나 성적 기능의 불완전으로 정상적인 성생활이 불가능하거나 그 밖의 사정으로 부부 상호간의 성적 욕구의 정상적인 충족을 저해하는 사실이 존재하고 있다면, 부부간의 성관계는 혼인의 본질적인 요소임을 감안할 때 이는 '혼인을 계속하기 어려운 중대한 사유'가 될 수 있다.(대법원 2010. 7. 15. 선고 2010므1140 판결)

(관련판례 3)
민법 제840조 제6호 소정의 이혼원인인 '혼인을 계속하기 어려운 중대한 사유가 있을 때'라 함은 혼인의 본질에 상응하는 부부공동생활 관계가 회복할 수 없을 정도로 파탄되고, 그 혼인생활의 계속을 강제하는 것이 일방 배우자에게 참을 수 없는 고통이 되는 경우를 말하고, 이를 판단함에 있어서는 혼인계속의사의 유무, 파탄의 원인에 관한 당사자의 책임 유무, 혼인생활의 기간, 자녀의 유무, 당사자의 연령, 이혼 후의 생활보장, 기타 혼인관계의 제반 사정을 두루 고려하여야 한다. (대법원 2009. 12. 24. 선고 2009므2130 판결)

(관련판례 4)
민법 제840조는 '혼인을 계속하기 어려운 중대한 사유가 있을 때'를 이혼사유로 삼고 있으며, 부부간의 애정과 신뢰가 바탕이 되어야 할 혼인의 본질에 해당하는 부부공동생활 관계가 회복할 수 없을 정도로 파탄되고 혼인생활의 계속을 강제하는 것이 일방 배우자에게 참을 수 없는 고통이 되는 경우에는 위 이혼사유에 해당할 수 있다. 이에 비추어 보면 부부가 장기간 별거하는 등의 사유로 실질적으로 부부공동생활이 파탄되어 실체가 더 이상 존재하지 아니하게 되고 객관적으로 회복할 수 없는 정도에 이른 경우에는 혼인의 본질에 해당하는 부부공동생활이 유지되고 있다고 볼 수 없다.

따라서 비록 부부가 아직 이혼하지 아니하였지만 이처럼 실질적으로 부부공동생활이 파탄되어 회복할 수 없을 정도의 상태에 이르렀다면, 제3자가 부부의 일방과 성적인 행위를 하더라도 이를 두고 부부공동생활을 침해하거나 유지를 방해하는 행위라고 할 수 없고 또한 그로 인하여 배우자의 부부공동생활에 관한 권리가 침해되는 손해가 생긴다고 할 수도 없으므로 불법행위가 성립한다고 보기 어렵다. 그리고 이러한 법률관계는 재판상 이혼청구가 계속 중에 있다거나 재판상 이혼이 청구되지 않은 상태라고 하여 달리 볼 것은 아니다.(대법원 2014. 11. 20. 선고 2011므2997 전원합의체 판결)

■ 성적 불능 기타 부부 상호간의 성적 요구의 정상적인 충족을 저해하는 사실이 존재하는 경우 재판상 이혼을 청구할 수 있나요?

Q 甲과 乙은 혼인신고 이후 7년 이상의 장기간에 걸친 성관계 부존재 등의 사유로 불화를 겪다가 별거생활을 시작하였습니다. 당시 甲에게는 경미한 성기능의 장애가 있었으나 전문적인 치료와 조력을 받으면 정상적인 성생활이 가능할 수 있었음에도 불구하고 이를 이유로 乙은 甲과의 성관계를 거부하였는데, 이 경우 甲은 성관계 거부 등을 이유로 재판상 이혼을 청구할 수 있나요?

A 대법원 2010. 7. 15. 선고 2010므1140 판결에서는 "부부 중에 성기능의 장애가 있거나 부부간의 성적인 접촉이 부존재하더라도 부부가 합심하여 전문적인 치료와 조력을 받으면 정상적인 성생활로 돌아갈 가능성이 있는 경우에는 그러한 사정은 일시적이거나 단기간에 그치는 것이므로 그 정도의 성적 결함만으로는 '혼인을 계속하기 어려운 중대한 사유'가 될 수 없으나, 그러한 정도를 넘어서서 정당한 이유 없이 성교를 거부하거나 성적 기능의 불완전으로 정상적인 성생활이 불가능하거나 그 밖의 사정으로 부부 상호간의 성적 욕구의 정상적인 충족을 저해하는 사실이 존재하고 있다면, 부부간의 성관계는 혼인의 본질적인 요소임을 감안할 때 이는 '혼인을 계속하기 어려운 중대한 사유'가 될 수 있다."고 판

시하고 있습니다.
위 판결내용에 따르면 甲은 乙의 부당한 부부생활 거절을 이유로 재판상 이혼 청구를 할 수 있을 것이고, 근거는 민법 제 840조 제 6호가 될 것입니다.

(관련판례 1)
법률상 부부인 갑과 을이 별거하면서 갑이 병과 사실혼관계를 형성하였고, 그 후 갑과 을의 별거상태가 약 46년간 지속되어 혼인의 실체가 완전히 해소되고 각자 독립적인 생활관계가 고착화되기에 이르자 갑이 을을 상대로 이혼을 청구한 사안에서, 갑과 을의 혼인은 혼인의 본질에 상응하는 부부공동생활 관계가 회복할 수 없을 정도로 파탄되었고, 그 혼인생활의 계속을 강제하는 것이 일방 배우자에게 참을 수 없는 고통이 될 것이며, 혼인제도가 추구하는 목적과 민법의 지도이념인 신의성실의 원칙에 비추어 보더라도 혼인관계의 파탄에 대한 갑의 유책성이 반드시 갑의 이혼청구를 배척하지 않으면 아니 될 정도로 여전히 남아 있다고 단정할 수 없으므로, 갑과 을의 혼인에는 민법 제840조 제6호에 정한 '혼인을 계속하기 어려운 중대한 사유가 있을 때'라는 이혼원인이 존재한다고 한 사례.(대법원 2010. 6. 24. 선고 2010므1256 판결)

(관련판례 2)
법률상 부부인 갑과 을이 약 25년간 별거하면서 사실상 일체의 교류를 단절하고 있고, 갑은 다른 여성과 25년간 중혼적 사실혼 관계를 유지하면서 혼외자를 출산하였는데, 갑이 을을 상대로 이혼을 청구한 사안에서, 갑과 을이 갑의 귀책사유로 본격적으로 별거에 이르게 되었다고 하더라도, 25년 이상 장기간의 별거생활이 지속되면서 혼인의 실체가 완전히 해소되고 갑과 을이 각자 독립적인 생활관계를 갖기에 이른 점, 갑과 을의 부부공동생활 관계의 해소 상태가 장기화되면서 갑의 유책성도 세월의 경과에 따라 상당 정도 약화되고 그에 대한 사회적 인식이나 법적 평가도 달라질 수밖에 없으므로, 현 상황에 이르러 갑과 을의 이혼 여부를 판단하는 기준으로서 파탄에 이르게 된 책임의 경중을 엄밀히 따지는 것은 법적·사회적 의의가 현저히 감쇄(감살)되었다고 보이는 점 등을 종합하면, 갑과 을의 혼인에는 민법 제840조 제6호의 '혼인을 계속하기 어려운 중대한 사유가 있을 때'라는 이혼원인이 존재한다(서울가정법원 2015. 10. 23. 선고 2014르2496 판결)

■ 북한이탈주민이 북한지역의 잔존 배우자를 상대로 대한민국 법원에 이혼청구가 가능한지요?

Q 甲은 북한지역을 이탈하여 남한에 건너온 사람입니다. 그러나 甲은 북한지역에서 乙과 혼인하여 결혼생활을 영위하였으나, 이탈 당시 甲혼자 이탈을 하여 현재 乙의 생사조차 알 수 없는 상황입니다. 이 경우 甲은 남한법원에 乙에 대한 재판상 이혼청구가 가능할까요?

A 북한이탈주민의 보호 및 정착지원에 관한 법률 제 19조의 2에서는 이혼에 관한 특례를 규정하고 있습니다. 동조 제1항에서는 '동법 제19조에 따라 가족관계 등록을 창설한 사람 중 북한에 배우자를 둔 사람은 그 배우자가 남한에 거주하는지 불명확한 경우 이혼을 청구할 수 있다.'고 규정하고 있고, 동조 제2항에서는 '제19조에 따라 가족관계 등록을 창설한 사람의 가족관계등록부에 배우자로 기록된 사람은 재판상 이혼의 당사자가 될 수 있다.'고 규정하고 있습니다.

또한, 이러한 재판상 이혼소송에 관해서는 공시송달로 재판을 진행할 수 있다는 규정을 두는 등 재판상 이혼의 진행에 관한 특례 규정도 함께 규정되어 있습니다.

하급심 판례이기는 하나 서울가정법원 2007. 6. 22. 선고 2004 드단77721 판결에서는 "북한이탈주민보호법의 규정 취지, 앞서 인정한 바와 같은 경위로 원, 피고의 혼인생활이 이미 북한에서도 파탄에 이르렀고, 그 후 원고가 북한을 이탈하게 된 점, 현재 피고가 남한에 거주하는지 여부가 불명확한 점, 대한민국이 군사분계선을 기준으로 나뉘어 남·북한주민 사이의 왕래나 서신교환이 자유롭지 못한 현재의 상태가 가까운 장래에 해소될 개연성이 그리 크지 않은 점 등의 사정을 종합하여 보면, 결국 원, 피고 사이에 혼인관계를 계속하기 어려운 중대한 사유가 있다고 할 것이므로 이는 민법 제840조 제6호 소정의 재판상 이혼사유에 해당한다."고 판시하고 있는 바, 이에 따르면 甲은 이와 같은 사정을 근거로 재판상 이혼 청구가 가능할 것으로 보입니다.

■ 이혼 합의사실의 존재가 재판상이혼사유에 해당되는지요?

Q 저는 甲과 혼인하여 남매를 두고 있는데 가정불화가 심해져 3 개월 전 이혼하기로 합의하면서 5,000만원을 위자료로 지급받아 별거에 들어갔습니다. 그러나 자녀들을 생각하면 참고 살아야 할 것 같아 甲에게 재결합할 것을 요구하였으나, 甲은 거부하면서 위 합의사실만으로도 이혼사유가 된다며 이혼을 요구하고 있습니다. 甲의 말이 맞는지요?

A 「민법」제840조에 의하면 재판상 이혼사유를 제한적으로 열거하고 있는데, 위 사안에서와 같이 당사자간에 이혼합의가 있었고 위자료까지 지급하였다는 사실이 민법에 규정된 재판상 이혼사유에 해당되는지가 문제됩니다.

이와 관하여 판례는 "혼인생활 중 부부가 일시 이혼에 합의하고 위자료 명목의 금전을 지급하거나 재산분배를 하였다고 하더라도, 그것으로 인하여 부부관계가 돌이킬 수 없을 정도로 파탄되어 부부쌍방이 이혼의사로 사실상 부부관계의 실체를 해소한 채 생활하여 왔다는 등의 특별한 사정이 없다면, 그러한 이혼합의 사실의 존재만으로는 이를 민법 제840조 제6호의 재판상 이혼사유인 혼인을 계속할 수 없는 중대한 사유에 해당한다고 할 수 없는 것이다."라고 하였습니다(대법원 1996. 4. 26. 선고 96므226 판결).

따라서 귀하의 경우에도 단순히 위와 같은 사유만으로 재판상 이혼사유가 된다고 할 수는 없을 듯하며, 귀하와 甲 중 누구에게 어떠한 귀책사유가 있느냐를 구체적으로 검토해 보아야 재판상 이혼사유 해당 여부가 결정될 것입니다.

■ 유책배우자의 재판상 이혼청구가 가능한지요?

Q 甲은 乙과 약 15년간 별거를 하였고, 그 사이에 甲은 丙과 동거하면서 두 명의 자녀를 출생하였습니다. 甲과 乙은 별거기간 중 생활비 등을 위한 경우를 제외하고는 별다른 연락 없이 지내면서 관계 회복을 위한 노력을 전혀 하지 않았는데, 이 경우 유책배우자인 甲의 재판상 이혼청구가 가능한가요?

A
판례에 의하면, 혼인생활의 파탄에 대하여 주된 책임이 있는 배우자는 원칙적으로 그 파탄을 사유로 하여 이혼을 청구할 수 없으므로(대법원 1993.4.23.선고 92므1078판결 참조), 원칙적으로 유책 배우자는 이혼을 청구할 수 없다고 할 수 있습니다.

그러나 한편 대법원은 유책배우자의 이혼 청구를 허용하지 아니하는 것은 혼인제도가 요구하는 도덕성에 배치되고 신의성실의 원칙에 반하는 결과를 방지하려는 데 있으므로, 혼인제도가 추구하는 이상과 신의성실의 원칙에 비추어 보더라도 그 책임이 반드시 이혼 청구를 배척해야 할 정도로 남아 있지 아니한 경우에는 그러한 배우자의 이혼 청구는 혼인과 가족제도를 형해화할 우려가 없고 사회의 도덕관·윤리관에도 반하지 아니한다고 할 것이므로 허용될 수 있다고 보아야 한다고 판시하고 있으므로(대법원 2015. 9. 15. 선고 2013므568 판결 참조), 이혼이 인정될 경우의 상대방 배우자의 정신적 사회적 경제적 상태와 상활보장의정도, 그 밖의 혼인관계의 여러 사정을 두루 고려하여 판단할 수 있을 것입니다.

(관련판례 1)
혼인생활의 파탄에 주된 책임이 있는 배우자는 원칙적으로 그 파탄을 사유로 하여 이혼을 청구할 수 없다. 다만 상대방 배우자도 혼인을 계속할 의사가 없어 일방의 의사에 의한 이혼 내지 축출이혼의 염려가 없는 경우는 물론, 나아가 이혼을 청구하는 배우자의 유책성을 상쇄할 정도로 상대방 배우자 및 자녀에 대한 보호와 배려가 이루어진 경우나 세월의 경과에 따라 혼인파탄 당시 현저하였던 유책배우자의 유책성과 상대방 배우자가 받은 정신적 고통이 점차 약화되어 쌍방의 책임의 경중을 엄밀히 따지는 것이 더 이상 무의미할 정도가 된 경우 등과 같이 혼인생활의 파탄에 대한 유책성이 그 이혼청구를 배척해야 할 정도로 남아 있지 아니한 특별한 사정이 있는 경우에는 예외적으로 유책배우자의 이혼청구를 허용할 수 있다.

이와 같이 유책배우자의 이혼청구를 예외적으로 허용할 수 있는지를 판단할 때에는, 유책배우자의 책임의 태양·정도, 상대방 배우자의 혼인계속의사 및 유책배우자에 대한 감정, 당사자의 연령, 혼인생활의 기간과 혼인 후의 구체적인 생활관계, 별거기간, 부부간의 별거 후에 형성된 생활관계, 혼인생활의 파탄 후 여러 사정의 변경 여부, 이혼이 인정될 경우의 상대방 배우자의 정신적·사회적·경제적 상태와 생활보장의 정도, 미성년 자녀의 양육·교육·복지의 상황, 그 밖의 혼인관계의 여러 사정을 두루 고려하여야 한다(대법원 2015. 9. 15. 선고 2013므568 전원합의체 판결 참조).(대법원 2015. 10. 29. 선고 2012므721 판결)

(관련판례 2)

혼인생활의 파탄에 대하여 주된 책임이 있는 배우자는 원칙적으로 그 파탄을 사유로 하여 이혼을 청구할 수 없고, 다만 상대방도 그 파탄 이후 혼인을 계속할 의사가 없음이 객관적으로 명백함에도 오기나 보복적 감정에서 이혼에 응하지 아니하고 있을 뿐이라는 등의 특별한 사정이 있는 경우에만 예외적으로 유책배우자의 이혼청구권이 인정된다(대법원 2010. 12. 9. 선고 2009므844 판결 등 참조).
(대법원 2013. 11. 28. 선고 2010므4095 판결)

(관련판례 3)

갑과 을의 혼인관계가 파탄에 이르게 된 데에는 다른 여자와 부정한 관계를 맺고 이혼을 요구하며 일방적으로 집을 나가 생활비를 지급하지 않은 채 처 을과 아들 병을 유기한 갑에게 주된 책임이 있다고 판단하고, 을이 혼인을 계속할 의사가 없음이 객관적으로 명백한데도 오기나 보복적 감정에서 이혼에 응하지 아니하고 있는 것으로 보기는 어렵다고 하면서도, 혼인관계가 사실상 실질적으로 파탄되어 재결합의 가능성이 없다는 이유로 유책배우자인 갑의 이혼청구를 인용한 원심판단에 유책배우자의 이혼청구에 관한 법리를 오해한 위법이 있다고 한 사례.(대법원 2010. 12. 9. 선고 2009므844 판결)

이 혼 조 정 신 청

신 청 인   ○ ○ ○ (주민등록번호)
　　　　　　　주소　　○○시 ○○구 ○○길 ○○(우편번호)
　　　　　　　전화　　○○○ - ○○○○
　　　　　　　등록기준지　　○○시 ○○구 ○○길 ○○
피 신 청 인   △ △ △ (주민등록번호)
　　　　　　　주소　　○○시 ○○구 ○○길 ○○(우편번호)
　　　　　　　전화　　○○○ - ○○○○
　　　　　　　등록기준지　　○○시 ○○구 ○○길 ○○

신 청 취 지

　신청인과 피신청인은 이혼한다.
라는 조정을 구합니다.

신 청 원 인

1. 결혼한 경위
　가. 신청인과 피신청인은 198○. ○. 초순경 결혼식을 올리고 198
　　　○. ○. ○. 혼인신고를 한 법률상 부부로서 슬하에는 1녀 □□
　　　(여, 만14세), 1남 □□(남, 만12세)을 두고 근 15년간 결혼생
　　　활을 해왔습니다.
　나. 신청인은 198○. ○. ○○대학을 졸업하였으나, 졸업과 동시에
　　　198○. ○. 하순 경 ○○은행에 취직하여 서울 중구 서소문동
　　　소재 동 은행본점 영업부에서 근무하게 되었는바, 같은 직장내
　　　에서 피신청인을 알게 되었고, 피신청인은 198○년 ○○대학교
　　　경제학과를 졸업, 198○년 군대를 제대한 후 동 회사에 입사하
　　　였고 신청인과 피신청인은 입사동기로 3년여를 교제하였습니다.
2. 피신청인의 이상성격과 폭력
　가. 피신청인은 3년간이나 신청인과 교제하면서 보이지 않던 행동
　　　을, 신혼 여행을 다녀오자마자 사소한 일에 생트집을 잡는 등
　　　하지 않던 행동과 시댁에 소홀히 한다면서 시댁식구들이 보는

앞에서 쌍소리를 하며 무시하였습니다.

나. 신청인은 피신청인이 폭력을 일삼는 등 이상성격의 소유자임을 뒤늦게 알았지만 자식을 낳고 살면서 시간이 지나면 좀 성격이 달라질 것으로 믿었습니다. 그러나 피신청인은 같이 직장생활을 한다고 월급은 한푼도 생활비로 내어놓지 아니하고 술과 도박으로 밤을 낮으로 삼고 외박이 잦으며 신청인에게 툭하면 "개", "쌍년"이란 말을 섞어 넣어 가면서 장소를 불문하고 못된 욕지거리와 폭력을 가하였고, 특히 결혼 후인 198○. ○. 초순 경 시동생 결혼식 피로연에서 특별한 이유도 없이 피신청인은 신청인의 머리채를 잡고 때리면서 상스런 욕설을 하여 여러 친지들 앞에서 망신을 준 사실도 있습니다.

다. 198○. ○월 신청인은 둘째 아이를 낳으면서 직장을 그만두었는데 생활비는 월 ○○○원씩만 지급하면서 피신청인은 승용차를 구입하여 출.퇴근을 하는 등 가족들의 생계에는 전혀 신경을 쓰지 않았습니다.

라. 199○. ○. 초순경부터는 설상가상으로 낯모르는 여자한테 번갈아 전화가 걸려오고 피신청인의 직장에도 어떤 여자와 피신청인이 바람을 피운다는 소문이 파다하게 퍼졌습니다.

3. 신청인은 위와 같은 사정으로 이제 더 이상 견딜 수 없어 부득이 조정신청에 이르게 된 것이므로 신청취지와 같은 조정을 내려 주시기 바랍니다.

첨 부 서 류

1. 혼인관계증명서	1통
1. 가족관계증명서	1통
1. 주민등록등본	1통

20○○년   ○월   ○일

위 청구인 ○ ○ ○   (인)

○ ○ 가 정 법 원 귀중

소   장

원 고 ○ ○ ○ (주민등록번호)
　　　등록기준지 및 주소 : ○○시 ○○구 ○○길 ○○(우편번호)
피 고 리차드 ○ △△
　　　최후 국내 주소 : 불 명
　　　미국 상 주소 : 미합중국 오하이오주 ○○시 ○로
　　　　　　　　(○st. ○○○, Ohio , U.S.A)

이혼청구의 소

청 구 취 지

1. 원고와 피고는 이혼한다.
2. 소송비용은 피고의 부담으로 한다.
라는 판결을 구합니다.

청 구 원 인

1. 혼인 경위
　원고는 다방 종업원으로 일하던 중 주한 미군인 미합중국 국적의
　피고를 만나 결혼식은 올리지 않고 19○○. ○. ○. 혼인신고를 함
　으로써 법률상 부부가 되었고 그 사이에 자녀는 없습니다.
2. 재판상 이혼 사유
　가. 피고는 원고와 혼인한 후 집에도 잘 들어오지 않고 다른 여자들
　　과 부정한 관계를 일삼다가 혼인한 지 약 1개월 정도 지난 19
　　○○. ○월경 원고에게 아무런 말도 없이 미국으로 떠난 후, 지
　　금까지 연락조차 없습니다.
　나. 원고는 피고와 이혼하고 싶어도 소송을 제기할 여력이 없어 약
　　○○년간 그대로 지냈으나, 이제라도 호적정리를 하고자 민법
　　제 840조 제2호 소정의 재판상이혼사유인 "악의의 유기"를 이
　　유로 이 건 이혼청구를 합니다.
3. 재판관할권 및 준거법
　가. 이 건 이혼청구는 피고가 미합중국 국적을 가지고 있어 섭외적
　　사법관계에 속한다고 할 것인바, 원고의 본국 및 주소지국이 대
　　한민국이고 위에서 기재한 바와 같이 피고가 원고를 유기하고

있으므로 이 사건에 대한 재판관할권은 대한민국에 있다고 할 것입니다. (첨부한 하급심 판결 ○○가정법원 ○○ 드 ○○○○ ○호 참조) 그리고 피고의 보통재판적이 국내에 없으므로 대법원소재지의 가정법원인 귀원에 그 관할권이 있다 할 것입니다.

나. 또한 위 하급심판결에 의하면 미합중국의 경우 판례와 학설에 의하여 인정된 이혼에 관한 섭외사법의 일반원칙에 따르면 부부 일방의 주소지에 재판관할권이 인정됨과 동시에 그 법정지법이 준거법으로 인정되고 있다는 것이므로, 이 건 소송은 원고가 출생이래 지금까지 계속 영주의 의사로 대한민국에 주소를 가지고 있으므로 대한민국 민법이 준거법이 된다 할 것입니다.

4. 공시송달신청

피고는 19○○년경 본국인 미합중국으로 귀국한 것으로 보이나 (약 ○○년전 일이고, 원고는 피고의 인적사항을 정확히 알고 있지 않아 출입국 증명원은 발급을 받을 수 없음) 원고는 피고의 미국 주소를 불명확하여 그 주소로 송달해도 송달이 불가능한 상태이므로 민법 제179조에 의해 공시송달하여 주실 것을 신청합니다.

입 증 방 법

1. 갑 제 1호증   혼인관계증명서
1. 갑 제 2호증   주민등록초본
1. 갑 제 3호증   사실확인서

첨 부 서 류

1. 소장 부본   1통
1. 위 각 입증방법   각 1통
1. 참고자료 (하급심 판결)   1통
1. 위임장   1통
1. 납부서   1통

20○○년 ○월 ○일.

위 원고   ○ ○ ○ (인)

○ ○ 가 정 법 원 귀 중

소 장
(이혼)

원   고 성명: ☎

주민등록번호

주   소

송 달 장 소

등록 기준지

피   고 성명: ☎

주민등록번호

주   소

송 달 장 소

등록 기준지

□ 별지 당사자표시서에 기재 있음

청 구 취 지

1. 원고와 피고는 이혼한다.

2. 소송비용은 피고가 부담한다.

청 구 원 인

유의사항

1. 이혼소송은 가사소송법 제50조 제2항에 따라 재판을 받기 전에 조정절차를 거치는 것이 원칙이고, 많은 사건이 조정절차에서 원만하게 합의되어 조기에 종결됩니다.

2. 서로의 감정을 상하게 하거나 갈등을 고조시켜 원만한 조정에 방해가 되지 않도록 조정기일 전에는 이 소장 외에 준비서면 등을 더 제출하는 것을 삼가주시기 바랍니다.

3. 구체적인 사정은 조정기일에 출석하여 진술할 수 있고, 만일 조정이 성립되지 않아 소송절차로 이행할 경우 준비서면을 제출하여 이 소장에 기재하지 못한 구체적인 청구원인을 주장하거나 추가로 증거를 제출할 수 있습니다.

청구하고자 하는 부분의 □안에 V표시를 하시고, _____부분은 필요한 경우 직접 기재하시기 바랍니다.

1. 원고와 피고는 _____년 ___월 ___일 혼인신고를 마쳤다.
   원고와 피고는 (□ 동거 중/□ _____년 __월 __일부터 별거 중/□기타:
   _____)이다.

2. 이혼

 가. 원고는 아래와 같은 재판상 이혼원인이 있어 이 사건 이혼청구를
    하였다(중복 체크 가능, 민법 제840조 참조).
    □ 피고가 부정한 행위를 하였음(제1호)
    □ 피고가 악의로 원고를 유기하였음(제2호)
    □ 원고가 피고 또는 그 부모로부터 부당한 대우를 받았음(제3호)
    □ 원고의 부모가 피고로부터 부당한 대우를 받았음(제4호)
    □ 피고의 생사가 3년 이상 불분명함(제5호)
    □ 기타 혼인을 계속하기 어려운 중대한 사유가 있음(제6호)
 ☞ 아래 나.항은 이혼에 관하여 상대방과 합의를 기대/예상하는 경우에
    는 기재하지 않아도 됩니다.
 나. 이혼의 계기가 된 **결정적인 사정 3~4개**는 다음과 같다.
    □ 배우자 아닌 자와 동거/출산 □ 배우자 아닌 자와 성관계
    □ 기타 부정행위 □ 장기간 별거 □ 가출 □ 잦은 외박
    □ 폭행 □ 욕설/폭언 □ 무시/모욕 □ 시가/처가와의 갈등
    □ 시가/처가에 대한 지나친 의존 □ 마약/약물 중독
    □ 알코올 중독 □ 도박 □ 게임 중독
    □ 정당한 이유 없는 과도한 채무 부담 □ 해외 거주
    □ 정당한 이유 없는 생활비미지급 □ 사치/낭비
    □ 기타 경제적 무책임 □ 가정에 대한 무관심 □ 애정 상실
    □ 대화 단절 □ 극복할 수 없는 성격 차이 □ 원치 않는 성관계 요구
    □ 성관계 거부 □ 회복하기 어려운 성적 문제
    □ 회복하기 어려운 정신질환 □ 배우자에 대한 지나친 의심
    □ 범죄/구속 □ 과도한 음주 □ 전혼 자녀와의 갈등
    □ 종교적인 갈등 □ 자녀 학대 □ 이혼 강요 □ 국내 미입국
    □ 기타(배우자아닌 피고의 책임 있는 사유도 여기에 기재하시기 바랍니다.
    ....

첨 부 서 류

1. 원고의 기본증명서, 혼인관계증명서, 가족관계증명서, 주민등록등본 각 1통
2. 피고의 기본증명서, 혼인관계증명서, 가족관계증명서, 주민등록등본 각 1통
3. 원고 및 피고의 각 주소변동 사항이 모두 나타나 있는 주민등록초본 각 1통(원, 피고 중 일방의 주소가 서울이 아닌 경우에만 제출하시면 됩니다)
4. 입증자료 (갑 제____호증 ~ 갑 제____호증)

   (입증자료는 "갑 제1호증", "갑 제2호증"과 같이 순서대로 번호를 기재하여 제출하시면 됩니다)

※ **소장에는 판결문, 진단서 등 객관적이고 명백한 증거만 첨부하여 제출하시고, 특히 증인진술서는 증거 제출을 삼가주시기 바랍니다. 기타 필요한 나머지 증거는 이후 소송절차에서 제출하시기 바랍니다.**

20 .   .   .

원 고   인 / 서명

서울○○법원 귀중

■ 관할

관할을 위반한 경우 이송 등의 절차로 소송이 지연될 수 있으니 유의하시기 바랍니다.

1. 부부가 서울가정법원의 관할구역(서울특별시) 내에 주소지가 있을 때
2. 부부의 최후 공통의 주소지가 서울이고 부부 중 일방의 주소가 계속하여 서울일 때
3. 피고의 주소가 외국에 있거나 이를 알 수 없을 때(주로 외국인의 경우)

   → 위의 3가지 경우에는 서울가정법원이 전속관할이 됩니다.
4. 위에 해당하지 아니하는 때에는 피고의 주소지 소재 (가정)법원이 관할법원입니다.

■ 인지액

이혼 청구의 경우 수입인지 20,000원과 송달료 88,800원을 각 납부하셔야 합니다(법원 내 신한은행에서 납부하고 영수증을 첨부하여야 함).

답 변 서
(이혼)

사건번호	20___드단(드합)_____		
원 고			
피 고		전화번호	

청구취지에 대한 답변

해당되는 부분 □안에 V표시를 하시고, _____부분은 필요한 경우 직접 기재하시기 바랍니다.

이혼 청구 → □ 인정함   □ 인정할 수 없음

청구원인에 대한 답변

유의사항

1. 이혼소송은 가사소송법 제50조 제2항에 따라 재판을 받기 전에 조정절차를 거치는 것이 원칙이고, 많은 사건이 조정절차에서 원만하게 합의되어 조기에 종결됩니다.

2. 서로의 감정을 상하게 하거나 갈등을 고조시켜 원만한 조정에 방해가 되지 않도록 조정기일 전에는 이 소장 외에 준비서면 등을 더 제출하는 것을 삼가주시기 바랍니다.

3. 구체적인 사정은 조정기일에 출석하여 진술할 수 있고, 만일 조정이 성립되지 않아 소송절차로 이행할 경우 준비서면을 제출하여 이 답변서에 기재하지 못한 구체적인 것을 주장하거나 추가로 증거를 제출할 수 있습니다.

해당되는 부분 □안에 V표시를 하시고, _____ 부분은 필요한 경우 직접 기재하시기 바랍니다.

1. 동거 여부 → □ 인정함 □ 인정할 수 없음

    □ 일부 인정함

인정할 수 없거나, 일부 인정할 경우, 피고의 주장을 기재하시기 바랍니다.

☞ 원고의 이혼 청구를 인정하는 경우 이 항에 답을 할 필요가 없습니다.

2. 이혼 청구

    □ 피고에게 책임 있는 사유를 인정할 수 없음

    □ 피고에게 책임 있는 사유를 일부 인정하지만, 그래도 혼인관계는 계속 유지될 수 있음 (인정하는 부분:)

    □ 오히려 원고에게 책임 있는 사유가 더 크므로 원고의 이혼 청구는 기각되어야 함

    □ 기타: ....

20 .   .   .

피 고   인 / 서명

○○가정법원 귀중

소 장
(이혼, 미성년자녀)

원   고 성명: ☎
주민등록번호
주   소1)
송 달 장 소2)
등 록 기준지3)

피   고 성명: ☎
주민등록번호
주   소
송 달 장 소
등 록 기준지
□ 별지 당사자표시서에 기재 있음4)

사건본인(미성년자녀)5)
1. 성명: 주민등록번호:
   주   소
   등록기준지
2. 성명: 주민등록번호:
   주   소
   등록기준지

□ 별지 당사자표시서에 기재 있음

청 구 취 지

청구하고자 하는 부분의 □안에 V표시를 하시고, _____부분은 필요한 경우 직접 기재하시기 바랍니다.

1. 원고와 피고는 이혼한다.
2. □ 사건본인(들)에 대한 친권자 및 양육자로 (□원고 / □피고)를 지정한다.

(기타: _____)

3. □ (□원고 / □피고)는 (□원고 / □피고)에게 사건본인(들)에 대
한 양육비로 다음과 같이 지급하라.

　가. □ _____부터 사건본인(들)이 (각) 성년에 이르기 전날
까지 매월 ____일에 사건본인 1인당 매월 _____원의 비율로
계산한 돈

　나. □ 기타: _____

4. □ (□원고 / □피고)는 다음과 같이 사건본인(들)을 면접교섭한다.

	일　자	시　간
□	매월 _____째 주	____요일 ___시부터 ____요일 ___시까지
□	매주	____요일 ___시부터 ____요일 ___시까지
□	기타:	

5. 소송비용은 피고가 부담한다.

청 구 원 인

유의사항

1. 이혼소송은 가사소송법 제50조 제2항에 따라 재판을 받기 전에 조정절
차를 거치는 것이 원칙이고, 많은 사건이 조정절차에서 원만하게 합의
되어 조기에 종결됩니다.
2. 서로의 감정을 상하게 하거나 갈등을 고조시켜 원만한 조정에 방해가
되지 않도록 조정기일 전에는 이 소장 외에 준비서면 등을 더 제출하
는 것을 삼가주시기 바랍니다.
3. 구체적인 사정은 조정기일에 출석하여 진술할 수 있고, 만일 조정이 성
립되지 않아 소송절차로 이행할 경우 준비서면을 제출하여 이 소장에
기재하지 못한 구체적인 청구원인을 주장하거나 추가로 증거를 제출할
수 있습니다.

1. 원고와 피고는 _____년 ___월 ___일 혼인신고를 마쳤다.6) 원
고와 피고는 (□ 동거 중/□ ____년 __월 __일부터 별거 중/□기
타: _____)이다.

2. 이혼

가. 원고는 아래와 같은 재판상 이혼원인이 있어 이 사건 이혼 청구를 하였다(중복 체크 가능, 민법 제840조 참조).

☐ 피고가 부정한 행위를 하였음(제1호)
☐ 피고가 악의로 원고를 유기하였음(제2호)
☐ 원고가 피고 또는 그 부모로부터 부당한 대우를 받았음(제3호)
☐ 원고의 부모가 피고로부터 부당한 대우를 받았음(제4호)
☐ 피고의 생사가 3년 이상 불분명함(제5호)
☐ 기타 혼인을 계속하기 어려운 중대한 사유가 있음(제6호)

☞ **아래 나.항은 이혼에 관하여 상대방과 합의를 기대/예상하는 경우에는 기재하지 않아도 됩니다.**

나. 이혼의 계기가 된 **결정적인 사정 3~4개**는 다음과 같다.

☐ 배우자 아닌 자와 동거/출산 ☐ 배우자 아닌 자와 성관계
☐ 기타 부정행위 ☐ 장기간 별거 ☐ 가출 ☐ 잦은 외박
☐ 폭행 ☐ 욕설/폭언 ☐ 무시/모욕
☐ 시가/처가와의 갈등 ☐ 시가/처가에 대한 지나친 의존
☐ 마약/약물 중독 ☐ 알코올 중독 ☐ 도박 ☐ 게임 중독
☐ 정당한 이유 없는 과도한 채무 부담 ☐ 사치/낭비
☐ 정당한 이유 없는 생활비 미지급 ☐ 기타 경제적 무책임
☐ 가정에 대한 무관심 ☐ 애정 상실 ☐ 대화 단절
☐ 극복할 수 없는 성격 차이 ☐ 원치 않는 성관계 요구
☐ 성관계 거부 ☐ 회복하기 어려운 성적 문제
☐ 회복하기 어려운 정신질환 ☐ 배우자에 대한 지나친 의심
☐ 범죄/구속 ☐ 과도한 음주 ☐ 전혼 자녀와의 갈등
☐ 종교적인 갈등 ☐ 자녀 학대 ☐ 이혼 강요
☐ 국내 미입국 ☐ 해외 거주
☐ 기타(배우자 아닌 피고의 책임 있는 사유도 여기에 기재하시기 바랍니다):

_____

_____

3. 친권자 및 양육자 지정에 관한 의견

사건본인(들)에 대하여 청구취지 기재와 같이 친권자 및 양육자 지정이 필요한 이유는 다음과 같다(중복 체크 가능).

□ 과거부터 현재까지 계속하여 양육하여 왔다.

□ (현재는 양육하고 있지 않으나) 과거에 주된 양육자였다.

□ 별거 이후 혼자 양육하고 있다.

□ 사건본인(들)이 함께 살기를 희망한다.

□ 양육환경(주거 환경, 보조 양육자, 경제적 안정성 등)이 보다
양호하다.

□ 사건본인(들)과 보다 친밀한 관계이다.

□ 기타: _____

4. 양육비 산정에 관한 의견

(현재 파악되지 않은 상대방의 직업, 수입 등은 기재하지 않아도 됩니다)

가. 원고의 직업은 _____, 수입은 월_____원(□ 세금 공제 전
/ □ 세금 공제 후)이고, 피고의 직업은 _____, 수입은 월
___원(□ 세금 공제 전 / □ 세금 공제 후)이다.

나. (과거 양육비를 청구하는 경우) 과거 양육비 산정 기간은 ___부
터 _____까지 ___년 ___개월이다.

다. 기타 양육비 산정에 고려할 사항: _____
_____

5. 면접교섭에 관한 의견

희망 인도 장소: 사건본인(들)을 _____에서 인도하고 인도받기를
희망한다.

면접교섭 시 참고사항: _____
_____
_____

첨 부 서 류

1. 원고의 기본증명서, 혼인관계증명서, 가족관계증명서, 주민등록등본 각 1통
2. 피고의 기본증명서, 혼인관계증명서, 가족관계증명서, 주민등록등본 각 1통
3. 원고 및 피고의 각 주소변동 사항이 모두 나타나 있는 주민등록초본 각 1통
   (원, 피고 중 일방의 주소가 서울이 아닌 경우에만 제출하시면 됩니다)
4. 사건본인(들)에 대한 (각) 기본증명서, 가족관계증명서, 주민등록등본 각 1통
5. 입증자료 (갑 제___호증 ~ 갑 제___호증)
   (입증자료는 "갑 제1호증", "갑 제2호증"과 같이 순서대로 번호를 기재하여
   제출하시면 됩니다)

※ 소장에는 판결문, 진단서 등 객관적이고 명백한 증거만 첨부하여 제출하시고, 특히 증인진술서는 증거 제출을 삼가주시기 바랍니다. 기타 필요한 나머지 증거는 이후 소송절차에서 제출하시기 바랍니다.

201 .   .   .

원 고   인 / 서명

서울○○법원   귀중

■ 관할

관할을 위반한 경우 이송 등의 절차로 소송이 지연될 수 있으니 유의하시기 바랍니다.

1. 부부가 서울가정법원의 관할구역(서울특별시) 내에 주소지가 있을 때
2. 부부의 최후 공통의 주소지가 서울이고 부부 중 일방의 주소가 계속하여 서울일 때
3. 피고의 주소가 외국에 있거나 이를 알 수 없을 때(주로 외국인의 경우)
   → 위의 3가지 경우에는 서울가정법원이 전속관할이 됩니다.
4. 위에 해당하지 아니하는 때에는 피고의 주소지 소재 (가정)법원이 관할법원입니다.

■ 인지액

이혼 청구의 경우 수입인지 20,000원과 송달료 88,800원을 각 납부하셔야 합니다(법원 내 신한은행에서 납부하고 영수증을 첨부하여야 함).

---

1) 주민등록상 주소를 기재하시기 바랍니다.
2) 우편물을 받는 곳이 주소와 다를 경우에 기재하시기 바랍니다.
3) 등록기준지는 가족관계증명서 및 혼인관계증명서 맨 앞장 위에 기재되어 있으므로 이를 참고하여 기재하시고, 외국인일 경우에는 국적을 기재하시면 됩니다.
4) 피고나 사건본인의 수가 많은 경우 별지로 당사자표시서를 작성한 후 첨부하시면 됩니다.
5) 원고와 피고 사이에 미성년 자녀(만 19세가 되지 아니한 자)가 있는 경우에 기재하시기 바랍니다.
6) 혼인관계증명서에 기재된 혼인신고일 또는 혼인증서제출일을 기재하시면 됩니다.

답 변 서
(이혼, 미성년자녀)

사건번호	20___드단(드합)_____		
원 고			
피 고		전화번호	

청구취지에 대한 답변

> 해당되는 부분 □안에 V표시를 하시고, ---------- 부분은 필요한 경우 직접 기재하시기 바랍니다.

1. 이혼 청구 → □ 인정함   □ 인정할 수 없음
2. 친권자 및 양육자 지정 청구 → □ 인정함   □ 인정할 수 없음[사건본인(들)에 대한 친권자 및 양육자로 □ 원고/ □ 피고를 지정한다]
   (기타: --)
3. 양육비 청구 → □ 인정함 □ 인정할 수 없음 □ 일부 (월___원) 인정함
   (기타: --)
4. 면접교섭 청구 → □ 인정함   □ 다른 의견이 있음
   면접교섭에 관하여 원고와 다른 의견이 있는 경우 기재하시기 바랍니다.

	일 자	시 간
□	매월 _____째 주	_____요일 ____시부터 _____요일 ____시까지
□	매주	_____요일 ____시부터 _____요일 ____시까지
□	기타:	

청구원인에 대한 답변

> **유의사항**
> 1. 이혼소송은 가사소송법 제50조 제2항에 따라 재판을 받기 전에 조정절차를 거치는 것이 원칙이고, 많은 사건이 조정절차에서 원만하게 합의되어 조기에 종결됩니다.

2. 서로의 감정을 상하게 하거나 갈등을 고조시켜 원만한 조정에 방해가
   되지 않도록 조정기일 전에는 이 소장 외에 준비서면 등을 더 제출하는
   것을 삼가주시기 바랍니다.
3. 구체적인 사정은 조정기일에 출석하여 진술할 수 있고, 만일 조정이 성
   립되지 않아 소송절차로 이행할 경우 준비서면을 제출하여 이 소장에
   기재하지 못한 구체적인 청구원인을 주장하거나 추가로 증거를 제출할
   수 있습니다.

해당되는 부분 □안에 V표시를 하시고, _____부분은 필요한 경우 직접 기재하시
기 바랍니다.

1. **동거 여부** → □ 인정함   □ 인정할 수 없음   □ 일부 인정함
   인정할 수 없거나, 일부 인정할 경우, 피고의 주장을 기재하시기 바랍니다.

☞ **원고의 이혼 청구를 인정하는 경우 이 항에 답을 할 필요가 없습니다.**

2. **이혼 청구**
   □ 피고에게 책임 있는 사유를 인정할 수 없음
   □ 피고에게 책임 있는 사유를 일부 인정하지만, 그래도 혼인관계는 계
     속 유지될 수 있음   (인정하는 부분: _____
     _____)
   □ 오히려 원고에게 책임 있는 사유가 더 크므로 원고의 이혼 청구는 기
     각되어야 함
   □ 기타: _____

☞ **원고의 친권자 및 양육자 지정 청구를 인정하는 경우 이 항에 답을
   할 필요가 없습니다.**

3. **친권자 및 양육자 지정에 관한 의견**
   사건본인(들)에 대하여 청구취지에 대한 답변에 기재된 것과 같은 친권
   자 및 양육자 지정이 필요한 이유는 다음과 같다(중복 체크 가능).
   □ 과거부터 현재까지 계속하여 양육하여 왔다.
   □ (현재는 양육하고 있지 않으나) 과거에 주된 양육자였다.
   □ 별거 이후 혼자 양육하고 있다.
   □ 사건본인(들)이 함께 살기를 희망한다.

□ 양육환경(주거 환경, 보조 양육자, 경제적 안정성 등)이 보다 양호하다.

□ 사건본인(들)과 보다 친밀한 관계이다.

□ 기타: ---

☞ 원고의 양육비 청구를 인정하는 경우 이 항에 답을 할 필요가 없습니다.

4. 양육비 산정에 관한 의견

가. 직업 및 수입에 관한 의견

(현재 파악되지 않은 상대방의 직업, 수입 등은 기재하지 않아도 됩니다)

원고의 직업은 _____, 수입은 월_____원(□ 세금 공제 전 / □ 세금 공제 후)이고, 피고의 직업은 _____, 수입은 월_____원(□ 세금 공제 전 / □ 세금 공제 후)이다.

나. 기타 양육비 산정에 고려할 사항: ---------------------------------

☞ 원고의 면접교섭 청구를 인정하는 경우 이 항에 답을 할 필요가 없습니다.

5. 면접교섭 청구에 관한 의견

가. 면접교섭 일시에 관하여 원고의 주장과 다르게 희망한 이유:---------------------

나. 희망 인도 장소 : 사건본인을 -------------에서 인도하고 인도받기를 희망한다.

다. 면접교섭 시 참고사항:---
----

20   .   .   .

피 고   인 / 서명

○○가정법원   귀중

제4장 장사(葬事)는 어떤 절차로 합니까?

1. 장사의 방법

① 장사의 방법에는 매장, 화장 및 자연장이 있습니다.
② 매장이란 시신이나 유골을 땅에 묻어 장사하는 것을 말합니다. 시신은 임신 4개월 이후에 죽은 태아를 포함합니다.
③ 화장이란 시신이나 유골을 불에 태워 장사하는 것을 말합니다.
④ 자연장(自然葬)이란 화장한 유골의 골분(骨粉)을 수목·화초·잔디 등의 밑이나 주변에 묻어 장사하는 것을 말합니다.
⑤ 이미 매장한 시신이나 유골을 다른 분묘 또는 봉안시설에 옮기거나 화장 또는 자연장하는 것을 개장이라고 합니다. 이러한 개장을 하기 위해서는 별도의 신고 절차가 필요하며, 법령에서 정하고 있는 개장방법에 따라 해야 합니다. 개장은 일반적으로 이장(移葬)이라 불립니다.

2. 장사의 장소

① 누구든지 공설묘지 또는 사설묘지 외의 구역에 매장을 해서는 안 됩니다.
② 누구든지 화장시설 외의 시설 또는 장소에서 화장을 해서는 안 됩니다. 다만, 화장시설 외의 시설 또는 장소라도 사찰 경내에서 다비의식(茶毘儀式)으로 화장을 하는 경우 또는 화장시설이 설치되지 않은 도서지역(島嶼地域)에서 시신을 화장하는 경우로서 보건위생상의 위해가 없는 경우에는 화장을 할 수 있습니다.
③ 장사시설에는 묘지·화장시설·봉안시설·자연장지 및 장례식장 등이 있습니다.

3. 장사(장례·매장·화장·자연장)의 절차

장사(장례·매장·화장·자연장)는 일반적으로 상례, 시신의 장사, 사망신고, 재산정리의 순서로 진행됩니다.

3-1. 상례
① 장일(葬日)은 부득이한 경우를 제외하고는 사망한 날부터 3일이 되는 날로 합니다.
② 상례의 절차
   사망 후 매장 또는 화장이 끝날 때까지 하는 예식은 발인제(發靷祭)와 위령제를 하되, 그 외의 노제(路祭)·반우제(返虞祭) 및 삼우제(三虞祭)의 예식은 생략할 수 있습니다.
③ 발인제
   발인제는 영구(靈柩)가 상가나 장례식장을 떠나기 직전에 그 상가나 장례식장에서 합니다. 발인제의 식장에서는 영구를 모시고 촛대, 향로, 향합, 그 밖에 이에 준하는 준비를 합니다.
④ 위령제
   위령제는 다음의 구분에 따라 합니다.
   - 매장의 경우 위령제는 성분(成墳)이 끝난 후 영정을 모시고 간소한 제수(祭需)를 차려놓고 분향, 헌주(獻酒), 축문 읽기 및 배례(拜禮)의 순서로 합니다.
   - 화장의 경우 위령제는 화장이 끝난 후 유해함(遺骸函)을 모시고 하며, 그 밖의 절차는 매장의 경우와 같습니다.
⑤ 운구
   운구(運柩)의 행렬순서는 명정(銘旌), 영정, 영구, 상제 및 조객의 순서로 하되, 상여로 할 경우 너무 많은 장식을 하지 않습니다.

3-2. 시신의 장사
① 시신을 장사하는 방법에는 매장, 화장 및 자연장이 있습니다.
② 매장이란 시신(임신 4개월 이후에 죽은 태아를 포함)이나 유골을 땅에 묻어 장사하는 것을 말하고, 사망 또는 사산한 때부터 24시간이

지난 후가 아니면 매장을 하지 못합니다. 매장을 한 자는 매장 후 30일 이내에 매장지를 관할하는 특별자치시장·특별자치도지사·시장·군수·구청장(이하 "시장 등"이라 함)에게 신고해야 합니다.

③ 화장이란 시신이나 유골을 불에 태워 장사하는 것을 말하고, 사망 또는 사산한 때부터 24시간이 지난 후가 아니면 화장을 하지 못합니다. 화장을 하려는 자는 화장시설을 관할하는 시장 등에게 신고해야 합니다.

④ 자연장이란 화장한 유골의 골분(骨紛)을 수목·화초·잔디 등의 밑이나 주변에 묻어 장사하는 것을 말하고, 자연장을 하는 자는 화장한 유골을 묻기에 적합하도록 분골해야 하고, 유골을 분골하여 용기에 담아 묻는 경우 그 용기는 생화학적으로 분해가 가능한 것이어야 합니다.

■ 분묘발굴죄에서의 '분묘'의 의미는?

Q 甲은 자신의 토지 중앙에 분묘가 있는 것에 항상 불만을 가지고 있다가 그 분묘의 봉분이 없어지고 평토화 가까이 되어 있고 묘비 등 표식이 없는 것을 보고, 위 분묘를 관리하는 사람의 허락 없이 임의로 위 분묘를 발굴하여 원래 있던 분묘 자리에서 10미터 떨어진 곳에 위 분묘를 이전한 경우, 甲은 분묘발굴죄로 처벌되는 건가요?

A 형법 제160조에서는 분묘 관리자의 허락 없이 분묘를 발굴한 자를 분묘발굴죄로 처벌하고 있습니다. 위 사례와 같이 분묘의 묘비가 없고, 분묘의 봉분도 없어져 평토화되어 외형상 분묘로 보기 힘든 경우에도 그 분묘를 발굴한 행위가 분묘발굴죄에 해당될 수 있는지 여부가 문제됩니다.

이와 관련하여 대법원은 "그 분묘가 오래도록 사토를 하지 않았기 때문에 묘의 봉분이 없어지고 평토화 가까이 되어 있고 묘비 등 표식이 없이 피고인이 13년 전에 그 옆에 그 모친의 유골을 이장할 때에 그 묘 있음을 확인할 수 없었다 하더라도 현재 이를 제사숭경하고 종교적 의례의 대상으로 하는 사람이 있음이 명백한 본건에 있어서 그가 바로 무연고분으로서 제사와 신앙의 대상이 되는 분묘라 할 수 없다거나 분묘발굴죄의 객체인 분묘에 해당되지 않는다고는 할 수 없다"라고 하여 분묘에 해당하는 외형을 가지고 있지 않다고 하더라도 실질적으로 분묘로서
제사숭경하고 종교적 의례의 대상되고 있는 분묘를 발굴한 행위는 분묘발굴죄에 해당된다고 판단하였습니다(대법원 1976.10.29. 선고 76도2828 판결 참조).
대법원의 위 판례에 따라 외형상 기준이 아닌 실질적으로 제사숭경하고 종교적 의례의 대상이 되고 있는지 여부에 따라 분묘발굴죄에 해당되는지 여부가 결정된다고 할 것이고, 만약, 甲이 분묘 관리자의 허락 없이 발굴한 분묘가 제사숭경 및 종교적 의례의 대상이 되고 있다면 분묘발굴죄로 처벌될 수 있다고 할 것입니다.
참고로, 토지소유자의 허락 없이 설치된 분묘의 경우, 시효취득(분묘를 설치한 후 20년이 지나고 일정한 조건이 충족되어 그 분묘를 유지할 권리를 취득한 경우) 등의 특별한 사유를 제외하고, 장사 등에 관한 법률에 따라 그 분묘에 매장된 시신 또는 유골을 개장할 수도 있습니다.

■ 타인 소유의 토지에 방치한 무연고묘지는 어떤 방법으로 처리할 수 있나요?

Q 저희는 조상 대대로 물려받은 선산이 있는데, 그 선산에는 관리를 하지 않는 분묘가 상당수 있습니다. 그 분묘들은 후손들이 오랫동안 돌보지 아니하여 현재 분묘인지 알아볼 수 없는 것도 상당수 있고, 산의 미관을 해치고 있을 뿐만 아니라, 선산의 조림 및 산림수익사업을 하는 데에도 상당한 지장을 주고 있습니다. 이러한 무연고분묘들을 처리할 방법이 있는지요?

A 타인의 토지 등에 설치된 분묘의 처리 등에 관하여 장사(葬事) 등에 관한 법률에서, 토지소유자의 승낙 없이 해당 토지에 설치한 분묘, 묘지설치자 또는 연고자의 승낙 없이 해당묘지에 설치한 분묘는 시장·군수·구청장의 허가를 받아 미리 3개월 이상의 기간을 정하여 그 뜻을 해당분묘의 설치자 또는 연고자에게 통보하고, 해당분묘의 연고자를 알 수 없는 경우에는 그 뜻을 공고한 후 공고기간 종료 후에도 분묘의 연고자를 알 수 없는 경우에는 화장한

후에 유골을 10년 동안 봉안하였다가 처리하여야 하고, 이 사실을 관할 시장등에게 신고하여야 한다고 규정하고 있으며(장사 등에 관한 법률 제27조 제1항, 제2항, 동법 시행령 제26조의2), 여기서 연고자(緣故者)란 시체 또는 유골과 다음과 같은 관계가 있는 자를 말하는데, 배우자, 자녀, 부모, 자녀 외의 직계비속, 부모 외의 직계존속, 형제자매, 사망하기 전에 치료·보호 또는 관리하고 있었던 행정기관 또는 치료·보호기관의 장으로서 대통령령으로 정하는 사람, 그 외에 시체나 유골을 사실상 관리하는 자를 말하며, 연고자의 권리·의무는 위 순서대로 행사하되, 같은 순위의 자녀 또는 직계비속이 2인 이상인 때에는 최근친(最近親)의 연장자(年長者)를 선순위로 하게 됩니다(장사 등에 관한 법률 제2조 제16호).

그리고 장사 등에 관한 법률 시행규칙에 의하면 공고방법은 분묘의 연고자를 알 수 없는 경우에는 중앙일간신문을 포함한 둘 이상의 일간신문 또는 관할 시·도 및 시·군·구 인터넷 홈페이지와 하나 이상의 일간신문에 묘지 또는 분묘의 위치 및 장소, 개장사유, 개장 후 안치 장소 및 기간, 공설묘지 또는 사설묘지 설치자의 성명·주소 및 연락방법, 그 밖에 개장에 필요한 사항을 2회 이상 공고하되, 두 번째 공고는 첫 번째 공고일부터 40일이 지난 후에 다시 하도록 규정하고 있습니다(장사 등에 관한 법률 시행규칙 제18조). 한편, 장사 등에 관한 법률에 의하면 토지소유자 등의 승낙 없이 설치된 분묘의 연고자는 당해 토지의 소유자·묘지 설치자 또는 연고자에 대하여 토지사용권 기타 분묘의 보존을 위한 권리를 주장할 수 없다고 규정하고 있습니다. 다만, 이 규정은 2001. 1. 13. 이후에 설치되는 분묘부터 적용됩니다{장사 등에 관한 법률 제27조 제3항, 구 장사 등에 관한 법률(법률 제6158호) 제23조 제3항, 부칙 제2조}.

따라서 귀하의 경우에도 위와 같은 절차에 의하여 선산에 있는 무연고분묘를 이장할 수 있을 것으로 보입니다.

고 소 장

고 소 인   ○ ○ ○ (주민등록번호 : 111111 - 1111111)
　　　　　　　○○시 ○○구 ○○길 ○○

피고소인   △ △ △ (주민등록번호 : 111111 - 1111111)
　　　　　　　○○시 ○○구 ○○길 ○○

고 소 취 지

피고소인은 고소인의 예배를 방해한 사실이 있습니다.

고 소 사 실

1. 고소인은 ○○시 ○○길 ○○번지 소재 ○○교회 담임목사이고, 피고소인은 위 ○○교회의 장로이었던 자입니다. 피고소인은 위 교회의 재정장로로 재직당시 교회의 신축과 관련한 문제로 불화가 있어 재정장로직을 사임하였으나 이후에도 계속적으로 교회의 일에 사사건건 문제를 일으켰습니다.
2. 급기야 피고소인은 20○○. ○. ○. ○○:○○경 일요 예배도중 강단으로 튀어나와 설교중이던 고소인에게 "비리목사는 물러나라"등 소리를 지르고 예배당 마이크를 빼앗아 교회신축과 관련한 문제에 대하여 교인들의 만류를 뿌리치며 일방적으로 얘기를 하는 등 소란을 피워 예배를 방해하였습니다.
3. 따라서 고소인은 피고소인에게 사과를 요구하고 다시는 위와 같은 행위를 중지하도록 엄중히 요청하였으나 피고소인은 막무가내로 대화가 통하지 않고 있습니다. 따라서 이 후에도 계속적인 예배방해행위가 일어날 소지가 많아 부득이 이렇게 고소에 이르게 된 것입니다.

첨 부 서 류

1. 비디오테이프
1. 목격자진술
1. 현장사진

20○○년   ○월   ○일
고 소 인   ○ ○ ○ (인)

○ ○ 경 찰 서 장(또는 ○ ○ 지 방 검 찰 청 검 사 장) 귀 중

■ 참 고 ■

※ 고소권자

(형사소송법 225조)

1. 피해자가 제한능력자인 경우의 법정대리인
2. 피해자가 사망한 경우의 배우자, 직계친족, 형제, 자매. 단, 피해자의 명시한 의사에 반하여 고소할 수 없음

(형사소송법 224조)

자기 또는 배우자의 직계존속은 고소할 수 없음[단, 성폭력범죄의 처벌 등에 관한 특례법 제18조에서는 "성폭력범죄에 대하여는 형사소송법 제224조(고소의 제한) 및 군사법원법 제266조에 불구하고 자기 또는 배우자의 직계존속을 고소할 수 있다."고 규정함]

[서식] 유족보상일시금 및 장의비 부지급 취소청구의 소

소 　 　 장

원　　고　　○　○　○(주민등록번호)
　　　　　　○○시 ○○구 ○○길 ○○ (우편번호 ○○○-○○○)
피　　고　　근로복지공단
　　　　　　○○시 ○○구 ○○길 ○○ (우편번호 ○○○-○○○)
　　　　　　대표자 이사장 △△△

유족보상일시금 및 장의비 부지급 취소청구의 소

청 　 구 　 취 　 지

1. 피고가 20○○. ○. ○. 원고에 대하여 한 산업재해보상보험법에 기한 유족보상일시금 및 장의비의 지급을 하지 아니한다는 결정을 취소한다.
2. 소송비용은 피고의 부담으로 한다.
라는 재판을 구합니다.

청 　 구 　 원 　 인

1. 산업재해의 발생
　가. 원고는 본건 산재사고의 피해자인 소외 망 배□□의 배우자로서, 산재보험금을 수령할 수 있는 유족으로 위 배□□의 장례를 치른 자입니다.
　나. 소외 망 배□□는 건축도급업자인 소외 ☆☆회사에 목공으로 고용되어 있었고, 위 ☆☆회사는 소외 주식회사 ★★으로부터 주택건축을 수급받은 주식회사 ◎◎공무점으로부터 다시 위 주택건축에 관한 목공일을 수급받게 되었습니다.
　다. 그런데 본건 사고일시인 20○○. ○. ○.경 망 배□□는 ★★회사의 위 도급공사 현장에서 목공일에 종사하고 있다가 때마침 ◎◎공무점의 전기도급공사관계에 취직을 부탁하러 온 소외 박□□로부터 망치로 동인의 좌측 두부를 구타당하여 두개골 골

절의 상해를 입고 그로 인하여 20○○. ○. ○.시에 사망에 이르게 되었습니다.

라. 본건 사고당시 위 박□□는 실직한 목공으로 적당한 취직처를 찾고 있던 차에 ◎◎공무점의 전기, 건축도급공사를 전해 듣고, 그 공사에 취직하려 위 현장에 갔던 것입니다. 그런데 현장에 ☆☆회사의 경영자나 실무담당자가 아무도 없었던 바, 평소에 잘알고 지내던 위 망 배□□가 공사현장에서 목공일을 하고 있는 것을 보고 망 배□□에게 위 현장에 취직하고 싶다는 뜻을 ☆☆회사의 경영자나 실무담당자에게 전해주기를 부탁했으나, 망 배□□로부터 바라던 대답을 얻어내지 못해 위와 같은 폭행을 하기에 이른 것입니다.

마. 그러므로 위 망 배□□는 ◎◎공무점 및 ☆☆회사의 주택건축 업무에 관하여 사망한 것으로 보아야 하므로 업무상 재해라 할 것이어서 피고는 원고에게 이로 인한 산업재해보상보험법에 기한 유족급여 및 장의비 지급을 하여야 할 의무가 있다고 할 것입니다.

2. 행정처분

가. 위와 같은 이유로 원고는 피고에 대하여 망 배□□가 업무상 사망한 자임을 주장하여 산업재해보상보험법에 기한 유족보상일시금 ○○원 및 장의비 금○○원의 각 보험급여를 청구한 바, 피고는 20○○. ○. ○. 원고에 대하여 망 배□□의 사망은 업무상 재해가 아님을 이유로 보험료지급을 하지 아니한다는 취지의 결정을 하였습니다.

나. 원고는 이에 불복하여 20○○. ○. ○. ○○ 심사청구를 하였으나, 20○○. ○. ○. 청구를 기각한다는 결정을 받고, 다시 20○○. ○. ○. 위원회에 재심사청구를 하였으나 동 위원회로부터도 위 재심사청구를 기각하는 재결을 받아, 20○○. ○. ○. 그 재결서 등본이 원고에게 송달되었습니다.

3. 결 론

그러나 위에서 본 바와 같이 망 배□□의 사망은 업무상재해로 인한 것임이 분명하고, 따라서 위 행정처분은 부당하다고 할 것이므로 유족보상일시금 및 장의비지급 청구를 기각한 위 행정처분의 취소를 구하고자 본건 소를 제기하게 되었습니다.

1. 갑 제1호증   재결서 등본
1. 갑 제2호증   기본증명서(망 배□□)
1. 갑 제3호증   가족관계증명서(망 배□□)

첨 부 서 류

1. 위 입증방법   각   1통
1. 소장부본   1통
1. 납부서   1통

20○○.   ○.   ○.
원 고   ○   ○   ○ (인)

○ ○ 행 정 법 원 귀 중

■ 참 고 ■

관할법원	※ 아래(1)참조	제소기간	※ 아래(2) 참조
청 구 인	피처분자	피청구인	행정처분을 한 행정청
제출부수	소장 1부 및 상대방수 만큼의 부본 제출	관련법규	행정소송법 9 ~ 34조
불복방법 및 기 간	.항소(행정소송법 8조, 민사소송법 390조) .판결이 송달된 날로부터 2주일내(행정소송법 8조, 민사소송법 396조)		

※ (1) 관할법원(행정소송법 9조)
   1. 취소소송의 제1심 관할법원은 피고의 소재지를 관할하는 행정법원임. 다만, 중앙행정기관 또는 그 장이 피고인 경우의 관할법원은 대법원 소재지의 행정법원임
   2. 토지의 수용 기타 부동산 또는 특정의 장소에 관계되는 처분 등에 대한 취소소송은 그 부동산 또는 장소의 소재지를 관할하는 행정법원에 이를 제기할 수 있음.
※ (2) 제소기간(행정소송법 20조)
   1. 취소소송은 처분 등이 있음을 안 날부터 90일 이내에 제기하여야

함. 다만, 다른 법률에 당해 처분에 대한 행정심판의 재결을 거치지 아니하면 취소소송을 제기할 수 없다는 규정이 있는 때와 그밖에 행정심판청구를 할 수 있는 경우 또는 행정청이 행정심판청구를 할 수 있다고 잘못 알린 경우에 행정심판 청구가 있는 때의 기간은 재결서의 정본을 송달받은 날부터 기산함.

2. 취소소송은 처분 등이 있은 날부터 1년(제1항 단서의 경우는 재결이 있은 날부터 1년)을 경과하면 이를 제기하지 못함. 다만, 정당한 사유가 있는 때에는 그러하지 아니함.

3-3. 사망신고
3-3-1. 사망시점의 판단
사람의 사망시점은 생명이 절대적·영구적으로 정지된 시점을 말합니다. 일반적으로호흡, 맥박과 혈액순환이 멎은 시점을 사망시점으로 봅니다.

3-3-2. 실종자 사망판단
① 부재자의 생사가 5년간 분명하지 않은 때에는 법원은 이해관계인이나 검사의 청구에 의하여 실종선고를 해야 하고, 전지에 임한 자, 침몰한 선박 중에 있던 자, 추락한 항공기 중에 있던 자 그 밖의 사망의 원인이 될 위난을 당한 자의 생사가 전쟁종지 후 또는 선박의 침몰, 항공기의 추락 그 밖의 위난이 종료한 후 1년간 분명하지 않은 때에도 법원은 이해관계인이나 검사의 청구에 의하여 실종선고를 해야 합니다.

② 실종신고를 받은 자는 위 기간이 만료한 때에 사망한 것으로 봅니다.

3-3-3. 뇌사자의 사망판단
① 뇌사자란 장기 등 이식에 관한 법률에 따른 뇌사판정기준 및 뇌사판정절차에 따라 뇌 전체의 기능이 되살아 날 수 없는 상태로 정지되었다고 판정된 자를 말합니다.

② 뇌사자의 사망판단은 뇌사판정기관의 장이 뇌사판정의 신청을 받은 후 지체 없이 현장에 출동하여 뇌사판정대상자의 상태를 파악한 후

전문의사 2명 이상과 진료를 담당한 의사가 함께 작성한 뇌사조사서를 첨부하여 뇌사판정위원회에 뇌사판정을 요청하여 판단합니다. 이때 뇌사판정의 요청을 받은 뇌사판정위원회는 전문의사인 위원 2명 이상을 포함한 재적위원 과반수의 출석과 출석위원 전원의 찬성으로 뇌사판정을 합니다.

3-3-4. 사망신고의 기간 및 신고의무자
① 사망신고는 사망 사실을 안 날부터 1개월 이내에 진단서 또는 검안서를 첨부하여 동거하는 친족이 해야 하고, 친족·동거자 또는 사망장소를 관리하는 사람, 사망장소의 동장 또는 통·이장도 사망신고를 할 수 있습니다.
② 출생의 신고 전에 자녀가 사망한 때에는 출생신고와 동시에 사망신고를 해야 합니다.
③ 부득이한 사정으로 진단서나 검안서를 첨부할 수 없을 경우에는 사망 사실을 증명할 만한 서면으로 다음에 해당하는 서면을 첨부해야 합니다. 이 경우 신고서에 그 진단서 또는 검안서를 첨부할 수 없는 이유를 기재해야 합니다.
  1. 국내 또는 외국의 권한 있는 기관에서 발행한 사망사실을 증명하는 서면
  2. 군인이 전투 그 밖의 사변으로 사망한 경우에 부대장 등이 사망사실을 확인하여 그 명의로 작성한 전사확인서
  3. 그 밖에 대법원예규로 정하는 사망의 사실을 증명할 만한 서면

3-3-5. 사망신고서 기재사항
① 사망신고서에는 다음 사항을 기재해야 합니다.
  1. 사망자의 성명, 성별, 등록기준지 및 주민등록번호
  2. 사망의 연월일시 및 장소
② 부득이한 사정으로 인해 진단서나 검안서를 받을 수 없는 경우에는 사망이 사실을 증명할 만한 서면으로써 이에 갈음할 수 있습니다. 이 경우 신고서에 그 진단서 또는 검안서를 받지 못한 사유를 기재해야 합니다.

[서식] 사망신고서

<table>
<tr>
<td colspan="4" align="center">사 망 신 고 서
(년   월   일)</td>
<td colspan="4">※ 뒷면의 작성방법을 읽고 기재하시되 선택항목은 해당 번호에 "○"으로 표시하여 주시기 바랍니다.</td>
</tr>
<tr>
<td rowspan="13">①
사
망
자</td>
<td rowspan="2">성명</td>
<td>한글</td>
<td>(성) / (명)</td>
<td>성 별</td>
<td>주민등록
번 호</td>
<td colspan="3">-</td>
</tr>
<tr>
<td>한자</td>
<td>(성) / (명)</td>
<td>①남 ②여</td>
<td></td>
<td colspan="3"></td>
</tr>
<tr>
<td colspan="2">등록기준지</td>
<td colspan="6"></td>
</tr>
<tr>
<td colspan="2">주소</td>
<td colspan="3"></td>
<td>세대주.관계</td>
<td colspan="2">의</td>
</tr>
<tr>
<td colspan="2">사망일시</td>
<td colspan="6">년 월 일 시 분(사망지 시각: 24시각제로 기재)</td>
</tr>
<tr>
<td rowspan="2">사망장소</td>
<td>장소</td>
<td colspan="6"></td>
</tr>
<tr>
<td>구분</td>
<td colspan="6">① 주택 ② 의료기관 ③ 사회복지시설(양로원, 고아원 등)
④ 공공시설(학교, 운동장 등) ⑤ 도로 ⑥ 상업서비스시설(상점, 호텔 등)
⑦ 산업장 ⑧ 농장(논밭, 축사, 양식장 등) ⑨ 병원 이송 중 사망 ⑩기타( )</td>
</tr>
<tr>
<td colspan="2">②기타사항</td>
<td colspan="6"></td>
</tr>
</table>

<table>
<tr>
<td rowspan="4">③
신
고
인</td>
<td>성명</td>
<td colspan="2">⑪ 또는 서명</td>
<td>주민등록번호</td>
<td>-</td>
</tr>
<tr>
<td rowspan="2">자격</td>
<td colspan="2">①동거친족 ②비동거친족 ③동거자</td>
<td>관계</td>
<td></td>
</tr>
<tr>
<td colspan="2">④기타(보호시설장/사망장소관리장 등)</td>
<td>자격</td>
<td></td>
</tr>
<tr>
<td>주소</td>
<td></td>
<td>전화</td>
<td>이메일</td>
<td></td>
</tr>
<tr>
<td>④제출인</td>
<td>성 명</td>
<td colspan="2"></td>
<td>주민등록번호</td>
<td>-</td>
</tr>
</table>

※ **타인의 서명 또는 인장을 도용하여 허위의 신고서를 제출하거나, 허위신고를 하여 가족관계등록부에 부실의 사실을 기록하게 하는 경우에는 형법에 의하여 5년 이하의 징역 또는 1천만원 이하의 벌금에 처해집니다.**

※ **다음은 국가의 인구정책 수립에 필요한 자료로「통계법」제32조 및 제33조에 의하여 성실응답의무가 있으며 개인의 비밀사항이 철저히 보호되므로 사실대로 기입하여 주시기 바랍니다.**

<table>
<tr>
<td rowspan="2">⑤
사
망
원
인</td>
<td>가</td>
<td>직접 사인</td>
<td></td>
<td rowspan="2">발병부터
사망까지
기 간</td>
<td></td>
</tr>
<tr>
<td>나</td>
<td>가의 원인</td>
<td></td>
<td></td>
</tr>
</table>

다	나의 원인			
라	다의 원인			
	기타의 신체상황		진단자	① 의사 ② 한의사 ③ 기타

⑥사망종류		① 병사 ② 외인사(사고사 등) ③ 기타 및 불상( )		
⑦ 외 인 사 사 항	사고종류	① 운수(교통) ② 중독 ③ 추락 ④ 익사 ⑤ 화재 ⑥ 기타( )	의도성 여 부	① 비의도적 사고 ② 자살 ③ 타살 ④ 미상
	사고일시	년 월 일 시 분(24시각제로 기재)		
	사고지역	① 현주소지와 같은 시군구② 다른 시군구(시도, 시군구) ③ 기타( )		
	사고장소	① 주택 ② 의료기관 ③ 사회복지시설(양로원, 고아원 등) ④ 공공시설(학교, 운동장 등) ⑤ 도로 ⑥ 상업·서비스시설(상점, 호텔 등) ⑦ 산업장 ⑧ 농장(논밭, 축사, 양식장 등) ⑨ 기타( )		
⑧ 사 망 자	국 적	① 대한민국(출생시 국적취득) ② 대한민국[귀화(수반포함).인지 국적취득, 이전국적 :]		
	최종 졸업학교	① 무학 ② 초등학교 ③ 중학교 ④ 고등학교 ⑤ 대학(교) ⑥ 대학원이상		
	발병(사고)당시직업	①관리자 ②전문가 및 관련종사자 ③사무종사자 ④서비스종사자 ⑤판매종사자 ⑥농림어업 숙련 종사자 ⑦기능원 및 관련 기능 종사자 ⑧장치·기계 조작 및 조립 종사자 ⑨단순노무 종사자 ⑩학생 ⑪가사 ⑫군인 ⑬무직	혼인상태	① 미혼 ② 배우자 있음 ③ 이혼 ④ 사별

※ 아래사항은 신고인이 기재하지 않습니다.

읍면동접수	가족관계등록관서 송부	가족관계등록관서 접수 및 처리
	년 월 일 (인)	

작 성 방 법	※ 사망신고서는 1부를 작성 제출하여야 합니다.
① 사 망 자	· 등록기준지 : 해당자가 외국인인 경우에는 그 국적을 기재합니다. · 주민등록번호 : 해당자가 외국인인 경우에는 외국인등록번호(국내거소신고번호 또는 출생연월일)를 기재합니다. · 사망일시 : <예시> 오후 2시 30분(×) → 14시 30분(○), 밤 12시 30분(×) → 다음날 0시 30분(○) - 우리나라 국민이 외국에서 사망한 경우, 현지 사망시각을 서기 및 태양력으로 기재하되, 서머타임 실시기간 중 사망하였다면 사망지 시각 옆에 "(서머타임 적용)"이라고 표시합니다. · 사망장소 구분: ① 주택은 사망장소가 사망자의 집이거나 부모·친척 등의 집에서 사망한 경우를 포함 ⑩ 기타는 예시 외에 비행기, 선박, 기차 등 기타 장소에 해당되는 경우 · 사망장소의 기재는 최소 행정구역의 명칭(시·구의 '동', 읍·면의 '리') 또는 도로명주소의 '도로명'까지만 기재하여도 됩니다.
② 기타사항	· 사망진단서(시체검안서) 미첨부시 그 사유 등 가족관계등록부에 기록을 분명히 하는데 특히 필요한 사항을 기재합니다.
③ 신 고 인	· 자격란에는 해당항목에 "○"표시하되 ④ 기타는 사망장소를 관리하는 자 등이 포함됩니다.
④ 제 출 인	· 제출인(신고인 여부 불문)의 성명 및 주민등록번호를 기재합니다[접수담당공무원은 신분증과 대조].
⑤ 사망원인	· 사망진단서(시체검안서)에 기재된 모든 사망원인 및 그 밖의 신체상황 내용을 동일하게 기재합니다.
⑥ 사망종류	· 사망진단서(시체검안서)에 기재된 "사망의 종류"를 참고로 기재하되, ② 외인사는 질병 이외의원인 즉, 사고사 등으로 사망한 경우에 해당하며, ③ 기타 및 불상인 경우에는 그 내용을 구체적으로 기재합니다.
⑦ 외 인 사 사 항	· 사고사 등으로 사망한 경우에는 사망진단서의 기재 사항을 동일하게 기재하되 기재된 사항이 없는 경우 사고의 종류, 사고 발생지역 및 장소를 구체적으로 기재합니다.
⑧ 사 망 자	· 사망자의 최종 졸업학교는 교육부장관이 인정하는 모든 정규기관을 기준으로 기재하되, 각급 학교의 재학(중퇴)자는 졸업한 최종학교의 해당 번호에 "○"표시를 합니다. <예시> 대학교 3학년 재학(중퇴) → ④ 고등학교에 "○"표시 · 사망자의 발병(사고)당시 직업은 사망의 원인이 되는 질병 또는 사고가 발생한 때의 직업을 기재합니다.

> ① 관리자 : 정부, 기업, 단체 또는 그 내부 부서의 정책과 활동을 기획, 지휘 및 조정(공공 및 기업고위직 등)
> ② 전문가 및 관련종사자 : 전문지식을 활용한 기술적 업무(과학, 의료, 교육, 종교, 법률, 금융, 예술, 스포츠 등)
> ③ 사무종사자 : 관리자, 전문가 및 관련 종사자를 보조하여 업무 추진(경영, 보험, 감사, 상담·안내·통계 등)
> ④ 서비스종사자 : 공공안전, 신변보호, 의료보조, 이·미용, 혼례 및 장례, 운송, 여가, 조리와 관련된 업무

⑤ 판매종사자 : 영업활동을 통해 상품이나 서비스판매(인터넷, 상점, 공공장소 등), 상품의 광고.홍보 등
⑥ 농림어업 숙련 종사자 : 작물의 재배.수확, 동물의 번식.사육, 산림의 경작 및 개발, 수생 동.식물 번식 및 양식 등
⑦ 기능원 및 관련 기능 종사자 : 광업, 제조업, 건설업에서 손과 수공구를 사용하여 기계 설치 및 정비, 제품 가공
⑧ 장치·기계 조작 및 조립 종사자 : 기계를 조작하여 제품 생산.조립, 컴퓨터에 의한 기계제어, 운송장비의 운전 등
⑨ 단순노무 종사자 : 주로 간단한 수공구의 사용과 단순하고 일상적이며 육체적 노력이 요구되는 업무
⑪ 가사 : 전업주부 등 ⑫ 군인 : 의무복무 중인 장교 및 사병 제외, 직업군인 해당 ⑬ 무직: 특정한 직업이 없음

첨 부 서 류

1. 사망자에 대한 진단서나 검안서 1부.
2. 사망의 사실을 증명할 만한 서면(진단서나 검안서를 첨부할 수 없을 때): 아래 중 1부.
 - 사망증명서(동.리.통장 또는 인우 2명 이상이 작성한 사망증명서): 증명인이 인우인(2명 이상)인 경우에는 증명인의 인감증명서, 주민등록증사본, 운전면허증사본, 여권사본, 공무원증사본 중 1부 첨부하여야 하며, 증명인이 동.리.통장일 때에는 1명의 증명으로 족하고 원칙적으로 동.리.통장임을 증명하는 서면 첨부요.
 - 관공서의 사망증명서 또는 매장인허증.
 - 사망신고수리증명서(외국관공서에 사망신고한 경우).
※ **아래 3항은 가족관계등록관서에서 전산으로 그 내용을 확인할 수 있는 경우 첨부를 생략합니다.**
3. 사망자의 가족관계등록부의 기본증명서 1통.
4. 신분확인[가족관계등록예규 제23호에 의함]
 - 신고인이 출석한 경우 : 신분증명서
 - 제출인이 출석한 경우 : 신고인의 신분증명서 사본 및 제출인의 신분증명서
 - 우편제출의 경우 : 신고인의 신분증명서 사본
※ 신고인이 성년후견인인 경우에는 4항의 서류 외에 성년후견인의 자격을 증명하는 서면도 함께 첨부해야 합니다.
5. 사망자가 외국인인 경우 : 국적을 증명하는 서면(여권 또는 외국인등록증) 사본

※ 재산상속의 한정승인, 포기의 안내

* 이 안내는 사망신고와는 관계가 없는 내용 입니다. 자세한 내용은 가정법원 또는 지방법원 민원실로 문의하시기 바랍니다.

1. 의   의: 한정승인 - 상속인이 상속으로 얻은 재산의 한도에서 상속을 승인하는 것.
          : 포기 - 상속재산에 속한 모든 권리의무의 승계를 포기하는 것.
2. 방   식: 한정승인 - 상속재산의 목록을 첨부하여 가정법원에 신고합니다.
          : 포기 - 가정법원에 포기의 신고를 합니다.
3. 신고기간: 상속개시 있음을 안 날로부터 3개월 이내(민법 제1019조제1항)
          : 상속인은 상속채무가 상속재산을 초과하는 사실을 중대한 과실 없이 상속개시 있음을 안 날로부터 3개월 이내에 알지 못하고 단순승인(민법 제1026조세1호 및 제2호에 따라 단순 승인한 것으로 보는 경우를 포함한다)을 한 경우에는 그 사실을 안 날로부터 3개월 이내에 한정승인을 할 수 있다.
4. 관   할: 상속개시지[피상속인의 (최후)주소지]관할 법원

3-3-6. 사망진단서 또는 시체검안서

① 사망신고를 할 때 첨부해야 하는 사망진단서(시체검안서)는 다음의 어느 하나에 해당하는 사람으로부터 발급받을 수 있습니다.

    1. 의사

    2. 치과의사

    3. 한의사

② 의료업에 종사하고 직접 진찰하거나 검안(檢案)한 자로서 검안서에 한해서는 검시(檢屍)업무를 담당하는 국가기관에 종사하는 의사를 포함합니다.

③ 진료 중이던 환자가 최종 진료 시부터 48시간 이내에 사망한 경우에는 다시 진료하지 않더라도 진단서나 증명서를 내줄 수 있으며, 환자 또는 사망자를 직접 진찰하거나 검안한 의사·치과의사 또는 한의사가 부득이한 사유로 진단서·검안서 또는 증명서를 내줄 수 없으면 같은 의료기관에 종사하는 다른 의사·치과의사 또는 한의사가 환자의 진료기록부 등에 따라 내줄 수 있습니다.

④ 의료업에 종사하고 직접 조산한 의사·한의사 또는 조산사가 아니면 사망 또는 사산 증명서를 내주지 못합니다. 다만, 직접 조산한 의사·한의사 또는 조산사가 부득이한 사유로 증명서를 내줄 수 없으면 같은 의료기관에 종사하는 다른 의사·한의사 또는 조산사가 진료기록부 등에 따라 증명서를 내줄 수 있습니다.

3-3-7. 사망신고의 장소

사망신고는 사망지·매장지 또는 화장지에서 할 수 있습니다. 다만, 사망지가 분명하지 않은 때에는 사체가 처음 발견된 곳에서, 기차나 그 밖의 교통기관에서 사망했을 때에는 그 사체를 교통기관에서 내린 곳에서, 항해일지를 비치하지 않은 선박에서 사망했을 때에는 그 선박이 최초로 입항한 곳에서 사망신고를 할 수 있습니다.

3-3-8. 실종자의 실종신고 방법

① 첫째, 실종선고의 신고는 그 선고를 청구한 사람이 재판확정일부터 1개월 이내에 재판서의 등본 및 확정증명서를 첨부하여 해야 합니다.

② 둘째, 실종선고의 신고서에는 실종자의 성명·성별·등록기준지 및 주민등록번호 및 민법 제27조에서 정한 기간의 만료일을 기재해야 합니다.

[서식] 실종선고 심판청구서

실 종 선 고 심 판 청 구

청 구 인   ○ ○ ○(○○○)
　　　　　　19○○년 ○월 ○일생
　　　　　　등록기준지 : ○○시 ○○구 ○○길 ○○
　　　　　　주소 : ○○시 ○○구 ○○길 ○○(우편번호)
　　　　　　전화 : ○○○ - ○○○○
사 건 본 인 △ △ △(△△△)
(부 재 자)　　19○○년 ○월 ○일생
　　　　　　등록기준지 : 청구인과 같음
　　　　　　최후의 주소 : 청구인의 주소와 같음

청 구 취 지

　사건본인 △△△에 대하여 실종을 선고한다.
라는 심판을 구합니다.

청 구 원 인

1. 청구인은 사건본인(부재자) △△△의 동생으로서 이건 청구의 당사자입니다.
2. 부재자와 청구인은 형제간의 관계로 부(父) 망 김□□와 모(母) 망 이□□ 사이에 ○○시 ○○구 ○○길 ○○에서 출생하여 성장하던 중 19○○. ○. ○. 전쟁이 일어나 피난하던 길에 청구인은 부재자와 헤어져 현재까지 행방을 찾았으나 부재자를 찾을 길이 없고 부재자가 73세의 고령으로 사망한 것으로 보여지나 사망한 사실을 확인할 근거도 전혀 없어 청구취지와 같은 심판을 구하고자 이 건 신

청을 합니다.

첨 부 서 류

1. 가족관계증명서   1통
1. 기본증명서(사건본인)   1통
1. 주민등록등본(신청인)   1통
1. 말소주민등록등본(부재자)   1통
1. 인우보증서   1통
1. 인감증명서(인우보증인)   2통
1. 납부서   1통

20○○년   ○월   ○일
청 구 인 ○ ○ ○ (인)

○ ○ 가 정 법 원 귀 중

[서식] 실종선고 취소 심판청구서

실종선고 취소 심판청구서

청구인(사건본인)   ○ ○ ○(○○○)
                  19○○년 ○월 ○일생
                  등록기준지 : ○○시 ○○구 ○○길 ○○
                  주소 : ○○시 ○○구 ○○길 ○○(우편번호)
                  전화 : ○○○ - ○○○○

실종선고 취소 심판청구

청 구 취 지

귀원이 20○○년 ○월 ○일 20○○느 제○○○호 청구인에 대하여 심판한 실종선고는 이를 취소한다.

라는 심판을 구합니다.

청 구 원 인

1. 청구인은 처 □□□와의 사이에 자식 둘이 있었습니다만 가정불화 때문에 20○○년 ○월 ○일 무단가출하여 각처를 전전하고 수년간 처자 및 친척 등과도 소식을 끊고 있었습니다.

2. 그러던 차에 청구인은 최근 취직하게 되어, 가족관계기록사항에 관한 증명서를 제출할 필요가 생겨서 교부를 받고자 가족관계등록부를 열람한 바 처 □□□의 청구에 의하여 20○○년 ○월 ○일 법원에서 청구인을 실종선고한 사실을 발견하였습니다.

3. 그런데 청구인이 현재 생존하고 있다는 사실은 틀림없으므로 이에 실종 선고를 취소하고자 청구취지와 같이 심판을 구하는 바입니다.

첨 부 서 류

1. 가족관계증명서 (신청인)	1통
2. 기본증명서 (신청인)	1통
2. 실종선고심판등본	1통
3. 주민등록등본(신청인)	1통
4. 납 부 서	1통

20○○년   ○월   ○일

청 구 인   ○   ○   ○ (인)

○ ○ **지 방 법 원 ○○지원 귀 중**

[서식](① 실종 ② 부재) 선고신고서

<table>
<tr><td colspan="6">(① 실종   ② 부재) 선고신고서
(년   월   일)</td><td colspan="3">※ 아래의 작성방법을 읽고 기재하시되 선택항
목은 해당번호에 "○"으로 표시하여 주시기
바랍니다.</td></tr>
<tr><td rowspan="3">①실종자
(잔류자)</td><td rowspan="1">성   명</td><td>한
글</td><td></td><td>한
자</td><td></td><td>주민등록
번   호</td><td colspan="2">-</td></tr>
<tr><td>등록기준지</td><td colspan="4"></td><td colspan="3"></td></tr>
<tr><td>최후주소</td><td colspan="4"></td><td>성별</td><td colspan="2">① 남
② 여</td></tr>
<tr><td colspan="2">②실종기간만료일</td><td colspan="7">년   월   일</td></tr>
<tr><td colspan="2">③사건번호</td><td colspan="7"></td></tr>
<tr><td colspan="2">④재판확정일자</td><td colspan="4">년   월   일</td><td colspan="3">법원명</td></tr>
<tr><td colspan="2">⑤기타사항</td><td colspan="7"></td></tr>
<tr><td rowspan="2">⑥신고인</td><td>성
명</td><td colspan="2">㉑ 또는 서명</td><td colspan="2">주민등록번호</td><td>-</td><td colspan="2">자격</td></tr>
<tr><td>주
소</td><td colspan="4"></td><td>전화</td><td colspan="2">이메일</td></tr>
<tr><td>⑦제출인</td><td>성
명</td><td colspan="3"></td><td colspan="2">주민등록번호</td><td colspan="2">-</td></tr>
</table>

작 성 방 법

※ 이 신고는 실종(부재)선고의 재판을 청구한 자가 재판(심판)의 확정일로부터 1개
  월 이내에 하여야 합니다.
※ 등록기준지 : 각 란의 해당자가 외국인인 경우에는 그 국적을 기재합니다.
※ 주민등록번호 : 각 란의 해당자가 외국인인 경우에는 외국인등록번호(국내거소신
           고번호 또는 출생연월일)를 기재합니다.
①란 : 최후주소와 주민등록번호, ②란 실종기간만료일,
③란 사건번호는 각 해당사항이 있는 경우에 기재합니다.
⑤란 : 가족관계등록부에 기록을 분명하게 하는데 특히 필요한 사항을 기재합니다.
⑥란 : 법정대리인 등 해당되는 자격을 기재합니다.
⑦란 : 제출자(신고인 여부 불문)의 성명 및 주민등록번호 기재[접수담당공무원은 신분증과 대조]

첨 부 서 류

1. 실종(부재)선고의 재판등본 및 확정증명서 각 1부
※ 아래 2항은 가족관계등록관서에서 전산으로 그 내용을 확인할 수 있는 경우 첨
  부를 생략합니다.
2. 실종자의 가족관계등록부의 기본증명서, 가족관계증명서 각 1통.
3. 신분확인[가족관계등록예규 제23호에 의함]
 - 신고인이 출석한 경우 : 신분증명서
 - 제출인이 출석한 경우 : 제출인의 신분증명서
 - 우편제출의 경우 : 신고인의 신분증명서 사본
※ 타인의 서명 또는 인장을 도용하여 허위의 신고서를 제출하거나, 허위신고
  를 하여 가족관계등록부에 부실의 사실을 기록하게 하는 경우에는 형법에
  의하여 5년 이하의 징역 또는 1천만원 이하의 벌금에 처해집니다.

■ 실종선고 받은 전 남편이 돌아온 경우 처의 재혼은 취소되는지요?

Q 甲은 선박침몰사고로 실종된 남편 乙이 몇 년이 지나도 돌아오지 않아 법원에 실종선고를 신청하여 실종선고를 받은 후, 이러한 사정을 모르는 丙과 재혼을 하였습니다. 그런데 얼마 후 전 남편 乙이 살아 돌아왔는바, 이 경우 甲과 丙의 재혼은 취소되는지요?

A 실종선고의 취소에 관하여 민법 제29조는 "①실종자의 생존한 사실 또는 전조의 규정과 상이한 때에 사망한 사실의 증명이 있으면 법원은 본인, 이해관계인 또는 검사의 청구에 의하여 실종선고를 취소하여야 한다. 그러나 실종선고 후 그 취소 전에 선의로 한 행위의 효력에 영향을 미치지 아니한다. ②실종선고의 취소가 있을 때에 실종의 선고를 직접원인으로 하여 재산을 취득한 자가 선의인 경우에는 그 받은 이익이 현존하는 한도에서 반환할 의무가 있고 악의인 경우에는 그 받은 이익에 이자를 붙여서 반환하고 손해가 있으면 이를 배상하여야 한다."라고 규정하고 있습니다.

그러므로 위 사안에서와 같이 乙의 생존사실을 알지 못하고 재혼한 甲과 丙의 혼인이 乙에 대한 실종선고의 취소로 인하여 어떠한 영향을 받을 것인지 문제됩니다.

이에 관하여 중혼(重婚)에 관한 가족관계등록사무 처리지침(대법원 가족관계등록예규 제418호)은 "잔존배우자가 실종선고의 취소전에 재혼을 한 경우에는 일단 재혼당사자가 모두 선의인 것으로 추정하여 실종선고가 취소되어도 전혼관계는 부활하지 않는 것으로 보아 처리한다."라고 규정하고 있고, "실종자가 부(夫)인 경우 실종선고 취소신고에 의하여 실종되었던 사람(夫)의 등록부를 부활하되 전혼사유는 이기하지 아니하며, 재혼한 전처의 등록부 일반등록사항란에 어떠한 기록도 하지 않는다."라고 규정하고 있습니다.

따라서 귀하의 경우 전 남편 乙이 생존해 있다는 사실을 몰랐고 또한 귀하의 현 남편인 丙도 乙의 생존사실을 몰랐던 것으로 보여지므로, 귀하와 丙간의 혼인행위는 취소되지 않을 것으로 보입니다.

■ 실종선고가 있어도 상속이 개시되는지요?

Q 甲과 乙은 법률상 부부인데, 甲이 낚시를 한다고 집을 나가서
는 그로부터 6년간 연락이 끊겼습니다. 그리하여 법원에서 甲
의 실종선고가 있었습니다. 乙은 실종선고를 받은 甲의 재산
을 상속받을 수 있나요?

A 부재자의 생사가 5년간 분명하지 아니한 때, 전지에 임한 자, 침
몰한 선박 중에 있던 자, 추락한 항공기 중에 있던 자 기타 사망
의 원인이 될 위난을 당한 자의 생사가 전쟁종지 후 또는 선박의
침몰, 항공기의 추락 기타 위난이 종료한 후 1년간 분명하지 아
니한 때에는 법원은 이해관계인이나 검사의 청구에 의하여 실종선
고를 하여야 합니다(민법 제27조). 그리고 실종선고를 받은 자는
위 5년 또는 1년의 기간이 만료한 때에 사망한 것으로 보게 됩니
다(동법 제28조). 즉, 그때를 기준으로 하여 재산상속이 개시됩니
다.
사안의 경우 실종선고를 받은 甲은 낚시를 떠난 이후 연락이 끊
겼으므로, 그 날로부터 5년의 기간이 만료한 때에 사망한 것으로
보게 됩니다. 즉, 그 때를 기준으로 하여 재산상속이 개시되었으
므로 乙은 甲의 재산을 상속받을 수 있을 것입니다.

■ 실종선고신고에 의하여 가족관계등록부에 실종선고가 기재된 사람에
대하여 해당 실종선고심판등본 및 확정증명서를 첨부하여 다시 사망신
고를 하여야 하는지요?

Q 저의 아버지는 집을 나가서 생사불명이 된지 10여 년이 넘었
고 최근 법원의 실종선고까지 받았습니다. 실종선고가 내려졌
는데 다시 사망신고를 하여야 하는지요?

A 실종선고제도는 부재자 또는 사망의 원인이 될 위난을 당한 사람
의 생사가 분명하지 아니한 경우 이해관계인이나
검사의 청구에 의하여 법원이 실종선고심판을 하고 실종선고심판
을 청구한 사람이 실종선고심판등본 및 확정증명서를 첨부하여 실
종선고신고를 하면 실종선고 받은 사람을 실종기간이 만료한 때에

사망한 것으로 간주하는 제도입니다(민법 제28조). 따라서 실종선고신고에 의하여 가족관계등록부에 실종선고가 기재된 사람에 대하여 해당 실종선고심판등본 및 확정증명서를 첨부하여 다시 사망신고를 할 필요는 없다 할 것입니다.

다만, 실종선고 받은 사람이 사망간주일자(실종기간 만료기간)와 다른 때에 사망한 사실의 증명이 있으면 법원은 이해관계인 또는 검사의 청구에 의하여 실종선고를 취소하여야 하며, 실종선고취소신고를 한 후에 사망한 사실을 증명하는 서면(예: 진단서, 검안서 등)을 첨부하여 사망신고를 할 수 있습니다(민법 제29조).

4. 재산의 정리 등

① 장제비 등의 확인

개별 법률에서 정하고 있는 요건에 충족하는 자는 장제비(장의비) 또는 사망조위금(사망위로금) 등을 지급받을 수 있습니다. 장제비 및 사망조위금의 지급대상, 지급액 및 신청절차는 개별 법률에 따릅니다.

② 조의금

조의금(弔意金)이란 일반적으로 특단의 사정이 없는 한 위자료의 성격을 가지고 있고, 조의금의 귀속주체는 다른 특별한 사정이 없는 한 사망한 사람의 공동상속인들이 각자의 상속분에 응하여 권리를 취득하는 것입니다(대법원 1992. 8. 18. 선고 92다2998 판결).

③ 상속세 및 취득세

㉮ 사람이 사망한 경우 그가 살아있을 때의 재산상의 지위가 법률의 규정에 따라 특정한 사람에게 포괄적으로 승계되는 상속이 개시되고, 그 상속되는 재산에 대해 그 재산의 취득자에게 상속세가 부과될 수 있습니다.

㉯ 또한, 상속으로 부동산, 차량, 기계장비, 항공기, 선박, 입목, 광업권, 어업권, 골프회원권, 승마회원권, 콘도미니엄회원권, 종합체육시설 이용회원권 또는 요트회원권 등의 재산을 취득했을 경우 취득세가 부과됩니다.

■ 장례비용도 상속비용에 해당하는지요?

Q 얼마 전 아버지가 교통사고로 돌아가셨고, 상속인으로 甲(의뢰인), 乙, 丙이 있습니다. 이후 장례비용과 묘지를 구입하는 비용이 상당부분 들었는데, 상속받을 재산으로 이 비용을 부담할 수 있는지 궁금합니다.

A 민법 제998조의2는 "상속에 관한 비용은 상속재산 중에서 지급한다."고 규정하고 있습니다.

이와 관련하여 대법원은 "상속에 관한 비용은 상속재산 중에서 지급하는 것이고, 상속에 관한 비용이라 함은 상속재산의 관리 및 청산에 필요한 비용을 의미한다고 할 것인바, 장례비용은 피상속인이나 상속인의 사회적 지위와 그 지역의 풍속 등에 비추어 합리적인 금액 범위 내라면 이를 상속비용으로 보는 것이 옳고, 묘지구입비는 장례비용의 일부라고 볼 것이며, 상속재산의 관리·보존을 위한 소송비용도 상속에 관한 비용에 포함된다(대법원 1997. 04. 25. 선고 97다3996 판결)."라고 판시한 바 있습니다.

따라서 장례비용과 묘지구입비는 상속재산 중에서 지급하면 충분합니다.

■ 저는 1순위 상속인인데요, 제가 상속을 포기하였다면 장례비용을 부담하지 않아도 되나요?

Q 저는 1순위 상속인인데요, 제가 상속을 포기하였다면 장례비용을 부담하지 않아도 되나요?

A 판례는, '조리에 비추어 볼 때 장례비용의 부담은 상속에서 근거를 두는 것이 아니라, 망인과의 친족관계에서 비롯된 것으로 파악함이 옳을 것이므로 특별한 사정이 없는 한 장례비용은 민법 제1000조 및 제1003조 에 규정된 상속의 순위에 의하여 가장 선순위에 놓인 자들이 각 법정상속분의 비율에 따라 부담함이 원칙이라 할 것이고, 이러한 원칙은 특정 상속인이 상속을 포기하였다고 하더라도 동일하게 적용됨이 마땅하다'라고 합니다(서울가정법

원 2010. 11. 2. 2008느합86 심판). 따라서 귀하께서는 장례비용을 부담하여야 할 것입니다. 다만 상속재산분할절차에서 고려될 수 있을 것입니다.

■ 장례비와 상속세가 유류분산정을 위한 기초재산에 포함되는지요?

Q 공동상속인 중 1인이자 유류분 반환의무자인 甲이 자신이 부담한 피상속인 乙의 장례비와 상속세 등을 상속채무와 동일하게 보아 유류분 산정의 기초가 되는 상속재산에서 차감하여야 한다고 주장하고 있습니다. 이 경우 위 장례비와 상속세는 기초재산에서 차감하여야 하는지요?

A 민법 제1113조에 따라 유류분은 피상속인의 상속개시시에 있어서 가진 재산의 가액에 증여재산의 가액을 가산하고 채무의 전액을 공제하여 이를 산정합니다. 따라서 장례비와 상속세 등은 피상속인 사망 후 지출된 비용으로서 상속개시 당시의 재산에서 공제될 성질의 것이 아닙니다(서울고등법원 2012. 10. 24. 선고 2012나3168 판결).

■ 부의금은 누구에게 귀속되는지요?

Q 甲의 사망으로 인하여 조문객들이 교부한 부의금의 분배에 관하여 상속인인 망 甲의 아들 乙·丙·丁 3인 간에 불화가 생겼습니다. 이 경우 부의금의 분배는 어떻게 하여야 하는지요?

A 부의금의 귀속주체에 관하여 판례는 "사람이 사망한 경우에 부조금 또는 조위금 등의 명목으로 보내는 부의금은 상호부조의 정신에서 유족의 정신적 고통을 위로하고 장례에 따르는 유족의 경제적 부담을 덜어줌과 아울러 유족의 생활안정에 기여함을 목적으로 증여되는 것으로서, 장례비용에 충당하고 남는 것에 관하여는 특별한 다른 사성이 없는 한 사망한 사람의 공동상속인들이 각자의 상속분에 응하여 권리를 취득하는 것으로 봄이 우리의 윤리감정이나 경험칙에 합치된다고 할 것이다."라고 하였습니다(대법원 1966. 9. 20.

선고 65다2319 판결, 1992. 8. 18. 선고 92다2998 판결).
따라서 위 사안에 있어서도 장례비용에 충당하고 남는 부의금에
관하여는 달리 특별한 사정이 없는 한 공동상속인들이 각자의 상
속분에 따라 그 권리를 취득한다고 하여야 할 것이므로, 그 상속
분에 따라 배분하면 될 것으로 보입니다.

■ 사자(死者)명의의 문서를 작성한 경우 사문서위조죄가 되는지요?

Q 甲은 乙이 사망한 후 사망신고가 되지 않고 있음을 이용하여
   乙소유의 부동산에 대한 乙의 사망 후의 일자로 매매계약서
   및 위임장을 작성하여 甲의 명의로 부동산소유권이전등기를
   하였는바, 이 경우 甲에게 사문서위조 및 그 행사 등의 책임
   을 물을 수 있는지요?

A 형법 제231조는 "행사할 목적으로 권리·의무 또는 사실증명에 관
   한 타인의 문서 또는 도화를 위조 또는 변조한
   자는 5년 이하의 징역 또는 1,000만원 이하의 벌금에 처한다."라
   고 규정하고 있고, 같은 법 제234조는 "제231조 내지 제233조
   의 죄에 의하여 만들어진 문서, 도화 또는 전자기록 등 특수매체
   기록을 행사한 자는 그 각 죄에 정한 형(刑)에 처한다."라고 규정
   하고 있습니다.
   그런데 사망자 명의의 문서를 작성하여 행사한 경우 사문서위조죄
   와 그 행사의 죄가 성립되는지에 관하여 판례는 "문서위조죄는
   문서의 진정에 대한 공공의 신용을 그 보호법익으로 하는 것이므
   로 행사할 목적으로 작성된 문서가 일반인으로 하여금 당해 명의
   인의 권한 내에서 작성된 문서라고 믿게 할 수 있는 정도의 형식
   과 외관을 갖추고 있으면 문서위조죄가 성립하는 것이고, 위와 같
   은 요건을 구비한 이상 그 명의인이 실재하지 않는 허무인이거나
   또는 문서의 작성일자 전에 사망하였다고 하더라도 그러한 문서
   역시 공공의 신용을 해할 위험성이 있으므로 문서위조죄가 성립한
   다고 봄이 상당하며 이는 공문서뿐만 아니라 사문서의 경우에도
   마찬가지라고 보아야 할 것이다."라고 하였습니다(대법원 2005.
   2. 24. 선고 2002도18 전원합의체 판결).

따라서 위 사안에서 甲은 사문서위조 및 그 행사의 죄가 성립될 것으로 보입니다. 또한, 「형법」 제228조 제1항은 "공무원에 대하여 허위신고를 하여 공정증서 원본 또는 이와 동일한 전자기록 등 특수매체기록에 불실의 사실을 기재 또는 기록하게 한 자는 5년 이하의 징역 또는 1,000만원 이하의 벌금에 처한다."라고 규정하고 있고, 같은 법 제229조는 "제225조 내지 제228조의 죄에 의하여 만들어진 문서, 도화, 전자기록 등 특수매체기록, 공정증서원본, 면허증, 허가증, 등록증 또는 여권을 행사한 자는 그 각 죄에 정한 형에 처한다."라고 규정하고 있으므로 甲이 등기관에게 허위의 신고를 하여 불실의 등기부가 작성되도록 한 부분에 대하여는 위 규정에 의하여 공정증서원본불실기재죄 및 동행사죄가 성립될 수 있을 것으로 보입니다.

제5장 상속재산은 어떻게 분배되나요?

1. 상속의 개념

① "상속(相續)"이란 사람이 사망한 경우 그가 살아있을 때의 재산상의 지위가 법률의 규정에 따라 특정한 사람에게 포괄적으로 승계되는 것을 말합니다.
② "피상속인(被相續人)"이란 사망 또는 실종선고로 인하여 상속재산을 물려주는 사람을 말하며, "상속인(相續人)"이란 피상속인의 사망 또는 실종선고로 상속재산을 물려받는 사람을 말합니다.

2. 상속의 대상

과거 시행되던 호주상속제도가 폐지[(구)민법 법률 제4199호, 1990. 1. 13. 일부개정]되고, 현행법상으로는 재산상속만이 인정됩니다.

3. 상속의 개시

3-1. 피상속인의 사망으로 개시

① 상속은 사람(피상속인)의 사망으로 개시됩니다.
② 사람의 사망 시점은 생명이 절대적·영구적으로 정지된 시점을 말합니다. 이에 관해 호흡, 맥박과 혈액순환이 멎은 시점을 사망시점으로 보는 것이 일반적입니다.
③ 이와 별개로 실종선고를 받은 사람도 사망한 것으로 보아 상속이 개시됩니다. "실종선고(失踪宣告)"란 부재자(不在者)의 생사(生死)가 5년간 분명하지 않은 때에 이해관계인이나 검사의 청구에 의하여 가정법원이 행하는 심판을 말합니다.

3-2. 상속이 개시되는 장소

① 상속은 피상속인의 주소지에서 개시됩니다.
② 따라서 피상속인이 자신의 주소지 이외의 장소에서 사망하더라도 그 주소지에서 상속이 개시됩니다.

상속승인기간연장허가청구

청 구 인   ○ ○ ○
            19○○년 ○월 ○일생
            등록기준지   ○○시 ○○구 ○○길 ○○
            주소   ○○시 ○○구 ○○길 ○○(우편번호)
            전화   ○○○ - ○○○○

피상속인   △ △ △
            19○○년 ○월 ○일생
            등록기준지   ○○시 ○○구 ○○길 ○○
            주소   ○○시 ○○구 ○○길 ○○(우편번호)
            전화   ○○○ - ○○○○

청 구 취 지

청구인의 재산상속승인기간을 20○○년 ○○월 ○○일까지 2개월 연장한다.
라는 심판을 구합니다.

청 구 원 인

청구인은 피상속인의 자이고 피상속인은 20○○년 ○월 ○일 사망으로 상속이 개시되었으나 상속재산이 여러 곳에 산재되어 있을 뿐만 아니라 승계할 채무액도 접수 중에 있으므로 3개월 내에 승인여부를 판단할 수 없어 청구취지와 같은 심판을 구합니다.

첨 부 서 류

1. 기본증명서(망△△△)   각 1통
1. 가족관계증명서(청구인)   각 1통
1. 주민등록말소자초본(망△△△)   1통

```
        1. 주민등록등본(청구인)              1통
        1. 인감증명서(청구인)               1통

                20○○년  ○월  ○일
                위 청구인  ○  ○  ○  (인감도장)

     ○ ○ 가 정 법 원  귀중
```

3-3. 상속의 비용

① 상속에 관한 비용은 상속재산 중에서 지급됩니다.
② "상속에 관한 비용"이란 상속에 의해 생긴 비용을 말하며, 다음과
   같은 비용이 상속비용에 해당합니다.
   1. 상속의 승인·포기기간 내의 상속재산의 관리비용
   2. 상속의 한정승인·포기 시 일정기간의 상속재산 관리비용
   3. 단순승인 후 재산분할 전까지의 상속재산 관리비용. 이때 상속재
      산의 관리비용은 상속재산의 유지·보전을 위해 객관적으로 필요
      한 비용을 말하는데, 상속재산에 소송이 제기된 경우 소송비용
      등이 그에 해당합니다.
   4. 장례비(대법원 1997. 4. 25. 선고 97다3996 판결)
   5. 상속세

4. 상속인의 개념

① "상속인"이란 상속이 개시되어 피상속인의 재산상의 지위를 법률에
   따라 승계하는 사람을 말합니다.
② "피상속인(被相續人)"이란 사망 또는 실종선고로 인하여 상속재산을
   물려주는 사람을 말합니다.
③ 상속인은 사람이어야 하며, 법인은 상속을 받을 수 없고 유증만 받
   을 수 있습니다.
④ 상속인은 상속개시 시점에 살아있어야 합니다. 다만, 태아는 상속순
   위에 대해 이미 출생한 것으로 봅니다. 즉, 태아가 상속개시 시점에

는 출생하지 않았더라도 상속 후 출생하면 상속개시 당시에 상속인인 것으로 봅니다(대법원 1976. 9. 14. 선고 76다1365 판결).

■ 다음 사람도 상속인이 될 수 있습니다. ■
  1. 태아(胎兒)
  2. 이성동복(異姓同腹)의 형제
  3. 이혼 소송 중인 배우자
  4. 인지(認知)된 혼외자(婚外子)
  5. 양자(養子), 친양자(親養子), 양부모(養父母), 친양부모(親養父母)
  6. 양자를 보낸 친생부모(親生父母)
  7. 북한에 있는 상속인
  8. 외국국적을 가지고 있는 상속인

■ 다음과 같은 사람은 상속인이 될 수 없습니다.■
  1. 적모서자(嫡母庶子)
  2. 사실혼(事實婚)의 배우자
  3. 상속결격 사유가 있는 사람
  4. 유효하지 않은 양자
  5. 친양자를 보낸 친생부모
  6. 이혼한 배우자

■ 태아도 재산상속을 할 수 있는지요?

Q 저는 얼마 전 동거하는 甲남과 자동차를 타고 가던 중 반대차선에서 진행하던 乙의 잘못으로 교통사고를 당해 甲은 사망하였고 저는 조금 다쳤습니다. 사고 당시 저는 임신 중이었으나 甲의 부모와 상의하여 임신중절수술을 하였습니다. 태아인 경우에도 상속권이 있다고 하는데, 甲의 재산과 위 사고로 인한 손해배상청구권은 누가 상속받게 되는지요?

A 민법 제1000조 제3항 및 제762조에 의하면 태아는 상속순위와 손해배상청구권에 관하여는 이미 출생한 것으로 본다고 규정하고 있습니다. 그러나 태아의 재산상속권과 불법행위에 대한 손해배상청구권은 태아가 살아서 출생하는 것을 전제하여 인정되는 것이

며, 만약 태아가 모체와 같이 사망하거나 또는 모체 내에서 사망하는 등 출생하기 전에 사망하였다면 재산상속권과 불법행위에 대한 손해배상청구권은 인정되지 않는 것입니다.

관련 판례를 보면 "태아도 손해배상청구권에 관하여는 이미 출생한 것으로 보는바, 부(父)가 교통사고로 상해를 입을 당시 태아가 출생하지 아니하였다고 하더라도 그 뒤에 출생한 이상 부의 부상으로 인하여 입게 될 정신적 고통에 대한 위자료를 청구할 수 있다."라고 하였지만(대법원 1993. 4. 27. 선고 93다4663 판결), "태아가 특정한 권리에 있어서 이미 태어난 것으로 본다는 것은 살아서 출생한 때에 출생시기가 문제의 사건의 시기까지 소급하여 그 때에 태아가 출생한 것과 같이 법률상 보아준다고 해석하여야 상당하므로, 그가 모체와 같이 사망하여 출생의 기회를 못 가진 이상 배상청구권을 논할 여지가 없다."라고 하였습니다(대법원 1976. 9. 14. 선고 76다1365 판결).

그러므로 귀하가 태아인 상태에서 임신중절수술을 받았다면 태아는 상속순위에서도 상속인이 되지 못하는 것이고, 물론 불법행위에 대한 손해배상청구권도 발생하지 않습니다. 또한, 귀하는 甲과 혼인신고를 하지 않은 상태이기 때문에 甲의 상속인이 되지 못합니다.

따라서 甲의 사망 당시 재산과 위 사고로 인한 乙에 대한 손해배상청구권은 甲의 부모가 상속하게 될 것입니다. 다만, 귀하도 교통사고를 당하였으므로 그로 인하여 입은 치료비와 사실혼관계에 있던 甲의 사망에 따른 정신적 고통에 대한 위자료 등은 乙에 대하여 청구할 수 있다고 할 것입니다.

■ 이북 지역에 남은 가족을 재산상속인에서 제외할 수 있는지요?

Q 북한에 거주하는 甲과 乙은 법률상 부부인데 그 슬하에 丙, 丁, 戊를 두었습니다. 甲과 乙은 1990. 丙, 丁만 데리고 중국을 통하여 귀순하였습니다. 甲이 2016. 사망하자 乙, 丙, 丁은 상속재산분할협의를 하려고 합니다. 그런데 공동상속인 戊가 이북지역에 남아 있는 관계로 그 협의가 사실상 어렵습니다. 戊를 위 상속재산분할협의를 함에 있어 재산상속인에서 제외시킬 수 있나요?

A 상속에 있어서는 1. 피상속인의 직계비속, 2. 피상속인의 직계존속, 3. 피상속인의 형제자매, 4. 피상속인의 4촌 이내의 방계혈족의 순위로 상속인이 됩니다(민법 제1000조 제1항). 피상속인의 배우자는 1. 피상속인의 직계비속, 2. 피상속인의 직계존속이 있는 경우에는 그 상속인과 동순위로 공동상속인이 되고 그 상속인이 없는 때에는 단독 상속인이 됩니다(동법 제1003조 제1항).

부재선고에 관한 특별조치법은 대한민국의 군사분계선 이북(以北) 지역에서 그 이남(以南) 지역으로 옮겨 새로 가족관계등록을 창설한 사람 중 군사분계선 이북 지역의 잔류자(殘留者)에 대한 부재선고(不在宣告)의 절차에 관한 특례를 규정함을 목적으로 입법되었습니다(동법 제1조). 법원은 잔류자임이 분명한 사람에 대하여는 가족이나 검사의 청구에 의하여 부재선고를 하여야 합니다(제3조). 부재선고를 받은 사람에 대한 가족관계등록부는 폐쇄되고, 그는 상속 및 혼인에 관하여 실종선고를 받은 것으로 보게 됩니다(제4조).

사안의 경우 乙, 丙, 丁, 戊는 피상속인 甲의 배우자 및 직계비속으로서 공동상속인이 됩니다. 공동상속인들은 상속재산을 분할함에 있어 모두 참여하여야 하고, 이를 위반한 경우 그 분할은 무효가 됩니다(민법 제1013조). 그런데 戊가 이북지역에 남아 있는 관계로 상속재산분할협의가 사실상 어려우므로, 가족이나 검사의 청구에 의하여 그에게 부재선고를 내릴 필요가 있습니다. 위 부재선고에 의하여 戊는 실종선고를 받은 것으로 보게 되므로, 乙, 丙, 丁은 戊를 제외하고 상속재산분할협의를 할 수 있을 것입니다. 다만, 戊가 사망한 것으로 간주되는 시점과 관련하여 戊가 甲을 상속하는지 그리고 乙, 丙, 丁이 다시 戊를 상속하는지에 대하여 추가 검토가 필요할 것으로 보입니다.

5. 상속순위

① 상속인은 다음과 같은 순위로 정해지고, 피상속인의 법률상 배우자는 피상속인의 직계비속 또는 피상속인의 직계존속인 상속인이 있는 경우에는 이들과 함께 공동상속인이 되며, 피상속인의 직계비속

또는 피상속인의 직계존속인 상속인이 없는 때에는 단독으로 상속인이 됩니다.

순위	상속인	비고
1	피상속인의 직계비속 (자녀, 손자녀 등)	항상 상속인이 됨
2	피상속인의 직계존속 (부모, 조부모 등)	직계비속이 없는 경우 상속인이 됨
3	피상속인의 형제자매	1, 2 순위가 없는 경우 상속인이 됨
4	피상속인의 4촌 이내의 방계혈족 (삼촌,고모, 이모 등)	1, 2, 3 순위가 없는 경우 상속인이 됨

② 판례는 피상속인의 배우자와 자녀 중 자녀 전부가 상속을 포기한 경우 배우자와 피상속인의 손자녀 또는 직계존속이 공동으로 상속인이 되는지 배우자가 단독상속하는지 여부가 문제된 사안에서, "상속을 포기한 자는 상속개시된 때부터 상속인이 아니었던 것과 같은 지위에 놓이게 되므로, 피상속인의 배우자와 자녀 중 자녀 전부가 상속을 포기한 경우에는 배우자와 피상속인의 손자녀 또는 직계존속이 공동으로 상속인이 되고, 피상속인의 손자녀와 직계존속이 존재하지 아니하면 배우자가 단독으로 상속인이 된다"고 판시하였습니다(대법원 2015. 5. 14. 선고 2013다48852 판결).

■ 법률용어해설 ■

① 직계비속(直系卑屬)이란 자녀, 손자녀와 같은 관계의 혈족(血族)을 말합니다. 직계비속은 부계(父系)·모계(母系)를 구별하지 않기 때문에 외손자녀, 외증손자녀 등도 포함합니다. 자연적인 혈족 뿐 아니라 법률상의 혈족인 양자(養子)·친양자(親養子)와 그의 직계비속도 직계비속에 포함됩니다(민법 제772조).
② 직계존속(直系尊屬)이란 부모, 조부모, 증조부모와 같은 관계의 혈족을 말합니다. 자연적인 혈족 뿐 아니라 법률상의 혈족인 양부모(養父母)·친양자

(親養父母)와 그의 직계존속도 직계존속에 포함됩니다(민법 제772조).

③ 배우자(配偶者)란 법률상 혼인을 맺은 사람을 말합니다. 따라서 사실혼 관계에 있는 배우자는 상속을 받을 수 없습니다.

④ 형제자매(兄弟姉妹)란 부모를 모두 같이 하거나, 부 또는 모 일방만을 같이 하는 혈족관계를 말합니다. 자연적인 혈족 뿐 아니라 법률상의 혈족인 양자(養子)관계·친양자(親養子)관계를 통해 맺어진 형제자매도 이에 포함됩니다.

⑤ 4촌 이내의 방계혈족(傍系血族)이란 삼촌, 고모, 사촌형제자매 등과 같은 관계의 혈족을 말합니다.

▶ 혈족의 촌수계산

① 직계혈족은 자기로부터 직계존속에 이르고 자기로부터 직계비속에 이르러 그 세수(世數)를 정합니다(민법 제770조제1항).

② 방계혈족은 자기로부터 동원(同源)의 직계존속에 이르는 세수와 그 동원의 직계존속으로부터 그 직계비속에 이르는 세수를 통산하여 그 촌수를 정합니다(민법 제770조제2항). 따라서 부모자식 사이는 1촌, 조부모와 손자녀 사이는 2촌, 백부·숙부·고모는 3촌 등으로 계산됩니다.

■ 다음의 경우에 누가 상속인이 될까요?

Q A(남)는 가족으로 부모님(B·C), 법률상 혼인관계인 부인(D) 그리고 유효하게 입양한 자녀(E)가 있습니다. A가 사망한 경우 누가 상속인이 될까요?

A A의 부모님(B·C)은 모두 1촌의 직계존속입니다. 부인(D)은 법률상 배우자이고, 입양한 자녀(E)는 1촌의 직계비속입니다. 이 경우 A가 사망하면, 직계비속인 입양한 자녀(E)는 1순위의 상속인이 됩니다. 한편, 법률상 배우자(D)도 직계비속과 함께 1순위의 상속인이 되므로, D와 E는 공동상속인이 됩니다(「민법」 제1000조 및 「민법」 제1003조). 한편, A의 부모님(B·C)는 후순위 상속인이 되어 상속받지 못합니다.

■ 제1순위 상속인이 상속을 포기한 경우 상속순위는 어떻게 되나요?

Q 저희 아버지는 1년 전 빚만 남긴 채 돌아가셨고, 독자인 저는 제1순위 단독상속인이었으나, 아버지 사망 후 2개월쯤 되어 상속포기를 하였습니다. 그런데 저에게는 미성년인 아들 하나가 있는바, 주변사람들은 친권자인 제가 미성년인 저희 아들의 상속포기를 하지 않았기 때문에 아버지의 모든 채무를 저희 아들이 책임져야 한다고 합니다. 이 말이 맞는지요?

A 민법은 ①피상속인의 직계비속, ②피상속인의 직계존속, ③피상속인의 형제자매, ④피상속인의 4촌 이내의 방계혈족의 순으로 재산상속순위를 정하고, 동순위 상속인이 수인일 경우에는 최근친(最近親)을 선순위로 한다고 규정하고 있습니다(민법 제1000조).
따라서 귀하 및 귀하의 아들은 선친의 직계비속으로서 제1순위 상속인이나 귀하와 선친 사이는 1촌이고, 선친과 귀하의 아들 사이는 2촌이기 때문에 귀하가 최근친으로서 선순위 상속인이 되는 것이고, 귀하가 상속을 포기하였을 경우의 다음 순위의 상속인은 귀하의 아들이 되는 것입니다.
판례도 채무자인 피상속인이 그의 처와 동시에 사망하고 제1순위 상속인인 자(子)전원이 상속포기한 경우에 상속포기한 자는 상속개시시부터 상속인이 아니었던 것과 같은 지위에 놓이게 되므로 같은 순위의 다른 상속인이 없어 그 다음 근친 직계비속인 피상속인의 손(孫)들이 차순위의 본위 상속인으로서 피상속인의 채무를 상속하게 된다고 하였으며(대법원 1995. 9. 26. 선고 95다27769 판결), 제1순위상속권자인 처와 자들이 모두 상속을 포기한 경우에도 손(孫)이 직계비속으로서 상속인이 된다고 하여(대법원 1995. 4. 7. 선고 94다11835 판결), 이를 확인하고 있습니다.
따라서 위 사안의 경우 원칙적으로 제1순위 중 최근친이자 단독상속인인 귀하가 상속포기 하였으므로 제1순위 상속인 중 다음 근친은 귀하의 미성년인 아들(즉, 피상속인의 손자)이 상속인이 되기 때문에 법정대리인인 귀하가 미성년인 귀하의 아들의 상속포기나 한정승인을 기간 내에 하지 않은 이상 선친의 채무를 귀하의 아들이 부담해야 합니다. 다만, 최근의 판례는 "선순위 상속인으로서 처와 자녀들이 모두 적법하게 상속을 포기한 경우에는 피상속인의 손(孫) 등 그 다음의 상속순위에 있는 사람이 상속인이 되는 것이나, 이러한 법리는 상속의 순위에 관한 민법 제1000조 제1항 제1호(1순위 상속인으로 규정된 '피상속인의 직계비속'에는 피상속인의 자녀뿐 아니라 피상속인의 손자녀까지 포함된다)와 상속포기의 효과에 관한 민법 제1042조 내지 제1044조의 규정들을 모두 종합적으로 해석함으로써 비로소 도출되는 것이지 이에 관한 명시적 규정이 존재하는 것은 아니어서 일반인의 입장에서 피상속인의 처와 자녀가 상속을 포기한 경우 피상속인의 손자녀가 이로써 자신들이 상속인이 되었다는 사실까지 안다는 것은 오히려 이례에 속한다고 할 것입니다.

■ 유언없이 죽은 경우 직계비속과 직계존속의 상속순위는 어떻게 되나요?

Q 제 가족으로는 아버지, 아내, 아들이 있습니다. 만일 제가 유언 없이 10억 원을 남기고 죽는다면 아들과 아버지에게는 얼마가 상속되나요?

A 상속은 민법 제1000조 및 제1003조에 따라 순위대로 이루어집니다. 선순위에서 상속이 이루어지면 나머지 상속인은 후순위가 되어 상속받지 못합니다. 질문의 경우에는 아들과 아내가 1순위 상속인으로써 1순위에서만 상속이 이루어지므로 되므로 아버지는 상속받을 수 없습니다. 따라서 아들과 아내가 상속인이 되고 민법 1009조 2항에 의해 아내는 아들 상속분의 5할을 가산하므로, 10억 원에 대해 아들은 2/5인 4억 원을 상속받게 됩니다.

■ 자녀가 있는 경우 직계존속의 상속순위는 어떻게 되나요?

Q 남편이 홀어머니를 두고 사망하였습니다. 지금 시어머님과 함께 살고 있고 남편과의 사이에 아이가 2명 있습니다. 남편 재산은 누가 상속받게 되나요?

A 민법 제1000조 및 제1003조에 따라 부모님, 부인, 자녀 2명을 둔 사람이 사망하게 되면 자녀와 배우자가 1순위 상속인이 되어 공동으로 상속인이 됩니다. 직계존속의 경우에는 직계비속보다 후순위 이므로, 현재 직계비속으로서 자녀 2명이 있는 이상 상속받을 수 없습니다.

■ 남편과 아들이 동시에 사망한 경우 남편 재산의 상속인은 누가되나요?

Q 저는 시아버지를 모시고 남편과 미혼인 외동아들을 키우며 생활하였는데, 얼마 전 남편과 미혼인 아들이 고속버스를 타고 큰댁으로 가던 중 버스가 전복되는 사고를 당하여 모두 동시에 사망하였습니다. 그런데 시고모는 시아버지가 남편에게 증여한 주택을 반환하고 교통사고배상금의 1/2은 시아버지에게 돌려주라고 합니다. 이것이 타당한지요?

A 상속은 피상속인의 사망으로 개시됩니다. 그런데 위와 같은 동시사망(同時死亡)에 관하여 「민법」 제30조는 "2인 이상이 동일한 위난으로 사망한 경우 동시에 사망한 것으로 추정한다."라고 규정하고 있습니다. 사망의 시기는 상속문제 등에 관련하여 중대한 의미를 갖고 있으나, 2인 이상이 동일한 위난으로 사망한 경우, 누가 먼저 사망하였는가를 입증하는 것은 대단히 곤란하거나 불가능하기 때문에 동시에 사망한 것으로 추정함으로써 사망자 상호간에는 상속이 개시되지 않도록 취급하려는 것입니다.

위 사안에서 첫째, 남편이 먼저 사망하였다면 남편명의의 주택 및 그 사고로 인한 보상금은 1순위 상속인인 아들과 귀하가 상속하고, 아들의 사망으로 귀하가 다시 상속하게 되며, 아들의 보상금 역시 귀하가 단독으로 상속하게 되므로 이 경우 시아버지는 상속권이 없게 될 것입니다.

둘째, 아들이 먼저 사망하였다면 아들의 보상금을 귀하와 남편이 공동상속하고, 남편의 사망으로 남편의 상속분을 귀하와 시아버지가 공동으로 상속하게 되며, 남편의 주택과 보상금도 귀하와 시아버지가 공동상속하게 됩니다.

셋째, 남편과 아들이 동시에 사망한 것으로 추정된다면 아들에 대한 교통사고의 배상금은 귀하가 단독으로 상속하며, 남편에 대한 교통사고의 배상금은 시아버지와 귀하가 공동상속하나 그 상속분은 동일하지 않고 귀하가 3/5, 시아버지가 2/5가 됩니다.

동시사망으로 추정되는 경우 반증을 들어 그 추정을 번복할 수 있으나, 반증은 거의 불가능하므로 이 경우의 '추정'은 사실상 '간주'에 가깝다고 할 것이며, 「민법」 제30조는 상속뿐만 아니라 대습상속 및 유증에도 적용되는 것입니다.

동시사망의 추정을 번복하기 위한 입증책임의 내용 및 정도에 관하여 판례는 "민법 제30조에 의하면, 2인 이상이 동일한 위난으로 사망한 경우에는 동시에 사망한 것으로 추정하도록 규정하고 있는바, 이 추정은 법률상 추정으로서 이를 번복하기 위해서는 동일한 위난으로 사망하였다는 전제사실에 대하여 법원의 확신을 흔들리게 하는 반증을 제출하거나 또는 각자 다른 시각에 사망하였다는 점에 대하여 법원에 확신을 줄 수 있는 본증을 제출하여야 하는데, 이 경우 사망의 선후에 의하여 관계인들의 법적 지위에 중대한 영향을 미치는 점을 감안할 때 '충분하고도 명백한 입증이 없는 한' 위 추정은 깨어지지 아니한다."라고 하였습니다(대법원 1998. 8. 21. 선고 98다8974 판결).

■ 재산상속에 있어서 법정상속인의 상속순위는 어떻게 되나요?

Q 처자와 노부모, 시동생이 있는 저의 남편이 교통사고를 당하여 사망하였습니다. 이 경우 남편의 재산 및 교통사고배상금의 상속관계는 어떻게 되는지요?

A 상속의 순위에 관하여 민법 제1000조는 "①상속에 있어서는 다음 순위로 상속인이 된다. 1. 피상속인의 직계비속 2. 피상속인의 직계존속 3. 피상속인의 형제자매 4. 피상속인의 4촌 이내의 방계혈족 ②전항의 경우에 동순위의 상속인이 수인인 때에는 최근친을 선순위로 하고 동친 등의 상속인이 수인인 때에는 공동상속인이 된다. ③태아는 상속순위에 관하여는 이미 출생한 것으로 본다."라고 규정하고 있으며, 이를 구체적으로 살펴보면 다음과 같습니다.
제1순위는 사망한 자의 직계비속(直系卑屬), 즉 자(子), 손자 등입니다. 이 경우 자연혈족(친자식), 법정혈족(양자), 혼인중의 출생자, 혼인 외의 출생자, 남자, 여자를 구별하지 아니하며, 태아는 상속순위에 있어서 이미 출생한 것으로 봅니다.
제2순위는 사망한 자의 직계존속(直系尊屬), 즉 부모, 조부모 등입니다. 직계존속은 부계(친가), 모계(외가), 양가, 생가를 구별하지 아니하며, 양자인 경우 친생부모와 양부모는 모두 같은 순위입니다.
제3순위는 사망한 자의 형제·자매이며, 제4순위는 사망한 자의 4촌 이내의 방계혈족입니다.

같은 순위의 상속인이 여러 명인 때에는 촌수가 가까운 사람이 선순위가 되고, 같은 촌수가 여러 명인 경우에는 공동으로 상속하게 됩니다.

또한, 배우자(혼인신고 된 배우자)의 경우에는 피상속인(사망한 자)의 직계비속 또는 피상속인의 직계존속과 같은

순위, 직계비속과 직계존속이 모두 없을 경우에는 단독으로 상속을 하게 됩니다.

따라서 위 사안의 경우 상속순위는 남편의 자식과 배우자인 귀하가 공동으로 제1순위의 상속인이 되므로 남편의 노모와 시동생은 상속인이 될 수 없습니다. 다만, 남편의 노모와 시동생은 아들 또는 형이 사망함으로 인한 정신적 고통에 대한 위자료청구권을 그들 고유의 권리로서 가지게 될 것입니다(대법원 1999.6.22. 선고 99다7046 판결).

■ 양자가 사망한 경우에 양자의 상속인에는 친부모도 포함되는지요?

Q 양자가 사망한 경우에 양자의 상속인에는 친부모도 포함되는지요?

A 양자가 직계비속 없이 사망한 경우 그가 미혼인 경우 제2순위 상속권자인 직계존속이, 그에게 처가 있는 경우 직계존속과 처가 동순위로 각 상속인이 됩니다(민법 제1000조 및 제1003조). 한편 이 경우에 양자를 상속할 직계존속에 대하여 아무런 제한을 두고 있지 않으므로 양자의 상속인에는 양부모뿐아니라 친부모도 포함된다고 보아야 합니다(대법원 1995. 1. 20. 94마535 결정). 따라서 양자의 상속인에는 친부모도 포함된다고 보아야 할 것입니다.

■ 피상속인이 외국인인 경우에도 상속받을 수 있나요?

Q 피상속인이 외국인인 경우에도 우리나라 법에 의해 상속받을 수 있나요?

A 상속은 사망 당시 피상속인의 본국법(本國法)에 따릅니다(국제사법 제49조). 따라서 피상속인이 외국인인 경우에는 그 외국인의 국적에 따른 상속법이 적용됩니다. 예를 들어 사망한 사람이 베트남 국적을 가지고 있는 경우, 상속인은 한국국적을 가진 한국인이라고 할지라도 상속인, 상속순위, 상속분 등의 모든 상속관계가 베트남의 상속법에 따라 결정됩니다.

■ 상속은 언제까지 포기해야 하나요?

Q 상속포기신고 당시 미성년자인 후순위상속인들 A, B의 법정대리인인 제가 상속제도에 관한 법률의 부지 및 법무사의 잘못된 조언 등으로 인하여 저를 포함한 선순위상속인 C, D들만 상속포기신고를 하고 후순위상속인들인 A, B의 상속포기신고를 하지 않았습니다. 이 경우 불쌍한 A, B는 상속포기의 기간이 경과되었나요?

A 민법 제1019조 제1항에 따라 상속인은 상속개시있음을 안날로부터 3개월 내에 포기를 할 수 있습니다. 한편 판례는 "후순위상속인들은 선순위상속인들의 상속포기신고로 자신들이 상속인이 된 사실을 알았다고 할 수 없고, 나중에 피상속인의 채권자가 제기한 소송의 관련 서류를 송달받고나서야 비로소 자신들이 상속인이 된 사실을 알았다고 봄이 상당하다"(서울고등법원 2005. 7. 15. 선고 2005나7971 판결)고 하고 있습니다. 따라서 귀하가 상속포기신고한 때로부터 기산되지 않으니 안심하시기 바랍니다.

6. 배우자상속인

6-1. 배우자상속인이란?
① "배우자상속인"이란 상속인인 배우자를 말하며, 이때의 배우자는 법률상 혼인관계에 있는 사람일 것을 요합니다.
② 따라서 사실혼 관계의 배우자는 상속인이 될 수 없습니다. 다만, 특별한 연고가 있는 경우 상속인이 없을 때에 한하여 상속재산을 분여(分與)받을 수 있을 뿐입니다.
③ 배우자는 1순위인 직계비속과 같은 순위로 공동상속인이 되며, 직계비속이 없는 경우에는 2순위인 직계존속과 공동상속인이 됩니다. 한편, 직계비속과 직계존속이 모두 없는 경우에는 배우자가 단독상속인이 됩니다.

6-2. 배우자의 공동상속
① 배우자가 직계비속 또는 직계존속과 공동으로 상속한 경우에는 이들은 모두 공동상속인이 됩니다.
② 따라서 배우자와 직계비속 또는 직계존속은 각자의 상속분만큼 상속재산을 공유하게 됩니다.

■ 이혼 소송 중인 배우자도 상속이 가능한가요?

Q 이혼소송을 진행하던 도중에 아내가 교통사고로 사망했습니다. 이혼소송이 진행중이더라도 판결이 내려지기 전에는 제가 상속받을 수 있는지요?

A 민법 제1003조에 따라 남편은 상속인이 될 수 있습니다. 상속은 동법 제997조에 따라 피상속인이 사망한 때부터 개시됩니다. 따라서 피상속인이 사망했을 당시에 귀하가 그와 법률상 부부관계였던 이상, 적법한 상속인에 해당하게 됩니다.

■ 사실혼 배우자도 상속을 받을 수 있나요?

Q A(남)는 B(녀)와 결혼식을 치르고 신혼여행을 다녀왔으나 아직 혼인신고는 하지 않은 상태에서 사망하였습니다. B(녀)는 A의 상속인이 될 수 있을까요?

A A와 B는 혼인의 의사로 A와 결혼생활을 시작하였지만, A의 사망 당시 혼인신고가 이루어지지 않았기 때문에 B는 A의 사실혼 배우자에 불과합니다. 배우자는 1순위로 상속인이 되는 것이 원칙이나 이는 혼인신고까지 마친 법률상 배우자를 말하며, 사실혼 배우자는 포함하지 않습니다. 다만, A와 B가 사실혼 관계임이 입증되는 경우, B는 각종 유족연금의 수혜자가 될 수 있으며, A와 B가 거주하는 주택의 임대차 관계에서도 임차인이 상속인 없이 사망한 경우에는 그 주택에서 가정공동생활을 하던 사실상의 혼인 관계에 있는 사람이 임차인의 권리와 의무를 승계합니다(주택임대차보호법 제9조제1항). 또한 A의 상속인이 없는 경우에는 A의 상속재산에 대해 특별연고자로서 그 분여를 청구할 수 있는 권리를 가집니다(민법 제1057조의2).

7. 대습상속인

7-1. 대습상속인이란?

"대습상속인"이란 '상속인이 될 직계비속 또는 형제자매(피대습인)'가 상속개시 전에 사망하거나 결격자가 된 경우에 사망하거나 결격된 사람의 순위에 갈음하여 상속인이 되는 '피대습인의 직계비속 또는 배우자'를 말합니다.

7-2. 대습상속인이 되려면

① 대습원인이 있어야 합니다.

"(사망하시 않았거나 상속결격이 없었더라면) 상속인이 될 직계비속 또는 형제자매"가 "상속개시 전"에 "사망하거나 결격자"가 되어야 합니다.

② 대습자로서의 요건을 갖추어야 합니다.

"(사망하지 않았거나 상속결격이 없었더라면) 상속인이 될 사람"의 "직계비속 또는 배우자"이어야 합니다.

■ 대습상속인의 상속분은 얼마나 되나요?

Q 부모님을 여의고 할머니 손에서 자랐습니다. 이번에 할머니가 돌아가셨는데 저는 할머니의 상속인이 될 수 있나요? 상속인이 된다면 얼마나 상속받을 수 있나요? 할아버지는 이미 돌아가셨고 생존해 있는 친척은 작은 아버지 가족 뿐입니다.

A 상속인이 될 직계비속이 상속 개시 전에 사망하거나 상속결격자가 되면 그의 직계비속과 배우자가 사망 또는 결격된 사람에 갈음해서 상속인이 됩니다. 이러한 대습상속인의 상속분은 사망 또는 결격된 사람의 상속분에 따릅니다.

사안의 경우 질문자의 아버지가 살아계셨다면, 할머니의 사망으로 상속인이 되는 사람은 1순위 상속인인 아버지와 작은 아버지입니다. 그러나 아버지가 이미 사망했으므로 질문자가 상속인이 될 아버지의 상속순위에 갈음해서 작은 아버지와 공동상속인이 됩니다. 같은 순위에 있는 상속인의 상속분은 균분됩니다.

따라서 질문자와 작은 아버지는 할머니의 재산을 1:1의 비율로 상속합니다. 예를 들어, 할머니가 남긴 재산이 1억원이면 질문자와 작은 아버지는 각각 5천만원을 상속하게 됩니다.

■ 상속인이 될 직계비속이 피상속인과 동시에 사망한 경우에도 대습상속이 이루어지나요?

Q 아버지와 할아버지가 비행기 사고로 동시에 사망하였습니다. 이때 아들은 상속인이 될 수 있을까요?

A 원칙적으로 살아있었으면 상속인이 되었을 피대습자는 상속개시 이전에 사망했어야 하지만, 판례는 피상속인과 피대습자가 동시에 사망하였을 경우에도 대습상속을 인정합니다. 따라서 이 경우에도 아들은 대습상속인이 될 수 있습니다(대법원 2001. 3. 9. 선고 99다13157 판결 참조).

■ 아버지를 여읜 아들은 할아버지의 재산을 상속받을 수 있나요?

Q A의 부모님은 A가 어릴 때 이혼하였으며 A의 아버지는 1년 전 사망하였습니다. A의 할아버지는 A의 아버지 X 이외에도 자녀(A의 고모 Y)를 한 명 더 두고 있고, 할머니(乙)도 생존해 계십니다. 이 경우 A는 할아버지의 재산을 상속받을 수 있나요?

A 상속인이 될 직계비속이 상속개시 전에 사망한 경우에는 그의 직계비속이 대습상속인이 됩니다(민법 제1001조). 이때 아버지는 상속인이 될 직계비속이고, 할아버지의 사망 전에 사망하였으므로 그의 직계비속인 A가 대습상속인이 되어 상속을 받을 수 있습니다.

8. 상속결격자

① 상속인이 될 수 없는 사람, 즉 '상속결격자(相續缺格者)'란 법이 정한 상속순위에 해당하지만 일정한 이유로 상속을 받지 못하는 사람을 말합니다.
② 상속을 받지 못하는 사람은 다음과 같습니다.
   1. 고의로 직계존속, 피상속인, 그 배우자 또는 상속의 선순위나 동순위에 있는 사람을 살해하거나 살해하려고 한 사람
   2. 고의로 직계존속, 피상속인과 그 배우자에게 상해를 가하여 사망에 이르게 한 사람
   3. 사기 또는 강박으로 피상속인의 상속에 관한 유언 또는 유언의 철회를 방해한 사람
   4. 사기 또는 강박으로 피상속인의 상속에 관한 유언을 하게한 사람
   5. 피상속인의 상속에 관한 유언서를 위조·변조·파기 또는 은닉한 사람

■ 남편의 사망 후에 태아를 낙태한 부인은 남편의 재산을 상속받을 수
있을까요?

> **Q** A(남)는 가족으로 법률상 혼인관계의 부인 B와 B와의 사이에서
> 잉태되어 있는 태아 X 그리고 함께 모시는 어머니 C가 있습니
> 다. A가 교통사고로 사망하였는데, 부인 B는 남편의 사망하자
> X를 낙태하였습니다. B는 A의 상속인이 될 수 있을까요?

> **A** 고의로 상속의 같은 순위에 있는 사람을 살해하거나 살해하려고
> 한 사람은 상속결격자에 해당하여 상속을 받지 못합니다(민법 제
> 1004조). 법원은 출생하였다면 자신과 같은 순위의 상속인 X를
> 고의로 낙태한 경우에도 고의로 상속의 같은 순위에 있는 사람을
> 살해한 경우와 동일한 것으로 보므로, B의 낙태행위는 상속의 결
> 격사유에 해당합니다(대법원 1992. 5. 22. 선고 92다2127 판결
> 참조).
> 따라서 B는 상속인이 될 수 없습니다. 따라서 후순위 상속인이었
> 던 어머니인 C가 단독 상속인이 됩니다.

■ 상속에 유리하게 하기 위해 아버지를 속여 유언장을 작성하게 한 아들
이 상속을 받을 수 있나요?

> **Q** A는 연로한 아버지 X에게 연락이 끊긴 친동생 B가 사망하였
> 다고 속여 아버지의 부동산을 자신에게 유증하는 것을 내용으
> 로 하는 유언장을 작성하도록 만들었습니다. 이 경우 A는 상
> 속인이 될 수 있을까요?

> **A** 사기 또는 강박으로 피상속인의 상속에 관한 유언을 하게 한 사람
> 은 상속결격자가 되어 상속인이 될 수 없게 됩니다(민법 제1004
> 조제4호). 따라서 A는 아버지의 재산을 상속받을 수 없습니다.

9. 상속재산의 이전

9-1. 상속의 효력
① 상속이 개시되면 상속인은 그때부터 피상속인의 재산에 관한 포괄적 권리의무를 승계합니다.
② 상속은 사람(피상속인)의 사망으로 개시됩니다.
③ 이때 상속되는 상속재산은 상속인에게 이익이 되는 적극재산 뿐 아니라, 채무와 같은 소극재산도 포함됩니다.
④ "적극재산"은 상속인에게 이익이 되는 물권, 채권, 물건 등의 상속재산을 말하며, "소극재산"은 채무를 말합니다.

9-2. 상속재산
다음의 재산은 상속재산에 해당합니다(예시).

구분	상속재산
적극 재산	동산·부동산 등의 물건(物件) 물건에 대한 소유권, 점유권, 지상권, 지역권, 전세권, 유치권, 질권, 저당권 등의 물권(物權) 특정인이 다른 특정인에 대해 일정한 행위를 요구하는 권리인 채권(債權) - 생명침해에 대한 손해배상청구권(민법 제750조) - 위자료청구권(민법 제751조제1항) - 이혼에 의한 재산분할청구권(민법 제839조의2제1항) - 주식회사의 주주권(상법 제335조) - 유한회사의 사원의 지분(상법 제556조) - 합자회사의 유한책임사원의 지위(상법 제283조 참조) 특허권·실용신안권·의장권·상표권·저작물에 관한 권리 등의 무체재산권(無體財産權)
소극 재산	일반채무 조세

상속재산의 분리 심판 청구

청 구 인　　○　　○　　○
　　　　　　　19○○년 ○월 ○일생
　　　　　　　등록기준지　　○○시 ○○구 ○○길 ○○
　　　　　　　주소　　○○시 ○○구 ○○길 ○○(우편번호)
　　　　　　　전화　　○○○ - ○○○○

피상속인　　△　　△　　△
　　　　　　　19○○년 ○월 ○일생
　　　　　　　등록기준지　　○○시 ○○구 ○○길 ○○
　　　　　　　주소　　○○시 ○○구 ○○길 ○○
　　　　　　　전화　　○○○ - ○○○○

상 속 인　　▽　　▽　　▽
　　　　　　　19○○년 ○월 ○일생
　　　　　　　등록기준지　　○○시 ○○구 ○○길 ○○
　　　　　　　주소　　○○시 ○○구 ○○길 ○○
　　　　　　　전화　　○○○ - ○○○○

청 구 취 지

　피상속인 망 △△△의 상속재산과 상속인 ▽▽▽의 고유재산을 분리한다.
라는 심판을 바랍니다.

청 구 원 인

1. 청구인은 상속인 ▽▽▽의 채권자이고 피상속인은 20○○. ○. ○. 사망으로 상속이 개시되었는바,
2. 청구인은 피상속인의 채무가 상속재산을 초과하므로 상속인의 재산과

피상속인의 재산이 혼입되는 것을 막기 위하여 민법 제1045조에 의하여 상속재산 분리를 청구합니다.

첨 부 서 류

1. 기본증명서(피상속인)   1통
1. 가족관계증명서(상속인)   1통
1. 말소주민등록등본(피상속인의 것)   1통
1. 주민등록표등본   1통
1. 납부서   1통

20○○년   ○월   ○일

위 청구인 ○ ○ ○   (인)

○ ○ 가 정 법 원 귀중

[서식] 상속재산포기 심판청구서

상 속 재 산 포 기 심 판 청 구

청구인(상속인) 1. ○ ○ ○(주민등록번호)
　　　　　　　　주소 ○○시 ○○구 ○○길 ○○(우편번호)
　　　　　　　　전화 ○○○ - ○○○○
　　　　　　　2. ○ ○ ○(주민등록번호)
　　　　　　　　주소 ○○시 ○○구 ○○길 ○○(우편번호)
　　　　　　　　전화 ○○○ - ○○○○

사건본인(사망자) △ △ △(주민등록번호)
　　　　　　　　사망일사 20○○. ○. ○.
　　　　　　　　등록기준지 ○○시 ○○구 ○○길 ○○
　　　　　　　　최후주소 ○○시 ○○구 ○○길 ○○

상속재산 포기 심판 청구

청 구 취 지

청구인들의 망 △△△에 대한 재산상속포기 신고는 이를 수리한다.
라는 심판을 구합니다.

청 구 원 인

청구인들은 피상속인 망 △△△의 재산상속인으로서 20○○. ○. ○.
상속개시가 있음을 알았는바, 민법 제1019조에 의하여 재산상속을 포
기하고자 이 심판청구에 이른 것입니다.

첨 부 서 류
1. 가족관계증명서(청구인들)　　　　　　각 1통
1. 주민등록등본(청구인들)　　　　　　　각 1통
1. 인감증명서(청구인들)　　　　　　　　각 1통
　　(청구인이 미성년자인 경우 법정대리인(부모)의 인감증명서)
1. 기본증명서(망인)　　　　　　　　　　1통
　　(2008. 1. 1. 전에 피상속인이 사망한 경우에는 제적등본)
1. 가족관계증명서(망인)　　　　　　　　1통
1. 주민등록말소자등본(망인)　　　　　　1통
1. 가계도(직계비속이 아닌 경우)　　　　1통

20○○년　○월　○일
청 구 인 1. ○　○　○　(인감도장)
2. ○　○　○　(인감도장)

○ ○ 가 정 법 원　　귀 중

제출법원	상속개시지를 관할하는 가정법원 (상속개시지는 원칙적으로 망자의 최후 주소지를 말함. 단, 주소를 알 수 없는 경우는 최후의 거소(居所)지를, 거소지를 알 수 없는 경우에는 사망지를 상속개시지로 봄 - 민법 제19조, 제20조)		제척기간	※ 아래 참조
신 청 인	- 상속인(공동상속인 경우에는 각 상속인)			
제출부수	신청서 1부	관련법규	민법 제1019, 제1041조, 가사소송법 제2조제1항라류, 제44조6호	
불복절차 및 기간	- 즉시항고(가사소송규칙 제27조) - 심판의 고지가 있은 날로부터 14일내(가사소송규칙 제31조)			
비 용	- 인지액 : 청구인별 각 5,000원(가사소송수수료규칙 제3조1항, 제5조제3항2호) - 송달료 : 청구인수×3,700원(우편료)×4회분			
기 타	피상속인이 적극재산보다 소극재산이 더 많은 경우 상속을 포기함으로써 채무의 상속을 피할 수 있음			

※ 제 척 기 간

- 상속의 개시가 있음을 안 날로부터 3개월 이내에 상속포기심판청구를 법원에 제기하면 된다. 상속개시 있음을 안 날이란 상속개시의 원인 되는 사실의 발생을 알고 또 이로써 자기가 상속인이 되었음을 안 날을 말한다. 일반적으로 사망사실을 안 날로부터 진행되고 동거인이 아니었다면 사망신고가 된 날로부터는 알게 되었다고 보고 있으므로 이를 기준으로 따져야 함.
- 한편 상속인은 상속채무가 상속재산을 초과하는 사실을 중대한 과실 없이 위 기간내에 알지 못하고 단순승인(민법제1026조제1호)을 한 경우에는 그 사실을 안 날로부터 3월내에 한정승인을 할 수 있음(신설 2002. 1. 14).

상 속 한 정 승 인 심 판 청 구

청구인(상속인) ○ ○ ○(주민등록번호)
　　　　　　　　주소　　○○시 ○○구 ○○길 ○○(우편번호)
　　　　　　　　전화　○○○ - ○○○○
　　　　　　　　□　　□　□(주민등록번호)
　　　　　　　　주소　　○○시 ○○구 ○○길 ○○(우편번호)
　　　　　　　　전화　○○○ - ○○○○
사건본인(사망자) △ △ △(주민등록번호)
　　　　　　　　사망일자　20○○. ○. ○.
　　　　　　　　등록기준지　○○시 ○○구 ○○길 ○○
　　　　　　　　최후주소　　○○시 ○○구 ○○길 ○○

청 구 취 지

　청구인들이 피상속인 망 △△△의 재산상속을 함에 있어 별지 상속재산목록을 첨부하여서 한 한정승인신고는 이를 수락한다.
라는 심판을 구합니다.

청 구 원 인

청구인 ○○○은 피상속인 망 △△△의 장남이고, □□□은 피상속인 망 △△△의 차남입니다. 피상속인 망 △△△은 20○○년 ○월 ○일에 최후주소지에서 사망하고 청구인들은 상속이 개시된 것을 알았으나 피상속인은 사업실패로 인하여 많은 채무를 가지고 있고 피상속인이 남긴 상속 재산은 별지목록 표시의 재산밖에 없으므로 청구인들은 피상속인이 진 부채를 변제할 능력이 없으므로 청구인들이 상속으로 인하여 얻은 별지목록 표시 상속재산의 한도에서 피상속인의 채무를 변제할 것을 조건으로 한정승인하고자 이 심판청구에 이른 것입니다.

첨 부 서 류

1. 가족관계증명서(청구인들)　　　　　　　　각 1통
1.주민등록등본(청구인들)　　　　　　　　　　각 1통
1. 인감증명서(청구인들)　　　　　　　　　　각 1통
　　　(청구인이 미성년자인 경우 법정대리인(부모)의 인감증명서)
1. 기본증명서(망인)　　　　　　　　　　　　1통
　(단, 2008. 1. 1. 전에 사망한 경우에는 제적등본)
1. 상속관계를 확인할 수 있는 피상속인(망인)의 가족관계증명서
　　(기타가족관계등록사항별증명서) 또는 제적등본　1통
1. 말소된 주민등록등본(망인)　　　　　　　　1통
1. 가계도(직계비속이 아닌 경우)　　　　　　1통
1. 상속재산목록(청구인 수+1통)　　　　　　1통

　　　　　20○○년　○월　○일
　　　　청 구 인 ○　○　○　(인감도장)
　　　　　　　　　□　□　□　(인감도장)

○ ○ 가 정 법 원　　귀중

[별 지]
상 속 재 산 목 록(청구인 수 + 2)

1. 적극재산(망인의 재산)
　가. 부동산
　나. 유체동산
　다. 금전채권

2. 소극재산(망인의 채무)
　가. 채권자
　　　채무액
　　　채무의 종류
　　　발생일
　나. 채권자
　　　채무액
　　　채무의 종류

        발생일
    다. 채권자
        채무액
        채무의 종류
        발생일

    ※ 위 기재한 사항에 대한 **입증자료**를 첨부하시기 바랍니다.
        적극재산 - 예) 부동산등기사항증명서, 자동차등록원부,
                        통장잔액증명서 등
        소극재산 - 예) 부채증명서, 소장사본 등

■ 채무도 상속이 되나요?

Q 채무도 상속이 되나요?

A 상속되는 상속재산에는 채무가 포함되므로, 상속이 개시되면 상속인은 상속채무를 갚아야 할 의무를 지게 됩니다. 상속되는 채무가 상속재산보다 많아서 상속으로 인해 채무초과 상태가 발생하는 경우에는 상속이 개시되었음을 알았을 때부터 3개월 내에 상속의 포기를 가정법원에 신고함으로써 이를 면할 수 있습니다(민법 제1019조제1항).

9-3. 상속되지 않는 재산

① 다음의 재산은 상속되지 않습니다(예시).

구분	상속되지 않는 재산
일신(一身)에 전속(專屬)하는 권리	-사단법인의 사원의 지위(민법 56조) -특수지역권(민법 302조) -위임계약의 당사자의 지위(민법 690조) -대리관계의 본인 또는 대리인의 지위(민법 127조) -조합원의 지위(민법 717조) -정기증여의 수증자의 지위(민법 560조) -사용자의 지위(민법 657조) -합명회사의 사원의 지분(상법 218조) -합자회사의 무한책임사원의 지위(상법 218조 및 제269조) -벌금이나 과료, 추징금
법률 또는 계약 등에 의해 귀속이 결정되는 권리	-생명보험금청구권(상법 730조) -퇴직연금·유족연금의 청구권 -제사용 재산(민법 1008조의3) -부의금(賻儀金) -신원보증인의 지위(신원보증법 제7조) -보증기간과 보증한도액의 정함이 없는 계속적 보증계약의 보증채무(대법원 2001. 6. 12. 선고 2000다47187 판결)

② 일신에 전속한 권리

피상속인의 재산 중에 피상속인의 일신에 전속한 것은 상속되지 않습니다.

③ "일신에 전속한 재산권"이란 해당 재산권이 그 성질상 타인에게 귀속될 수 없고, 피상속인 개인에게만 귀속될 수 있는 개인적인 권리를 말합니다.

④ 제사용 재산

"제사용 재산"이란 분묘에 속한 1정보(町步, 1정보는 대략 3000평) 이내의 금양임야(禁養林野)와 600평 이내의 묘토(墓土)인 농지, 족보(族譜)와 제구(祭具)를 말하며 그 소유권은 제사를 주재하는 사람에게 있습니다.

⑤ "금양임야"란 나무나 풀 따위를 함부로 베지 못하도록 되어 있는 임야를 말합니다.

■ 제사주재자는 누가 되는지요?

Q 망인 A의 상속인으로 甲, 乙, 丙이 있고, 상속재산으로 X토지(300평 묘토인 농지)가 있는 상황입니다. 이 때 제사용 재산을 승계하는 제사주재자를 어떻게 결정해야 하는지요?

A 민법 제1008조의3은 "분묘에 속한 1정보 이내의 금양임야와 600평 이내의 묘토인 농지, 족보와 제구의 소유권은 제사를 주재하는 자가 이를 승계한다."고 규정하고 있습니다.그리고 '제사를 주재하는 자'가 누가 되는지와 관련하여 종전 대법원 판례는 특별한 사정이 없는 한 종손이 된다는 입장이었으나(대법원 2004. 1. 16. 2001다79037), 현재는 그 입장을 달리하여 "제사주재자는 우선적으로 망인의 공동상속인들 사이의 협의에 의해 정하되, 협의가 이루어지지 않는 경우에는 제사주재자의 지위를 유지할 수 없는 특별한 사정이 있지 않은 한 망인의 장남(장남이 이미 사망한 경우에는 장남의 아들, 즉 장손자)이 제사주재자가 되고, 공동상속인들 중 아들이 없는 경우에는 망인의 장녀가 제사주재자가 된다(대법원 2008. 11. 20. 선고 2007다27670 전원합의체 판결)."고 하고 있습니다.
따라서 협의가 있으면 그에 따라, 협의가 없으면 장남, 장손자, 장녀의 순으로 제사주재자가 됩니다.

■ 제사용 재산의 승계와 상속회복청구권에 관한 제척기간이 적용되는지요?

Q 저는 아버지가 돌아가시고 형제들과 공동으로 아버지 명의의 토지를 상속받았습니다. 그런데 이 토지는 묘토에 속하는 것으로 제사주재자인 제가 상속하여야 한다고 생각하여 형제들을 상대로 진정명의회복을 원인으로 한 소유권이전등기청구의 소를 제기하려고 합니다. 그런데 통상 상속권이 침해된 경우에는 소 제기기간에 제한이 있는 것으로 알고 있는데, 저의 경우처럼 제사용 재산을 승계하는 경우에도 이와 같은 소 제기기간의 제한이 적용되는지요?

A 「민법」제999조에 따르면, 일반적으로 상속 재산에 대한 권리가 침해된 경우에 상속권자 또는 그 법정대리인은 상속회복의 소를 제기할 수 있습니다. 상속회복청구권은 그 침해를 안 날로부터 3년, 상속권의 침해행위가 있은 날부터 10년을 경과하면 소멸된다고 규정하고 있습니다.

따라서 통상적인 상속의 경우에는 위와 같은 규정에 따라 소제기기간에 제한이 있습니다. 그런데 위 사례와 같은 호주승계의 경우에도 상속회복청구권의 제척기간에 대한 규정이 그대로 적용될 것인지가 문제됩니다.

구 「민법」 제996조는 호주상속의 효력으로서 분묘에 속한 1정보 이내의 금양임야와 6백평 이내의 묘토인 농지 등(제사용 재산)의 소유권은 호주상속인이 승계한다고 규정하였고, 제982조, 제999조는 호주상속권·재산상속권이 침해된 경우 상속회복청구권의 제척기간을 규정하였습니다. 그런데 1990년 개정 민법은 호주상속제도를 호주승계제도로 변경하면서도 종전 제사용 재산의 승계제도를 상속의 일반적 효력에 관한 제1008조의3으로 위치를 옮겨 규정하면서 '제사주재자의 제사용 재산 승계'제도로 그 내용을 변경하였고, 위 규정은 호주제가 폐지된 현행 민법 하에서도 유지되고 있습니다.

종래 해석론 중에는 위 규정을 상속과 별도의 제도로 취급하는 견해들도 있었지만, 제사용 재산, 특히 금양임야(禁養林野)의 승계를 상속의 일종으로 본 듯한 입장의 판례가 계속되어 왔습니다(대법원 1994. 10. 14. 선고 94누4059 판결).

또한 2006. 7. 4. 대법원은 입장을 보다 명백히 하여, 위 규정에 의한 승계는 본질적으로 상속에 속하는 것으로서

일가의 제사를 계속할 수 있게 하기 위하여 상속에 있어서의 한 특례를 규정한 것으로 보는 것이 상당하고, 따라서 그에 관하여 일반 상속재산과는 다소 다른 특별재산으로서의 취급을 할 부분이 있기는 할 것이나, 상속을 원인으로 한 권리의무관계를 조속히 확정시키고자 하는 상속회복청구권의 제척기간 제도는 적용되어야 한다고 판시하였습니다(대법원 2006. 7. 27. 선고 2005다45452 판결).

한편, 제기하고자 하는 소의 형식이 어떠하든지 간에 그 실질이 상속재산의 회복을 목적으로 하는 것이라면 상속회복청구권의 행사로 보아 제척기간이 적용된다고 하는 것이 대법원의 입장입니다.

■ 보험금지급청구권은 상속재산인가요?

> **Q** 보험금지급청구권은 상속재산인가요?

> **A** ① 피상속인이 피보험자이고 보험수익자가 상속인인 경우의 보험금지급청구권과 이로 인한 보험금은 「상법」 제730조에 따른 것으로 상속인의 고유한 재산이 됩니다. 따라서 상속인 중 한 사람이 보험금지급청구권을 갖는다 하더라도 다른 상속인은 이에 대해 상속재산분할을 청구할 수 없습니다(대법원 2007. 11. 30. 선고 2005두5529 판결 참조). 반면, ② 보험수익자를 피상속인으로 정한 경우에는 보험금지급청구권과 이로 이한 보험금은 피상속인의 사망으로 인하여 피상속인의 재산이 되며, 이는 상속재산이 됩니다.

■ 교통사고로 사망한 사람의 상속인은 교통사고의 가해자에 대해 손해배상을 청구할 수 있을까요?

> **Q** 교통사고로 사망한 사람의 상속인은 교통사고의 가해자에 대해 손해배상을 청구할 수 있을까요?

> **A** 교통사고로 사망한 사람은 생명침해로 인한 손해배상청구권(민법 제750조)을 갖게 되며, 이는 상속인에게 상속됩니다. 따라서 상속인은 가해자에게 피상속인의 생명침해를 원인으로 손해배상금을 청구할 수 있습니다. 이와 별도로 상속인은 친족의 생명침해로 인한 정신적 손해배상(즉, 위자료)도 청구할 수 있습니다(민법 제751조).

■ 유족연금이 상속재산인가요?

Q 유족연금이 상속재산인가요?

A 피상속인의 사망으로 근로관계가 종료되면 유족연금이 지급됩니다. 이때 사망한 근로자가 공무원이라면 「공무원연금법」 제3조, 「별정우체국법」 제2조 및 「사립학교교직원 연금법」 제2조 등에서 연금의 수급권자를 별도로 정하고 있으며, 국민연금 가입자인 경우에는규제「국민연금법」 제72조 및 제73조 등에서 유족연금의 수령자의 범위와 순위를 정하고 있습니다. 따라서 이러한 유족연금은 법률과 계약에 의해 정해진 수급권자에게 돌아가며, 상속재산에 해당하지 않습니다.

■ 부의금(賻儀金)이 상속재산인가요?

Q 부의금(賻儀金)이 상속재산인가요?

A 부의금은 조문객이 상속인에게 하는 증여이므로 상속재산에 해당하지 않습니다. 대법원 판례는 사람이 사망한 경우에 부조금 또는 조위금 등의 명목으로 보내는 부의금은 상호부조의 정신에서 유족의 정신적 고통을 위로하고 장례에 따르는 유족의 경제적 부담을 덜어줌과 아울러 유족의 생활안정에 기여함을 목적으로 증여되는 것이라고 하며, 부의금의 귀속에 관해서는 장례비용에 충당하고 남는 것에 관하여는 특별한 다른 사정이 없는 한 사망한 사람의 공동상속인들이 각자의 상속분에 응하여 권리를 취득한다고 판시하고 있습니다(대법원 1992. 8. 18. 선고 92다2998 판결).

10. 상속분

10-1. 상속분이란?
"상속분(相續分)"이란 2명 이상의 상속인이 공동으로 상속재산을 승계하는 경우에 각 상속인이 승계할 몫을 말합니다.

10-2. 배우자의 상속분
배우자의 상속분은 직계비속과 공동으로 상속하는 때에는 직계비속의 상속분에 5할을 가산하고, 직계존속과 공동으로 상속하는 때에는 직계존속의 상속분에 5할을 가산합니다.

10-3. 대습상속인의 상속분
① 사망 또는 결격된 사람에 갈음하여 상속인이 된 대습상속인의 상속분은 사망 또는 결격된 사람의 상속분에 의합니다.
② 사망 또는 결격된 사람의 직계비속이 여러 명인 때에는 그 상속분은 사망 또는 결격된 사람의 상속분의 한도에서 같은 순위의 상속인이 여러 명인 때에는 그 상속분은 동일한 것으로 하고, 배우자의 상속분은 직계비속과 공동으로 상속하는 때에는 직계비속의 상속분에 5할을 가산하고, 직계존속과 공동으로 상속하는 때에는 직계존속의 상속분에 5할을 가산합니다.
③ 한편, 대습상속인인 직계비속이 없는 경우에는 배우자가 단독으로 대습상속인이 되며, 피대습인의 상속분을 대습상속하게 됩니다.

■ 상속인이 될 자녀 전원이 피상속인의 사망 이전에 사망한 경우 손자들의 상속분은 어찌 됩니까?

> Q 저희 할아버지 甲은 1,200만원의 재산을 남겨 놓고 사망하였습니다. 甲에게는 자녀 乙, 丙이 있었으나, 乙과 丙은 모두 甲의 사망 이전에 해외여행 중 사망하였습니다. 甲의 유족으로는 乙의 자녀인 A, B 및 丙의 자녀인 저 뿐입니다. A, B는 저에게 상속분은 균등한 것이니까 甲의 손자들인 A, B와 제가 甲의 유산을 균등하게 400만원씩 나눠 가져야 한다고 주장하

는데, 저는 얼마를 상속받을 수 있는가요?

A 甲이 사망하기 전 이미 甲의 자녀인 乙과 丙이 사망하였으므로 乙의 상속분을 乙의 자녀인 A, B가 대습상속하고 丙의 상속분을 丙의 자녀인 귀하께서 대습상속 하게 됩니다. 대습상속은 본위상속과 다르게 피대습자(乙,丙)의 상속분에 따르게 되므로 乙의 상속분에 따른 금액 600만원을 A, B가 각각 300만원씩, 귀하께서 丙의 상속분에 따른 금액 600만원 전액을 상속받게 됩니다.

■ 본위상속과 대습상속은 재산상속관계는 어떻게 되는지요?

Q 상속인 甲에게 처 乙, 모 丙, 자 A·B·C가 있고, A에게는 자 X·Y, B에게는 자 乙가 있고, 乙에게는 자 丁(甲의 자가 아님)이 있습니다. 이 때 甲과 A가 동시사망한 경우 재산상속관계는 어떻게 되는지요?

A 본위상속과 관련하여 민법 제1000조는 "상속에 있어서는 1. 피상속인의 직계비속 2. 피상속인의 직계존속 3. 피상속인의 형제자매 4. 피상속인의 4촌 이내의 방계혈족의 순서로 상속인이 되고, 동순위의 상속인이 수인인 때에는 최근친을 선순위로 하고 동친등의 상속인이 수인인 때에는 공동상속인이 된다."고 규정하고 있고, 동법 제1003조는 "① 피상속인의 배우자는 제1000조 제1항 제1호와 제2호의 규정에 의한 상속인이 있는 경우에는 그 상속인과 동순위로 공동상속인이 되고 그 상속인이 없는 때에는 단독상속인이 된다. ② 제1001조의 경우에 상속개시전에 사망 또는 결격된 자의 배우자는 동조의 규정에 의한 상속인과 동순위로 공동상속인이 되고 그 상속인이 없는 때에는 단독상속인이 된다."고 규정하고 있으며, 동법 제1009조는 "①동순위의 상속인이 수인인 때에는 그 상속분은 균분으로 한다. ② 피상속인의 배우자의 상속분은 직계비속과 공동으로 상속하는 때에는 직계비속의 상속분의 5할을 가산하고, 직계존속과 공동으로 상속하는 때에는 직계존속의 상속분의 5할을 가산한다."고 규정하고 있습니다.
그리고 대습상속과 관련하여 민법 제1001조는 "제1000조 제1항 제1호와 제3호의 규정에 의하여 상속인이 될 직계비속 또는 형제자매가 상속개시전에 사망하거나 결격자가 된 경우에 그 직계비속이 있는 때에는 그 직계비속이 사망하거나 결격된 자의 순위에 갈음하여 상속인이 된다."고 규정하는 한편, 동법 제1010조는 "① 제1001조의 규정에 의하여 사망 또는 결격된 자에 갈음하여 상속인이 된 자의 상속분은 사망 또는 결격된 자의 상속분에 의한다. ② 전항의 경우에 사망 또는 결격된 자의 직계비속이 수인인 때에는 그 상속분은 사망 또는 결격된 자의 상속분의 한도에서 제1009조의 규정에 의하여 이를 정한다. 제1003조 제2항의 경우에도 또한 같다."고 규정하고 있습니다.

한편, 동시사망으로 추정되는 경우 대습상속이 가능한지와 관련하여 대법원은 "민법 제1001조의 '상속인이 될 직계비속이 상속개시 전에 사망한 경우'에는 '상속인이 될 직계비속이 상속개시와 동시에 사망한 것으로 추정되는 경우'도 포함하는 것으로 합목적적으로 해석함이 상당하다(대법원 2001. 03. 09. 선고 99다13157 판결)."고 판시하여 이를 긍정하고 있습니다.

따라서 X, Y는 대습상속을 할 수 있고, 甲의 재산은 乙과 B·C 및 X·Y가 각각 3/9, 2/9, 2/9, 1/9, 1/9의 비율로 상속합니다.

10-4. 공동상속인의 상속분

같은 순위의 상속인이 여러 명인 때에는 그 상속분은 동일한 것으로 합니다).

■ 다음의 경우에 상속인과 상속분은 각각 어떻게 되나요?

> Q A는 가족으로 법률상 배우자(B)와 3명의 자녀(X, Y, Z), 그리고 홀로 계신 어머니(C)가 있습니다. A가 사망한 경우 상속인은 누구이며, 각각의 상속인의 상속분은 어떻게 되나요?

> A B는 A의 법률상 배우자이고, 3명의 자녀 X, Y, Z는 1촌의 직계비속이므로, B, X, Y, Z는 같은 순위의 상속인이 되어 A의 상속재산을 공동상속하게 됩니다(민법 제1000조 및 민법 제1006조). 반면 어머니(C)는 피상속인의 직계존속으로 피상속인에게 자녀가 있는 경우에는 후순위상속인이 되어 상속받지 못합니다(민법 제

1000조). 공동상속인은 상속분을 균분하되 배우자의 경우에는 직계비속 상속분의 5할을 가산하므로 자녀 X, Y, Z가 1만큼의 상속재산을 승계받으면, 배우자 B는 1.5만큼의 상속재산을 승계받습니다(민법 제1009조제2항). 따라서 X, Y, Z는 각각 2/9의 상속분을 가지며, B는 3/9의 상속분을 가집니다.

■ 대습상속인의 상속분은 어떻게 계산하나요?

> **Q** 미성년인 A의 아버지(X)는 1년 전 사망하였고 A의 어머니(B)가 홀로 A를 돌보고 있습니다. A에게는 친할아버지와 친할머니(C)가 계시는데, A의 할아버지는 A의 아버지 X 이외에도 자녀(A의 고모 Y)를 한 명 더 두고 있습니다. 친할아버지가 돌아가신 경우 A는 할아버지의 재산을 얼마나 상속받을 수 있나요?

A
혼1. 상속인은?
A의 아버지(X)가 살아계셨다면, 할아버지의 사망으로 상속인이 되는 사람은 1순위 상속인인 고모(직계비속)와 할머니(배우자), 그리고 아버지(X)입니다(민법 제1000조). 그러나 상속인이 될 직계비속이 상속개시 전에 사망한 경우에는 그의 직계비속과 배우자는 대습상속인이 됩니다(민법 제1001조). 이때 아버지는 상속인이 될 직계비속이고, 할아버지의 사망 전에 사망하였으므로 그의 직계비속인 A와 X의 배우자인 B가 대습상속인이 되어 상속을 받을 수 있습니다. 따라서 할아버지의 상속인은 고모(Y), 할머니(C), A 본인, 어머니(B)가 됩니다.

A 2. 상속분은?
A의 아버지(X)가 살아계셨다면, 할머니(C)는 할아버지의 법률상 배우자로 직계비속인 아버지(X)나 고모(Y)보다 5할이 가산된 상속분을 가집니다(「민법」 제1009조).
따라서 할머니와 아버지, 고모의 상속분은 3/7, 2/7, 2/7이 됩니다.
대습상속인(민법 제1001조)의 상속분은 사망 또는 결격된 사람의 상속분에 따르므로(민법 제1010조제1항), 아버지(X)의 상속분인 2/7을 A와 어머니(B)가 다시 공동으로 상속받게 됩니다. X

의 배우자인 B는 A보다 5할이 더 가산된 상속분을 가지게 되므로 A는 (2/7 × 2/5)의 상속분을 갖게 되고, B는 (2/7 × 3/5)의 상속분을 갖게 됩니다.

결국, 할아버지가 사망한 후 상속재산은 다음과 같이 법정상속됩니다.

할머니: 3/7, 고모: 2/7, 어머니: 6/35, A: 4/35

■ 미혼 동생이 사망한 경우 형제의 상속분은 어떻게 계산하나요?

Q 미혼인 동생이 사망했는데, 예금이 꽤 있는 걸로 알고 있습니다. 부모님도 오래 전에 돌아가셔서 상속받을 사람이 없는데 이 재산은 어떻게 처리되는지요?

A 민법 제1000조 및 제1003조에 따라, 동생이 미혼이므로 직계비속 및 배우자가 존재하지 않아 상속인이 없겠고, 직계존속은 이미 돌아가셨으므로 상속인이 없겠습니다. 만일 할아버지, 할머니가 살아계시면 이들에게 상속이 이루어집니다. 따라서 자녀 없이 사망한 미혼 동생의 경우에는 직계존속이 아무도 없어야만 3순위인 형제자매가 동생의 재산을 상속받게 됩니다. 상속재산은 형제자매의 수에 따라 균분하게 상속됩니다.

11. 특별수익자의 상속분

11-1. 특별수익자란?

"특별수익자"란 공동상속인 중 피상속인으로부터 재산의 증여 또는 유증을 받은 사람을 말합니다.

11-2. 특별수익이란?

① "특별수익"이란 재산의 증여 또는 유증을 통해 공동상속인에게 증여 또는 유증으로 이전한 재산을 말합니다.

② 어떠한 생전 증여가 특별수익에 해당하는지는 피상속인의 생전의 자

산, 수입, 생활수준, 가정상황 등을 참작하고 공동상속인들 사이의 형평을 고려하여 해당 생전 증여가 장차 상속인으로 될 사람에게 돌아갈 상속재산 중의 그의 몫의 일부를 미리 주는 것이라고 볼 수 있는지에 의하여 결정해야 합니다(대법원 1998. 12. 8. 선고 97므513,520,97스12 판결).

③ 특별수익에 해당하는 유증 또는 증여의 예
- 상속인인 자녀에게 생전에 증여한 결혼 준비자금(주택자금, 혼수비용 등)
- 상속인인 자녀에게 생전에 증여한 독립자금
- 상속인인 자녀에게 생전에 지급한 학비, 유학자금 등(다만, 대학 이상의 고등교육비용으로 다른 자녀에게는 증여되지 않은 교육비용이어야 함)
- 일정 상속인에게만 유증한 재산

11-3. 특별수익자가 있는 경우 상속분의 산정방법

① 공동상속인 중 피상속인으로부터 재산의 증여 또는 유증을 받은 사람이 있는 경우에 그 수증재산이 자기의 상속분에 달하지 못한 때에는 그 부족한 부분의 한도에서 상속분이 있습니다.

② 다음과 같은 산식에 따라 계산된 상속가액이 각 상속인이 원래 받을 수 있는 상속분액이 됩니다.

> **[(상속재산의 가액 + 각 상속인의 특별수익의 가액) × 각 상속인의 상속분율]-특별수익을 받은 경우 그 특별수익의 가액**
> - 여기서 이러한 계산의 기초가 되는 "피상속인이 상속개시 당시에 가지고 있던 재산의 가액"은 상속재산 가운데 적극재산의 전액을 가리킵니다(대법원 1995. 3. 10. 선고 94다16571 판결).
> - 구체적 상속분을 산정할 때에는 상속개시시를 기준으로 상속재산과 특별수익재산을 평가하여 이를 기초로 해야 합니다(대법원 1997. 3. 21. 자 96스62 결정).

③ 만약 특별수익자가 증여 또는 유증받은 재산의 가액이 상속분에 미달하게 될 때에는 나른 상속인에게 그 미날한 부분만큼의 상속분만을 청구할 수 있습니다.

■ 특별수익자가 있는 경우 그 상속분은 어떻게 계산하나요?

Q A는 가족으로 부인 B와 자녀 C, D가 있는 사람으로, 생전에 C에게는 독립자금으로 1천만원 상당의 예금채권을 증여하였습니다. A의 사망 시 상속재산은 6천만원(적극재산)인 경우 각자에게 얼마만큼의 상속재산이 돌아가나요?

A B는 법률상 배우자로 직계비속인 C·D보다 5할이 가산된 상속분을 가집니다(「민법」 제1009조제2항). 이에 따르면 직계비속인 C, D가 1만큼의 상속재산을 상속받으면 법률상 배우자인 B는 1.5만큼의 상속재산을 상속받게 되므로 이들의 상속분은 B(3/7), C(2/7), D(2/7)가 됩니다. 상속재산 6000만원에 C에 대한 특별수익 1000만원을 더한 뒤 각각의 상속분을 곱하고 특별수익자인 경우에 특별수익을 제하면, 특별수익자가 있는 경우에 각 상속인이 실제 받을 수 있는 상속액이 계산됩니다.

B: (6000만원 + 1000만원) × 3/7-0 = 3000만원
C: (6000만원 + 1000만원) × 2/7-1000만원 = 1000만원
D: (6000만원 + 1000만원) × 2/7-0 = 2000만원

■ 특별수익의 가액이 상속분을 초과하는 경우에 특별수익자는 이를 반환해야 하나요?

Q 특별수익의 가액이 상속분을 초과하는 경우에 특별수익자는 이를 반환해야 하나요?

A 공동상속인 중 특별수익자가 받은 특별수익이 자기의 상속분보다 초과하더라도 그 초과분에 대해 반환의무를 정한 「민법」의 규정이 없을뿐더러 다액의 특별수익자가 있는 경우에는 유류분제도에 의해 다른 공동상속인들이 상속으로부터 배제되는 것을 보호하고 있으므로 이러한 경우에도 특별수익자는 그 초과분을 반환해야 할 의무가 없습니다(서울고법 1991. 1. 18. 선고 89르2400 판결 참조).

■ 특별수익자는 상속분에서 어떤 주장을 할 수 있나요?

Q 저희 아버지는 시가 6,000만원 상당의 부동산을 유산으로 남기고 사망하였고, 상속인으로는 어머니와 형, 저, 그리고 누나가 있습니다. 그리고 아버지 생전에 형에게는 주택구입자금 2,000만원, 누나에게는 결혼자금 1,000만원을 증여한 사실이 있습니다. 그러므로 제가 생각하기에는 형과 누나는 충분한 상속을 받은 것 같은데도 공동상속인임을 이유로 저와 같은 비율의 상속분을 주장하고 있습니다. 이 경우 형과 누나의 주장이 맞는지요?

A 민법 제1008조는 "공동상속인 중에 피상속인으로부터 재산의 증여 또는 유증을 받은 자가 있는 경우에 그 수증재산이 자기의 상속분에 달하지 못한 때에는 그 부족한 부분의 한도에서 상속분이 있다."라고 규정하고 있기 때문에 특별수익자가 있는 경우에 상속재산을 분할함에 있어서 그 전제로서 각 상속인이 현실로 상속하여야 할 비율을 확정할 필요가 있습니다. 특별수익자는 수증재산이 상속분을 초과한 경우에는 그 초과부분을 반환하여야 하지만, 수증자가 상속포기를 하면 반환의무를 지지 않습니다.

이에 관하여 판례는 "민법 제1008조는 공동상속인 중에 피상속인으로부터 재산의 증여 또는 유증을 받은 자가 있는 경우에 그 수증재산이 상속분에 달하지 못한 때에는 그 부족한 부분의 한도에서 상속분이 있다고 규정하고 있는바, 이는 공동상속인 중에 피상속인으로부터 재산의 증여 또는 유증을 받은 특별수익자가 있는 경우에 공동상속인들 사이의 공평을 기하기 위하여 그 수증재산을 상속분의 선급으로 다루어 구체적인 상속분을 산정함에 있어 이를 참작하도록 하려는데 그 취지가 있는 것이므로, 어떠한 생전증여가 특별수익에 해당하는지는 피상속인의 생전의 자산, 수입, 생활수준, 가정상황 등을 참작하고 공동상속인들 사이의 형평을 고려하여 당해 생전증여가 장차 상속인으로 될 자에게 돌아갈 상속재산 중의 그의 몫의 일부를 미리 주는 것이라고 볼 수 있는지에 의하여 결정하여야 할 것이다." 라고 하였으며(대법원 1998. 12. 8. 선고 97므513, 520, 97스12 판결), "공동상속인 중에 특별수익자가 있는 경우의 구체적인 상속분의 산정을 위해서는, 피상속인이 상속 개시 당시에 가지고 있던 재산의 가액에 생전증여가액을 가산한 후, 이 가액에 각 공동상속인별로 법정상속분율을 곱하여 산출된 상속분의 가액으로부터 특별수익자의 수증재산의 가액을 공제하는 계산방법에 의할 것이고, 여기서 이런 계산의 기초가 되는 피상속인이 상속개시 당시에 가지고 있던 재산의 가액은 상속재산 가운데 적극재산의 전액을 가리키는 것으로 보아야 옳다."라고 하여(대법원 1995. 3. 10. 선고 94다16571 판결) 특별수익자가 있는 경우의 상속재산범위와, 그 분여방법을 제시하고 있습니다.

위 판례에 의하여 특별수익자가 있는 경우의 구체적인 상속분계산방식을 보면,①상속재산분배액=(상속재산의 가액+생전증여)×상속분율-(생전증여+유증)이며,②구체적인 상속분=상속재산의 분배액+생전증여 또는 유증입니다.

■ 특별수익자가 있는 경우의 상속은 어떻게 분배하나요?

Q 8,500만원의 재산을 남기고 부(父)가 死亡하였습니다. 유족으로 처, 장남, 장녀, 차남이 있습니다. 부(父)는 生前에 장남에게 혼인을 위한 증여로서 500만원을, 분가한 차남에게 유증(遺贈)으로 900만원을 각각 주었을 경우, 장남의 구체적인 상속분은 얼마인지요?

A 공동상속인 중에 생전증여나 유증과 같은 특별수익자가 있었을 경우 구체적 상속분의 산정은 다음과 같습니다.

(현존하는 상속재산의 가액 + 생전증여) × 공동상속인의 상속비율 - 특별수익자의 생전증여와 유증의 가액 = 상속재산분배액(=구체적 상속분)

여기에 증여 또는 유증을 받은 자의 경우, 그 증여 또는 유증을 받은 가액을 더한 것이 상속으로 인하여 실제로 받는 상속이익이 됩니다.

사안의 경우 법정상속비율은 처 : 장남 : 장녀 : 차남 = 1.5 : 1 : 1 : 1이므로, 구체적 상속분과 상속이익은 다음과 같습니다. 처의 경우 구체적 상속분은 3,000만원((8,500 + 500) × 3/9 - 0 = 3,000), 상속이익은 3,000만원(3,000 + 0 = 3,000)이고, 장남의 경우 구체적 상속분은 1,500만원((8,500 + 500) × 2/9 - 500)=1,500), 상속이익은 2,000만원(1,500 + 500

= 2,000)이고, 장녀의 경우 구체적 상속분은 2,000만원((8,500 + 500) × 2/9 - 0 = 2,000), 상속이익은 2,000만원(2,000 + 0 = 2,000)이고, 차남의 경우 구체적 상속분은 1,100만원 ((8,500 + 500) × 2/9 - 900 = 1,100), 상속이익은 2,000 만원(1,100 + 900 = 2,000)입니다.
따라서 장남의 구체적인 상속분은 1,500만원입니다.

12. 기여자의 상속분

12-1. 기여자란?
① "기여자"란 공동상속인 중 상당한 기간 동거·간호 그 밖의 방법으로 피상속인을 특별히 부양하거나 피상속인의 재산의 유지 또는 증가에 특별히 기여한 사람을 말합니다.
② 기여자는 상속인이어야 합니다.
③ 기여자는 특별한 기여하고 이로 인해 재산의 유지 또는 증가가 있어야 합니다.

12-2. 기여분이란?
① "기여분"이란 공동상속인인 중 상당한 기간 동거·간호 그 밖의 방법으로 특별히 부양하거나 피상속인의 재산유지 또는 증가에 특별히 기여한 사람에게 상속재산으로부터 사후적으로 보상해주기 위해 인정되는 상속분을 말합니다.
② 기여분이 인정되기 위해서는 특별한 기여이어야 하고, 기여행위로 인해피상속인의 재산의 유지 또는 증가가 있어야 합니다.
③ 따라서 배우자의 가사노동은 부부의 동거·부양·협조의 의무 범위의 행위이므로 특별한 기여에 해당하지 않습니다.
④ 특별한 기여에 해당하는 예로는,
  1. 피상속인이 경영하는 사업에 무상으로 노무를 제공하거나 자신의 재산을 제공하여 상속재산의 유지·형성에 기여하는 경우
  2. 통상의 부양, 간호의 정도를 넘어 그러한 요양이나 간호로 상속

재산이 유지되는 경우(예를 들어 요양이나 간호의 비용을 기여자
가 부담하여 상속재산의 손실이 없었던 경우)가 있습니다.

12-3. 기여분의 결정

① 협의에 의한 결정

기여분은 원칙적으로 공동상속인 간의 협의로 결정합니다.

② 가정법원의 심판에 의한 결정

㉠ 기여분을 얼마로 볼 것인지에 관해 협의가 되지 않거나 협의할
수 없는 때에는 기여자는 가정법원에 기여분을 결정해 줄 것을
청구할 수 있습니다.

> ※ 기여자의 기여분 청구는 ① 상속재산을 분할하거나(「민법」 제
> 1013조제2항) 또는 ② 공동상속인이 상속재산을 이미 분할하였
> 는데 피인지자가 상속분에 상당한 가액의 지급을 청구(「민법」
> 제1014조)하는 경우에 한하여 다른 공동상속인에 대해 할 수
> 있습니다(「민법」 제1008조의2제4항).

㉡ 가정법원은 기여의 시기·방법 및 정도와 상속재산의 액 그 밖의
사정을 고려하여 기여분을 정합니다.

12-4. 기여자가 있는 경우 상속분의 산정방법

① 기여분의 한도액

기여분은 상속이 개시된 때의 피상속인의 재산가액에서 유증의 가
액을 공제한 액을 넘지 못합니다.

② 기여자가 있는 경우 상속분의 산정방법

공동상속인 중에서 기여자가 있는 경우에는 상속개시 당시의 피상
속인의 재산가액에서 공동상속인의 협의로 정한 기여분을 공제한
것을 상속재산으로 보고 법정 상속분에 따라 산정한 상속분을 각자
의 상속분으로 합니다. 이때 기여자의 경우에는 기여분을 가산하여
상속분을 계산합니다.

이를 산식으로 풀면 다음과 같습니다.

[(상속재산의 가액-기여분)×각 상속인의 상속분율]+(기여자인 경우 기여분)

■ 공동상속인 중 기여자가 있는 경우 상속재산의 산정은 어떻게 하나요?

Q A는 부인 B와 자녀 C, D가 있는 사람으로 불치병을 선고받았습니다. 이에 자녀 C는 A의 치료를 자처하여 고액의 치료비를 부담하고, 사망할 때까지 A를 극진히 간병했습니다. A는 결국 사망하였고, A가 남긴 상속재산은 총 3억 3천만원입니다. 이때 C가 받을 수 있는 상속재산은 얼마인가요?

A ### 1. 기여분의 결정
C가 특별한 기여를 하고, 그러한 기여로 인해 상속재산이 유지되는 경우에는 다른 공동 상속인에게 기여분을 주장할 수 있습니다. C는 아버지의 치료비를 부담하고 간병한 자신의 행위가 통상의 부양이나 간호의 수준을 넘어 이로 인해 상속재산이 유지되었음을 주장하여 다른 공동상속인들과 협의로 기여분을 정할 수 있습니다. 상속인인 B, C, D는 기여분에 관해 협의할 수 있고 협의가 이루어지지 않으면 가정법원에 기여분청구에 관한 소송을 제기할 수 있습니다.

2. 기여자가 있는 경우의 상속재산과 상속분 산정
피상속인의 법률상 배우자는 피상속인의 직계비속보다 5할을 가산한 상속분을 받게 됩니다(「민법」 제1009조). 따라서 직계비속인 C, D가 1만큼을 상속받을 때 배우자인 B는 1.5만큼의 상속재산을 상속받게 되어, 이들의 상속분은 각각 B: 3/7, C: 2/7, D: 2/7가 됩니다.
이때 C의 기여분이 5000만원으로 합의되었다면, 이들에게 돌아갈 상속재산은 다음과 같습니다.
B: (33,000만원-5000만원) × 3/7 + 0 = 12,000만원
C: (33,000만원-5000만원) × 2/7 + 5000만원=13,000만원
D: (33,000만원-5000만원) × 2/7 + 0 = 8,000만원

■ 피상속인 재산의 증가에 기여한 상속인의 기여분은 어떻게 판단합니까?

Q
저는 혼인 전부터 직업 없이 빈둥거리던 남편과 달리 열심히 노력하여 음식점을 마련하였으나 남편명의로 하였고, 시부모까지 모시고 살았습니다. 그런데 최근 남편이 사망하면서 상속인으로 자녀가 없어 시부모와 공동상속하게 되었는바, 저는 위 음식점이 저의 노력으로만 마련한 것이기에 제가 단독으로 상속받고 싶은데 법적으로 가능한지요?

A
기여분이란 공동상속인 중에서 상당한 기간 동거·간호 그 밖의 방법으로 피상속인을 특별히 부양하거나 피상속인의 재산의 유지 또는 증가에 특별히 기여한 자가 있을 경우에는 이를 상속분의 산정에 고려하는 제도입니다. 즉, 공동상속인 사이에 실질적인 공평을 꾀하려는 제도입니다. 피상속인이 상속개시 당시에 가지고 있던 재산의 가액에서 기여상속인의 기여분을 공제한 것을 상속재산으로 보고 상속분을 산정하여 이 산정된 상속분에다 기여분을 보탠 액을 기여상속인의 상속분으로 합니다.

그리고 기여분을 주장할 수 있는 자는 공동상속인에 한하므로 공동상속인이 아닌 자는 아무리 피상속인의 재산의 유지 또는 증가에 기여하였더라도 기여분의 청구를 할 수 없습니다. 예컨대, 사실상의 배우자, 포괄적 수증자 등은 상속인이 아니므로 기여분권리자가 될 수 없습니다.

기여의 정도는 통상의 기여가 아니라 특별한 기여이어야 되며, 특별한 기여라 함은 본래의 상속분에 따라 분할하는 것이 기여자에게 불공평한 것으로 명백히 인식되는 경우로서 예를 들어 수인의 아들 가운데 한 사람이 무상으로 부(父)의 사업을 위하여 장기간 노무를 제공한 경우는 이에 해당하나 배우자의 가사노동은 배우자 서로간 부양의무가 있으므로 특별한 기여에 해당한다고 볼 수는 없다고 하겠습니다.

기여분은 공동상속인의 협의 또는 가정법원의 심판으로 결정됩니다. 가정법원은 협의가 되지 아니하거나 협의할 수 없는 때에는 기여자의 청구에 의해 기여의 시기, 방법 및 정도와 상속재산의 액, 기타의 사정을 참작하여 기여분을 정합니다(민법 제1008조의2 제2, 3항).

기여분은 상속이 개시된 때의 피상속인의 재산가액에서 유증의 액수를 공제한 액을 넘지 못하며(민법 제1008조의2 제3항), 이 제한은 기여분 보다는 유증을 우선시키기 위한 것입니다.

이상에서 살펴본 바와 같이 귀하의 경우에는 기여분에 대하여 보호를 받을 수 있으며, 보호방법으로는 공동상속인끼리 협의를 하고, 협의가 되지 않거나 협의가 불가능한 경우에 가정법원에 청구하여 기여분을 보호받을 수도 있습니다.

■ 기여분과 상속분은 상속이익에 포함되는 범위는?

Q 甲의 사망으로 그의 처, 장남, 차남, 출가한 장녀가 공동상속인입니다. 甲의 재산이 1,200만원이나, 장남이 재산형성에 기여한 몫이 300만원으로 인정되어 있는 상황입니다. 이 경우 장남의 상속이익은 얼마인지요?

A 민법 제1008조의2는 "① 공동상속인 중에 상당한 기간 동거·간호 그 밖의 방법으로 피상속인을 특별히 부양하거나 피상속인의 재산의 유지 또는 증가에 특별히 기여한 자가 있을 때에는 상속개시 당시의 피상속인의 재산가액에서 공동상속인의 협의로 정한 그 자의 기여분을 공제한 것을 상속재산으로 보고 제1009조 및 제1010조에 의하여 산정한 상속분에 기여분을 가산한 액으로써 그 자의 상속분으로 한다. ② 제1항의 협의가 되지 아니하거나 협의할 수 없는 때에는 가정법원은 제1항에 규정된 기여자의 청구에 의하여 기여의 시기·방법 및 정도와 상속재산의 액 기타의 사정을 참작하여 기여분을 정한다. ③ 기여분은 상속이 개시된 때의 피상속인의 재산가액에서 유증의 가액을 공제한 액을 넘지 못한다. ④ 제2항의 규정에 의한 청구는 제1013조제2항의 규정에 의한 청구가 있을 경우 또는 제1014조에 규정하는 경우에 할 수 있다."고 규정하고 있습니다.

따라서 사안의 경우, 상속재산을 계산하면 1,200 - 300(기여분) = 900만원, 각자의 상속분의 비율을 1.5 : 1 : 1이므로, 장남의 상속분은 900 × 2/9 = 200만원이고, 여기에 기여분 300만원을 더하면 장남의 상속이익은 500만원입니다.

13. 공동상속

13-1. 공동상속이란?
"공동상속"이란 상속인이 여러 명인 경우 피상속인의 상속재산이 이들에게 함께 상속되는 것을 말합니다.

13-2. 공동상속인이란?
"공동상속인"이란 공동상속을 받는 같은 순위의 여러 명의 상속인을 말합니다.

13-3. 공동상속인의 상속재산공유
① 상속인이 여러 명인 때에는 상속재산은 그 공유(共有)로 합니다.
② "공유(共有)"란 물건이 지분(持分)에 따라 여러 명의 소유로 된 것을 말합니다).

13-4. 공동상속인의 권리의무 승계
① 공동상속인은 각자의 상속분에 응하여 피상속인의 권리의무를 승계합니다.
② 다만, 이러한 공동상속인의 공유관계는 상속재산의 분할 전의 잠정적인 상태를 위해 상정된 것입니다.

13-5. 공동상속재산의 관리·처분
① 공동상속인은 그 지분을 처분할 수 있고 상속재산 전부를 지분의 비율로 사용, 수익할 수 있습니다.
② 공동상속인은 다른 공유자의 동의 없이 공동상속재산을 처분하거나 변경하지 못합니다.
③ 공동상속재산의 관리에 관한 사항은 공동상속인의 지분의 과반수로써 결정합니다. 그러나 보존행위는 각자가 할 수 있습니다.
④ 공동상속인은 그 지분의 비율로 공동상속재산의 관리비용 그 밖의 의무를 부담합니다.
⑤ 공동상속인이 1년 이상 공동상속재산 관리비용에 관한 의무이행을

지체한 때에는 다른 공동상속인은 상당한 가액으로 지분을 매수할
수 있습니다.

13-6. 공동상속분의 양수(讓受)

① 공동상속인 중에 그 상속분을 제3자에게 양도한 사람이 있는 때에
  는 다른 공동상속인은 그 가액과 양도비용을 상환하고 그 상속분을
  양수할 수 있습니다.
② 제3자에게 양도된 상속분을 양수할 수 있는 권리는 그 사유를 안
  날부터 3개월, 그 사유 있은 날부터 1년 내에 행사해야 합니다.

14. 공동상속인의 상속재산분할

14-1. 상속재산 분할

① 상속재산은 상속인 각자의 재산으로 분할됩니다.
② 상속개시로 공동상속인은 피상속인의 권리·의무를 각자 승계하며,
  상속재산은 공동상속인의 공유가 됩니다. 이 경우 상속재산은 상속
  인 각자의 재산으로 분할되어야 할 필요가 있는데, 이를 상속재산
  의 분할이라 합니다.
③ 유언 또는 합의로 상속재산 분할을 금지한 경우에는 상속재산분할
  이 금지됩니다. 피상속인이 유언으로 상속재산분할을 금지한 경우에
  는 일정기간 동안 상속재산분할이 금지됩니다.
  - 피상속인은 유언으로 상속재산의 전부나 일부에 관하여 또는 상속
    인의 전원이나 일부에 대하여 분할을 금지할 수 있습니다.
  - 다만, 5년을 넘은 분할금지기간을 정한 때에는 그 분할금지기간은
    5년으로 단축됩니다.
④ 공동상속인이 합의로 상속재산분할을 금지한 경우에는 일정기간 동
  안 상속재산분할이 금지됩니다.
    공동상속인은 5년 내의 기간으로 분할하지 않을 것을 약정할 수
    있습니다.
  - 이러한 분할금지의 합의는 다시 5년에 한하여 갱신할 수 있습니다.

⑤ 상속재산의 분할에는 공동상속인 전원이 참여해야 합니다. 재산분할을 청구할 수 있는 사람은 상속인, 포괄수유자, 공동상속인의 상속인, 상속분의 양수인 등이 있습니다.
- 상속인의 채권자도 채권자 대위의 방법으로 분할청구권을 행사할 수 있습니다.

14-2. 상속재산분할의 대상

① 원칙적으로 모든 상속재산은 공동상속인이 분할할 수 있습니다.
상속으로 인해 상속인에게 상속재산이 포괄적으로 이전하지만, 모든 상속재산이 분할의 대상이 되는 것은 아닙니다. 분할되는 상속재산의 평가는 분할시 또는 분할심판시를 기준으로 합니다.

② 예외적으로 금전채권·금전채무는 상속재산분할의 대상이 되지 않습니다. 금전채권·채무와 같이 가분채권(可分債權)과 가분채무(可分債務)는 상속재산에 해당하지만 상속개시와 동시에 법정상속분에 따라 공동상속인에게 분할되어 승계되므로 분할의 대상이 아닙니다(대법원 1997. 6. 24. 선고 97다8809 판결).
여기서 "가분채권"이란 채권의 성질이 다수의 채권자에게 나누어서 변제할 수 있는 채권을 말합니다. "가분채무"란 채무의 성질이 다수의 채무자에게 일정 부분만큼의 이행을 청구할 수 있는 채무를 말합니다.

상 속 재 산 분 할 협 의 서

20○○년 ○월 ○○일 ○○시 ○○구 ○○동 ○○ 망 □□□의 사망
으로 인하여 개시된 상속에 있어 공동상속인 ○○○, ○○○, ○○○는
다음과 같이 상속재산을 분할 하기로 협의한다.

1. 상속재산 중 ○○시 ○○구 ○○동 ○○ 대 300㎡는 ○○○의
   소유로 한다.
1. 상속재산 중 □□시 □□구 □□동 □□ 대 200㎡는 ○○○의
   소유로 한다.
1. 상속재산 중 △△시 △△구 △△동 △△ 대 100㎡는 ○○○의
   소유로 한다.

위 협의를 증명하기 위하여 이 협의서 3통을 작성하고 아래와 같이 서
명날인하여 그 1통씩을 각자 보유한다.

                    20○○년   ○월   ○○일

                    성 명 ○ ○ ○   ㊞
                    주소 ○○시 ○○구 ○○길 ○○
                    성 명 ○ ○ ○   ㊞
                    주소 ○○시 ○○구 ○○길 ○○
                    성 명 ○ ○ ○   ㊞
                    주소 ○○시 ○○구 ○○길 ○○

■ 공동상속인 중 한 사람이 법정상속분을 초과하여 채무를 부담하기로 하는 재산분할의 협의가 가능한가요?

Q 상속재산으로 1억원 상당의 부동산과 3000만원의 채무를 부담하고 있는 피상속인 A가 사망하자 상속인이 된 자녀 X, Y, Z는 장남 X가 위 부동산과 채무를 모두 상속하기로 하는 상속재산의 분할협의를 하였습니다. 그러나 Y, Z는 별도로 상속의 포기신고를 하지 않았습니다. 이러한 X, Y, Z의 상속재산의 협의분할은 효력이 있을까요?

A 공동상속인 중 한 사람이 법정상속분을 초과하여 채무를 부담하기로 하는 재산분할도 채권자의 승낙이 있으면 효력이 있습니다.

원래 금전채무와 같이 급부의 내용이 가분인 채무는 상속 개시와 동시에 당연히 법정상속분에 따라 공동상속인에게 분할되어 귀속되는 것이므로, 상속재산 분할의 대상이 될 여지가 없고, 이렇게 금전채무를 상속인 중 한 사람이 모두 부담하기로 하는 협의는 민법 제1013조에서 말하는 상속재산의 협의분할에 해당하는 것은 아닙니다.

그러나 위 분할의 협의에 따라 공동상속인 중의 1인이 법정상속분을 초과하여 채무를 부담하기로 하는 약정은 면책적 채무인수의 실질을 가진다고 할 것이어서, 채권자에 대한 관계에서 위 약정에 의하여 다른 공동상속인이 법정상속분에 따른 채무의 일부 또는 전부를 면하기 위하여는 민법 제454조의 규정에 따른 채권자의 승낙을 필요로 하고, 이러한 상속재산분할 협의는 협의한 때부터 효력이 있습니다(대법원 1997. 6. 24. 선고 97다8809 판결 참조).

■ 상속받은 금전채무에 대해서 협의로 분할할 수 있는지요?

Q 乙은 2009. 2. 1. F가 야기한 교통사고로 사망하였는데, 사망 당시 상속인으로는 배우자인 C와 망인의 父 D, 母 E가 있었고, 상속재산으로는 甲에 대한 1억 원의 의류대금채무 및 Z부동산(가액은 2억원), W동산(1,000만원 상당)과 F에 대한 5,000만원의 손해배상채권이 있었으며, C, D, E는 이러한 상속재산의 현황을 잘 알고 있었습니다. 그리고 D, E

는 2009. 6. 1. C에게 'C가 망인의 채무를 포함한 재산 전부를 상속하는 것에 대해 이의를 제기하지 않겠다'는 취지의 각서를 작성해 주었습니다. 이러한 사실을 알게 된 甲은 2009. 7. 1. C를 상대로 의류대금 1억원 전액의 지급을 소를 제기하였는데, 승소가능성이 있는지요?

A 금전채무와 같이 급부의 내용이 가분인 채무가 공동상속된 경우, 이는 상속 개시와 동시에 당연히 법정상속분에 따라 공동상속인에게 분할되어 귀속되는 것이므로, 상속재산 분할의 대상이 될 여지가 없습니다(대법원 1997. 06. 24. 선고 97다8809 판결). 따라서 乙의 금전채무를 C가 단독으로 부담하기로 한 합의는 상속재산의 협의분할로서의 효력은 없습니다.

또한, 대법원은 "상속재산 분할의 대상이 될 수 없는 상속채무에 관하여 공동상속인들 사이에 분할의 협의가 있는 경우라면 이러한 협의는 민법 제1013조에서 말하는 상속재산의 협의분할에 해당하는 것은 아니지만, 위 분할의 협의에 따라 공동상속인 중의 1인이 법정상속분을 초과하여 채무를 부담하기로 하는 약정은 면책적 채무인수의 실질을 가진다고 할 것이어서, 채권자에 대한 관계에서 위 약정에 의하여 다른 공동상속인이 법정상속분에 따른 채무의 일부 또는 전부를 면하기 위하여는 민법 제454조의 규정에 따른 채권자의 승낙을 필요로 한다(대법원 1997. 06. 24. 선고 97다8809 판결)"고 하는 한편, "채무자와 인수인 사이의 계약에 의한 채무인수에 대하여 채권자는 명시적인 방법뿐만 아니라 묵시적인 방법으로도 승낙을 할 수 있는 것인데, 채권자가 직접 채무인수인에 대하여 인수채무금의 지급을 청구하였다면 그 지급청구로써 묵시적으로 채무인수를 승낙한 것으로 보아야 한다(대법원 1989. 11. 14. 선고 88다카29962 판결)."고 판시한 바 있습니다.

따라서 채권자 甲이 면책적 채무인수인 C에 대해 인수채무금 전액의 지급을 청구하는 것은 묵시적으로 채무인수를 승낙한 것이므로 C는 금전채무 1억원 전액에 대해 채무자가 됩니다. 결국 甲의 C에 대한 청구는 전부 인용됩니다.

14-3. 상속재산 분할의 방법

14-3-1. 지정분할

① "상속재산의 지정분할"이란 피상속인이 상속재산의 분할방법을 유언으로 정하거나 또는 유언으로 상속인 이외의 제3자에게 분할방법을 정할 것을 위탁하는 경우에 그에 따라 행해지는 분할을 말합니다.

② 지정분할을 할 때에는 다음과 같은 분할방법을 선택하여 분할합니다.

1. 대금분할: 상속재산을 환가처분한 후에 그 가액을 상속인 사이에서 나누는 방법을 말합니다.

2. 현물분할: 개개의 재산을 있는 그대로의 상태로 상속인 사이에서 나누는 방법을 말합니다.

3. 가격분할: 상속인의 한사람이 다른 사람의 지분을 매수하여 그 가액을 지급하고 단독소유자가 되는 것을 말합니다.

[서식] 자필증서에 의한 유언증서

자필증서에 의한 유언증서

유 언 자 ○ ○ ○
　　　　　19○○년 ○월 ○일생
　　　　　등록기준지　○○시 ○○구 ○○길 ○○
　　　　　주소　○○시 ○○구 ○○길 ○○(우편번호)
　　　　　전화　○○○ - ○○○○

유 언 사 항

1. 나는 다음과 같이 유언한다.
 (1) 재산의 사인증여(민법 제562조 계약임, 등기원인은"증여"가 된다)
　　　또는 유증(민법 제1073조 단독행위임, 등기원인은"유증"이 된다)
　　　에 관하여,
　　　○○시 ○○동 ○○번 대지 ○○㎡는 이를 상속인 중 장남 □□
　　　□(주소:　　　생년월일 :　　　)에게 증여하고,
　　　○○시 ○○동 ○○번 대지 ○○㎡와 동 지상 철근 콘크리트조

슬라브지붕 1층 주택 건평 ○○㎡는 차남 □□□(주소:
생년월일:)에게 증여하고, 이 사인증여(또는 유증)는 나의
사망으로 인하여 효력이 발생한다.
(2) 유언집행자의 지정에 관하여
위 사인 증여계약(또는 유증)의 이행을 위하여 유언집행자로 ◇
◇◇(주소: 주민등록번호:)를 지정한다.

작성일자 서기 20○○년 ○월 ○일
유 언 자   성명 ○○○   (인)

■ **자필증서에 의한 유언의 효력은 각서도 인정되는지요?**

Q 저는 10년 전부터 甲의 후처로 들어와 혼인신고 없이 동거인
으로 살고 있는데, 甲은 그의 사후에 저의 생활안정을
배려한다면서 "자신이 소유한 부동산 1필지를 사후에 증여하
겠다."는 취지의 각서를 자필로 작성하여 저에게 교부하였습니
다. 위와 같은 각서로도 유언의 효력이 인정되는지요?

A 「민법」은 유언의 존재여부를 분명히 하고 위조, 변조를 방지할 목
적으로 일정한 방식에 의한 유언에 대해서만 그 효력을 인정하고
있습니다. 민법에 규정된 유언의 방식으로는 자필증서에 의한 유
언, 녹음에 의한 유언, 공정증서에 의한 유언, 비밀증서에 의한
유언, 구수증서에 의한 유언이 있습니다(같은 법 제1065조).
'자필증서에 의한 유언'이란 유언 중에서 가장 간단한 방식이며,
그 요건은 유언자가 유언의 내용이 되는 전문과 연월일·주소·성명
을 자신이 쓰고 날인한 유언서입니다(같은 법 제1066조). 이 유
언은 자필하는 것이 절대적 요건이므로, 타인에게 구수(口授), 필
기시킨 것, 타이프라이터나 점자기를 사용한 것은 자필증서로서
인정되지 않으며 따라서 무효입니다. 다만, 자기 스스로 썼다면
외국어나 속기문자를 사용한 것도, 그리고 가족에게 의문의 여지
없는 정도의 의미가 명확한 관용어나 약자·약호를 사용한 유언도
유효힙니다.
유언서 작성 시 연월일도 반드시 자필로 기재하여야 하며 유언서
말미나 봉투에 기재하여도 무방하나 연월일이 없는 유언은 무효입

니다. 연월일의 자필이 중요시되는 이유는, 첫째, 언제 유언이 성립되었느냐를 명확히 하고, 둘째, 유언자의 유언능력을 판단하는 표준시기를 알기 위하여, 셋째, 유언이 2통으로 작성된 경우에 전·후의 유언내용이 저촉되는 때에는, 뒤의 유언으로써 그 저촉되는 부분의 앞의 유언을 취소한 것으로 볼 수 있으므로, 어느 유언이 전·후의 것인지 명확히 하기 위함입니다. 그렇지만 연월일을 반드시 정확하게 기입할 필요는 없으며 '만 60세의 생일'이라든가 '몇 년의 조부 제사일에'라는 식으로 써도 상관없습니다.

그러나 판례에 의하면, 연월만 표시하고 날의 기재를 하지 않은 유언은 무효입니다(대법원 2009.5.14., 선고, 2009다9768, 판결). 예컨대, '1954년 9월 길일'과 같은 기재는 날짜의 기재가 없는 것으로 무효가 됩니다.

성명의 기재가 없는 유언서 또는 성명을 다른 사람이 쓴 유언서는 무효입니다. 여기서, 성명의 기재는 그 유언서가

누구의 것인가를 알 수 있는 정도면 되므로 호나 자, 예명(藝名) 등도 상관없습니다. 성과 이름을 다 쓰지 않더라도 유언자 본인의 동일성을 알 수 있는 경우에는 유효하지만, 성명의 자서(自書) 대신 자서를 기호화한 인형(印形) 같은 것을 날인한 것은 무효입니다.

또한, 자필증서에 의한 유언은 유언서의 전문과 연월일, 성명을 자서하고 도장찍는 것을 요건으로 하되 도장은 인감증명이 되어있는 실인(實印)일 필요는 없으며, 막도장도 좋고, 무인(拇印)도 무방하며 날인은 타인이 하여도 무방합니다. 사후 문자의 삽입·삭제·변경을 할 때에는 유언자가 자서하고 날인하여야 합니다.

[서식] 구수증서 의한 유언증서

유 언 증 서

유언자 ○○시 ○○구 ○○길 ○○번지 박○○은 20○○. ○. ○. 유언
자 본인 자택에서 다음과 같이 유언을 구술하다.

1. 가. 장남 박□□에게는 ○○소재 대지 ○평 건평 ○○평 거주가옥 1동을
상속한다.
   나. 2남 박□□에게는 ○○소재 대지 ○평 위 지상건물 1동 건평 ○평을
상속한다.
   다. 장녀 박□□에게는 주식 중 ○○주식회사 및 ○○회사의 주식 ○○주
를 상속한다.
   라. 처 유□□에게는 ○○은행 예금 ○○○원과 ○○은행 적금 ○○○원
을 상속한다.
2. 위 다. 라. 이외의 동산은 일단 장남 박□□에게 상속시키되 유언자
의 처와 협의하여 나누어도 좋다.
3. 장남 박□□은 내가 사망 후 3남 박□□의 대학졸업시까지 학자금
을 부담하며 학업에 지장이 없도록 할 것.
4. 유언집행자로서 유언자의 동생인 박□□을 지정한다.
5. 장남, 2남, 장녀 등은 협조하여 어머니에게 효도를 다하며 형제간에
화목할 것.

위 취지의 유언자 구수를 증인 ◇◇◇가 필기한 후 유언자 및 다른
증인에게 낭독해 준 바 모두 필기가 정확함을 승인하였다.

20○○년 ○월 ○일

유언자 ○ ○ ○ (인)
필기자 증인 ○ ○ ○ (인)
주소 ○○시 ○○구 ○○길 ○○
직업 변호사
증인 ○ ○ ○ (인)
주소 서울 ○○구 ○○길 ○○
직업 회사원

■ 구수증서에 의한 유언은 어떤 요건이 필요합니까?

Q 甲은 위암과 암종증으로 입원 중이던 연세대학교 의과대학 신촌세브란스병원 병실에서 구수증서에 의한 유언을 하였습니다. 그러나 甲은 유언을 하던 당일 오전에도 산책을 하고, 문병을 온 사람들과 이야기를 나누었으며, 위 유언도 앉아서 하였습니다. 이 경우 甲의 유언은 효력이 있는지요?

A 민법 제1070조 제1항은 "구수증서에 의한 유언은 질병 기타 급박한 사유로 인하여 전4조의 방식에 의할 수 없는 경우에 유언자가 2인 이상의 증인의 참여로 그 1인에게 유언의 취지를 구수하고 그 구수를 받은 자가 이를 필기낭독하여 유언자의 증인이 그 정확함을 승인한 후 각자 서명 또는 기명날인하여야 한다."고 규정하고 있습니다.

그리고 이와 관련하여 대법원은 "민법 제1065조 내지 제1070조가 유언의 방식을 엄격하게 규정한 것은 유언자의 진의를 명확히 하고 그로 인한 법적 분쟁과 혼란을 예방하기 위한 것이므로, 법정된 요건과 방식에 어긋난 유언은 그것이 유언자의 진정한 의사에 합치하더라도 무효라고 하지 않을 수 없는바, 민법 제1070조 제1항이 구수증서에 의한 유언은 질병 기타 급박한 사유로 인하여 민법 제1066조 내지 제1069조 소정의 자필증서, 녹음, 공정증서 및 비밀증서의 방식에 의하여 할 수 없는 경우에 허용되는 것으로 규정하고 있는 이상, 유언자가 질병 기타 급박한 사유에 있는지 여부를 판단함에 있어서는 유언자의 진의를 존중하기 위하여 유언자의 주관적 입장을 고려할 필요가 있을지 모르지만, 자필증서, 녹음, 공정증서 및 비밀증서의 방식에 의한 유언이 객관적으로 가능한 경우까지 구수증서에 의한 유언을 허용하여야 하는 것은 아니다(대법원 1999. 09. 03. 선고 98다17800 판결)."고 판시한 바 있습니다.

따라서 甲은 구수증서에 의한 유언 이외에 녹음 또는 공정증서에 의한 유언 등을 할 수 있었던 것으로 보이므로, 위 구수증서에 의한 유언은 효력이 없습니다.

유 언 증 서 검 인 신 청 서

청 구 인 ○ ○ ○
　　　　　19○○년 ○월 ○일생
　　　　　등록기준지　　○○시 ○○구 ○○길 ○○
　　　　　주소　　○○시 ○○구 ○○길 ○○(우편번호)
　　　　　전화　　○○○ - ○○○○
　　　　　유언자와의 관계 : 배우자

유 언 자 □ □ □
　　　　　19○○년 ○월 ○일생
　　　　　등록기준지　　○○시 ○○구 ○○길 ○○
　　　　　주소　　○○시 ○○구 ○○길 ○○(우편번호)
　　　　　전화　　○○○ - ○○○○

청 구 취 지

유언자 망 □□□가 20○○. ○. ○. 작성한 별지의 자필증서에 의한
유언서의 검인을 청구합니다.

청 구 원 인

1. 청구인은 유언자 망 □□□가 작성한 별지의 자필증서에 의한 유언서
   의 보관자이며, 유언자 망 □□□의 배우자입니다.
2. 청구인은 20○○. ○. ○. 유언자 망 □□□가 별지의 자필증서에 의
   한 유언서를 작성하여 청구인에게 보관토록 하여 보관하고 있던
   중, 유언자가 사망했으므로 민법 제1091조 제1항에 의하여 이건
   검인을 청구합니다.

첨 부 서 류

　　1. 기본증명서(유언자)　　　　　　1통
　　1. 가족관계증명서(유언자)　　　　1통
　　1. 말소주민등록등본　　　　　　　1통

- 237 -

```
1. 주민등록등본                    1통
1. 유언증서 원본                   1통
1. 납부서                          1통


        20○○년   ○월   ○일
            위 청구인  ○  ○  ○    (인)
○ ○ 가 정 법 원  귀 중
```

■ 공정증서에 의한 유언은 어떤 효력이 있나요?

Q 이 사망 전에 증인 乙등이 참여한 상태로 법무법인 소속 공증 담당변호사 丙(乙의 친족)의 면전에서 공정증서에 의한 유언을 하였습니다. 이 경우 유언의 효력이 있는가요?

A 공정증서 작성 당시 증인으로 참여한 乙이 공증인법 제33조 제3항 제6호 에서 규정하고 있는공증인 丙의 친족에 해당하여 공정증서에 의한 유언 작성에 참여할 수 없는 증인결격자이므로 위 공정증서는 민법 제1068조 가 정하는 공정증서에 의한 유언으로서의 요건을 갖추지 못하였고, 제반 사정에 비추어 증인결격자의 예외를 정한 공증인법 제33조 제3항 단서 및 제29조 제2항 의 '촉탁인이 참여인의 참여를 청구한 경우'에 해당한다고보기도 어려우므로, 위의 공정증서에 의한 유언은 효력이 없습니다(청주지방법원 2014. 9. 25. 선고 2014가합26078 판결).

■ 컴퓨터로 작성한 유언장도 효력이 있나요?

Q 어머니가 돌아가신 후 책상을 정리하다가 유언장을 발견했습니다. 재산의 2/3를 저에게 준다는 내용인데, 이 유언대로 상속재산을 배분하자고 하니 친동생들이 유언장이 컴퓨터로 작성됐기 때문에 무효라고 합니다. 어머니가 지장까지 찍은 유언장입니다. 유언장의 효력이 어떻게 되는지요?

A 민법 제1066조 이하에 따라 자필증서, 녹음, 공정증서, 비밀증서, 구수증서로 유언을 작성할 수 있습니다. 컴퓨터로 작성한 것은 자필증서등에 해당하지 않지만, 민법 제1069조에 따라 비밀증서에 의한 유언은 유언자가 필자의 성명을 기입한 증서를 엄봉날인하고 이를 2인 이상의 증인의 면전에 제출하여 자기의 유언서임을 표시한 후 그 봉서표면에 제출연월일을 기재하고 유언자와 증인이 각자 서명 또는 기명날인하여야 합니다. 따라서 이에 요건에 부합한다면 유언으로 인정받을 수도 있습니다.

■ 상속재산은 어떻게 분할하나요?

Q 저희 아버지는 얼마 전 사망하셨는데, 상속재산으로 약간의 부동산과 주식 그리고 은행예금이 있습니다. 상속인으로는 어머니를 비롯하여 남동생과 여동생 등 총 6명입니다. 이 경우 상속재산의 분할은 어떻게 하는지요?

A 재산상속은 피상속인의 사망으로 개시되며, 재산상속인이 수인인 때에는 상속재산은 그 공동상속인의 공유로 됩니다(민법 제997조 및 제1006조). 상속재산의 분할이라 함은 상속개시로 인하여 생긴 공동상속인간에 상속재산의 공유관계를 종료시키고 각 상속인에게 그의 상속분을 확정·배분시키는 일종의 청산행위입니다.
상속재산을 분할하는 방법에는 세 가지가 있습니다.
첫째, 유언에 의한 분할입니다. 피상속인은 유언으로 상속재산의 분할방법을 정하거나 이를 정할 것을 제3자에게 위탁할 수 있고, 더 나아가 상속개시의 날로부터 5년을 초과하지 아니하는 기간 내에서 상속재산의 분할 자체를 금지할 수 있습니다(민법 제1012조).
둘째, 협의에 의한 분할입니다. 공동상속인은 유언에 의한 분할방법의 지정이나 분할금지가 없으면, 언제든지 그 협의에 의하여 상속재산을 분할할 수 있습니다(민법 제1013조 제1항). 협의는 공동상속인 전원의 동의가 있어야 합니다. 다만 협의가 반드시 한 자리에서 이루어질 필요는 없고 순차적으로 이루어질 수도 있으며, 상속인 중 한사람이 만든 분할 원안을 다른 상속인이 후에 돌아가며 승인하여도 무방합니다(대법원 2001. 6. 29. 선고 2001다 28299 판결, 대법원 2004. 10. 28. 2003다65438, 65445), 또한 그 분할되는 몫은 반드시 각자의 법정상속분에 따르지 않아도 됩니다.

한편 상속인 중에 미성년자와 그 친권자가 있는 경우에는 친권자 가 그 미성년자의 주소지를 관할하는 가정법원에 특별대리인선임 신청을 하여 그 선임된 특별대리인과 분할의 협의를 하여야 합니 다(민법 제921조, 대법원 2001. 6. 29. 2001다28299).

셋째, 법원에 의한 분할입니다. 공동상속인 사이에서 상속재산분 할의 협의가 성립되지 아니한 때에는 각 공동상속인은 가정법원에 분할을 청구할 수 있습니다(민법 제1013조 제2항, 제269조 제1 항). 여기에서 '협의가 성립되지 아니한 때'에는 분할방법에 관해 서 뿐만 아니라 분할여부에 관하여 의견이 일치하지 않는 경우도 포함됩니다. 이런 경우에는 각 공동상속인은 먼저 가정법원에 조 정을 신청하여야 하며(가사소송법 제2조 제1항 마류사건 제10 호), 조정이 성립되지 않으면 심판을 청구할 수 있는데, 심판에 의한 분할방법은 현물분할을 원칙으로 하며, 가정법원은 현물로 분할할 수 없거나 분할로 인하여 현저히 그 가액이 감소될 염려 가 있는 때에는 물건의 경매를 명하기도 합니다.

이상에서 살펴본 바와 같이 귀하의 경우에 상속재산의 분할에 관 하여 부친이 특별히 유언을 남기지 않고 사망하였다면, 협의에 의 한 분할를 하는 것이 타당하다고 사료됩니다.

14-3-2. 협의분할

① "상속재산의 협의분할"이란 피상속인의 분할금지의 유언이 없는 경 우에 공동상속인이 협의로 분할하는 것을 말합니다.

② 협의분할을 할 때에는 당사자 전원의 합의가 있으면 되고, 그에 관 한 특별한 방식이 필요 없습니다. 대금분할, 현물분할, 가격분할에 따를 수도 있고, 이를 절충하는 방법을 사용하여도 좋습니다.

③ 상속재산의 협의분할은 일종의 계약으로 상속인 사이에 구두로 할 수도 있지만, 분쟁을 피하기 위해 협의분할서를 작성하는 것이 좋 습니다.

④ 분할협의에 참가한 상속인이 무자격자이거나, 상속인의 일부를 제외

해서 분할의 협의를 한 경우에는 무효입니다(대법원 1987. 3. 13. 선고 85므80 결정). 상속인 중 한 사람이 미성년자인 경우에는 미성년자의 보호를 위해 특별대리인이 선임되어야 합니다.

⑤ 분할협의의 의사표시에 착오나 사기·강박이 있었던 경우에는 분할협의의 의사표시를 한 사람은 이를 취소할 수 있습니다.

■ **상속재산분할협의에 의하여 소유권이전등기가 이루어졌다면, 이 분할협의는 보호받을 수 있는지요?**

> **Q** 망인 A의 상속인으로 甲, 乙, 丙이 있고, 상속재산으로 X토지가 있습니다. 乙은 X토지에 대한 자기의 상속지분만큼 B에게 매도하였으나, 아직 등기는 경료하지 않은 상태입니다. 그런데 그 후 상속재산분할협의에 의하여 甲 명의로 X토지에 대한 소유권이전등기가 이루어졌다면, B는 보호받을 수 있는지요?

> **A** 민법 제1015조는 "상속재산의 분할은 상속개시된 때에 소급하여 그 효력이 있다. 그러나 제삼자의 권리를 해하지 못한다."고 규정하고 있습니다. 이때 분할의 소급효에 불구하고 보호받는 제3자는 대항요건을 갖춘 특정승계인에 한합니다. 즉 제3자는 등기 등 대항력을 갖춘 제3자에 한합니다.
> 대법원 역시 "상속재산협의분할에 의하여 갑 명의의 소유권이전등기가 경료된 경우 협의분할 이전에 피상속인의 장남인 을로부터 토지를 매수하였을 뿐 소유권이전등기를 경료하지 아니한 자나 그 상속인들은 민법 제1015조 단서에서 말하는 '제3자'에 해당하지 아니하여 을의 상속지분에 대한 협의분할을 무효로 주장할 수 없다(대법원 1992. 11. 24. 선고 92다31514 판결)."고 판시한 바 있습니다.
> 따라서 B는 민법 제1015조에 의하여 보호되는 제3자에 해당하지 않습니다.

■ 상속재산분할협의의 합의해제가 허용되는지요?

> **Q** 망인 A의 상속인으로 甲, 乙, 丙이 있고, 그 상속재산으로 X
> 토지가 있습니다. 甲, 乙, 丙은 상속재산분할 과정에서 처음
> 에는 X토지의 소유권을 丙에게 넘겨주기로 협의했으나, 그 후
> 공동상속인들 사이에 분쟁이 발생하여 최초의
> 협의를 해제하고 甲, 乙, 丙 각 1/3지분씩 공유지분등기를 하
> 려고 합니다. 위와 같은 합의해제가 허용되는지요?

> **A** 사안의 경우, 상속재산 분할협의의 전부 또는 일부를 합의해제한
> 후 다시 새로운 분할협의를 할 수 있는지 여부가 문제됩니다.
> 이와 관련하여 대법원은 "상속재산 분할협의는 공동상속인들 사이
> 에 이루어지는 일종의 계약으로서, 공동상속인들은 이미 이루어진
> 상속재산 분할협의의 전부 또는 일부를 전원의 합의에 의하여 해
> 제한 다음 다시 새로운 분할협의를 할 수 있다(대법원 2004.
> 07. 08. 선고 2002다73203 판결)."고 판시한 바 있습니다.
> 따라서 최초의 상속재산분할협의를 합의해제 할 수 있으나, 이 경
> 우에도 민법 제548조 제1항 단서의 규정이 적용되므로(대법원
> 2004. 07. 08. 선고 2002다73203 판결) 이 부분을 유의하시
> 기 바랍니다.

■ 아버지가 분할방법의 지정을 유언이 아닌, 생전행위로 하였을 경우 효력이 있을까요?

> **Q** 돌아가신 아버지가 분할방법의 지정을 유언이 아닌, 생전행위
> 로 하였습니다. 효력이 있을까요?

> **A** 피상속인은 유언으로 상속재산의 분할방법을 정할 수는 있지만,
> 생전행위에 의한 분할방법의 지정은 그 효력이 없어 상속인들이
> 피상속인의 의사에 구속되지는 않는다(대법원 2001. 6. 29. 선
> 고 2001다28299 판결)이 확립된 판례의 입장입니다.
> 따라서 분할방법의 지정은 유언으로 하여야 하므로, 생전행위로
> 한 것은 효력이 없습니다.

■ 아버지가 사망하시고 고려기간 중 일부 상속인들이 분합협의를 요구하
는데 이에 응할 의무가 있나요?

> *Q* 아버지가 사망하시고 고려기간 중 일부 상속인들이 분합협의
> 를 요구하는데 이에 응할 의무가 있나요?

> *A* 공동상속인은 언제든지 협의로 상속재산의 분할을 할 수 있습니
> 다. 공동상속인의 전원이 참가하는 한, 이른바 고려기간 중에도
> (민법 제1019조), 협의에 의한 분할을 할 수 있습니다. 다만 그
> 결과 상속재산에 대한 처분행위를 한 때에(민법 제1026조 제1
> 항)해당하여, 단순승인을 한 것으로 될 것입니다. 그래서 고려기
> 간 중에 일부의 상속인이 분할의 협의를 요구하더라도, 다른 상속
> 인은 이에 응할 의무는 없습니다.

14-3-3. 심판분할

① "상속재산의 심판분할"이란 공동상속인 사이에 분할의 협의가 이루
어지지 않은 경우에 가정법원에 청구하는 분할방법을 말합니다.
② 상속재산의 심판분할을 위해 반드시 조정을 거쳐야 하며, 조정이 성
립하지 않은 경우에만 가정법원의 심판분할절차가 진행됩니다.
③ 상속재산의 분할심판)은 상속인 중 한 사람 또는 여러 사람이 나머
지 상속인 전원을 상대방으로 하여 청구해야 합니다.
④ 상속재산분할청구는 그 성질이 공유물분할청구이므로 청구기한의
제한이 없이 언제든지 가능합니다.
⑤ 상속재산분할심판청구가 제기되면 가정법원은 재산분할에 관한 심
판을 결정합니다.
⑥ 현물로 분할할 수 없거나 분할로 인하여 현저히 그 가액이 감손(減
損)될 염려가 있는 때에는 법원은 물건의 경매를 명할 수 있습니다.

■ 상속재산에 대해 협의분할을 마쳤는데 새로운 상속재산이 나타난 경우 새롭게 상속재산을 협의할 수 있나요?

Q 상속재산에 대해 협의분할을 마쳤는데 새로운 상속재산이 나타난 경우 새롭게 상속재산을 협의할 수 있나요?

A 상속재산 분할협의는 공동상속인들 사이에 이루어지는 일종의 계약입니다. 따라서 공동상속인들은 이미 이루어진 상속재산 분할협의의 전부 또는 일부를 전원의 합의에 의하여 해제한 다음 다시 새로운 분할협의를 할 수 있습니다. 이 경우 협의의 해제 및 새로운 분할협의에는 상속인 전원의 합의가 있어야 합니다(대법원 2004. 7. 8. 선고 2002다73203 판결 참조).
한편, 상속재산 분할협의가 합의해제되면 그 협의에 따른 이행으로 변동이 생겼던 물권은 당연히 그 분할협의가 없었던 원상태로 복귀하지만, 「민법」 제548조제1항 단서의 규정상 이러한 합의해제를 가지고서는, 그 해제 전의 분할협의로부터 생긴 법률효과를 기초로 하여 새로운 이해관계를 가지게 되고 등기·인도 등으로 완전한 권리를 취득한 제3자의 권리를 해하지 못합니다(대법원 2004. 7. 8. 선고 2002다73203 판결 참조).

■ 상속인이 미성년자인 경우 상속재산분할시 주의해야 할 점은 무엇인가요?

Q 상속인이 미성년자인 경우 상속재산분할시 주의해야 할 점은 무엇인가요?

A 공동상속재산 분할협의는 행위의 객관적 성질상 상속인 상호간에 이해(利害)의 대립이 생길 우려가 있는 행위라고 할 것이므로 공동상속인인 친권자와 미성년인 수인의 자 사이에 상속재산분할협의를 하게 되는 경우에는 미성년자 각자마다 특별대리인을 선임하여 각 특별대리인이 각 미성년자인 자를 대리하여 상속재산분할의 협의를 해야 합니다.
따라서 친권자가 수인의 미성년자의 법정대리인으로서 상속재산분

할협의를 한 것이라면 이는 「민법」 제921조에 위반된 것으로서 이러한 대리행위에 의하여 성립된 상속재산분할협의는 피대리자 전원에 의한 추인(追認)이 없는 한 무효입니다(대법원 1993.4.13. 선고 92다54524판결 참조).

■ 상속재산의 분할이 완료된 후에 새롭게 상속인이 된 사람은 상속재산을 분할청구할 수 있을까요?

> *Q* A(남)은 부인 B와의 사이에 자녀 C를 두었습니다. A의 사망으로 상속재산이 B, C에게 귀속된 이후에 X(여)가 나타나 자신의 아들 Y가 A의 소생이라고 주장하면서 인지청구의 소를 제기하여 확정판결을 받았습니다. 이 경우 X는 Y를 대리하여 B와 C에게 Y의 상속분만큼의 상속재산을 돌려줄 것을 청구할 수 있을까요?

A A의 사망 이후에 인지된 Y는 B, C와 마찬가지로 상속인이 됩니다(민법 제860조). 그러나 B, C가 이미 상속재산을 분할한 경우에 Y는 단지 그 상속분에 상당한 가액의 지급을 청구할 수 있을 뿐이고, 특정한 상속재산을 주장할 수는 없습니다(민법 제1014조).

■ 아버지가 사망하시고 생전에 금전채무가 있는 경우 이 부분에 대하여도 상속인들간에 분할협의를 해야 하나요?

> *Q* 아버지가 사망하시고 생전에 금전채무가 있습니다. 이 부분에 대하여도 상속인들간에 분할협의를 해야 하나요?

A 공유설에 따르는 판례의 입장(대판 1997. 6. 24. 선고 97다8809)에 의하면 금전채무와 같은 가분채무는 상속개시와 동시에 법정상속분에 따라 각 상속인에게 분할하여 귀속되므로, 상속재산분할협의의 대상이 될 여지가 없습니다. 만약 공동상속인간의 협

의에 의하여 어느 상속인이 자기의 상속분을 초과하여 채무를 부담하기로 약정하였다면, 이는 상속재산분할협의가 아니라 면책적 채무인수(민법 제454조)의 실질을 가지는 것이므로 채권자의 승낙이 필요합니다. 즉 채권자는 이를 승낙할 수도 있고, 이를 거절하고 각 상속인에 대하여 법정상속분에 따른 채무의 이행을 청구할 수 있습니다.

■ 상속재산분할협의의 합의해제가 허용되는지요?

Q 망인 A의 상속인으로 甲, 乙, 丙이 있고, 그 상속재산으로 X토지가 있습니다. 甲, 乙, 丙은 상속재산분할 과정에서 처음에는 X토지의 소유권을 丙에게 넘겨주기로 협의했으나, 그 후 공동상속인들 사이에 분쟁이 발생하여 최초의 협의를 해제하고 甲, 乙, 丙 각 1/3지분씩 공유지분등기를 하려고 합니다. 위와 같은 합의해제가 허용되는지요?

A 사안의 경우, 상속재산 분할협의의 전부 또는 일부를 합의해제한 후 다시 새로운 분할협의를 할 수 있는지 여부가 문제됩니다.
이와 관련하여 대법원은 "상속재산 분할협의는 공동상속인들 사이에 이루어지는 일종의 계약으로서, 공동상속인들은 이미 이루어진 상속재산 분할협의의 전부 또는 일부를 전원의 합의에 의하여 해제한 다음 다시 새로운 분할협의를 할 수 있다(대법원 2004. 07. 08. 선고 2002다73203 판결)."고 판시한 바 있습니다.
따라서 최초의 상속재산분할협의를 합의해제 할 수 있으나, 이 경우에도 민법 제548조 제1항 단서의 규정이 적용되므로(대법원 2004. 07. 08. 선고 2002다73203 판결) 이 부분을 유의하시기 바랍니다.

■ 상속재산분할의 소급효는 제한되나요?

Q 망인 A의 상속인으로 甲, 乙, 丙이 있고, 상속재산으로 X토지가 있습니다. 乙은 X토지에 대한 자기의 상속지분만큼 B에게 매도하였으나, 아직 등기는 경료하지 않은 상태입니다. 그런데 그 후 상속재산분할협의에 의하여 甲 명의로 X토지에 대한 소유권이전등기가 이루어졌다면, B는 보호받을 수 있는지요?

A 민법 제1015조는 "상속재산의 분할은 상속개시된 때에 소급하여 그 효력이 있다. 그러나 제삼자의 권리를 해하지 못한다."고 규정하고 있습니다.이때 분할의 소급효에 불구하고 보호받는 제3자는 대항요건을 갖춘 특정승계인에 한합니다. 즉 제3자는 등기 등 대항력을 갖춘 제3자에 한합니다.

대법원 역시 "상속재산협의분할에 의하여 갑 명의의 소유권이전등기가 경료된 경우 협의분할 이전에 피상속인의 장남인 을로부터 토지를 매수하였을 뿐 소유권이전등기를 경료하지 아니한 자나 그 상속인들은 민법 제1015조 단서에서 말하는 '제3자'에 해당하지 아니하여 을의 상속지분에 대한 협의분할을 무효로 주장할 수 없다(대법원 1992. 11. 24. 선고 92다31514 판결)."고 판시한 바 있습니다.

따라서 B는 민법 제1015조에 의하여 보호되는 제3자에 해당하지 않습니다.

제2편

사회생활에 필요한 법률

제1장 주택임대차에서 발생하는 법률

1. 주택임대차보호법의 적용

① 주택임대차보호법의 보호대상이 되는 임차인은 원칙적으로 대한민국 국적을 가진 자연인이고, 예외적으로 외국인과 재외동포도 일정한 경우 주택임대차보호법의 보호를 받을 수 있습니다.

② 주택임대차보호법의 적용대상은 주거용 건물에 대한 임대차이며, 미등기 전세인 경우에도 주택임대차보호법이 적용됩니다. 그러나 일시사용을 위한 임대차인 경우에는 주택임대차보호법이 적용되지 않습니다.

2. 주택임대차보호법의 의미

① 주택의 임대차는 임대인이 임차인에게 주택을 사용·수익하게 하고, 임차인이 이에 대한 대가로서 차임을 지급한다는 점에 합의가 있으면 성립됩니다. 그러나 민법에 따른 임대차계약의 규정으로는 경제적 약자인 임차인의 권리를 보호하기 어려운 면이 많았고, 이를 보완하기 위해 민법의 특별법으로 주택임대차보호법이 제정되었습니다.

② 주택임대차는 당사자간 합의에 의해 성립되는 계약임에도 불구하고, 주택임대차보호법을 위반하여 임차인에게 불리한 것은 효력이 없습니다.

③ '임차인에게 불리한 것은 효력이 없다'는 것은 주택임대차보호법 규정에 위반되는 당사자의 약정을 모두 무효라고 할 것은 아니고, 그 규정에 위반하는 약정이라도 임차인에게 불리하지 않은 것은 유효합니다(대법원 1995.10.12. 선고 95다22283 판결).

3. 주택임대차보호법의 보호 대상

3-1. 자연인
주택임대차보호법은 자연인인 국민의 주거생활의 안정을 보장함을 목적으로 하기 때문에, 그 보호 대상은 원칙적으로 대한민국의 국적을 가진 사람입니다.

3-2. 외국인 및 재외동포
① 주택임대차보호법의 보호 대상은 대한민국 국적을 가진 자연인이므로, 외국인은 원칙적으로 주택임대차보호법의 보호 대상이 될 수 없습니다. 그러나 주택을 임차한 외국인이 전입신고에 준하는 체류지 변경신고를 했다면 예외적으로 주택임대차보호법의 보호 대상이 됩니다.
② 재외동포가 장기체류하면서 주택을 임대차하는 때에는 주택임대차보호법의 보호대상이 됩니다. 이를 위해 재외동포는 국내에 거소를 정하여 지방출입국·외국인관서의 장에게 신고를 하고, 국내거소가 변경되는 경우에는 새로운 거소를 관할하는 시·군·구(자치구가 아닌 구 포함) 또는 읍·면·동의 장이나 지방출입국·외국인관서의 장에게 14일 이내에 신고해야 합니다.
③ "재외동포"란 (가)대한민국의 국민으로서 외국의 영주권을 취득한 사람 또는 영주할 목적으로 외국에 거주하고 있는 사람, (나) 대한민국의 국적을 보유하였던 사람(대한민국정부 수립 전에 국외로 이주한 동포 포함)으로서 외국국적을 취득한 사람 또는 (다) 부모의 일방 또는 조부모의 일방이 대한민국의 국적을 보유하였던 사람으로서 외국국적을 취득한 사람을 말합니다.

3-3. 법인
① 법인은 특별한 사정이 없는 한 주택임대차보호법의 보호를 받지 못합니다. 법인이 주택임대차보호법의 보호를 받기 위해 주민등록을 자신의 명의로 할 수 없을 뿐만 아니라, 사원 명의의 주민등록으로 대항력을 갖추어도 이를 법인의 주민등록으로 인정할 수 없기 때문

입니다(대법원 1997.7.11. 선고 96다7236 판결).
② 예외적으로, 한국토지주택공사와 주택사업을 목적으로 설립된 지방
공사는 주택임대차보호법의 보호대상이 됩니다.
③ 또한, 중소기업기본법 제2조에 따른 중소기업에 해당하는 법인이 소
속 직원의 주거용으로 주택을 임차한 후 그 법인이 선정한 직원이
해당 주택을 인도받고 주민등록을 마쳤을 때에는 그 다음 날부터
제3자에 대하여 효력이 생깁니다. 임대차가 끝나기 전에 그 직원이
변경된 경우에는 그 법인이 선정한 새로운 직원이 주택을 인도받고
주민등록을 마친 다음 날부터 제3자에 대하여 효력이 생깁니다.

4. 주택임대차보호법의 적용 범위

4-1. 주택의 임대차
① 주택임대차보호법은 주택, 즉 주거용 건물의 전부 또는 일부에 대해
임대차하는 경우에 적용되고, 그 임차주택의 일부를 주거 외의 목
적으로 사용하는 경우에도 적용됩니다.
② 주거용 건물에 해당되는지 여부는 임대차 목적물의 공부상의 표시
만을 기준으로 하는 것은 아니고, 그 실제 용도에 따라서 합목적적
으로 판단합니다(대법원 1996.3.12. 선고 95다51953 판결).
③ 예를 들어, 임차인의 점유부분 중 영업용 휴게실 설비로 예정된 홀
1칸이 있지만, 그 절반가량이 주거용으로 쓰이는 방 2칸, 부엌 1칸,
화장실 1칸, 살림용 창고 1칸, 복도로 되어 있고, 그 홀마저 각방의
생활공간으로 쓰이고 있는 경우에는 주거용 건물로 주택임대차보호
법이 적용됩니다(대법원 1987.8.25. 선고 87다카793 판결). 그러나
여관의 방 하나를 내실로 사용하는 경우(대법원 1987.4.28. 선고
86다카2407 판결) 등 비주거용 건물에 주거의 목적으로 소부분을
사용하는 경우에는 주택임대차보호법의 보호대상에서 제외될 수도
있습니다.
④ 「주거용 건물」여부의 판단 시기는 임대차계약을 체결하는 때를 기
준으로 합니다.

⑤ 임대차계약 체결 당시에는 주거용 건물부분이 존재하지 아니하였는데 임차인이 그 후 임의로 주거용으로 개조한 경우에는 주택임대차보호법의 적용대상이 되지 않습니다(대법원 1986.1.21. 선고 85다카1367 판결).

⑥ 주거용 건물이면 무허가 건물이나 미등기 건물을 주거를 목적으로 임대차 하는 경우에도 주택임대차보호법이 적용됩니다(대법원 1987.3.24. 선고 86다카164 판결). 다만, 무허가 건물이 철거되는 경우에는 보증금을 돌려받기 힘들어지므로 주의할 필요가 있습니다.

4-2. 미등기 전세

주택임대차보호법은 전세권등기를 하지 않은 전세계약(미등기 전세)에도 적용됩니다.

■ 옥탑방을 주거용으로 임차한 경우 주택임대차보호법이 적용되는지요?

Q 저는 다가구주택의 소위 옥탑이라고 하는 곳에 보증금 1,700만원에 전세를 살고 있습니다. 이 옥탑은 원래 옥상에 물탱크를 설치할 자리에 지은 건물로서 건축물관리대장이나 부동산등기부상에 나타나지 않고 있습니다. 저는 주민등록전입신고를 하고 확정일자를 받아두었는데, 현재 이 주택에 대해 경매가 진행 중입니다. 어떤 사람은 옥탑은 불법건축물이므로 주택임대차보호법상의 보호를 받지 못한다고 하는데 사실인지요?

A 주택임대차보호법 제2조는 "이 법은 주거용 건물의 전부 또는 일부의 임대차에 관하여 이를 적용한다."라고 규정하고 있습니다.
그리고 관할관청으로부터 허가를 받지 아니하고 건축한 무허가건물이나, 건축허가를 받았으나 사용승인을 받지 못한 건물 또는 미등기건물에도 주택임대차보호법이 적용될 수 있는지에 관하여, 판례는 "주택임대차보호법은 주택의 임대차에 관하여 민법에 대한 특례를 규정함으로써 국민의 주거생활의 안정을 보장함을 목적으로 하고 있고, 주택의 전부 또는 일부의 임대차에 관하여 적용된다고 규정하고 있을 뿐 임차주택이 관할관청의 허가를 받은 건물인지, 등기를 마친 건물인지 아닌지를 구별하고 있지 아니하므로, 어느 건물이 국민의 주거생활의 용도로 사용되는 주택에 해당하는 이상 비록 그 건물에 관하여 아직 등기를 마치지 아니하였거나 등기가 이루어질 수 없는 사정이 있다고 하더라도 다른 특별한 규정이 없는 한 같은 법의 적용대상이 된다."라고 하였습니다(대법원 2007. 6. 21. 선고 2004다26133 전원합의체 판결).

따라서 위 옥탑방이 불법건축물로서 행정기관에 의해 철거될 수도 있는 것은 별론으로 하고, 위 옥탑은 위 건물의 일부 또는 경우에 따라서는 건물의 종물로서 경매절차에서 건물과 같이 매각될 것이므로(서울지법 1998. 4. 29. 선고 98나1163 판결), 귀하가 임차할 당시 주거용으로서의 형태가 실질적으로 갖추어져 있었고 귀하가 주거용으로 임차하여 사용하였다면 귀하는 주택임대차보호법에 의한 보호를 받을 수 있을 것으로 보입니다.

■ 임차주택의 일부를 점포로 사용한 경우에도 주택임대차보호법이 적용되는지요?

Q 저는 전세금 3,500만원에 조그마한 점포가 딸린 주택을 임차하여 입주와 동시에 전입신고를 마치고, 가족과 그곳에 살면서 장사를 하고 있습니다. 그런데 얼마 뒤 집주인은 은행에서 돈을 차용하고 근저당권을 설정했습니다. 저의 경우 임차주택의 일부에 점포가 있기 때문에 나중에 근저당이 실행되어 경매에 들어가 주택의 소유자가 바뀌는 날에는 주택임대차보호법의 보호를 받지 못한다는 이야기가 있는데, 정말 보호를 받을 수 없는지요?

A 주택임대차보호법 제2조는 "이 법은 주거용 건물의 전부 또는 일부의 임대차에 관하여 이를 적용한다. 그 임차주택의 일부가 주거 외의 목적으로 사용되는 경우에도 또한 같다."라고 규정하고 있습니다.

이와 관련하여 판례는 "주택임대차보호법 제2조 소정의 주거용 건물에 해당하는지 여부는 임대차목적물의 공부상의 표시만을 기준으로 할 것이 아니라 그 실지용도에 따라서 정하여야 하고, 건물의 일부가 임대차의 목적이 되어 주거용과 비주거용으로 겸용되는 경우에는 구체적인 경우에 따라 그 임대차의 목적, 전체건물과 임대차목적물의 구조와 형태 및 임차인의 임대차목적물 이용관계 그리고 임차인이 그 곳에서 일상생활을 영위하는지 여부 등을 아울러 합목적적으로 결정하여야 한다."라고 하였습니다(대법원 1996. 3. 12. 선고 95다51953 판결).

그리고 여기에서 주거용 건물과 비주거용 건물의 구분은 일반적으로 사실상의 용도를 기준으로 하고 있으므로, 주거용 건물은 그것이 사회통념상 건물로 인정하기에 충분한 요건을 구비하고 주거용으로 사용되고 있는 것이면, 공부(건축물관리대장 등)상 용도란에 '주거용'으로 기재되어 있지 않더라도 주택임대차보호법의 적용을 받게 된다고 보고 있습니다.

또한 판례는 "1층이 공부상으로는 소매점으로 표시되어 있으나 실제로 그 면적의 절반은 방 2칸으로, 나머지 절반은 소매점 등 영업을 하기 위한 홀로 이루어져 있고, 임차인이 이를 임차하여 가족들과 함께 거주하면서 음식점영업을 하며 방 부분은 영업시에는 손님을 받는 곳으로 사용하고, 그 때 외에는 주거용으로 사용하여 왔다면, 위 건물은 주택임대차보호법의 보호대상인 주거용 건물에 해당한다."라고 한 사례가 있으며(대법원 1996. 5. 31. 선고 96다5971 판결), 또한 "건물이 공부상으로는 단층 작업소 및 근린생활시설로 표시되어 있으나, 실제로 甲은 주거 및 인쇄소 경영 목적으로, 乙은 주거 및 슈퍼마켓 경영 목적으로 임차하여 가족들과 함께 입주하여 그곳에서 일상생활을 영위하는 한편, 인쇄소 또는 슈퍼마켓을 경영하고 있으며, 甲의 경우는 주거용으로 사용되는 부분이 비주거용으로 사용되는 부분보다 넓고, 乙의 경우는 비주거용으로 사용되는 부분이 더 넓기는 하지만 주거용으로 사용되는 부분도 상당한 면적이고, 위 각 부분이 甲과 乙의 '유일한 주거'인 경우 주택임대차보호법 제2조 후문에서 정한 주거용 건물로 볼 것이다."라고 하였습니다(대법원 1995. 3. 10. 선고 94다52522 판결).

그러나 "방 2개와 주방이 딸린 다방이 영업용으로서 비주거용 건물이라고 보여지고, 설사 그 중 방 및 다방의 주방을 주거목적에 사용한다고 하더라도 이는 어디까지나 다방의 영업에 부수적인 것으로서 그러한 주거목적 사용은 비주거용 건물의 일부가 주거목적으로 사용되는 것일 뿐, 주택임대차보호법 제2조 후문에서 말하는 '주거용 건물의 일부가 주거 외의 목적으로 사용되는 경우'에 해당한다고 볼 수 없다."라고 하였습니다(대법원 1996. 3. 12. 선고 95다51953 판결).

참고로 판례는 "구 주택임대차보호법(1981. 3. 5. 법률 제3379호) 제2조 소정의 주거용 건물이란 공부상의 표시에 불구하고 그 실지용도에 따라서 정하여야 하고 또한 한 건물의 비주거용 부분과 아울러 주거용 부분이 함께 임대차의 목적이 되어 각기 그 용도에 따라 사용되는 경우 그 주거용 부분에 관하여 본법이 적용되느냐의 여부는 구체적인 경우에 따라 합목적적으로 결정하여야 하며, 더욱이 위 주택임대차보호법이 적용되려면 먼저 임대차계약 체결당시를 기준으로 하여 그 건물의 구조상 주거용 또는 그와 겸용될 정도의 건물의 형태가 실질적으로 갖추어져 있어야 하고, 만일 그 당시에는 주거용 건물부분이 존재하지 아니하였는데 임차인이 그 후 임의로 주거용으로 개조하였다면 임대인이 그 개조를 승락하였다는 등의 특별한 사정이 없는 한 위 법의 적용은 있을 수 없다."라고 하였습니다(대법원 1986. 1. 21. 선고 85다카1367 판결)

따라서 귀하의 경우에는 사안의 내용으로 보아 주택에 딸린 가게에서 소규모 영업을 하는 것으로 보여지고, 그곳이 귀하의 유일한 주거라면, 이는 주택임대차보호법 제2조 후단에 해당하여 같은 법의 보호대상이 될 수 있다고 할 수 있을 듯합니다.

(관련판례)

임차주택의 일부가 주거외의 목적으로 사용되는 경우에도 주택임대차보호법 제2조의 규정에 의하여 그 법률의 적용을 받는 주거용 건물에 포함되나 주거생활의 안정을 보장하기 위한 입법의 목적에 비추어 거꾸로 비주거용 건물에 주거의 목적으로 일부를 사용하는 경우에는 동법 제2조가 말하고 있는 일부라는 범위를 벗어나 이를 주거용 건물이라 할 수 없고 이러한 건물은 위 법률의 보호대상에서 제외된다(대법원 1987.4.28. 선고 86다카2407 판결).

■ 동의 받은 전대차의 경우 전차인이 전입신고를 하지 않았을 때 주택임대차보호법의 보호를 받을 수 있는지요?

> **Q** 甲은 乙로부터 주택을 임차하여 거주하다가 직장이전문제로 乙의 동의를 받아 丙에게 위 주택을 전대하였으나, 甲은 주민등록을 퇴거하지 않았고 丙도 위 임차주택의 소재지에 주민등록전입신고를 하지 않았습니다. 그런데 甲이 위 임차주택을 전대한 이후에 근저당권이 설정되고 그 근저당권에 기한 경매가 개시된 상태입니다. 이러한 경우 甲은 주택임대차보호법에 의한 보호를 받을 수 있는지요?

> **A** 혼임대인의 동의를 받은 주택임차권의 전대에 관하여 판례는 "주택임차인이 임차주택을 직접 점유하여 거주하지 않고 간접 점유하여 자신의 주민등록을 이전하지 아니한 경우라 하더라도, 임대인의 승낙을 받아 임차주택을 전대하고 그 전차인이 주택을 인도받아 자신의 주민등록을 마친 때에는 그 때로부터 임차인은 제3자에 대하여 대항력을 가진다."라고 하였습니다(대법원 1994. 6. 24. 선고 94다3155 판결, 1995. 6. 5.자 94마2134 결정).
> 그러나 위 사안의 경우에는 임대인의 동의를 받아 임차주택을 전대하였으나, 위 판례와 같이 전차인 즉, 직접점유자의 주민등록이 전입신고 된 것이 아니고, 전대인인 귀하 즉, 간접점유자의 주민등록이 전입신고 된 채로 있었던 경우이므로, 그러한 경우에도 귀하의 주택임차권이 보호될 수 있을 것인지 문제됩니다.
> 그런데 간접점유자인 임차인이 주택임대차보호법 소정의 대항력을 취득하기 위한 요건에 관한 판례를 보면, "주택임대차보호법 제3조 제1항 소정의 대항력은 임차인이 당해 주택에 거주하면서 이를 직접 점유하는 경우뿐만 아니라 타인의 점유를 매개로 하여 이를 간접 점유하는 경우에도 인정될 수 있을 것이나, 그 경우 당해 주택에 실제로 거주하지 아니하는 간접점유자인 임차인은 주민등록의 대상이 되는 '당해 주택에 주소 또는 거소를 가진 자(주민등록법 제6조 제1항)'가 아니어서 그 자의 주민등록은 주민등록법 소정의 적법한 주민등록이라고 할 수 없고, 따라서 간접점유자에 불과한 임차인 자신의 주민등록으로는 대항력의 요건을 적법하게 갖추었다고 할 수 없으며, 임차인과의 점유매개관계에 기하여 당해 주택에 실제로 거주하는 직접점유자가 자신의 주민등록을 마친 경우에 한하여 비로소 그 임차인의 임대차가 제3자에 대하여 적법하게 대항

력을 취득할 수 있다고 할 것이다."라고 하였습니다(대법원 2001. 1. 19. 선고 2000다55645 판결, 2007.11. 29. 선고 2005다 64255 판결).

따라서 위 사안의 경우 甲은 비록 임대인 乙의 동의를 받아 丙에게 전대하였지만, 甲에게 전차주택을 인도받은 직접점유자인 丙이 주민등록법상의 전입신고기간 내에 전입신고를 하지 않았다면 甲이 취득하였던 대항력을 상실하였다고 보입니다.

■ 살림집 딸린 가게를 임차하였는데 건물이 경매로 넘어간다면 보증금을 받을 수 있는지요?

Q 저는 방 2개 딸린 점포를 임차하여 살면서 슈퍼를 개업하였습니다. 그런데 건물주가 슈퍼개업 후에 건물을 담보로 돈을 빌렸다가 갚지 못해 곧 건물이 경매에 넘어간다고 합니다. 보증금을 돌려받을 수 있을까요?

A 해결방법이 두 가지 있습니다. 상가건물임대차보호법상의 권리를 주장하거나 주택임대차보호법상의 권리를 주장하실 수 있습니다.

상가건물임대차보호법에서는 슈퍼를 개업하면서 사업자등록을 하고 관할 세무서에서 확정일자를 받았다면 임대차보증금에 대해 일정비율 우선변제권을 갖게 됩니다. 다만, 보증금이 상가건물임대차보호법에 따른 지역별 보증금 이내여야 보호받을 수 있습니다.

질문과 같이 방 2개가 딸린 점포는 해당 건물의 건축대장이 비록 상가로 표시되어 있더라도 점포에서 주거용으로 사용하는 부분이 상당한 면적이고, 점포에 딸린 방이 임차인의 유일한 주거공간이라면 주택임대차보호법을 통해 보호받을 여지가 많습니다.

주택임대차보호법은 주택, 즉 「주거용 건물」의 전부 또는 일부에 대해 임대차하는 경우에 적용되고, 그 임차주택의 일부를 주거 외의 목적으로 사용하는 경우에도 적용됩니다. 주거용 건물에 해당되는지 여부는 임대차 목적물의 공부상의 표시만을 기준으로 하는 것은 아니고, 실제 어떤 용도로 사용하고 있는지에 따라 판단하게 됩니다.

또한, 무허가 건물이나 미등기 건물을 주거를 목적으로 임대차하는 경우에도 주택임대차보호법이 적용됩니다. 다만, 무허가 건물이 철거되는 경우에는 보증금을 돌려받기 힘들어지므로 주의할 필요가 있습니다.

그리고 임차인이 임의로 개조하여 주거용으로 사용한 경우에는 보호받을 수 없으며, 임대인의 승낙을 얻어 주거용으로 개조한 경우에만 보호받을 수 있습니다.

■ 토지분할로 지번 변경된 후에도 주민등록상 주소변경을 하지 않은 경우에 주택임대차보호법의 보호를 받을 수 있는지요?

Q 저는 주택을 임차하여 입주와 주민등록전입신고를 마친 후, 임차주택이 소재한 대지가 분할되면서 지번이 변경되어 두 차례에 걸쳐 계약을 갱신하면서 갱신된 임대차계약서에는 새로운 지번을 표시하였으나 주민등록상 주소는 위 주택에 대한 경매개시결정 기입등기가 된 후에야 변경하였습니다. 그런데 저의 종전 주소에는 다른 건물이 존재하고 있었으며, 위 경매는 저의 최초의 주민등록전입신고 후에 위 주택에 설정된 근저당권에 기한 경매였습니다. 이러한 경우 저는 주택임대차보호법상의 보호를 받을 수 있는지요?

A 주택임대차보호법 제3조 제1항은 "임대차는 그 등기가 없는 경우에도 임차인이 주택의 인도와 주민등록을 마친 때에는 그 익일부터 제3자에 대하여 효력이 생긴다. 이 경우 전입신고를 한 때에 주민등록이 된 것으로 본다."라고 규정하고 있고, 같은 법 제3조의2 제2항은 "제3조 제1항 또는 제2항의 대항요건과 임대차계약증서(제3조 제2항의 경우에는 법인과 임대인 사이의 임대차계약증서를 말한다)상의 확정일자를 갖춘 임차인은 민사집행법에 의한 경매 또는 국세징수법에 의한 공매시 임차주택(대지를 포함한다)의 환가대금에서 후순위권리자 기타 채권자보다 우선하여 보증금을 변제 받을 권리가 있다."라고 규정하고 있습니다.

그런데 주택임대차보호법 제3조 제1항 소정의 대항요건으로서의 주민등록의 유효여부에 관한 판단기준에 관하여 판례는 "주택임대차보호법 제3조 제1항에서 주택의 인도와 더불어 대항력의 요건으로 규정하고 있는 주민등록은 거래의 안전을 위하여 임대차의 존재를 제3자가 명백히 인식할 수 있게 하는 공시방법으로 마련된 것이라고 볼 것이므로, 주민등록이 어떤 임대차를 공시하는 효력이 있는가의 여부는 일반 사회통념상 그 주민등록으로 당해 임대차건물에 임차인이 주소 또는 거소를 가진 자로 등록되어 있는지를 인식할 수 있는가의 여부에 따라 결정된다."라고 하였으며, 위 사안과 유사한 경우에 관하여 "주택을 임차하여 적법한 전입신고를 마친 후에 그 대지가 분할됨으로써 주택의 지번이 변경되자 갱신된 임대차계약서에는 새로운 지번을 표시하였으나 주민등록상 주소는 주택에 대한 경매개시결정 기입등기가 경료된 후에야 변경한 경우, 임차인은 주택에 대한 유효한 공시방법인 주민등록을 갖추었다고 볼 수 없어 경락인에게 대항할 수 없다."라고 하였습니다(대법원 2000. 4. 21. 선고 2000다1549 등 판결).

따라서 위 사안에 있어서 귀하는 대지의 분할로 지번이 변경되기 전 변경전의 지번을 주소로 전입신고를 하였지만, 대지의 분할로 지번이 변경된 후 두 차례에 걸쳐 계약을 갱신하면서도 주민등록은 종전 주민등록을 그대로 유지하고 있었으므로, 변경전의 지번을 주소로 한 주민등록은 위 주택에 대한 임대차에 대한 유효한 공시방법으로서의 효력이 인정되지 않고, 귀하의 주택임차권도 위 근저당권에 대한 우선변제권이 인정될 수 없으며, 경매절차의 매수인에 대한 대항력도 인정되지 않을 것으로 보입니다.

■ 같은 담장 내 3필지 토지 중 임차주택 부지가 아닌 지번으로 전입한 경우에 주택임대차보호법의 보호를 받을 수 있는지요?

Q 저는 주택을 임차하여 입주하고 주민등록전입신고를 필한 후 확정일자까지 받아 두고 거주하던 중 위 주택이 경매개시 되었습니다. 그런데 위 주택의 부지는 같은 담장 내에 3필지의 토지가 있고 그 중 1필지상에만 주택이 건축되어 있었는데, 제가 주민등록전입신고를 한 지번은 공교롭게도 위 3필지의 토지 중 건물이 없는 토지의 지번이었는바, 이 경우 저는 주택임대차보호법에 의한 보호를 받을 수 있는지요?

A 주택임대차의 대항력에 관하여 주택임대차보호법 제3조 제1항은 "임대차는 그 등기가 없는 경우에도 임차인이 주택의 인도와 주민등록을 마친 때에는 그 익일부터 제3자에 대하여 효력이 생긴

다. 이 경우 전입신고를 한 때에 주민등록이 된 것으로 본다."라고 규정하고 있고, 주택임차보증금의 확정일자에 의한 우선변제권에 관하여 같은 법 제3조의2 제2항은 "제3조 제1항 또는 제2항의 대항요건과 임대차계약증서(제3조 제2항의 경우에는 법인과 임대인 사이의 임대차계약증서를 말한다)상의 확정일자를 갖춘 임차인은 민사집행법에 의한 경매 또는 국세징수법에 의한 공매시 임차주택(대지를 포함한다)의 환가대금에서 후순위권리자 기타 채권자보다 우선하여 보증금을 변제 받을 권리가 있다."라고 규정하고 있습니다.

그러므로 주택의 인도(입주)와 주민등록의 전입은 주택임대차보호법상의 모든 보호에 있어서 필수적입니다.

그런데 주택임대차보호법상 임대차의 대항요건인 주민등록의 유효여부에 대한 판단기준에 관하여 판례는 "주택임대차보호법 제3조 제1항에서 주택의 인도와 더불어 임대차의 대항력 발생요건으로 규정하고 있는 주민등록은 거래의 안전을 위하여 임대차의 존재를 제3자가 명백히 인식할 수 있게 하는 공시방법으로 마련된 것이라고 볼 것이므로, 주민등록이 어떤 임대차를 공시하는 효력이 있는가의 여부는 일반사회의 통념상 그 주민등록으로써 임차인이 당해 임대차건물에 주소 또는 거소를 가진 자로 등록되어 있음을 인식할 수 있는지의 여부에 따라 결정된다."라고 하면서 "임차주택의 부지를 비롯한 세 필의 토지가 같은 담장 안에 있고 그 지상에 임차주택 이외에는 다른 건물이 건립되어 있지 않다 하더라도 임차인이 임차주택의 부지가 아닌 인접한 다른 토지의 지번으로 주민등록을 마쳤다면 유효한 공시방법으로 볼 수 없다."라고 하였습니다(대법원 2001. 4. 24. 선고 2000다44799 판결).

따라서 위 사안에서 귀하는 비록 같은 담장 내에 있는 토지의 지번이지만 건물이 없는 토지의 지번으로 주민등록이 전입되어 있었으므로, 주택임대차보호법에 의한 보호를 받을 수 없을 것으로 보입니다.

■ 미등기 또는 무허가 건물도 주택임대차보호법의 보호를 받을 수 있을까요?

Q 저는 저렴한 임대료에 관할 관청으로부터 허가를 받았으나 아직 등기가 되지 않은 다세대주택의 한 주택을 임차하였습니다. 이런 경우에도 주택임대차보호법의 보호를 받을 수 있나요?

A 주택임대차보호법은 주택의 임대차에 관하여 민법에 대한 특례를 규정함으로써 국민의 주거생활의 안정을 보장함을 목적으로 하고 있고, 주택의 전부 또는 일부의 임대차에 관하여 적용된다고 규정하고 있을 뿐 임차주택이 관할관청의 허가를 받은 건물인지, 등기를 마친 건물인지 아닌지를 구별하고 있지 않으므로, 어느 건물이 국민의 주거생활의 용도로 사용되는 주택에 해당하는 이상 비록 그 건물에 관하여 아직 등기를 마치지 않았거나 등기가 이루어질 수 없는 사정이 있다고 하더라도 다른 특별한 규정이 없는 한 주택임대차보호법의 적용대상이 됩니다(대법원 2007.6.21. 선고 2004다26133 전원합의체 판결). 따라서 귀하는 주택임대차보호법의 보호를 받을 수 있습니다.

(관련판례)
주택임대차보호법의 목적과 동법 제3조 제2항의 규정에 비추어 볼 때, 건물이 미등기인 관계로 그 건물에 대하여 아직 소유권이전등기를 경료하지는 못하였지만 그 건물에 대하여 사실상 소유자로서의 권리를 행사하고 있는 자는 전소유자로부터 위 건물의 일부를 임차한 자에 대한 관계에서는 위 사실상 소유자가 동법 제3조 제2항 소정의 주택의 양수인으로서 임대인의 지위를 승계하였다고 볼 수 있다 (대법원 1987. 3. 24. 선고 86다카164 판결).

■ 미등기주택을 임차한 경우에 주택임대차보호법이 적용되는지요?

Q 저는 아직 등기가 되어 있지 않으나, 건축을 완공하고 가사용
승인을 받은 신축주택을 임차하려고 합니다. 미등기주택의 임
차인도 주택임대차보호법상의 보호를 받을 수 있는지요?

A 주택임대차보호법은 주거용 건물 즉, 주택의 임대차 및 미등기 전
세계약에 한하여 적용됩니다. 주거용 건물이란 사회통념상 건물로
인정하기에 충분한 요건을 구비하고 주거용으로 사용하고 있는 것
을 말하며, 시청이나 구청 등에 구비되어 있는 건축물대장의 용도
란에 '주거용'으로 기재되어 있지 않더라도 같은 법의 적용을 받
게 됩니다.
따라서 공부상 공장용 건물이나 창고용 건물이라도 건물의 내부구
조를 주거용으로 사실상 변경한 경우에는 주택이라고 보아야 할
것입니다.
또한, 관할관청으로부터 허가를 받지 아니하고 건축한 무허가건물
이나, 건축허가를 받았으나 사용승인을 받지 못한 건물 또는 미등
기건물에도 주택임대차보호법이 적용될 수 있는지에 관하여, 판례
는 "주택임대차보호법은 주택의 임대차에 관하여 민법에 대한 특
례를 규정함으로써 국민의 주거생활의 안정을 보장함을 목적으로
하고 있고, 주택의 전부 또는 일부의 임대차에 관하여 적용된다고
규정하고 있을 뿐 임차주택이 관할관청의 허가를 받은 건물인지,
등기를 마친 건물인지 아닌지를 구별하고 있지 아니하므로, 어느
건물이 국민의 주거생활의 용도로 사용되는 주택에 해당하는 이상
비록 그 건물에 관하여 아직 등기를 마치지 아니하였거나 등기가
이루어질 수 없는 사정이 있다고 하더라도 다른 특별한 규정이
없는 한 같은 법의 적용대상이 된다."라고 하였습니다(대법원
2007. 6. 21. 선고 2004다26133 전원합의체 판결).
또한, 같은 판례에서 미등기건물의 임차인이 임차건물의 대지만
경매될 경우 우선변제권을 행사할 수 있는지에 관하여, "대항요건
및 확정일자를 갖춘 임차인과 소액임차인에게 우선변제권을 인정
한 주택임대차보호법 제3조의2 및 제8조가 미등기 주택을 달리
취급하는 특별한 규정을 두고 있지 아니하므로, 대항요건 및 확정
일자를 갖춘 임차인과 소액임차인의 임차주택 대지에 대한 우선변
제권에 관한 법리는 임차주택이 미등기인 경우에도 그대로 적용된
다. 이와 달리 임차주택의 등기 여부에 따라 그 우선변제권의 인

정 여부를 달리 해석하는 것은 합리적 이유나 근거 없이 그 적용 대상을 축소하거나 제한하는 것이 되어 부당하고, 민법과 달리 임차권의 등기 없이도 대항력과 우선변제권을 인정하는 같은 법의 취지에 비추어 타당하지 아니하다. 다만, 소액임차인의 우선변제권에 관한 같은 법 제8조 제1항이 그 후문에서 '이 경우 임차인은 주택에 대한 경매신청의 등기 전에' 대항요건을 갖추어야 한다고 규정하고 있으나, 이는 소액보증금을 배당받을 목적으로 배당절차에 임박하여 가장 임차인을 급조하는 등의 폐단을 방지하기 위하여 소액임차인의 대항요건의 구비시기를 제한하는 취지이지, 반드시 임차주택과 대지를 함께 경매하여 임차주택 자체에 경매신청의 등기가 되어야 한다거나 임차주택에 경매신청의 등기가 가능한 경우로 제한하는 취지는 아니라 할 것이다. 대지에 대한 경매신청의 등기 전에 위 대항요건을 갖추도록 하면 입법 취지를 충분히 달성할 수 있으므로, 위 규정이 미등기 주택의 경우에 소액임차인의 대지에 관한 우선변제권을 배제하는 규정에 해당한다고 볼 수 없다."라고 하였습니다(대법원 2007. 6. 21. 선고 2004다26133 전원합의체 판결). 따라서 대항요건 및 확정일자를 갖춘 임차인과 소액임차인은 (미등기)임차주택과 그 대지가 함께 경매될 경우뿐만 아니라 (미등기)임차주택과 별도로 그 대지만이 경매될 경우에도 그 대지의 환가대금에 대하여 우선변제권을 행사할 수 있습니다(대법원 1996. 6. 14. 선고 96다7595 판결, 1999. 7. 23. 선고 99다25532 판결 등 참조).

그런데 미등기건물의 경우 등기사항증명서를 열람할 수 없어 소유자가 누구인지 명확하지 않은 문제점이 있으며, 무허가건물이 행정상의 이유로 철거될 경우 불이익을 당할 염려가 있고, 계약기간이 만료된 후 새로이 입주할 임차인이 나타나지 않을 가능성도 높아 임차보증금을 쉽게 반환받지 못할 수 있는 등의 불이익을 당할 염려가 있으니 주의할 필요가 있습니다.

5. 주택임대차보호법의 적용 제외

일시 사용을 위한 임대차임이 명백한 경우에는 주택임대차보호법이 적용되지 않습니다. 예를 들어, 숙박업을 경영하는 자가 투숙객과 체결하는 숙박계약은 일시 사용을 위한 임대차이므로 주택임대차보호법이 적용되지 않습니다(대법1994.1.28. 선고 93다43590 판결).

6. 주택임대차보호법의 주요내용

① 주택임대차보호법은 등기 없이도 누구에게나 임차권을 주장할 수 있고, 임대차 기간을 보장하며, 소액보증금의 최우선변제권 등을 임차인에게 인정해 주고 있습니다.
② 주택임대차보호법이 주택의 임차인을 보호하고 있는 주된 내용으로 대항력의 부여, 존속기간의 보장, 우선변제권의 인정 등을 들 수 있습니다.

6-1. 대항력
임대차는 그 등기가 없더라도, 임차인이 ① 주택의 인도와 ② 주민등록을 마친 때에는 그 다음 날부터 제3자, 즉 임차주택의 양수인, 임대할 권리를 승계한 사람, 그 밖에 임차주택에 관해 이해관계를 가지고 있는 사람에게 임대차의 내용을 주장할 수 있는 대항력이 생깁니다.

6-2. 우선변제권
① 임차인은 대항요건(주택의 인도 및 전입신고)과 임대차계약증서상의 확정일자를 갖춘 경우에는 임차주택이 경매 또는 공매되는 경우 임차주택의 환가대금에서 후순위권리자나 그 밖의 채권자보다 우선하여 보증금을 변제받을 권리인 우선변제권을 취득합니다.
② 임차권은 채권이므로 원칙적으로는 담보권자가 우선배당을 받을 후 배당금이 남으면 채권자들과 그 채권금액에 비례해 배당을 받게 되지만, 주택임차인은 대항력을 갖추고, 임대차계약증서에 확정일자를

받으면, 확정일자일을 기준으로 담보권자와 선후를 따져서 후순위의 담보권자보다 우선하여 배당을 받을 수 있도록 하고 있습니다.

■ **주택신축 중 토지에 근저당권이 설정된 경우 주택임차권가 불이익을 당할 염려가 없는지요?**

Q 저는 甲소유 신축주택을 전세보증금 4,500만원에 임차하여 입주와 주민등록전입신고 및 확정일자를 받아 두었습니다. 그런데 위 주택의 신축 중 대지에 채권최고액 8,000만원인 乙의 근저당권이 설정되었는바, 이 경우 주택임차인인 제가 불이익을 당할 염려가 없는지요?

A 민법 제365조는 "토지를 목적으로 저당권을 설정한 후 그 설정자가 그 토지에 건물을 건축한 때에는 저당권자는 토지와 함께 그 건물에 대하여도 경매를 청구할 수 있다."라고 규정하고 있는데, 건물신축 중 대지에 근저당권이 설정된 경우 근저당권자가 건물까지 일괄매각신청을 할 수 있는지 문제됩니다.

이에 관하여 판례는 "민법 제365조는 저당권설정자가 저당권을 설정한 후 저당목적물인 토지상에 건물을 축조함으로써 저당권의 실행이 곤란하여지거나 저당목적물의 담보가치의 하락을 방지하고자 함에 그 규정취지가 있다고 할 것이므로, 저당권설정 당시에 건물의 존재가 예측되고 또한 당시 사회경제적 관점에서 그 가치의 유지를 도모할 정도로 건물의 축조가 진행되어 있는 경우에는 위 규정은 적용되지 아니한다."라고 하였습니다(대법원 1987. 4. 28. 선고 86다카2856 판결).

그렇다면 위 사안에 있어서도 乙의 근저당권이 설정될 당시 위 주택의 신축공사가 어느 정도 진행되고 있었는지에 따라서 乙이 위 주택을 대지와 함께 일괄경매신청 할 수 있는지 정해질 것으로 보입니다.

그런데 乙이 위 대지와 주택을 일괄경매신청 할 수 있는 경우라고 하여도 乙은 대지에만 근저당권설정 하였으므로 주택의 매각대금에 대해서는 우선권이 없으며, 또 다른 우선권자가 없다면 귀하는 대지의 매각대금에서는 위 근저당권보다 후순위로 배당을 받을 것이지만 주택의 매각대금에 대해서는 제1순위로 배당 받을 수 있을 것이고, 위 경매절차에서 배당 받지 못한 임차보증금이 있을 경우에는 경매절차의 매수인에게 대항력을 주장하여 보증금을 반환 받을 때까지 위 주택에 계속 거주할 수 있을 것입니다.

그러나 乙이 대지만을 경매신청 하여 건물과 분리되어 매각된다면 대지와 건물의 소유자가 달라지므로 이 때 건물소유자인 甲이 토지소유자에 대하여 법정지상권을 취득할 수 있느냐 그렇지 못하는가에 따라 귀하의 주택임차권이 보호받을 수 있느냐의 여부가 결정될 것입니다.

민법 제366조는 "저당물의 경매로 인하여 토지와 그 지상건물이 다른 소유자에 속한 경우에는 토지소유자는 건물소유자에 대하여 지상권을 설정한 것으로 본다. 그러나 지료는 당사자의 청구에 의하여 법원이 이를 정한다."라고 규정하고 있고, 판례는 "건물 없는 토지에 저당권이 설정된 후 저당권설정자가 그 위에 건물을 건축하였다가 담보권의 실행을 위한 경매절차에서 경매로 인하여 그 토지와 지상건물이 소유자를 달리하였을 경우에는, 민법 제366조의 법정지상권이 인정되지 아니할 뿐만 아니라 관습법상의 법정지상권도 인정되지 아니한다."라고 하였습니다(대법원 1995. 12. 11.자 95마1262 결정).

그러므로 민법 제366조에 의한 법정지상권은 저당권설정 당시부터 저당권의 목적이 되는 토지 위에 건물이 존재할 경우에 한하여 인정된다 할 것입니다.

그러나 또 다른 판례는 "민법 제366조 소정의 법정지상권은 저당권설정 당시 동일인의 소유에 속하던 토지와 건물이 경매로 인하여 양자의 소유자가 다르게 된 때에 건물의 소유자를 위하여 발생하는 것으로서, 토지에 관하여 저당권이 설정될 당시 그 지상에 건물이 위 토지소유자에 의하여 건축 중이었고, 그것이 사회관념상 독립된 건물로 볼 수 있는 정도에 이르지 않았다 하더라도 건물의 규모, 종류가 외형상 예상할 수 있는 정도까지 건축이 진전되어 있는 경우에는 저당권자는 완성될 건물을 예상할 수 있으므로 법정지상권을 인정하여도 불측의 손해를 입는 것이 아니며, 사회경제적으로도 건물을 유지할 필요가 인정되기 때문에 법정지상권의 성립을 인정함이 상당하고, 법정지상권을 취득할 지위에 있는 자에 대하여 토지소유자가 소유권에 기하여 건물의 철거를 구함은 신의성실의 원칙상 허용될 수 없다."라고 하였습니다(대법원 1992. 6. 12. 선고 92다7221 판결, 2004. 2. 13. 선고 2003다29043 판결, 2004. 6 .11. 선고 2004다13533 판결).

따라서 위 사안의 경우에도 甲의 신축건물이 위 판례와 같은 정도의 건축이 진행된 상태에서 乙이 대지상에 근저당권을 설정하였다면, 甲은 위 주택에 관한 법정지상권을 취득하게 될 것이므로 위 주택은 철거될 염려가 없고, 따라서 귀하의 주택임차권도 보호받을 것입니다. 그러나 乙의 저당권설정이 그 이전에 설정되었다면 甲의 위 주택은 철거될 운명에 있으므로 귀하의 주택임차권도 보호받기 어려울 것으로 보입니다.

6-3. 임대차 존속기간의 보장

① 주택의 임대차 존속기간은 최저 2년입니다. 따라서 임대차 기간을 정하지 않았거나 2년 미만으로 정한 때에도 최소한 2년의 임대차 기간은 보장됩니다. 다만, 임차인은 2년 미만으로 정한 기간이 유효함을 주장할 수 있습니다.

② 계약이 갱신된 경우에도 임대차의 존속기간은 2년이며, 계약이 갱신되는 경우에도 임차인은 언제든지 임대인에게 계약해지를 통지할 수 있습니다.

③ 임차인은 임대인에게 주택임대차계약을 해지하겠다는 의사를 통지하고, 임대인이 그 통지를 받은 날로부터 3개월이 지나면 계약해지의 효과는 발생합니다.

6-4. 소액임차인의 최우선변제권의 인정

① 임차인은 임차보증금이 소액인 경우에는 경매신청 등기 전까지 주택의 인도와 주민등록을 마치면, 확정일자를 받지 않은 경우에도 보증금 중 일정액을 다른 담보물권자보다 우선하여 변제받을 수 있습니다.

② 보증금이 다음 금액 이하인 임차인은 우선변제를 받을 수 있습니다.
   1) 서울특별시 : 1억1천만원
   2) 수도권정비계획법에 따른 과밀억제권역(서울특별시는 제외한다), 세종특별자치시, 용인시 및 화성시: 1억원
   3) 광역시(수도권정비계획법에 따른 과밀억제권역에 포함된 지역과 군지역은 제외한다), 안산시, 김포시, 광주시 및 파주시: 6천만원
   4) 그 밖의 지역 : 5천만원

④ 보증금 중 다음 이하 금액 이하를 우선변제 받을 수 있습니다.
  1) 서울특별시 : 3천7백만원
  2) 수도권정비계획법에 따른 과밀억제권역(서울특별시는 제외한다), 세종특별자치시, 용인시 및 화성시: 3천400만원
  3) 광역시(수도권정비계획법에 따른 과밀억제권역에 포함된 지역과 군지역은 제외한다), 안산시, 김포시, 광주시 및 파주시: 2천만원
  4) 그 밖의 지역 : 1천700만원

6-5. 임차권등기명령제도
① 임차인은 임대차가 끝난 후 보증금을 반환받지 못한 경우 임차 주택의 소재지를 관할하는 법원에 단독으로 임차권등기명령을 신청할 수 있도록 하였습니다.
② 임차인은 임차권등기명령의 집행에 따른 임차권등기를 마치면 대항력과 우선변제권을 취득하며, 임차권등기 전에 이미 대항력이나 우선변제권을 취득한 임차인의 경우에는 그 대항력과 우선변제권이 그대로 유지되며, 임차권등기 이후에 대항요건을 상실하더라도 이미 취득한 대항력이나 우선변제권을 상실하지 않습니다.

6-6. 차임 증액 또는 보증금의 월차임으로 전환의 경우 제한
당사자는 약정한 차임이나 보증금이 임차주택에 관한 조세, 공과금, 그 밖의 부담의 증감이나 경제사정의 변동으로 인하여 적절하지 않게 된 때에는 장래에 대해 그 증감을 청구할 수 있습니다. 다만, 증액을 하는 경우 연 5%를 초과해 증액할 수 없습니다.

■ 재계약시에도 주택임대차보증금의 증액제한규정이 적용되는지요?

> Q 저는 주택을 전세보증금 3,000만원에 임차하여 2년의 계약기간이 만료되었습니다. 그런데 집주인은 위 주택의 보증금을 500만원 증액해 주어야 재계약을 체결해주겠다고 합니다. 이 경우 주택임대차보호법상의 증액제한규정이 적용될 수 없는지요?

A 주택임대차보호법 제7조는 "당사자는 약정한 차임이나 보증금이 임차주택에 관한 조세, 공과금, 그 밖의 부담의 증감이나 경제사정의 변동으로 인하여 적절하지 아니하게 된 때에는 장래에 대하여 그 증감을 청구할 수 있다. 다만, 증액의 경우에는 대통령령으로 정하는 기준에 따른 비율을 초과하지 못한다."라고 규정하고 있고, 같은 법 시행령 제8조 제1항은 "법 제7조에 따른 차임이나 보증금(이하 "차임 등"이라 한다)의 증액청구는 약정한 차임 등의 20분의 1의 금액을 초과하지 못한다."라고 규정하고 있으며, 같은 법 시행령 제8조 제2항은 "제1항에 따른 증액청구는 임대차계약 또는 약정한 차임 등의 증액이 있은 후 1년 이내에는 하지 못한다."라고 규정하고 있습니다.

그런데 재계약의 경우에도 위와 같은 보증금 증액제한규정이 적용되는지 문제됩니다.

이에 관하여 판례는 "주택임대차보호법 제7조는 약정한 차임 또는 보증금이 그 후의 사정변경으로 인하여 상당하지 아니하게 된 때에는 당사자는 장래에 대하여 그 증감을 청구할 수 있고, 증액의 경우에는 대통령령이 정하는 기준에 따른 비율을 초과하지 못한다고 규정하고 있으므로, 위 규정은 임대차계약의 존속 중 당사자 일방이 약정한 차임 등의 증감을 청구한 때에 한하여 적용되고, 임대차계약이 종료된 후 재계약을 하거나 또는 임대차계약 종료 전이라도 당사자의 합의로 차임 등이 증액된 경우에는 적용되지 않는 것이다."라고 하였습니다(대법원 1993. 12. 7. 선고 93다 30532 판결, 2002. 6. 28. 선고, 2002다23482 판결).

따라서 위 사안과 같이 재계약을 하는 경우에는 증액제한규정의 적용을 받지 않는다 할 것이므로 귀하는 집주인과 협의하여 전세보증금 증액의 한도를 조정해 볼 수밖에 없을 듯합니다.

그리고 주택임대차보호법시행령 제8조의 제한은 약정한 차임 또는 보증금의 증액청구의 경우에 한하여 적용될 규정이고, 감액청구권의 기준에 대하여는 명문의 규정이 없는바, 이에 관하여 하급심 판례는 "전세보증금 증감청구권의 인정은 이미 성립된 계약의 구속력에서 벗어나 그 내용을 바꾸는 결과를 가져오는 것인 데다가, 보충적인 법리인 사정변경의 원칙, 공평의 원칙 내지 신의칙에 터 잡은 것인 만큼 엄격한 요건 아래에서만 인정될 수 있으므로, 기본적으로 사정변경의 원칙의 요건인 ①계약 당시 그 기초가 되었던 사정이 현저히 변경되었을 것, ②그 사정변경을 당사자들이 예견하지 않았고 예견할 수 없었을 것, ③그 사정변경이 당사자들에게 책임 없는 사유로 발생하였을 것, ④당초의 계약 내용에 당사자를 구속시키는 것이 신의칙상 현저히 부당할 것 등의 요건이 충족된 경우로서, 전세보증금 시세의 증감 정도가 상당한 수준(일반적인 예로서, 당초 약정금액의 20% 이상 증감하는 경우를 상정할 수 있음)에 달하고, 나머지 전세기간이 적어도 6개월 이상은 되어야 전세보증금의 증감청구권을 받아들일 정당성과 필요성이 인정될 수 있고, 증감의 정도도 시세의 등락을 그대로 반영할 것이 아니라 그밖에 당사자들의 특수성, 계약의 법적 안정성 등의 요소를 고려하여 적절히 조정되어야 한다."라고 하였습니다 (서울지법동부지원 1998. 12. 11. 선고 98가합19149 판결).

참고로 주택임대차보호법 제7조의2는 "보증금의 전부 또는 일부를 월 단위의 차임으로 전환하는 경우에는 그 전환되는 금액에 다음 각호 중 낮은 비율을 곱한 월차임의 범위를 초과할 수 없다. 1)은행법에 따른 은행에서 적용하는 대출금리와 해당 지역의 경제여건 등을 고려하여 대통령령으로 정하는 비율 2)한국은행에서 공시한 기준금리에 대통령령으로 정하는 배수를 곱한 비율"라고 규정하고 있고, 같은 법 시행령 제9조제1항은 "법 제7조의2 제1호에서 '대통령령으로 정하는 비율'이란 연 1할을 말한다."라고 규정하고 있고, 같은 법 시행령 제9조 제2항은 "법 제7조의2 제2호에서 '대통령령으로 정하는 배수'란 4배를 말한다."라고 규정하고 있습니다. 그런데 이 규정 역시 계약기간 중에 보증금의 전부 또는 일부를 월차임으로 전환하는 것을 규제하려는 취지로 보이며, 계약기간이 만료된 후 재계약을 체결하는 경우에는 위와 같은 제한을 받지 않을 것으로 보입니다.

(관련판례)
주택임대차보호법 제3조 제1항이 인도와 주민등록을 갖춘 다음날부터 대항력이 발생한다고 규정한 것은 인도나 주민등록이 등기와 달리 간이한 공시 방법이어서 인도 및 주민등록과 제3자 명의의 등기가 같은 날 이루어진 경우에 그 선후 관계를 밝혀 선순위 권리자를 정하는 것이 사실상 곤란한 데다가, 제3자가 인도와 주민등록을 마친 임차인이 없음을 확인하고 등기까지 경료하였음에도 그 후 같은 날 임차인이 인도와 주민등록을 마침으로 인하여 입을 수 있는 불측의 피해를 방지하기 위하여 임차인보다 등기를 경료한 권리자를 우선시키고자 하는 취지이고, 같은 법 제3조의2 제1항에 규정된 우선변제적 효력은 대항력과 마찬가지로 주택임차권의 제3자에 대한 물권적 효력으로서 임차인과 제3자 사이의 우선순위를 대항력과 달리 규율하여야 할 합리적인 근거도 없으므로, 법 제3조의2 제1항에 규정된 확정일자를 입주 및 주민등록일과 같은 날 또는 그 이전에 갖춘 경우에는 우선변제적 효력은 대항력과 마찬가지로 인도와 주민등록을 마친 다음날을 기준으로 발생한다(대법원 1997.12.12. 선고 97다22393 판결).

7. 주택임대차의 계약

7-1. 계약 전 확인 사항

7-1-1. 등기부의 확인 등

① 임대차계약 전 부동산등기부를 확인하고 부동산 소유자가 누구인지, 계약자가 집주인과 일치하는지를 확인해야 합니다.

② 계약 만료 후 임차보증금의 원활한 회수를 위하여 목적 부동산의 권리관계를 반드시 확인해야 합니다.

7-1-2. 계약 당사자 본인 확인

① 임대차계약의 당사자는 임대인과 임차인입니다. 임대인은 임대주택의 소유자인 경우가 보통이나, 임대주택에 대한 처분권이 있거나 적법한 임대권한을 가진 사람도 임대인이 될 수 있습니다(대법원 1999.4.23. 선고 98다49753 판결).

② 주택의 소유자와 계약을 체결하는 경우에는 소유자의 주민등록증으로 등기부상 소유자의 인적사항과 일치하는지를 확인해야 합니다.

③ 주택 소유자의 대리인과 임대차계약을 체결하는 경우에는 위임장과 인감증명서를 반드시 요구해야 합니다.

7-2. 부동산등기부 확인

7-2-1. 부동산등기부의 개념

① 「부동산등기부」란 토지나 건물과 같은 부동산의 표시와 부동산의 권리관계의 득실변경에 관한 사항을 적는 공적 장부를 말합니다.

② 부동산의 표시 : 부동산의 소재, 지번, 지목, 구조, 면적 등에 관한 현황을 말합니다.
③ 부동산에 관한 권리관계 : 소유권, 지상권, 지역권, 전세권, 저당권, 권리질권, 채권담보권, 임차권 등의 설정, 보존, 이전, 변경, 처분의 제한, 소멸 등을 말합니다.

7-2-2. 등기부 및 등기사항증명서

① 「등기부」란 전산정보처리조직에 의해 입력·처리된 등기정보자료를 대법원규칙으로 정하는 바에 따라 편성된 해당 등기소에 비치되어 있는 토지·건물의 등기를 하는 공부를 말하며, 등기부는 토지등기부와 건물등기부로 구분됩니다.
② 「등기사항증명서」란 등기부에 기록되어 있는 사항을 증명하는 서류를 의미합니다.

7-2-3. 등기부의 열람 또는 등기사항증명서의 발급

① 등기부의 열람

다음의 방법을 통해 누구든지 수수료를 내고 등기기록의 열람을 청구할 수 있습니다. 다만, 등기기록의 부속서류는 이해관계 있는 부분만 열람을 청구할 수 있습니다.

열람방법	열람가능시간	수수료
등기소 방문(관할 제한 없음)	업무시간 내	등기기록 또는 사건에 관한 서류마다 1200원
대법원 인터넷등기소 (http://www.iros.go.kr)	365일 24시간	등기기록마다 700원

② 등기사항증명서의 발급

다음의 방법을 통해 누구든지 수수료를 내고 등기사항증명서의 발급을 청구할 수 있습니다.

열람방법	열람가능시간	수수료
등기소 방문(관할 제한 없음)	업무시간 내	1통에 1,200원
무인발급기의 이용	지방자치단체별 서비스 시간 다름	1통에 1,000원
대법원 인터넷등기소 (http://www.iros.go.kr)	365일 24시간	1통에 1,000원

7-2-4. 등기부의 구성 및 확인사항

등기부에는 표제부, 갑구(甲區), 을구(乙區)가 있습니다.

■ 표제부

① 토지등기기록의 표제부에는 표시번호란, 접수란, 소재지번란, 지목란, 면적란, 등기원인 및 기타 사항란이 있습니다.
② 건물등기기록의 표제부에는 표시번호란, 접수란, 소재지번 및 건물번호란, 건물내역란, 등기원인 및 기타사항란이 있습니다.
③ 표제부에서 확인해야 할 사항
   1) 표제부의 지번이 임차하려는 주택의 번지수와 일치하는지를 확인해야 합니다.
   2) 아파트, 연립주택, 다세대주택 등 집합건물의 경우에는 표제부에 나와 있는 동, 호수가 임차하려는 주택의 동, 호수와 일치하는지를 확인해야 합니다.
   3) 잘못된 지번 또는 잘못된 동, 호수로 임대차계약을 하면 주택임대차보호법의 보호를 받을 수 없는 문제가 생깁니다. 예를 들어, 등기부에는 2층 202호라고 표시되어 있는데, 현관문에는 302호라고 표시된 다세대주택을 임대하면서 현관문의 호수 302호라고 임대차계약을 체결하고, 전입신고도 계약서상의 표시대로 302호로 전입신고를 한 경우에는 임차인은 갖추어야할 대항력의 요건인 올바른 주민등록을 갖추지 못했으므로, 주택임대차보호법의 보호를 받을 수 없습니다.

> **(관련판례)**
> 임차인이 임대차계약을 체결함에 있어 그 임차주택을 등기부상 표시와 다르게 현관문에 부착된 호수의 표시대로 그 임대차계약서에 표시하고, 주택에 입주하여 그 계약서상의 표시대로 전입신고를 하여 그와 같이 주민등록표에 기재된 후 그 임대차계약서에 확정일자를 부여받은 경우, 그 임차 주택의 실제 표시와 불일치한 표시로 행해진 임차인의 주민등록은 그 임대차의 공시방법으로 유효한 것으로 볼 수 없어 임차권자인 피고가 대항력을 가지지 못하므로, 그 주택의 경매대금에서 임대차보증금을 우선 변제받을 권리가 없다(대법원 1996.4.12. 선고 95다55474 판결)

■ 갑구와 을구

① 갑구와 을구에는 순위번호란, 등기목적란, 접수란, 등기원인란, 권리
자 및 기타사항란이 있습니다.

② 갑구에는 소유권의 변동과 가등기, 압류등기, 가압류등기, 경매개시
결정 등기, 소유자의 처분을 금지하는 가처분등기 등이 기재되어
있습니다.

③ 갑구에서 확인해야 할 사항

  1) 임대차계약은 등기부상의 소유자와 체결해야 하므로, 먼저 부동
산 소유자의 이름, 주소, 주민등록번호 등 인적사항을 확인해야
합니다. 실제로 매매 중에 있는 아파트의 임대차계약을 체결한
후 그 매매계약이 해제된 때에는 매수 예정인은 임대권한이 소멸
되므로 그 임대차계약은 무효로 됩니다.

  2) 단독주택을 임차하는 경우에는 토지등기부등본과 건물등기부등본
을 비교해서 토지소유자와 건물소유자가 같은 사람인지를 확인해
야 합니다.

  3) 압류, 가압류, 가처분, 가등기 등이 되어 있지 않는지를 확인해
서, 이러한 등기가 되어 있는 주택은 피해야 합니다.

    ◇ 압류 또는 가압류 이후에 주택을 임차한 임차인은 압류된 주택이 경
매에 들어가면 일반채권자와 채권액에 따라 평등하게 배당을 받을 수
있을 뿐이고, 주택임대차보호법에 따른 우선변제를 받을 수 없게 됩
니다.

    ◇ 가처분 등기 이후에 주택을 임차한 임차인은 가처분권리자가 소송에
승소하면 가처분 등기 이후에 행해진 모든 행위는 효력이 없으므로
보호받을 수 없게 됩니다.

    ◇ 가등기 이후에 주택을 임차한 임차인은 가등기에 기한 본등기가 이루
어지면 본등기 권리자에게 임대차를 주장할 수 없으므로 보호를 받을
수 없게 됩니다.

④ 을구에는 소유권 이외의 권리인 저당권, 전세권 등이 기재되며, 저
당권, 전세권 등의 설정 및 변경, 이전, 말소등기도 기재되어 있습
니다.

⑤ 을구에서 확인해야 할 사항

  1) 저당권이나 전세권이 등기되어 있는지 확인해서, 저당권이나 전

세권이 많이 설정되어 있다면 그런 주택은 피해야 합니다.

◇ 저당권이나 전세권이 설정된 후 주택을 임차한 임차인은 저당권자나 전세권자 보다 후순위 권리자로 됩니다. 따라서 주택이 경매되면 저당권자나 전세권자가 배당받고 난 나머지 금액에 대해서만 배당받을 수 있기 때문에 임차보증금을 돌려받기 어려워집니다.

◇ 또한, 임차권등기를 마친 주택을 후에 임차하여 주택을 인도받고 주민등록 및 확정일자를 갖추었다고 하더라도 우선변제를 받을 수 없습니다.

2) 근저당 설정금액이나 전세금이 주택의 시가보다 적다고 해서 안심해서는 안 됩니다.

3) 지상권이나 지역권이 설정되어 있는지 확인해야 합니다.

◇ 지상권, 지역권은 토지의 이용관계를 목적으로 설정되어 있는 권리로서 부동산 일부분에도 성립할 수 있고, 동일 부동산의 같은 부분에 중복하여 성립할 수도 있으므로 주의해야 합니다.

⑤ 등기부에서 확인할 수 없는 권리관계도 있으므로 등기부를 열람하는 것 외에 상가건물을 직접 방문하여 상가건물의 권리관계를 확인할 필요가 있습니다. 예를 들어, 주택에 관한 채권을 가진 자가 그 채권을 변제받을 때까지 주택을 유치하는 유치권 등은 등기부를 통해 확인할 수 없습니다.

7-3. 등기된 권리의 순위

① 같은 부동산에 관해 등기한 권리의 순위는 법률에 다른 규정이 없으면 등기한 순서에 따릅니다.

② 등기의 순서는 등기기록 중 같은 구에서 한 등기 상호간에는 순위번호에 따르고, 다른 구에서 한 등기 상호간에는 접수번호에 따릅니다. 따라서 같은 갑구나 을구 내에서는 그 순위번호로 등기의 우열을 가리고, 갑구와 을구 사이에서는 접수번호에 따라 등기의 우열을 가리게 됩니다.

③ 부기등기(附記登記)의 순위는 주등기(主登記)의 순위에 따릅니다. 다만, 같은 주등기에 관한 부기등기 상호간의 순위는 그 등기 순서에 따릅니다.

■ 담보가등기된 주택을 임차하면 보호받을 수 있는지요?

Q
저는 주택을 임차하려고 등기부를 열람해보았더니 소유권이전 등기청구권가등기가 되어 있었습니다. 집주인에게 물어보니 위 가등기는 2,000만원을 차용하고 그 담보를 위하여 설정한 것이라고 합니다. 제가 위 주택을 임차하면 보호받을 수 있는 지요?

A
소유권이전등기청구권의 가등기에는 ①진정한 매매예약으로 인한 소유권이전등기청구권보전의 가등기가 있고, ②채권의 담보의 목 적으로 경료된 담보가등기가 있습니다.

그런데 위 가등기가 ①의 경우(소유권이전등기청구권 보전의 가등 기)라면, 주택임차인이 주택임대차보호법상의 대항력을 갖추기 이 전에 소유권이전등기청구권보전의 가등기가 설정되어 있을 경우에 는 그러한 가등기에 기한 본등기가 되면 부동산등기법 제91조가 "가등기에 의한 본등기(本登記)를 한 경우 본등기의 순위는 가등 기의 순위에 따른다."라고 규정하고 있으므로. 그 본등기의 순위 는 가등기의 순위로 되어 가등기 후에 대항력을 갖춘 주택임차권 보다 선순위가 되므로 그 주택임차인은 본등기를 경료한 자에게 대항하지 못합니다.

한편 위 가등기가 ②의 경우(담보목적 가등기)라면, 주택임차인이 주택임대차보호법상의 대항력을 갖추기 이전에 담보가등기가 설정 된 경우에는 「가등기담보등에관한법률」 제12조 제1항이 "담보가 등기권자는 그 선택에 따라 제3조에 따른 담보권을 실행하거나 목적부동산의 경매를 청구할 수 있다. 이 경우 경매에 관하여는 담보가등기권리를 저당권으로 본다."라고 규정하고 있어 담보가등 기권자가 경매를 신청할 수도 있고, 같은 법에 의하여 담보권을 실행하여 청산절차를 거쳐 그 가등기에 기한 본등기를 할 수도 있습니다. 담보목적부동산의 경매를 청구한 경우에는 가등기 후에 대항요건을 갖춘 주택임차인은 그 경매절차에서 당해 주택을 매수 한 매수인에게 대항할 수 없을 것입니다. 다만 대항요건과 확정일 자를 갖춘 경우나 소액임차인에 해당된다면 그 경매절차에서 배당 요구를 신청하여 배당 받아야 할 것입니다.

가등기담보등에관한법률 제3조에 따른 담보권을 실행하는 경우에 는 목적부동산의 가액에서 자기의 채권액(담보가등기보다 선순위 담보권자의 채권액을 포함, 여기에는 소액임차인의 우선변제채권도 포함될 것임)을 공제한 청산금을 채무자 등에게 지급하여야 하나(제4조 제1항), 담보가등기 후에 등기된 저당권자, 전세권자 및 담보가등기권리자(제2조 제5호)는 채권의 명세와 증서를 위 채권자에게 제시·교부하여 자기의 채권을 지급 받아야 합니다(제5조 제1항, 제2항).

그런데 가등기담보등에관한법률은 후순위권리자의 정의에 확정일자를 갖춘 우선변제권이 인정되는 주택임차인은 명시하지 않고 있으나(같은 법 제2조 제5호), 이러한 주택임차인도 위 후순위권리자에 포함되는 것으로 해석되어 우선변제권을 행사할 수 있어야 할 것으로 보입니다.

한편, 그러한 우선변제권은 없고 담보가등기 후에 대항력만 갖춘 주택임차인의 경우에는 원칙적으로 담보가등기권리자에게 대항력을 행사할 수 없지만(대법원 2001. 1. 5. 선고 2000다47682 판결), 가등기담보등에관한법률 제5조 제5항이 "담보가등기 후에 대항력 있는 임차권을 취득한 자에게는 청산금의 범위 에서동시이행의 항변권에 관한 「민법」 제536조를 준용한다."라고 규정하고 있으므로, 채무자에게 지급될 청산금이 있을 경우에는 담보가등기 채권자에게 동시이행의 항변을 할 수 있을 것으로 보입니다.

■ 공인중개사를 통해 주택임대차계약을 체결하는데, 임차인이 따로 등기부를 확인해야 하나요?

Q 대학신입생 저는 서울의 대학에 입학하게 되면서, 대학 근처에서 살 집을 얻으려고 합니다. 태어나서 처음으로 임대차계약을 하게 된 저는 공인중개사를 통해 집을 계약하면서, 봐도 복잡한 부동산등기부는 어차피 공인중개사가 알아서 확인했을 것이라고 생각했습니다. 저는 따로 등기부를 확인할 필요가 있을까요?

A 등기부는 해당 부동산의 권리관계를 확인하는 기본 중의 기본입니다. 특히 최근 공인중개사의 사기사건도 종종 일어나고 있으므로, 등기부를 스스로 꼭 확인하시길 바랍니다. 부동산등기부에는 토지등기부와 건물등기부가 있으므로, 주택을 임대차계약을 하기 전에 해당 토지등기부와 건물등기부 모두 확인해야 합니다. 또한, 등기

부는 임대차계약을 체결할 때 확인하고, 잔금을 치르기 전에도 다시 한 번 확인하는 것이 좋습니다.

■ 공유주택을 임차할 경우에 공유자 전원의 동의를 받아야 하는지요?

Q 저는 甲(3/8), 乙(3/8), 丙(2/8) 3인의 공유인 주택의 2층 전부를 甲과 乙로부터 전세보증금 4,000만원에 전세계약을 체결하고 전세권설정등기는 하지 않고 입주와 주민등록전입신고를 하고 확정일자도 받아 두었는데, 주변에서는 이 경우 공유자 전원과 전세계약을 체결하여야만 주택임차권이 유효하다고 말하고 있습니다. 저는 정당한 임차인으로서 보호를 받을 수 있는지요?

A 공유자는 공유물전부를 지분의 비율로 사용·수익할 수 있으며(민법 제263조 후문), 공유물의 처분·변경은 다른 공유자의 동의 없이 할 수 없으나(민법 제264조), 공유물의 관리에 관한 사항은 공유자의 지분의 과반수로써 결정하도록 규정하고 있습니다(민법 제265조 본문).

그리고 판례는 과반수공유자의 결의 없이 한 임대차계약은 무효라고 하였으나(대법원 1962. 4. 4. 선고 62다1 판결), "공유자 사이에 공유물을 사용·수익할 구체적인 방법을 정하는 것은 공유물의 관리에 관한 사항으로서 공유자의 지분의 과반수로써 결정하여야 할 것이고, 과반수지분의 공유자는 다른 공유자와 사이에 미리 공유물의 관리방법에 관한 협의가 없었다 하더라도 공유물의 관리에 관한 사항을 단독으로 결정할 수 있으므로, 과반수지분의 공유자가 그 공유물의 특정 부분을 배타적으로 사용·수익하기로 정하는 것은 공유물의 관리방법으로서 적법하다고 할 것이므로, 과반수지분의 공유자로부터 사용·수익을 허락 받은 점유자에 대하여 소수지분의 공유자는 그 점유자가 사용·수익하는 건물의 철거나 퇴거 등 점유배제를 구할 수 없고, 과반수지분의 공유자는 그 공유물의 관리방법으로서 그 공유토지의 특정된 한 부분을 배타적으로 사용·수익할 수 있으나, 그로 말미암아 지분은 있으되 그 특정 부분의 사용·수익을 전혀 하지 못하여 손해를 입고 있는 소수지분권자에 대하여 그 지분에 상응하는 임료 상당의 부당이득을 하고 있다 할 것이므로 이를 반환할 의무가 있다 할 것이나, 그 과반수지분의 공유자로부터 다시 그 특정 부분의 사용·수익을 허락 받은 제3자의 점유는 다수지분권자의 공유물관리권에 터 잡은 적법한 점유이므로 그 제3자는 소수지분권자에 대하여도 그 점유로 인하여 법률상 원인 없이 이득을 얻고 있다고는 볼 수 없다."라고 하였습니다(대법원 2002. 5. 14. 선고 2002다9738 판결).

그러므로 귀하의 경우는 공유자 전체지분의 과반수[즉, 甲지분(3/8)+乙지분(3/8)=6/8]의 결의에 의하여 위 목적물을 임차한 경우로서 귀하의 임차권은 유효하고, 비록 丙이 임대인에서 제외되어 있었다고 하여도 丙에 대하여 유효한 임차권을 가지고 대항할 수 있으므로 계약이 종료되지 않는 한 丙에게 명도청구를 당하지는 않을 것이고, 또한 부당이득반환청구도 당하지 않을 것입니다.

그러나 귀하가 계약기간만료 시 보증금반환청구는 누구에게 하여야 하는지, 경매 등의 경우 丙의 공유지분의 매각대금에서도 배당을 받을 수 있는지가 문제됩니다.

이에 관하여 직접적으로 거론한 판례는 보이지 않는 듯하고, 민법 제266조 제1항이 "공유자는 그 지분의 비율로 공유물의 관리비용 기타 의무를 부담한다."라고 규정하고 있지만, 판례를 보면 "공유토지의 과반수지분권자는 다른 공유자와 협의 없이 단독으로 관리행위를 할 수가 있으며, 그로 인한 관리비용은 공유자의 지분비율에 따라 부담할 의무가 있으나, 위와 같은 관리비용의 부담의무는 공유자의 내부관계에 있어서 부담을 정하는 것일 뿐, 제3자와의 관계는 당해 법률관계에 따라 결정된다."라고 하였습니다(대법원 1991. 4. 12. 선고 90다20220 판결).

그리고 전세보증금은 甲·乙이 보관하고 있다가 계약이 종료되면 장차 귀하에게 반환할 성질의 것이고, 공유지분과반수의 결의 없이 건물을 임대한 경우 공유자간의 사용·수익권의 침해로 인한 손해배상 또는 부당이득청구사건에 있어서도 임차보증금 자체에 대한 지분비율 상당액의 반환 또는 배상을 구할 수는 없다고 하면서 지분비율에 따른 차임상당액(이 경우에는 보증금의 이자에 대한 지분비율상당액이 될 듯함)만을 인정한 판례가 있습니다(대법원 1991. 9. 24. 선고 91다23639 판결).

위 사안에 있어서도 귀하가 甲·乙과 위 임대차계약을 체결할 때 전세보증금은 甲·乙이 보관하고 있다가 반환하기로 특별히 약정한 경우에는 당연히 甲·乙에게만 보증금반환청구를 할 수 있고, 경매시에도 甲·乙의 공유지분의 매각대금에서만 배당 받을 수 있을 것으로 보이고, 특별히 정한 바가 없다고 하여도 귀하가 丙을 제외하고 甲·乙과만 위 임대차계약을 체결한 것이므로 보증금반환은 甲·乙이 하기로 하는 의사로서 위 계약을 체결한 것으로 볼 여지가 있을 듯합니다.

따라서 귀하의 전세보증금반환은 甲과 乙에게만 청구할 수 있을 것으로 보이고, 경매시에도 甲과 乙의 공유지분의 매각대금에서만 배당받을 수 있다고 할 것입니다.

다만, 甲과 乙의 전세보증금반환책임에 관하여 판례는 "채권적인 전세계약에 있어 전세물건의 소유자가 공유일 경우에는 그 전세계약과 관련하여 받은 전세금반환채무는 성질상 불가분의 것이다."라고 하였으며(대법원 1967. 4. 25. 선고 67다328,카1155 판결), 또한 "건물의 공유자가 공동으로 건물을 임대하고 보증금을 수령한 경우, 특별한 사정이 없는 한 그 임대는 각자 공유지분을 임대한 것이 아니고 임대목적물을 다수의 당사자로서 공동으로 임대한 것이고 그 보증금반환채무는 성질상 불가분채무에 해당된다고 보아야 할 것이다."라고 하였으므로(대법원 1998. 12. 8. 선고 98다43137 판결), 귀하는 불가분채무자인 甲·乙 누구에게나 귀하의 전세보증금전액의 반환을 청구할 수 있을 것으로 보입니다.

7-4. 확정일자 등 확인

임대차계약을 체결하려는 경우 임대인의 동의를 받아 주택 소재지의 읍·면사무소, 동 주민센터 또는 시(특별시·광역시·특별자치시는 제외하고, 특별자치도는 포함함)·군·구(자치구를 말함)의 출장소, 지방법원 및 그 지원과 등기소 또는 공증인법에 따른 공증인(확정일자부여기관)에 다음의 정보제공을 요청하여 확인할 수 있습니다.

① 임대차목적물
② 확정일자 부여일
③ 차임·보증금
④ 임대차기간

7-5. 임대차계약

7-5-1. 임대차계약의 당사자 확인 등

① 주택임대차계약을 체결하려는 임차인은 반드시 계약상대방이 임차주택 등기부상의 소유자나 소유자의 대리인임을 확인하고 임대차계약을 체결해야 합니다.

② 임대인은 임대주택의 소유자인 경우가 보통이나, 임대주택에 대한 처분권이 있거나 적법한 임대권한을 가진 사람도 임대인이 될 수 있습니다.

7-5-2. 소유자

주택의 소유자와 계약을 체결하는 경우에는 소유자의 주민등록증으로 등기부상 소유자의 인적사항과 일치하는지를 확인해야 합니다.

7-5-3. 공동소유자

주택의 공동소유자 중 일부와 임대차계약을 체결하는 경우에는 공유자 일부의 지분이 과반수 이상인지를 등기부의 갑구에 기재되어 있는 공유자들의 소유권 지분으로 확인해야 합니다. 공유 주택의 임대행위는 공유물의 관리행위에 해당하고, 공유물의 관리에 관한 사항은 지분의 과반수로 결정하도록 하고 있기 때문입니다.

7-5-4. 명의수탁자

① 주택의 명의수탁자와 임대차계약을 체결하는 경우에는 명의수탁자가 등기부상의 소유자와 동일한가를 확인해야 합니다.

② 명의수탁자는 명의신탁의 법리에 따라 대외적으로 적법한 소유자로 인정되고, 그가 행한 신탁 목적물에 대한 처분 및 관리행위는 유효하기 때문입니다. 그리고, 명의신탁자가 명의신탁 해지를 원인으로 소유권이전등기를 마친 후 주택의 반환을 요구해도 임차인은 그 요구에 따를 필요가 없습니다. 명의신탁자는 명의수탁자의 지위를 승계한 것으로 보므로, 임차인은 임차권을 주장할 수 있습니다(대법원 1999. 4. 23. 선고 98다49753 판결).

③ 「명의신탁」이란 소유 관계를 공시하도록 되어 있는 재산에 대하여

소유자 명의를 실소유자가 아닌 다른 사람 이름으로 해놓는 것을 말합니다. 명의신탁이 된 재산의 소유관계는 신탁자와 수탁자 사이에서는 소유권이 그대로 신탁자에게 있지만, 대외관계 또는 제3자에 대한 관계에서는 소유권이 수탁자에게 이전·귀속됩니다.

7-5-5. 대리인

① 주택 소유자의 대리인과 임대차계약을 체결하는 경우에는 위임장과 인감증명서를 반드시 요구해야 합니다.

② 위임장에는 부동산의 소재지와 소유자 이름 및 연락처, 계약의 목적, 대리인 이름·주소 및 주민번호, 계약의 모든 사항을 위임한다는 취지가 기재되고 연월일이 기재된 후 위임인(소유자)의 인감이 날인되어 있어야 합니다.

③ 인감증명서는 위임장에 찍힌 위임인(소유자)의 날인 및 임대차계약서에 찍을 날인이 인감증명서의 날인과 동일해야 법적으로 문제가 발생하지 않기 때문에 반드시 인감증명서가 첨부되어야 합니다.

7-5-6. 주택 소유자의 처와 임대차계약을 체결한 경우

① 그 처가 자신의 대리권을 증명하지 못하는 이상 그 계약의 안전성은 보장되지 않습니다. 부부에게 일상가사대리권이 있다고 하더라도 주택을 임대하는 것은 일상가사에 포함된다고 보지 않기 때문입니다.

② 민법은 부부평등의 원칙에 따라 부부 상호 간에는 일상적인 가사에 관해 서로 대리권이 있다고 규정하고 있습니다(제827조 제1항). 일상적인 가사란 부부의 공동생활에 통상적으로 필요한 식료품 구입, 일용품 구입, 가옥의 월세 지급 등과 같은 의식주에 관한 사무, 교육비·의료비나 자녀 양육비의 지출에 관한 사무 등이 그 범위에 속합니다. 그러나 일상생활비로서 객관적으로 타당한 범위를 넘어선 금전 차용이나 가옥 임대, 부동산 처분 행위 등은 일상적인 가사의 범위에 속하지 않습니다(대법원 1993.9.28. 선고 93다16369 판결).

7-5-7. 전대인(임차인)

① 주택의 소유자나 소유자의 대리인이 아닌 전대인(임차인)과 전대차

계약을 체결하려는 경우에는 임대인의 동의 여부를 확인해야 합니다.

② 임대인의 동의 없이 전대차계약을 하였을 때에는 그 계약은 성립하나 전차인은 임차권을 주장할 수 없기 때문에 임대인의 인감증명서가 첨부된 동의서를 받아두는 것이 안전합니다. 따라서 임대인이 주택의 반환을 요구하면, 전차인은 주택을 반환해야 하고, 임대인에게 전대차 보증금의 반환을 청구할 수 없습니다. 다만, 전차인은 전대차계약을 체결한 전대인(임차인)에게 전대차 보증금의 반환을 청구할 수 있습니다.

7-5-8. 부동산 개업공인중개사

① 주택의 임대차계약을 체결하려는 당사자는 다음의 방법을 통해 시장·군수·구청장에게 등록된 중개사무소에서 계약을 체결하는 것이 안전합니다.
  1) 해당 중개사무소 안에 게시되어 있는 중개사무소등록증, 공인중개사자격증 등으로 확인
  2) 해당 시·군·구청의 중개업무 담당부서에서 개업공인중개사등록여부와 신분증·등록증 위조 여부를 확인
  3) 온나라 부동산정보통합포털(http://www.onnara.go.kr) 또는 각 지방자치단체의 한국토지정보시스템 등을 통해 확인

② 중개업사무소에 게시된 '보증의 설정 증명서류'를 확인하여 보증보험 또는 공제에 가입했는지를 확인하고 개업공인중개사의 중개를 받은 것이 안전합니다.

③ 개업공인중개사는 중개행위에서 고의 또는 과실로 거래당사자에게 재산상의 손해를 발생하게 한 때에는 그 손해를 배상할 책임이 있고, 이를 보장하기 위해 보증보험이나 공제에 가입하도록 하고 있기 때문입니다.

④ 임대인을 대리한 개업공인중개사와 주택임대차계약을 체결하는 경우 임차인의 주의사항
  임대인으로부터 임대차계약을 위임받은 개업공인중개사가 임대인에게는 보증금이 적은 월세계약을 했다고 속이고 임차인의 보증금을

가로채는 등의 사기가 발생할 수도 있습니다. 따라서 임차인은 다음과 같은 주의를 해야 합니다.

1) 개업공인중개사가 공인중개사법에 따른 등록한 개업공인중개사인지 확인하고, 공인중개사자격증 또는 중개업등록증과 사진, 신분증 및 얼굴을 대조하여 개업공인중개사의 신분을 확인합니다.

2) 개업공인중개사가 소유자로부터 임대차에 관한 대리권을 받았다는 위임장과 인감증명서를 확인하고, 소유자에게 위임사실·계약조건 등을 확인하여 개업공인중개사의 대리권을 확인합니다.

3) 주변시세보다 크게 싸거나 조건이 좋을 경우에는 일단 조심하고 해당건물의 권리관계, 소유자 등을 직접 꼼꼼히 확인 합니다.

⑤ 개업공인중개사에게 임대차에 관한 대리권을 주는 경우 임대인의 주의사항

개업공인중개사가 위와 같은 사기행위를 한 경우 임대인에게 무권대리책임 등의 책임이 전가되므로, 개업공인중개사에게 임대차에 관한 권한을 위임하는 경우에는 다음과 같은 점에 주의해야 합니다.

1) 개업공인중개사에게 임대차에 관한 포괄적 위임은 자제하고, 개업공인중개사가 임대인의 의사와 다르게 계약을 하지 못하도록 위임사항을 명확히 합니다.

2) 위임장과 인감증명서를 주기적으로 변경하여 관리해야 합니다.

3) 임대차계약의 보증금 및 월세를 임차인과 통화 등을 통해 확인하고 월세 및 보증금은 임대인 계좌로 직접 입금 받는 등 개업공인중개사가 보증금을 수령하지 못하도록 조치합니다.

■ 명의수탁자로부터 주택을 임차한 자의 명의신탁자에게 어떻게 대응해야 하는지요?

Q 저는 주택을 전세보증금 3,000만원, 계약기간 2년으로 임차하여 입주와 주민등록을 마쳤습니다. 그런데 최근에 집주인이 소속된 종중에서 위 주택은 종중의 소유인데, 집주인의 명의로 등기만 되어 있었던 경우이고, 집주인의 재산관리에 문제가 있어서 명의신탁을 해지하고 종중명의로 소유권이전등기까지 하였다고 하면서 위 주택의 명도를 요구합니다. 만일, 종중이 명도소송을 제기하면 저는 어떻게 대응해야 하는지요?

A 부동산 실권리자명의 등기에 관한 법률 제4조 제1항은 "명의신탁 약정은 무효로 한다."라고 규정하고 있고, 같은 법 제4조 제2항은 "명의신탁약정에 따라 행하여진 등기에 의한 부동산에 관한 물권변동은 무효로 한다. 다만, 부동산에 관한 물권을 취득하기 위한 계약에서 명의수탁자가 그 일방 당사자가 되고, 그 타방 당사자는 명의신탁약정이 있다는 사실을 알지 못한 경우에는 그러하지 아니하다."라고 규정하고 있으며, 같은 법 제4조 제3항은 "제1항 및 제2항의 무효는 제3자에게 대항하지 못한다."라고 규정하고 있습니다.

또한, 같은 법 제8조에서는 조세포탈이나 강제집행의 면탈 또는 법령상 제한을 회피할 목적으로 명의신탁 한 경우를 제외하고 종중이 보유한 부동산에 관한 물권을 종중 외의 자의 명의로 등기한 경우에는 명의신탁의 약정을 무효로 보지 않고 있습니다.

판례도 "주택임대차보호법이 적용되는 임대차는 반드시 임차인과 주택의 소유자인 임대인 사이에 임대차계약이 체결된 경우에 한정된다고 할 수는 없고, 주택의 소유자는 아니지만 주택에 관하여 적법하게 임대차계약을 체결할 수 있는 권한(적법한 임대권한)을 가진 명의신탁자 사이에 임대차계약이 체결된 경우도 포함된다고 할 것이고, 이 경우 임차인은 등기부상 주택의 소유자인 명의수탁자에 대한 관계에서도 적법한 임대차임을 주장할 수 있는 반면 명의수탁자는 임차인에 대하여 그 소유자임을 내세워 명도를 구할 수 없다고 할 것이며, 그 후 명의수탁자가 명의신탁자로부터 주택을 임대할 권리를 포함하여 주택에 대한 처분권한을 종국적으로 이전받는 경우에 임차인이 주택의 인도와 주민등록을 마친 이상 주택임대차보호법 제3조 제2항의 규정에 의하여 임차인과의 관계에서 그 주택의 양수인으로서 임대인의 지위를 승계하였다고 보아야 한다."라고 하였습니다(대법원 1995.10.12.선고95다22283판결, 1996.6.28.선고 96다9218판결, 1999.4.23.선고98다49753 판결).

따라서 귀하의 임차권은 명의신탁계약의 해지여부와 상관없이 유효합니다. 즉, 명의수탁자는 대외적으로는 적법한 소유자로 인정되고, 그의 신탁목적물에 대한 처분·관리행위는 유효하기 때문입니다.

그리고 종중이 임차주택에 관하여 명의신탁해지를 원인으로 소유권이전등기를 하였다고 하는데, 그러한 경우 종중은 주택임대차보호법 제3조 제4항의 규정에 따라 임대인의 지위를 승계한 것으로 보게 되므로, 귀하께서는 종중에 대해 임대차기간 동안의 거주 및 기간만료 시 임대차보증금의 반환을 구할 권리가 있습니다.

따라서 종중이 귀하를 상대로 건물명도소송을 제기하는 경우에는 응소(應訴)하여 임대차기간이 남아 있으면 기간이 만료되지 않았음을 주장하여 명도에 불응할 수도 있고, 그렇지 않은 경우에는 임차보증금을 반환 받음과 동시에 건물을 명도 하겠다는 내용으로 동시이행항변권을 행사하시면 될 것으로 보입니다.

■ 주택임대차계약을 체결하고 주민등록 이전과 함께 이사를 하여 거주하고 있는데 진짜 집주인이 따로 있다면 어떻게 해야 하나요?

Q 저는 두 달 전에 주택임대차계약을 체결하고 주민등록 이전과 함께 이사를 하여 거주하고 있습니다. 그런데 갑자기 어떤 사람이 '이 집은 명의신탁된 것으로 진짜 주인은 나다'라며 이사 갈 것을 요구하고 있습니다. 어떻게 해야 하나요?

A 건물을 인도(이사)받은 상태이고, 그 주소로 주민등록을 완료한 경우에는 크게 걱정할 필요가 없습니다. 해당 주택의 등기부상의 소유자인 명의수탁자는 대외적으로 적법한 소유자로 인정되고, 그가 행한 주택에 대한 처분 및 관리행위는 유효하기 때문입니다.

설사 명의신탁자(진짜 주인)가 명의신탁을 해지하고 소유권이전등기를 마친 후 주택의 반환을 요구해도 임차인은 그 요구에 따를 필요가 없습니다. 왜냐하면, 이 경우 명의신탁자는 명의수탁자의 지위를 승계한 것으로 보기 때문입니다.

명의신탁이란 소유관계를 공시(公示)하도록 되어 있는 재산에 대하여 소유자 명의를 진짜 소유자가 아닌 다른 사람 이름으로 해 놓는 것을 말합니다. 명의신탁이 된 재산의 소유관계는 신탁자(진짜 소유자)와 수탁자 사이에서는 소유권이 그대로 신탁자에게 있지만, 대외관계 또는 제3자에 대한 관계에서는 소유권이 수탁자(가짜 소유자)에게 있습니다.

명의수탁자와의 임대차 계약 체결은 주택의 명의수탁자와 임대차 계약을 체결하는 경우에는 명의수탁자가 등기부상의 소유자와 동일한지만 확인하면 됩니다.

명의수탁자는 명의신탁의 법리에 따라 대외적으로 적법한 소유자로 인정되고, 그가 행한 신탁 목적물에 대한 처분 및 관리행위는 유효하기 때문입니다.

(관련판례)

주택임대차보호법이 적용되는 임대차는 반드시 임차인과 주택의 소유자인 임대인 사이에 임대차계약이 체결된 경우에 한정된다고 할 수는 없고, 주택의 소유자는 아니지만 주택에 관하여 적법하게 임대차계약을 체결할 수 있는 권한(적법한 임대권한)을 가진 명의신탁자 사이에 임대차계약이 체결된 경우도 포함된다고 할 것이고, 이 경우 임차인은 등기부상 주택의 소유자인 명의수탁자에 대한 관계에서도 적법한 임대차임을 주장할 수 있는 반면 명의수탁자는 임차인에 대하여 그 소유자임을 내세워 명도를 구할 수 없다(대법원 1999. 4. 23. 선고 98다49753 판결).

■ 명의신탁자와 주택임대차계약을 한 경우의 임차인은 보호를 받을 수 없는지요?

Q 저는 실제소유자(명의신탁자)가 甲이고 등기부상 소유자(명의수탁자)가 乙인 아파트를 실제소유자인 甲과 주택임대차계약을 체결하였습니다. 그런데 주위에서는 명의신탁의 경우에는 명의수탁자에게 소유권한이 있어 명의신탁자와 계약을 하면 집에서 쫓겨날 위험도 있고 나중에 주택임대차보호법상의 보호를 받지 못한다는 이야기를 주위사람들한테 들었는데 그런 경우 저는 보호를 받을 수 없는지요?

A 부동산 실권리자명의 등기에 관한 법률 제4조는 명의신탁약정의 효력에 대하여 "①명의신탁약정은 무효로 한다. ②명의신탁약정에 따라 행하여진 등기에 의한 부동산에 관한 물권변동은 무효로 한다. 다만, 부동산에 관한 물권을 취득하기 위한 계약에서 명의수탁자가 그 일방당사자가 되고 그 타방당사자는 명의신탁약정이 있다는 사실을 알지 못한 경우에는 그러하지 아니하다, ③제1항 및 제2항의 무효는 제3자에게 대항하지 못한다."라고 규정하고 있습니다.
또한 판례는 "주택임대차보호법이 적용되는 임대차는 반드시 임차인과 주택의 소유자인 임대인 사이에 임대차계약이 체결된 경우에 한정된다고 할 수는 없고, 주택의 소유자는 아니지만 주택에 관하여 적법하게 임대차계약을 체결할 수 있는 권한(적법한 임대권한)을 가진 명의신탁자 사이에 임대차계약이 체결된 경우도 포함된다고 할 것이고, 이 경우 임차인은 등기부상 주택의 소유자인 명의수탁자에 대한 관계에서도 적법한 임대차임을 주장할 수 있는 반면 명의수탁자는 임차인에 대하여 그 소유자임을 내세워 명도를 구할 수 없다."고 하면서 "주택의 명의신탁자가 임대차계약을 체결한 후 명의수탁자가 명의신탁자로부터 주택을 임대할 권리를 포함하여 주택에 대한 처분권한을 종국적으로 이전받는 경우에 임차인이 주택의 인도와 주민등록을 마친 이상 명의수탁자는 주택임대차보호법 제3조 제2항(현행 주택임대차보호법 제3조 제4항)의 규정에 의하여 임차인과의 관계에서 그 주택의 양수인으로서 임대인의 지위를 승계하였다고 보아야 한다."라고 하였습니다(대법원 1999.4.23.선고 98다49753 판결).

따라서 귀하와 임대차계약을 체결한 명의신탁자 甲은 주택의 소유자는 아니지만 주택에 관하여 적법하게 임대차계약을 체결할 수 있는 권한(적법한 임대권한)을 가진 자라고 할 것이므로 명의수탁자인 乙에게 대항할 수 있다 할 것입니다.

■ 임대주택법에 위반하여 체결된 임대차계약은 효력이 있는지요?

Q 저는 국민주택기금에 의한 자금을 지원 받아 건설한 ○○회사 소유 임대아파트를 임차하여 거주하다가 계약기간이 만료되어 재계약을 체결하였는데, ○○회사는 임차료를 인근 임대아파트보다 높게 제시하여 재계약을 체결하였으므로 그러한 임대조건이 관할 지방자치단체에 신고되었는지 확인하였으나 그에 대하여 신고한 사실이 없는바, 이 경우에도 제가 ○○회사와 체결한 위 아파트의 재임차계약은 효력이 있는지요?

A 법률행위가 벌칙 있는 강행법규에 위반된 경우에 비록 소정의 형벌이 가해질지라도 그 사법상 효력에 관하여는 당해 법규의 정신을 좇아서 결정할 것입니다. 한편 임대주택법이 2015. 8. 28.에 전부개정되어 민간임대주택에 관한 특별법으로 명칭이 변경되었으

며, 임대주택법에 있던 공공임대주택에 관한 규정은 공공주택 특별법으로 이관되었습니다.

(구)임대주택법에 위반된 행위가 무효로 되는지에 관하여 판례는 "임대주택법(1996.12.30개정 법률 제5228호) 제15조 등 관계 법령의 규정에 의하면, 임대사업자는 임대의무기간이 경과한 후 임대주택을 매각하는 경우에는 매각 당시 무주택자인 임차인에게 우선적으로 매각하여야 한다고 규정하고 있으나, 이러한 경우 위 법령에 위반하여 우선매각대상자가 아닌 제3자에게 이를 매각하였다는 사정만으로는 그 사법상의 효력이 무효로 되는 것은 아니고, 임대주택인 아파트에 대한 임대차계약기간이 종료된 후에 분양계약의 체결을 거절하여 임대인으로부터 그 임대차계약의 해지 통보를 받은 임차인은 등기명의인인 제3자의 명도청구를 거절할 수 없다."라고 하였습니다(대법원 1997.6.13. 선고 97다3606 판결, 1999.6.25. 선고 99다6708, 6715 판결).

또한, "임대주택법 및 임대주택법시행령에 의하면 임대사업자가 임대주택에 대한 임대차계약을 체결하는 경우 '임대보증금, 임대료, 임대차계약기간 등'이 기재된 표준임대차계약서를 작성하여야 하고, 위 임대조건에 관한 사항(변경내용 포함)을 관할 시장, 군수 또는 구청장에게 신고하여야 하며(현행법상은 국가 또는 지방자치단체의 재정으로 건설하거나 국민주택기금에 의한 자금을 지원 받아 건설하여 임대하는 주택의 경우에만 임대조건신고의무가 있음), 시장, 군수 또는 구청장은 그 신고내용이 인근의 유사한 임대주택에 비하여 현저히 부당하다고 인정되는 경우나 관계 법령에 부적합하다고 인정되는 경우에는 그 내용의 조정을 권고할 수 있고, 만일 임대사업자가 임대조건을 신고하지 않는 경우에는 1년 이하의 징역 또는 1천만원 이하의 벌금형에, 표준임대차계약서를 작성하지 않고 임대차계약을 체결한 경우에는 500만원 이하의 과태료에 각 처하도록 규정하고 있으나, 임대사업자와 임차인간에 체결된 임대주택에 대한 임대차계약이 임대주택법(2000.1.12 법률 제6167호) 제16조, 제18조, 임대주택법시행령 제14조 등에 위반되었다고 하더라도 그 사법적 효력까지 부인된다고 할 수는 없다."라고 하였습니다(대법원 2000. 10. 10. 선고 2000다32055 등 판결).

따라서 귀하의 경우에도 단순히 ○○회사가 임대조건 등을 신고하지 않았다는 사유만으로 귀하와 ○○회사의 재계약을 무효라고 할 수는 없을 것으로 보입니다.

7-6. 임대차계약서의 작성

① 주택임대차계약은 원칙적으로 계약당사자가 자유롭게 그 내용을 정할 수 있습니다. 그러나 나중에 발생할 수 있는 분쟁을 예방하기 위해서는 임대차계약서를 작성하고 특약사항을 기재할 필요가 있습니다.

② 부동산 중개업소를 통해 임대차계약을 한 경우에는 주택임대차계약서, 중개대상물 확인·설명서, 공제증서를 받아야 합니다.

7-6-1. 임대차계약의 자유

주택임대차계약은 원칙적으로 계약당사자가 자유롭게 계약기간, 해지조건 등 그 내용을 정할 수 있고, 반드시 계약서를 작성해야 하는 것도 아닙니다. 그러나 나중에 발생할 수 있는 분쟁을 예방하기 위해서는 임대차계약서를 작성하는 것이 좋습니다.

7-6-2. 임대차계약서의 작성방법

① 계약당사자가 자유롭게 임대차계약의 내용을 정할 수 있으므로, 임대차계약서에 정해진 양식은 없습니다. 다만, 공인중개사를 통한 주택임대차계약서에는 다음의 사항이 기재됩니다.

  1) 거래당사자의 인적 사항
  2) 물건의 표시
  3) 계약일
  4) 거래금액·계약금액 및 그 지급일자 등 지급에 관한 사항
  5) 물건의 인도일시
  6) 권리이전의 내용
  7) 계약의 조건이나 기한이 있는 경우에는 그 조건 또는 기한
  8) 중개대상물확인·설명서 교부일자
  9) 그 밖의 약정내용

② 주택임대차계약서의 정해진 형식은 없지만, 확정일자를 받기 위해서는 임대차계약서가 다음과 같은 요건을 갖추어야 합니다.

  1) 주택임대차계약증서가 임대인·임차인의 인적사항, 임대차목적물, 임대차 기간, 보증금 등이 적혀 있는 완성된 문서여야 합니다. 주

택임대차의 주택과 그 기간 등이 기재되어 있지 않은 영수증 등에 확정일자를 받더라도 우선변제권의 효력은 발생하지 않으므로 주의해야 합니다.

2) 계약당사자(대리인이 계약을 체결한 경우에는 그 대리인을 말함)의 서명 또는 기명날인이 있어야 합니다.

3) 연결되는 글자에 빈 공간이 있는 경우에는 계약당사자가 빈 공간에 직선 또는 사선을 긋고 도장을 찍어 그 부분에 다른 글자가 없음을 표시해야 합니다.

4) 정정한 부분이 있는 경우에는 그 난의 밖이나 끝부분 여백에 정정한 글자 수가 기재되어 있고, 그 부분에 계약당사자의 서명이나 날인이 되야 합니다

5) 계약증서가 두 장 이상인 경우에는 간인(間印)이 있어야 합니다.

6) 확정일자가 부여되어 있지 않아야 합니다. 다만, 이미 확정일자를 부여받은 계약증서에 새로운 내용을 추가 기재하여 재계약을 한 경우에는 그렇지 않습니다.

[서식] 주택 임대차표준계약서

이 계약서는 법무부에서 국토교통부 · 서울시 . 중소기업청 및 학계 전문가와 함께 민법, 상가건물 임대차보호법, 공인중개사법 등 관계법령에 근거하여 만들었습니다. **법의 보호를 받기 위해【중요 확인사항】(별지)을 꼭 확인하시기 바랍니다.**

주택임대차계약서

임대인(   )과 임차인(   )은 아래와 같이 임대차 계약을 체결한다.

[임차 주택의 표시]

소재지	(도로명주소)				
토 지	지목		면적		m²
건 물	구조·용도		면적		m²
임차할부분	상세주소가 있는 경우 동층호 정확히 기재		면적		m²

미납 국세	선순위 확정일자 현황	
☐ **없음** (임대인 서명 또는 날인 _____㉑)	☐ **해당 없음** (임대인 서명 또는 날인 _____㉑)	**확정일자 부여란**
☐ **있음**(중개대상물 확인·설 명서 제2쪽 Ⅱ. 개업공인중 개사 세부 확인사항 '⑨ 실 제 권리관계 또는 공시되지 않은 물건의 권리사항'에 기재)	☐ **해당 있음**(중개대상물 확인·설명서 제2쪽 Ⅱ. 개업 공인중개사 세부 확인사항 '⑨ 실제 권리관계 또는 공 시되지 않은 물건의 권리사 항'에 기재)	
유의사항: 미납국세 및 선순위 확정일자 현황과 관련하여 개업공인중개사는 임대인에게 자료제출을 요구할 수 있으나, 세무서와 확정일자부 여기관에 이를 직접 확인할 법적권한은 없습니다. ※ 미납국세 · 선순위확정일자 현황 확인방법은 "별지"참조		

[계약내용]

제1조(보증금과 차임) 위 부동산의 임대차에 관하여 임대인과 임차인은 합의에 의하여 보증금 및 차임을 아래와 같이 지불하기로 한다.

보증금	금 원정(₩)
계약금	금 원정(₩)은 계약시에 지불하고 영 수함. 영수자 (인)
중도금	금 원정(₩)은 년 월 일에 지불하며
잔 금	금 원정(₩)은 년 월 일에 지불한다
차임 (월세)	금 원정은 매월 일에 지불한다. (입금계좌:)

제2조(임대차기간) 임대인은 임차주택을 임대차 목적대로 사용·수익할 수 있는 상태로 _____년 ____월 _____일까지 임차인에게 인도하고, 임대차기간은 인도일로부터 _____년____월 _____일까지로 한다.

제3조(입주 전 수리) 임대인과 임차인은 임차주택의 수리가 필요한 시설물 및 비용부담에 관하여 다음과 같이 합의한다.

수리 필요 시설	□없음 □있음(수리할 내용:)
수리 완료 시기	□잔금지급 기일인 _____년 ____월 ____일까 지 □ 기타 ( )
약정한 수리 완료 시기까지 미 수리한 경우	□수리비를 임차인이 임대인에게 지급하여야 할 보 증금 또는 차임에서 공제 □기타( )

제4조(임차주택의 사용·관리·수선) ① 임차인은 임대인의 동의 없이 임차주택의 구조변경 및 전대나 임차권 양도를 할 수 없으며, 임대차 목적인 주거 이외의 용도로 사용할 수 없다.

② 임대인은 계약 존속 중 임차주택을 사용·수익에 필요한 상태로 유지하여야 하고, 임차인은 임대인이 임차주택의 보존에 필요한 행위를 하는 때 이를 거절하지 못한다.

③ 임대인과 임차인은 계약 존속 중에 발생하는 임차주택의 수리 및 비용부담에 관하여 다음과 같이 합의한다. 다만, 합의되지 아니한 기타 수선비용에 관한 부담은 민법, 판례 기타 관습에 따른다.

임대인 부담	(예컨대, 난방, 상·하수도, 전기시설 등 임차주택의 주요설비에 대한 노후·불량으로 인한 수선은 민법 제623조, 판례상 임대인 이 부담하는 것으로 해석됨)
임차인 부담	(예컨대, 임차인의 고의·과실에 기한 파손, 전구 등 통상의 간단 한 수선, 소모품 교체 비용은 민법 제623조, 판례상 임차인이 부담하는 것으로 해석됨)

④ 임차인이 임대인의 부담에 속하는 수선비용을 지출한 때에는 임대인에게 그 상환을 청구할 수 있다.

제5조(계약의 해제) 임차인이 임대인에게 중도금(중도금이 없을 때는 잔금)을 지급하기 전까지, 임대인은 계약금의 배액을 상환하고, 임차인은 계약금을 포기하고 이 계약을 해제할 수 있다.

제6조(채무불이행과 손해배상) 당사자 일방이 채무를 이행하지 아니하는 때에는 상대방은 상당한 기간을 정하여 그 이행을 최고하고 계약을 해제할 수 있으며, 그로 인한 손해배상을 청구할 수 있다. 다만, 채무자가 미리 이행하지 아니할 의사를 표시한 경우의 계약해제는 최고를 요하지 아니한다.

제7조(계약의 해지) ① 임차인은 본인의 과실 없이 임차주택의 일부가 멸실 기타 사유로 인하여 임대차의 목적대로 사용할 수 없는 경우에는 계약을 해지할 수 있다.

② 임대인은 임차인이 2기의 차임액에 달하도록 연체하거나, 제4조 제1항을 위반한 경우 계약을 해지할 수 있다.

제8조(계약의 종료) 임대차계약이 종료된 경우에 임차인은 임차주택을 원래의 상태로 복구하여 임대인에게 반환하고, 이와 동시에 임대인은 보증금을 임차인에게 반환하여야 한다. 다만, 시설물의 노후화나 통상 생길 수 있는 파손 등은 임차인의 원상복구의무에 포함되지 아니한다.

제9조(비용의 정산) ① 임차인은 계약종료 시 공과금과 관리비를 정산하여야 한다.

② 임차인은 이미 납부한 관리비 중 장기수선충당금을 소유자에게 반환 청구할 수 있다. 다만, 관리사무소 등 관리주체가 장기수선충당금을 정산하는 경우에는 그 관리주체에게 청구할 수 있다.

제10조(중개보수 등) 중개보수는 거래 가액의   % 인
                원(□ 부가가치세 포함   □ 불포함)으로 임대인과 임차인이 각각 부담한다. 다만, 개업공인중개사의 고의 또는 과실로 인하여 중개의뢰인간의 거래행위가 무효·취소 또는 해제된 경우에는 그러하지 아니하다.

제11조(중개대상물확인.설명서 교부) 개업공인중개사는 중개대상물 확인.설명서를 작성하고 업무보증관계증서(공제증서등) 사본을 첨부하여   년   월   일 임대인과 임차인에게 각각 교부한다.

[특약사항]

상세주소가 없는 경우 임차인의 상세주소부여 신청에 대한 소유자 동의여부(☐ 동의   ☐ 미동의)

※ 기타 임차인의 대항력·우선변제권 확보를 위한 사항, 관리비·전기료 납부방법 등 특별히 임대인과 임차인이 약정할 사항이 있으면 기재
 - 【대항력과 우선변제권 확보 관련 예시】"주택을 인도받은 임차인은
   년   월   일까지 주민등록(전입신고)과 주택임대차계약서상
   확정일자를 받기로 하고, 임대인은   년   월   일(최소한 임차인
   의 위 약정일자 이틀 후부터 가능)에 저당권 등 담보권을 설정할
   수 있다"는 등 당사자 사이 합의에 의한 특약 가능

본 계약을 증명하기 위하여 계약 당사자가 이의 없음을 확인하고 각각 서명.날인 후 임대인, 임차인, 개업공인중개사는 매 장마다 간인하여, 각각 1통씩 보관한다.

년   월   일

	주 소				성 명		서명
임 대 인	주민등록번호 (법인등록번호)		전 화		성 명 (회사명)		또는 날인
	대 리 인	주 소	주민등록번호		성 명		㊞
임 차 인	주 소				성 명		서명
	주민등록번호 (법인등록번호)		전 화		성 명 (회사명)		또는 날인
	대 리 인	주 소	주민등록번호		성 명		㊞
중 개 업 사	사무소소재지			사무소소재지			
	사 무 소 명 칭			사 무 소 명 칭			
	대 표	서명 및 날인	㊞	대 표	서명 및 날인		㊞
	등 록 번 호		전 화	등 록 번 호		전 화	
	소속공인 중개사	서명 및 날인	㊞	소속공인중개사	서명 및 날인		㊞

법의 보호를 받기 위한 중요사항! 반드시 확인하세요.

〈 계약 체결 시 꼭 확인하세요 〉

1. 당사자 확인/권리순위관계 확인/중개대상물 확인.설명서 확인

① 신분증·등기사항증명서 등을 통해 당사자 본인이 맞는지, 적법한 임대·임차권한이 있는지 확인합니다.

② 대리인과 계약 체결 시 위임장·대리인 신분증을 확인하고, 임대인(또는 임차인)과 직접 통화하여 확인하여야 하며, 보증금은 가급적 임대인 명의 계좌로 직접 송금합니다.

③ 중개대상물 확인.설명서에 누락된 것은 없는지, 그 내용은 어떤지 꼼꼼히 확인하고 서명하여야 합니다.

2. 대항력 및 우선변제권 확보

① 임차인이 주택의 인도와 주민등록을 마친 때에는 그 다음 날부터 제3자에게 임차권을 주장할 수 있고, 계약서에 확정일자까지 받으면, 후순위권리자나 그 밖의 채권자에 우선하여 변제받을 수 있습니다.

 - 임차인은 최대한 신속히 ① 주민등록과 ② 확정일자를 받아야 하고, 주택의 점유와 주민등록은 임대차 기간 중 계속 유지하고 있어야 합니다.

② **등기사항증명서, 미납국세, 다가구주택 확정일자 현황** 등 반드시 확인하여 선순위 담보권자가 있는지, 있다면 금액이 얼마인지를 확인하고 계약 체결여부를 결정하여야 보증금을 지킬 수 있습니다.

※ 미납국세와 확정일자 현황은 임대인의 동의를 받아 임차인이 관할 세무서 또는 관할 주민센터·등기소에서 확인하거나, 임대인이 직접 납세증명원이나 확정일자 현황을 발급받아 확인시켜 줄 수 있습니다.

〈 계약기간 중 꼭 확인하세요 〉

1. 차임증액청구

계약기간 중이나 묵시적 갱신 시 차임·보증금을 증액하는 경우에는 5%를 초과하지 못하고, 계약체결 또는 약정한 차임 등의 증액이 있은 후 1년 이내에는 하지 못합니다.

2. 월세 소득공제 안내

근로소득이 있는 거주자 또는「조세특례제한법」제122조의3 제1항에 따른 성실사업자는「소득세법」및「조세특례제한법」에 따라 월세에 대한 소득공제를 받을 수 있습니다. 근로소득세 연말정산 또는 종합소득세 신고 시 **주민등록표등본, 임대차계약증서 사본 및 임대인에게 월세액을 지급하였음을 증명할 수 있는 서류**를 제출하면 됩니다. 기타 자세한 사항은 국세청 콜센터(국번 없이 126)로 문의하시기 바랍니다.

3. 묵시적 갱신 등

① 임대인은 임대차기간이 끝나기 6개월부터 1개월 전까지, 임차인은 1개월 전까지 각 상대방에게 기간을 종료하겠다거나 조건을 변경하여 재계약을 하겠다는 취지의 통지를 하지 않으면 종전 임대차와 동일한 조건으로 자동 갱신됩니다.

② 제1항에 따라 갱신된 임대차의 존속기간은 2년입니다. 이 경우, 임차인은 언제든지 계약을 해지할 수 있지만 임대인은 계약서 제7조의 사유 또는 임차인과의 합의가 있어야 계약을 해지할 수 있습니다.

〈 계약종료 시 꼭 확인하세요 〉

1. 보증금액 변경시 확정일자 날인

계약기간 중 보증금을 증액하거나, 재계약을 하면서 보증금을 증액한 경우에는 증액된 보증금액에 대한 우선변제권을 확보하기 위하여 반드시 **다시 확정일자**를 받아야 합니다.

2. 임차권등기명령 신청

임대차가 종료된 후에도 보증금이 반환되지 아니한 경우 임차인은 임대인의 동의 없이 임차주택 소재지 관할 법원에서 임차권등기명령을 받아, **등기부에 등재된 것을 확인하고 이사해야** 우선변제 순위를 유지할 수 있습니다. 이때, 임차인은 임차권등기명령 관련 비용을 임대인에게 청구할 수 있습니다.

※ **주택임대차계약시 유의사항**

1. 계약시 준비사항

계 약 금 (보증금의10%정도)	+	주민등록증	+	도 장

* 고액수표인 경우 수표번호, 발행지점, 발행일 등을 수첩에 적어 두면 분실이나 도난시 해당은행에 신속하게 지급정지 요청을 할 수 있는 이점이 있습니다.

2. 임대차건물의 권리분석
(1) 주택의 토지 및 건물 등기부 등본을 직접 떼어보고 확인
 ○ 표제부 : 임차주택이 맞는지 확인, 토지의 지분면적확인 (가격감정)
 ○ 갑 구 : 소유자 이름과 주소확인, 가등기, 압류, 가압류 등 확인
 ○ 을 구 : 지상권, 지역권, 전세권, 저당권, 임차권 등 확인
 ○ 가장 좋은 것은 소유권등기 외에 아무것도 물권등기가 없는 것임

○ 저당권이 설정된 경우는 경매가 실행될 경우를 가정하여 자기의 보증금 회수가 될 것인지 계산해볼 것(경매시 가격으로 판단)

○ 가처분, 가등기, 가압류, 압류, 예고등기 등은 계약을 하지 않는다(이들 권리에게는 주택임대차가 대항력이 없음).

(2) 토지이용계획 확인원을 떼어 볼 것

○ 도시계획상 철거대상 여부확인

○ 참고로 토지대장. 가옥대장도 확인(구청에서 발급)

○ 미등기·무허가의 주택을 임차하는 경우 대지 소유자를 찾아내어 주택의 세부내용을 파악할 것

※ 경매시에는 일반매매보다 가격이 하락되는 것이 보통임

3. 계약시 확인사항
본인확인(전 임차인도 같이 합석하면 좋다)
(1) 등기부상 본인이 나온 경우 ⇒ 주민등록증으로 본인 확인(통상 중개업자가 함)
(2) 부인이 나온 경우 ⇒ 최소한 권리증은 확인(물론 주민등록증도)
(3) 대리인이 나온 경우 ⇒ 위임장 + 인감증명서(주민등록증으로 본인 확인)

4. 계약직전 확인사항
(1) 임차주택의 사용부분(계약서상에 정확히 표시)
(2) 계약의 개요
 - 계약금 및 잔금(필요시 중도금)의 금액 및 지급일정
   (통상은 계약금 10%를 지불하고 나머지는 잔금으로 하며 잔금은 주택의 인도와 동시에 지불)
 - 임대차 기간
(3) 전 임차인의 퇴거일과 자기의 입주일
(4) 전 임차인과의 관리비 등 제세공과금 처리문제
(5) 시설상태 및 수리여부 확인(벽면 도배포함)
(6) 구조변경 및 원상회복문제
(7) 위약 및 계약해제사항(계약금의 성격 및 해약조건)
(8) 기타 특약사항
(9) 중개수수료 문제

5. 계 약
(1) 계약서의 내용을 읽어보고 이상이 없으면 계약서에 기명·날인하다,
(2) 기명·날인한 계약서를 1부 보관한다.
(3) 계약금을 주고, 계약금 영수증을 받는다.
(4) 잔금(필요시 중도금) 지급일의 시간을 우선 정하고 추후 시

간이 변동되면 연락하기로 한다(집주인과 중개인의 연락처를 반드시 적어 놓을 것)
(5) 중개업자에게 중개물건 확인서를 받고 중개수수료의 1/2을 지불한다.

6. 중 도 금

중도금이 없는 계약은 잔금이 중도금 및 잔금으로 간주된다.
(1) 민법 제565조 …… 중도금이 지급되면서 계약은 확정되었다고 볼 수 있다.

> 당사자의 다른 약정이 없는 한 상대방이 계약의 이행에 착수 할 때까지는 매수인은 계약금을 포기하고 매도인은 계약금의 배액을 변상하고 계약을 해제할 수 있다.

(계약의 이행의 예: 중도금의 지급, 임대주택을 비우는 일 등)
(2) 위의 법조문처럼 중도금 혹은 잔금이 지급되기 전까지는 임차인은 계약금을 포기하고 임대인은 배액을 변상하고 임대차 계약을 해제할 수 있는데 이때에는 상대방에게 손해배상을 해주지 않아도 된다.

7. 잔금처리

계약시 등기부 확인을 하였더라도
(1) 전세 계약의 잔금을 지급하는 날 혹은 이사하는 날은 등기부 상의 내용이 계약시와 변동이 없는지 확실히 확인한 후
(2) 잔금을 지불하고 영수증을 받는다. 또한 동시에 주택에 대한 키를 받는다(주택의 시설상태 여부도 확인).
(3) 종전 임차인과(혹은 집주인) 관리비 등 제공과금을 처리한다.
(4) 중개수수료의 1/2을 지불한다.

8. 임대차 대항력 구비 조치

주택임대차보호법의 적용을 받기 위한 대항력 구비요건을 신속하게 준비할 것
(1) 잔금지급 즉시 주민등록 전입신고를 마친다.
(2) 동시에 임대차 계약서상에 확정일자를 부여받는다(공증사무실, 법원, 읍·면·동사무소)
(3) 주민등록신고는 가족전원이 아니더라도 일부만 하여도 상관 없음
(4) 집주인이 전세권이나 임차권의 등기를 해주면 즉시 등기를 하는 것이 유리함.
(5) 임차인의 지위등급(등급이 높을수록 임차인이 유리합니다)

등급	내　　　용	비　　　고
1	전세권이나 임차권 등기	확실한 물권적 효력
2	이사 + 주민등록 + 확정일자 부여	대항력 및 우선변제권 획득
3	이사 + 주민등록	대항력만 획득

※ 임차권을 등기하면 제3자에 대한 대항력만 있으므로 이 경우 주택이 매매 혹은 경매되어도 상관없이 사용·수익할 수 있다(우선변제권은 없음)

7-6-3. 계약당사자의 인적사항

① 임대차계약서에 계약 당사자를 표시하는 것은 그 계약에 따른 권리자 및 의무자를 특정하기 위한 것입니다.
② 계약 당사자의 동일성을 인식할 수 있고, 필요한 경우 상호 연락이 가능하도록 그 이름과 주소, 주민등록번호, 전화번호 등을 기재하면 됩니다.

7-6-4. 거래금액 및 지급일자

① 주택의 임대차계약을 체결하면서 지급하는 거래금액은 보통 계약금, 중도금, 잔금으로 나누어 지급하거나 중도금 없이 잔금을 지급하게 됩니다.
② 계약금은 전체 보증금의 10%를 계약할 때 지급하고, 잔금은 임차주택에 입주하는 날에 지급하는 것으로 기재하는 것이 안전합니다.

7-6-5. 임대차계약 후 중도금 지급 전 계약해지

① 임차인이 계약 당시 계약금을 지급한 경우, 당사자의 일방이 이행에 착수할 때까지 임차인은 지급한 계약금을 포기하고, 임대인은 받은 계약금의 배액을 상환하여 계약을 해제할 수 있습니다.
② 계약금은 계약이 체결되었다는 증거금이며, 임대차계약 후 중도금 지급 전 계약해지 시 해약금의 성격을 가집니다. 또한, 계약금을 위약금으로 산기로 하는 특약이 있으면 손해배상액의 예정의 성질두 가집니다.

7-6-6. 임대차의 존속기간

① 임대차 기간은 보통 2년으로 하지만, 반드시 2년으로 기재할 필요는 없습니다.

② 임대차 기간을 1년으로 정한 경우에도 임차인은 1년 후 이사를 가고 싶으면 이사를 가면서 임차보증금을 돌려달라고 할 수도 있고, 계속 살고 싶으면 최소한 2년간은 임차 주택에서 살 수 있습니다. 그러나 기간을 정하지 않았거나 2년 미만으로 정한 임대차는 그 기간을 2년으로 보므로, 임대인은 1년으로 임대차계약을 체결했더라도 1년을 주장할 수 없습니다.

■ 주택임차인이 2년 미만으로 약정한 임차기간을 주장할 수 있는지요?

Q 저는 해외유학이 1년 이후에 예정되어 있기 때문에 1년 동안만 아파트를 임차하여 살고 싶은데 주위 사람들 말로는 주택임대차보호법이 임대차기간을 2년 미만으로 약정하더라도 2년 동안은 살아야 한다고 합니다. 이것이 사실인지요?

A 임대차기간에 관하여 주택임대차보호법 제4조 제1항은 "기간을 정하지 아니하거나 기간을 2년 미만으로 정한 임대차는 그 기간을 2년으로 본다. 다만, 임차인은 2년 미만으로 정한 기간이 유효함을 주장할 수 있다."라고 규정하고 있고, 같은 법 제10조에 의하면 "이 법에 위반된 약정으로서 임차인에게 불리한 것은 그 효력이 없다."라고 규정하고 있습니다.

이에 관하여 판례도 "기간의 정함이 없거나 기간을 2년 미만으로 정한 임대차는 그 기간을 2년으로 본다."고 규정하고 있는 구 주택임대차보호법(1999. 1. 21. 법률 제5641호로 개정되기 전의 것) 제4조 제1항은, 같은 법 제10조가 "이 법의 규정에 위반된 약정으로서 임차인에게 불리한 것은 그 효력이 없다."고 규정하고 있는 취지에 비추어 보면 임차인의 보호를 위한 규정이라고 할 것이므로, 위 규정에 위반되는 당사자의 약정을 모두 무효라고 할 것은 아니고 위 규정에 위반하는 약정이라도 임차인에게 불리하지 아니한 것은 유효하다고 풀이함이 상당하다 할 것인바(위 1999. 1. 21.자 법률개정으로 위 법 제4조 제1항에 "다만, 임차인은 2년 미만으로 정한 기간이 유효함을 주장할 수 있다."는 명문의 단서규정이 신설되었다), 임대차기간을 2년 미만으로 정한 임대차의 임차인이 스스로 그 약정임대차기간이 만료되었음을 이유로 임차보증금의 반환을 구하는 경우에는 그 약정이 임차인에게 불리하다고 할 수 없으므로, 같은 법 제3조 제1항 소정의 대항요건(주택 인도와 주민등록전입신고)과 임대차계약증서상의 확정일자를 갖춘 임차인으로서는 그 주택에 관한 저당권자의 신청에 의한 임의경매 절차에서 2년 미만의 임대차기간이 만료되어 임대차가 종료되었음을 이유로 그 임차보증금에 관하여 우선변제를 청구할 수 있다."라고 하였습니다(대법원 2001. 9. 25. 선고 2000다24078 판결).

그러므로 귀하가 집주인과 합의하여 주택임대차의 기간을 2년 미만의 기간 즉, 1년으로 정하여 임대차계약을 체결한 경우 귀하는 그 약정기일에 임대차가 종료하였음을 주장하여 임차보증금의 반환을 청구할 수 있다 할 것입니다. 반면에 귀하가 주택임대차 계약기간을 1년으로 정하여 계약을 체결하고서도 2년간 거주하겠다고 주장할 경우에는 임대인이 2년 미만의 약정기간 즉, 1년의 기간이 만료되었음을 주장하여 귀하에게 임차주택의 명도를 청구할 수는 없을 것입니다.

따라서 귀하는 사정에 따라 2년 미만으로 정한 약정기간을 주장하거나 또는 「주택임대차보호법」이 보호하고 있는 최소한의 주거안정기간인 2년의 기간 중 어느 하나를 선택하여 주장할 수 있을 것으로 보입니다.

7-7. 임대차계약의 특약 사항

① 부동산중개사무소에서 일반적으로 사용하고 있는 임대차계약서에는 특약사항을 기재하는 공간이 있는데, 불리한 조건으로 임대차계약을 하지 않기 위해 다음과 같은 내용의 특약사항을 기재할 필요가 있습니다.

  1) 임차인이 임차주택을 인도받을 때까지 저당권 등의 권리설정을 하지 않겠다는 사항

   주택 임대차계약 후 그 주택에 입주하는 날까지 상당한 기간이 걸리는 경우가 보통이므로, 그 사이에 임대인이 다른 사람에게 근저당권 등을 설정할 수 없도록 하고, 이를 위반하면 임대차계

약을 해제하고 손해배상을 받을 수 있도록 약정해 둘 필요가 있습니다. 만약, 임차인이 입주하기 전에 근저당권 등의 권리가 설정되게 되면, 임차권은 그 설정된 권리보다 후순위가 되어 임차보증금을 돌려받는데 문제가 생길 수 있기 때문입니다.

2) 임차인이 입주하기 전에 발생한 임차주택의 하자는 임대인이 직접 수리한다는 사항

입주 시에 발견하기 어려운 보일러의 고장이나 누수 등의 수리비용의 부담에 대해 서로의 책임범위를 명확히 하기 위해 약정을 해 두는 것이 좋습니다.

임차인이 입주하기 전에 발생한 임차주택의 하자는 임대인의 비용으로 수리하고, 입주 일부터 가까운 시일 내에 보일러 등에 고장이 발견된 경우 그 고장은 인도받기 전에 발생된 것으로 추정한다는 문구를 넣어두는 것이 좋습니다.

3) 입주 전의 기간에 대한 공과금의 부담에 관한 사항

종전의 임차인이 전기요금, 수도요금 등의 공과금을 내지 않고 이사 가는 경우 임차인이 곤란을 겪게 되는 경우가 있습니다. 이를 방지하기 위해 입주하기 전의 기간에 대한 공과금 미납 부분에 대해서는 임대인이 책임질 수 있도록 약정해두는 것이 좋습니다.

4) 임대차의 중도해지에 관한 사항

임대차의 존속기간 중 분양받은 아파트에 입주하는 일이 발생하거나, 전학, 전근 등으로 이사를 할 수 밖에 없는 부득이한 경우에는 계약기간이 남았기 때문에 이사를 하게 되면 임차보증금을 돌려받는데 갈등이 생길 소지가 있습니다.

부득이한 사유로 임대차계약을 중도에 해지할 경우에 대비하여, 예를 들어 계약기간 중에 전근 등 부득이한 사유가 있는 경우에는 중도에 임대차계약을 해지할 수 있고, 그 해지의 효력은 임대인이 그 통지를 받은 날부터 1개월이 지나면 발생한다는 약정을 해 둘 필요가 있습니다.

7-8. 임대차계약 후 받아야 할 서류

7-8-1. 주택임대차계약서

부동산 개업공인중개사는 중개대상물에 관해 중개가 완성되어 작성한 거래계약서를 거래당사자에게 각각 교부해야 합니다. 그리고 임대차계약서의 사본을 5년 동안 보존해야 합니다.

7-8-2. 중개대상물 확인·설명서

부동산 개업공인중개사는 거래계약서를 작성하는 때에 중개대상물확인·설명서를 거래당사자에게 교부해야 합니다. 만약, 부동산 개업공인중개사가 중개대상물확인·설명서를 작성해 주지 않거나, 그 작성된 내용이 사실과 다른 때에는 거래당사자는 부동산 개업공인중개사에게 손해배상을 청구할 수 있습니다.

중개대상물 확인·설명서(I)							
① 대상물건의 표 시	토 지	소재지					
		면 적 (㎡)			지 목		
	건 물	소재지			건축년도		
		면 적 (㎡)	구 조		용 도		방 향
② 권리관계에 관한사항	등 기 부 기재사항		소유권에 관한 사항		소유권 이외의 권리사항		
		토 지			토 지		
		건 물			건 물		
	실 제 권리관계	토 지					
		건 물					
③ 기타 공시되지 아니한 중요시설·물건의 소유에 관한사항							
④ 국토이용·도시계획 및 건축에 관한사항		용도지역·지구·구역		건폐율 %		용 적 율 %	
		도시계획시설				거래규제 사 항	
		도시개발사업, 국토이용개발계획 수립여부				기타이용 제한사항	

210mm×297mm(신문용지 54g/㎡ (재활용품))

⑤ 벽면상태 및 도색 등	벽면상태	□균열부분(있음, 없음) □누수(있음, 없음)	
	외 벽	□깨끗함 □보통임 □도색을 필요로 함 □해당사항 없음	
	내 벽	□깨끗함 □보통임 □도색을 필요로 함 □해당사항 없음	
	도 배	□깨끗함 □보통임 □도배를 필요로 함	
⑥ 내.외부 시설 및 상태	수 도	파손여부 □없음 □있음 ( )개	
		수량 □정상적임 □부족함, 부족한 부분 :	
	전 기	□정상 □교체요함, 교체할 부분 :	
	소 방	소화전 □있음 □ 없음 * 소화전이 있는 위치 :	
		기타 □소화기(개) □비상사다리 □비상벨	
	열공급	공급방식 □중앙공급식 □개별공급	
		종류 □도시가스 □기름 □프로판가스 □연탄 □기타	
		시설작동 □정상 □수선요함	
	승강기	□있음(양호, 불량) □없음	
	배 수	주방 □양호 □보통 □불량	
		욕실 □양호 □보통 □불량	
		베란다 □양호 □보통 □불량	
		지하실 □양호 □보통□불량	
	오폐수처리	□양호 □보통 □불량	
	쓰레기처리	□양호 □보통 □불량	
⑦ 환경조건	일조량	□풍부함 □보통임 □풍부하지 못함 * 풍부하지 못한 이유 :	
	소 음	□미미함 □보통임 □심한 편임	
	진 동	□미미함 □보통임 □심한 편임	
	혐오시설 (반경1㎞ 이내)	□없음 □있음, 종류 :	
	경 관	□양호함 □보통임 □불량함	

⑧ 교통, 공공시설 및 입지여건	도 로	종 류	( )m 접근도로, ( )m 이면도로	
		접 근 성	□용이함 □불편함	
	대중교통	버 스	( )정류장 소요시간 :	
		지 하 철	( )역 소요시간 :	
		기 타		
	주 차 장		□없음 □전용주차시설 □공동주차시설 □기타	
	교육시설	초등학교	( )학교 소요시간 :	
		중 학 교	( )학교 소요시간 :	
		고등학교	( )학교 소요시간 :	
	공공시설	종 류	( ) 구청.( )동사무소 □기타 :	
		접 근 성	□용이함 □불편함	
	판매 및 의료시설	□백화점 및 할인매장( ), 소요시간: □종합의료시설( ), 소요시간:		
⑨ 관리에 관한 사항	경 비 실	□있음 □없음		
	관리주체	□위탁관리 □자치관리 □기타		
⑩ 조세에 관한 사항				
⑪ 대상물건의 상태에 관한 자료요구사항				

부동산중개업법 제17조 및 동법시행령 제22조의 규정에 의하여 위 중개대상물에 대하여 확인.설명 을 하고, 그 서면을 거래당사자 쌍방에게 교부합니다.
년 월 일

중개업자	성명: 서명 또는 인 사무소명칭: 등록번호: 소재지: 전화번호:	소 속 공 인 중개사	성명 : 서명 또는 인

부동산중개업법 제17조 및 동법 시행령 제22조의 규정에 의하여 위 중개대상물에 대하여 중개업자가 작성.교부한 중개대상물확인.설명서를 수령합니다.
년 월 일

권리이전 의 뢰 인	본 인	성명: 서명 또는 인 주소:
	대 리 인	주민등록번호/외국인등록번호: 전화번호:
권리취득 의 뢰 인	본 인	성명: 서명 또는 인 주소:
	대 리 인	주민등록번호/외국인등록번호: 전화번호:

210mm×297mm(신문용지 54g/㎡ (재활용품))

기 재 요 령

가. ①번은 등기사항증명서 및 토지.건축물관리대장등본을 확인하여 기재합니다.

나. ②번의 등기부기재사항은 등기사항증명서를 확인하여 기재하고, 실제권리관계는 매도(임대)의뢰인이 고지한 실제권리관계에 관한 사항을 기재합니다.

다. ③번은 기타 공부상 공시되지 아니한 중요시설.물건에 관하여 매도(임대) 의뢰인이 고지한 소유에 관한 사항을 기재합니다.

라. ④번은 토지이용계획확인원, 건축물관리대장등본 등 공부기재사항인 공적인 사항을 기재합니다.

마. ⑤ ~ ⑨번은 중개대상물에 대하여 중개업자가 조사하거나 매도(임대)의뢰인 또는 관리사무소 등에 확인하여 기재하며, 우측 여백란은 특기사항이 있을 경우 기재합니다.

바. ⑩ 번은 중개대상물에 대한 권리를 취득함에 따라 부담하여야 할 조세에 관한 개략적인 사항을 기재합니다.

사. ⑪ 번은 부동산중개업자가 중개대상물 확인 또는 설명에 필요하여 매도(임대) 의뢰인에게 ⑤ ~ ⑦번 항목중 해당사항에 관한 자료를 요구하였으나 불응 한 경우 그러한 사실을 매수(임차)의뢰인에게 설명하고, 이 난에 자료요구 및 불응사실을 기재합니다.

제2장 빌려준 돈 이렇게 받으세요!

1. 소액사건 재판으로 해결하기

1-1. 소액사건재판의 개념

① 「소액사건재판」이란 소송의 당사자가 소송에 의해 청구하는 금액이나 물건의 가치가 3,000만원을 초과하지 않는 소액사건에 대하여 다른 민사사건보다 간편하게 소를 제기하고 소송을 수행할 수 있게 하는 제도를 말합니다.

② 소액사건심판법(이하 줄여서 '법'이라 씁니다)」의 적용을 받을 목적으로 청구를 분할하여 그 일부만을 청구할 수 없습니다.

③ 「소가(訴價)」란 소송목적의 값을 말하는 것으로, 원고가 소송을 통해 달성하려는 목적이 갖는 경제적 이익을 화폐단위로 평가한 금액입니다. 민사소송법 제26조 제1항에서 「소로서 주장하는 이익」이 이에 해당합니다.

■ 소액사건 재판이란 어떤 제도인지요?

Q   청구금액이 적은 민사사건에 대해서는 법원에 소액심판청구를 하면 간편하게 해결할 수 있다는 이야기를 들었습니다. 소액심판제도란 어떤 제도인지요?

A   소액사건심판법은 일정한 금액 이하를 소송목적의 값으로 하는 사건에 관한 소송을 간편하게 할 수 있도록 하기 위하여 제정된 민사소송법에 대한 특별법의 하나로서, 이 법에 의하여 제기되는 절차를 소액사건 심판절차라고 합니다(법 제1조).
소액사건은 소를 제기한 때의 소송목적의 값이 3,000만원을 초과하지 아니하는 금전 기타 대체물, 유가증권의 일정한 수량의 지급을 청구하는 제1심의 민사사건을 대상으로 하며, 소액사건의 소는 구술(口述)에 의한 소의 제기나 임의출석에 의한 소의 제기 등 민사소송절차의 예외를 인정하여 그 심판절차를 간소화하고 있습니다(소액사건심판규칙 제1조의2 및 법 4조, 5조).

구술로 소를 제기하려면 소송에 필요한 증거서류와 도장, 인지대, 송달료 등을 준비하고 상대방의 주소, 성명을 정확히 알아서 법원 소장접수 담당사무관 등에게 제출하고 면전에서 진술하면 법원사무관 등이 제소조서를 작성하는 방식으로 소를 제기할 수 있습니다(법 제4조, 소액사건심판규칙 제3조).

그리고 당사자가 직접 소장을 작성하여 제출하고자 하는 경우에는 관할 지방법원, 지원 또는 시·군 법원 민원실에서 양식을 교부받아 소장작성요령에 따라 작성하여 제출하면 되는데, 소장부본은 원고와 피고의 수에 1을 더한 숫자만큼 첨부하면 되고(소액사건심판규칙 제3조의2), 소액사건의 신속한 처리를 위하여 소장이 접수되면 즉시 변론기일을 지정하여 원고에게 소환장을 교부하고, 되도록 1회의 변론기일로 심리를 마치도록 하고 있으며, 원고는 보통 최초의 변론기일에 모든 증거방법을 제출하게 되며 최초기일 전이라도 증거신청이 가능합니다(법 제7조). 증인은 판사가 신문하고, 상당하다고 인정한 때에는 증인 또는 감정인의 신문에 갈음하여 진술을 기재한 서면을 제출케 할 수 있습니다(법 제10조).

원고가 제출한 소장의 부본은 지체 없이 피고에게 송달되는데(법 제6조), 피고는 원고의 주장에 대한 답변서를 제출할 수 있습니다. 또한, 소액사건심판절차에서는 일반 민사사건의 재판과는 달리 당사자의 배우자, 직계혈족, 형제자매는 법원의 허가 없이도 소송대리인이 될 수 있습니다. 이 경우 신분관계를 증명할 수 있는 가족관계증명서 또는 주민등록등본 등으로 신분관계를 증명하고 소송위임장으로 수권관계를 증명해야 합니다(법 제8조).

법원은 소장·준비서면 기타 소송기록에 의하여 청구가 이유 없음이 명백한 때에는 변론 없이도 청구를 기각할 수 있으며, 또한 판결의 선고는 변론종결 후 즉시할 수 있고 판결서에는 이유를 기재하지 아니할 수 있습니다(법 제9조, 제11조의2).

그런데 소액심판제도가 위에서 설명한 바와 같이 간편하므로 청구금액이 3,000만원을 초과하는 경우에 청구를 분할하여 여러 건의 소액심판청구를 할 수 있을 것인지에 관하여 법 제5조의2는 "① 금전 기타 대체물이나 유가증권의 일정한 수량의 지급을 목적으로 하는 청구에 있어서 채권자는 소액사건심판법의 적용을 받을 목적으로 청구를 분할하여 그 일부만을 청구할 수 없다. ② 제1항의 규정에 위반한 소는 판결로 이를 각하 하여야 한다."라고 규정하여 일부청구를 제한하고 있습니다.

또한, 법원은 소액사건에 관하여 ① 독촉절차 또는 조정절차에서 소송절차로 이행된 때, ② 청구취지나 청구원인이 불명한 때, ③ 그밖에 이행권고를 하기에 적절하지 아니하다고 인정하는 때를 제외하고는 결정으로 소장부본이나 제소조서등본을 첨부하여 피고에게 청구취지대로 이행할 것을 권고할 수 있으며(법 제5조의3), 피고는 이행권고결정서의 등본을 송달 받은 날부터 2주일 내에 서면으로 이의신청을 할 수 있고, 피고의 이의신청이 있는 때에는 지체 없이 변론기일을 지정하여야 하지만(법 제5조의4), 피고가 위 기간 내에 이의신청을 하지 아니한 때, 이의신청에 대한 각하결정이 확정된 때, 이의신청이 취하된 때에는 이 같은 이행권고결정이 확정판결과 같은 효력을 가집니다(법 제5조의7).

1-2. 소액사건재판의 특징

① 소액사건의 신속한 처리를 위하여 소장이 접수되면 즉시 변론기일을 지정하여 1회의 변론기일로 심리를 마치고 즉시 선고할 수 있도록 하고 있습니다. 다만, 법원이 이행권고결정을 하는 경우에는 즉시 변론기일을 지정하지 않고, 일단 피고에게 이행권고결정등본을 송달한 후 이의가 있을 경우에만 변론기일을 즉시 지정하여 재판을 진행하게 됩니다.

② 당사자의 배우자, 직계혈족, 형제자매는 법원의 허가 없이도 소송대리인이 될 수 있습니다. 이 경우 신분관계를 증명할 수 있는 가족관계기록사항에 관한 증명서 또는 주민등록등본 등으로 신분관계를 증명하고, 소송위임장으로 수권(授權)관계를 증명하여야 합니다.

③ 법원은 소장, 준비서면 기타 소송기록에 의하여 청구가 이유 없음이 명백한 때에는 변론 없이도 청구를 기각할 수 있습니다.

④ 증인은 판사가 신문하고, 상당하다고 인정한 때에는 증인 또는 감정인의 신문에 갈음하여 진술을 기재한 서면을 제출케 할 수 있습니다.

⑤ 판결의 선고는 변론종결 후 즉시 할 수 있고, 판결서에는 이유를 기재하지 않을 수 있습니다.

1-3. 소액사건의 범위 등
1-3-1. 소액사건의 범위
① 지방법원 및 지방법원지원의 관할인 제1심 사건으로서 제소한 때의 소가가 3,000만원을 초과하지 않는 금전 기타 대체물이나 유가증권의 일정한 수량의 지급을 목적으로 하는 제1심의 민사사건이 소액사건에 해당합니다.
② 다만, 다음의 어느 하나에 해당하는 사건은 소액사건에서 제외합니다.
   1. 소의 변경으로 소액사건에 해당하지 않게 된 사건
   2. 당사자참가, 중간확인의 소 또는 반소(反訴)의 제기 및 변론의 병합으로 인하여 소액사건에 해당하지 않는 사건과 병합심리하게 된 사건

1-3-2. 소가의 산정
① 소가는 원고가 청구취지로써 구하는 범위에서 원고의 입장에서 보아 전부 승소하였을 경우에 직접 받게 될 경제적 이익을 객관적으로 평가하여 산정하는데, 소가 제기된 때를 기준으로 하여 정하게 됩니다.
② 하나의 소로 여러 개의 청구를 하는 경우에는 그 여러 청구의 값을 모두 합하여 소가를 정합니다.
③ 주된 청구와 함께 과실(果實)·손해배상·위약금 또는 비용의 부대(附帶)청구를 하는 경우에는 그 값은 소가에 넣지 않습니다.
④ 소가 산정의 예
A가 B에게 1년 전 빌려준 돈 2,000만원, 6개월 전 빌려준 돈 500만원을 모두 돌려받기 위해 하나의 소로써 대여금반환청구를 하는 경우 소가는 2,500만원이 되며, 이 때 원금에 대한 이자는 소가에 산입하지 않습니다.
⑤ 소가 산정의 구체적인 기준은 민사소송등인지규칙에서 자세히 정하고 있으며, 소가의 산정을 위한 자료가 부족하거나 그 밖의 사유로 인하여 소가를 산정하기 어려운 때에는 재판장이 소가를 인정하게 됩니다.

■ 소액사건의 소가 산정은 어떻게 하는지요?

> **Q** 저는 9년 전 지인 甲에게 1,500만원을 대여하였는데 현재까지 변제를 받지 못해서 법원에 소를 제기하려고 합니다. 지금까지의 이자를 모두 더하면 청구금액이 3,000만원을 초과하는데, 소액심판청구가 가능할까요?

> **A** 법원조직법 제34조 제1항은 '소액사건심판법을 적용받는 민사사건'은 시·군법원이 관할하는 것으로 규정하고 있습니다. 그리고 소액사건심판규칙 제1조의2 본문은 '소액사건은 제소한 때의 소송목적의 값이 3,000만원을 초과하지 아니하는 금전 기타 대체물이나 유가증권의 일정한 수량의 지급을 목적으로 하는 제1심의 민사사건으로 한다'고 규정하고 있습니다.
> 한편, 민사소송등인지규칙 제12조 제2호는 '금전지급청구의 소에 있어서는 청구금액'이 소가가 되며, 민사소송법 제27조 제2항은 '과실·손해배상·위약금 또는 비용의 청구가 소송의 부대목적이 되는 경우에는 그 값은 소송목적의 값에 넣지 아니한다'고 규정하고 있으므로, 원칙적으로 대여금에 대한 이자, 지연손해금은 소가에 산입되지 않는다 할 것입니다.
> 따라서 귀하의 경우 설령 원금에 대한 이자, 지연손해금을 포함하면 청구금액이 3,000만원을 초과한다 하더라도 지급을 구하는 청구금액 원금이 1,500만원인 이상, 소액사건심판절차법에 의한 심판이 가능하다 할 것입니다.

(관련판례)
소액사건심판법의 적용대상인 소액사건에 해당하는 여부는 제소당시를 기준으로 정해지는 것이므로 병합심리로 그 소가 합산액이 소액사건의 소가를 초과하였다고 하여도 소액사건임에는 변함이 없어 소액사건심판법 제3조 각호 소정의 사유가 있는 때에 한하여 상고를 할 수 있다(대법원 1991. 9. 10. 선고 91다20579 판결).

1-3-3. 일부 청구의 금지

① 일반적인 민사소송절차보다 간편한 법을 적용받기 위해 금전 기타 대체물이나 유가증권의 일정한 수량의 지급을 목적으로 하는 청구에 있어서 채권자는 법의 적용을 받을 목적으로 청구를 분할하여

그 일부만을 청구할 수 없습니다.
② 이에 위반한 소는 판결로 각하(却下)됩니다.
③ 예를 들어, 빌려준 돈 4,000만원을 받기 위해 각각 2,000만원씩 나누어 대여금반환청구를 하여 소액사건재판제도를 이용할 수는 없습니다.

■ **소액사건심판법 적용을 받기 위하여 분할청구가 가능한지요?**

Q 저는 친한 친구로부터 6개월 뒤에 변제할테니 3,500만원을 빌려달라는 부탁을 받고 빌려주었습니다. 그러나 친구는 6개월이 지났음에도 그 돈을 변제하지 아니하고 차일피일 미루더니 현재는 저의 연락을 받지 않고 있습니다. 저는 친구로부터 3,500만원을 받기 위한 방법을 알아보던 중 청구금액이 3,000만원 이하인 민사사건에 대해서는 법원에 소액심판청구를 하면 간편하게 해결할 수 있다는 이야기를 들었습니다. 저는 직장에 다니는 관계로 법원에 자주 출석하기 곤란한 사정이 있어 소액심판청구를 하여 간편하게 해결하고 싶습니다. 그래서 저는 친구에 대한 채권 3,500만원을 2,000만원과 1,500만원으로 분할하여 2건의 소액심판청구를 하고 싶은데 가능한지요?

A 소액사건심판법은 일정한 금액 이하를 소송목적의 값으로 하는 사건에 관한 소송을 간편하게 할 수 있도록 하기 위하여 제정된 민사소송법에 대한 특별법의 하나로서, 이 법에 의하여 제기되는 절차를 소액사건심판절차라고 합니다(법 제1조). 소액사건은 소를 제기한 때의 소송목적의 값이 3,000만원을 초과하지 아니하는 금전 기타 대체물, 유가증권의 일정한 수량의 지급을 청구하는 제1심의 민사사건을 대상으로 하며, 소액사건의 소는 구술(口述)에 의한 소의 제기나 임의출석에 의한 소의 제기 등 민사소송절차의 예외를 인정하여 그 심판절차를 간소화하고 있습니다(소액사건심판규칙 제1조의2, 법 제4조, 제5조). 그런데 소액심판제도가 그 심판절차가 간편하므로 청구금액이 3,000만원을 초과하는 경우에 청구를 분할하여 여러 건의 소액심판청구를 할 수 있을 것인지에 관하여 법 제5조의2는 "① 금전 기타 대체물이나 유가증권의 일정한 수량의 지급을 목적으로 하는 청구에 있어서 채권자는 법의

적용을 받을 목적으로 청구를 분할하여 그 일부만을 청구할 수 없다. ② 제1항의 규정에 위반한 소는 판결로 이를 각하 하여야 한다."라고 규정하여 일부청구를 제한하고 있습니다.

귀하가 법을 적용받기 위하여 친구에 대한 채권 3,500만원을 분할하여 2,000만원과 1,500만원으로 분할하여 2건의 소액심판청구를 할 경우 법 제5조의2 제2항에 따라서 위 청구는 각하될 것입니다. 따라서 비록 법을 적용을 받지 못하더라도 3,500만원 전액을 청구하는 소송을 제기하셔야 할 것입니다.

■ 500만원을 빌려줬는데 갚지 않아 소송을 해야 할 것 같은데 비용이며, 시간이 꽤 들 것 같네요. 방법이 없을까요?

Q 저는 아는 사람에게 500만원을 빌려줬는데 갚지 않습니다. 소송을 해야 할 것 같은데 비용이며, 시간이 꽤 들 것 같네요. 방법이 없을까요?

A 소송의 당사자가 소송으로 청구하는 금액이나 물건의 가치가 3천만원을 넘지 않는 사건은 시간이나 비용에 있어서 민사소송보다 간편한 절차로 진행할 수 있는 소액사건재판 제도를 이용할 수 있습니다.

소액사건의 범위는 소가(소송목적의 값)가 3천만원을 넘지 않는 사건으로서, 금전, 그 밖의 대체물이나 유가증권의 일정한 수량의 지급을 목적으로 하는 사건이며, 소가가 3천만원을 넘는 사건인데도 소액사건재판을 받기 위해 청구를 분할하여 그 일부만을 청구할 수는 없습니다. 이렇게 청구하더라도 각하됩니다.

소액사건재판의 특징은 소액사건의 신속한 처리를 위해 소장이 법원에 접수되면 즉시 변론기일을 지정하여 원칙적으로 1회의 변론만으로 심리를 마치고 즉시 선고합니다. 당사자의 배우자, 직계혈족, 형제자매는 법원의 허가 없이도 소송대리인이 될 수 있습니다.

그리고 소액사건재판 외의 간단한 분쟁해결방법으로는 세가지 종류가 있는데 ① 민사조정은 민사분쟁을 간단한 절차로 당사자 사이의 양해를 통해 실정에 맞게 해결하기 위한 제도로서 소송에 비해 인지대가 1/5로 저렴하고, 자유로운 분위기에서 자신의 의견을 말할 수 있는 등의 장점을 가지고 있습니다. ② 지급명령은 채권자가 법원을 통해 채무자에게 채무를 이행하라고 명령해줄 것을 신청하는 것으로 비용이 저렴한 장점을 가지고 있습니다. ③ 제소전 화해는 양 당사자가 제소 전에 화해하여 화해조서가 작성되면 판결과 동일한 효력을 발생합니다.

1-4. 소액사건재판의 진행과정

① 원고가 소액사건의 소를 제기하여 법원이 이행권고결정을 할 경우, 피고의 이의가 없으면 결정이 확정되어 이에 따라 강제집행을 할 수 있고, 피고가 이의 신청을 하면 법원은 지체 없이 변론기일을 지정합니다.

② 법원이 이행권고결정을 하지 않는 경우, 법원은 소액사건심판법에 따라 지체 없이 변론기일을 지정하거나, 통상의 민사소송절차와 동일하게 피고에게 답변서 제출의무를 고지합니다.

③ 소액사건인 경우 원칙적으로는 1회 변론을 통하여 판결이 선고됩니다.

1-5. 소액사건재판의 절차

소액사건심판절차는 다음과 같은 점에서 통상의 민사소송절차와 차이가 있습니다. 그러나 소액사건절차는 제1심에 대한 특별절차이므로, 소액사건이라도 상고 및 재항고 제한 외에는 민사에 관한 통상의 항고심절차에 따르게 됩니다.

1-5-1. 구술에 따른 소 제기

소장이라는 서면으로 소를 제기해야 하는 통사의 민사소송절차와는 달리 구술로써 소를 제기할 수 있습니다.

1-5-2. 이행권고결정과 확정판결의 효력

① 법원은 소가 제기된 경우에 결정으로 소장부본이나 제소조서등본을 첨부하여 피고에게 청구취지대로 이행할 것을 권고할 수 있습니다. 다만, 다음의 어느 하나에 해당하는 때에는 그러하지 않습니다.

1. 독촉절차 또는 조정절차에서 소송절차로 이행된 때

2. 청구취지나 청구원인이 불명한 때
3. 그 밖에 이행권고를 하기에 적절하지 아니하다고 인정하는 때
② 소액사건재판에서는 통상의 민사소송절차에서의 피고의 답변서 제출이나 변론준비절차 등의 과정을 볼 수 없으며, 피고가 이행권고결정에 대해 이의신청을 하지 않는 한 변론기일이 별도로 지정되지 않습니다.
③ 이행권고결정은 다음 중 어느 하나에 해당하면 확정판결과 같은 효력을 가집니다).
    1. 피고가 이행권고결정서의 등본을 송달받은 날부터 2주일 내에 이의신청을 하지 않은 때
    2. 이의신청에 대한 각하(却下)결정이 확정된 때
    3. 이의신청이 취하(取下)된 때

1-5-3. 이의신청과 변론기일의 지정

① 피고는 이행권고결정서의 등본을 송달받은 날부터 2주일 내에 서면으로 이행권고결정에 대하여 이의신청을 할 수 있습니다. 다만, 그 등본이 송달되기 전에도 이의신청을 할 수 있습니다.
② 피고가 이의신청을 한 때에는 원고가 주장한 사실을 다툰 것으로 보므로 법원은 지체 없이 변론기일을 지정해야 합니다.

■ 이행권고결정제도란 어떤 것인가요?

Q 소액심판의 경우 이행권고결정제도라는 것이 있어 간편한 절차만 거쳐도 판결을 받은 것과 비슷한 효과를 얻을 수 있다고 하는데, 이행권고결정제도란 어떤 것인가요?

A 이행권고결정이란 소액사건의 소가 제기된 때에 법원이 결정으로 소장부본이나 제소조서등본을 첨부하여 피고에게 청구취지대로 이행할 것을 권고하는 결정을 말합니다(법 제5조의3 제1항). 이행권고결정은 원고전부승소판결을 할 수 있는 사건에 한하여 할 수 있으며, ①독촉절차 또는 조정절차에서 소송절차로 이행된 때, ②청구취지나 청구원인이 불명한 때, ③그밖에 이행권고를 하기에 적절하지 않다고 인정하는 때는 할 수 없습니다(법 제5조의3제1

항). 이행권고결정에는 당사자, 법정대리인, 청구의 취지와 원인, 이행조항을 기재하고, 피고가 이의신청을 할 수 있음과 이행권고결정의 효력의 취지를 부기(附記)하게 됩니다(법 제5조의3제2항). 피고는 이행권고결정등본을 송달 받은 날부터 2주 안에 서면으로 이의신청을 할 수 있으며, 그 등본이 송달되기 전에도 이의신청을 할 수 있습니다(법 제5조의4제1항 및 제2항). 이행권고결정은 ①피고가 이행권고결정을 송달 받은 날부터 2주일 안에 이의신청을 하지 않는 때, ②이의신청에 대한 각하결정이 확정된 때, ③이의신청이 취하된 때는 확정판결과 같은 효력을 갖습니다(법 제5조의7제1항).

■ 소액사건재판 절차는 어떻게 진행되나요?

Q 소액사건재판 절차는 어떻게 진행되나요?

A 원고가 법원에 소액사건재판의 소장을 접수하면 법원은 그 소장을 기초로 ① 피고에게 이행권고결정을 하고, ② 피고가 정해진 기간 내에 이행권고결정에 대한 이의신청을 하면, ③ 소액사건재판절차를 진행합니다. 만약, 피고가 이행권고결정에 대한 이의신청을 하지 않거나, 피고의 이의신청이 각하되는 등의 경우 이행권고결정은 확정판결과 동일한 효력을 가지게 되며, 원고는 이를 기초로 피고에 대해 강제집행을 할 수 있습니다.
원고가 접수한 소장이 이행권고결정을 하기에 적절하지 않다고 법원이 판단한 경우에는 소액사건재판이 진행됩니다.
  ① 이행권고결정 절차
    법원에서 이행권고를 결정한 경우에는 다음의 절차에 따라 진행됩니다.
    1. 원고의 소장접수(구술접수도 가능)
    2. 피고에게 이행권고결정서 등본 송달
    3. 피고의 이의신청이 있으면 소액사건재판절차 진행
    4. 피고의 이의신청이 없거나, 이의신청이 각하되거나, 취하된 경우에는 이행권고결정 확정
  ② 소액사건재판 절차

소액사건재판은 다음의 절차에 따라 진행됩니다.
1. 원고의 소장 접수
2. 피고에게 소장 부본 송달(변론기일 통지)
3. 변론기일
4. 판결 선고
③ 법원의 이행권고결정에 피고가 이의신청을 한 경우에는 다음 절차에 따라 진행됩니다.
1. 이행권고결정에 대한 피고의 이의신청
2. 원고에게 보정명령
3. 변론기일 지정
4. 변론기일
5. 판결선고

2. 소송의 제기

2-1. 소액사건의 소 제기

2-1-1. 소 제기방법

① 소액사건의 소 제기는 구술로써 법원사무관 등의 면전(面前)에서 진술하거나 임의로 법원에 출석하여 할 수 있습니다.

② 소장을 작성하여 제출할 경우 사건의 종류별로 해당하는 양식에 맞게 청구취지와 청구원인을 기재합니다.

2-1-2. 구술에 의한 소의 제기 등

① 소액사건의 소는 구술로 제기할 수 있습니다.

② 구술로 소를 제기하는 때에는 법원서기관·법원사무관·법원주사 또는 법원주사보(이하 "법원사무관 등"이라 함)의 면전에서 진술하여야 합니다. 이 경우에 법원사무관 등은 제소조서를 작성하고 이에 기명날인하여야 합니다.

③ 구술제소를 하는 경우에 법원사무관 등은 제소조서의 말미에 다음의 사항을 첨가할 수 있습니다.
1. 당사자의 성명·명칭 또는 상호와 주소

2. 대리인의 성명과 주소
3. 사건의 표시
4. 공격 또는 방어의 방법
5. 상대방의 청구와 공격 또는 방어의 방법에 대한 진술
6. 덧붙인 서류의 표시
7. 작성한 날짜
8. 법원의 표시

2-1-3. 임의출석에 의한 소의 제기
① 소액사건의 경우 양쪽 당사자는 임의로 법원에 출석하여 소송에 관하여 변론할 수 있습니다.
② 이 경우에 소의 제기는 구술에 의한 진술로써 합니다.

2-1-4. 소장제출에 의한 소의 제기
① 소는 법원에 소장을 제출함으로써 제기합니다.
② 법원에 비치된 소액사건에 관한 소장양식의 빈칸을 기재하여 직접 작성할 수 있습니다.
③ 법률전문가에게 위임하여 작성할 수 있습니다.

2-2. 소장의 작성
① 소장에는 당사자와 법정대리인, 청구의 취지와 원인을 적어야 합니다.
② 청구원인 기재사항
    1. 청구를 뒷받침하는 구체적 사실
    2. 피고가 주장할 것이 명백한 방어방법에 대한 구체적인 진술
    3. 입증이 필요한 사실에 대한 증거방법
③ 소장의 첨부서류
    1. 피고가 소송능력 없는 사람인 때에는 법정대리인, 법인인때에는 대표자, 법인이 아닌 사단이나 재단인 때에는 대표자 또는 관리인이 자격을 증명하는 서면
    2. 부동산에 관한 사건은 그 부동산의 등기사항증명서
    3. 친족·상속관계 사건은 가족관계기록사항에 관한 증명서

4. 어음 또는 수표사건은 그 어음 또는 수표의 사본
5. 그 밖에 증거로 될 문서 가운데 중요한 것의 사본
6. 정기금판결에 대한 변경의 소의 소장의 경우 정기금지급확정판결의 사본

④ 소액사건에 관한 소장양식이 법원에 비치되어 있는데, 소장표지는 동일하고 표지 다음에 청구취지와 청구원인을 기재하는 부분에 대하여는 사건의 종류별로 그 양식이 다르므로 해당하는 양식을 찾아 기재합니다.

⑤ 법원에 비치되어 있는 소액사건에 관한 소장양식의 예는 다음과 같습니다.

[서식] 대여금청구(소액)

대여금청구(소액)

청구취지

1. 청구금액: (원 금)   금_____원
 (지연손해금) _____부터 소장부본 송달일까지 연   %
         소장부본 송달 다음날부터 갚는 날까지   연 15 %
2. 피고들 상호간의 관계 : 연대( )

청구원인

1. 대여내역
(1) 대여자_____   (2) 차용자_____
(3) 연대보증인_____, _____
(4) 대 여 일 :_____,_____,_____
(5) 금   액 :_____원, _____원, _____원
(6) 변 제 기 :_____, _____, _____
(7) 약정이율 :_____, _____, _____,
2. 기타 보충할 내용

20 . . .
원고   (날인 또는 서명)

2-3. 재판장의 소장 심사

① 당사자와 법정대리인, 청구의 취지와 원인 등 소장의 기재사항에 흠이 있는 경우와 소장에 법률의 규정에 따른 인지를 붙이지 않은 경우에는 재판장은 상당한 기간을 정하고, 그 기간 이내에 흠을 보정하도록 명해야 합니다. 재판장은 법원사무관 등으로 하여금 위 보정명령을 하게 할 수 있습니다.

② 원고가 이 기간 이내에 흠을 보정하지 않은 때에는 재판장은 명령으로 소장을 각하해야 합니다.

③ 재판장의 소장각하명령에 대해서는 즉시항고를 할 수 있습니다. 「즉시항고」란 법원의 결정·명령에 대해 상급법원에 불복신청을 하는 것으로서, 신속한 사건해결을 위해 결정·명령이 고지된 날부터 통상 1주일 내에 제기하도록 되어 있습니다.

④ 재판장은 소장을 심사하면서 필요하다고 인정하는 경우에는 원고에게 청구하는 이유에 대응하는 증거방법을 구체적으로 적어 내도록 명할 수 있으며, 원고가 소장에 인용한 서증(書證)의 등본 또는 사본을 붙이지 않은 경우에는 이를 제출하도록 명할 수 있습니다.

2-4. 소를 제기할 법원
2-4-1. 소액사건 재판의 제기

① 소액사건재판은 지방법원 및 지방법원지원, 시(市)·군(郡)법원에 제기합니다.

② 소는 피고의 보통재판적이 있는 곳의 법원에 제기하는 것이 일반적이지만, 어음·수표 지급지의 법원, 불법행위지 등의 법원에 제기할 수도 있습니다.

③ 소액사건재판은 지방법원 및 지방법원지원, 시·군법원이 관할합니다.

④ 시·군법원의 관할구역 내의 소액사건은 시·군법원에 소를 제기해야 합니다.

⑤ 피고의 보통재판적이 있는 곳의 법원에 제출하는 것이 일반적입니다.

⑥ 소는 피고이 보통재판저이 있는 곳이 법원이 관할합니다.

⑦ 「재판적」이란 사건(특히 제1심사건)에 대해 어느 소재지의 법원이 재판권을 가지는지를 정함에 있어서 그와 같은 관할의 발생원인이

되는 관련지점을 말합니다. 보통의 소송사건에 있어서 재판적은 피고의 편의를 위해 피고와 관련된 곳을 기준으로 정해지게 되는데, 이를 「보통재판적」이라고 합니다. 예를 들어 서울에 사는 A가 부산에 사는 B에게 빌려준 돈을 받기 위해 민사소송을 제기하려 한다면 B의 주소지인 부산에 보통재판적이 생기게 되고, 이에 따라 부산지방법원에 소송을 제기해야 합니다.

⑧ 사람의 보통재판적은 그의 주소에 따라 정합니다. 다만, 대한민국에 주소가 없거나 주소를 알 수 없는 경우에는 거소에 따라 정하고, 거소가 일정하지 않거나 거소도 알 수 없으면 마지막 주소에 따라 정합니다.

⑨ 법인, 그 밖의 사단 또는 재단의 보통재판적은 이들의 주된 사무소 또는 영업소가 있는 곳에 따라 정하고, 사무소와 영업소가 없는 경우에는 주된 업무담당자의 주소에 따라 정합니다. 외국법인, 그 밖의 사단 또는 재단의 보통재판적은 대한민국에 있는 이들의 사무소·영업소 또는 업무담당자의 주소에 따라 정합니다).

⑩ 다음의 경우에는 피고의 보통재판적이 있는 곳이 아닌 곳(특별재판적)의 법원에도 소를 제기할 수 있습니다.

1. 사무소 또는 영업소에 계속하여 근무하는 사람에 대하여 소를 제기하는 경우에는 그 사무소 또는 영업소가 있는 곳을 관할하는 법원에 제기할 수 있습니다.

2. 재산권에 관한 소를 제기하는 경우에는 거소지 또는 의무이행지의 법원에 제기할 수 있습니다.

3. 어음·수표에 관한 소를 제기하는 경우에는 지급지의 법원에 제기할 수 있습니다.

4. 대한민국에 주소가 없는 사람 또는 주소를 알 수 없는 사람에 대하여 재산권에 관한 소를 제기하는 경우에는 청구의 목적 또는 담보의 목적이나 압류할 수 있는 피고의 재산이 있는 곳의 법원에 제기할 수 있습니다.

5. 사무소 또는 영업소가 있는 사람에 대하여 그 사무소 또는 영업소의 업무와 관련이 있는 소를 제기하는 경우에는 그 사무소 또는 영업소가 있는 곳의 법원에 제기할 수 있습니다.

6. 불법행위에 관한 소를 제기하는 경우에는 행위지의 법원에 제기할 수 있습니다.
7. 부동산에 관한 소를 제기하는 경우에는 부동산이 있는 곳의 법원에 제기할 수 있습니다.
8. 등기·등록에 관한 소를 제기하는 경우에는 등기 또는 등록할 공공기관이 있는 곳의 법원에 제기할 수 있습니다.

2-4-2. 합의관할
① 당사자는 합의로 제1심 관할법원을 정할 수 있습니다.
② 이 합의는 일정한 법률관계로 말미암은 소에 관하여 서면으로 하여야 합니다.

2-4-3. 변론관할
피고가 제1심 법원에서 관할위반이라고 항변하지 않고 본안에 대해 변론하거나 변론준비기일에서 진술하면 그 법원은 관할권을 가집니다.

2-4-4. 전속관할
① 전속관할이 정하여진 소에는 민사소송법 제2조(보통재판적), 제7조부터 제25조까지(특별재판적), 제29조(합의관할), 제30조(변론관할), 제34조(관할위반 또는 재량에 따른 이송)를 적용하지 않습니다.
② 전속관할이 정하여진 소의 예로는, 할부계약에 관한 소, 통신판매업자와의 거래에 관련된 소, 방문판매등에 관한 법률의 적용대상인 특수판매업자와의 거래에 관련된 소 등이 있습니다.

2-4-5. 관할의 표준이 되는 시기
법원의 관할은 소를 제기한 때를 표준으로 정합니다.

2-5. 이송(移送)
2-6-1. 관할위반에 따른 이송
법원은 소송의 전부 또는 일부에 대하여 관할권이 없다고 인정하는 경우에는 결정으로 이를 관할법원에 이송합니다.

2-5-2. 재량에 따른 이송

① 지방법원 단독판사는 소송에 대하여 관할권이 있는 경우라도 상당하다고 인정하면 직권 또는 당사자의 신청에 따른 결정으로 소송의 전부 또는 일부를 같은 지방법원 합의부에 이송할 수 있습니다. 다만, 전속관할이 정하여진 소에 대하여는 적용하지 않습니다.

② 지방법원 합의부는 소송에 대하여 관할권이 없는 경우라도 상당하다고 인정하면 직권으로 또는 당사자의 신청에 따라 소송의 전부 또는 일부를 스스로 심리·재판할 수 있습니다. 다만, 전속관할이 정하여진 소에 대하여는 적용하지 않습니다.

2-5-3. 손해나 지연을 피하기 위한 이송

법원은 소송에 대하여 관할권이 있는 경우라도 현저한 손해 또는 지연을 피하기 위하여 필요하면 직권 또는 당사자의 신청에 따른 결정으로 소송의 전부 또는 일부를 다른 관할법원에 이송할 수 있습니다. 다만, 전속관할이 정하여진 소의 경우에는 이송할 수 없습니다.

■ 소액사건으로 소제기를 하려는데, 어느 법원에 소장을 제출해야 하나요?

Q 소액사건으로 소제기를 하려고 하는데, 어느 법원에 소장을 제출해야 하나요?

A 소액사건의 소는 피고의 주소지에 해당하는 관할 지방법원 또는 지방법원 지원에 제기하는 것이 일반적이지만, 어음·수표 지급지의 법원, 불법행위가 발생한 지역의 관할 법원에 제기할 수도 있습니다.
대한민국에 주소가 없는 사람 또는 주소를 알 수 없는 사람에 대해 재산권에 관한 소를 제기하는 경우에는 청구의 목적 또는 담보의 목적이나 압류할 수 있는 피고의 재산이 있는 곳의 법원에 제기할 수 있습니다.
관할 이송 신청절차는 법원은 소송에 대해 관할권이 있는 경우라도 손해가 현저하거나 소송의 지연이 생길 염려가 있는 때에는 이를 피하기 위해 필요한 경우 직권 또는 당사자의 신청에 따라 결정으로 소송의 전부 또는 일부를 다른 관할법원에 이송할 수 있습니다. 다만, 전속관할이 정해진 소송의 경우에는 이송할 수 없습니다.

2-6. 소송대리인의 범위

소액사건심판법은 소액사건의 경우 편리하게 구제받을 수 있도록 당사자의 배우자·직계혈족 또는 형제자매가 법원의 허가 없이 소송대리인이 될 수 있도록 정하고 있습니다.

2-6-1. 소액사건에 대한 특례

① 당사자의 배우자·직계혈족 또는 형제자매는 법원의 허가 없이 소송대리인이 될 수 있습니다. 따라서 그 외 4촌 내의 친족 등은 법원의 허가를 받아야 소송대리인이 될 수 있습니다.

② 소송대리인은 당사자와의 신분관계 및 수권(授權)관계를 서면으로 증명하여야 합니다. 그러나 수권관계에 대해 당사자가 판사의 면전에서 구술로 소송대리인을 선임하고 법원사무관 등이 조서에 적어 넣은 때에는 그렇지 않습니다.

2-6-2. 소송위임장의 작성

① 소송대리를 위임할 경우에 필요한 소액사건의 소송위임장에는 다음의 사항을 포함하여 작성합니다.
  1. 소송대리할 사람의 이름, 주소, 연락처
  2. 당사자와의 관계
  3. 소송위임할 사항
  4. 위임인의 날인 또는 서명

소송위임장 (소액사건)

사건번호 20 가소   (담당재판부 : 제   단독)
원 고
피 고
위 사건에 관하여 아래와 같이 소송대리를 위임합니다.

1. 소송대리 위임
 가. 소송대리할 사람의 이 름
     주 소
          연락처 (   )   -
     [팩스번호 : (   )   -   이메일 주소 :   ]
 나. 당사자와의 관계(해당란에 ✔ 해 주시기 바랍니다)
     □ 배우자
     □ 직계혈족(부모, 자 등)
     □ 형제자매
     [신분관계 증빙서류(가족관계증명서, 제적등본 등)]

2. 소송위임할 사항
 가. 일체의 소송행위, 반소의 제기 및 응소
 나. 재판상 및 재판 외의 화해
 다. 소의 취하
 라. 청구의 포기.인낙 또는 독립당사자참가소송에서의 소송탈퇴
 마. 상소의 제기 또는 취하
 바. 복대리인의 선임
 사. 목적물의 수령, 공탁물의 납부, 공탁물 및 이자의 반환청구와
     수령
 아. 담보권행사, 권리행사최고신청, 담보취소신청,
     담보취소신청에 대한 동의, 담보취소 결정정본의 수령,
     담보취소결정에 대한 항고권의 포기
 자. 기타(특정사항 기재요)

                    20 . . .

     위임인 :원(피)고   (날인 또는 서명)

              법원   귀중

■ 참 고 ■

제출법원	소송계속법원	관련법규	소액사건심판법 제8조
제출부수	소송위임장 1부		
기 타	- 소액사건에서만은, 당사자의 배우자.직계혈족 또는 형제자매는 법원의 허가 없이도 소송대리인이 될 수 있음. - 당사자와의 신분관계는 서면으로 증명하여야 하므로, 가족관계증명서나 제적등본 등을 첨부하여야 함 - 변호사를 선임하는 경우와 달리 소송대리권을 제한할 수 있으므로(민사소송법 제91조 단서), 본인이 소송위임할 사항을 특정할 수 있음 - 소액사건이라도 위 사람들 외의 4촌 이내의 친족, 고용관계인등을 소송대리인으로 선임할 때에는 법원의 허가를 얻어야 함은, 민사단독사건의 일반원칙과 같음		

■ 소송위임장 제출이 민사소송법상 '기일지정의 신청'에 해당하는지요?

Q 저는 지인을 상대로 대여금 1,500만원을 반환청구하는 소송을 제기하였습니다. 그러나 제가 관할법원과 멀리 떨어진 곳에서 일하기 때문에 1차, 2차 변론기일에 출석하지 못하였고, 지인도 역시 출석하지 않았다고 합니다. 그런데 소액심판의 경우에는 가족의 소송대리가 가능하다고 하므로, 저희 처를 대리인으로 소송을 수행하도록 하기 위하여 소송위임장을 제출하였습니다. 이 경우 당사자 쌍방이 출석하지 아니한 것으로 인하여 어떤 불이익을 받지는 않는지요?

A 민사소송법 제268조 제1항은 "양쪽 당사자가 변론기일에 출석하지 아니하거나 출석하였다 하더라도 변론하지 아니한 때에는 재판장은 다시 변론기일을 정하여 양쪽 당사자에게 통지하여야 한다."라고 규정하고 있고, 같은 조 제2항은 "제1항의 새 변론기일 또는 그 뒤에 열린 변론기일에 양쪽 당사자가 출석하지 아니하거나 출석하였다 하더라도 변론하지 아니한 때에는 1월 이내에 기일지정신청을 하지 아니하면 소를 취하한 것으로 본다."라고 규정하고 있습니다. 그리고 소송위임장 제출이 민사소송법제268조 제2항 소정의 '기일지정의 신청'에 해당하는지에 관하여 판례는 "소송위임장을 제출한 것만으로는 민사소송법 제241조(현행 민사소송법 제268조) 제2항이 정한 '기일지정의 신청'이라고 볼 수 없다."라

- 331 -

고 하였습니다(대법원 1993. 6. 25. 선고 93다9200 판결).

그렇다면 위 사안에서도 귀하의 처를 소송대리인으로 하는소송위임장을 제출한 것만으로는 특별한 사정이 없는 한 기일지정신청을 한 것으로 되지 않을 것이므로 별도로 기일지정신청을 하여야 할 것입니다.

또한, 민사소송법 제268조 제2항의 기일지정신청기간의 기산점에 관하여 판례는 "민사소송법 제241조(현행 민사소송법제268조) 제2항의 기일지정신청은 쌍방 불출석 변론기일로부터 1월내에 하여야 하는 것이지, 신청인이 그 사실을 안 때로부터 그 기간을 기산할 수는 없다."라고 하였습니다(대법원 1992. 4. 14. 선고 92다3441 판결).

따라서 위 사안에서도 2차 변론기일로부터 1월내에 기일지정신청을 하여야 할 것입니다.

2-6-3. 소송대리권의 범위

① 소송대리인은 위임을 받은 사건에 대하여 반소(反訴)·참가·강제집행·가압류·가처분에 관한 소송행위 등 일체의 소송행위와 변제의 영수를 할 수 있습니다.

② 소송대리인은 다음의 사항에 대하여는 특별한 권한을 따로 받아야 합니다.

1. 반소의 제기
2. 소의 취하, 화해, 청구의 포기·인낙(認諾) 또는 독립당사자참가소송에서의 탈퇴
3. 상소의 제기 또는 취하
4. 대리인의 선임

③ 소송대리권은 제한하지 못합니다. 다만, 변호사가 아닌 소송대리인에 대하여는 제한할 수 있습니다.

④ 법률에 따라 재판상 행위를 할 수 있는 대리인의 권한에는 민사소송법 제90조(소송대리권의 범위)와 제91조(소송대리권의 제한)를 적용하지 않습니다).

■ 소액사건 소송은 꼭 본인이나 변호사만 할 수 있나요?

Q 저는 지인에게 받을 돈이 조금 있어서 소송을 하려고 하는데, 변호사를 선임하려니 돈이 많이 드네요. 소송은 꼭 본인이나 변호사만 할 수 있나요?

A 원칙적으로 민사소송은 본인이 직접 소송을 제기하거나, 변호사 자격을 갖춘 대리인에게 소송을 대리하게 할 수 있습니다. 그러나 소송가액이 3천만원 이하인 소액사건재판은 당사자의 배우자·직계혈족 또는 형제자매의 경우 법원의 허가 없이 소송을 대리할 수 있도록 하고 있습니다.
소액사건재판은 당사자가 소송을 제기하거나 변호사가 소송을 대리하는 외에 다음 어느 하나에 해당하는 사람의 경우에도 소송을 대리할 수 있습니다.
① 당사자의 배우자, ② 당사자의 직계혈족(부모, 조부모, 자녀, 손자녀 등), ③ 당사자의 형제자매
소송대리의 방법으로는 소액사건재판의 소송대리인이 되기 위해서는 당사자와의 신분관계 및 수권관계를 서면으로 증명해야 합니다. 그러나 수권관계에 대해서는 당사자가 판사 앞에서 소송대리인을 선임하고 법원사무직원이 조서에 이를 기재한 때에는 서면증명을 할 필요가 없습니다.

■ 소액사건에서 가족이 소송대리를 할 수 있는지요?

Q 저는 채무자 甲을 상대로 1,000만원의 지급을 구하는 소송을 제기하였고, 법원이 甲에게 이행권고결정을 하였습니다. 甲은 이행권고결정에 대하여 이의신청을 하여 변론기일이 지정되었습니다. 그런데 저는 직장에 다니는 관계로 변론기일에 출석할 수 없는 사정이 있습니다. 이럴 경우 저는 변호사를 선임하여야 하는 것인지요, 아니면 다른 가족이 대신 법원에 출석할 수는 있는지요?

A 소액사건심판절차에서는 일반 민사사건의 재판과는 달리 당사자의 배우자, 직계혈족, 형제자매는 법원의 허가 없이도 소송대리인이 될 수 있습니다. 이 경우 신분관계를 증명할 수 있는 가족관계증명서 또는 주민등록등본 등으로 신분관계를 증명하고 소송위임장

으로 수권관계를 증명하여야 합니다(법 제8조). 따라서 귀하는 변론기일에 출석할 수 없는 사정이 있다 하더라도 변호사를 선임할 필요 없이 귀하의 배우자, 직계혈족, 형제자매가 귀하를 대리하여 변론기일에 출석할 수 있습니다. 다만, 가족관계증명서, 주민등록등본 등 신분관계를 증명하는 서류를 첨부하여 소송위임장을 법원에 제출하여야 합니다.

2-7. 소 제기 시 준비사항
소액사건의 소를 제기하기 위해서는 소장과 소장에 붙여야 할 인지와 송달료 등의 비용, 증거서류 등이 필요합니다.

2-7-1. 소장
소장의 작성 등에 관하여는 '소장제출에 의한 소의 제기' 부분에서 설명하고 있습니다.

2-7-2. 소장부본(副本)
① 원고는 소장에 원고와 피고의 수에 1을 더한 숫자만큼의 소장부본을 첨부하여야 합니다.
② 법원은 소장부본이나 제소조서등본(구술제소의 경우)은 지체 없이 피고에게 송달하여야 합니다. 다만, 피고에게 이행권고결정서의 등본이 송달된 때에는 소장부본이나 제소조서등본이 송달된 것으로 봅니다.
③ 「송달」이란 법원이 소송에 관련된 서류를 일정한 방식에 따라 당사자나 소송 관계인에게 보내는 일을 말하는데, 자세한 내용은 민사소송법 제174조부터 제197조까지에서 정하고 있습니다.

2-7-3. 첨부서류
소 제기 시 소장의 첨부서류는 다음과 같습니다.
  1. 피고가 소송능력 없는 사람인 때에는 법정대리인, 법인인때에는 대표자, 법인이 아닌 사단이나 재단인 때에는 대표자 또는 관리인의 자격을 증명하는 서면

2. 부동산에 관한 사건은 그 부동산의 등기사항증명서
3. 친족·상속관계 사건은 가족관계기록사항에 관한 증명서
4. 어음 또는 수표사건은 그 어음 또는 수표의 사본
5. 그 밖에 증거로 될 문서 가운데 중요한 것의 사본
6. 민사소송법 제252조제1항(정기금판결과 변경의 소)에 규정된 소의 소장의 경우 변경을 구하는 확정판결의 사본

2-7-4. 인지액

① 민사소송절차, 행정소송절차 그 밖에 법원에서의 소송절차 또는 비송사건절차에서 소장이나 신청서 또는 신청의 취지를 적은 조서에는 다른 법률에 특별한 규정이 있는 경우가 아니면 민사소송등인지법이 정하는 인지를 붙여야 합니다.

② 신청인 등은 위에 따라 인지액 상당의 금액을 현금으로 납부할 수 있는 경우 이를 수납은행 또는 인지납부대행기관의 인터넷 홈페이지에서 인지납부대행기관을 통하여 신용카드 등으로도 납부할 수 있습니다.

③ 소장(반소장 및 대법원에 제출하는 소장을 제외)에는 소송목적의 값에 따라 다음에 해당하는 금액 상당의 인지를 붙여야 합니다.

소 가(訴價)	첨부인지액
1천만원 미만	소가× 1만분의 50
1천만원 이상 1억원 미만	소가× 1만분의 45 + 5천원
1억원 이상 10억원 미만	소가× 1만분의 40 + 5만5천원
10억원 이상	소가× 1만분의 35 + 55만5천원

2-7-5. 송달료

① 민사소액사건의 경우에는 당사자 1명당 10회분의 송달료를 납부해야 하며(송달료규칙의 시행에 따른 업무처리요령 별표 1), 우편료는 2016년 4월 현재 3,700원입니다. 예를 들어, 민사소액사건에서 당사자가 2명인 경우에는 2(당사자수)×3,700원(우편료)×10회분=74,000원이 송달료를 납부해야 합니다.

② 납부인은 송달료규칙 제3조제1항의 송달료납부서 1통을 소장 등 서면에 첨부하여 관할법원에 제출하여야 합니다.

■ 소액사건재판을 청구하려는데 인지대와 송달료의 계산은 어떻게 하나요?

Q 소액사건재판을 청구하려고 하는데 인지대와 송달료의 계산은 어떻게 하나요?

A 법원에서의 소송절차 또는 비송사건절차는 원칙적으로 민사소송 등 인지법이 정하는 인지를 붙여야 합니다. 이 인지는 소송가액에 따라 금액에 차이가 있습니다.

한편, 송달료는 법원에서 소송 관련 서류를 송달하는 데 들어가는 일종의 우편요금을 말하며, 소액사건의 경우에는 소장 접수 시 당사자수 × 10회에 해당하는 송달료를 납부해야 합니다.

◇ 소송가액 1천만원 미만인 경우 인지대 계산
소송가액(소송으로 피고에게 받고자 하는 금액)이 1천만원 미만인 경우 인지대 = 소송가액 × 0.005.
예) 소송가액이 500만원인 경우에는 (500만원 × 0.005) = 2만5천원의 인지대를 납부해야 합니다.

◇ 소송가액 1천만원 이상, 2천만원 이하인 경우 계산
소송가액이 1천만원 이상, 2천만원 이하인 경우에는 소송가액 × 0.0045 + 5,000. 예컨대, 소송가액이 1천500만원인 경우에는 (1천5백만 × 0.0045 + 5,000) = 7만2천500원의 인지대를 납부해야 합니다.

◇ 송달료 계산
2016년 4월 기준 우편료는 1회에 3,700원입니다. 따라서 원고와 피고가 각 1명인 경우에는 소액사건 접수 시 납부해야 할 송달료는 2 × 3,700원 × 10회분 = 74,000원입니다.

■ 채무자가 소송관계서류의 송달 받기를 거부할 때의 송달방법은 어떻게 신청하나요?

Q 저는 지인에게 300만원을 빌려주면서 이자는 월 2푼으로 변제 기일은 1년 후로 하였습니다. 그런데 지인은 이자만 몇 번 지급하였을 뿐 2년이 지난 지금까지도 돈을 갚지 않아 얼마 전에 소액심판을 청구하였습니다. 그러나 지인은 소장의 수령을

거부하여 송달이 안 되고 있는데, 이 경우 송달될 수 있도록
하는 방법은 없는지요?

A 민사소송법 제178조 제1항은 "송달은 특별한 규정이 없으면 송
달받을 사람에게 서류의 등본 또는 부본을 교부하여야 한다."라고
규정하여 소송관계서류의 송달은 송달장소(송달받을 사람의 주소·
거소·영업소 또는 사무소)에서 송달서류를 송달받을 사람에게 교
부하여 행하는 교부송달을 원칙으로 하고 있습니다.

그리고 이러한 원칙적 교부송달방법의 변형으로서 ①조우송달(遭
遇送達:송달실시기관이 송달받을 사람의 송달장소 이외의 곳에서
송달받을 사람을 만난 때에 송달서류를 교부하여 행하는 송달, 민
사소송법 제183조 제3항, 제4항), ②보충송달(補充送達:송달할 장
소에서 송달받을 사람을 만나지 못한 때에 그 사무원, 피용자 또는
동거인으로서 사리를 분별할 지능이 있는 자에게 서류를 교부하는
송달, 동법 제186조 제1항, 제2항), ③유치송달(留置送達:서류의
송달을 받을 자, 즉 수송달자 및 그 수령대리인이 송달 받기를 거
부하는 때에 송달할 장소에 서류를 두어 송달의 효력을 발생시키는
송달, 동법 제186조 제3항)의 방법이 있습니다.

교부송달원칙에 대한 예외로서 ①등기우편에 의한 우편송달(보충
송달이나 유치송달이 불가능한 때 법원사무관 등이 송달서류를 등
기우편으로 발송하고, 발송한 때에 송달의 효력을 발생시키는 송
달방법, 동법 제187조, 제189조)과 ②송달함 송달{법원 안에 송
달할 서류를 넣을 함(송달함)을 설치하여 법원사무관 등이 송달할
수 있고, 송달받을 사람이 송달함에서 서류를 수령하여 가지 아니
한 경우에는 송달함에 서류를 넣은 지 3일이 지나면 송달된 것으
로 보는 송달, 동법 제188조}, ③전화 등을 이용한 송달(변호사
가 소송대리인으로 선임되어 있는 경우에 그에 대한 송달은 법원
사무관 등이 전화·팩시밀리 또는 전자우편을 이용하여 행할 수
있는바, 이 방식에 의한 송달, 민사소송규칙 제46조) 및 ④공시
송달(당사자의 주소, 거소 기타 송달할 장소를 알 수 없는 경우
또는 외국에서 할 송달에 관하여 민사소송법제191조의 규정에 따
를 수 없거나 이에 따라도 효력이 없는 것으로 인정되는 경우에
직권 또는 당사자의 신청이 있을 때 재판장의 명에 의하여 하는
송달방법으로서 법원사무관등이 송달서류를 보관하고 그 사유를
법원 게시장에 게시하거나, 필요한 경우에는 신문지상에 그 사유
를 공고하고, 일정기간이 경과하면 송달의 효과가 발생하도록 하

는 송달, 동법 제194조~제196조)의 방법이 있습니다.

교부송달은 실무상 통상 우편집배원이 실시하고 있는데, 위 사안과 같이 송달받을 사람임이 명백함에도 송달받기를 거부하는 경우에는 위에서 설명한 송달방법 중 유치송달의 방법으로 송달시킬 수 있을 것입니다.

즉, 우편집배원은 송달할 서류를 송달할 장소에 두어 송달의 효력을 발생시킬 수 있고(동법 제186조 제3항), 그 사유를 우편송달통지서에 기재하여 법원에 제출하게 됩니다. 그러나 우편집배원이 위와 같은 유치송달을 하지 못하였을 경우에는 법원에 특별송달허가신청을 하면 집행관에 의한 유치송달이 가능하게 됩니다. 그리고 이러한 유치송달을 받을 자 중에는 보충송달을 받을 수 있는 동거자도 포함됩니다(대법원 1979. 1. 23.자 78마362 결정, 1965. 8. 18.자 65마665 결정).

■ 주소를 알고도 공시송달로 승소확정판결 받은 경우 구제방법은 없는지요?

Q 저는 甲에게 컴퓨터 1대를 판매였으나 그 며칠 후 甲은 컴퓨터가 마음에 들지 않는다면서 환불을 요구하기에 다른 제품으로의 교환만 가능하다고 하였습니다. 그 후 甲의 별다른 요구가 없어 일이 마무리된 줄 알았는데, 최근에 甲이 저를 상대로 소액심판을 청구하여 승소하였으니 대금을 환불하지 않으면 재산을 강제집행 하겠다고 합니다. 이에 법원에 확인해 보니 甲은 저희 주소지를 알고 있었음에도 소재불명을 이유로 한 공시송달방법을 이용하여 승소판결을 받아 그 판결이 확정되었던 것입니다. 이 경우 다시 재판하여 다툴 방법은 없는지요?

A 소송관계서류의 송달은 실무상 통상 우편집배원이 실시하고 있는데, 공시송달은 송달을 받을 자에게 현실적으로 소송서류를 교부하지 않고 송달의 효력을 발생시키는 제도이므로 엄격한 요건 아래에서만 허용됩니다.

즉, ①당사자의 주소 등 또는 근무장소를 알 수 없는 경우, ②외국거주자에 대하여 민사소송법 제191조에 의한 촉탁송달을 할 수 없거나 이에 의하여도 효력이 없을 것으로 인정되는 경우에만 공시송달이 허용됩니다(동법 제194조).

그러나 공시송달의 요건이 갖추어지지 아니하였다고 하더라도 판례는 "제1심 판결정본이 공시송달의 방법에 의하여 피고에게 송달되었다면 비록 피고의 주소가 허위이거나 그 요건에 미비가 있다 할지라도 그 송달은 유효한 것이므로 항소기간의 도과로 그 판결은 형식적으로 확정되어 기판력이 발생한다."라고 하였습니다 (대법원 1994. 10. 21. 선고 94다27922 판결).

따라서 당사자로서는 그 판결이 확정되어 기판력이 발생하기 때문에 항소로서는 다툴 수 없고, 그 확정판결에 대하여 불복하는 방법으로서는 ①민사소송법 제451조 제1항 제11호의 재심사유 즉, 당사자가 상대방의 주소 또는 거소를 알고 있음에도 불구하고 소재불명 또는 허위의 주소나 거소로 하여 소를 제기한 때에 해당된다고 보아 위 사실을 안 때로부터 30일 이내에 재심청구하는 방법이 있으며, ②민사소송법 제173조 즉, 당사자가 책임질 수 없는 사유로 말미암아 불변기간을 지킬 수 없었던 경우에는 그 사유가 없어진 날부터 2주 이내에 게을리 한 소송행위를 보완할 수 있다는 규정에 따라 항소제기기간이 경과되었다고 하더라도 추후보완항소를 제기하여 다툴 수 있는 방법이 있습니다.

한편, 민사소송법 제173조에서 말하는 '당사자가 책임질 수 없는 사유로 말미암아 불변기간을 지킬 수 없었던 경우'라 함은 당사자가 불변기간 안에 어떠한 소송행위를 하지 못한 원인이 그 행위의 대상되는 재판의 선고 또는 고지를 그의 책임에 돌릴 수 없는 사유로 인하여 알지 못하였을 때 또는 천재지변 기타 이에 유사한 사고로 인하여 그 소송행위를 할 수 없었을 경우를 의미합니다(대법원 1985. 10. 18. 선고 85므40 판결). 또한 위 판례는 "상대방의 주소나 거소를 알고 있음에도 불구하고 소재불명 또는 허위의 주소나 거소로 하여 소를 제기한 탓으로 공시송달의 방법에 의하여 판결이나 심판등 정본이 송달되어 불변기간인 상소기간이 도과된 경우에는 특단의 사정이 없는 한 상소 기간을 준수치 못한 것은 그 상대방이 책임질 수 없는 때에 해당된다."라고 판시한바 있습니다.

따라서 귀하는 재심청구를 하거나 추후보완항소를 제기하여 구제받을 수 있을 것입니다.

3. 이행권고결정제도

3-1. 이행권고결정제도의 개요

① 이행권고결정이라 함은 소액사건의 소가 제기된 때에 법원이 결정으로 소장부본이나 제소 조서등본을 첨부하여 피고에게 청구취지대로 이행할 것을 권고하는 결정을 말합니다.

② 이는 현행 지급명령의 개념과 민사소송법에 도입된 화해권고결정제도의 개념을 함께 반영하여 소액사건심판법에 새로이 도입한 제도입니다. 즉 간이한 소액사건에 대하여 직권으로 이행권고결정을 한 후 이에 대하여 피고가 이의하지 않으면 곧바로 변론 없이 원고에게 채무명의를 부여하자는 것이 이 제도의 골자라고 할 수 있습니다.

③ 또한 이행권고결정이 확정된 때에는 원칙적으로 별도의 집행문 부여 없이 이행권고결정정본으로 강제집행할 수 있도록 강제집행상의 특례를 규정하였습니다. 다만, 변론 없이 원고에게 채무명의를 부여함으로써 피고에게 발생할지 모를 불측의 손해를 예방하기 위하여 청구이의의 사유에 제한을 두지 않은 점은 현행 지급명령과 같습니다.

■ 소액사건의 이행권고결정제도는 지급명령제도와는 어떠한 차이가 있는지요?

> **Q** 소액심판사건에 대하여 이행권고결정제도가 있어 더욱 간편한 절차에 의하여 판결을 받은 것과 유사한 효과를 얻을 수 있다고 하는데, 이행권고결정제도란 어떠한 것이며, 지급명령제도와는 어떠한 차이가 있는지요?

> **A** 이행권고결정제도란 소액사건의 소가 제기된 때에 법원이 결정으로 소장부본이나 제소조서등본을 첨부하여 피고에게 청구취지대로 이행할 것을 권고하고 이를 송달받은 피고가 2주 이내 이의신청 등을 하지 않는 경우 그 이행권고결정에 확정판결과 같은 효력을 부여하는 간이한 소송절차를 말합니다(법 제5조의3 제1항, 같은 법 제5조의7).
> 즉, 이행권고결정제도는 소액심판사건의 범위 내 즉, 소송목적의 값이 3,000만원을 초과하지 아니하는 금전 기타 대체물, 유가증

권의 일정한 수량의 지급을 청구하는 민사 제1심 사건에 한하여 인정되는 제도입니다.

이행권고결정은 원고전부승소판결을 할 수 있는 사건에 한하여 할 수 있으며, ① 독촉절차 또는 조정절차에서 소송절차로 이행된 때, ② 청구취지나 청구원인이 불명한 때, ③ 그밖에 이행권고를 하기에 적절하지 아니하다고 인정하는 때에는 이행권고결정을 할 수 없습니다(법 제5조의3 제1항).

이행권고결정에는 당사자, 법정대리인, 청구의 취지와 원인, 이행조항을 기재하고, 피고가 이의신청을 할 수 있음과 이행권고결정의 효력의 취지를 부기하게 됩니다.

이행권고결정등본은 민사소송법상의 우편송달(제187조), 공시송달(동법 제194조 내지 제196조)의 방법으로는 송달할 수 없으며, 피고가 현재 소재불명이어서 공시송달로 진행하여야 할 필요가 있다는 것이 소장에 기재되고 이에 대한 소명자료가 있는 경우에는 곧바로 변론기일이 지정되게 됩니다(법 제5조의3 제3항, 제4항). 한편, 원고가 피고에 대한 주소보정명령을 받은 경우에 민사소송법상의 우편송달(동법 제187조), 공시송달(동법 제194조 내지 제196조)의 방법에 의하지 아니하고는 송달할 방법이 없음을 소명하여 변론기일지정신청을 할 수 있습니다(소액사건심판규칙 제3조의3 제1항).

피고는 이행권고결정등본을 송달 받은 날부터 2주일의 불변기간 안에 서면으로 이의신청을 할 수 있으며, 그 등본이 송달되기 전에도 이의신청을 할 수 있습니다(법 제5조의4 제1항, 제2항). 다만, 피고가 부득이한 사유로 2주일 안에 이의신청을 할 수 없었던 때에는 그 사유가 없어진 후 2주일 안에 이의신청을 할 수 있고, 다만 그 사유가 없어질 당시 외국에 있는 피고에 대하여는 이 기간을 30일로 합니다(법 제5조의6 제1항).

이의신청은 서면으로 하여야 하고, 이의신청서는 답변서 또는 준비서면으로 갈음되지 않으나 구체적 이의사유를 기재하지 않더라도 원고의 주장사실을 다툰 것으로 되고, 피고의 이의신청이 있으면 법원은 지체 없이 변론기일을 지정하게 됩니다(법 제5조의4 제1항, 제3항, 제5항). 이의신청기간 내에 이의신청서가 아니라 답변서 기타 다투는 취지의 서면이 접수되면 이것을 이의신청서로 보아 변론기일을 지정하게 됩니다.

이의신청을 한 피고는 제1심 판결이 선고되기 전까지 이의신청을 취하할 수 있으며(법 제5조의4 제4항), 법원은 이의신청이 적법하지 아니하다고 인정되는 때에는 그 흠을 보정할 수 없으면 결정으로 각하하여야 하고(법 제5조의5 제1항), 이의신청의 각하결정에 대하여는 즉시항고를 할 수 있습니다(법 제5조의5 제2항).

이행권고결정은 ① 피고가 이행권고결정을 송달 받은 날부터 2주일 안에 이의신청을 하지 아니한 때, ② 이의신청에 대한 각하결정이 확정된 때, ③ 이의신청이 취하된 때에는 확정판결과 같은 효력이 있습니다(법 제5조의7 제1항). 그러나 이행권고결정은 변론을 거치지 않고 확정판결과 같은 효력을 부여하므로 변론종결일의 개념이 없고, 피고는 이행권고결정이 확정된 이후에 발생한 사유 이외에, 이의원인이 이행권고결정이 확정되기 이전에 있었다고 하더라도 청구이의의 사유로 삼아 청구이의의 소를 제기할 수 있습니다(법 제5조의8 제3항). 그리고 이행권고결정은 제1심 법원에서 판결이 선고된 때에는 효력을 잃게 됩니다(법 제5조의7 제3항).

이행권고결정에 기한 강제집행은 집행문을 부여받을 필요 없이 이행권고결정서정본에 의하여 행하게 됩니다. 그러나 ① 이행권고결정의 집행에 조건을 붙인 경우, ② 당사자의 승계인을 위하여 강제집행을 하는 경우, ③ 당사자의 승계인에 대하여 강제집행을 하는 경우에는 집행문을 부여받아야 합니다(법 제5조의8 제1항). 원고가 여러 통의 이행권고결정서의 정본을 신청하거나, 전에 내어준 이행권고결정서 정본을 돌려주지 아니하고 다시 이행권고결정서 정본을 신청한 때에는 법원사무관 등이 이를 부여하게 되고, 그 사유를 원본과 정본에 적어야 하는데(법 제5조의8 제2항), 이 경우 재판장의 허가를 받을 필요가 없으며, 집행문도 받을 필요가 없습니다.

이행권고결정제도와 지급명령의 차이를 보면, 이행권고결정제도는 소액심판사건의 범위 내 즉, 소송물가액이 3,000만원을 초과하지 아니하는 금전 기타 대체물, 유가증권의 일정한 수량의 지급을 청구하는 민사 제1심 사건에 한하여 인정되는 제도인데, 지급명령제도는 금전 기타 대체물, 유가증권의 일정한 수량의 지급을 목적으로 하는 청구에 대하여 인정되지만, 청구금액에 제한이 없다는 점에서 이행권고결정과 차이가 있습니다.

3-2. 이행권고결정 및 송달

① 법원은 소액사건의 소가 제기된 때에 결정으로 소장부본이나 제소

조서등본을 첨부하여 피고에게 원고가 구하는 청구취지의 이행을 권고할 수 있습니다. 이행권 고결정의 이행조항은 청구취지와 일치하도록 하였습니다

② 이행권고결정은 원고 전부승소판결을 할 수 있는 사건에 한하여 할 수 있습니다.

3-3. 이행권고결정의 양식

이행권고결정의 양식은 다음과 같습니다.

[서식] 이행권고결정서

○ ○ 지 방 법 원

이 행 권 고 결 정

사 건 20○○ 가소 ○○○
  원 고 ○○○
            주소 별지 기재와 같다.
  피 고 ○○○
            주소 별지 기재와 같다.

> 20 . . . 송달, 20 . . .확정

청구취지와 원인 별지 기재와 같다.

소액사건심판법 제5조의3 제1항에 따라 다음과 같이 이행할 것을 권고한다.

이 행 조 항

1. 피고는 원고에게 별지 청구취지 제1항의 금액을 지급하라.
2. 소송비용은 피고가 부담한다.

20 . . .
판사 ○ ○ ○

※ 피고는 위 이행조항의 내용에 이의가 있으면 이 결정을 송달받은 날부터 2주일 안에 이의신청서를 법원에 제출하여야 합니다.
  위 기간 안에 이의신청서를 제출하지 않으면 이 결정은 확정판결과 같은 효력을 가집니다.

3-4. 송달불능된 경우의 처리

① 이행권고결정등본이 피고에게 송달불능되면 원고에게 피고의 주소를 보정할 것을 명하여야 합니다. 다만, 위에서 설명한 것처럼 원고는 공시송달 소명자료를 첨부하여 변론기일 지정 신청을 할 수 있으므로, 아래 양식에 따른 주소보정명령을 하여야 합니다.

[서식] 주소보정서

주 소 보 정 서

사건번호　20　가　(차)　　　　[담당재판부 : 제　　　(단독)부]
원고(채권자)
피고(채무자)
위 사건에 관하여 아래와 같이 피고(채무자)　　　　　　의 주소를 보정합니다.

주소변동 유무	□주소변동 없음	종전에 적어낸 주소에 그대로 거주하고 있음
	□주소변동 있음	새로운 주소 : (우편번호　　　-　　　)
송달신청	□재송달신청	종전에 적어낸 주소로 다시 송달
	□특별송달신청	□ 주간송달　□ 야간송달　□ 휴일송달
		□ 종전에 적어낸 주소로 송달 □ 새로운 주소로 송달
	□공시송달신청	주소를 알 수 없으므로 공시송달을 신청함 (첨부서류 :　　　　　　　　　)

20　.　.　.
원고(채권자)　　　　　　　(서명 또는 날인)
법원　귀중

[주소보정요령]

1. 상대방의 주소가 변동되지 않은 경우에는 주소변동 없음란의 □에 "✔"표시를 하고, 송달이 가능한 새로운 주소가 확인되는 경우에는 주소변동 있음란의 □에 "✔"표시와 함께 새로운 주소를 적은 후 이 서면을 주민등록등본 등 소명자료와 함께 법원에 제출하시기 바랍니다.
2. 상대방이 종전에 적어 낸 주소에 그대로 거주하고 있으면 재송달신청란의 □에 "✔"표시를 하여 이 서면을 주민등록등본 등 소명자료와 함께 법원에 제출하시기 바랍니다.

3. 수취인부재, 폐문부재 등으로 송달되지 않는 경우에 특별송달(집행관송달 또는 법원경위송달)을 희망하는 때에는 특별송달신청란의 □에 "✔" 표시를 하고, 주간송달·야간송달·휴일송달 중 희망하는 란의 □에도 "✔" 표시를 한 후, 이 서면을 주민등록등본 등의 소명자료와 함께 법원에 제출하시기 바랍니다(특별송달료는 지역에 따라 차이가 있을 수 있으므로 재판부 또는 접수계에 문의바랍니다).

4. 공시송달을 신청하는 때에는 공시송달신청란의 □에 "✔" 표시를 한 후 주민등록말소자등본 기타 공시송달요건을 소명하는 자료를 첨부하여 제출하시기 바랍니다.

5. 지급명령신청사건의 경우에는 사건번호의 '(차)', '채권자', '채무자' 표시에 ○표를 하시기 바랍니다.

6. 소송목적의 수행을 위해서는 읍·면사무소 또는 동주민센터 등에 주소보정명령서 또는 주소보정권고 등 상대방의 주소를 알기 위해 법원에서 발행한 문서를 제출하여 상대방의 주민등록표 초본 등의 교부를 신청할 수 있습니다(주민등록법 제29조 제2항 제2호, 동법 시행령 제47조 제5항 참조).

3-5. 이행권고결정에 대한 이의신청

① 피고는 이행권고결정등본을 송달받은 날부터 2주일의 불변기간 안에 서면으로 이의신청을 할 수 있습니다. 또한 피고의 응소가 예상되는 사건에서 무익하게 이행권고결정의 등본 송달을 기다릴 필요 없이 신속한 재판을 받을 수 있도록 하기 위해서 그 등본이 송달되기 전에도 이의신청을 할 수 있도록 하였고, 피고의 이의신청이 있으면 법원은 지체 없이 변론기일을 지정하도록 하였습니다.

② 이때에는 피고에게 다시 소장부본을 송달할 필요는 없습니다. 즉, 이행권고결정에 대한 이의신청을 한 피고는 이미 이행권고결정등본을 송달받았을 것이므로 굳이 다시 소장부본을 송달할 필요가 없기 때문에, 이행권고결정등본이 송달된 때에는 소장부본이나 제소조서 등본이 송달된 것으로 간주하도록 규정을 두었습니다.

③ 한편, 이의신청을 한 피고는 제1심 판결이 선고되기 전까지 이의신청을 취하할 수 있습니다. 이행권고결정의 이행조항은 원고의 청구취지와 동일하므로, 피고가 이의신청을 취하하는 경우에는 원고의 동의를 받을 필요는 없습니다.

④ 피고가 이의신청을 취하한 경우에는 법원사무관 등은 이행권고결정

원본의 피고 성명 옆에 이행권고결정의 송달일자와 확정일자를 부기하여 인인한 후, 이행권고결정 정본을 원고에게 송달합니다.
⑤ 이의신청 기간 내에 이의신청서가 아니라 답변서 기타 다투는 취지의 서면이 접수되면 이를 이의신청서로 보아 변론기일을 지정하여야 합니다.

■ **이행권고결정에 대한 이의신청을 2주일 내에 하지 못하였을 경우에 구제절차는 없나요?**

Q 저는 약 1달 전에 법원으로부터 이행권고결정이라는 것을 송달받았습니다. 제가 원고에게 1,000만 원을 지급하라는 내용이었는데, 받은 뒤 차일피일하다가 오늘 보니 2주 내에 이의신청을 하라고 적혀 있는 것을 발견하였습니다. 저는 원고에게 1,000만 원을 빌렸다가 갚았는데 차용증을 회수하지 않아 억울합니다. 방법이 없는 것인지요?

A 소액사건심판법 제5조의4는 "이행권고결정등본을 송달 받은 날부터 2주일 안에 서면으로 이의신청을 할 수 있고, 또한 그 등본이 송달되기 전에도 이의신청을 할 수 있다"고 규정하고 있습니다.
한편 소액사건심판법 제5조의6은 이의신청의 추후보완에 관하여 "부득이한 사유로 2주일 내에 이의신청을 할 수 없었던 때에는 그 사유가 없어진 후 2주일 내에 이의신청을 할 수 있다. 다만, 그 사유가 없어질 당시 외국에 있는 피고에 대하여는 이의신청기간을 30일로 한다"고 규정하고 있습니다. 이 때 귀하는 이의신청과 동시에 그 추후보완 사유를 서면으로 소명하여야 합니다. 법원은 추완사유가 없다고 인정되는 경우
에는 결정으로 이를 각하하고, 그 각하결정에 대하여는 즉시항고로 다툴 수 있습니다(법 제5조의6 제3항, 제4항). 또한, 이행권고결정에 대하여 적법한 추후보완 이의신청이 있는 때에 민사소송법 제500조의 재심 또는 상소의 추후보완신청으로 말미암은 집행정지신청 제도를 준용하도록 함으로써 이행권고결정제도의 취지를 모르는 피고가 입을 불측의 손해를 방지할 수 있는 길을 열어 놓았습니다(법 제5조의6 제5항).
그런데 현재 귀하의 경우 이의신청기간을 도과하였고, 송달을 적법하게 받았으며 2주일 내에 이의신청할 수 없었던 부득이한 사

유가 없어 보이므로 이의신청의 추후보완은 할 수 없는 사안으로 보입니다. 다만 원고가 강제집행을 할 때 청구이의의 소를 제기하여 집행을 저지할 수 있습니다. 채무자인 피고는 청구이의의 소를 제기할 수 있으며(법 제5조의8 제3항), 이행권고결정이 확정된 이후에 발생한 사유 이외에 확정 전에 있었던 이의원인이라 하더라도 청구이의의 사유로 삼을 수 있습니다.

(관련판례)

소액사건심판법 제5조의7 제1항은 이행권고결정에 관하여 피고가 일정한 기간 내 이의신청을 하지 아니하거나 이의신청에 대한 각하결정이 확정된 때 또는 이의신청이 취하된 때에는 그 이행권고결정은 확정판결과 같은 효력을 가진다고 규정하고 있다. 그러나 확정판결에 대한 청구이의 이유를 변론이 종결된 뒤(변론 없이 한 판결의 경우에는 판결이 선고된 뒤)에 생긴 것으로 한정하고 있는 민사집행법 제44조 제2항과는 달리, 소액사건심판법 제5조의8 제3항은 이행권고결정에 대한 청구에 관한 이의의 주장에 관하여는 위 민사집행법 규정에 의한 제한을 받지 아니한다고 규정하고 있으므로, 확정된 이행권고결정에 관하여는 그 결정전에 생긴 사유도 청구에 관한 이의의 소에서 주장할 수 있다. 이에 비추어 보면 위 소액사건심판법 규정들의 취지는 확정된 이행권고결정에 확정판결이 가지는 효력 중 기판력을 제외한 나머지 효력인 집행력 및 법률요건적 효력 등의 부수적 효력을 인정하는 것이고, 기판력까지 인정하는 것은 아니다(대법원 2009. 5. 14. 선고 2006다34190 판결).

■ **이행권고결정에 대한 이의신청은 어떤 방법으로 해야 되나요?**

Q 저는 사채업자로부터 500만원을 이자 월 4%, 변제기 3개월 후로 하여 차용하였고, 원금은 모두 변제하고 이자 일부만 남아 있는 상태입니다. 그런데 최근 집으로 이자부분을 초과한 금액이 기재된 이행권고결정이 송달되어 왔습니다. 이 경우 제가 대처할 방법이 있는지요?

A 이행권고결정이라 함은 소액사건의 소가 제기된 때에 법원이 결정으로 소장부본이나 제소조서등본을 첨부하여 피고에게 청구취지대로 이행할 것을 권고하는 결정을 말합니다.
귀하가 대여 원금과 이자 일부를 변제하였음에도 사채업자로부터 남은 이자를 초과한 금액을 청구 받았다면, 이행권고결정등본을 송달 받은 날부터 2주일 안에 서면으로 이의신청을 할 수 있고(법 제5조의4 제1항 본문), 또한 귀하는 그 등본이 송달되기 전에도 이의신청을 할 수 있습니다(법 제5조의4 제1항 단서). 귀하의 이의신청이 있으면 법원은 지체 없이 변론기일을 지정하도록 하고 있고(법 제5조의4 제3항), 이 경우 귀하에게 다시 소장부본을 송달하지는 않고 이행권고결정등본이 송달된 때를 소장부본이나 제소조서등본이 송달된 것으로 간주하도록 규정하고 있습니다. 그리고 귀하는 제1심 판결이 선고되기 전까지 이의신청을 취하할 수 있고(같은 법 제5조의4 제4항), 이행권고결정의 이행조항은 원고의 청구취지와 동일하므로, 귀하가 이의신청을 취하하는 경우에는 원고의 동의를 받을 필요는 없습니다.

귀하가 이의신청을 취하한 경우에는 법원사무관 등은 이행권고결정 원본의 피고 성명 옆에 이행권고결정의 송달일자와 확정일자를 부기하여 날인한 후, 이행권고결정 정본을 원고에게 송달하도록 되어 있습니다.

또한, 법원은 이의신청기간 내에 이의신청서가 아니라 답변서 기타 다투는 취지의 서면이 접수되면 이를 이의신청서로 보아 변론기일을 지정하도록 하고 있습니다.

이의신청의 방식은 서면으로 하여야 하고(법 제5조의4 제1항), 이의신청서의 양식은 법원에 비치되어 있습니다. 귀하가 이의신청을 한 때에는 구체적 이의사유를 기재하지 않더라도 원고의 주장사실을 다툰 것으로 봅니다(법 제5조의4 제5항).

법원은 이의신청이 적법하지 아니하다고 인정하는 때에 그 흠을 보정할 수 없으면 결정으로 이를 각하 하여야 하며(법 제5조의5 제1항), 이의신청을 각하 하는 경우는 주로 이의신청기간이 2주일을 경과한 때와 이의신청권이 없는 제3자가 이의신청한 때입니다. 이의신청의 각하결정에 대하여는 즉시항고를 할 수 있습니다(법 제5조의5 제2항).

한편 피고가 부득이한 사유로 2주일 내에 이의신청을 할 수 없었던 때에는 그 사유가 없어진 후 2주일 내에 이의신청을 할 수 있습니다. 이를 이의신청의 추후보완이라 합니다. 다만, 그 사유가 없어질 당시 외국에 있는 피고에 대하여는 이의신청 기간을 30일로 하도록 규정하고 있습니다.

이때 피고는 이의신청과 동시에 그 추후보완 사유를 서면으로 소명하여야 합니다. 법원은 추완사유가 없다고 인정되는 경우에는 결정으로 이를 각하 하고, 그 각하결정에 대하여는 즉시항고로 다툴 수 있습니다.

또한, 이행권고결정에 대하여 적법한 추후보완 이의신청이 있는 때에 민사소송법 제500조의 재심 또는 상소의 추후보완신청으로 말미암은 집행정지신청 제도를 준용하도록 함으로써 이행권고결정 제도의 취지를 모르는 피고가 입을 불측의 손해를 방지할 수 있는 길을 열어 놓았습니다.

(관련판례)

이행권고결정의 이행조항에 '피고는 원고에게 20,000,000원 및 이에 대하여 이 사건 소장 부본 송달일 다음날부터 이 사건 판결 선고일까지 연 5%, 그 다음날부터 완제일까지 연 20%의 각 비율에 의한 금원을 지급하라'는 취지로 기재되어 있는 사안에서, 이행권고결정은 당사자의 청구취지대로 이행할 것을 권고하여야 하는데 당사자가 청구취지에서 제1심판결 선고일 다음날부터 소송촉진 등에 관한 특례법(이하 '특례법'이라고 한다) 제3조 제1항에서 정한 법정이율에 의한 지연손해금을 구하는 취지는 특례법 제3조 제1항에서 정한 바와 같이 소장이 채무자에게 송달된 날의 다음날부터 특례법 소정의 법정이율의 적용을 구하는 것이 아니라 제1심판결이 선고되어 효력이 발생하는 날의 다음날부터 지연손해금 산정에서 특례법 소정의 법정이율을 적용하여 줄 것을 구하는 취지로 보이고, 이행권고결정의 효력은 당사자에게 고지한 날에 발생하므로 그 다음날부터 특례법 소정의 법정이율에 의한 지연손해금을 지급할 것을 명하는 것이 당사자가 구하는 취지에 부합하는 것으로 보이는 점 등에 비추어 보면, 위 이행권고결정 이행조항의 '판결 선고일'의 의미는 '이행권고결정의 고지일', 즉 '이행권고결정서 등본의 송달일'이라고 봄이 타당하다(대법원 2013. 6. 10. 자 2013그52 결정[결정경정]).

[서식] 이행권고결정에 대한 이의신청서

이행권고결정에 대한 이의신청서

사　　건　20○○가소○○○○ 대여금

원　　고　○○○
피　　고　◇◇◇

　위 사건에 관하여 피고는 20○○. ○. ○. 이행권고결정을 송달 받았으나 다음과 같은 이유로 이의신청을 합니다.

이 의 사 유

1.
2.

　　　　　　　　　　20○○.　　○○.　　○○.

　　　　　　　　　　위 피고 ◇◇◇ (서명 또는 날인)

○○지방법원　귀중

[서식] 재산명시신청서(이행권고결정에 기하여)

재산명시신청서

채권자   ○○○(주민등록번호)
　　　　 ○○시 ○○구 ○○길 ○○(우편번호)
　　　　 전화.휴대폰번호:
　　　　 팩스번호, 전자우편(e-mail)주소:
채무자   ◇◇◇(주민등록번호)
　　　　 ○○시 ○○구 ○○길 ○○(우편번호)
　　　　 전화.휴대폰번호:
　　　　 팩스번호, 전자우편(e-mail)주소:

집행권원의 표시 및 채무액
　○○지방법원　○○지원　20○○가소○○○○○　약정금청구사건의
집행력 있는 이행권고결정문에 기한 금 8,000,000원 및 이에 대한
20○○. ○. ○.부터 다 갚는 날까지의 연 25%의 이자금.

신 청 취 지

채무자는 재산상태를 명시한 재산목록을 제출하라
라는 명령을 구합니다.

신 청 이 유

채권자는 채무자에 대하여 ○○지방법원 ○○지원 20○○가소○○○
○○ 약정금청구사건의 집행력 있는 이행권고결정문에 의하여 위와
같은 집행권원을 가지고 있는바, 채무자가 위 채무를 이행하지 아니
하고 있어 그 강제집행을 실시하기 위하여 채무자의 재산을 여러 방면
으로 알아보았으나 교묘한 방법으로 재산을 감추고 있어 재산발견이 극히
어려워서 강제집행을 할 수 없으므로 이 사건 신청에 이른 것입니다.

첨 부 서 류

　1. 집행력있는 이행권고결정문정본　　　　1통
　1. 주민등록표초본(채무자)　　　　　　　　1통
　1. 송달료납부서　　　　　　　　　　　　　1통

```
                    20○○.   ○.   ○.
                 위 채권자  ○○○ (서명 또는 날인)


○○지방법원 ○○지원  귀중
```

[서식] 채무불이행자명부등재신청서(이행권고결정에 기하여)

채무불이행자명부등재신청

채권자   ○○○(주민등록번호)
         ○○시 ○○구 ○○길 ○○(우편번호)
         전화.휴대폰번호:
         팩스번호, 전자우편(e-mail)주소:
채무자   ◇◇◇(주민등록번호)
         ○○시 ○○구 ○○길 ○○(우편번호)
         전화.휴대폰번호:
         팩스번호, 전자우편(e-mail)주소:

1. 집행권원의 표시
   위 당사자간 귀원 20○○가소○○○ 구상금사건의 확정된 이행권
고결정정본
1. 채무자가 이행하지 아니하는 금전채무액
   금 ○○○원(집행권원상의 채무전액)

신 청 취 지

   채무자를 채무불이행자명부에 등재한다.
라는 재판을 구합니다.

신 청 이 유

1. 채권자는 채무자에 대하여 위와 같은 집행권원을 가지고 있습니다.

- 352 -

2. 위 이행권고결정은 20○○. ○. ○○. 확정되었는바, 그 후 1년 6개월이 지나도록 채무자가 위 채무를 이행하지 않고 있습니다.
3. 그러므로 신청취지와 같은 재판을 구하기 위하여 이 사건 신청을 합니다.

첨 부 서 류
1. 확정된 이행권고결정정본   1통
1. 채무이행최고서(내용증명우편)   1통
1. 주민등록표등본(채무자)   1통
1. 송달료납부서   1통

20○○. ○. ○.
위 채권자   ○○○ (서명 또는 날인

○○지방법원 귀중

■ 이행권고결정이 확정되었을 경우에 이를 근거로 채무자 재산에 강제집행을 할 수 있는지 여부와 그 절차를 알려 주십시오?

Q 저는 채무자를 상대로 대여금에 대한 소액심판청구소송을 제기하여 법원에서 이행권고결정이 확정되었는바, 이를 근거로 채무자의 재산에 강제집행을 할 수 있는지 여부와 그 절차를 알려 주십시오?

A 이행권고결정에 기한 강제집행은 집행문을 부여받을 필요 없이 이행권고결정서정본에 의하여 하도록 규정하고 있습니다(법 제5조의8 제1항 본문).
이행권고결정의 경우 피고에게는 동본을 송달하고 이의신청기간이 도과하여 확정된 다음에 원고에게 정본을 송달하도록 하고 있으므로(같은 법 제5조의7 제2항), 집행문부여를 받을 필요 없이 이행권고결정서 정본에 의하여 강제집행을 실시하도록 하더라도 그 이행권고결정서 정본이 집행력이 있는 것인지 여부에 관하여 집행기관이 오해할 여지가 없습니다.
따라서 이행권고결정에 기한 강제집행은 그 정본에 의하여 하도록 함으로써 원고로 하여금 신속하고 간편하게 강제집행을 할 수 있도록 한 것입니다. 한편, 강제집행에 있어 배당된 이후의 부기문은 이행권고결정정본의 말지에 기재하도록 하고 있습니다.

다만, 집행에 조건을 붙인 경우와 승계집행문이 필요한 경우에는 재판장의 명을 받아 집행문을 부여받아야 합니다(같은 법 제5조의8 제1항 단서). 실무상 집행문 부여의 요건인 선이행과 불확정기한부 금전지급청구(동시이행과 확정기한부 금전지급청구는 집행개시의 요건일 뿐 집행문부여의 요건은 아님)는 거의 없을 정도이므로, 실제로는 승계집행문을 부여받아야 하는 경우만이 문제될 것으로 생각됩니다.

귀하가 여러 통의 이행권고결정서의 정본을 신청하거나, 전에 내어준 이행권고결정서 정본을 돌려주지 아니하고 다시 이행권고결정서 정본을 신청한 때에는 법원사무관 등이 이를 부여하고, 이 경우 그 사유를 원본과 정본에 적도록 하고 있습니다(같은 법 제5조의8 제2항), 다만, 이행권고결정서정본을 다시 부여하거나 또는 수통을 부여한다고 하더라도 재판장의 허가를 받을 필요는 없고, 집행문도 필요 없다는 점을 유의하여야 합니다. 이 점에서 민사집행법 제35조에 규정된 집행문의 수통 또는 재도부여와는 다르다고 할 것입니다.

그리고 이행권고결정은 변론을 거치지 않고 확정판결과 같은 효력을 부여하므로, 변론종결일의 개념이 없기 때문에 청구에 관한 이의의 주장에 관하여는 민사집행법 제44조 제2항의 규정에 의한 제한을 받지 아니하도록 규정하고 있습니다(법 제5조의8 제3항). 따라서 피고는 이행권고결정이 확정된 이후에 발생한 사유 이외에 그 이의원인이 이행권고결정이 확정되기 전에 있었다고 하더라도 청구이의의 소송을 제기할 수 있습니다.

■ 채무자와 사실혼관계에 있는 자의 물건에도 강제집행이 가능한지요?

Q 저는 甲에게 500만원을 대여하였다가 변제 받지 못하여 소액심판을 청구하여 승소하였으나 甲소유의 별다른 재산이 없어 甲이 거주하는 주택 내의 가재도구 등을 강제집행 하려고 합니다. 그런데 甲은 혼인신고를 하지 않은 乙과 동거하고 있는데, 이 경우에도 가능한지요?

A 채무자의 가재도구인 유체동산을 집행하는데 있어서 민사집행법 제190조에 의하면 부부공유재산의 압류에 대해 별도의 규정을 두어 채무자 부부 및 채권자들의 다툼을 해결하고 있습니다. 즉, 이

에 따르면 집에 있는 유체동산은 그것이 채무자의 특유재산인지 배우자와의 공유재산인지 알기는 대단히 어려우므로 부부가 사용하고 있는 유체동산은 그것이 특히 배우자의 소유에 속하는 것이 명백한 경우를 제외하고는 압류하여 현금화 할 수 있도록 한 것입니다.

압류와 환가는 채무자의 지분만에 대해 행해지는 것이 아니라 그 전체에 대하여 행해지고 다른 배우자에게는 매각기일에 우선매수를 신고할 수 있는 우선매수권(민사집행법 제206조 제1항)과 경매된 매각대금 중에서 자기의 지분에 상당한 금액의 지급을 요구할 수 있는 지급요구권(동법 제221조 제1항)을 행사할 수 있도록 하고 있습니다. 이때 타방 배우자의 공유주장에 대해 이의가 있는(즉, 공유재산이 아니라 채무자의 단독 재산이라고 주장하는) 채권자는 그 배우자에 대하여 소를 제기하여 공유가 아님을 확정하여야 합니다.

따라서 채무자의 부동산 등 집행가능한 재산을 발견하지 못할 경우에는 채무자의 가재도구 등을 압류한 후 경매신청하여 그 매각대금에서 일부라도 변제 받아야 할 것이고, 이 경우 유체동산에 대한 강제집행절차는 귀하가 판결법원에서 집행문 및 판결문의 송달증명원을 발급받아 유체동산소재지 관할법원 집행관사무실에 집행을 위임하여야 할 것입니다.

그런데 사실혼관계에 있는 배우자들 사이에도 위와 같은 규정이 적용될 것인지 문제되는바, 판례는 위와 같은 규정은 부부공동생활의 실체를 갖추고 있으면서 혼인신고만을 하지 아니한 사실혼관계에 있는 부부의 공유인 유체동산에 대하여도 유추적용 된다고 하고 있으므로(대법원 1997. 11. 11. 선고 97다34273 판결), 귀하는 특별한 사정이 없으면 甲과 乙의 유체동산에 강제집행을 할 수 있으며 그 유체동산의 매각대금에서의 배당은 甲의 지분에 한하여 배당받게 될 것입니다.

■ 승계집행문이 부여된 경우 당초 발행된 집행문이 유효한지요?

Q 甲은 저를 상대로 하는 대여금청구의 소송을 제기하여 이행권고결정을 받았습니다. 이후 甲은 乙에게 위 대여금 채권을 양도하였고, 乙은 이행권고결정의 승계집행문을 부여받아 저를 상대로 양수금 청구의 소를 제기하였으나 제가 乙에게 가지고 있던 금전채권으로 상계하였습니다. 이에 乙은 양수금 청구의 소를 취하하였지만 甲이 재차 집행을 할까봐 걱정됩니다. 甲이 저에 대한 이행권고결정문을 집행권원으로 집행할 수 있을까요?

A 이 사건에서는 소액사건심판법상의 이행권고결정처럼 별도로 집행문을 부여받을 필요 없이 강제집행에 나아갈 수 있는 경우에도, 집행권원 상의 청구채권이 양도되어 대항요건을 갖춘 경우 집행당사자 적격은 양수인으로 변경되는 것이고, 양수인이 승계집행문을 부여받음에 따라 집행채권자는 양수인으로 확정되는 것이므로, 승계집행문의 부여로 인하여 양도인의 기존 집행권원은 집행력이 소멸합니다(대법원 2008. 2. 1. 선고 2005다23889 판결). 따라서 만일 甲이 집행권원상의 청구채권을 양도하였음에도 불구하고 집행력이 소멸한 이행권고결정 정본에 기하여 강제집행절차에 나아간다면 민사집행법 제16조의 집행이의의 방법으로 이를 다툴 수 있을 것입니다.

■ 이행권고결정을 받은 경우 어떻게 대처해야 하나요?

Q 저는 급하게 돈이 필요하여 6개월 전 사채업자로부터 500만원을 빌린 적이 있습니다. 현재 원금은 모두 갚았고 이자만 일부 남아 있는 상황인데, 최근 집으로 이자부분을 넘는 금액이 기재된 이행권고결정이 송달되어 왔습니다. 이 경우 어떻게 대처해야 하나요?

A 이행권고결정이라 함은 소액사건의 소가 제기된 때에 법원이 결정으로 소장부본이나 제소조서등본을 첨부하여 피고에게 청구취지대로 이행할 것을 권고하는 결정을 말합니다(법 제5조의3제1항). 사채업자로부터 빌린 돈의 원금을 모두 변제했다면, 이행권고결정등

본을 송달 받은 날부터 2주일의 불변기간 안에 서면으로 이의신청을 할 수 있으며(법 제5조의4제1항 본문), 그 등본이 송달되기 전에도 이의신청을 할 수 있습니다(법 제5조의4제1항 단서). 이의신청이 있으면 법원은 지체 없이 변론기일을 지정해야 합니다(법 제5조의4 제3항). 이 경우 이행권고결정등본이 송달된 때는 피고에게 다시 소장부본을 송달하지는 않고 소장부본이나 제소조서등본이 송달된 것으로 간주하고 있습니다(법 제6조 단서). 이의신청의 방식은 서면으로 하여야 하는데(법 제5조의4제1항), 이의신청서의 양식은 법원에 비치되어 있습니다. 이의신청을 한 때에는 구체적인 이의사유를 기재하지 않더라도 원고의 주장사실을 다툰 것으로 봅니다(법 제5조의4제5항).

■ 이행권고결정이 확정된 경우라도 재심으로 다시 다툴 수 있는지요?

Q 확정된 결정에 대해서도 특정한 경우 준재심청구가 가능하다고 들었습니다. 이행권고결정이 확정된 경우라도 재심으로 다시 다툴 수 있는지요?

A 소액사건심판법 제5조의8 제3항은 '청구에 관한 이의의 주장에 관하여는 민사집행법 제44조 제2항의 규정에 의한 제한을 받지 아니한다.'고 규정하고 있으며, 민사집행법 제44조 제2항은 '청구에 관한 이의는 그 이유가 변론이 종결된 뒤(변론 없이 한 판결의 경우에는 판결이 선고된 뒤)에 생긴 것이어야 한다.'고 규정하고 있습니다.

따라서 확정된 이행권고결정에 관하여는 그 결정 전에 생긴 사유도 청구 이의의 소를 제기하여 다툴 수 있으며, 위 규정들의 취지에 비추어 볼 때 확정된 이행권고결정에 확정판결이 가지는 효력 중 기판력까지 인정되는 것은 아니라 할 것입니다.

그러므로 민사소송법상 재심은 확정된 종국판결에 재심사유에 해당하는 중대한 하자가 있는 경우에 허용되는 것이므로, 기판력을 가지지 아니하는 확정된 이행권고결정에는 설사 재심사유에 해당하는 하자가 있다고 하더라도 이를 이유로 민사소송법 제461조가 정한 준재심의 소를 제기할 수는 없고, 청구이의의 소를 제기하거나 또는 이미 강제집행이 완료된 경우에는 부당이득반환청구의 소

를 제기하여야 할 것입니다(대법원 2009. 5.14. 선고 2006다
34190 판결 참조).

■ 지급명령이나 이행권고결정을 다투고자 하는 경우에 해결방법이 무엇
  이고 소송비용은 얼마나 들어가나요?

Q 저는 3년 전에 지인으로부터 건강식품보조제를 구입했다는 이
   유로 최근 지급명령결정이나 이행권고결정을 받았으나 지인에
   게 효능이 없어 반환을 하여 다툴 필요가 없다고 생각하여 이
   를 다투지 못하였는데 저의 통장이 지인에 의해 압류되었다는
   사실을 은행으로부터 연락을 받고 지급명령이나 이행권고결정
   을 다투고자 합니다. 해결방법이 무엇이고 소송비용은 얼마나
   들어가나요?

A 청구에 관한 이의의 소라 함은 채무자가 집행권원에 표시된 청구
   권에 관하여 생긴 이의를 내세워 그 집행권원이 가지는 집행력의
   배제를 구하는 소를 말합니다.(민사집행법 제44조)
   청구에 관한 이의의 소는 확정된 종국판결 기타 유효한 집행권원
   에 표시된 청구권에 대한 실체상의 사유를 주장하여 그 집행력의
   배제를 목적으로 하는 것이므로 그 집행권원의 내용이 금전채권을
   위한 집행이든지 비금전채권을 위한 집행이든지 상관없습니다. 그
   러나 본소로서 집행권원의 집행력 자체의 배제를 구하는 것이 아
   니라 개개의 구체적인 집행력의 배제를 구하는 것은 허용되지 않
   습니다.(대판 1971.12.28. 71다1008)
   청구이의는 그 이유가 변론이 종결된 뒤에, 변론 없이 한 판결의
   경우에는 판결이 선고된 뒤에 생긴 것이어야 합니다(민사집행법
   제44조 제2항).
   판결이 집행권원인 때에는 이의의 원인이 변론종결 후에 생긴 경
   우에 한하여 할 수 있으나, 위 사안과 같이 확정된 지급명령이나
   (동법 제58조 제3항), 확정된 이행권고결정(법 제5조의 8 제3
   항)의 경우에는 민사집행법 제44조 제2항의 제한이 적용되지 아
   니하므로, 이의이유의 발생시기에 관하여 아무런 제한이 없습니
   다.청구이의의 소의 소송물가액은 소로써 주장하는 이익에 의하여
   산정하므로(민사소송법 제26조 제1항) 채무의 소멸 등을 이의사

유로 하여 영국적인 집행력의 배제를 구하는 경우에는 집행권원에
서 인정된 권리의 가액에 의하여 정합니다.(인지규칙 16조 3호)
따라서 청구이의의 소를 제기하기 위하여 법원에 납부해야 할 인
지대 및 송달료 기준은 지급명령이나 이행권고결정에 의하여 확정
된 금원을 기준으로 하면 됩니다. 또한 부대의 청구에 관하여 이
의가 있다 하더라도 민사소송법 제27조 제2항에 따라 그 가액은
산입하지 않습니다.

제3장 민사소송은 어떤 절차로 진행되나요?

1. 민사소송의 개념

① 민사소송이란 사법상의 권리 또는 법률관계에 대한 다툼을 법원이 국가의 재판권에 의해 법률적·강제적으로 해결·조정하기 위한 일련의 절차를 말합니다.

② "사법상의 권리 또는 법률관계에 대한 다툼"이란 「민법」·「상법」 등 사법(私法)에 의해 규율되는 대등한 주체 사이의 신분상 또는 경제상 생활관계에 관한 다툼을 말합니다.

③ 민사소송과 같이 법원에서 다툼을 해결하기 위해 진행하는 절차로는 형사소송·행정소송·가사소송 등이 있으며, 민사소송보다 간이한 절차로 분쟁을 해결하는 제도로는 민사조정절차· 화해절차·지급명령제도·공시최고절차·소액심판소송 등이 있습니다.

④ 민사소송은 원칙적으로 3심제를 채택하고 있고, 1심·2심은 사실심이고, 3심은 법률심입니다.

2. 민사소송절차도

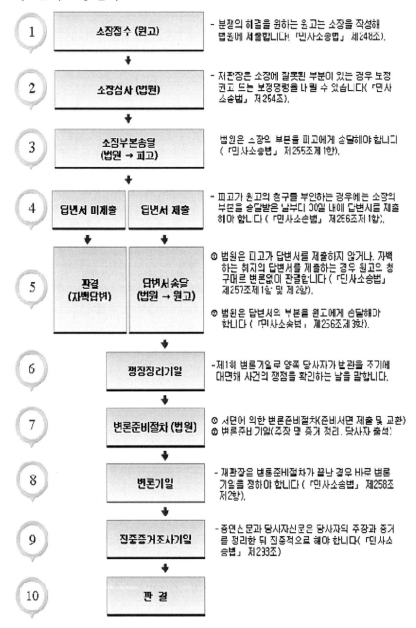

1 소장접수 (원고)
- 분쟁의 해결을 원하는 원고는 소장을 작성해 법원에 제출합니다(「민사소송법」 제248조).

2 소장심사 (법원)
- 재판장은 소장에 잘못된 부분이 있는 경우 보정권고 또는 보정명령을 내릴 수 있습니다(「민사소송법」 제254조).

3 소장부본송달 (법원 → 피고)
법원은 소장의 부본을 피고에게 송달해야 합니다(「민사소송법」 제255조제1항).

4 답변서 미제출 / 답변서 제출
- 피고가 원고의 청구를 부인하는 경우에는 소장의 부본을 송달받은 날부터 30일 내에 답변서를 제출하여야 합니다(「민사소송법」 제256조제1항).

5 판결 (자백답변) / 답변서송달 (법원 → 원고)
ⓞ 법원은 피고가 답변서를 제출하지 않거나, 자백하는 취지의 답변서를 제출하는 경우 원고의 청구대로 변론없이 판결합니다(「민사소송법」 제257조제1항 및 제2항).

ⓞ 법원은 답변서의 부본을 원고에게 송달해야 합니다(「민사소송법」 제256조제3항).

6 쟁점정리기일
- 제1회 변론기일로 양쪽 당사자가 법관을 조기에 대면해 사건의 쟁점을 확인하는 날을 말합니다.

7 변론준비절차 (법원)
ⓞ 서면에 의한 변론준비절차(준비서면 제출 및 교환)
ⓞ 변론준비기일(주장 및 증거 정리, 당사자 출석)

8 변론기일
- 재판장은 변론준비절차가 끝난 경우 바로 변론기일을 정하야 합니다(「민사소송법」 제258조제2항).

9 집중증거조사기일
- 증인신문과 당사자신문은 당사자의 주장과 증거를 정리한 뒤 집중적으로 해야 합니다(「민사소송법」 제293조)

10 판 결

3. 민사전자소송제도

우리나라 법원은 2011년 5월 2일부터 민사전자소송을 실시하고 있습니다.

전자민사소송은 다음과 같은 절차로 진행됩니다.

3-1. 사용자 등록

① 전자소송시스템을 이용하려는 사람은 전자소송시스템에 접속하여 본인이 해당하는 회원유형에 맞게 일반 회원가입(개인, 법인) 또는 자격자 회원가입(변호사, 법무사, 회생·파산 사건의 절차관계인회원, 집행관 등)을 합니다.

② 법원행정처장은 다음의 어느 하나에 해당하는 경우 등록사용자의 사용을 정지하거나 사용자등록을 말소할 수 있습니다.

   1. 등록사용자의 동일성이 인정되지 않는 경우

   2. 사용자등록을 신청하거나 사용자정보를 변경할 때 거짓의 내용을 입력한 경우

   3. 다른 등록사용자의 사용을 방해하거나 그 정보를 도용하는 등 전산정보처리시스템을 이용한 민사소송 등의 진행에 지장을 준 경우

   4. 고의 또는 중대한 과실로 전산정보처리시스템에 장애를 일으킨 경우

   5. 사용자등록이 소송 지연 등 본래의 용도와 다른 목적으로 이용되는 경우

   6. 등록사용자에게 소송능력이 없는 경우

   7. 그 밖에 위의 사유에 준하는 경우

③ 등록사용자가 전자소송시스템을 마지막으로 이용한 날부터 5년이 지나면 사용자등록은 효력을 상실합니다.

④ 사용자 등록 방법 및 자격에 관한 자세한 내용은 대한민국 법원 전자소송 홈페이지 <전자소송안내, 전자소송준비, 회원가입 >에서 보실 수 있습니다.

3-2. 소제기
① 대한민국 법원 전자소송 홈페이지에서 전자소송절차 진행에 동의한 후 소장을 작성하고 전자서명을 하여 제출합니다.
② 전자서명은 보통 행정전자서명 또는 공인전자서명을 말합니다.

3-3. 답변서 제출
소장부본을 우편으로 송달받은 피고는 소송절차안내서에 표시된 전자소송인증번호와 사건번호로 전자소송 동의를 한 후 온라인으로 답변서를 제출할 수 있습니다.

3-4. 송달
① 전자소송에 동의한 당사자 및 대리인은 대법원 전자소송 홈페이지를 통해 전자문서를 송달 받고, 내용을 확인할 수 있습니다.
② 전자문서 등재사실의 통지는 등록사용자가 전자소송시스템에 입력한 전자우편주소로 전자우편을 보내고, 휴대전화번호로 문자메시지를 보내는 방법으로 합니다. 다만, 문자메시지는 등록사용자의 요청에 따라 보내지 않을 수 있습니다.
③ 전자문서는 송달받을 자가 등재된 전자문서를 확인한 때에 송달된 것으로 봅니다. 다만, 그 등재사실을 통지한 날부터 1주 이내에 확인하지 않은 때에는 등재사실을 통지한 날부터 1주가 지난 날에 송달된 것으로 봅니다.

3-5. 사건기록열람
① 전자소송에 동의한 당사자 및 대리인은 해당 사건의 소송기록을 언제든지 온라인상에서 열람 및 출력할 수 있습니다. 진행 중 사건에 대해 대법원 전자소송홈페이지에서 열람하는 경우는 수수료가 부과되지 않습니다.

② 등록사용자로서 전자소송 동의를 한 당사자, 사건 본인, 소송대리인 또는 법정대리인, 특별대리인, 보조참가자, 공동소송적 보조참가인, 경매사건의 이해관계인, 과태료 사건의 검사가 전자기록을 열람, 출력 또는 복제하는 방법은 전자소송시스템에 접속한 후 전자소송홈페이지에서 그 내용을 확인하고 이를 서면으로 출력하거나 해당사항을 자신의 자기디스크 등에 내려받는 방식으로 합니다.

③ 가사사건이나 회생·파산사건의 전자기록도 위와 같은 방법으로 열람, 출력 등을 할 수 있습니다.

4. 민사소송의 요건

① 민사소송 요건에는 법원의 관할, 당사자, 소송물이 있습니다.
② 소송물이란 심판의 대상이 되는 기본단위로 소송의 객체를 말하며, 민사소송법은 소송목적이 되는 권리나 의무라는 용어를 사용하고 있습니다.

4-1. 소송요건의 개념
'소송요건'이란 법원이 판결을 하기 위한 요건을 말하고, 소송요건의 주요사항은 다음과 같습니다.
1. 법원이 재판권과 관할권을 가질 것
2. 당사자가 현재하며 당사자능력과 당사자적격을 가질 것
3. 판결을 받을 법률상의 이익 내지 필요(권리보호의 이익)가 있을 것

4-2. 법원의 관할
4-2-1. 관할의 개념
'관할'이란 재판권을 현실적으로 행사함에 있어서 각 법원이 특정사건을 재판할 수 있는 권한을 말합니다.

4-2-2. 관할의 종류
① 사물관할

㉮ '사물관할'이란 제1심 소송사건에서 지방법원 단독판사와 지방법원 합의부 사이에서 사건의 경중을 따져 재판권의 분담관계를 정해 놓은 것을 말합니다.

㉯ 지방법원과 그 지원의 합의부는 다음의 사건을 제1심으로 심판합니다.

1. 합의부에서 심판할 것으로 합의부가 결정한 사건
2. 소송목적의 값이 2억원을 초과하는 민사사건

※ "소송목적의 값"이란 원고가 소송으로 달성하려는 목적이 갖는 경제적 이익을 화폐단위로 평가한 금액으로 소송으로 얻으려는 이익을 말합니다.

3. 재산권에 관한 소송으로 그 소송목적의 값을 계산할 수 없는 소송
4. 비(非)재산권을 목적으로 하는 소송. 다만, 위 "2", "3" 및 "4" 중 다음에 해당하는 사건은 제외됩니다.

   가. 수표금·약속어음금 청구사건
   나. 은행·농업협동조합·수산업협동조합·축산업협동조합·산림조합·신용협동조합·신용보증기금·기술신용보증기금·지역신용보증재단·새마을금고·상호저축은행·종합금융회사·시설대여회사·보험회사·신탁회사·증권회사·신용카드회사·할부금융회사 또는 신기술사업금융회사가 원고인 대여금·구상금·보증금 청구사건
   다. 자동차손해배상보장법에서 정한 자동차·원동기장치자전거·철도차량의 운행 및 근로자의 업무상재해로 인한 손해배상 청구사건과 이에 관한 채무부존재확인사건
   라. 단독판사가 심판할 것으로 합의부가 결정한 사건

5. 지방법원판사에 대한 제척·기피사건
6. 다른 법률에 의해 지방법원합의부의 권한에 속하는 사

② 토지관할

'토지관할'이란 소재지를 달리하는 같은 종류의 법원 사이에 재판권(특히 제1심 소송사건)의 분담관계를 정해 놓은 것을 말합니다. 즉 제1심 소송사건을 어느 곳의 지방법원이 담당하느냐는 토지관할에 의해 정해 집니다. 이 토지관할의 발생원인이 되는 곳을 재판적이라고 합니다.

[서식] 관할합의서

관 할 합 의 서

○○○ (주민등록번호)
○○시 ○○구 ○○길 ○○(우편번호 ○○○-○○○)

◇◇◇ (주민등록번호)
○○시 ○○구 ○○길 ○○(우편번호 ○○○-○○○)

　위 당사자 사이에 200○. ○. ○.자 체결한 임대차계약에 관한 소송행위는 ○○지방법원을 제1심의 관할법원으로 할 것을 합의합니다.

　첨　부 : 임대차계약서　　1 통.

200○년　○월　○일

위 합의자　○○○　(서명 또는 날인)
◇◇◇　(서명 또는 날인)

[서식] (관할위반에 의한 직권이송의 촉구)소송이송신청서

소 송 이 송 신 청 서

사　　건　　20○○가합○○○　물품대금
원　　고　　○○○
피　　고　　◇◇◇

　위 사건에 관하여 피고는 다음과 같이 관할위반에 의한 소송이송을 신청합니다.

신 청 취 지

　이 사건을 ◎◎지방법원으로 이송한다.

라는 결정을 구합니다.

신 청 이 유

1. 원고는 피고와 이 사건 물품대금청구사건과 관련된 물품공급계약을 체결하면서 공급된 물품의 대금은 원고가 직접 ◎◎지방법원 관내인 피고의 주소지에 와서 받아 가기로 특약을 한 사실이 있습니다.
2. 그럼에도 불구하고 원고는 이 사건 소를 원고의 주소지 관할법원인 귀원에 제기하였습니다.
3. 그러므로 이 사건에 있어서 민사소송법 제2조 및 제3조에 따른 보통재판적으로 보면 당연히 피고의 주소지를 관할하는 ◎◎지방법원에 관할권이 있을 뿐만 아니라, 민사소송법 제8조에 따른 특별재판적인 의무이행지의 관할법원도 역시 ◎◎지방법원이라고 하여야 할 것입니다. 따라서 이 사건을 ◎◎지방법원으로 이송하여 주시기 바랍니다.

소명방법 및 첨부서류

1. 물품공급계약서	1통
1. 주민등록표등본(피고)	1통
1. 송달료납부서	1통

20○○.　○.　○.
위 피고　◇◇◇　(서명 또는 날인)

○○지방법원 제○○민사부　귀중

■ 인터넷으로 구입한 물건과 관련된 소송은 제가 거주하는 법원에 소송을 제기할 방법은 없을까요?

Q 저는 인터넷으로 웹서핑을 하다가 A사이트에서 국내에서는 구할 수 없는 한정판 신발을 판매하는 것을 발견하고, 이게 왠떡이냐 싶어서 곧바로 결제를 한 다음 신발을 수령하였습니다. 그런데 아무리 살펴보아도 신발이 정품이 아닌 것 같아서 본사에 신발이 정품이 맞는지 문의하게 되었는데, 그 결과 해당 물건은 짝퉁이라는 감정을 받게 되었습니다. 이에 저는 A사이트 운영자를 고소함과 동시에 구매대금의 반환을 구하는 손해배상청구소송을 제기하려고 하는데, A사이트 이용약관을 보니 '본 사이트에서 판매하는 물건과 관련된 소송은 제주지방법원을 관할법원으로 한다'고 정해진 것을 보았습니다. 저는 지금 신안군에 위치한 섬에서 염전을 운영하고 있는데, 최근 일꾼들이 자꾸 도망을 가려고 해서 며칠씩 자리를 비우기 어려운 상황입니다. 그나마 가까운 목포지원에 소송을 제기할 방법은 없을까요?

A 전자상거래 등에서의 소비자보호에 관한 법률 제36조는 '통신판매업자와의 거래에 관련된 소(訴)는 소 제기 당시 소비자의 주소를 관할하는 지방법원의 전속관할로 하고, 주소가 없는 경우에는 거소(居所)를 관할하는 지방법원의 전속관할로 한다. 다만, 소 제기 당시 소비자의 주소 또는 거소가 분명하지 아니한 경우에는 그러하지 아니하다.'고 정하고 있습니다. 따라서 통신판매업자와의 거래, 즉 그로부터 재화를 구매한 것과 관련된 이 사건 소송은 소 제기 당시 소비자의 주소를 관할하는 법원에 전속관할이 성립하고, 이용약관에 기재된 규정은 위 법령에 위반한 것으로 효력이 없습니다(동시에 약관의 규제에 관한 법률에 따라 무효로 평가될 여지도 매우 많음).
따라서 신안군을 관할하는 목포지원에 소송을 제기하면 되겠습니다.

■ 관할합의에 위반한 소송에서 항변 없이 답변서를 제출한 경우, 아직 변론기일이 지정되지는 않았는데, 사건을 이송시킬 방법이 없을까요?

Q 저는 의성에서 마늘 농사를 짓고 있는데, 신안군에 있는 A에게 마늘 1톤을 판매하기로 계약하면서 계약에 관하여 분쟁이 있을 경우 의성지원을 관할법원으로 하기로 약정하고, 같은 내용을 기재해 계약서를 작성하였습니다. 저는 A에게 약속한 대로 마늘 1톤을 보냈지만, A는 마늘 품질이 마음에 들지 않는다면서 계약을 해제하겠다는 의사를
표시하면서 목포지원에 계약금 반환청구소송을 제기하였습니다. 저는 30일 이내에 답변서를 내야 한다기래 급히 답변서를 내면서 정상적으로 마늘을 매도하였으므로 계약 해제는 부당하다는 취지로 답변서를 작성해 우편접수하였는데, 깜빡하고 관할위반의 항변은 하지 않았습니다. 아직 변론기일이 지정되지는 않았는데, 이 사건을 이송시킬 방법이 없을까요?

A 관할합의를 한 경우라도 피고가 1심 법원에서 관할위반이라고 항변하지 아니한 채 본안에 대하여 변론하거나 변론준비기일에서 진술하면 그 법원은 관할권을 가지게 됩니다(변론관할, 민사소송법 제30조). 그런데 이 사건은 아직 답변서가 제출되었을 뿐, 그 답변서가 변론기일에서 진술되지 않은 상태이므로 변론기일이 지정되지 않은 현 시점에서는 변론관할이 발생하였다고 볼 수 없고, 따라서 관할위반 항변을 하는 취지의 답변서를 다시 제출하되, 변론기일에서 기존에 제출한 답변서는 부진술하는 방식으로 관할위반 항변을 함으로써 의성지원으로 사건을 이송해 재판을 진행할 수 있겠습니다.

■ 대여금청구소송을 채권자의 주소지 관할법원에 제기할 수 있는지요?

Q 저는 몇 년 전 서울에서 살았는데, 당시 이웃에 사는 甲에게 500만원을 빌려준 일이 있습니다. 그 후 저는 그 돈을 받지 못한 채 부산으로 이사를 왔는데, 지금이라도 소송을 제기하여 그 돈을 받으려고 합니다. 소송은 甲의 주소지인 서울에 있는 법원에 제기해야 하는지요?

A 사람의 보통재판적에 관하여 민사소송법 제2조 및 제3조는 "소는 피고의 보통재판적이 있는 곳의 법원이 관할한다. 사람의 보통재판적은 그의 주소에 따라 정한다. 다만, 대한민국에 주소가 없거나 주소를 알 수 없는 경우에는 거소에 따라 정하고, 거소가 일정하지 아니하거나 거소도 알 수 없으면 마지막 주소에 따라 정한다."라고 규정하고 있습니다.

그러므로 소(訴)는 피고의 보통재판적(普通裁判籍)이 있는 곳의 법원이 관할하고, 사람의 보통재판적은 주소에 따라 정하며, 민사소송은 피고의 주소지를 관할하는 법원에 제기하는 것이 원칙이라 하겠습니다.

그런데 민사소송법은 위 원칙을 엄격히 관철할 경우 사건의 내용이나 성질상 전혀 관계가 없는 곳이 관할로 되는 경우가 있어 사건의 내용이나 성질에 비추어 합당한 곳을 관할로 인정하는 특별재판적제도를 두고 있습니다. 재산권에 관한 소에 관하여 민사소송법 제8조는 "재산권에 관한 소를 제기하는 경우에는 거소지 또는 의무이행지의 법원에 제기할 수 있다."라고 규정하여 거소지 또는 의무이행지의 법원에 제기할 수 있다고 규정하고 있습니다. 그리고 채무변제의 장소에 관하여 민법 제467조는 "①채무의 성질 또는 당사자의 의사표시로 변제장소를 정하지 아니한 때에는 특정물의 인도는 채권성립 당시에 그 물건이 있던 장소에서 하여야 한다. ②전항의 경우에 특정물인도 이외의 채무변제는 채권자의 현주소에서 하여야 한다. 그러나 영업에 관한 채무의 변제는 채권자의 현영업소에서 하여야 한다."라고 규정하고 있습니다.

관련 판례는 "보통재판적에 의하여 생기는 토지관할과 특별재판적에 의하여 생기는 토지관할이 경합되는 경우에는 원고는 그 중 아무 곳이나 임의로 선택하여 제소할 수 있다."라고 하였으며(대법원 1964. 7. 24.자 64마555 결정), "재산권에 관한 소는 의무이행지의 법원에 특별재판적이 인정되고 특정물인도 이외의 채무에 관한 채무이행지는 당사자의 특별한 의사표시가 없는 한 채권자의 현주소라고 할 것이다."라고 하였습니다(민법 제467조, 대법원 1969. 8. 2.자 69마469 결정).

그러므로 위 사안에 있어서 특별히 귀하가 甲의 주소지에 가서 위 대여금을 변제 받기로 약정한 사정이 없는 한, 귀하는 甲의 주소지 관할법원(서울)과 의무이행지 관할법원(부산) 중에서 임의로 선택하여 소송을 제기할 수 있는 것입니다. 따라서 귀하의 현주소지인 부산에서도 소송을 제기할 수 있다고 할 것입니다.

■ 방문판매와 관련된 소송은 어느 법원의 관할에 속하는지요?

Q 저는 강릉에서 거주하고 있는데, 방문판매업자인 A로부터 화장품을 50만원을 주고 구입하였는데, 왠지 A로부터 사기를 당한 것 같아서 포장지도 뜯지 않은 채 계약을 체결한지 3일이 경과한 시점에서 A에게 청약을 철회한다는 의사를 표시하였습니다. 그럼에도 불구하고 A는 환불은 절대 안된다면서 대금 반환을 거부하고 있습니다. 화장품을 구입하면서 작성한 계약서를 보니 물건과 관련하여 발생한 분쟁은 서울중앙지방법원을 전속관할로 한다고 규정되어 있는데 서울에 소제기를 하려니 왔다 갔다 하면서 소요되는 시간이나 차비를 생각해 보니 배보다 배꼽이 더 클 것 같습니다. 꼭 서울중앙지방법원에 소송을 제기해야 하나요?

A 특수판매와 관련된 소(訴)는 제소 당시 소비자 주소를, 주소가 없는 경우에는 거소를 관할하는 지방법원의 전속관할로 한다. 다만, 제소 당시 소비자의 주소 또는 거소가 분명하지 아니한 경우에는 「민사소송법」의 관계 규정을 준용합니다(방문판매 등에 관한 법률 제53조). 한편 특수판매란 방문판매, 전화권유판매, 다단계판매, 후원방문판매, 계속거래 및 사업권유거래를 의미하므로(제4조 제1항), 방문판매와 관련된 이 사건 소송은 제소 당시 소비자의 주소지를 관할하는 법원에 전속관할이 있습니다.
따라서 관할있는 강릉지원에 소송을 제기하면 되겠습니다.

4-3. 당사자
4-3-1. 당사자능력
'당사자능력'은 당사자가 될 수 있는 소송법상의 능력으로 원고로 소송하고, 피고로 소송당하는 능력을 말합니다.

4-3-2. 당사자적격

당사자적격은 당사자로서 소송을 수행하고 판결을 받기 위해 필요한 자격으로 청구를 할 수 있는 정당한 당사자가 누구냐는 문제입니다.

4-3-3. 소송능력

'소송능력'은 당사자로서 스스로 유효하게 소송행위를 하거나 상대방 또는 법원의 소송행위를 받는데 필요한 능력을 말하며, 행위능력자는 모두 소송능력을 가집니다. 다만, 제한능력자인 미성년자·피한정후견 인·피성년후견인의 소송능력은 제한될 수 있습니다.

4-4. 소송물

'소송물'이란 심판의 대상이 되는 기본단위로 소송의 객체를 말하며, 「민사소송법」은 소송목적이 되는 권리나 의무라는 용어를 사용하고 있습니다.

[서식] 당사자선정서(소를 제기하면서 선정하는 경우)

당 사 자 선 정 서

원   고   ◎◎◎ 외 3명
피   고   ◇◇◇

　위 당사자 사이의 퇴직금 청구 사건에 관하여 원고들은 민사소송법 제53조 제1항에 의하여 원고들 모두를 위한 당사자로 아래의 자를 선정합니다.

아　　　　　래

원고(선정당사자) ◎◎◎ (주민등록번호)
　　　　　　○○시 ○○구 ○○길 ○○(우편번호 ○○○-○○○)
　　　　　전화.휴대폰번호:
　　　　　　팩스번호, 전자우편(e-mail)주소:

                    20○○.   ○.   ○.

선 정 자(원 고) 1. ◎◎◎ (주민등록번호) (서명 또는 날인)
                    ○○시 ○○구 ○○길 ○○
              2. ○○○ (주민등록번호) (서명 또는 날인)
                    ○○시 ○○구 ○○길 ○○
              3. ○○○ (주민등록번호) (서명 또는 날인)
                    ○○시 ○○구 ○○길 ○○
              4. ○○○ (주민등록번호) (서명 또는 날인)
                    ○○시 ○○구 ○○길 ○○

○○지방법원 제○민사부 귀중

■ 당사자표시가 잘못된 경우 곧바로 각하할 수 있는지요?

Q 甲문중은 명의신탁해지로 인한 부동산소유권이전등기청구의
   소송을 제기하면서 문중의 명칭을 변경전의 명칭으로 잘못 기
   재하여 제출하였습니다. 이 경우 법원은 당사자표시를 정정하
   여 보충하게 하는 조치가 없이 곧바로 소장을 각하 할 수도
   있는지요?

A 소송요건이란 소장에 소송상의 청구가 법원의 판결을 받기 위해
   구비하여야 할 요건을 말하며, 소송요건이 구비되어 있으면 그 소
   (訴)는 적법하다고 할 것이고, 그렇지 않으면 부적법하다고 할 것
   입니다.
   민사소송법 제219조는 "부적법한 소로서 그 흠을 보정할 수 없
   는 경우에는 변론 없이 판결로 소를 각하 할 수 있다."라고 규정
   하고 있습니다. 그리고 소송당사자가 누구인가는 소장에 기재된
   표시 및 청구의 내용과 원인 사실 등 소장의 전취지를 합리적으
   로 해석하여 확정하여야 할 것입니다(대법원 2003. 3. 11. 선고
   2002두8459 판결).
   위 사안의 경우와 같이 당사자표시가 잘못된 경우 법원이 당사자
   표시를 정정케 함이 없이 곧바로 소각하(訴却下)할 수 있는지에

관하여 판례는 "소송에 있어서 당사자가 누구인가는 당사자능력, 당사자적격 등에 관한 문제와 직결되는 중요한 사항이므로, 사건을 심리·판결하는 법원으로서는 직권으로 소송당사자가 누구인가를 확정하여 심리를 진행하여야 하는 것이며, 이 때 당사자가 누구인가는 소장에 기재된 표시 및 청구의 내용과 원인사실 등 소장의 전취지를 합리적으로 해석하여 확정하여야 할 것이고, 소장에 표시된 원고에게 당사자능력이 인정되지 않는 경우에는 소장의 전취지를 합리적으로 해석한 결과 인정되는 올바른 당사자 능력자로 그 표시를 정정하는 것은 허용되며, 소장에 표시된 당사자가 잘못된 경우에 당사자표시를 정정케 하는 조치를 취함이 없이 바로 소를 각하 할 수는 없다고 할 것이다."라고 하였습니다(대법원 2001. 11. 13. 선고 99두2017 판결).

그리고 판례는 "종중의 명칭을 변경하더라도 변경 전의 종중과 공동선조가 동일하고 실질적으로 동일한 단체를 가리키는 것으로 보이는 경우에는 당사자표시의 정정에 불과하므로 그러한 변경은 허용된다."라고 하였습니다(대법원 1999. 4. 13. 선고 98다 50722 판결).

따라서 위 사안에서도 법원이 곧바로 위 소장을 부적법하다고 각하하지는 않을 것으로 보이고, 甲문중은 당사자표시정정신청을 하면 될 것으로 보입니다.

■ 회장선거가 부적법하여 효력이 없는 경우, 입주자대표회의의 당사자능력이 소멸하는지요?

Q A아파트의 입주자대표회의 회장 甲의 임기만료일이 다가오자, 동별대표자 중의 1인인 乙이 포함된 선거관리위원회를 구성하여 동별대표자를 각 선출하도록 한 다음, 그 동별대표자를 구성원으로 한 입주자대표회의를 개최하여 임원을 선출하면서 甲을 차기 회장으로 선출하도록 하였으나, 그 회의소집에 있어 일시, 장소, 의안 등이 제대로 통보·공시되지 않았습니다. 이에 A아파트 입주자대표회의는 甲, 乙 등을 상대로 업무집행정지 및 업무대행자 선임 등 가처분을 신청하였습니다. 그러나 법원은 차기 입주자대표회의가 적법하게 구성될 때까지는 종전의 입주자대표회의가 통상적인 업무에 관한 권한을 계속

가지고, 甲 역시 종전 대표자로서의 직무를 수행할 수 있는 것으로 보더라도, 그 기간은 상당한 기간으로 한정되는 것인데, A아파트 입주자대표회의는 통상적인 범위를 벗어난 업무를 수행하고 있으므로, 신의칙상 유지관리업무에 관한 권한을 가진다고 할 수 없고, 甲은 대표자로서의 직무를 수행할 권한이 없다고 판단하여 A아파트 입주자대표회의의 甲, 乙 등에 대한 가처분 신청을 각하하였습니다. 이처럼 공동주택의 입주자대표회의 회장의 임기만료에 따른 후임 회장의 선출이 부적법하여 효력이 없게 된 경우, 입주자대표회의의 당사자능력이 소멸하는지 궁금합니다.

A 먼저, 구 주택건설촉진법 제38조, 구 공동주택관리령 제10조 또는 구 주택법 제43조, 같은 법 시행령 제50조 등의 규정에 근거하여 구성되는 공동주택의 입주자대표회의는 동별세대수에 비례하여 선출되는 동별대표자를 구성원으로 하는 법인 아닌 사단입니다(대법원 1991. 4. 23. 선고 91다4478 판결 참조). 또한 그 동별대표자는 각 동별 입주자가 선출하는 것이므로, 동별대표자가 적법하게 선출되어 입주자대표회의가 적법하게 구성된 이후에 있어서는, 후임 동별대표자를 선출하는 것은 비법인사단으로서의 입주자대표회의가 동일성을 잃지 아니한 채 그대로 존속되면서 단순히 그 구성원을 변경하는 것에 지나지 아니한다고 할 것이므로, 새로운 동별대표자의 선출절차가 위법하여 효력이 없다면 그 동별대표자는 입주자대표회의 구성원으로서의 지위를 취득할 수 없고 종전의 동별대표자가 여전히 입주자대표회의 구성원으로서의 지위를 가진다고 할 것이고, 동별대표자 또는 입주자대표회의의 회장 등이 변경될 때마다 종전과는 별개, 독립의 새로운 비법인사단이 구성, 성립되는 것으로 볼 것은 아니며, 입주자대표회의가 비법인사단인 이상 그 존속기간의 정함이 있는 것으로 볼 수도 없다고 할 것입니다(대법원 2007. 6. 15. 선고 2007다6291 판결).
그러므로 종전의 입주자대표회의가 적법하게 구성되었던 이상, 새로운 동별대표자의 선출절차가 부적법하여 효력이 없다면 종전의 동별대표자로 구성된 입주자대표회의가 A아파트의 적법한 입주자대표회의로서 당사자능력을 가지는 것으로 보아야 할 것입니다.

■ 미성년자 단독으로 임금청구소송을 할 수 있는지요?

Q 저는 17세의 미성년자로서 야간고등학교에 다니며 낮에는 상시(常時) 근로자 수 10인인 봉제공장에서 일하고 있습니다. 그런데 최근 3개월분 임금을 지급받지 못하여 소액심판청구를 하려고 합니다. 주변에서는 미성년자가 단독으로 소송을 제기할 수 없다고 하는데, 미성년자가 단독으로 임금청구를 할 수 있는지요?

A 소송을 제기하려면 소송능력이 필요합니다. 소송능력이란 당사자가 스스로 유효하게 소송행위를 하고, 또 상대방이나 법원의 소송행위를 받을 수 있는 능력을 말하는데, 이 소송능력은 민법상의 행위능력의 범위와 일치하는 것입니다. 따라서 미성년자는 행위무능력자로서 소송능력이 없기 때문에 자기 자신의 법적 분쟁이라도 이를 해결하기 위해서는 법정대리인이 소송을 하여야 합니다.

그런데 근로기준법 제68조는 근로자가 미성년자라도 자기의 노동의 대가인 임금은 독자적으로 청구할 수 있도록 규정하고 있는데, 이 조항의 취지는 미성년자라도 근로자로서 사용자에 대해 일한 대가를 구하는 것은 법정대리인의 동의 없이도 단독으로 할 수 있게 함으로써 미성년자 노동의 착취를 막는데 있습니다. 이 규정이 임금을 지급 받는 것에 대해 적용됨에는 이론이 없는데, 임금의 지급을 청구하기 위한 소송을 독자적으로 제기할 수 있는 능력, 즉 소송능력까지도 인정하는지에 대하여는 의문이 있을 수 있습니다.

그러나 민사소송법 제55조는 "미성년자·한정치산자 또는 금치산자는 법정대리인에 의하여서만 소송행위를 할 수 있다. 다만, 미성년자 또는 한정치산자가 독립하여 법률행위를 할 수 있는 경우에는 그러하지 아니하다."라고 규정하고 있고, 판례도 "미성년자는 원칙적으로 법정대리인에 의하여서만 소송행위를 할 수 있으나, 미성년자 자신의 노무제공에 따른 임금의 청구는 근로기준법 제54조(현행 근로기준법 제68조)의 규정에 의하여 미성년자가 독자적으로 할 수 있다."라고 하였습니다(대법원 1981. 8. 25. 선고 80다3149 판결).

따라서 미성년자도 임금청구사건에서는 소송능력이 있다고 볼 수 있으므로, 귀하는 단독으로 귀하의 사용자에게 임금청구의 소를 제기할 수 있다 하겠습니다.

참고로 근로기준법의 일부규정만이 적용되는 4인 이하의 사업장에서 근로하는 미성년근로자의 경우에도 근로기준법 제11조 제2항 및 근로기준법시행령 제7조 별표1에 의하여 같은 법 제68조가 적용되어 독자적으로 자기가 일한 데에 대한 임금 청구의 소를 제기할 수 있을 것입니다.

■ 2억원 초과 약속어음금청구사건에서 처가 소송대리 할 수 있는지요?

Q 제 남편은 甲을 상대로 2억 5천만원의 약속어음금청구의 소를 제기하여 진행하던 중 교통사고를 내어 구속되었습니다. 그래서 제가 위 소송의 소송대리를 하려고 합니다. 이러한 경우 제가 소송대리를 하여 소송을 수행할 수 있는지요?

A 민사소송법 제87조는 "법률에 따라 재판상 행위를 할 수 있는 대리인 외에는 변호사가 아니면 소송대리인이 될 수 없다."라고 규정하고 있고, 같은 법 제88조는 "①단독판사가 심리·재판하는 사건 가운데 그 소송목적의 값이 일정한 금액 이하인 사건에서, 당사자와 밀접한 생활관계를 맺고 있고 일정한 범위의 친족관계에 있는 사람 또는 당사자와 고용계약 등으로 그 사건에 관한 통상사무를 처리·보조하여 오는 등 일정한 관계에 있는 사람이 법원의 허가를 받은 때에는 제87조를 적용하지 아니한다. ②제1항의 규정에 따라 법원의 허가를 받을 수 있는 사건의 범위, 대리인의 자격 등에 관한 구체적인 사항은 대법원규칙으로 정한다. ③법원은 언제든지 제1항의 허가를 취소할 수 있다."라고 규정하고 있습니다.

그러므로 법률에 의하여 재판상의 행위를 할 수 있는 대리인 이외에는 변호사가 아니면 소송대리인이 될 수 없으나, 예외적으로 단독판사가 심리·재판하는 사건 가운데 대법원규칙에서 정하는 사건으로서 법원의 소송대리허가를 얻은 때에는 소송대리가 가능합니다. 그리고 지방법원 및 그 지원 합의부의 심판범위에 관하여 「민사및가사소송의사물관할에관한규칙」제2조에 의하면 "지방법원 및 지방법원지원의 합의부는 소송목적의 값이 2억원을 초과하는 민사사건 및 민사소송등인지법 제2조제4항의 규정에 해당하는 민사사건을 제1심으로 심판한다. 다만, 다음 각호의 1에 해당하는 사건을 제외한다.
  1. 수표금·약속어음금 청구사건

2. 은행·농업협동조합·수산업협동조합·축산업협동조합·산림조합·신용협동조합·신용보증기금·기술신용보증기금·지역신용보증재단·새마을금고·상호저축은행·종합금융회사·시설대여회사·보험회사·신탁회사·증권회사·신용카드회사·할부금융회사 또는 신기술사업금융회사가 원고인 대여금·구상금·보증금 청구사건
3. 자동차손해배상 보장법에서 정한 자동차·원동기장치자전거·철도차량의 운행 및 근로자의 업무상재해로 인한 손해배상 청구사건과 이에 관한 채무부존재확인사건
4. 단독판사가 심판할 것으로 합의부가 결정한 사건"이라고 규정하고 있습니다.

그러므로 소송목적의 값이 2억원 이하인 사건이나 수표금, 약속어음금 청구사건, 금융기관이 원고인 대여금·구상금·보증금청구사건, 「자동차손해배상 보장법」에서 정한 자동차·원동기장치자전거·철도차량의 운행 및 근로자의 업무상 재해로 인한 손해배상청구사건과 이에 관한 채무부존재확인사건 또는 단독판사가 심판할 사건은 법원의 소송대리허가를 얻은 때에는 소송대리가 가능합니다.

■ 사해행위취소소송의 피고는 누구인지요?

Q 남편을 상대로 이혼소송을 제기하고자 합니다. 그런데 남편은 얼마 전에 함께 형성한 재산인 아파트를 저 몰래 시어머니에게 증여하고 소유권을 이전하였습니다. 이럴 경우 사해행위취소소송을 하면 된다고 하는데 피고를 누구로 하여 소를 제기해야 하는가요?

A 부부의 일방이 다른 일방의 재산분할청구권 행사를 해함을 알면서도 재산권을 목적으로 하는 법률행위를 한 때에 다른 일방이 채권자취소청구권을 행사할 수 있습니다(민법 제839조의 3 제1항, 민법 제406조 제1항 참조).
이 경우 채권자취소소송의 상대방은 채무자인 남편이 아니고 수익자인 시어머니입니다. 따라서 귀하는 시어머니를 상대로 채권자취소소송을 제기할 수 있습니다. 주의할 점은 채권자취소청구권은 채권자가 취소원인을 안 날로부터 1년, 법률행위 있은 날로부터 5년 내에 제기하여야 한다는 것입니다.

5. 소송비용의 산정방법

① 소송비용이란 소송을 하면서 사용하게 되는 비용을 말합니다. 소송에는 적지 않은 비용이 소요되므로, 소송 제기 전 소송비용과 소송 시간을 판단해 실익이 있을 경우 진행하는 것이 좋습니다.
② 소가(소송목적의 값)란 소송물, 즉 원고가 소송으로 달성하려는 목적이 갖는 경제적 이익을 화폐단위로 평가한 금액을 말하며, 물건, 권리, 제기하려는 소송의 종류에 따라 산정방법이 달라집니다.
③ 소송비용에는 다음과 같은 것들이 있습니다.
   - 인지액(소가를 기준으로 산출)
   - 송달료
   - 증인여비(증인을 세운 경우)
   - 검증·감정비용(검증·감정을 했을 경우)
   - 변호사 선임비용
   - 부수절차에서 소요되는 각종 비용들

6. 소송의 제기

① 소송은 소장을 해당 관할법원에 제출함으로써 제기합니다.
② 재판장은 소장심사를 하여 흠이 있는 경우 보정명령을 하며, 원고가 정해진 기간 이내에 흠을 보정하지 않은 경우 소장은 각하됩니다.
③ 소장이 제출되면 법원은 부본을 바로 피고에게 송달하며 송달이 안 될 경우 주소보정명령을 내립니다. 원고가 일반적인 통상의 조사를 다했으나 송달이 불가능한 경우에는 최후의 방법으로 공시송달을 신청할 수 있습니다.

소   장 ①

원   고   ○○○ (주민등록번호) ②
　　　○○시 ○○구 ○○로 ○○(우편번호 ○○○-○○○)③
　　　위 소송대리인 변호사   ◎◎◎ ④
　　　○○시 ○○구 ○○로 ○○(우편번호 ○○○-○○○)③
　　　　전화번호.휴대폰번호:　　　　　팩시밀리번호:
　　　　전자우편주소:
피   고   ◇◇◇ (주민등록번호) ②
　　　○○시 ○○구 ○○로 ○○(우편번호 ○○○-○○○) ③
　　　　전화번호.휴대폰번호:　　　　　팩시밀리번호:
　　　　전자우편주소:

대여금청구의 소 ⑤

청 구 취 지 ⑥

1. 피고는 원고에게 금○○○원 및 이에 대하여 이 사건 소장부본 송달
   다음날부터 다 갚는 날까지 연 15%의⑦ 비율로 계산한 돈을 지
   급하라.
2. 소송비용은 피고가 부담한다. ⑧
3. 위 제1항은 가집행 할 수 있다. ⑨
라는 판결을 구합니다.

청 구 원 인 ⑩

1. 원고는 피고에게 20○○. ○. ○. 금○○○원을 대여하면서 20○
   ○. ○. ○○.에 변제 받기로 하였습니다.
2. 그런데 피고는 위 대여금 중 20○○. ○.경 금○○○원, 20○○.
   ○.경 금○○만원, 합계금 ○○○원을 변제하였으나, 나머지 금○
   ○○원을 변제기가 지난 현재에 이르기까지 지불하지 아니하고
   있습니다.
3. 따라서 원고는 피고로부터 청구취지와 같은 돈을 지급받기 위하여

이 사건 청구에 이르게 되었습니다.

입 증 방 법 ⑪

1. 갑 제1호증   무통장입금증
1. 갑 제2호증   차용증서

첨 부 서 류 ⑫

1. 위 입증방법   각 1통
1. 소장부본   1통
1. 송달료납부서   1통

20○○.   ○.   ○.⑬

위 원고   소송대리인
변호사 ◎◎◎   (서명 또는 날인) ⑭

○○지방법원 귀중 ⑮

※ [소장작성요령]
① 표제
  소장이라고 표제를 기재한다.
② 당사자의 표시
  - 원고와 피고의 성명을 기재하고, 당사자의 성명으로부터 한 칸 띄
    어 괄호하고 그 안에 주민등록번호를 기재하며, 주민등록번호를 알
    수 없는 경우에는 괄호안에 한자성명을 기재한다.
  - 법인이나 단체의 경우에는 통칭이나 약칭은 피하고 정식명칭을 기
    재한다. 예를 들면, (주)A상사라든가 (재)B회 등으로 기재할 것이
    아니라 주식회사 A상사, 재단법인 B회 등과 같이 등기된 명칭을
    정확히 기재한다
  - 법인인 단체 등의 대표자 기재는 그 자격을 표시하여 정확히 기
    재한다. 예를 들면「위 대표자 ○○○」라고 표시할 것이 아니라 「대
    표이사 ○○○」, 또는 「대표자 이사장 ○○○」라고 기재한다.

- 또한, 미성년자로서 단독으로 소송행위를 할 수 없는 자는
"원 고   ○○○
법정대리인 친권자 부 ○○○
                        모 ○○○"라고 기재한다.

③ **주소**
  - 주소의 기재는 '서울 서초구 서초대로 300-1'과 같이 번지까지 기재하고, 우편번호를 괄호 안에 기재하며, 연락처(전화번호, 팩시밀리번호 또는 전자우편주소)를 기재한다.
  - 피고의 주소도 위와 같이 기재하며, 연락처(전화번호, 팩시밀리번호 또는 전자우편주소)를 알고 있으면 기재한다.

④ **소송대리인**
  소송대리인이 있는 때에는 소송대리인의 이름과 주소, 연락처를 기재한다.

⑤ **사건명**
  대여금청구의 소, 손해배상(자)청구의 소, 소유권이전등기청구의 소 등으로 기재한다.

⑥ **청구의 취지**
  - 청구의 취지란 원고가 당해 소송제기로써 청구하는 판결의 내용을 말하는 것으로서 청구의 결론부분이고, 청구원인의 결론부분이다.
  - 청구의 취지는 원고가 어떠한 내용의 판결을 청구하는가를 명확하게 하는 것이므로 그 내용, 범위 등이 명확하여야 하고, 단순.특정되어야 한다. 다만, 제1의 청구가 인용될 것을 해제조건으로 하는 차순위의 청구로 생각되는 예비적 청구는 허용된다.
  - 청구의 취지는 이행의 소, 확인의 소, 형성의 소 등 그 성질에 의하여 약간의 차이는 있지만 이른바 이행의 소에서는 누가 누구에 대하여 무엇을 얼마나 어떻게 하라는 것을 알 수 있도록 구성한다.

⑦ **법정이율**
  금전채무의 전부 또는 일부의 이행을 명하는 판결(심판을 포함)을 선고할 경우에 금전채무불이행으로 인한 손해배상액산정의 기준이 되는 법정이율은 그 금전채무의 이행을 구하는 소장 또는 이에 준하는 서면이 채무자에게 송달된 날의 다음날부터는 대통령령으로 정하는 이율(연 15%)에 의한다(예외: 민사소송법 제251조 장래의 이행을 청구하는 소). 그리고 채무자가 그 이행의무의 존재를 선언하는 사실심판결이 선고되기까지 그 존부나 범위에 관하여 항쟁함이 상당하다고 인정되는 때에는 그 상당한 범위 안에서 위와 같은 규정을 적용하지 아니한다(소송촉진등에관한특례법 제3조).

⑧ **소송비용부담의 신청**

소송비용은 패소한 당사자가 부담한다(민사소송법 제98조).

⑨ **가집행 선고의 신청**

사건의 성질이 가집행을 허용할 수 있는 것에 한한다.

⑩ **청구원인**

- 청구원인이란 소송상의 청구로써 원고가 주장하는 소송물인 권리 내지 법률관계를 일정한 법률적 주장으로서 구성하는데 필요한 사항을 말한다.
- 청구의 원인 기재에 있어, 물권과 같이 동일인이 동일물에 대하여 같은 내용의 권리를 중복해서 가질 가능성이 희박할 경우에는 권리자와 대상물 및 권리의 내용을 기재하면 충분하나, 채권 그 밖의 청구권이 소송의 목적으로 되어 있는 경우에는 동일 당사자간에 동일내용의 권리의무가 여러 개 병존할 가능성이 있으므로 당해 청구권의 발생원인에 의하여 이를 특정하여야 한다.

⑪ **증거방법**

청구하는 이유에 대응하는 증거방법을 적으면 된다. 증거부호의 표시는 원고가 제출하는 것은 갑 제○호증, 피고가 제출하는 것은 을 제○호증, 독립당사자참가인이 제출하는 것은 병 제○호증과 같이 적고, 서증을 제출하는 때에는 상대방의 수에 1을 더한 수의 사본을 함께 제출하여야 하며, 서증 사본에 원본과 틀림이 없다는 취지를 적고 기명날인 또는 서명하여야 한다.

⑫ **첨부서류**

대리권을 증명하는 서면(가족관계증명서 등, 법인등기사항증명서 등), 증거방법 등을 열거해 두면 제출누락을 방지하고 법원에서도 확인하기 쉬우며 후일 문제를 일으킬 염려가 없다.

⑬ **제출년월일**

⑭ **날인 또는 서명**

당사자 또는 대리인이 기명날인 또는 서명하여야 한다(민사소송법 제249조 제2항, 제274조 제1항, 민사소송규칙 제2조).

⑮ **제출법원의 기재**

정확하게 기재하여야 불변기간의 도과 등 소송상 불의의 손해를방지할 수 있다.

■ 각자 부담하게 되는 소송비용에 대하여 상계가 가능한가요?

Q 甲이 乙에 대하여 1억 원의 대여금청구를 하였고 甲의 일부승소 판결이 확정 되었으며 소송비용액에 대한 확정이 결정되었습니다. 각자 부담하게 되는 소송비용에 대하여 상계가 가능한가요?

A 민사소송법 제112조에 의하면 "법원이 소송비용을 결정하는 경우에 당사자들이 부담할 비용은 대등한 금액에서 상계(相計)된 것으로 본다. 다만, 제111조제2항의 경우에는 그러하지 아니하다."고 규정되어 있는바, 당사자가 부담하게 될 소송비용은 대등한 금액으로 상계 된 것으로 볼 수 있습니다.
다만 같은 법 제111조에 의하여 법원은 소송비용액을 결정하기 전에 상대방에게 비용계산서의 등본을 교부하고, 이에 대한 진술을 할 것과 일정한 기간 이내에 비용계산서와 비용액을 소명하는데 필요한 서면을 제출할 것을 최고(催告)하여야 하는데, 만약상대방이 해당 서면을 기간 이내에 제출하지 아니한 때에는 법원은신청인의 비용에 대하여서만 결정할 수 있으며, 이러한 경우는 상계가 불가합니다.

■ 소송비용확정절차에서 소송비용 상환의무의 존부를 다툴 수 있는지요?

Q 저는 甲을 상대로 법원에 부당이득금 청구 소송을 제기하였으나 1심에서 패소하였습니다. 이후 항소하였으나 항소심 법원 역시 저의 항소를 기각하였습니다. 항소심 법원은 제1심 및 항소심 소송비용을 제가 부담하도록 판결을 선고하였고, 이는 확정되었습니다. 혹시 소송비용확정절차에서 소송비용 상환의무의 존부에 대해 다툴 수 있을까요?

A 민사소송법 제104조는 "법원은 사건을 완결하는 재판에서 직권으로 그 심급의 소송비용 전부에 대하여 재판하여야 한다."라고 하고 있고, 제105조는 "상급법원이 본안의 재판을 바꾸는 경우 또는 사건을 환송받거나 이송받은 법원이 그 사건을 완결하는 재판을 하는 경우에는 소송의 총비용에 대하여 재판하여야 한다."라고 정하고 있습니다. 나아가 제110조는 "소송비용의 부담을 정하는 재판에서

그 액수가 정하여지지 아니한 경우에 제1심 법원은 그 재판이 확정되거나, 소송비용부담의 재판이 집행력을 갖게된 후에 당사자의 신청을 받아 결정으로 그 소송비용액을 확정한다."라고 하여 소송비용수액은 법원이 소송비용의 부담을 정한 재판에서 함께 정할 수도 있으나 그 재판에서 함께 정하지 아니한 경우에 그 재판의 확정 후 당사자의 신청에 의하여 결정으로 정하도록 규정하고 있습니다(대법원 2002. 9. 23. 자 2000마5257 결정 참조).

위와 같은 규정들의 취지에 비추어 볼 때, 소송비용확정절차에 있어서는 상환할 소송비용의 수액을 신청의 범위 내에서 정할 따름이고 그 상환의무 자체의 존부를 심리·판단할 수는 없다고 할 것입니다(위 대법원 2002. 9. 23. 자 2000마5257 결정).

■ 변호사보수에 부과되는 부가가치세가 소송비용에 포함되는지요?

Q 항소심법원이 저에게 소송총비용을 부담을 명하는 판결을 선고하였고, 위 판결은 확정되었습니다. 상대방은 제1심과 항소심에서 소송대리인으로 변호사를 선임하였는데, 변호사보수로 지급하였다는 금액 중에는 부가가치세도 포함되어 있었습니다. 위 부가가치세 부분도 제가 상환해야 할 소송비용액에 포함될 수 있나요?

A 서울고등법원은 2012. 10. 22. 자 2012라1384 결정에서 ① 변호사보수는 면세 대상이었는데 이후 부가가치세법 개정에 따라 변호사보수에 대하여도 부가가치세를 부과하게 되었으나, '변호사보수의 소송비용산입에 관한 규칙'(이하 '보수규칙'이라고 합니다)은 부가가치세법 개정 이후에도 변호사보수에 부과되는 부가가치세 취급과 관련하여 특별한 규정을 두고 있지 않은 점,② 당사자가 소송과 관련하여 변호사에게 지급하였거나 지급할 보수는 총액이 민사소송법 제109조 제1항 및 보수규칙에서 정한 기준에 의하여 산정된 금액범위 내에 있는 이상 명목 여하에 불구하고 모두 소송비용에 포함되는 점, ③ 부가가치세법에 따라 당사자가 변호사에게 소송대리를 위임하고 변호사로부터 소송대리라는 인적용역을 제공 받는 경우 당사자는 변호사가 납부하여야 할 부가가치세를 부담하여야 하고, 당사자가 변호사에게 지급하기로 한 보수

에 부가가치세를 포함하기로 하는 약정이 있는 경우에는 변호사가 부가가치세 상당액 지급을 구할 사법상 청구권도 갖는 점을 볼 때 소송대리를 위한 변호사 선임과 변호사보수에 대한 부가가치세 부담은 분리될 수 없다는 점,④ 당사자 입장에서는 부가가치세 역시 소송과 관련하여 변호사에게 지급한 기타 보수와 다를 바 없는 비용이고, 변호사 역시 당사자로부터 부가가치세를 포함한 변호사보수를 받더라도 즉시 부가가치세를 납부하거나 다른 보수와 분리하여 보관할 의무가 있는 것이 아니라는 점, 등을 들어 부가가치세가 포함된 변호사보수가 지급된 경우 보수규칙에서 정한 금액 범위 안에 있는 이상 전부를 소송비용에 포함되는 변호사보수로 보는 것이 타당하다고 보았습니다.

위 하급심 판례의 법리에 비추어 볼 때, 상대가 지급한 변호사보수가 보수규칙에서 정한 금액 범위 안에 있는 이상 부가가치세 부분도 귀하가 상환해야 할 소송비용액에 포함될 것으로 보입니다.

■ 패소한 자에 대하여 변호사선임비용을 청구할 수 있는지요?

Q 저는 甲이 경영하는 금속제조공장에서 작업하던 중 노후(老朽)된 기계의 작동불량으로 우측손목을 절단 당하여 산재보상금을 받았습니다. 그러나 보상금이 너무 적어 변호사를 선임하여 甲을 상대로 한 손해배상 청구소송을 제기하려고 하는데, 만일 제가 승소하였을 경우 변호사비용을 상대방 甲으로부터 받을 수 있는지요?

A 교통사고나 산재 기타 불법행위로 인한 손해배상청구소송에서 손해발생의 입증, 손해배상액의 산정, 증거자료의 수집 및 입증 등을 피해자 스스로 하기엔 어려운 점이 있으므로 전문가인 변호사에게 의뢰하여 소송을 하게 되며

이러한 경우 소송비용 외에 일정한 비용이 변호사에게 지출됩니다. 민사소송법 제109조는 "①소송을 대리한 변호사에게 당사자가 지급하였거나 지급할 보수는 대법원규칙이 정하는 금액의 범위 안에서 소송비용으로 인정한다. ②제1항의 소송비용을 계산할 때에는 여러 변호사가 소송을 대리하였더라도 한 변호사가 대리한 것으로

본다."라고 규정하고 있고, 대법원의 「변호사보수의소송비용산입에 관한규칙?에서는 소송물가액에 따라 산입할 보수의 기준을 정하고 있습니다.

소송물의 가액에 따라 적용될 비율은 예를 들면, 소송물가액이 1,000만원일 경우는 80만원, 3,000만원일 경우는 210만원, 5000만원일 경우는 310만원, 1억원일 경우는 480만원 등으로 달라집니다. 이처럼 일정한 범위 내에서는 위 규칙에서 정해지는 액수를 가해자측에 부담시킬 수 있지만, 위 기준에 따른 금액과 현실적으로 지급되는 변호사의 보수금과는 상당한 거리가 있는 것이 사실입니다.

따라서 변호사비용 중 위 대법원규칙에 의하여 소송비용으로 산입되는 부분을 초과하는 비용에 대한 배상의 문제는 남게 되나, 판례는 "변호사강제주의를 택하지 않고 있는 우리나라 법제에서는 손해배상청구의 원인이 된 불법행위 자체와 변호사비용 사이에 상당인과관계가 있음을 인정할 수 없으므로, 변호사비용을 그 불법행위 자체로 인한 손해배상채권에 포함시킬 수는 없다."라고 하였습니다(대법원 1996. 11. 8. 선고 96다27889 판결).

소송비용은 원칙적으로 패소자가 부담하도록 하고 있습니다. 다만, 예외적으로 승소의 태양에 따라 당사자 사이의 부담비율을 법원에서 정할 수도 있습니다. 이 경우도 판결주문에 귀하와 甲과의 소송비용부담비율을 정해주며, 소송비용확정절차를 별도로 거친 다음 甲의 부담비율에 따라 甲에게 변제요구 또는 강제집행 할 수 있을 것입니다.

■ 화해권고결정에 의하여 소송이 종료된 경우 소송비용은 누가 부담해야 하나요?

Q 甲이 乙에게 1억 원의 손해배상청구를 하였으나 양 측에서 소송 진행 중에 재판부의 화해권고결정에 의하여 소송이 종결되었습니다. 이러한 경우 소송비용은 피고 乙이 부담해야 하는 건가요?

A 민사소송법 제106조는 "당사자가 법원에서 화해한 경우(제231조의 경우를 포함한다) 화해비용과 소송비용의 부담에 대하여 특별

히 정한 바가 없으면 그 비용은 당사자들이 각자 부담한다."고 규정하고 있습니다. 민사소송법 제231조는 화해권고결정의 효력을 규정하고 있으며 이는 재판상 화해와 같은 효력을 가집니다. 또한 민사소송법 제113조 제1항에서 "제106조의 경우에 당사자가 소송비용부담의 원칙만을 정하고 그 액수를 정하지 아니한 때에는 법원은 당사자의 신청에 따라 결정으로 그 액수를 정하여야 한다."고 규정하고 있는 바, 위 사안에서 당사자 간에 특별히 약정한 내용이 없으면 소송비용은 甲과 乙이 각자 부담하는 것을 원칙으로 하며, 만약 양 측이 소송비용부담의 원칙만을 정하고 그 액수를 정하지 아니한 때에는 법원은 당사자의 신청에 따라 결정으로 그 액수를 정할 수 있습니다.

7. 전자소송의 경우

7-1. 전자소송의 진행절차
① 전자소송에 대해서도 일반소송과 관할 등 일반적인 내용은 같습니다. 다만, 전자소송의 경우 문서의 제출, 송달 등이 전자적 방식으로 이루어지므로 전자소송의 특수성이 있습니다.
② 전자소송에서의 소제기는 다음과 같이 이루어집니다.

7-2. 전자문서의 작성·제출
① 등록사용자는 전자소송 홈페이지에서 요구하는 사항을 빈칸 채우기 방식으로 입력한 후, 나머지 사항을 해당란에 직접 입력하거나 전자문서를 등재하는 방식으로 소송서류를 작성·제출할 수 있습니다.
② 전자소송절차 진행에 동의한 등록사용자는 제출된 전자문서를 확인할 의무가 있습니다. 전자문서를 제출한 날부터 1주일이 경과하거나 기일이 끝날 때까지 이의를 제기하지 않은 경우에는 제출하고자

한 문서와 전자소송시스템에 등재된 전자문서 사이의 동일성에 관해 이의를 제기할 권리를 잃게 됩니다.

7-3. 전자문서의 접수

① 전산정보처리시스템을 이용하여 제출된 전자문서는 전산정보처리시스템에 전자적으로 기록된 때에 접수된 것으로 봅니다.
② 법원사무관 등은 전자문서가 접수된 경우 즉시 그 문서를 제출한 등록사용자에게 접수사실을 전자적 방법으로 통지해야 합니다.

7-4. 전자적 송달 또는 통지

① 전자적 송달 또는 통지는 다음과 같이 이루어집니다.

② 전자문서 등재사실의 통지는 등록사용자가 전자소송시스템에 입력한 전자우편주소로 전자우편을 보내고, 휴대전화번호로 문자메시지를 보내는 방법으로 합니다. 다만, 문자메시지는 등록사용자의 요청에 따라 보내지 않을 수 있습니다.
③ 전자적 송달은 송달받을 자가 등재된 전자문서를 확인한 때에 송달된 것으로 봅니다. 다만, 그 등재사실을 통지한 날부터 1주 이내에 확인하지 않는 경우에는 등재사실을 통지한 날부터 1주가 지난 날에 송달된 것으로 봅니다.
④ 전산정보처리시스템의 장애로 인해 송달받을 자가 전자문서를 확인할 수 없는 기간은 위 기간에 산입하지 않습니다..
⑤ 통지를 받은 등록사용자는 전자소송시스템에 접속하여 등재된 전자문서를 확인 또는 출력할 수 있습니다. 또한, 전자소송시스템을 이용하여 송달한 전자문서 정본에 의해 출력한 서면은 정본의 효력이 있습니다.
⑥ 다음의 어느 한 경우에는 전자문서를 전산정보처리시스템을 통해 출력하고, 그 출력한 서면을 민사소송법에 따라 송달해야 합니다.

1. 군사용의 청사 또는 선박에 속하여 있는 사람 또는 교도소·구치소 또는 국가경찰관서의 유치장에 체포·구속 또는 유치된 사람에게 할 송달
2. 외국에서 해야 하는 송달
3. 송달받을 자가 전자소송절차 진행동의를 하지 않았거나, 국가·지방자치단체·그 밖에 그에 준하는 자가 아닌 경우
4. 전자소송시스템 등을 이용할 수 없는 경우
5. 전자문서화가 곤란하거나 부적합한 경우
6. 송달받을 자가 책임질 수 없는 사유로 전자소송시스템에 등재된 전자문서를 확인할 수 없다는 점을 소명하여 출력서면의 송달을 신청한 경우
7. 그 밖에 재판장 등(재판장, 수명법관, 수탁판사, 조정담당판사 또는 조정장)이 출력서면의 송달이 필요하다고 인정하는 경우

⑦ 법원사무관등은 전자문서를 출력한 서면을 전자우편(우체국 창구나 정보통신망을 통해 전자적 형태로 접수된 통신문 등을 발송인이 의뢰한 형태로 출력·봉함하여 수취인에게 배달하는 제도)을 이용해 송달할 수 있습니다.

5-5. 제출된 전자문서의 보완

① 재판장 등(재판장, 수명법관, 수탁판사, 조정담당판사 또는 조정장)은 전자문서로 변환·제출된 서류의 판독이 곤란하거나 그 밖에 원본을 확인할 필요가 있을 때에는 이를 제출한 자에게 상당한 기간을 정해 판독이 가능한 전자문서를 다시 제출하거나 원본을 제출할 것을 명할 수 있습니다.

② 보완명령에 따른 경우 최초에 전자문서를 제출했을 때에 전자문서가 제출된 것으로 보고, 이 명령에 따르지 않은 경우에는 해당서류를 제출하지 않은 것으로 봅니다.

③ 등록사용자가 전자소송시스템을 이용해 소송서류를 제출한 후에는 전자소송시스템에서 이를 삭제하거나 수정된 내용으로 다시 등재할 수 없습니다. 이 때 등록사용자는 법원사무관 등에게 해당 소송서류의 삭제나 등재사항의 수정을 요청할 수는 있습니다.

④ 전자소송에서 제출하는 전자문서의 파일형식, 구성방식, 용량, 전자적 송달을 받을 공공기관 및 지방공사 등에 관해 자세한 내용은 「민사소송 등에서의 전자문서 이용 등에 관한 업무처리지침」에서 볼 수 있습니다.

■ 전자소송에서 전자문서 등재사실에 관한 통지의 방법은?

Q 저는 전자소송으로 진행된 1심에서 전자우편주소와 휴대전화번호를 전자소송시스템에 입력하였습니다. 전자문서 등재사실의 통지는 전자우편과 문자메시지 양자의 방법으로 행하여져 왔습니다. 2017. 5. 29. 패소의 제1심판결을 전자적으로 송달받았고, 역시 전자적인 방법으로 항소장을 제출하였으나, 항소취지와 항소이유를 구체적으로 기재하지는 않았고 인지대와 송달료도 납입하지 아니하였습니다. 이에 제1심법원은 별다른 조치 없이 이 사건 기록을 원심법원에 송부하였고, 원심법원의 재판장은 2017. 7. 9. 저에게 보정기한을 송달일로부터 7일 이내로 정하여 항소취지의 기재와 인지대 납부를 명하는 보정명령을 보냈습니다. 그런데 이 사건 보정명령은 2017. 7. 13. 전산정보처리시스템에 등재됨과 아울러 그 등재사실이 전자메일로만 전송되고 문자메시지로는 전송되지 않았습니다. 원심법원의 재판장은 이 사건 보정명령이 2017. 7. 21. 송달 간주된 것으로 보아 2017. 7. 14. 이 사건 보정명령 불응을 이유로 제 항소장을 각하하는 명령했습니다. 문자메세지로 받지 못했는데도 이 각하명령이 타당한가요?

A 대법원 2013. 4. 26.자 2013마4003 결정은 '이른바 전자소송의 등록사용자가 전자우편주소와 휴대전화번호를 전자소송시스템에 입력한 경우에는 등록사용자의 별다른 요청이 없는 한, 반드시 전자우편과 문자메시지 양자의 방법으로 전자문서의 등재사실을 통지하여야 하고, 그 등재된 전자문서가 등록사용자의 미확인으로 송달 간주되는 시기는 전자우편과 문자메시지 양자 모두의 방법으로 등재사실이 통지된 날부터 1주가 지난 날이라고 보아야 한다.' 라고 판시하고 있습니다.
한편, 위 결정 이후 2013. 6. 27. 전자소송규칙이 개정되었는데, 그 주요 내용 가운데 하나는 전자소송에서 송달의 요건이 되는 전자문서 등재사실의 통지는 전자우편과 문자메시지를 보내는 방법으로 하되, 둘 중 하나라도 먼저 전송된 때 통지의 효력이 발생하도록 한 제26조 제2항을 신설하였습니다. 그러므로 위 각하명령은 위법하다고 볼 수 있습니다.

■ 전자소송에서 송달방법이 잘못된 경우 대항을 어떻게 해야 하는지요?

Q

저는 월간베스트 저장소에 26레벨의 아이디를 가지고 있는 속칭 '네임드' 회원입니다. 저는 2016. 5.경 위 사이트의 정치게시판에 "A당 대표 B는 금괴 200톤과 1조원짜리 자기앞수표 20장을 비자금으로 조성하여 시위에 나오는 사람들의 교통 편의를 위해 관광버스를 대절해 주고 참석자 1인당 10만원 씩 돈을 지급하면서 200만명의 시위대를 모았다."는 게시글을 올렸고, 그 글은 '월베로' 10,000개를 받으면서 베스트 게시물로 등록되었습니다. 위 글을 본 B는 저를 상대로 명예훼손을 원인으로 하여 1,000만원의 지급을 구하는 손해배상청구소송을 제기하였는데, 저는 대법원에서 전자소송이라는 좋은 시스템이 있어서 직접 법원에 서류를 제출하지 않아도 된다는 소문을 듣고, 위 사건에 대하여 전자소송전환신청을 해서 전자소송 홈페이지를 통해 답변서를 제출하였습니다. 그런데 누군가가 제 신상정보를 털어 인터넷에 제 이름과 연락처, 메일주소 등을 올려 제 휴대전화 번호로 각종 항의전화, 문자메세지, 카카오톡 메시지가 밀려들어왔고, 저는 순간 가슴이 먹먹해져 와 휴대전화번호를 변경하고, 번호변경안내서비스신청을 일부러 하지 않았습니다. 다행히 사람들이 변경된 휴대전화번호는 몰랐는지 더 이상 항의메세지나 전화는 오지 않았는데, 어느날 갑자기 저에게 소송비용확정결정이 송달되었고 그제서야 불현듯 B대표가 제기한 민사소송이 떠올랐습니다. 저는 부랴부랴 전자소송 홈페이지에 접속해서 사건 진행경과를 살펴보았으나, 이미 2개월 전 판결선고가 되었고 판결이 확정된것으로 기재되어 있었습니다. 저는 국내 굴지의 단체인 C연합의 회원이 A당 당사 앞에서 위와 같은 내용이 기재된 피켓을들고 있는 것을 보았기 때문에, 여전히 제가 적시한 내용은 진실이라고 믿고 있습니다. 그래서 늦게나마 항소를 제기하려고 하는데, 제가 불복할 수 있는 방법이 없을까요?

A 전자문서 등재사실의 통지는 등록사용자가 전자소송시스템에 입력한 전자우편주소로 전자우편을 보내고, 휴대전화번호로 문자메시지를 보내는 방법으로 하고(민사소송 등에서의 전자문서 이용 등에 관한 규칙 제26조 제1항 본문), 이 통지는 전자우편이 전자우편주소로 전송된 때 또는 문자메시지가 휴대전화번호로 전송된 때 효력이 생깁니다(제2항). 한편 전자소송에 있어 송달받을 자가 등재된 전자문서를 확인하면 그 사람에게 송달이 이루어진 것으로 보고, 다만 그 등재사실을 통지한 날로부터 1주일 이내에 전자문서를 확인하지 않는 경우 등재사실을 통지한 날로부터 1주가 경과한 때 전자문서가 송달된 것으로 봅니다(민사소송 등에서의 전자문서 이용 등에 관한 법률 제11조 제4항). 또한 등록사용자가 책임질 수 없는 사유로 전자소송시스템에 등재된 전자문서를 위 기간 안에 확인하지 못한 경우에는 그 사유가 없어진 날로부터 2주 이내에 게을리 한 소송행위를 보완할 수 있습니다(규칙 제26조 3항).
따라서 이 사건의 경우에도 위와 같은 사유가 당사자의 책임질 수 없는 사유를 구성하는 경우에는 그 사유가 없어진 날로부터 2주 이내에 게을리 한 소송행위를 보완할 수 있을 것입니다.

■ 전자소송에서 판결문을 전자적으로 등재 및 통지한 경우 판결문 송달의 효력이 발생하는 시기는 언제인가요?

Q 甲은 乙과의 소송에서 일부패소하였는데, 제1심법원이 판결문을 전자문서로 등재하고 그 사실을 전자적으로 통지하였지만 甲이 판결문을 확인하지 않고 있는 경우 甲의 상소기간은 어떻게 되나요?

A 판례는 "판결 선고 후 판결문을 전자문서로 전산정보처리시스템에 등재하고 그 사실을 전자적으로 통지하였지만 등록사용자가 판결문을 1주 이내에 확인하지 아니한 경우 판결문 송달의 효력이 발생하는 시기는 등재사실을 등록사용자에게 통지한 날의 다음 날부

터 기산하여 7일이 지난 날의 오전 영시가 되고, 상소기간은 민법 제157조 단서에 따라 송달의 효력이 발생한 당일부터 초일을 산입해 기산하여 2주가 되는 날에 만료한다"라고 하고 있습니다 (대법원 2014. 12. 22. 선고 2014다229016 판결). 따라서 甲에게 2017. 7. 31. 전산정보처리시스템에 등재한 사실이 전자적으로 통지된 경우 판결문 송달의 효력은 2017. 8. 1.부터 발생하고, 상소기간은 2017. 8. 1. 당일부터 초일을 산입해 기산하게 됩니다.

8. 피고의 답변서 제출

8-1. 답변서 제출통보
법원은 소장의 부본을 송달할 때에 피고가 원고의 청구에 이의가 있어 소송을 진행하길 원할 경우 답변서를 제출하라는 취지를 피고에게 알립니다.

8-2. 답변서의 작성
① 답변서에는 다음의 사항을 적어야 합니다.
  1. 당사자의 성명·명칭 또는 상호와 주소
  2. 대리인의 성명과 주소
  3. 사건의 표시
  4. 공격 또는 방어의 방법 : 주장을 증명하기 위한 증거방법
  5. 상대방의 청구와 공격 또는 방어의 방법에 대한 진술 : 상대방의 증거방법에 대한 의견 기재
  6. 덧붙인 서류의 표시
  7. 작성한 날짜
  8. 법원의 표시
  9. 청구 취지에 대한 답변
  10. 소장에 기재된 개개의 사실에 대한 인정 여부 및 증거방법
  11. 항변과 이를 뒷받침하는 구체적 사실 및 증거방법

8-3. 답변서의 첨부서류

① 답변서에는 증거방법 중 입증이 필요한 사실에 관한 중요한 서증의 사본을 첨부해야 합니다.

② 당사자가 가지고 있는 문서로 답변서에 인용한 것은 그 등본 또는 사본을 붙여야 합니다.

③ 문서의 일부가 필요한 경우에는 그 부분에 대한 초본을 붙이고, 문서가 많을 때에는 그 문서를 표시하면 됩니다.

④ 첨부서류는 상대방이 요구하면 그 원본을 보여 주어야 합니다.

8-4. 답변서 제출기한

① 피고는 소장의 부본을 송달받은 날부터 30일 이내에 답변서를 제출해야 합니다.

② 다만, 피고가 공시송달의 방법에 따라 소장의 부본을 송달받은 경우에는 그렇지 않습니다.

8-5. 보정명령

재판장은 답변서의 기재사항 등이 제대로 기재되어 있지 않은 경우 법원서기관·법원사무관·법원주사 또는 법원주사보(이하 '법원사무관등'이라 한다)로 하여금 방식에 맞는 답변서의 제출을 촉구하게 할 수 있습니다.

8-6. 답변서의 송달

법원은 답변서의 부본을 원고에게 송달합니다.

8-7. 답변서 미제출의 효과

① 법원은 피고가 답변서를 제출하지 않은 경우 청구의 원인이 된 사실을 자백한 것으로 보고 변론 없이 판결할 수 있습니다.

② 다만, 직권으로 조사할 사항이 있거나 판결이 선고되기까지 피고가 원고의 청구를 다투는 취지의 답변서를 제출한 경우에는 그렇지 않습니다.

③ 자백하는 취지의 답변서 제출의 경우

피고가 청구의 원인이 된 사실을 모두 자백하는 취지의 답변서를 제출하고 따로 항변을 하지 않은 경우 법원은 변론 없이 판결할 수 있습니다.
④ 선고 기일 통지
법원은 피고에게 소장의 부본을 송달할 때에 변론 없이 판결을 선고할 기일을 함께 통지할 수 있습니다.

[서식] 답변서

답 변 서

사　　건　　20○○가단○○○　건물 등 철거
원　　고　　○○○
피　　고　　◇◇◇

위 사건에 관하여 피고의 소송대리인은 아래와 같이 답변합니다.

청구취지에 대한 답변

1. 원고의 청구를 기각한다.
2. 소송비용은 원고가 부담한다.
라는 재판을 구합니다.

청구원인에 대한 답변
1. 사실관계의 정리
　원고는 피고가 이 사건 건물의 소유자라고 주장하나 이는 사실과 다릅니다.
　① 피고는 1984. 8. 24.경 소외 이00으로부터 이 사건 건물과 그 대지를 매수하기로 계약하였습니다. (을 제1호증 매매계약서 참조)
　② 당시 이 사건 건물은 위 이00이 신축하여 소유하고 있던 미등기 건물이었습니다.
　③ 피고는 위 이00과의 위 매매계약에 기하여 이 사건 건물을 인도

받아 현재까지 살고 있습니다.

④ 한편, 위 이00은 1995년 경 사망하였는바, 이 사건 대지는 위 이00의 직계비속인 소외 이@@이 상속하였고, 그 무렵 이 사건 건물 역시 위 이@@에게 상속되었다 할 것입니다.

⑤ 2004년 경 피고는 당시까지 토지와 건물에 대한 등기이전을 하지 못한 관계로 이 사건 건물을 보수하기 위하여 토지의 소유자로 등기되어있던 위 이@@의 승낙이 필요하였고, 위 이@@의 승낙을 받아 이 사건 건물을 개보수 하였습니다. {을 제2호증 확인서(이@@) 참조}

⑥ 그 이후 2013. 1. 14.경 이 사건 토지는 강제경매에 의해 원고가 매수하였습니다.

2. 원고 주장의 부당성

가. 관습법상 법정지상권의 존재

(1) 관습법상 법정지상권은 ① 토지와 건물이 동일인의 소유에 속하였다가, ② 그 토지소유자와 건물소유자가 다르게 되었을 경우, ③ 위 건물에 대한 철거 특약이 없을 것을 조건으로 성립하게 됩니다.

(2) 이 사건 건물의 경우 최초 이 사건 건물을 신축한 위 망 이00이 원시취득한 이래로 미등기상태로 계속 존재하고 있어 현재까지도 위 이00의 상속인인 위 이@@의 소유라 할 것이고, 이 사건 토지의 경우에도 위 이@@이 위 이00로부터 상속하여 소유하고 있다가 2013년 경 강제경매에 의해 원고에게로 소유권이 이전된 것이므로, 관습법상 법정지상권의 첫 번째 성립요건인 ① 토지와 건물이 동일인의 소유에 속하였다는 것과 ② 그 토지소유자와 건물소유자가 다르게 되었을 것이라는 요건을 충족한다 할 것입니다.

또한, 강제경매로 인하여 이 사건 토지의 소유권이 이전된 이상 건물소유자와 토지소유자 사이에 이 사건 건물에 대한 철거 합의가 있는 것을 불가능하므로, 이를 이유로 ③ 위 건물에 대한 철거 특약이 없을 것이라는 요건도 충족합니다.

(3) 따라서 이 사건 건물에 대하여 관습 법정지상권이 성립되어있다 할 것입니다.

나. 피고의 점유 권원

(1) 피고는 과거 이 사건 건물과 토지를 위 망 이OO로부터 매수하기로 계약하였고, 현재까지 점유·사용하고 있으므로 소유권이전등기청구권의 소멸시효는 중단된 상태라 할 것입니다.

(2) 또한 소외 이@@은 위 망 이OO의 상속인으로 피고와 위 망 이OO 사이의 매매계약에 따른 채무를 승계하고 있다 할 것이고, 비록 이 사건 토지에 대한 소유권이전등기청구는 이행불능에 빠졌지만, 이 사건 건물에 대하여는 여전히 피고가 위 매매계약에 따른 채권에 기하여 이 사건 건물을 점유·사용하고 있는 것인바, 민법 제213조 단서에 기하여 이 사건 건물 및 토지를 점유할 권리가 있다 할 것입니다.

다. 보론 - 피고의 관습법상 법정지상권 등기 및 이전 계획

(1) 현재 이 사건 건물의 대외적 소유권자는 위 이@@이라 할 것이고, 위 이@@은 이 사건 건물에 대한 관습법상 법정지상권을 취득한 상태입니다.

(2) 한편, 피고는 위 이@@로부터 이 사건 건물에 대한 소유권이전을 청구할 수 있는 채권을 보유하고 있고, 이 사건 건물의 유지를 위한 법정지상권도 함께 이전을 청구할 권리를 가지고 있습니다.

(3) 위와 같은 이유로 현재 피고는 이 사건 건물에 대한 소유권보존등기를 경료하여 위 이@@로부터 소유권이전을 받고, 아울러 관습법상 법정지상권까지 함께 등기하여 이전받을 계획에 있으나, 이 사건 건물이 장기간 미등기로 존재하고 있던 건물이어서 건축 허가 등의 업무처리에 어려움이 있어 지연되고 있는 상황입니다.

3. 맺음말

요컨대, 이 사건 건물과 토지는 위 이@@의 소유였다가 강제경매로 인하여 소유권자가 달라진 상황으로, 이 사건 건물에 대한 관습법상 법정지상권이 성립되어 있어, 원고의 이 사건 청구는 이유 없다 할 것입니다.

입 증 방 법

1. 을 제1호증	매매차계약서 사본
1. 을 제2호증	확인서(이@@)

■ 소송이 부당하다고 생각하여 답변서를 제출하지 않는다면 불이익이 있나요?

Q 甲이 乙을 상대로 소송을 제기하고 소장이 乙에게 송달되었는데 乙은 위 소송이 부당하다고 생각하여 답변서를 제출하지 않는다면 불이익이 있나요?

A 민사소송법 제256조, 제257조는 피고가 소장부본을 송달받고 30일의 답변서 제출기간 내에 답변서를 제출하지 않는 경우 원고의 청구 원인사실에 대해 자백한 것으로 봅니다. 자백간주가 성립되면 재판상의 자백과 마찬가지로 법원은 그 사실을 판결의 기초로 삼아야 하므로, 乙에게 매우 불리합니다. 다만 자백간주는 당사자에 대한 구속력이 생기지 않기 때문에 변론기일에 참석하여 원고의 청구를 다투는 경우 자백간주의 효과가 배제됩니다.

■ 관할위반에 항변 없이 답변서를 제출한 경우 어떻게 해야 하나요?

Q 저는 의성에서 마늘 농사를 짓고 있는데, 신안군에 있는 A에

게 마늘 1톤을 판매하기로 계약하면서 계약에 관하여 분쟁이 있을 경우 의성지원을 관할법원으로 하기로 약정하고, 같은 내용을 기재해 계약서를 작성하였습니다. 저는 A에게 약속한 대로 마늘 1톤을 보냈지만, A는 마늘 품질이 마음에 들지 않는다면서 계약을 해제하겠다는 의사를 표시하면서 목포지원에 계약금 반환청구소송을 제기하였습니다. 저는 30일 이내에 답변서를 내야 한다길래 급히 답변서를 내면서 정상적으로 마늘을 매도하였으므로 계약 해제는 부당하다는 취지로 답변서를 작성해 우편접수하였는데, 깜빡하고 관할위반의 항변은 하지 않았습니다. 아직 변론기일이 지정되지는 않았는데, 이 사건을 이송시킬 방법이 없을까요?

A 관할합의를 한 경우라도 피고가 1심 법원에서 관할위반이라고 항변하지 아니한 채 본안에 대하여 변론하거나 변론준비기일에서 진술하면 그 법원은 관할권을 가지게 됩니다(변론관할, 민사소송법 제30조). 그런데 이 사건은 아직 답변서가 제출되었을 뿐, 그 답변서가 변론기일에서 진술되지 않은 상태이므로 변론기일이 지정되지 않은 현 시점에서는 변론관할이 발생하였다고 볼 수 없고, 따라서 관할위반 항변을 하는 취지의 답변서를 다시 제출하되, 변론기일에서 기존에 제출한 답변서는 부진술하는 방식으로 관할위반 항변을 함으로써 의성지원으로 사건을 이송해 재판을 진행할 수 있겠습니다.

8-8. 전자소송의 경우

① 전자소송에 대해서도 일반소송과 답변서 제출에 관한 일반적인 내용은 같습니다. 다만, 일반소송과 달리 답변서의 제출이 전자문서의 방식으로 이루어지므로 전자소송의 특수성이 있습니다.

② 전자소송에서의 답변서 제출은 다음과 같이 이루어집니다.

9. 피고의 반소 제기

① 반소란 소송의 계속 중에 피고가 원고에게 본소청구 또는 이에 대한 방어방법과 견련관계가 있는 새로운 청구를 하기 위해 동일한 절차에서 제기하는 소송을 말합니다. 예를 들면 A가 B에게 물품의 매매대금을 요구하는 소송을 제기했는데 물품을 받지 않은 B는 A에게 물품을 인도 받지 않았다고 주장하는 것이 방어 방법입니다. 그런데 반소는 물품을 받지 않은 B가 A에게 물품인도를 청구하는 소송을 제기해 본소와 함께 심판받도록 하는 것을 말합니다.
② 반소가 원고의 청구기각신청 이상의 청구가 아닐 경우에는 반소로서의 청구 이익이 없어 각하될 수 있으니 주의하시기 바랍니다.

[서식] 반소장

반 소 장

사   건   20○○가소○○○ 손해배상(기)
피고(반소원고)   ◇◇◇ (주민등록번호)
          ○○시 ○○구 ○○길 ○○(우편번호 ○○○-○○○)
                      전화.휴대폰번호:
                      팩스번호, 전자우편(e-mail)주소:
원고(반소피고)   ○○주식회사
          ○○시 ○○구 ○○길 ○○(우편번호 ○○○-○○○)
                      대표이사 ◉●●
                      전화.휴대폰번호:
                      팩스번호, 전자우편(e-mail)주소:
    위 사건에 관하여 피고(반소원고)는 아래와 같이 반소를 제기합니다.

퇴직금청구의 소

반 소 청 구 취 지

1. 원고(반소피고)는 피고(반소원고)에게 금 ○○○원 및 이에 대한 20○○. ○○. ○○.부터 20○○. ○○. ○○.까지는 연 6%의, 그 다음날부터 다 갚는 날까지는 연 20%의 각 비율에 의한 돈을 지급하라.
2. 소송비용은 원고(반소피고)가 부담한다.
3. 위 제1항은 가집행 할 수 있다.

라는 판결을 구합니다.

반 소 청 구 원 인

1. 피고(반소원고)는 ○○시 ○○구 ○○길 ○○-○에 소재한 원고(반소피고)회사에 20○○. ○. ○. 입사하여 20○○. ○○. ○. 퇴사할 때까지 ○○점 매장 및 ◎◎점 매장에서 의류를 판매하는 일에 종사하였습니다.
2. 피고(반소원고)는 매월 금 ○○○원 정도의 월급과 400%의 수당을 원고(반소피고)회사로부터 지급 받았습니다. 그리고 판매실적에 따라 판매수당을 지급 받았습니다.
3. 그러나 피고(반소원고)가 20○○. ○○. ○. 퇴직할 당시 원고(반소피고)회사로부터 퇴직금을 지급 받지 못하였으며, 그 퇴직금은 금 ○○○원입니다. 또한, 단체협약서에 퇴직금의 지급시기에 관하여 별도로 정해진 바가 없으며, 근로기준법 제37조 소정의 금품청산제도는 근로관계가 종료된 후 사용자로 하여금 14일 내에 근로자에게 임금이나 퇴직금 등의 금품을 청산하도록 하는 의무를 부과하는 한편, 이를 불이행하는 경우 형사상의 제재를 가함으로써 근로자를 보호하고자 하는 것이지 사용자에게 위 기간 동안 임금이나 퇴직금지급의무의 이행을 유예하여 준 것이라고 볼 수는 없으므로 피고(반소원고)는 퇴직금청구권을 퇴직한 다음날부터 행사할 수 있다고 봄이 타당합니다.
4. 따라서 피고(반소원고)는 원고(반소피고)회사에게 위 퇴직금 ○○○원 및 이에 대한 퇴직한 날의 다음날인 20○○. ○○. ○○.부터 20○○. ○○. ○○.까지는 상법에서 정한 연 6%의, 그 다음날부터

다 갚는 날까지는 근로기준법 제37조 및 동법 시행령 제17조에서 정한 연 20%의 각 비율에 의한 지연손해금의 지급을 구하기 위하여 이 사건 반소청구에 이르게 된 것입니다.

입 증 방 법

1. 을 제1호증   단체협약서
1. 을 제2호증   체불금품확인원

첨 부 서 류

1. 위 입증방법   각 1통
1. 반소장부본   1통
1. 송달료납부서   1통

20○○. ○. ○.

위 피고(반소원고) ◇◇◇ (서명 또는 날인)

○○지방법원 ○○지원 제○○민사단독 귀중

■ 반소로 차임 감액을 청구할 수 있는지요?

Q 甲은 乙에게 토지를 임대하였는데, 乙이 차임을 지급하지 않자 乙을 상대로 차임 청구소송을 제기하였습니다. 이에 乙은 토지에 대한 공과부담의 증가를 이유로 반소로써 차임의 감액을 청구하고자 하는데 가능한지요?

A 민법 제628조는 "임대물에 대한 공과부담의 증감 기타 경제사정의 변동으로 인하여 약정한 차임이 상당하지
아니하게 된 때에는 당사자는 장래에 대한 차임의 증감을 청구할 수 있다."라고 규정하고 있습니다.
그런데 민법 제628조에 의한 임차인의 차임감액청구권은 사법상의 형성권이지 법원에 대하여 형성판결을 구할 수 있는 권리가 아니므로 차임청구의 본소가 계속한 법원에 반소로서 차임의 감액을 청구할 수는 없습니다(대법원 1968. 11. 19. 선고 68다1882, 68다1883 판결 참조).
따라서 乙은 甲의 차임 청구소송에 대해서 반소로써 차임의 감액을 청구할 수는 없을 것으로 보입니다.

■ 피고가 민사소송법 제412조 제1항 에 따라 반소를 제기할 수 있는지요?

Q 저는 제1심판결을 알지 못하다가 적법한 기간 내에 추완항소를 제기하여 항소심이 계속 중입니다. 그런데 상대방에게 반소를 제기할 사유가 있는데, 항소심 중에서 반소를 제기할 수 있는지요?

A 민사소송법은 제412조 제1항에서 "반소는 상대방의 심급의 이익을 해할 우려가 없는 경우 또는 상대방의 동의를 받은 경우에 제기할 수 있다."고 규정하고 있습니다. 따라서 항소심에서도 반소 제기는 가능하나 추완 항소의 경우에도 동일한지여부와 심급의 이익을 해할 우려가 없는 경우가 어떤 것인지가 문제됩니다. 판례는 "형식적으로 확정된 제1심판결에 대한 피고의 항소추완신청이 적법하여 해당 사건이 항소심에 계속된 경우 그 항소심은 다른 일반적인 항소심과 다를 바 없다. 따라서 원고와 피고는 형식적으로 확정된 제1심판결에도 불구하고 실기한 공격·방어방법에 해당하지

아니하는 한 자유로이 공격 또는 방어방법을 행사할 수 있고, 나아가 피고는 상대방의 심급의 이익을 해할 우려가 없는 경우 또는 상대방의 동의를 받은 경우에는 반소를 제기할 수도 있다"라고 하였습니다(대법원 2013. 1. 10. 선고 2010다75044 판결).

한편 심급의 이익을 해할 우려가 없는 경우에 대해서 판례는 "상대방의 심급의 이익을 해할 우려가 없는 경우'라 함은 반소청구의 기초를 이루는 실질적인 쟁점이 제1심에서 본소의 청구원인 또는 방어방법과 관련하여 충분히 심리되어 상대방에게 제1심에서의 심급의 이익을 잃게 할 염려가 없는 경우를 말한다."라고 하였습니다(대법원 2005. 11. 24. 선고 2005다20064 판결).

그렇다면 결국 반소 제기 자체는 가능하나 그 반소의 내용에 따라 상대방이 심급의 이익을 잃게 될 염려가 있는 경우에는 그 반소에 대해 상대방의 동의를 받아야 하고, 심급의 이익을 읽잃게 될 염려가 없는 경우에는 동의 없이 반소가 허용되며 우려 존부에 대해서는 추완항소 재판부에서 판단하게 됩니다. 한편 민사소송법 제412조 제2항은 반소에 대해 상대방이 이의를 제기하지 아니하고 반소의 본안에 관하여 변론을 한 때에는 반소제기에 동의한 것으로 본다고 규정하고 있으므로, 일응 반소를 제기하고 상대방이 이의 없이 변론한다면 별도로 동의를 구하지 않으므로 우선 반소를 제기해볼 것을 권합니다.

■ 상대방의 동의 없이 반소를 제기할 수 있나요?

Q 甲은 乙의 건물철거 및 대지인도청구의 본소에 대하여 제1심 법원에 관습법상의 법정지상권에 기한 항변을 하는 내용의 답변서를 제출함과 동시에, 위 건물을 신축자인 丙으로부터 승계취득 하였다는 점에 대한 증거로 甲과 丙 사이의 매매계약서를 제출하고 증인 丁을 통하여 위와 같은 사실을 입증하고자 하였으나, 제1심 법원은 甲의 항변을 배척하고 乙의 본소청구를 인용하였습니다. 이에 甲은 항소하여 항소심에서 법정지상권설정등기절차의 이행을 청구하는 반소를 제기하였고, 乙은 반소가 기각되어야 한다는 답변을 하였습니다. 이 경우 甲이 반소에 관하여 乙의 동의를 얻어야 하는지요?

A 민사소송법 제412조에 의하면 "①반소는 상대방의 심급의 이익을 해할 우려가 없는 경우 또는 상대방의 동의를 받은 경우에 제기할 수 있다. ②상대방이 이의를 제기하지 아니하고 반소의 본안에 관하여 변론을 한 때에는 반소제기에 동의한 것으로 본다."라고 규정하고 있습니다.

이에 대하여 판례는 "항소심에서 피고가 반소장을 진술한데 대하여 원고가 '반소기각 답변'을 한 것만으로는 현행 민사소송법 제412조 제2항 소정의 '이의 없이 반소의 본안에 관하여 변론을 한 때'에 해당한다고 볼 수 없으나(대법원 1991. 3. 27. 선고 91다1783, 1790 판결), 예외적으로 반소청구의 기초를 이루는 실질적인 쟁점에 관하여 제1심에서의 본소의 청구원인 또는 방어방법과 관련하여 충분히 심리되어 항소심에서의 반소제기를 상대방의 동의 없이 허용하더라도 상대방에게 제1심에서의 심급의 이익을 잃게 하거나 소송절차를 현저하게 지연시킬 염려가 없는 경우에는 상대방의 동의 여부와 관계 없이 항소심에서의 반소제기를 허용하여야 할 것이다(대법원 1999. 6. 25. 선고 99다6708 판결)."라고 하여 예외적으로 일정한 요건 하에서 항소심에서 상대방의 동의 없이 반소를 제기할 수 있다고 판단하였습니다.

따라서 위 사안에서도 乙의 답변만으로는 '이의 없이 반소의 본안에 관하여 변론을 한 때'에 해당한다고 볼 수는 없을 것이나 반소청구의 기초를 이루는 실질적인 쟁점에 관하여 제1심에서의 본소의 청구원인 또는 방어방법과 관련하여 충분히 심리되어 항소심에서의 반소제기를 乙의 동의 없이 허용하더라도 乙에게 제1심에서의 심급의 이익을 잃게 하거나 소송절차를 현저하게 지연시킬 염려가 없는 경우에 해당하는 경우라면 乙의 동의 없이도 반소의 제기가 가능할 것입니다.

■ 반소를 제기한 경우 고등법원으로 사건이 이송되는지요?

Q 저는 A와 신축건물 분양계약을 체결하고 계약금 7,000만원을 지급하였으나, 알고 보니 그 부동산은 제3자가 3억원의 공사대금을 지급받지 못하였다면서 유치권을 행사하고 있는 상태여서 건물을 분양받더라도 건물을 사용할 수 없는 상태였습니

다. 저는 A가 위와 같은 사실을 고지하지 않고 분양계약을 체결한 것은 사기에 해당한다면서 분양계약을 취소하고, 계약금 7,000만원의 반환을 구하는 소송을 제기해 1심에서 전부승소판결을 선고받았습니다. 그러자 A는 항소를 제기하면서 제가 소송을 제기한 결과 건물 값이 떨어지고, 엄청난 정신적 고통을 받았다면서 반소로 3억원(시가하락분 2억원 + 위자료 1억원)의 지급을 구하는 손해배상청구소송을 제기하면서, 지방법원 민사항소부에는 관할이 없다면서 고등법원으로 이송신청을 구한 상태입니다. 항소심 첫 변론기일에서는 재판부가 저에게 우호적인 입장을 보인 것 같았는데, 고등법원에서는 재판부가 어떤 입장을 취할지 알 수가 없어 가급적 이송이 되지 않았으면 하는 바람인데, 이 사건이 고등법원으로 이송이 될까요?

> **A** 지방법원 본원 합의부가 지방법원 단독판사의 판결에 대한 항소사건을 제2심(항소심)으로 심판하는 도중에 지방법원 합의부의 관할에 속하는 소송이 새로 추가되거나 그러한 소송으로 청구가 변경되었다고 하더라도, 심급관할은 제1심 법원의 존재에 의하여 결정되는 전속관할이어서 이미 정하여진 항소심의 관할에는 영향이 없는 것이므로, 추가되거나 변경된 청구에 대하여도 그대로 심판할 수 있습니다(대법원 1992. 5. 12. 선고 92다2066 판결).
> 따라서 이 사건은 고등법원에 이송되지 않고, 지방법원 항소부에서 판결을 선고할 것입니다.

10. 변론절차

10-1. 쟁점정리기일 및 변론준비절차(입증책임)

① 쟁점정리기일은 변론준비절차 전에 사건의 쟁점을 확인하기 위해 정해지는 기일로 당사자 쌍방 본인이 법관 면전에서 사건의 쟁점을 확인하고 상호 반박하는 기회를 가질 수 있도록 마련된 제도입니다.

② 변론준비절차란 변론기일에 앞서 변론이 효율적이고 집중적으로 실시될 수 있도록 당사자의 주장과 증거를 정리해 소송관계를 명확하게 하는 절차로 서면에 의한 변론준비절차와 변론준비기일 방식으로 진행됩니다.

10-2. 쟁점정리기일

① '쟁점정리기일'이란 변론기일방식을 따르며 양쪽 당사자가 법관을 조기에 대면해 사건의 쟁점을 확인하는 날을 말합니다.

② 원칙적으로 재판장이 가능한 최단기간 안의 날로 쟁점정리기일(제1회 변론기일)을 지정해 쌍방 당사자 본인이 법관 면전에서 사건의 쟁점을 확인하고 상호 반박하는 기회를 가질 수 있도록 마련된 제도입니다.

③ 쟁점정리기일을 통해 양쪽 당사자가 서로 다투는 점이 무엇인지 미리 분명하게 밝혀지면, 그 이후의 증거신청과 조사는 그와 같이 확인된 쟁점에 한정해 집중적으로 이루어집니다.

④ 재판장은 쟁점정리기일 이후에 해당 사건을 변론준비절차에 회부할 수 있습니다. 이는 양쪽 당사자의 주장내용이나 증거관계가 매우 복잡하여, 별도의 준비절차를 통해 주장과 증거를 정리하고 앞으로의 심리계획을 수립하는 것이 필요하다고 판단되는 경우에 이루어집니다.

10-3. 변론준비절차

10-3-1. 개념

① '변론준비절차'란 변론기일에 앞서 변론이 효율적이고 집중적으로 실시될 수 있도록 당사자의 주장과 증거를 정리해 소송관계를 명확하게 하는 절차를 말합니다.

② 변론준비절차는 서면에 의한 변론준비절차와 변론준비기일 방식으로 진행됩니다.

10-3-2. 서면에 의한 변론준비절차

① 서면에 의한 변론준비절차는 기간을 정해 당사자에게 준비서면, 그 밖의 서류를 제출하게 하고 이를 교환해서 주장사실을 증명할 증거를 신청하게 하는 방법으로 진행합니다.

② 기간

서면에 의한 변론준비절차는 4개월을 넘지 못합니다.

10-3-3. 변론준비기일

① 변론준비기일은 변론준비절차를 진행하는 재판장, 수명법관, 촉탁판사(이하 "재판장등"이라 한다)가 서면에 의한 변론준비절차가 진행되는 동안에 주장 및 증거를 정리하기 위해 필요하다고 인정하는 때에 당사자를 출석하게 해 최종적으로 쟁점을 정리하는 기일을 말합니다.

② 당사자는 변론준비기일이 끝날 때까지 변론준비에 필요한 주장과 증거를 정리해 제출해야 합니다.

③ 변론준비절차를 진행하는 경우 재판장등은 법원사무관등으로 하여금 그 이름으로 준비서면, 증거신청서 및 그 밖의 서류의 제출을 촉구하게 할 수 있습니다.

④ 제3자의 출석
당사자는 재판장등의 허가를 얻어 변론준비기일에 제3자와 함께 출석할 수 있습니다.

⑤ 기간
변론준비절차는 서면에 의한 변론준비절차까지 포함해 모두 6개월을 넘지 못합니다.

10-3-4. 종결

① 당사자가 정해진 기간 이내에 준비서면 등을 제출하지 않거나 증거의 신청을 하지 않은 경우 재판장등은 변론준비절차를 종결하고 변론기일을 지정할 수 있습니다.

② 당사자가 변론준비기일에 출석하지 않은 경우 재판장등은 변론준비절차를 종결하고 변론기일을 지정할 수 있습니다.

③ 다만, 변론의 준비를 계속해야 할 상당한 이유가 있는 경우에는 그렇지 않습니다.

10-3-5. 종결의 효과

① 변론준비기일에 제출하지 않은 공격방어방법은 다음 중 어느 하나에 해당해야만 변론에서 제출할 수 있습니다.
1. 그 제출로 인해 소송이 현저히 지연되지 않는 경우

2. 중대한 과실 없이 변론준비절차에서 제출하지 못했다는 것을 소
명한 경우
3. 법원이 직권으로 조사할 사항인 경우
② 그러나 소장 또는 변론준비절차 전에 제출한 준비서면에 적힌 사항
은 변론준비기일에 제출하지 않았다 하더라도 변론에서 주장할 수
있습니다. 다만, 변론준비절차에서 철회되거나 변경된 경우에는 변
론에서 주장할 수 없습니다.

[서식] 변론제한신청서

변 론 제 한 신 청 서

사 건   20○○가합○○○   소유권이전등기말소등
원 고   ○○○
피 고   ◇◇◇

　위 사건에 관하여 피고는 민사소송법 제141조에 따라 다음과 같이
변론을 제한하여 줄 것을 신청합니다.

다   음

　피고는 이 사건에 관하여, 원고는 여러 개의 증거신청을 청구하고
있는바, 원고의 위 증거신청은 중복됨으로써 도리어 소송절차를 지연
시키고 심리를 산만하게 할 우려가 있으므로 변론을 그 원인사실에
관한 입증에 제한하여 먼저 증인심문에 관하여만 심리하여 줄 것을
신청합니다.

20○○.   ○.   ○.
위 피고   ◇◇◇ (서명 또는 날인)

○○지방법원 제○민사부 귀중

변 론 기 일 지 정 신 청

사　건　　20○○가단○○○ 손해배상(기)
원　고　　○○○
피　고　　◇◇◇

　위 사건에 관하여 20○○. ○. ○. 재판기일에 피고측 형사기록문서
송부촉탁신청이 채택되어 다음 회 변론기일이 추후 지정으로 되었으나 피
고는 현재까지 절차를 밟지 않고 있고, 이 사건과 관련한 형사사건
이 종결되었으므로 변론기일을 지정해 주실 것을 신청합니다.

첨부서류 : 공소부제기이유고지

　　　　　　　　　　20○○.　　○.　　○.
　　　　　　　　위 원고　　○○○　(서명 또는 날인)

○○지방법원 제○○민사단독　귀중

■ 변론준비기일에서 양쪽 당사자 불출석의 효과가 변론기일에 승계되는
지요?

Q 甲은 변론준비기일에 한 번, 변론기일에 두 번 불출석하였는
　 데, 변론준비기일에서 불출석의 효과가 변론기일에
　 승계되어 소가 취하된 것으로 간주되게 되나요?

A 변론준비절차는 원칙적으로 변론기일에 앞서 주장과 증거를 정리하
　 기 위하여 진행되는 변론 전 절차에 불과할 뿐이어서 변론준비기일
　 을 변론기일의 일부라고 볼 수 없고 변론준비기일과 그 이후에 진
　 행되는 변론기일이 일체성을 갖는다고 볼 수도 없는 점, 변론준비
　 기일이 수소법원 아닌 재판장 등에 의하여 진행되며 변론기일과 달

리 비공개로 진행될 수 있어서 직접주의와 공개주의가 후퇴하는 점, 변론준비기일에 있어서 양쪽 당사자의 불출석이 밝혀진 경우 재판장 등은 양쪽의 불출석으로 처리하여 새로운 변론준비기일을 지정하는 외에도 당사자 불출석을 이유로 변론준비절차를 종결할 수 있는 점, 나아가 양쪽 당사자 불출석으로 인한 취하간주제도는 적극적 당사자에게 불리한 제도로서 적극적 당사자의 소송유지의사 유무와 관계없이 일률적으로 법률적 효과가 발생한다는 점까지 고려할 때 변론준비기일에서 양쪽 당사자 불출석의 효과는 변론기일에 승계되지 않습니다(대법원 2006.10.27.선고 2004다69581 판결).

따라서 甲이 변론준비기일에 한 번, 변론기일에 두 번 불출석하였다고 하더라도 변론준비기일에서 불출석의 효과가 변론기일에 승계되지 않으므로 소를 취하한 것으로 간주되지는 않을 것으로 보입니다.

■ 변론기일에 2회 불출석하면 소송이 취하한 것으로 본다고 들었는데 소송이 취하된 것으로 되는지요?

Q 저는 甲을 상대로 매매계약을 원인으로 하여 소유권이전등기 청구소송을 제기하였습니다. 그런데 甲은 제가 제기한 소송에 답변서만 제출하였을 뿐 전혀 응하지 않고 있는데, 저 역시 개인적인 사정으로 변론준비기일과 제1회 변론기일에 불출석하고 말았습니다. 제가 듣기로 기일에 2회 불출석하면 법에서 소송을 취하한 것으로 본다고 들었는데 제 경우에도 소송이 취하된 것으로 되는지요?

A 민사소송법 제268조는 두 번의 변론기일에 양쪽 당사자가 출석하지 아니하거나 출석하였다 하더라도 변론하지 아니하고, 기일지정신청에 따라 다시 진행되는 이후의 변론기일에서 다시 양쪽 당사자가 불출석한 경우에는 소를 취하한 것으로 본다고 규정하고 있으므로, 변론기일에 양쪽 당사자가 두 번 불출석하고 기일지정신청 후 변론기일에서 다시 불출석한 경우 및 변론준비기일에 양쪽 당사자가 두 번 불출석하고 기일지정신청 후 변론준비기일에서 다시 불출석한 경우 각기 소를 취하한 것으로 보게 됩니다.

그런데 양쪽 당사자가 변론준비기일과 변론기일에 불출석한 횟수가 합쳐서 세 번에 이를 경우 변론준비기일에서의 양쪽 당사자 불출석의 효과가 변론기일에까지 연결되어 승계됨으로써 그 전체 과정에서 세 번 불출석의 요건을 충족시키는 것으로 보아 소를 취하한 것으로 볼 것인지 여부에 관하여 민사소송법에는 별도의 규정을 두고 있지 않습니다.

한편, 양쪽 당사자가 변론준비기일에 한 번, 변론기일에 두 번 불출석한 경우와 관련하여 판례는 "변론준비절차는 원칙적으로 변론기일에 앞서 주장과 증거를 정리하기 위하여 진행되는 변론 전 절차에 불과할 뿐이어서 변론준비기일을 변론기일의 일부라고 볼 수 없고 변론준비기일과 그 이후에 진행되는 변론기일이 일체성을 갖는다고 볼 수도 없는 점, 변론준비기일이 수소법원 아닌 재판장 등에 의하여 진행되며 변론기일과 달리 비공개로 진행될 수 있어서 직접주의와 공개주의가 후퇴하는 점, 변론준비기일에 있어서 양쪽 당사자의 불출석이 밝혀진 경우 재판장 등은 양쪽의 불출석으로 처리하여 새로운 변론준비기일을 지정하는 외에도 당사자 불출석을 이유로 변론준비절차를 종결할 수 있는 점, 나아가 양쪽 당사자 불출석으로 인한 취하간주제도는 적극적 당사자에게 불리한 제도로서 적극적 당사자의 소송유지의사 유무와 관계없이 일률적으로 법률적 효과가 발생한다는 점까지 고려할 때 변론준비기일에서 양쪽 당사자 불출석의 효과는 변론기일에 승계되지 않는다."라고 하면서(대법원 2006. 10. 27. 선고 2004다69581 판결), 양쪽 당사자가 변론준비기일에 한 번, 변론기일에 두 번 불출석하였다고 하더라도 변론준비기일에서 불출석의 효과가 변론기일에 승계되지 아니하므로 소를 취하한 것으로 볼 수 없다고 하였습니다.

따라서 귀하의 경우에는 변론준비기일 1회, 변론기일에 1회에 불출석하였을 뿐, 2회의 변론기일 불출석한 것이 아니므로 소취하 간주되는 불이익은 없을 것으로 보입니다.

11. 준비서면

11-1. 개념

준비서면이란 당사자가 변론에서 하고자 하는 진술사항을 기일 전에 예고적으로 기재해 법원에 제출하는 서면을 말합니다.

[서식] 준비서면

준 비 서 면

```
사   건   20○○가합○○○○○ 대여금
원   고   ○○○
피   고   ◇◇◇
```

위 사건에 관하여 원고는 다음과 같이 변론을 준비합니다.

다   음

1. 사실관계의 정리

가. 대여금 액수에 대하여

피고는 ○○구 ○○동에서 '○횟집'을 운영하였습니다. 그러던 중, 피고는 원고로부터 19○○년경 금 2,500만원, 19○○년경 금 3,500만원 합계 금 6,000만원을 빌렸습니다.

나. 다툼 없는 사실의 정리

피고는 19○○년경 금 2,500만원을 빌렸다는 것을 인정하고 있으나, 19○○년경 금 3,500만원을 빌렸다는 사실은 이를 부인하고 있으며, 피고가 오히려 원고에게 금 80,919,000원을 원금과 이자 조로 변제하였다고 주장하고 있습니다.

다. 따라서 이 사건의 쟁점은 피고가 19○○년경 금 3,500만원을 빌린 사실이 있는지, 피고가 원고에게 이자 및 원금의 상환조로 준 돈이 얼마인지라고 하겠습니다.

2. 금 3,500만원의 대여여부에 관하여

가. 피고의 주장

피고는 원고가 19○○년경 위 횟집의 전세보증금으로 투자한 금 2,800만원과 권리금 1,000만원을 합한 금액에서 금 300만원을 뺀

금 3,500만원에 이 사건 횟집을 인수하기로 피고와 합의하였으나 이를 이행하지 않았으므로, 결과적으로 피고는 채무를 지지 않고 있다는 것입니다.

나. 피고 주장의 부당성

원고는 피고가 먼저 빌려간 금 2,500만원의 원금은커녕 이자의 지급마저 게을리 하고 있자, 이를 독촉하던 차에 피고가 자신에게 금 3,500만원을 추가로 빌려준다면 소외 ◉◉◉에게 들고 있던 계금 5,400만원의 명의를 원고에게 이전시켜 주겠다고 기망하였습니다. 이에 원고는 소외 ◉◉◉로부터 피고가 위 계원으로 있는지 확인(수사기록 78면, 진술조서)을 하였고, 기존에 빌려주었던 금 2,500만원까지 확보하겠다는 욕심에 친구로부터 금 4,000만원을 차용하여 피고에게 금 3,500만원을 빌려 주었던 것입니다.

그러나 피고는 위 계금을 성실히 납부하지 않았고 원고는 빌려준 금 3,500만원을 위 계금으로 충당하지 못하게 된 것입니다.

3. 피고가 이자 및 원금상당의 금원을 변제하였는지

가. 피고의 주장

피고는 19○○. ○.경부터 19○○. ○.경까지 총액 금 80,919,000원을 갚았고 이것으로 이자뿐만이 아니라 원금까지 변제되었다고 주장하고 있습니다.

나. 피고 주장의 부당성

그러나 피고는 증거로 장부를 제출하고도 도대체 어느 부분이 피고의 주장 사실에 부합하는지 특정도 하지 않았으며, 게다가 위 장부와 사실확인서는 객관성도 없습니다.

원고는 총액 금 1,500여만원 정도를 피고로부터 받은 사실은 있으나 이는 어디까지나 이자조로 받은 것이지 원금이 상환된 것도 아닙니다. 이것은 각서상으로도 분명히 인정되고 있습니다.

4. 결 론

결국 피고의 주장은 어느 것도 이를 인정할 만한 정도로 입증되지 않은 허위의 진술에 지나지 않습니다. 오히려 원고는 금 6,000만원이나 되는 거금을 빌려주고도 6년이 지난 현재까지 원금은커녕 이자도 제대로 받지 못하였습니다. 특히 원고가 빌려준 금 3,500만원은 원고가 친구인 소외 ◎◎◎로부터 차용한 돈입니다. 원고는 친구의 빚 독촉에 못 이겨 동생 소외 ■■■의 집을 저당 잡혀 위 돈을 변제한 상태이며(수사기록 45면, 금전소비대차약정서), 생활

- 415 -

고로 하루하루 어려운 생활을 하던 중 자살까지 기도하였습니다. 따라서 원고의 권리회복을 위해 조속히 원고의 청구를 인용하여 주시기 바랍니다.

20○○.　○.　○.

위 원고　○○○ (서명 또는 날인)

○○지방법원 제○○민사부　귀중

11-2. 기재사항

준비서면에는 다음의 사항을 적고, 당사자 또는 대리인이 기명날인 또는 서명해야 합니다.

1. 당사자의 성명·명칭 또는 상호와 주소
2. 대리인의 성명과 주소
3. 사건의 표시
4. 공격 또는 방어의 방법: 주장을 증명하기 위한 증거방법
5. 상대방의 청구와 공격 또는 방어의 방법에 대한 진술: 상대방의 증거방법에 대한 의견 기재
6. 덧붙인 서류의 표시
7. 작성한 날짜
8. 법원의 표시

■ 준비서면에 자백에 해당하는 내용이 기재되어 있는 경우, 재판상 자백이 성립하는지요?

Q 법원에 제출되어 상대방에게 송달된 답변서나 준비서면에 자백에 해당하는 내용이 기재되어 있는 경우에, 그것이 변론기일이나 변론준비기일에서 진술 또는 진술간주되어야만 재판상 자백이 성립하는지요?

A 민사소송법 제288조의 규정에 의하여 구속력을 갖는 자백은 재판상의 자백에 한하는 것이고, 재판상 자백이란 변론기일 또는 변론준비기일에서 당사자가 하는 상대방의 주장과 일치하는 자기에게 불리한 사실의 진술을 말하는 것으로서(대법원 1996. 12. 20. 선고 95다37988 판결 등 참조), 법원에 제출되어 상대방에게 송달된 답변서나 준비서면에 자백에 해당하는 내용이 기재되어 있는 경우라도 그것이 변론기일이나 변론준비기일에서 진술 또는 진술 간주되어야 재판상 자백이 성립합니다(대법원 2015.2.12. 선고 2014다229870 판결). 즉, 답변서나 준비서면에 자백에 해당하는 진술을 기재하여 법원에 제출하는 것만으로는 재판상 자백이 성립하지 않습니다.

■ 답변서에 적힌 주장을 다투고 싶은데 어떠한 절차를 통해야 하나요?

Q 甲은 乙을 상대로 민사소송을 진행 중에 있는데, 乙이 답변서를 법원에 제출하여 이를 송달받았습니다. 위 답변서에 적힌 주장을 다투고 싶은데 어떠한 절차를 통해야 하나요?

A 소송 당사자가 변론기일에서 말로 하고자 하는 사실상·법률상 사항을 기일 전에 준비서면에 기재하여 제출하면 됩니다. 이 경우 추가 증거를 첨부할 수도 있고, 상대방이 주장하는 사실을 부인하는 등의 취지의 주장을 할 수도 있습니다. 준비서면 제출과 관련한 효과로는 출석한 당사자가 준비서면에 적지 아니한 사실은 상대방이 출석하지 아니한 경우에 변론기일에서 주장하지 못합니다.

12. 증거의 신청

① 증거란 법원이 법률의 적용에 앞서서 당사자의 주장사실의 진위를 판단하기 위한 재료를 말하고, 이 증거를 제출하는 것이 입증입니다.
② 증거의 입증방법으로 서증, 증인, 당사자 본인신문, 감정, 검증, 문서송부촉탁, 사실조회촉탁, 증거보전, 녹음녹취 등이 있습니다.

12-1. 신청시기
① 당사자는 변론준비기일이 끝날 때까지 증거를 정리해 제출해야 합니다.
② 증거를 신청할 때에는 증거와 증명할 사실의 관계를 구체적으로 밝혀야 합니다.

12-2. 증인신청
① 법원은 특별한 규정이 없으면 누구든지 증인으로 신문할 수 있습니다. 증인신문은 부득이한 사정이 없는 한 일괄하여 신청해야 합니다.
② 증인신문을 신청할 경우에는 증인의 이름·주소·연락처·직업, 증인과 당사자의 관계, 증인이 사건에 관여하거나 내용을 알게 된 경위, 증인신문에 필요한 시간 및 증인의 출석을 확보하기 위한 협력방안을 밝혀야 합니다.

[서식] 증인신청서

```
                    증 인 신 청 서

  1. 사건 : 20○○가 ○○○○
  2. 증인의 표시
```

이 름	○ ○ ○				
생년월일	19○○. 1. 1.				
주 소	서울 ○○구 ○○동 123 4통 5반				
전화번호	자택	(02)555 - 777×	사무실	(02)777 - 999×	휴대폰	(010)1234-4567
원.피고 와의 관계	원고 처의 친구(고등학교 동창)				

3. 증인이 이 사건에 관여하거나 그 내용을 알게 된 경위
　　이 사건 임대차계약을 체결할 당시 원고, 원고의 처와 함께 계약
　　현장에 있었음
4. 신문할 사항의 개요
　　① 이 사건 임대차계약 당시의 정황
　　② 임대차 계약서를 이중으로 작성한 이유
　　③
5. 희망하는 증인신문방식(해당란에 "v" 표시하고 희망하는 이유를
　　간략히 기재)
☑ 증인진술서 제출방식　□증인신문사항 제출방식 □서면에 의한
　　증언방식
　　이유 : 원고측과 연락이 쉽게 되고 증인진술서 작성 의사를 밝혔음
6. 그 밖에 필요한 사항

20○○. ○○. ○○.

○고 소송대리인　○○○ (서명 또는 날인)

○○지방법원 제○부 앞

1. 증인이 이 사건에 관여하거나 그 내용을 알게 된 경위는 구체적
　　이고 자세하게 적어야 합니다.
2. 여러 명의 증인을 신청할 때에는 증인마다 증인신청서를 따로 작
　　성하여야 합니다.
3. 신청한 증인이 채택된 경우에는 법원이 명하는 바에 따라 증인진
　　술서나 증인신문사항을 미리 제출하여야 하고, 지정된 신문기일
　　에 증인이 틀림없이 출석할 수 있도록 필요한 조치를 취하시기
　　바랍니다.

사 실 조 회 신 청

사　　건　20○○가단○○○○ 손해배상(산)
원　　고　○○○
피　　고　주식회사 ◇◇◇

위 사건에 관하여 원고는 다음과 같이 사실조회를 신청합니다.

다　　음

1. 조회할 곳
　(1) ○○교통 주식회사 노동조합
　　주소 : ○○시 ○○구 ○○길 ○○ (우편번호 ○○○-○○○)
　(2) ○○기업 주식회사 노동조합
　　주소 : ○○시 ○○구 ○○길 ○ (우편번호 ○○○-○○○)
　(3) ○○교통 주식회사 노동조합
　　주소 : ○○시 ○○구 ○○길 ○ (우편번호 ○○○-○○○)
　(4) ○○운수 주식회사 노동조합
　　주소 : ○○시 ○○구 ○○길 ○ (우편번호 ○○○-○○○)

2. 조회할 사항
　20○○. ○.경부터 같은 해 ○.경까지 택시기사의 사납금 납입 후 1인
　당 일(日)수입금 및 월(月)수입금의 평균금액

20○○.　○.　○.
위 원고　○○○ (서명 또는 날인)

○○지방법원 제○민사단독　귀중

■ 소송상대방에게 있는 서류를 법원에 증거로 제출하도록 하는 방법은 없을까요?

> **Q** 저는 甲에게 제 소유 부동산을 1억원에 팔기로 계약하였으나, 甲이 그 매매대금을 지급하지 않아 甲을 상대로 부동산매매대금청구소송을 진행 중에 있습니다. 그런데 甲은 제가 보관하고 있던 매매계약서가 분실된 것을 알고는 매매계약에 대한 허위의 사실을 주장하고 있습니다. 이 경우 甲이 소지하고 있는 부동산매매계약서를 증거로 신청할 수 있는지요?

> **A** 당사자가 어느 문서를 서증으로 제출하고자 하나 그 문서를 상대방 또는 제3자가 소지하고 있어 본인이 직접 제출할 수 없는 경우에는 법원에 문서제출명령을 신청할 수 있습니다(민사소송법 제343조).
> 문서제출명령이란 문서제출의무를 부담하는 상대방 당사자나 제3자인 문서소지인에게 그 문서의 제출을 명하는 재판을 말하며, 「민사소송법」제344조에 의한 문서제출의무가 인정되는 경우로는, ①당사자가 소송에서 인용한 문서를 가지고 있는 때, ②신청자가 문서를 가지고 있는 사람에게 그것을 넘겨 달라고 하거나 보겠다고 요구할 수 있는 사법상의 권리를 가지고 있는 때, ③문서가 신청자의 이익을 위하여 작성되었거나, 신청자와 문서를 가지고 있는 사람 사이의 법률관계에 관하여 작성된 것인 때 등입니다. 다만, 상업장부에 대해서는 「민사소송법」제344조에 해당되지 아니하여도 법원은 제출을 명할 수 있습니다(상법 제32조). 문서제출명령의 신청을 하는 경우에는 문서의 표시, 문서의 취지, 문서를 가진 사람 및 증명할 사실, 문서를 제출하여야 하는 의무의 원인 등을 명시하여야 합니다(민사소송법 제345조).
> 그런데 법원이 문서제출명령을 발함에 있어서는 먼저 당해 문서의 존재와 소지가 증명되어야 하고, 그 입증책임은 원칙적으로 신청인에게 있습니다(대법원 1995. 5. 3.자 95마415 결정).
> 당사자가 문서제출명령을 받고 이에 응하지 아니하는 때에는 법원은 문서의 기재에 관한 상대방의 주장을 진실한 것으로 인정할 수 있습니다(민사소송법 제349조). 제3자가 문서의 제출명령에 응하지 아니한 때에는 법원은 그로 인한 소송비용의 부담을 명하고 500만원 이하의 과태료를 부과합니다(같은 법 제351조, 제318조, 제311조 제1항).

따라서 귀하의 경우 상대방이 소지하고 있는 부동산매매계약서는 귀하와 상대방간의 법률관계에 관하여 작성된 것으로 문서제출의무가 있는 문서이므로 법원에 문서제출명령을 신청할 수 있습니다.

참고로 법원이 문서제출명령신청에 대해 아무런 판단 없이 판결을 선고한 경우 판단유탈로 볼 것인지 여부에 관하여 판례는 "법원이 문서제출명령신청에 대해서, 별다른 판단을 하지 아니한 채 변론을 종결하고 판결을 선고한 것은 문서제출명령신청을 묵시적으로 기각한 취지라고 할 것이니 이를 가리켜 판단유탈에 해당한다고는 볼 수 없다."라고 하였습니다(대법원 1992. 4. 24. 선고, 91다25444 판결, 2001. 5. 8. 선고 2000다35955 판결).

■ 증인으로 신청하고자 하는데 그 절차는 어떻게 되나요?

Q 원고 甲은 피고 乙을 상대로 민사소송을 진행하던 중 丙을 증인으로 신청하고자 하는데 그 절차는 어떻게 되나요?

A 증인신청을 하기 위해서는 소송이 진행되고 있는 재판부에 증인신청서를 작성하여 제출하고, 재판부가 그 신청을 받아들일지 여부를 결정하게 됩니다. 증인신청서에는 증인의 표시(이름, 주소 등 인적사항), 증인신문을 통하여 입증하고자 하는 내용 등을 기재하여야 하며, 원고가 증인을 신청하는 경우 어떠한 내용을 신문할 것인지에 관하여 증인신문사항을 미리 작성하여 제출하여야 합니다. 실무적으로는 위 신청서와 증인신문사항을 재판부에 제출하여야 상대방의 반대신문 준비라던가 증인에 대한 소환장의 송달이 이루어질 수 있기 때문에 기일 2주전까지 위 사항을 신청하여야 합니다.

■ 채무자와의 대화를 몰래 녹음한 테이프도 증거로 될 수 있는지요?

Q 저는 3년 전 친구 甲에게 500만원을 빌려주면서 차용증서를 받지 않았는데, 甲은 변제기일이 지난 현재까지도 갚지 않고 있습니다. 저는 甲이 차용사실을 부인할 것에 대비하여 甲의 차용사실 등을 甲이 알지 못하도록 몰래 녹음하려고 하는데, 이러한 녹음테이프가 증거능력이 있는지요?

A 어떠한 사람이나 물건을 증거로 할 수 있는가 하는 물음에는 두 가지 의미가 포함되어 있다고 할 것입니다. 하나는 그 사람이나 물건이 증거방법으로서 증거조사의 대상이 될 자격이 있는가 하는 것으로서 이를 '증거능력'이라 하고, 다음은 증거자료가 입증을 요하는 사실의 인정에 미치는 정도가 어떠한가 하는 것으로서 이를 '증명력' 또는 '증거가치'라고도 합니다. 다시 말하면 전자는 증거가 될 자격이 있느냐의 문제이고, 후자는 그 증거에 의하여 당사자가 주장하는 사실을 인정할 수 있는가 하는 문제라고 말할 수 있습니다.

우리 민사소송법에서는 자유심증주의를 채택하고 있기 때문에 형사소송과 달리 증거능력에 제한은 없음이 원칙입니다. 다만, 증거능력이 인정되는 증거라도 이를 믿을 것인지 여부는 자유심증주의에 의하여 전적으로 법관의 판단에 의하게 됩니다.

당사자 일방이 상대방 모르게 상대방과의 대화내용을 비밀로 녹음한 경우에 관하여 판례를 보면, 우리 민사소송법이 자유심증주의를 채택하였음을 들어 상대방 모르게 비밀로 녹음한 녹음테이프를 위법으로 수집된 증거라는 이유만으로 증거능력이 없다고는 단정할 수 없다고 하였으며(대법원 1981. 4. 14. 선고 80다2314 판결), 자유심증주의를 채택하고 있는 우리 민사소송법에서 상대방의 부지중 비밀리에 상대방의 대화를 녹음하였다는 이유만으로 그 녹음테이프가 증거능력이 없다고 단정할 수 없고, 그 채증여부는 사실심법원의 재량에 속하는 것이며, 녹음테이프에 대한 증거조사는 검증의 방법에 의하여야 하고, 당사자 일방이 녹음테이프를 녹취한 녹취문을 증거로 제출하고 이에 대하여 상대방이 부지로 인부한 경우, 그 녹취문이 오히려 상대방에게 유리한 내용으로 되어 있었다면 녹음테이프 검증 없이 녹취문의 진정성립을 인정할 수 있다고 한 바 있습니다(대법원 1998. 12. 23. 선고 97다38435 판결, 1999. 5. 25. 선고 99다1789 판결).

참고로 형사소송에 있어서도 피고인이 범행 후 피해자에게 전화를 걸어오자 피해자가 증거를 수집하려고 그 전화내용을 녹음한 경우 그 녹음테이프가 피고인 모르게 녹음된 것이라 하여 이를 위법하게 수집된 증거라고 할 수 없다고 하였습니다(대법원 1997.3.28. 선고 97도240 판결).

그러므로 귀하의 경우 일단 그 녹음테이프를 증거로서 신청할 수 있고, 이 때 상대방이 그 수집절차의 위법 따위의 주장을 하게 되면 그 증거능력을 인정할 것인가 여부는 궁극적으로는 법관이 판단하게 될 것입니다.

그리고 녹음테이프의 증거능력이 인정될 경우 그 증거조사는 검증의 방법에 의하여야 합니다. 귀하가 테이프에 녹음된 내용을 변론에 제출할 때에는 먼저 그 내용을 문서에 옮겨 적어(녹취서작성) 이를 서증으로 제출하고 이어

녹음테이프를 제출해야 합니다.

13. 소송의 종결

13-1. 소송의 종결사유

13-1-1. 종국판결

① '종국판결'이란 소송 또는 상소의 제기에 의해 소송이 진행된 사건의 전부 또는 일부를 현재 계속하고 있는 심급에서 완결시키는 판결을 말합니다.

② 판결은 소송이 제기된 날부터 5개월 이내에 선고해야 합니다.

13-1-2. 청구의 포기, 인낙

① '청구의 포기'란 원고가 변론 또는 변론준비기일에 소송물인 권리관계의 존부에 대한 자기주장을 부정하고 그것이 이유없다는 것을 자인하는 법원에 대한 소송상의 진술을 말합니다.

② '청구의 인낙'이란 피고가 권리관계의 유무에 관한 원고의 주장을 이유있다고 인정하는 법원에 대한 진술을 말합니다.

③ 청구의 포기·인낙을 변론조서·변론준비기일조서에 적은 경우 그 조

서는 확정판결과 같은 효력을 가집니다.

13-2. 화해권고결정

① '화해권고결정'이란 법원·수명법관 또는 수탁판사가 소송이 진행 중인 사건에 대해 직권으로 당사자의 이익, 그 밖의 모든 사정을 참작하여 청구의 취지에 어긋나지 않는 범위 안에서 사건의 공평한 해결을 위해 화해를 권고하는 결정을 말합니다.

② 효력

화해권고결정은 다음 중 어느 하나에 해당하면 확정판결과 같은 효력을 가집니다.

1. 결정서의 정본을 송달받은 날부터 2주 이내에 이의신청이 없는 경우
2. 이의신청에 대한 각하결정이 확정된 경우
3. 당사자가 이의신청을 취하하거나 이의신청권을 포기한 경우

13-3. 소장각하명령

① 소장에 흠이 있어 보정명령을 내렸음에도 기간 이내에 흠을 보정하지 않은 경우 재판장은 명령으로 소장을 각하해야 합니다.

② 소장각하명령에 대해서는 즉시항고 할 수 있습니다.

13-4. 소송의 취하

① 소송이 제기된 후 원고가 법원에 소송의 전부 또는 일부를 철회하는 소송행위를 말합니다.

② 소송을 취하하면 소송은 당초 제기하지 않은 것과 동일한 상태로 돌아가게 됩니다.

■ 항소심의 환송판결이 종국판결인지요?

Q 甲과 乙 사이의 소송에서 항소심판결은 甲의 항소에 의하여 제1심판결을 취소하고 사건을 제1심법원에 환송한다고 하였는데, 위와 같은 환송판결이 이 사건에 대하여 종국판결로 보아 위 항소심 판결에 대하여 불복하여 곧바로 상고할 수 있나요?

A 판례는 "항소심의 환송판결은 종국판결이므로 고등법원의 환송판결에 대하여는 대법원에 상고할 수 있다"라고 하였습니다(대법원 1981. 9. 8. 선고 80다3271 전원합의체 판결). 따라서 甲은 항소심의 환송판결은 이 사건에 대하여 종국판결이라고 할 것이므로 이 판결에 대하여는 민사소송법 제392조에 의하여 대법원에 곧바로 상고할 수 있습니다.

■ 주소를 알고도 공시송달로 승소판결이 확정된 경우에 다시 재판하여 다툴 방법이 있는지요?

Q 甲은 乙에게 채무가 없는 자인데, 乙이 甲의 주소를 알고 있음에도 소재불명을 이유로 한 공시송달방법을 이용하여 승소판결을 받아 그 판결이 확정된 경우 다시 재판하여 구제받을 수 있나요?

A 민사소송법 제451조 제1항 제11호는 " 당사자가 상대방의 주소 또는 거소를 알고 있었음에도 있는 곳을 잘 모른다고 하거나 주소나 거소를 거짓으로 하여 소를 제기한 때에 해당하면 확정된 종국판결에 대하여 재심의 소를 제기할 수 있다. 다만, 당사자가 상소에 의하여 그 사유를 주장하였거나, 이를 알고도 주장하지 아니한 때에는 그러하지 아니하다"고 규정하고 있고, 같은 법 제173조 제1항은 "당사자가 책임질 수 없는 사유로 말미암아 불변기간을 지킬 수 없었던 경우에는 그 사유가 없어진 날부터 2주 이내에 게을리 한 소송행위를 보완할 수 있다"라고 규정하고 있는데, 이와 관련하여 판례는 "상대방의 주소나 거소를 알고 있음에도 불구하고 소재불명 또는 허위의 주소나 거소로 하여 소를 제기한 탓으로 공시송달의 방법에 의하여 판결이나 심판등 정본이 송달되어 불변기간인 상소기간이 도과된 경우에는 특단의 사정이

없는 한 상소 기간을 준수치 못한 것은 그 상대방이 책임질 수 없는 때에 해당된다"라고 하였습니다(대법원 1985. 10. 18. 선고 85므40 판결).
따라서 甲은 재심청구를 하거나 추후보완항소를 할 수 있고, 이로써 재판을 통해 다툴 방법이 있습니다.

14. 상소

14-1. 상소의 개념
① 상소란 미확정인 재판에 대해 상급법원에 불복신청을 하여 구제를 구하는 절차를 말하고, 판결에 대한 불복절차는 항소와 상고가 있으며, 결정·명령에 대한 불복절차는 항고와 재항고가 있습니다.
② 상소를 하기 위해서는 ㉮불복신청이 허용되는 경우일 것, ㉯상소권을 포기하지 않았을 것, ㉰기간을 준수할 것, ㉱상소의 이익이 있을 것의 요건을 갖추어야 합니다.

14-2. 상소의 종류
14-2-1. 항소
① '항소'란 제1심의 종국판결에 대해 불복이 있는 당사자가 사실 또는 법률에 관해 상급법원에 심사를 청구하는 제도를 말합니다.
② 추완항소
   '추완항소'란 당사자가 책임질 수 없는 사유로 항소 제기기간을 넘긴 경우 그 사유가 없어진 날부터 2주 이내에 항소를 제기하는 것을 말합니다.
③ 부대항소
   '부대항소'란 항소인의 불복에 부수해 피항소인이 자기의 패소부분에 대해 제기하는 항소를 말합니다. 즉 원판결에 불복이 있는 자가 상대방의 항소로 개시된 절차에 편승하여 자기에게 유리하도록 항소범위를 확장하기 위해 제기하는 것을 말합니다.

14-2-2. 상고

① '상고'란 고등법원이 선고한 종국판결과 지방법원 본원 합의부가 2심으로 선고한 종국판결에 대해 대법원에 불복하는 상소를 말합니다.
② 상고심에서는 원심판결의 법령위반만을 심사대상으로 하기 때문에 당사자는 법적 평가에 한해 불복을 신청할 수 있어 보통 상고심을 법률심이라고 합니다.

14-2-3. 항고

'항고'란 판결 이외의 재판인 결정·명령이 위법임을 주장하고 그 취소 또는 변경을 구하는 독립의 상소방법을 말합니다.

14-2-4. 재항고

'재항고'란 항고법원, 고등법원 또는 항소법원의 결정 및 명령이 헌법·법률·명령 또는 규칙을 위반했음을 이유로 대법원에 하는 항고를 말합니다.

[서식] 항소장(대여금, 전부불복, 항소이유서 추후제출의 경우)

항 소 장

항소인(원고) ○○○
　　　　　　　○○시 ○○구 ○○길 ○○(우편번호)
　　　　　　　전화.휴대폰번호:
　　　　　　　팩스번호, 전자우편(e-mail)주소:
피항소인(피고) ◇◇◇
　　　　　　　○○시 ○○구 ○○길 ○○(우편번호)
　　　　　　　전화.휴대폰번호:
　　　　　　　팩스번호, 전자우편(e-mail)주소:

대여금청구의 항소

　위 당사자간 ○○지방법원 20○○가단○○○ 대여금청구사건에 관하

여 항소인(원고)은 같은 법원의 20○○. ○○. ○. 선고한 판결에 대하여 전부 불복이므로 이에 항소를 제기합니다(항소인은 위 판결정본을 20○○. ○○. ○○.에 송달 받았습니다).

원판결의 주문표시

1. 원고의 청구를 기각한다.
2. 소송비용은 원고의 부담으로 한다.

항 소 취 지

1. 원판결을 취소한다.
2. 피고(피항소인)는 원고(항소인)에게 금 15,000,000원 및 이에 대한 20○○. ○. ○.부터 다 갚는 날까지 연 15%의 비율에 의한 돈을 지급하라.
3. 소송비용은 1, 2심 모두 피고(피항소인)의 부담으로 한다.
라는 판결을 구합니다.

항 소 이 유

추후 제출하겠습니다.

첨 부 서 류

1. 항소장부본　　　　　　　　　　　1통
1. 송달료납부서　　　　　　　　　　1통

20○○.　　○○.　　○○.

위 항소인(원고) ○○○ (서명 또는 날인)

○○지방법원　귀중

항 소 이 유 서

사 건 20○○나○○○○ 임대차보증금
원고(항소인) ○○○
피고(피항소인) ◇◇◇외 1인

위 사건에 관하여 원고(항소인)는 다음과 같이 항소이유를 제출합니다.

다 음

1. 원고(항소인, 다음부터는 원고라고만 함)는 20○○. ○. ○. ○○시 ○○구 ○○길 ○○-○ 소재 소외 ◆◆◆와 피고 ◇◇◇의 공동소유(이 당시 소외 ◆◆◆와 피고 ◇◇◇은 법률상 부부였음)로 되어 있던 주택 중 방 1칸을 피고 ◇◇◇의 동의를 받은 소외 ◆◆◆와 임차보증금 8,000,000원에 같은 해 5. 10.부터 20○○. ○. ○○.까지 2년간 임차하기로 계약하고 계약 당일 계약금 600,000원을 지급하고, 같은 해 5. 10. 잔금 7,400,000원을 지급하였으며 20○○. ○. ○. 전입신고를 하고 사용 중 소외 ◆◆◆는 피고 ◇◇◇와 이혼하고 자신의 위 주택의 소유지분을 20○○. ○. ○. 피고 ◇◇◇ 누나의 딸인 피고 ◆◆◆에게 소유권이전등기를 하였습니다.
2. 결국 소외 ◆◆◆는 피고 ◇◇◇의 위임을 받아 이 사건 임대차계약을 체결한 것이고, 피고 ◆◆◆는 위 임대차계약의 임대인의 지위를 승계 하였기 때문에 피고 ◇◇◇와 피고 ◆◆◆는 모두 위 임차보증금 8,000,000원을 반환할 의무가 있습니다.
3. 결국 원심 판결은 이러한 사실관계에 오인이 있어 판결을 그르친 위법이 있다고 하겠습니다.

첨 부 서 류

1. 항소이유서 부본   1통

                              20○○.   ○○.   ○○.
                    위 원고(항소인)   ○○○ (서명 또는 날인)

○○지방법원 제○민사부 귀중

[서식] 불상소합의서

불 상 소 합 의 서

사   건   20○○가단○○ 대여금
원   고   ○○○
피   고   ◇◇◇

    위 사건에 관하여 원, 피고 양당사자는 제1심 판결에 관하여
불복하지 않기로 합의합니다. 따라서 제1심 판결이 선고되면 당사자 사
이에서 그 판결은 그대로 확정되는 것으로 합니다.

                    20○○.   ○○.   ○○.

                    위 원고 ○○○ (서명 또는 날인)
                    위 피고 ◇◇◇ (서명 또는 날인)

○○지방법원 귀중

■ 상소심에서 소송비용에 대한 담보제공 신청을 할 수 있는지요?

Q 저는 임금을 체불당하여 A주식회사를 상대로 임금 청구의 소를 제기하였습니다. 1심에서 저의 임금채권이 소멸시효 기간을 경과한 것이 명백하다는 이유로 기각되어서 항소하게 되었습니다. A주식회사는 소멸시효가 완성된 것이 명백하므로 소송비용 담보제공 신청을 법원에 하였다고 들었는데, 1심에서는 소멸시효에 대한 주장을 전혀 하지 않았음에도 A주식회사가 상소심에서 소송비용에 대한 담보제공을 신청할 수 있나요?

A 민사소송법 제117조 제1항 전문은 "원고가 대한민국에 주소·사무소와 영업소를 두지 아니한 때 또는 소장·준비서면, 그 밖의 소송기록에 의하여 청구가 이유 없음이 명백한 때 등 소송비용에 대한 담보제공이 필요하다고 판단되는 경우에 피고의 신청이 있으면 법원은 원고에게 소송비용에 대한 담보를 제공하도록 명하여야 한다."라고 규정하고 있고, 제118조 는 "담보를 제공할 사유가 있다는 것을 알고도 피고가 본안에 관하여 변론하거나 변론준비기일에서 진술한 경우에는 담보제공을 신청하지 못한다."라고 규정하고 있습니다.

따라서 상소심에서의 소송비용 담보제공 신청은 담보제공의 원인이 이미 제1심 또는 항소심에서 발생되어 있었음에도 신청인이 과실 없이 담보제공을 신청할 수 없었거나 상소심에서 새로이 담보제공의 원인이 발생한 경우에 한하여 가능합니다. 그렇다면 당해 사안에서 소멸시효 도과가 명백한 사정을 A주식회사가 알면서도 본안에 관하여 변론하거나 변론준비기일에서 진술한 것으로 볼수 있는지(민소 제118조에 해당하는지) 여부가 문제됩니다.

판례는 "갑이 을 주식회사를 상대로 임금 청구의 소를 제기하였는데, 제1심법원이 갑의 임금채권은 소멸시효 기간을 경과한 것이 명백하다는 이유로 갑의 청구를 기각하였고, 이에 갑이 항소하자 을 회사가 항소심에서 소송비용 담보제공 신청을 하였는데, 원심이 이를 각하한 사안에서, 갑의 청구가 본안사건 제1심 당시 소장이나 준비서면, 그 밖의 소송기록에 의하여 이유 없음이 명백한 경우에 해당한다고 보기 어려울 뿐만 아니라, 여기에 을 회사는 갑이 항소한 후 항소이유서와 그 밖의 서면을 제출하였으나 임금채권이 소멸시효 기간을 경과하지 않았다거나 시효중단사유가 있다는 점을 소명조차 하지 아니하였다고 주장하는 점, 을 회사가 항소심에 이르러 처음으로 법무법인을 소송대리인으로 선임하였으므로 소송비용이 추가로 소요될 것이 예상되는 점 등에 비추어 보면, 을 회사는 제1심에서 갑의 청구가 이유 없음이 명백하다는 것을 알지 못하다가 제1심판결 이후에 비로소 이를 알았거나 항소심에서 새로이 담보제공의 원인이 발생하였다고 볼 가능성이 충분히 있으므로 원심으로서는 갑에게 소송비용의 담보제공을 명할 만한 사정이 있는지 여부를 심리한 후 소송비용의 담보제공 신청의 인용 여부를 판단하였어야 함에도 이를 간과한 채 신청을 각하한 원심결정에는 법리를 오해한 잘못이 있다"라고 하였습니다(대법원 2017. 4. 21. 자 2017마63 결정).

따라서 A주식회사가 소송비용의 담보제공 신청을 하는 것은 가능한 것으로 보이고, 만일 그 신청에 따라 담보 제공이 명해진다면 즉시항고를 통하여 다툴 수 있으나(민소 제121조), 당해 사안의 경우 1심에서 소멸시효가 도과했음이 명백하다는 판결이 난 이상 항소심에서 소멸시효를 다툴만한 사유를 주장, 입증하지 못하는 한 항소심에서도 같은 판단을 받을 가능성이 있습니다.

■ 판결이유에 불복한 상소가 가능한지요?

Q 저는 A와 부동산매매계약을 체결하고 A에게 매매대금을 지급하였습니다. 그런데 부동산등기부를 보니 B명의의 원인무효의 등기가 경료되어 있어, 저는 A를 대위하여 B를 상대로 말소등기청구를 하였습니다. 제1심에서 원고승소로 판결을 받게 되었으나, 판결 이유에서 A에 대한 피보전채권이 매매계약에 기한 소유권이전등기청구권이 아니라 양도담보약정을 원인으로 한 소유권이전등기청구권으로 판시되었습니다. 이 경우 저는 판결이유의 변경을 위해 항소할 수 있는지요?

A 상소는 자기에게 불이익한 재판에 대하여 유리하게 취소변경을 구하기 위하여 하는 것이므로 승소판결에 대한 불복상소는 허용할 수 없는 것이 원칙입니다. 아울러, 재판이 상소인에게 불이익한 것인지의 여부는 원칙적으로 재판의 주문을 표준으로 하여 판단하여야 하는 것이어서, 청구가 인용된 바 있다면 비록 그 판결이유에 불만이 있더라도 그에 대하여는 상소의 이익이 없게 됩니다.

대법원 91다40696 판결에 의하더라도, 원고가 갑에 대하여 을을 대위하여 소유권이전등기의 말소청구를 하면서 대위소송의 피보전권리의 발생원인을 원고와 을 사이의 매매계약으로 주장하였으나 원심이 이를 양도담보약정으로 인정하여 원고 승소판결을 선고한 경우 위 청구에 관한 소송에 있어서 직접 심판대상이 되고 판결의 기판력이 미치는 것은 어디까지나 을의 갑에 대한 소유권이전등기 말소등기청구권의 존부라 할것이고, 이에 관한 원고의 청구가 인용되어 승소한 이상, 원심이 판결이유에서 을에 대한 원고의 피보전권리의 발생 원인을 잘못 인정하였다 하더라도 그 사유만으로는 상소의 이익이 있다 할 수 없다고 하였습니다. 귀하의 경우 전부승소 하기는 하였으나 판결이유에서 피보전채권이 매매계약이 아닌 양도담보약정에 의한 소유권이전등기청구권으로 판단되었습니다. 이 경우 위 법리에 비추어 보면 항소의 이익이 없어 항소가 불가능하게 될 것입니다.

15. 재심

15-1. 재심이란?
① 재심이란 통상의 방법으로는 상소를 할 수 없게 된 확정판결에 중대한 오류가 있을 경우 당사자의 청구에 의해 그 판결의 당부를 다시 재심하는 절차를 말합니다.
② 재심은 재심을 제기할 판결을 한 법원이 관할하지만, 심급을 달리하는 법원이 같은 사건에 대해 내린 판결에 대한 재심은 상급법원이 관할합니다.
③ '준재심'이란 변론조서·변론준비기일조서와 즉시항고로 불복할 수 있는 결정이나 명령이 확정된 경우 재심사유가 있을 때 재심소송에 준해 재심을 제기하는 것을 말합니다.

15-2. 재심제기기간
① 재심 소송은 당사자가 판결이 확정된 뒤 재심사유를 안 날부터 30일 이내에 제기해야 합니다.

② 판결이 확정된 뒤 5년이 지난 때에는 재심 소송을 제기하지 못합니다.
③ 판결이 확정된 뒤에 재심 사유가 생긴 경우 5년의 기간 산정은 그 사유가 발생한 날부터 계산합니다.
④ 다음의 경우에는 재심을 제기하는 기간의 제한을 받지 않습니다.
   1. 대리권에 흠이 있는 것을 이유로 재심을 신청하는 경우
   2. 재심을 제기할 판결이 전에 선고한 확정판결에 어긋나는 경우

[서식] 재심소장(대여금 청구)

재 심 소 장

재심원고(본소피고) ◇◇◇(주민등록번호)
                   ○○시 ○○구 ○○길 ○○(우편번호)
                   전화.휴대폰번호:
                   팩스번호, 전자우편(e-mail)주소:
재심피고(본소원고) ○○농업협동조합
                   ○○시 ○○구 ○○길 ○○ (우편번호)
                   대표자 조합장 ◉◉
                   법률상대리인 상무 ◎◎◎

   위 당사자간 ○○지방법원 20○○나○○○ 대여금청구 항소사건에 관하여, 같은 법원에서 20○○. ○. ○. 선고하고 20○○. ○. ○. 확정된 아래의 판결에 대하여, 재심원고(피고)는 다음과 같은 재심사유가 있어 재심의 소를 제기합니다.

재심을 할 판결의 표시

주문 : 1. 피고 ◇◇◇의 항소를 기각한다.
       2. 피고 ◇①◇, ◇②◇에 대한 제1심 판결을 다음과 같이 변경한다.
          피고 ◇①◇, 피고◇②◇는 피고 ◇◇◇와 연대하여 금 13,598,588원 및 이에 대한 20○○. ○. ○.부터 20○○. ○. ○○.까지는 연 18%의, 그 다음날부터 다 갚는 날까지는 연 15%의 각 비율에 의한 돈을 지급하라.

---

3. 소송비용은 제1, 2심 모두 피고들의 부담으로 한다.

4. 제2항의 금원 지급부분은 가집행 할 수 있다.

재 심 청 구 취 지

1. ○○지방법원 20○○나○○○○ 대여금청구 항소사건에 관하여, 20○○. ○. ○. 선고한 판결을 취소한다.

2. 재심피고(본소원고, 다음부터 재심피고라고만 함)의 원판결청구를 기각한다.

3. 본안 및 재심 소송비용은 모두 재심피고의 부담으로 한다.

라는 판결을 구합니다.

재 심 청 구 원 인

1. 재심원고(본소피고, 다음부터 재심원고라고만 함)는 본안(○○지방법원 20○○나○○○○ 대여금청구 항소사건)소송에서 20○○. ○. ○. 패소의 판결을 받고 상고를 포기함으로서, 위 판결이 확정되었습니다.

2. 그런데 위 본안소송에서 재심피고가 진술한 청구원인은 재심원고가 20○○. ○. ○○. 재심피고와 대출한도 금 1,000만원, 거래기간은 20○○. ○. ○○.로 대출 약정을 하였고, 본안소송 피고 ◇①◇, 피고◇②◇는 연대보증인이므로 위 돈을 차용한 재심피고와 본안소송 피고들은 연대하여 위 돈과 이에 대한 이자를 지급해야 하나 거래기간이 종료되었음에도 변제하지 않으므로 합계 금 13,598,588원을 구한다는 것이었습니다.

3. 그러나 재심원고는 위와 같은 대출약정이 소외 ■■■가 재심원고 ◇◇◇의 명의를 이용하여 대출관계서류를 위조한 것이라고 항변하며 재심피고의 주장을 다투었으나 이것이 배척되고 위와 같이 재심피고에게 승소의 판결을 한 것입니다.

4. 재심원고는 자신과 전혀 상관없는 대출이 이루어진 것에 대하여 이 사건 대출의 주역인 소외 ■■■와 당시 담당직원들을 고소하였고, 소외 ■■■는 20○○. ○. ○. ○○지방법원 ○○지원에서 이 사건과 관련하여 재심원고의 명의를 이용하여 사문서위조, 위조사문서행사 및 사기의 죄명으로 실형을 선고받아 피고인의 항소포기로 위 판결은 확정되었습니다.

5. 위와 같은 실정이므로 재심피고의 위 ○○지방법원 판결에는 민사소송법 제451조 제1항 제6호에 의하여 재심사유가 있다고 생각되

므로 이 사건 재심의 소에 이른 것입니다.

첨 부 서 류

1. 소장부본   1통
1. 판결등본   1통
1. 송달료납부서   1통

20○○. ○○. ○○.

위 재심원고(본소피고) ◇◇◇ (서명 또는 날인)

○○지방법원 귀중

■ 상소심 재심사건의 판결에서 소송비용액을 정하지 않은 경우, 어떤 법원이 소송비용액의 확정결정을 해야 하는지요?

Q 甲은 乙을 상대로 1심이 아닌 상소심에 재심청구를 하였습니다. 법원은 재심 소송비용의 부담자를 甲으로 정하는 판결을 선고하였고, 이후 위 판결은 확정되었습니다. 그런데 위 법원은 소송비용의 부담자만을 甲으로 정하였을 뿐 그 액수를 정하지 아니하였습니다. 이 경우 어떤 법원이 소송비용액의 확정결정을 해야 하는지요?

A 민사소송법 제110조 제1항은 "소송비용의 부담을 정하는 재판에서 그 액수가 정하여지지 아니한 경우에 제1심 법원은 그 재판이 확정되거나, 소송비용부담의 재판이 집행력을 갖게 된 후에 당사자의 신청을 받아 결정으로 그 소송비용액을 확정한다."라고 하고 있습니다.

따라서 상소심에 제기된 재심청구 사건의 판결에서 소송비용의 부담자만을 정하고 그 액수를 정하지 아니한 경우에도 그 소송비용액의 확정결정은 제1심법원이 하여야 합니다(대법원 2008. 3. 31. 자 2006마1488 결정).

Q 甲은 乙이 제기한 대여금청구소송에서 패소하여 항소기간도 경과되었는데, 乙은 소송을 제기하면서 甲의 주소를 허위로 기재하여 甲이 아닌 다른 사람에게 그 소송서류가 송달되도록 하여 의제자백으로 승소판결을 받았으며, 그 판결문도 甲에게는 송달되지 않았습니다. 이 경우 甲이 위와 같은 판결에 대하여 다투고자 하는바, 이 경우 재심을 청구하여야 하는지요?

A 민사소송법 제451조 제1항 제11호는 "당사자가 상대방의 주소 또는 거소를 알고 있었음에도 있는 곳을 잘 모른다고 하거나 주소나 거소를 거짓으로 하여 소를 제기한 때에는 확정된 종국판결에 대하여 재심의 소를 제기할 수 있다."라고 규정하고 있습니다. 그러므로 위 사안에서와 같이 상대방의 주소를 허위로 기재하여 다른 사람이 소송서류를 송달 받도록 하여 승소판결을 받은 이른바 사위(詐僞)판결이 위 규정에 해당되어 재심사유가 되는지 문제됩니다.

그런데 종국판결이 당해 소송절차 내에서 통상적인 불복방법에 의하여 취소·변경될 수 없게 되면 즉, 상소제기 등의 통상적인 불복방법으로써 다툴 수 없는 상태에 이르게 되면(소송행위의 추후보완신청이나 재심의 소의 제기로써 취소·변경되는 것은 무방) 그 판결을 '확정판결'이라고 합니다. 그리고 이러한 상태에 있어서의 판결의 불가변경성(不可變更性)을 '판결의 형식적 확정력'이라고 하며, 이와 같이 판결이 형식적으로 확정되면 그 확정판결에는 소송당사자나 법원이 그 판결의 내용인 특정한 법률효과의 존부(存否)에 관한 판단과 상반되는 주장이나 판단을 할 수 없게 되는 효력이 생기게 되는데, 이러한 효력을 실질적(내용적)으로 판결을 확정시킨다고 하여 '판결의 실질적 확정력'이라고도 하고 또 이미 판단된 사건 즉, 기판사건이 가지는 효력이라는 의미에서 '기판력 (旣判力)'이라고도 합니다.

그런데 위 민사소송법 제451조 제1항 제11호의 규정에서는 "… 확정된 종국판결에 대하여 재심의 소를 제기할 수 있다."라고 규정하고 있으므로, 제소자가 상대방의 주소를 허위로 다른 곳으로 표시하여 상대방에 대한 변론기일소환장 등의 소송서류를 그 허위 주소로 보내고 상대방 아닌 다른 사람이 그 소송서류를 받아 의제자백의 형식으로 제소자 승소의 판결이 선고되고 그 판결정본이 위와 같은 방법으로 상대방에게 송달된 경우에 있어서 그러한 사위(詐僞)판결을 형식적 확정력이 있는 확정판결로 보고 그 판결에 기판력을 인정하여, 그와 같은 사유를 「민사소송법」제451조 제1항 제11호의 재심사유로 보아 재심을 청구할 수 있을 것인지가 문제가 될 것입니다.

■ '재심의 사유를 안 날'은 구체적으로 언제로 보아야 할까요?

Q 판결이 선고되어 확정되었으나 재판 당시 판결에 영향을 미칠 중요한 사항에 관하여 판단을 누락하였음을 뒤늦게 알게 되었습니다. 재심청구를 하고 싶은데 재심의 소는 당사자가 판결이 확정된 뒤 재심의 사유를 안 날부터 30일 이내에 제기하여야 한다고 민사소송법에 규정되어 있더군요. '재심의 사유를 안 날'은 구체적으로 언제로 보아야 할까요?

A 이와 관련하여 대법원의 입장은 다음과 같습니다.
민사소송법 제426조(현행 제456조) 제1, 2항에 의하여 재심의 소는 당사자가 판결확정 후 재심의 사유를 안 날로부터 30일의 불변기간 내에 제기하여야 하는 것인데, 같은 법 제422조(현행 451조) 제1항 제1호의 재심사유는 특별한 사정이 없는 한 당사자가 판결정본을 송달받았을 때 판결법원 구성의 위법 여부를 알게 됨으로써 재심사유의 존재를 알았다고 할 것이고, 또한 소송대리인이 있는 사건에서는 그 판결이 소송대리인에게 송달되었을 때 특별한 사정이 없는 한 당사자도 그 재심사유의 유무를 알았던 것으로 보아야 할 것이므로 재심의 소의 제기기간은 소송대리인이 판결정본을 송달받았을 때부터 진행한다(대법원 2000. 9. 8. 선고 2000재다49 판결).
판단유탈이라는 재심사유의 존재는 특단의 사유가 없는 한 재심대상판결의 정본을 읽어 봄으로써 알 수 있는
것이므로, 이를 알지 못하였다는 특단의 사유에 대한 주장 입증이 없는한 당사자는 재심대상판결의 정본을 송달받은 때에 재심사유의 존재를 알았다고 봄이 상당하다(대법원 1993. 12. 14. 선고 93다43798 판결).
따라서, 판단누락(451조 1항 9호)을 이유로 한 재심소송에서 30

일 불변기간의 기산점은 특별한 사정이 없는 한, 재심대상판결이 송달된 때라고 할 것이고, 송달 시 이를 알지 못하였다는 특단의 사유가 있었다는 점은 재심의 소를 제기하려는 자가 주장 및 입증하여야 할 것입니다.

■ 재심의 소에서 신청구를 병합할 수 있는지요?

Q 甲이 乙인 제 주소가 분명함에도 불구하고 고의로 소재불명이라 하여 법원을 속이고 공시송달의 허가를 받아 저의 불출석으로 승소판결을 받아 제 부동산의 소유권이전등기를 경료하였습니다. 이에 대하여 재심을 청구함과 동시에 위 소유권이전등기의 말소를 같이 구하고 싶은데 가능한지요?

A 민사소송법 제422조 제1항 제11호 의 재심사유인 상대방의 주소가 분명함에도 불구하고 재산을 편취할 목적으로 고의로 소재불명이라 하여 법원을 속이고 공시송달의 허가를 받아 상대방의 불출석을 기화로 승소판결을 받은 경우, 그 소송의 준비단계에서부터 판결확정시까지 문서위조 등 형사상 처벌을 받을 어떤 다른 위법사유가 전혀 개재되지 않았기 때문에 오로지 소송사기로밖에 처벌할 수 없는 경우라 하더라도, 형사상 처벌을 받을 타인의 행위로 인하여 공격 또는 방어방법의 제출이 방해되었음을 부정할 수 없으므로, 이러한 경우 같은 법 제422조 제1항 제5호 의 재심사유도 위 제11호의 재심사유와 병존하여 있다고 보아야 한다는 것이 판례의 입장입니다(대법원 1997. 5. 28. 선고 96다41649 판결).
따라서 재심의 소를 제기하는 것은 가능할 것으로 보입니다. 다만 신청구의 병합과 관련하여, 대법원은 피고가 제기한 재심의 소에서는 피고는 확정판결의 취소를 구함과 동시에 본소 청구기각을 구하는 외에 원고에 대한 새로운 청구를 병합하는 것은 부적법하다는 입장이므로(대법원 1971. 3. 31. 선고 71다8 판결), 부동산소유권이전등기 말소청구는 위 재심의 소와 병합할 수 없고 별소로 청구하여야 할 것입니다.

■ 민사상 증인이 위증죄의 확정판결을 받으면 항상 재심청구사유인지요?

> *Q* 민사소송절차에서 증언을 한 증인이 그 증언이 위증임을 이유로 위증죄로 유죄의 확정판결을 받기만 하면 언제나 재심청구사유가 되는지, 아니면 그러한 경우에도 재심청구사유가 되지 않는 경우도 있는지요?

A 확정된 종국판결에 대하여 재심의 소를 제기할 수 있으려면 재심사유가 있어야만 하는데, 「민사소송법」제451조(재심사유) 제1항 제7호는 '증인·감정인·통역인의 거짓진술 또는 당사자신문에 따른 당사자나 법정대리인의 거짓진술이 판결의 증거가 된 때'를 재심사유의 하나로 규정하고 있고, 같은 법 제451조 제2항은 「민사소송법」제451조 제1항 제7호의 경우에는 처벌받을 행위에 대하여 유죄의 판결이나 과태료 부과의 재판이 확정된 때 또는 증거부족 외의 이유로 유죄의 확정판결이나 과태료 부과의 확정재판을 할 수 없을 때에만 재심의 소를 제기할 수 있다고 규정하고 있습니다.

그런데 민사소송절차에서의 증언이 허위임을 이유로 증인이 위증죄로 유죄의 확정판결을 받았을 경우 그것이 항상 재심사유가 될 것인지에 관하여 판례는 "민사소송법 제422조(현행 민사소송법 제451조) 제1항 제7호 소정의 재심사유인 '증인의 허위진술이 판결의 증거가 된 때'라 함은 그 허위진술이 판결주문에 영향을 미치는 사실인정의 직접적 또는 간접적인 자료로 제공되어 그 허위진술이 없었더라면 판결의 주문이 달라질 수도 있었을 것이라는 일응의 개연성이 있는 경우를 말하므로 그 허위진술을 제외하더라도 나머지 증거들만에 의하여 쟁점사실이 인정되어 판결주문에 아무런 영향도 미치지 아니하는 경우에는 비록 그 허위진술이 위증죄로 유죄의 확정판결을 받았다 하더라도 재심사유에 해당되지 않는다."라고 하였습니다(대법원 1993. 11. 9. 선고 92다33695 판결, 1999. 7. 9. 선고 98다64318 판결).

또한, 판례는 "민사소송법 제422조(현행 민사소송법 제451조) 제1항 제7호의 '증인의 허위진술 등이 판결의 증거로 된 때'라 함은 그 허위진술이 판결 주문의 근거가 된 사실을 인정하는 증거로 채택되어 판결서에 구체적으로 기재되어 있는 경우를 말하므로, 증인의 진술이 증거로 채택되어 사실인정의 자료가 되지 않았다면, 그 진술이 허위이고 법관의 심증에 영향을 주었을 것으로 추측된다 하더라도 재심사유가 되지 않는다."라고 하였습니다(대법원 2001. 5. 8. 선고 2001다11581 판결).

따라서 민사소송절차에서의 증언이 허위임을 이유로 증인이 위증죄로 유죄의 확정판결을 받았을 경우 그것이 항상 재심사유가 된다고 할 수는 없을 것이며, 그 허위진술이 판결주문의 근거가 된 사실을 인정하는 증거로 채택되어 판결서에 구체적으로 기재되어 있는 경우에만 「민사소송법」제451조 제1항 제7호에 해당되어 재심사유가 될 수 있을 것입니다.

■ 재심기간을 준수하였는지 어떻게 판단하나요?

Q 甲은 乙에 대해 토지인도청구의 소를 제기하고 제2심에서 매매계약서를 증거로 제출하여 승소했습니다. 이에 乙은 상고했으나 상고기각판결이 선고되어, 당해 판결은 1998. 7. 12. 확정되었습니다. 그런데 甲이 제출한 매매계약서는 위조된 것이었고, 甲은 공정증서원본부실기재 및 횡령죄로 유죄판결을 받았고, 그 판결은 2002. 2. 15. 확정되었습니다. 乙은 1999년에 사망했고 그 상속인이 甲의 유죄판결에 대해 2002. 5. 15.경 알게 되었습니다. 그 달 28일 재심의 소를 제기할 수 있나요?

A 위 판결은 위법하나 유효하고, 확정된 종국판결이므로 재심의 대상적격이 있습니다. 또한 상고기각판결로 패소한 항소심 판결내용대로 확정되었으므로 재심의 이익도 있습니다. 그리고 상속인은 乙의 일반승계인으로서 전소 판결의 기판력을 받으므로 재심당사자적격이 인정될 것입니다. 또한 민사소송법상 재심사유 중 제451조 제1항의 5호 '형사상 처벌을 받을 다른 사람의 행위로 말미암아 자백을 하였거나 판결에 영향을 미칠 공격 또는 방어방법의 제출에 방해를 받은 때', 6호 '판결의 증거가 된 문서, 그 밖의 물건이 위조되거나 변조된 것인 때'에 해당합니다. 甲의 위조행위를 주장했거나 주장할 수 있었더라도 유죄의 확정판결이 없었던 이상 재심의 소를 제기함에는 문제가 없으며 재심의 소의 보충성에 반하지 않습니다. 상속인이 2002. 5. 15. 경 유죄확정판결의 사실을 알고 같은 달 28일에 재심의 소를 제기하여 30일을 경과하지 않았고, 유죄판결은 2002. 2. 15.에 확정되었는바, 이로부터 5년이 경과하지 않아 재심기간도 준수했으므로 적법한 재심의 소제기라 할 것입니다.

제4장 형사소송은 어떤 절차로 진행되나요?

1. 형사사건의 뜻과 처벌원칙

① 사회생활을 하다보면 사람 간에 다툼도 생기고 사고도 일어나게 됩니다. 그래서 이해관계가 얽혀 원만한 타협이 이루어지지 않게 되면 사람들은 재판을 걸어 시비를 가리게 되는데 이를 민사사건이라 하며 모든 문제의 원칙적인 해결방법인 것입니다.

② 그러나 예를 들어 살인사건처럼 어떤 종류의 문제는 너무나 중대하기 때문에 개인들끼리 해결을 하도록 놓아둘 수 없는 것이 있습니다. 이런 문제는 국가가 법률로 범죄라고 규정하여 강제로 형벌을 부과하는데 이러한 것을 형사사건이라 합니다. 즉 형법의 적용을 받게 되는 사건을 말합니다.

③ 범죄의 성립과 처벌은 행위 시의 법률에 의하며, 범죄 후 법률의 변경에 의하여 그 행위가 범죄를 구성하지 아니하거나 형이 구법보다 경한 때에는 신법에 의합니다.

④ 재판확정 후 법률의 변경에 의하여 그 행위가 범죄를 구성하지 아니하는 때에는 형의 집행을 면제합니다.

2. 형벌의 종류

형법 제41조에 형벌의 종류로 사형, 징역, 금고, 자격상실, 자격정지, 벌금, 구류, 과료, 몰수의 9가지를 두고 있으며, 형의 무겁고 가벼움도 이 순서에 의합니다.

① 사 형 : 사형은 수형자의 생명을 박탈하는 것을 내용으로 하는 생명형이며, 가장 중한 형벌입니다. 그 집행방법은 교수형이 원칙이나 군인인 경우 총살형에 처할 수도 있습니다

현행 형법상 사형을 과할 수 있는 범죄로는 여적죄를 비롯하여 내란죄, 외환죄, 간첩죄, 폭발물사용죄, 방화치사상죄, 살인죄, 강도살

인.치사죄 및 해상강도살인.치사.강간죄 등입니다.

　　형벌제도로서 사형을 존치할 것인가 아니면 폐지할 것인가에 대하여 논쟁이 있으며, 사형을 폐지한 국가(포르투칼, 스위스, 독일, 오스트리아, 영국, 스페인, 프랑스 등 서구의 여러 나라, 미국의 일부 주, 남미의 여러 나라)도 많이 있습니다.

② **징　역** : 수형자를 형무소 내에 구치하여 정역(강제노동)에 복무하게 하는 형벌로서, 수형자의 신체적 자유를 박탈하는 것을 내용으로 한다는 의미에서 금고 및 구류와 같이 자유형이라고 합니다. 징역에는 무기와 유기의 2종이 있고, 무기는 종신형을 말하며, 유기는 1월이상 30년 이하이고, 유기징역에 형을 가중하는 때에는 최고 50년까지로 될 수 있습니다.

③ **금　고** : 수형자를 형무소에 구치하고 자유를 박탈하는 점에서 징역과 같으나, 정역에 복무하지 않는 점에서 징역과 다릅니다. 금고에 있어서도 무기와 유기가 있으며, 그 기간은 징역형과 같습니다. 금고는 주로 과실범 및 정치상의 확신범과 같은 비파렴치성 범죄자에게 과하고 있습니다. 금고수형자에게 징역을 과하지 않는 것은 노동경시사상에 근거를 둔 것으로 금고라는 형벌을 폐지 또는 자유형(징역, 금고, 구류)을 단일형벌로 인정하자는 주장도 있습니다.

④ **자격상실** : 수형자에게 일정한 형의 선고가 있으면 그 형의 효력으로서 당연히 일정한 자격이 상실되는 형벌입니다. 범죄인의 일정한 자격을 박탈하는 의미에서 자격정지형과 더불어 명예형 또는 자격형이라고 합니다. 형법상 자격이 상실되는 경우로써 형법 제43조 제1항에 사형, 무기징역 또는 무기금고의 판결을 받은 경우이며, 상실되는 자격은 ㉠ 공무원이 되는 자격, ㉡ 공법상의 선거권과 피선거권, ㉢ 법률로 요건을 정한 공법상의 업무에 관한 자격, ㉣ 법인의 이사, 감사 또는 지배인 기타 법인의 업무에 관한 검사역이나 재산관리인이 되는 자격입니다.

⑤ **자격정지** : 수형자의 일정한 자격을 일정한 기간 정지시키는 경우로 현행 형법상 범죄의 성질에 따라 선택형 또는 병과형으로 하고 있습니다. 유기징역 또는 유기금고의 판결을 받은 자는 그 형의 집행이 종료하거나 면제될 때까지 자격상실의 내용 중 ㉠, ㉡, ㉢의 자

격이 당연 정지됩니다. 판결선고에 기하여 다른 형과 선택형으로 되어 있을 때 단독으로 과할 수 있고, 다른 형에 병과할 수 있는 경우 병과형으로 과할 수 있습니다. 자격정지기간은 1년 이상 15년 이하로 하고 그 기산점으로 유기징역 또는 유기금고에 자격정지를 병과하였을 경우 징역 또는 금고의 집행을 종료하거나 면제된 날로부터 정지기간을 기산하고, 자격정지가 선택형인 경우(단독으로 과할 경우) 판결이 확정된 날로부터 기산합니다.

⑥ **벌 금** : 범죄인에 대하여 일정액의 금전을 박탈하는 형벌로 과료 및 몰수와 더불어 재산형이라고 합니다. 형법 제45조에 "벌금은 5만원 이상으로 한다. 다만, 감경하는 경우에는 5만원 미만으로 할 수 있다." 라고 규정하고 있습니다. 벌금은 판결확정일로부터 30일 이내에 납입하여야 하며, 벌금을 납입하지 아니한 자는 1일 이상 3년 이하 노역장에 유치하여 작업에 복무하게 하는데 이를 환형유치라고 합니다.

⑦ **구 류** : 금고와 같으나 그 기간이 1일 이상 30일 미만이라는 점이 다릅니다. 구류는 형법에서는 아주 예외적인 경우에만 적용되며, 주로 경범죄에 과하고 있습니다(경범죄처벌법상의 경범죄 등). 교도소에 구치하는 것이 원칙이나 실제로는 경찰서의 유치장에 구금하는 경우가 많습니다.

⑧ **과 료** : 벌금과 같으나 그 금액이 2천원 이상 5만원 미만으로, 판결확정일로부터 30일 이내에 납입하여야 하며, 납입하지 아니한 자는 1일 이상 30일 미만의 기간 노역장에 유치하여 작업에 복무하게 합니다.

⑨ **몰 수** : 몰수는 원칙적으로 위에서 언급한 다른 형에 부가하여 과하는 형벌로서, 범죄행위와 관계있는 일정한 물건을 박탈하여 국고에 귀속시키는 처분입니다. 몰수에는 필요적 몰수와 임의적 몰수가 있는데 임의적 몰수가 원칙입니다. 몰수할 수 있는 물건으로는 ㉠ 범죄행위에 제공하였거나 제공하려고 한 물건, ㉡ 범죄행위로 인하여 생(生)하였거나 이로 인하여 취득한 물건, ㉢, ㉠ 또는 ㉡의 대가로 취득한 물건으로서 범인 이외의 자의 소유에 속하지 아니하거나 범죄 후 범인 이외의 자가 정을 알면서 취득한 물건의 전부 또는 일부입니다. 몰수하기 불가능한 경우 그 가액을 추징합니다.

■ 농아자도 일반인과 같은 처벌을 받게 되나요?

Q 범행을 저지른 갑이 농아자인 경우, 일반인과 같은 처벌을 받게 되나요?

A 형법 제11조는 농아자의 행위는 형을 감경한다고 규정하고 있습니다. 임의적으로 감경할 수 있다는 것이 아니라 반드시 감경해야 한다고 규정하고 있으므로 농아자는 같은 범행을 저지른 일반인보다 경한 처벌을 받게 될 것입니다. 다만 농아자임을 입증할 수 있는 자료를 제출해야할 것입니다.

■ 정신질환자의 범죄에 대해 형법에서 항상 처벌할 수 없는 것인가요?

Q A가 길을 걷고 있던 중 정신질환자인 B로부터 이른바 "묻지마 폭행" 피해를 입은 경우 심신장애인에 대한 처벌특례를 정하고 있는 형법 제10조 제1항에 의하여 항상 처벌할 수 없는 것인가요?

A 형법 제10조 제1항은 "심신장애로 인하여 사물을 분별할 능력이 없거나 의사를 결정할 능력이 없는 자의 행위는 벌하지 아니한다.", 제2항은 "심신장애로 인하여 전항의 능력이 미약한 자의 행위는 형을 감경한다."고 규정하고 있으며, 보통 정신질환자의 범죄에 대하여 형법 제10조가 적용되는 경우가 많습니다.
그러나 정신질환을 앓고 있는 자의 행위라고 하여 무조건 형법 제10조가 적용된다고 할 수는 없고, 판례는 대법원 2013. 1. 24. 선고 2012도12689 판결을 통해 "형법 제10조에 규정된 심신장애는 정신병 또는 비정상적 정신상태와 같은 정신적 장애가 있는 외에 이와 같은 정신적 장애로 말미암아 사물에 대한 변별능력이나 그에 따른 행위통제능력이 결여 또는 감소되었음을 요하므로, 정신적 장애가 있는 자라고 하여도 범행 당시 정상적인 사물변별능력과 행위통제능력이 있었다면 심신장애로 볼 수 없다(대법원 1992. 8. 18. 선고 92도1425 판결 등 참조). 그리고 특별한 사정이 없는 한 성격적 결함을 가진 사람에 대하여 자신의 충동을 억제하고 법을 준수하도록 요구하는 것이 기대할 수 없는 행위를 요구하는 것이라고는 할 수 없으므로, 무생물인 옷 등을 성적 각성과 희열의 자극제로 믿고 이를 성적 흥분을 고취시키는데 쓰는 성주물성애증이라는 정신질환이 있다고 하더라도 그러한 사정만으로는 절도범행에 대한 형의 감면사유인 심신장애에 해당한다고 볼 수 없고, 다만 그 증상이 매우 심각하여 원래의 의미의 정신병이 있는 사람과 동등하다고 평가할 수 있거나, 다른 심신장애사유와 경합된 경우 등에는 심신장애를 인정할 여지가 있으며(대법원 1995. 2. 24. 선고 94도3163 판결 등 참조), 이 경우 심신장애의 인정 여부는 성주물성애증의 정도 및 내용, 범행의 동기 및 원인, 범행의 경위 및 수단과 태양, 범행 전후의 피고인의 행동, 범행 및 그 전후의 상황에 관한 기억의 유무 및 정도, 수사 및 공판절차에서의 태도 등을 종합하여 법원이 독자적으로 판단할 수 있다(대법원 1994. 5. 13. 선고 94도581 판결 등 참조)."고 판시한 바 있습니다.

따라서 사안의 경우 B가 정신질환을 앓고 있는 것이 사실이라 하더라도 실제 범행 당시 정상적인 사물변별능력과 행위통제능력이 결여 또는 미약한 상태에 있었는지에 대한 법원의 판단 여하에 따라 그 처벌 여부와 정도가 결정될 것입니다.

■ 형사상 미성년자를 고소하면 형사처벌을 받아야 하는지요?

Q 13세인 저희 아들은 동네 아이들과 돌을 던지며 장난을 치던 중 甲의 머리를 맞혀 전치 3주의 상해를 입혔습니다. 저는 아들이 잘못한 일이므로 甲의 부모에게 사과하고 치료비를 부담하려고 하였으나 甲의 부모는 많은 돈을 요구하며 이를 지급하지 않으면 아들을 형사고소 하겠다고 합니다. 만일, 甲의 부모가 제 아들을 고소하면 형사 처분을 받아야 하는지요?

A 귀하의 아들이 한 행위는 형사상 과실치상죄에 해당하는 행위로 보여지나 「형법」 제9조는 "14세 되지 아니한 자의 행위는 벌하지 아니한다."라고 하여 형사상 미성년자의 행위에 대하여는 형사처벌을 면제한다는 규정을 두고 있습니다.

여기에서 '14세 되지 아니한 자'란 만 14세 미만의 자로 가족관계등록부상의 나이가 아닌 실제상의 나이를 말합니다. 따라서 귀하의 아들 나이가 행위 당시 실제 나이로 만 14세 미만이라면 위와 같은 형사상 처벌은 받지 아니할 것입니다.

그러나 「소년법」 제4조 제1항은 "형벌법령에 저촉되는 행위를 한 10세 이상 14세 미만의 소년은 소년부의 보호사건으로 심리한다."라고 규정하고 있으므로 만약 귀하의 아들이 이에 해당된다면 보호처분의 대상은 될 수 있을 것입니다.

보호처분의 종류로는 1. 보호자 또는 보호자를 대신하여 소년을 보호할 수 있는 자에게 감호 위탁 2. 수강명령 3. 사회봉사명령 4. 보호관찰관의 단기 보호관찰 5. 보호관찰관의 장기 보호관찰 6. 「아동복지법」에 따른 아동복지시설이나 그 밖의 소년보호시설에 감호 위탁 7. 병원, 요양소 또는 「보호소년 등의 처우에 관한 법률」에 따른 소년의료보호시설에 위탁 8. 1개월 이내의 소년원 송치 9. 단기 소년원 송치 10. 장기 소년원 송치가 있습니다(소년법 제32조 제1항).

3. 구속

피의자의 구속이란 피의자의 자유를 제한하여 형사재판에 출석할 것을 보장하고, 증거인멸을 방지하여 실체적 진실 발견에 기여하며, 확정된 형벌을 집행하기 위한 것으로 형사소송의 진행과 형벌의 집행을 확보하기 위한 제도입니다.

3-1. 구속과 영장주의

① 피의자를 구속하기 위하여는 검사의 청구에 의하여 법관이 적법한 절차에 따라 발부한 영장을 제시하여야 합니다.

② 피의자가 죄를 범하였다고 의심할 만한 상당한 이유가 있고, 일정한 주거가 없거나 증거를 인멸할 염려가 있는 경우 또는 도망하였거나 도망할 염려가 있는 경우에 검사는 관할지방법원판사에게 청구하여 구속영장을 발부 받아 피의자를 구속할 수 있고, 사법경찰관은 검사에게 신청하여 검사의 청구에 의하여 관할 지방법원 판사의 구속영장을 발부 받아 피의자를 구속할 수 있습니다.

③ 그러나 50만 원 이하의 벌금·구류 또는 과료에 해당하는 사건에 관

하여는 주거부정의 경우에 한하여 구속할 수 있습니다.

3-2. 영장주의의 예외
① 긴급체포

검사 또는 사법경찰관은 피의자가 사형·무기 또는 장기 3년 이상의 징역이나 금고에 해당하는 죄를 범하였다고 의심할 만한 상당한 이유가 있고, 도망 및 증거인멸의 염려가 있으며, 긴급을 요하는 경우에는 영장 없이 피의자를 체포할 수 있습니다.

② 현행범체포

범죄를 실행 중이거나 실행한 직후인 사람을 현행범인이라고 하고, 현행범인은 수사기관뿐만 아니라 누구든지 영장 없이 체포할 수 있습니다. 다만, 일반인이 현행범인을 체포한 경우에는즉시 수사기관에 인도하여야 합니다.

③ 체포 후의 조치

수사기관이 긴급체포하거나 현행범인으로 체포한 피의자를 구속하고자 할 때에는 체포한 때로부터 48시간 이내에 판사에게 구속영장을 청구하여야 하고, 그 시간 내에 영장을 청구하지아니하거나 발부 받지 못한 때에는 피의자를 즉시 석방하여야 합니다. 다만, 긴급체포된 피의자에 대한 구속영장청구는 지체 없이 이루어져야 하고, 48시간 이내에 영장이 청구되었다고 하여 당연히 '지체 없이'라는 요건이 충족되는 것은 아닙니다.

3-3. 구속영장의 집행
① 집행기관

구속영장은 검사의 지휘에 의하여 사법경찰관리가 집행합니다. 교도소 또는 구치소에 있는 피의자에 대하여 발부된 구속영장은 검사의 지휘에 의하여 교도관리가 집행합니다.

② 집행의 절차

구속영장을 집행함에 있어서는 피의자에게 범죄사실의 요지, 구속의 이유와 변호인을 선임할 수 있음을 말하고 변명할 기회를 주어야 하며 피의자에게 구속영장을 제시하여야 합니다. 구속영장을 소지하지 아니한 경우에 급속을 요하는 때에는 영장을 제시하지 않고 집행할 수 있으나 집행을 종료한 후에는 신속히 구속영장을 제시하여야 합니다.

③ 구속의 통지

피의자를 구속한 때에는 구속 후 지체 없이 서면으로 변호인이 있는 경우에는 변호인에게, 변호인이 없는 경우에는 피의자의 법정대리인, 배우자, 직계친족, 형제자매 중 피의자가 지정한 자에게 피의사건명, 구속일시·장소, 범죄사실의 요지, 구속의 이유와 변호인을 선임할 수 있다는 취지를 알려야 합니다.

3-4. 구속기간

① 수사기관

사법경찰관에 의한 구속의 경우 그 구속기간은 10일 이내이며, 연장은 허용되지 않습니다. 검사의 경우도 피의자를 구속할 수 있는 기간은 사법경찰관으로부터 피의자의 신병을 인도 받은 때로부터 10일이지만, 검사의 신청에 의하여 수사를 계속하는 것이 상당한 이유가 있다고 판사가 인정한 때에는 10일을 초과하지 아니하는 한도에서 구속기간이 1차에 한하여 연장될 수 있습니다.

② 법원

법원의 구속기간은 2개월이며, 공소제기 전의 체포·구인·구금 기간은 구속기간에 산입하지 않습니다. 구속기간의 초일은 시간을 계산함이 없이 1일로 산정하며, 말일이 토요일, 공휴일이더라도 구속기간에 산입합니다. 구속기간은 2개월이나 특히 구속을 계속할 필요가 있는 경우에는 심급마다 2차에 한하여 결정으로 갱신할 수 있고 갱신한 기간도 2개월입니다. 다만, 상소심은 피고인 또는 변호인이 신청한 증거의 조사, 상소이유를 보충한 서면의 제출 등으로 추가 심리가 필요한 부득이한 경우에는 3차에 한하여 갱신할 수 있습니다. 따라서 재판을 위하여 구속할 수 있는 기간은 1심에서 6개월, 2심과 3심에서 각각 4개월부터 6개월까지 등 합계 1년 2개월부터 1년 6개월까지입니다.

3-5. 재구속의 제한

검사 또는 사법경찰관에 의하여 구속되었다가 석방된 사람은 다른 중요한 증거를 발견한 경우를 제외하고는 동일한 범죄사실에 관하여 재차 구속하지 못합니다.

■ **친구가 폭행치상죄로 유치장에 구속되었을 경우, 풀려나게 할 수 있는 방법은 없나요?**

> *Q* 친구가 폭행치상죄로 경찰서 유치장에 구속되었습니다. 친구를 풀려나게 할 수 있는 방법은 없나요?

> *A* 구속된 피의자는 법원에 구속적부심사를 청구할 수 있습니다.
> 구속된 피의자는 구속적부심사를 청구할 때 동시에 보증금 납입을 조건으로 법원에 석방해 달라는 신청을 할 수 있는데, 이때 법원은 여러 상황을 고려하여 석방 여부를 결정할 수 있습니다.

◇ 구속적부심사
① 구속적부심사는 피의자에 대한 구속의 타당성을 법원이 심사하는 것을 말합니다. 구속된 피의자 또는 그 변호인, 법정대리인, 배우자, 직계친족, 형제자매나 가족, 같이 사는 사람 또는 고용주는 관할 법원에 피의자의 구속적부심사를 청구할 수 있습니다.
② 법원은 구속적부심사 청구서가 접수된 때부터 48시간 이내에 구속된 피의자를 심문하고 수사관계서류와 증거물을 조사하여 그 청구가 이유 없다고 인정되면 결정으로 이를 기각하며, 이유 있다고 인정되면 결정으로 구속된 피의자의 석방을 명령합니다.
③ 수사기관은 법원이 내린 구속적부심사 결정에 따라 석방된 피의자가 도망하거나 범죄의 증거를 인멸하는 경우를 제외하고, 동일한 범죄사실에 관해 피의자를 재차 구속할 수 없습니다.

◇ 보증금 납입조건 부 석방
① 법원은 피의자가 증거를 인멸하거나 해를 가할 염려가 있는 경우를 제외하고 구속된 피의자(구속적부심사 청구 후 공소 제기된 사람을 포함)에 대해 피의자의 출석을 보증할만한 보증금의 납입을 조건으로 하여 결정으로 피의자의 석방을 명할 수 있습니다.

4. 구속영장실질심사

구속영장실질심사는 구속영장이 청구된 피의자에 대하여 법관이 수사기록에만 의지하지 아니하고 구속여부를 판단하기 위하여 필요한 사항에 대하여 직접 피의자를 심문하고, 필요한 때에는 심문장소에 출석한 피해자, 고소인 등 제3자를 심문하거나 그 의견을 듣고 이를 종합하여 구속 여부를 결정하는 제도입니다. 피의자의 방어권 및 법관 대면권을 최대한 보장하기 위해 법관이 영장에 관한 실질심사를 하도록 한 것입니다.

4-1. 피의자심문
① 체포된 피의자의 경우
  이미 체포영장에 의하여 체포되거나, 현행범으로 체포되거나 긴급체포된 피의자에 대하여 구속영장을 청구받은 판사는 지체 없이 심문을 하여야 합니다. 이 경우 특별한 사정이 없는 한 구속영장이 청구된 날의 다음날까지 심문하여야 합니다.
② 미체포된 피의자의 경우
  미체포된 피의자에 대하여 구속영장을 청구받은 판사는 피의자가 죄를 범하였다고 의심할 만한 이유가 있는 경우에 구인을 위한 구속영장을 발부하여 피의자를 구인한 후 심문하여야 합니다. 다만, 피의자가 도망하는 등의 사유로 심문할 수 없는 경우에는 심문 없이 영장 발부 여부를 결정할 수 있습니다.

4-2. 심문장소 및 기일 통지
체포된 피의자에 대하여는 구속영장의 청구를 받은 즉시, 그 외의 피의자에 대하여는 피의자를 인치한 후 즉시 심문기일과 장소를 검사, 피의자 및 변호인에게 각각 통지합니다.

4-3. 국선변호인 선정
판사는 심문할 피의자에게 변호인이 없는 때에는 직권으로 국선변호인을 선정합니다.

4-4. 심문절차

① 진술거부권 고지

피의자에게 일체의 진술을 하지 아니하거나 개개의 질문에 대하여 진술을 거부할 수 있으며 이익되는 사실을 진술할 수 있음을 고지합니다.

② 인정심문

피의자의 성명, 주민등록번호(외국인등록번호 등), 주거, 직업을 확인하여 피의자의 동일성을 확인합니다.

③ 범죄사실 및 구속사유의 고지

구속영장청구서에 기재된 범죄사실 및 구속사유를 고지합니다.

④ 피의자 심문

판사는 구속여부를 판단하기 위하여 필요한 사항에 관하여 피의자를 심문하고, 이 경우 피의자는 판사의 심문 도중에도 변호인의 조력을 구할 수 있습니다. 판사는 필요한 경우에 법원에 출석한 피해자 또는 제3자에 대하여 심문할 수 있습니다.

⑤ 관계인의 의견진술

검사와 변호인은 판사의 심문이 끝난 후 의견을 진술할 수 있으며, 필요한 경우에는 판사의 심문 도중에도 판사의 허가를 얻어 의견을 진술할 수 있습니다. 피의자의 법정대리인·배우자·직계친족·형제자매나 가족·동거인 또는 고용주, 판사가 방청을 허가한 피해자나 고소인도 판사의 허가를 얻어 사건에 관한 의견을 진술할 수 있습니다.

4-5. 구속 여부의 결정

① 판사는 심문이 끝나면 구속여부를 결정하게 됩니다.

② 이 경우 판사가 구속사유가 없다고 판단하여 구속영장청구를 기각하면 체포된 피의자는 구금상태에서 벗어나게 되고, 구속영장이 발부되면 미체포 피의자도 그 때부터 구금되게 됩니다.

4-6. 재구속의 제한 등

① 검사 또는 사법경찰관에 의하여 구속되었다가 석방된 사람에 대하

여는 다른 중요한 증거를 발견한 경우를 제외하고는 동일한 범죄사실에 관하여 재차 구속하지 못합니다.

② 구속여부의 재판은 유·무죄에 대한 재판이 아닙니다. 즉, 영장이 기각된 경우에도 검사에 의하여 기소가 되면 재판을거쳐 유·무죄 또는 실형 여부를 결정하므로, 석방결정은 사건의 종국적인 결정과는 무관합니다.

5. 구속적부심사

구속영장에 의하여 구속된 피의자에 대하여 일정한 사람의 청구가 있을 때에 법원이 그 구속이 적법한지 여부와 구속을 계속할 필요가 있는지 여부를 심사하여 구속이부적법 또는 부당하다고 판단되는 경우에는 피의자를 석방하는 제도를 말합니다. 그 중에서도 특히 피의자의 출석을 담보할 만한 보증금 납입을 조건으로 하여 피의자를 석방하는 경우를 '기소전 보석'이라고도 합니다.

[서식] 구속적부심사청구서

구 속 적 부 심 사 청 구 서

피 의 자 :
생년월일 : 20   년   월   일생
주   소 :

　　위 피의자에 대한 ＿＿＿＿＿＿＿＿ 법률위반 사건에 관하여 귀원에서 ＿＿월 ＿＿일자로 발부한 구속영장에 의하여 ＿＿구치소(유치장)에 수감중인바, 구속적부심사를 청구하오니 청구취지와 같이 결정하여 주시기 바랍니다.

청 구 취 지

피의자 _____ 의 석방을 명한다.
라는 결정을 구합니다.

청 구 이 유

1 . 피의사실 인정 여부 : 인정(　　　), 　　　불인정(　　　)
2 . 이 건 구속이 잘못되었다고 생각하는 이유 :
3 . 구속후의 사정변경(합의, 건강악화, 가족의 생계곤란 등) :
4 . 기타 :

위 피의자　　　　　　　　　　　　㉑

전 화 : (　　) 　－

○○○○법 원 　○○지 원 귀중

[서식] 구속적부심사청구취하서

구속적부심사청구취하서

사 　건 :
피 의 자 :
　　　위 사람에 대한 구속적부심사청구에 대하여 청구인은 사정에 의
하여 동 청구를 취하합니다.

신청인　　　　　　　　　　　　㉑

전 화 : (　　) 　－

제출자 :
관 　계 :
주민등록번호 :
제출자이신분학인　　　　　　　㉑

○○○○법원 ○○지원 형사___부 귀중

■ 구속적부심사권이란 무슨 뜻인가요?

Q 구속적부심사권이란 무슨 뜻인가요?

A 구속적부심사청구권은 누구든지 체포·구속을 당했을 때 그 적부의 심사를 법원에 청구할 수 있는 권리를 말합니다.

이것은 영국의 인신보호영장제도에서 유래한 것으로 1679년 영국의 인신보호법의 제정과 더불어 확립된 것으로, 우리나라의 경우 영국과 동일하지는 않지만 제4공화국 헌법을 제외하고는 건국헌법 이래 헌법상의 기본권으로 규정하고 있습니다.

이것은 인신보호를 위한 중요한 사법절차적 기본권으로 남아 있고, 인신보호를 위한 헌법적 기속원리(羈束原理)로서 사전영장주의가 채택되고 있는 우리나라에서 구속적부심사청구권을 국민의 사법절차상의 기본권으로 다시금 인정하고 있는 것은 영장발부에 대한 재심사의 기회를 마련함으로써 인신의 보호에 만전을 기하려는 것이라고 평가됩니다. 즉 구속적부심사청구권은 사전영장주의에 대한 보완적 기능을 갖는 제도일 뿐 아니라, 영장발부에 대한 재심절차 내지 항고적 성격과 기능을 갖는 제도를 말합니다. 따라서 구속영장 발부에 관여한 법관은 구속적부심사절차에는 참여하지 않는 것이 원칙입니다.

현행법상 구속적부심사를 청구할 수 있는 사람은 형사피의자·변호인·법정대리인·배우자·직계친족·형제자매·호주·가족이나 동거인·고용주 등으로, 형사피의자에 대해서만 권리를 인정할 뿐 형사피고인에 대해서는 권리를 인정하지 않습니다.

5-1. 청구권자 및 청구의 방식

① 청구권자

구속된 피의자 본인은 물론 피의자의 변호인, 법정대리인, 배우자, 직계친족, 형제자매나 동거인 또는 고용주도 청구할 수 있으며, 다만, 피의자가 아닌 사람이 청구하는 경우에는 피의자와의 관계를 소명하는 자료(예: 가족관계기록사항 증명서, 주민등록등본 등)를 신청서에 첨부하여야 합니다.

② 청구의 방식

　청구서 양식에 다음과 같은 사항을 기재하여 청구하시면 됩니다.

　　1. 구속된 피의자의 성명, 주민등록번호(주민등록번호가 없거나 이를 알 수 없는 경우에는 생년월일, 성별), 주거

　　2. 구속영장의 발부일자

　　3. 청구의 취지 및 이유

　　4. 청구인의 성명 및 구속된 피의자와의 관계

③ 청구서 작성에 필요한 사항을 확인하기 위하여 청구권자는 구속영장 등을 보관하고 있는 검사, 사법경찰관 또는 법원사무관 등에게 그 등본의 교부를 청구할 수 있습니다.

[서식] 구속적부심사청구서

구 속 적 부 심 사 청 구

사　　　건　　도로교통법위반(음주측정거부) 등
피 의 자　　○　○　○ (주민등록번호 : 111111 - 1111111)
주　　　거　　○○시 ○○길 ○○
구속장소　　○○경찰서 유치장

위 피의자는 도로교통법위반 등 피의사건으로 20○○. ○. ○. 귀원에서 발부한 구속영장에 의하여 현재 ○○경찰서 유치장에 수감중이나, 피의자의 변호인은 다음과 같은 이유로 구속적부심사를 청구하오니 심리하시어 청구취지와 같은 결정을 하여 주시기 바랍니다.

청 구 취 지

"피의자 ○○○의 석방을 명한다"
라는 결정을 구합니다.

청 구 이 유

1. 구속적부심사의 요건

가. 피의자의 이 사건 범죄사실에 관하여는 경찰 및 검찰에서 충분한 조사가 되어있으므로 죄증인멸의 여지가 전혀 없습니다.

나. 피의자는 직업 및 주거가 일정하고 가족들과 함께 동거하고 있기 때문에 도주할 염려가 전혀 없습니다.

2. 피의자의 생활환경

피의자는 한 가족의 가장으로 부인 및 자녀들과 함께 주거지의 주택에서 살고 있으며, ○○시 ○○길에 소재한 "○○식당"을 운영하고 있습니다.

3. 이 사건 발생 당일의 상황

가. 피의자는 ○○식당을 운영하고 있는데 사건외 □□□은 공사현장의 목수반장으로서 인부들의 식비로 피의자에게 금 1,600,000원을 주기로 하였습니다. 위 □□□은 피의자에게 우선 금 500,000원을 지급한 후 잔금 1,100,000원은 20○○. ○. ○.까지 주기로 했는데 변제기가 지나도 돈을 주지 않은 상태이었습니다.

나. 피의자는 본 건 발생 당일 오전 ○시경 □□□으로부터 잔금을 받기 위해 피의자의 처인 사건외 김□□가 운전하는 화물트럭을 타고 □□□이 있는 공사현장에 갔습니다. 피의자와 김□□는 □□□에게 대금지급을 요구하다가 김□□는 자신이 운영하는 식당영업을 위해 그곳을 떠나고 피의자는 전날 술을 많이 마신 상태이었기 때문에 공사현장에 있는 사무실 쇼파 위에서 잠이 들었습니다.

다. 당일 오전 ○○시경 사건외 황□□은 본인 소유의 본 건 전북○○다○○○○호 승용차를 타고 ○○식당 앞에 도착하였는데 그곳은 인적이 드문 곳이었기 때문에 차 열쇠를 열쇠구멍에 그대로 꽂아 놓은 상태로 주차를 해 놓았습니다. 식당안에 피의자가 없자 피의자의 처인 김□□에게 전화를 해보니 공사현장에 있다고 하여 찾아가니 피의자가 자고 있어 피의자를 깨워 피의자와 같이 ○○식당에 돌아왔습니다.

라. 위 황□□은 ○○식당의 칸막이 공사를 하고 있었고 피의자는 위 식당에서 자고 있었는데 당일 오후 ○시 ○○분경 음주운전을 하였다는 이유로 경찰에 의해 피의자가 연행된 것입니다.

4. 피의자 구속의 부당성

가. 피의자는 무면허 상태로 술에 취한 상태에서 본 건 당일 ○○:

○○경 ○○시 ○○동 ○○보쌈식당 앞에서부터 ○○동 ○○직
업훈련원 앞까지 약 1킬로미터 가량을 운전하였다는 혐의를 받
고 있으나 이는 다음과 같은 이유로 부당합니다.

나. 피의자는 실제로 운전하다가 단속경찰에 의하여 체포된 것이
아니고 신고를 받고 출동한 경찰에 의하여 체포된 것입니다. 따
라서 신고자의 진술외에는 피의자를 유죄로 인정할 증거가 없
습니다.

다. 그런데, 신고자는 위 □□□으로서 처음 진술할 때는 '평소 안면
이 있는 ○○식당 사장이 전북○○다○○○○호 흰색 차량을 운
행하는 것을 보았다'고 하였으나(수사기록 제11면), 검찰에서 진
술할 때는 '누가 운전하는지는 못 보고 차량이 비틀거리는 것만
보았다, 차량 뒷번호는 봤는데 운전자는 안보여서 못 보았다,
경찰관에게 피의자를 지칭하지는 않았다, 당일 ○○시 ○○분경
차가 현장 앞에 있길래 우연히 번호판을 기억했다가 나중에 그
번호를 불러준 것이다'(위 기록 제47면) 등 진술이 일관되지 않
습니다.

라. 이에 비해 피의자를 체포하였던 경찰관 고□□은 체포당시 위
□□□이 피의자를 가리키면서 차량의 운전자로 지목했다고 진
술하고 있어(위 기록 제60면) □□□의 진술과 배치되고 있습니
다. 또한 □□□은 피의자가 차량을 운행하였다는 장소에서 약
25미터 떨어진 곳에 있는 3층 건물에서 목격하였다고 하는데
그와 같이 근거리에서 차량번호도 전부 볼 수 있는 사람이 운전
자를 보지 못했다고 하는 것은 납득이 되지 않습니다.

마. 이에 비하면 본 건 차량은 당일 오전 ○○시 이후에 계속 위 식
당 앞에 주차되어 있는 상태이었고 피의자는 그 시각 이후에 계
속 잠을 자고 있었다는 황□□의 진술은 일관되고 있습니다.

바. 또한, 경찰관들이 신고를 받은 시각이 본 건 당일 ○○:○○경이
고 피의자가 체포된 시각은 같은 날 ○○:○○경인데 그 동안에
피의자가 운전을 마치고 주차를 한 다음 잠에 깊이 빠진다는 것
은 상식적으로 생각하기 힘듭니다.

5. 결어
위와 같이 피의자가 이 사건 범행을 저질렀다는 증거가 없으므로
피의자에게 석방의 은전을 베풀어주시기 바랍니다.

첨 부 서 류

1. 구속영장사본   1통
1. 변호인선임신고서   1통

20○○년   ○월   ○일
위 피의자의 변호인
변 호 사   ○   ○   ○ (인)

○ ○ 지 방 법 원 ○ ○ 지 원 귀 중

[서식] 구속취소청구서

구 속 취 소 청 구

사   건   20○○고단○○○호 폭력행위등처벌에관한법률위반
피 고 인   ○   ○   ○

위 사람은 폭력행위등처벌에관한법률위반 사건으로 20○○년 ○월 ○
일 구속되어 현재 ○○구치소에 수용 중에 있는 바, 구속의 사유가 소
멸되었으므로 구속을 취소하여 주시기 바랍니다.

20○○년   ○월   ○일
위 피고인   ○   ○   ○ (인)

○ ○ 지 방 법 원 귀 중

[서식] 구속집행정지신청서

구 속 집 행 정 지 신 청

사건번호   20○○고단 ○○○호 ○○

피 고 인   ○   ○   ○

위 피고인은 20○○. ○. ○. 구속되어 현재 ○○구치소에서 수감 중에 있는바, 피고인의 변호인은 다음과 같은 사유로 구속집행정지를 신청합니다.

다   음

1. 피고인은 오래전부터 간경화증세를 보이고 있어서 병원에 매일 치료하러 다니다가 급기야는 1년 전에 입원하여 수술을 하기도 했습니다. 수술 이후 증세가 나아지기는 했으나 담당의사의 소견에 의하면 신경을 쓰거나 환경이 급격히 바뀌면 증세가 다시 악화될 것이라고 하였습니다.
2. 피고인이 20○○. ○. ○. 구속된 이후 구치소생활에 적응하지 못하여 급격히 건강이 나빠지고 있고 특히 간경화증세가 수술하기 이전만큼 다시 악화되어 그대로 놔두면 생명이 위험한 상태에 있습니다.
3. 따라서 위와 같은 사실로 인하여 위 피고인에 대한 구속집행을 정지하여 주시기 바랍니다.

첨 부 서 류

    1. 진단서   1통

            20○○년   ○월   ○일
                위 피고인의 변호인
                변호사 ○   ○   ○ (인)

○ ○ 지 방 법 원 ○ ○ 지 원 귀 중

5-2. 담당재판부
서울중앙지방법원에서는 구속적부심사를 공정하게 처리할 수 있도록 이를 전담하는 합의재판부를 두고 있습니다.

5-3. 심문기일의 지정과 통지
구속적부심사 청구를 받은 법원은 지체 없이 청구한 때부터 3일 이내로 심문기일을 지정하고, 즉시 청구인, 변호인, 검사 및 피의자를 구금하고 있는 경찰서, 교도소 또는 구치소의 장에게 심문기일과 장소를 통지합니다.

5-4. 국선변호인의 선정
① 필요적 국선변호

피의자에게 사선변호인이 없는 경우, 다음의 사유에 해당하는 때에는 법원이 국선변호인을 선정하여 드립니다.

1. 피의자가 미성년자이거나, 70세 이상인 때, 농아자인 때, 심신장애의 의심이 있는 때
2. 당해 사건이 사형, 무기, 단기 3년 이상의 징역이나 금고에 해당할 때
3. 구속적부심사를 청구한 사람이 빈곤 기타의 사유로 변호인을 선임할 수 없어 국선변호인의 선정을 청구한 때

② 소명자료의 제출

피의자 등이 빈곤 기타의 사유로 변호인을 선임할 수 없어 국선변호인의 선정을 청구한 때에는 기록에 의하여 그 사유가 소명되지 않는 한 그 사유에 관한 소명자료를 제출하여야 하나, 서울중앙지방법원에서는 당사자의 권리 구제를 위하여 가급적 청구를 받아 들이고 있습니다.

5-5. 심문
대체로 전담재판부의 합의부원 중 1인이 재판부의 명을 받아 피의자에 대한 심문을 하게 되고, 심문기일에 출석한 검사, 변호인, 청구인은 법원의 심문이 끝난 후에 피의자를 심문하거나 의견을 진술할 수

있으며, 피의자, 변호인, 청구인은 피의자에게 유리한 자료를 제출할
수 있습니다.

5-6. 결정
① 석방 여부의 결정
  심문절차가 종료된 때로부터 24시간 이내에 청구에 대한 결정을 합
  니다. 결정을 할 때에는 구속 당시의 사정 뿐만 아니라, 적부심 심
  사시까지 변경된 사정(예: 구속 이후에 합의가 이루어진 경우) 도
  고려하여 판단합니다.
② 보증금
  ㉮ 법원은 구속된 피의자의 석방을 명할 경우 피의자의 출석을 담보
    할 만한 보증금을 납입할 것을 조건으로 정할 수 있습니다(기소
    전 보석).
  ㉯ 보증금은 피의자의 출석을 담보하는 효과를 갖기 때문에 현금으
    로 납입하게 하는 것이 원칙이나, 사안에 따라서는 보증금의 일
    부 또는 전부에 대하여 보석보증보험증권을 첨부한 보증서로 대
    신하는 것을 허가할 수도 있습니다.
  ㉰ 보증금은 피의자가 수사기관 또는 법원에 잘 출석하여 사건이 종
    국적으로 끝나게 되면 되찾아갈 수 있습니다.

5-7. 재구속의 제한 등 기타사항
① 구속기간에의 불산입
  법원이 구속적부심 청구에 따라 수사관계서류와 증거물을 접수한
  때부터 결정 후 검찰청에 반환할 때까지의 기간은 사법경찰관 또는
  검사의 구속기간(사법경찰관 10일, 검사 10일, 단 검사의 경우 1차
  에 한하여 10일 연장가능)에 산입되지 않습니다. 그러나 이는 피의
  자의 미결구금일수에 산입되지 않는다는 의미는 아닙니다.
② 재구속의 제한
  ㉮ 적부심시 결과 석방된 피의자에 대하여는 도망하거나 피증을 인
    멸하지 않는 한 동일한 범죄사실에 관하여 재차 구속하지 못합니
    다. 또한 기소전 보석 결정에 의하여 석방된 피의자에대하여는

다음 사유에 해당하는 이외에는 동일한 범죄사실로 재차 구속하지 못합니다.

1. 도망한 때
2. 도망하거나 죄증을 인멸할 염려가 있다고 믿을만한 충분한 이유가 있는 때
3. 출석요구를 받고 정당한 이유없이 출석하지 아니한 때
4. 주거의 제한 기타 법원이 정한 조건을 위반한 때

㉴ 구속적부심은 유·무죄에 대한 재판이 아닙니다. 즉 석방된 경우에도 검사에 의하여 기소가 되면 재판을 거쳐 유·무죄 또는 실형 여부를 결정하므로 석방결정은 사건의 종국과는 무관합니다.

6. 공소제기

공소제기란 검사가 법원에 특정 피고인의 형사사건에 관하여 유죄판결을 요구하는 것으로서 '기소'라 약칭하기도 합니다. 검사가 수사를 행한 결과 범죄의 혐의가 있고 처벌할 필요가 있다고 판단하면 공소를 제기합니다.

6-1. 공소제기의 효과

① 공소가 제기되면, 피의사건이 피고사건으로 변하여(피의자 역시 '피고인'으로 지위가 변합니다) 법원은 그 사건에 관하여 심판할 권한과 의무를 갖게 되고, 검사와 피고인은 당사자로서 법원의 심판을 받아야 합니다.
② 공소가 제기된 사건에 관하여는 다시 이중으로 공소를 제기할 수 없고, 만일 동일 사건이 법원에 이중으로 기소되었을 때에는 판결로써 그 부분에 대하여 공소를 기각하게 됩니다.
③ 공소가 제기되면 공소시효의 진행이 정지됩니다.

6-2. 공소제기의 방식

① 공소의 제기는 공소장을 관할 법원에 제출함으로써 이루어지고, 구

술로 공소를 제기할 수는 없습니다.

② 공소장에 기재되는 사항은 아래와 같습니다.

1. 피고인의 성명 기타 피고인을 특정할 수 있는 사항
2. 죄명
3. 공소사실
4. 적용법조
5. 피고인의 구속 여부

7. 공판절차

검사가 피고인에 대하여 공소를 제기한 경우 법원은 다음과 같은 순서에 따라 공판절차를 진행합니다.

7-1. 공판의 준비 및 공판준비절차
① 법원은 검사의 공소제기가 있는 때에 피고인(변호인)에 대한 공소장 부본의 송달, 공판기일의 지정·변경 등 공판의 준비를 하고, 필요한 때에는 사건을 공판준비절차에 회부할 수 있습니다.
② 법원은 공판준비절차에서 검사나 피고인, 변호인의 주장 및 입증계획 등을 서면으로 준비하게 할 수 있고, 쟁점의 정리와 검사나 피고인, 변호인의 주장 및 입증계획의 협의 등을 위해 검사, 피고인 또는 변호인의 의견을 들어 공판준비기일을 열 수 있습니다.

[서식] 공판(선고)기일 연기 신청서

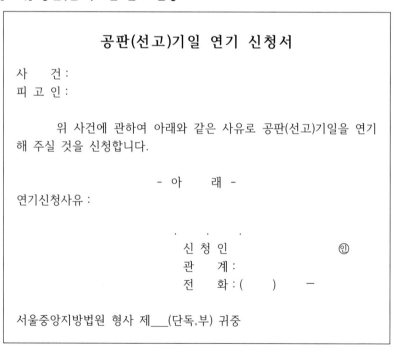

```
              공판(선고)기일 연기 신청서

사   건 :
피 고 인 :

       위 사건에 관하여 아래와 같은 사유로 공판(선고)기일을 연기
해 주실 것을 신청합니다.

              - 아    래 -

연기신청사유 :

                       .    .    .
                   신 청 인              ㉑
                   관   계 :
                   전   화 : (     ) -

서울중앙지방법원 형사 제___(단독,부) 귀중
```

■ 공판기일은 어떤 식으로 진행되는지요?

Q 최근에 기소되어 생전 처음으로 형사재판이라는 것을 받게 되었습니다. 공판기일은 어떤 식으로 진행되는지요?

A 공판기일은 일반적으로 다음과 같은 순서로 진행됩니다.
① 재판장이 피고인에게 진술거부권을 고지합니다.
② 재판장이 인정신문을 합니다. 구체적으로는, 성명, 연령, 등록기준지, 주거, 직업을 물어 피고인 본인이 맞는지 확인합니다.
③ 검사가 공소요지를 진술합니다.
④ 재판장이 피고인에게 공소사실을 인정하는지 여부를 묻습니다.
⑤ 그리고 나서 증거조사를 하는데, 이에 앞서 재판장은 피고인과 변호인에게 쟁점정리를 위한 질문을 하거나, 양측에게 입증계획 등을 진술하게 할 수도 있습니다.
⑥ 증거조사는 기본적으로 검사가 증거목록을 제출하면, 이에 대해 피고인 측에서 동의하는지 여부를 묻습니다. 즉, 증거목록상의 증거를 채택하여 재판을 하여도 이의가 없는지 묻는 것입니다. 만일 증인으로 불러야 할 사람이 있다든가 하면 그 사람에 대한 증거는 부동의하게 됩니다. 그러면 공판검사가 그 사람을 증인으로 신청하게 되며, 다음 공판기일에 증인신문을 합니다.
⑦ 증거조사를 다 마친 경우에는 피고인신문을 할 수 있습니다. 다만, 반드시 하여야 하는 것은 아니고 생략할 수 있습니다.
⑧ 증거조사와 피고인신문까지 다 마치면, 검사가 구형을 합니다.
⑨ 검사가 구형을 한 후, 변호인이 최후변론을 하고, 그리고 나서 피고인에게 최후진술을 할 기회가 주어집니다.
⑩ 피고인 최후진술까지 끝나면 변론을 종결하고 판결선고기일을 지정합니다. 판결선고기일은 2주 뒤로 지정하는 것이 원칙이나, 더 늦게 지정할 수도 있고, 사안에 따라서는 변론을 종결하면서 바로 판결을 선고할 수도 있습니다.

■ 공판기일에 불출석하면 구속되는지요?

Q 최근 법원으로부터 공판기일 통지서를 수령하였습니다. 저를 사기죄로 기소하였다고 하는데요, 저는 사기죄를 범한 적이 없습니다. 그래도 이 공판기일에 출석해야 하나요? 출석하지 않으면 불이익이 있을까요?

A 형사소송법 제70조 제1항, 제2항은 "① 법원은 피고인이 죄를 범하였다고 의심할 만한 상당한 이유가 있고 다음 각호의 1에 해당하는 사유가 있는 경우에는 피고인을 구속할 수 있다. 1. 피고인이 일정한 주거가 없는 때, 2. 피고인이 증거를 인멸할 염려가 있는 때, 3. 피고인이 도망하거나 도망할 염려가 있는 때 ② 법원은 제1항의 구속사유를 심사함에 있어서 범죄의 중대성, 재범의 위험성, 피해자 및 중요 참고인 등에 대한 위해우려 등을 고려하여야 한다. "고 구속에 대하여 규정하고 있습니다.
다시 말해 법원은 불구속 상태로 재판을 받을 피고인이라고 하더라도, 피고인이 범죄를 범하였다고 의심할만한 합리적 이유가 있고 위 제1항 각 호의 사유가 있으며, 제2항에서 고려할 수 있는 요소들을 종합하여 피고인을 구속을 결정할 수 있다는 의미입니다.
만약 귀하와 같이 법원으로부터 공판기일을 통지받은 뒤에도, 지정된 공판기일에 출석하지 않으신다면, 법원은 귀하께서 증거의 인멸할 우려가 있거나, 도망할 염려가 있다고 보아 귀하를 구속할 수 있는 것입니다. 물론 본인은 범죄를 저지르지 않았으므로 범죄를 범하였다고 의심할만한 합리적 이유가 없다고 생각하실 수 있으나, 일단 기소가 되었다면 범죄를 범하였다고 의심할만한 상황이라고 보는 것이 일반적입니다. 따라서 위와 같은 법원의 통지를 수령하신다면 반드시 공판기일에 출석하시기 바라며, 그렇지 않는다면 구속될 위험이 있다는 점을 알고 계셔야 합니다.

7-2. 의견서 제출 제도

피고인 또는 변호인은 공소장 부본을 송달받은 날부터 7일 이내에 공소사실에 대한 인정여부, 공판준비절차에 관한 의견 등을 기재한 의견서를 법원에 제출하여야 합니다. 다만, 피고인이 진술을 거부하는 경우에는 그 취지를 기재한 의견서를 제출할 수 있습니다.

7-3. 증거의 열람·등사 제도
소송당사자는 증거의 열람·등사 제도를 통하여 제1회 공판기일 전에 서로 상대방이 보관하고 있는 증거자료를 취득할 수 있습니다. 소송당사자는 상대방이 서류 등의 열람·등사 또는 서면의 교부를 거부하거나 그 범위를 제한하거나 또는 검사가 신청을 받은 때부터 48시간 내에 거부 통지를 하지 아니하는 때에는 법원에 그 서류 등의 열람·등사 또는 서면의 교부를 허용하도록 할 것을 신청할 수 있고, 법원은 심리 결과 이유 있다고 인정되면 열람·등사를 허용할 수 있습니다. 소송당사자가 열람·등사 또는 서면의 교부에 관한 법원의 결정을 지체 없이 이행하지 아니하는 때에는 해당 증인 및 서류 등에 대한 증거신청을 할 수 없습니다.

7-4. 피고인의 진술거부권
피고인은 진술하지 아니하거나 개개의 질문에 대하여 진술을 거부할 수 있고, 재판장은 인정신문에 앞서 피고인에게 진술을 거부할 수 있음을 고지합니다.

7-5. 인정신문
재판장은 피고인의 「성명, 주민등록번호, 직업, 주거, 등록기준지」를 물어서 출석한 사람이 피고인이 틀림이 없는지를 확인합니다.

7-6. 검사의 모두진술
검사는 공소장에 의하여 공소사실·죄명 및 적용법조를 낭독합니다. 다만, 재판장은 필요하다고 인정하는 때에는 검사에게 공소의 요지를 진술하게 할 수 있습니다.

7-7. 피고인의 모두진술
검사의 모두진술이 끝나면 재판장은 피고인에게 공소사실을 인정하는지 여부에 관하여 묻고, 피고인은 진술거부권을 행사하지 않는 이상 공소사실의 인정 여부를 진술합니다.

7-8. 재판장의 쟁점정리 등
피고인의 모두진술 후 재판장은 피고인 또는 변호인에게 쟁점의 정리를 위하여 필요한 질문을 할 수 있고, 증거조사에 앞서 검사 및 변호인으로 하여금 공소사실 등의 증명과 관련된 주장 및 입증계획 등을 진술하게 할 수 있습니다.

7-9. 증거조사
① 법원은 사건의 사실인정과 양형에 관한 심증을 얻기 위하여 각종의 증거방법(증인, 물증, 서류증거)을 조사합니다. 증거조사는 재판장의 쟁점 정리 및 검사·변호인의 증거관계 등에 대한 진술이 끝난 후에 합니다.
② 피고인이 자백한 때에는 간이공판절차에 의하여 간이하게 증거조사를 하고, 피고인이 부인할 경우에도 검사가 제출한 증거에 대하여 동의하면 그 증거들을 토대로 판결을 하게 되며, 동의하지 않으면 법정에서 그 증거의 진실성 여부를 다시 조사하게 됩니다. 예컨대, 검사가 작성한 진술조서에 대하여 피고인이 동의하지 않으면 그 진술을 한 사람을 법정에 불러 증인신문합니다.

7-10. 피고인신문
① 피고인신문은 증거조사 종료 후 피고인에게 공소사실과 그 정상에 관하여 필요한 사항을 물을 수 있는 절차입니다. 재판장은 필요하다고 인정하면 증거조사가 완료되기 전이라도 피고인신문을 허가할 수 있습니다.
② 피고인신문의 순서는 검사와 변호인이 차례로 피고인에게 직접 신문하고 재판장은 검사와 변호인의 신문이 끝난 뒤에 신문합니다.

7-11. 구형과 변론
① 피고인신문과 증거조사를 마친 때에는 검사는 사실과 법률적용에 관하여 의견을 진술하여야 합니다. 즉 검사의 구형이 있게 됩니다.

② 그러나 법원은 검사의 구형에 좌우되지 않습니다. 재판장은 검사의 의견을 들은 후 피고인과 변호인에게 최종 의견을 진술할 기회를 주게 됩니다.

7-12. 변론종결 및 판결선고

이상의 절차를 마치면 변론을 종결하고, 정해진 기일에 판결을 선고하게 됩니다. 판결의 선고는 재판장이 하며 주문을 낭독하고 이유의 요지를 설명합니다.

① 유죄판결

심리 결과 피고인의 죄가 인정되면 유죄의 판결을 하게 됩니다. 유죄인 경우 정상에 따라 실형을 선고할 수도 있고, 집행유예, 선고유예의 판결을 할 수도 있습니다.

② 실형

교도소에서 징역형이나 금고형을 복역하게 하는 형을 실형이라고 하고, 불구속 상태에서 재판을 받던 피고인에게 실형을 선고하면서 곧바로 구속하는 경우가 있는데 이를 가리켜 흔히 '법정구속'이라고 합니다.

③ 집행유예

형을 선고하되 일정기간 그 형의 집행을 미루어 두었다가 그 기간 동안 죄를 범하지 않고 성실히 생활하면 형 선고의 효력을 상실하게 하여 형의 집행을 하지 않는 제도입니다. 즉 3년 이하의 징역이나 금고 또는 500만원 이하의 벌금의 형을 선고할 경우에 정상에 참작할 만한 사유가 있는 때에는 1년 이상 5년 이하의 유예기간을 정하여 형의 집행을 유예할 수 있습니다.

④ 선고유예

형의 선고 자체를 미루어 두었다가 일정기간을 무사히 지나면 면소된 것으로 간주되는 제도입니다. 즉 1년 이하의 징역이나 금고, 자격정지 또는 벌금의 형을 선고할 경우에 양형의 조건을 참작하여 잘못을 뉘우치고 마음을 바르게 하여 성실히 생활할 의지를 뚜렷이 보이는 때, 즉 개전의 정상이 뚜렷한 때에는 형의 선고를 유예할 수도 있습니다.

⑤ 무죄판결

검사가 기소한 사건에 대하여 유죄로 인정할 만한 증거가 없거나 공소사실이 범죄로 되지 아니한 때에는 법원은 무죄를 선고합니다.

⑥ 면소판결

면소판결이란 동일한 사안에 대하여 이미 확정판결이 있은 때, 사면이 있은 때, 공소시효가 완성되었을 때, 범죄 후 법령의 개폐로 형이 폐지된 때 등 실체적 소송조건이 구비되지 않은 경우에 선고되는 종국판결입니다.

⑦ 공소기각

공소기각의 재판은 피고사건에 대하여 관할권 이외의 형식적 소송조건을 구비하지 못한 경우에 절차상의 하자를 이유로 사건의 실체에 대한 심리를 하지 않고 소송을 종결시키는 종국재판으로서 결정으로 할 경우와 판결로 할 경우가 있습니다.

㉮ 공소기각을 결정으로 하는 경우

공소가 취소되었을 때, 피고인이 사망하거나 피고인인 법인이 존속하지 아니하게 되었을 때, 동일사건과 수 개의 소송계속 또는 관할의 경합 규정에 의하여 심판할 수없을 때, 공소장에 기재된 사실이 진실하다 하더라도 범죄가 될 만한 사실이 포함되지 아니한 때에는 결정으로 공소기각을 하여야 합니다.

㉯ 공소기각을 판결로 하는 경우

피고인에 대하여 재판권이 없는 때, 공소제기의 절차가 법률의 규정에 위반하여 무효인 때, 공소가 제기된 사실에 대하여 다시 공소가 제기되었을 때, 공소취소와 재기소의 규정에위반하여 공소가 제기되었을 때, 고소가 있어야 죄를 논할 사건에 대하여 고소의 취소가 있은 때(예컨대, 강간죄나 간통죄 등 친고죄에서 고소인이 고소를 취소한 때), 피해자의명시한 의사에 반하여 죄를 논할 수 없는 사건에 대하여 처벌을 희망하지 아니하는 의사표시가 있거나 처벌을 희망하는 의사표시가 철회되었을 때(예컨대, 단순폭행죄, 명예훼손죄 등 반의사불벌죄에서 피해자가 처벌을 원하지 않는다는 의사를 표시한 때)에는 판결로써 공소기각을 하여야 합니다.

8. 집행유예

집행유예란 형을 선고하되 일정기간 형의 집행을 미루어 두었다가 무사히 그 기간이 경과하면 형 선고의 효력을 상실하게 하여 형의 집행을 하지 않는 제도입니다. 피고인에게 형의 집행을 받지 않으면서 스스로 사회에 복귀할 수 있는 길을 열어주는 제도라고 할 수 있습니다.

8-1. 요건

① 3년 이하의 징역이나 금고 또는 500만원 이하의 벌금의 형을 선고할 경우에 그 정상에 참작할 만한 사유가 있는 때에는 1년 이상 5년 이하의 기간 형의 집행을 유예할 수 있습니다. 단 금고 이상의 형의 선고를 받아 집행을 종료한 후 또는 집행이 면제된 후로부터 3년을 경과하지 아니한 사람에 대하여는 형의 집행을 유예할 수 없습니다.

② 정상에 참작할 만한 사유

형법 제51조에 정해진 양형의 조건들, 즉 피고인의 연령, 성행, 지능과 환경, 피해자에 대한 관계, 범행의 동기, 수단과 결과, 범행 후의정황 등을 종합하여 판단해 볼 때 피고인이 형의 집행을 받지 않더라도 장래에 재범을 하지 않을 만한 정상이 있는 경우를 말합니다.

③ 금고 이상의 형의 선고를 받아 집행을 종료하거나 면제된 후 3년의 경과

㉮ 실형의 선고를 받아 그 형의 집행을 종료한 후 3년 이내에 다시 재판을 받는 경우 그 재판에서는 집행을 유예 받을 수 없습니다.

㉯ 피고인이 집행유예기간 중에 있는 경우에도, 법원은 원칙적으로 다시 집행유예를 선고할 수 없으나, 다만 현재의 심판대상인 범죄가 집행유예 판결이 확정되기 이전에 저질러진 경우에는 집행유예기간 중이라도 다시 형의 집행을 유예할 수 있습니다.

㉰ 3년이 경과하였는지의 여부는 현재의 심판대상 사건의 범죄행위시가 아니라 그 사건에 대한 판결 선고시를 기준으로 판단합니다.

8-2. 보호관찰 및 사회봉사·수강명령

① 법원은 집행유예를 선고하는 경우 피고인의 정상적인 사회복귀를 꾀하고 범죄를 예방하기 위하여 보호관찰 및 사회봉사·수강명령을 부가할 수 있습니다.

② 이러한 명령을 받은 사람은 집행유예 판결 선고시 교부받은 준수사항에 따라 판결이 확정된 후 10일 이내에 보호관찰소에 신고하고, 주거를 이전하는 경우에는 반드시 보호관찰소에 신고하며, 보호관찰관의 지도에 따라 성실히 그 명령을 이행하여야 합니다.

③ 만약 이를 이행하지 않거나 그 준수사항을 위반하는 때에는 집행유예가 취소될 수 있습니다.

④ 생업에 종사하여 사회봉사명령을 이행하기 어려운 경우에는 보호관찰소에 신청하여 평일의 오전과 오후 중에 선택하거나 토요일 오후와 휴일만을 이용하여 이행하는 것도 가능합니다.

8-3. 집행유예의 효과

① 집행유예의 선고를 받은 후 그 선고가 실효 또는 취소되지 않고 유예기간을 경과한 때에는 형의 선고는 효력을 잃게 됩니다. 이에 따라 다른 법률에 의하여 그 유예기간 중에 정지되었던 자격이나 권리가 되살아나기도 하고(예 : 공직선거에 출마할 수 있는권리), 반면 유예기간 경과 후에도 일정기간 동안은 자격이나 권리를 얻을 수 없는 경우도 있습니다(예 : 유예기간 경과 후 2년 동안은국가공무원으로 임용될 수 없습니다).

② 집행유예 기간의 시점은 집행유예 판결이 확정된 날이므로, 항소나 상고 등에 의하여 판결이 확정되지 않은 경우에는 집행유예 기간이 진행되지 않음을 주의하여야 합니다.

8-4. 집행유예의 실효와 취소

8-4-1. 집행유예의 실효

① 집행유예의 선고를 받은 사람이 유예기간 중 고의로 범한 죄로 금고 이상의 실형을 선고 받아 그 판결이 확정된 때에는 집행유예의 선고는 효력을 잃게 됩니다.

② 집행유예가 실효되면 새로이 선고받은 형뿐만 아니라 이전에 집행이 유예되었던 형까지도 함께 복역하게 되어 불이익이 크므로, 집행유예 기간 중에는 사소한 잘못이라도 저지르지 않도록 항상 조심을 하여야 합니다.

8-4-2. 집행유예의 취소

① 필요적 취소

집행유예의 선고를 받은 후에 집행유예 결격사유, 즉 금고 이상의 형의 선고를 받아 집행을 종료한 후 또는 집행이 면제된 후부터 3년이 경과하지 아니한 사람이라는 것이 발각된 때에는 검사의 청구에 의하여 피고인의 소재지를 관할하는 법원이 결정으로 집행유예의 선고를 취소합니다.

② 임의적 취소

㉠ 집행유예를 선고받으면서 보호관찰이나 사회봉사 또는 수강명령을 함께 받은 사람이 그 명령이나 준수사항을 위반하고, 그 위반의 정도가무거운 경우에는 검사의 청구에 의하여 피고인의 소재지를 관할하는 법원이 결정으로 집행유예를 취소할 수 있습니다.

㉡ 보호관찰소에 아무런 연락도 하지 아니하여 상당기간 피고인의 소재가 파악되지 않거나 사회봉사 또는 수강명령을 전혀이행하지 아니한 경우에는 특별한 사정이 없는 한 집행유예가 취소되는 경우가 많으므로, 보호관찰관의 지도에 따라 성실히 명령을 이행하여야 합니다.

㉢ 특히 보호관찰소로부터 몇 차례 연락을 받고도 출석하지 아니한 후에는 처벌이 두려워 아예 소재를 감추어 버리는 경우가 많은데, 아무리 늦었다고 하더라도 스스로 보호관찰소에 출석하여 그 후 명령을 충실히 이행하면 집행유예가 취소되지 않을 수 있으므로, 피고인이 자진하여 명령을 이행할 필요가 있고, 보호관찰소로부터 연락을 받은 가족들도 그와 같이 지도해 주시기 바랍니다.

9. 국선변호 선정제도

사선변호인이 선임되지 않은 경우에 피고인을 위하여 법원이 국가의 비용으로 변호인을 선정해 주는 제도를 말합니다.

9-1. 필요적 국선변호
아래 사항에 해당하는 피고인의 경우 법원에서 직권으로 국선변호인을 선임합니다.
1. 구속영장이 청구되고 영장실질심문절차에 회부된 피의자에게 변호인이 없는 때
2. 체포·구속적부심사가 청구된 피의자에게 변호인이 없는때
3. 피고인이 구속된 때, 미성년자인 때, 70세 이상인 때, 농아자인 때, 심신장애의 의심이 있는 자인 때, 사형, 무기 또는 단기 3년 이상의 징역이나 금고에 해당하는 사건으로 기소된때
4. 피고인의 연령, 지능, 교육정도 등을 참작하여 권리보호를 위하여 필요하다고 인정되고, 피고인이 국선변호인의 선정을 희망하지 아니한다는 명시적인 의사를 표시하지 않은 때
5. 공판준비기일이 지정된 사건에 관하여 변호인이 없는 경우와 공판준비기일이 지정된 후에 변호인이 없게 된 경우
6. 일정한 재심사건의 경우
7. 국민참여재판 대상사건에서 피고인에게 변호인이 없는 경우
8. 치료감호법상 치료감호청구사건의 경우
9. 군사법원법이 적용되는 사건의 경우

9-2. 임의적 국선변호인 선정
피고인이 빈곤 기타의 사유로 변호인을 선임할 수 없을 때에는 법원에 국선변호인 선정을 청구할 수 있습니다. 빈곤 기타의 사유는 법원이 정한사유에 따르나, 법원은 그 사유를 점점 넓혀가고 있습니다. 종전에는 국선변호인을 법원에서 일방적으로 선정하였으나 2003. 3. 1.부터 임의적국선변호인 선택제도의 도입에 따라 피고인이 재판부별 국선변호인 예정자명부에 등재된 변호인 중에서 국선변호를 원하는

변호인을 임의적으로 선택하여 선정 청구를 할 수 있습니다.

9-3. 국선변호인 선정 청구

① 피고인

　　법원은 공소가 제기된 피고인에게 공소장부본의 송달과 함께 국선
　　변호인 선정에 관한 고지도 함께 하고 있는데, 특히 피고인이 빈곤
　　기타의 사유로 인하여 개인적으로 변호인을 선임할 수 없을 때에는
　　그 고지서 뒷면에 '국선변호인선정 청구서'가 인쇄되어 있으므로 그
　　빈칸을 기재하고 날인한 다음 신속하게(늦어도 고지서를 받은 때부
　　터 48시간 안에) 법원에 제출하면 됩니다.

② 피고인 이외의 청구권자

　　피고인의 법정대리인, 배우자, 직계친족과 형제자매는 독립하여 변
　　호인을 선임할 수 있습니다.

[서식] 국선변호인선정 청구서

재판부			재판장	허	부

국선변호인 선정 청구서

(피고인 이외의 청구권자 용)

사건번호 및 죄명		
피고인	성 명	□ 구 속　□ 불구속
	주 거	

【변호인의 도움을 받을 권리】

피고인은 변호인의 도움을 받을 권리가 있습니다.
피고인이 스스로 변호인을 선임할 수 없을 때에는 법원은 국선변호인을 선정합니다.

【필요적 변호】

피고인에게 다음과 같은 사정이 있는 경우에는 변호인 없이 재판을 진행할 수 없습니다.
이러한 피고인이 스스로 변호인을 선임하지 않은 때에는 법원은 반드시 국선변호인을 선정하게 됩니다.
피고인에게 해당되는 사정이 있는 경우 ☑ 표시하시기 바랍니다.

　　□ **미성년자인 때**
　　□ **70세 이상의 자인 때**
　　□ **농아자인 때**
　　□ **심신장애의 의심 있는 자인 때**
　　□ **법정형이 사형.무기 또는 3년 이상의 징역.금고에 해당하는 때**

【임의적 변호】

피고인이 경제 사정 등으로 사선변호인을 선임할 수 없는 때에는 법원에 국선변호인의 선정을 청구할 수 있습니다.
피고인의 **법정대리인, 배우자, 직계친족, 형제자매와 호주** 역시 독립하여 국선변호인의 선정을 청구할 수 있습니다.
피고인이 국선변호인의 선정을 청구하지 않는 경우에도 법원은 필요하다고 인정하는 때에는 국선변호인을 선정할 수 있습니다.

【국선변호인 선택】

재판부별로 전속되어 있는 변호인들 중에 국선변호인으로 선정하여 주기 원하는 변호인이 있는 경우 '전속변호인' 난에 그 변호인의 성명을 적기 바랍니다.
※ 재판부별 전속변호인은 담당재판부에 문의하기 바랍니다.

만일 재판부에 전속된 변호인 이외의 변호인을 국선변호인으로 선정하여 주기 원하는 경우는 '기타' 난에 그 변호인의 성명, 연락처 등을 적기 바랍니다.
※ 변호인의 사정에 따라 원하는 변호인이 선정되지 않을 수도 있습니다.

	성 명	주 소	전화번호	비고
전속변호인				
기타				

위와 같이 국선변호인의 선정을 청구합니다.

.   .   .

피고인의 □ 법정대리인 □ 배우자 □ 직계친족 □ 형제자매 □ 호주
<해당란에 ☑ 표시>

(이 름)   ㊞ (또는 서명)

서 울 중 앙 지 방 법 원 귀 중

☞ 참고 사항

1. 이 양식의 실은 색 부분을 기새하여 이 법원에 세술하기 바랍니다.
2. 피고인은 담당재판부로부터 송부받은 양식을 사용하고, 특히 구속된 피고인은 국선변호인 선정청구서를 교도소, 구치소 또는 경찰서에 제출하면 됩니다.

9-4. 국선변호인

① 국선변호인은 재판부별로 전속되어 있고, 그 전속변호인이나 그외 변호인들 중에서 원하는 변호인이 있으면 국선변호인선정 청구서에 기재할 수 있습니다. 다만, 변호인의 사정 등에 따라 원하는 변호인이 선정되지 않을 수 있습니다.

② 국선변호인은 피고인 1인에 대하여 변호인 1인을 선정함이 원칙이지만, 공동 피고인이 있는 경우 공동 피고인들 사이에 서로 이해관계가 대립하지 않을 때에는 그 공동 피고인들에 대하여 동일한 변호인을 선정할 수 있습니다.

③ 국선변호인은 변호사나 사법연수생 중에서 선임하고, 그 보수는 법원에서 지급합니다.

■ 국선변호인의 선임절차는 어떻게 되는지요?

> Q 형사사건에 있어서 변호사를 선임할 수 없는 경우 국선변호인을 선임할 수 있다고 하는데, 국선변호인의 선임절차는 어떻게 되는지요?

> A 형사사건의 피고인 및 피의자에 대하여 국선변호인이 선임되는 경우는 다음과 같습니다.
> 먼저, 피고인이 ①구속된 때 ②미성년자인 때 ③70세 이상의 자인 때 ④농아자인 때 ⑤심신장애의 의심이 있는 자인 때 ⑥사형, 무기 또는 단기 3년 이상의 징역이나 금고에 해당 사건으로 기소된 때에, 피고인에게 변호인이 없는 경우에는 법원은 직권으로 변호인을 선정하여야 합니다(형사소송법 제33조 제1항제1호 내지 6호).
> 또한, 피고인이 위 항목에 해당하지 않더라도 빈곤 그 밖의 사유로 변호인을 선임할 수 없는 때에는 피고인의 청구에 의하여 국선변호인을 선임할 수 있으며, 피고인은 위 사유에 대한 소명자료(영세민 증명 등)를 법원에 제출하여야 하나, 사건기록에 의하여 그 사유가 명백히 소명되었다고 인정될 때에는 그러하지 아니하도록 되어 있습니다(형사소송법 제33조제2항, 동규칙 제17조의 2).
> 나아가 법원은 피고인의 연령, 지능 및 교육 정도 등을 참작하여 권리보호를 위하여 필요하다고 인정하는 때에는 피고인의 명시적

의사에 반하지 아니하는 범위 안에서 변호인을 선정하도록 하고 있으며, 위와 같은 필요적 변호사건에 변호인이 선임된 경우 법원은 변호인 없이 개정을 하지 못하도록 하고 있습니다(형사소송법 제33조 제3항, 제282조, 제283조). 또한, 재심개시결정이 확정된 사건에 있어서도 일정한 경우에는 국선변호인을 선임하여야 하는 경우가 있습니다(형사소송법 제438조 제4항).

한편, 피의자의 경우에는 구속영장이 청구되어 구속 전 피의자 심문을 받는 피의자에게 변호인이 없는 경우에 법원은 직권으로 국선변호인을 선정하여야 하며(형사소송법 제201조의2 8항), 체포 또는 구속된 피의자가 체포·구속적부심사를 청구한 경우 위 제33조의 국선변호인 선임사유에 해당하고 변호인이 없는 때에도 국선변호인을 선정하도록 하고 있습니다(형사소송법 제214조의2 10항).

(관련판례)

공소사실 기재 자체로 보아 어느 피고인에 대한 유리한 변론이 다른 피고인에게는 불리한 결과를 초래하는 경우 공동피고인들 사이에 이해가 상반된다. 이해가 상반된 피고인들 중 어느 피고인이 법무법인을 변호인으로 선임하고, 법무법인이 담당변호사를 지정하였을 때, 법원이 담당변호사 중 1인 또는 수인을 다른 피고인을 위한 국선변호인으로 선정한다면, 국선변호인으로 선정된 변호사는 이해가 상반된 피고인들 모두에게 유리한 변론을 하기 어렵다. 결국 이로 인하여 다른 피고인은 국선변호인의 실질적 조력을 받을 수 없게 되고, 따라서 국선변호인 선정은 국선변호인의 조력을 받을 피고인의 권리를 침해하는 것이다(대법원 2015. 12. 23. 선고 2015도9951 판결).

■ 소년 사건에도 국선변호인의 도움을 받을 수 있는지요?

Q 얼마 전 저희 아이가 절도죄를 저질러서 재판을 받고 있습니다. 저희 부모가 법적인 절차에 대해서 잘 모르고 경제적으로도 어렵다 보니 아이에게 도움을 주지 못하여 안타깝습니다. 형사재판에서 이런 경우 국선변호인이 선임되는 것으로 알고 있는데, 소년 사건의 경우에도 국선변호인 선임을 요청할 수 있나요?

A 소년사건에도 국선변호인과 같은 제도가 있습니다. 다만 소년 사건인 경우에는 국선변호인이라는 용어를 쓰지 않고 국선보조인이

라는 용어를 사용합니다.

제17조의2(국선보조인) ① 소년이 소년분류심사원에 위탁된 경우 보조인이 없을 때에는 법원은 변호사 등 적정한 자를 보조인으로 선정하여야 한다.

② 소년이 소년분류심사원에 위탁되지 아니하였을 때에도 다음의 경우 법원은 직권에 의하거나 소년 또는 보호자의 신청에 따라 보조인을 선정할 수 있다.

　1. 소년에게 신체적·정신적 장애가 의심되는 경우

　2. 빈곤이나 그 밖의 사유로 보조인을 선임할 수 없는 경우

　3. 그 밖에 소년부 판사가 보조인이 필요하다고 인정하는 경우

③ 제1항과 제2항에 따라 선정된 보조인에게 지급하는 비용에 대하여는 「형사소송비용 등에 관한 법률」을 준용한다.

위 규정들에서 보는 바와 같이 사건 본인이나 보호자는 소년부 판사의 허가를 받아 보조인을 선임할 수 있고 보호자나 변호사를 보조인으로 선임하는 경우에는 허가를 받지 않아도 됩니다.

한편, 귀하의 경우와 같이 경제적으로 어렵거나 법을 잘 몰라 국선보조인의 도움을 받고자 하는 경우, 법원에 국선보조인의 선정을 신청하실 수 있습니다.

10. 배상명령

① 제1심 또는 제2심의 형사공판절차에서 법원이 유죄판결을 선고할 경우에 그 유죄판결과 동시에 범죄행위로 인하여 발생한 직접적인 물적 피해 및 치료비 손해의 배상을 명하거나, 피고인과 피해자 사이에 합의된 손해배상액에 관하여 배상을 명하는 제도를 말합니다.

② 즉 피해자가 민사 등 다른 절차에 의하지 않고 가해자인 피고인의 형사재판절차에서 간편하게 피해배상을 받을 수 있는 제도입니다.

배 상 명 령 신 청

사   건   20○○ 고단 ○○○호 ○○
신 청 인   ○   ○   ○
              ○○시 ○○구 ○○길 ○○번지
피 고 인   △   △   △
              ○○시 ○○구 ○○길 ○○번지

신 청 취 지

1. 피고인 △△△은 배상신청인에게 금 ○○○원을 지급하라.
2. 이 명령은 가집행 할 수 있다.
라는 배상명령을 구합니다.

신 청 원 인

피고인은 20○○. ○. ○.경 소외 □□□에게 피고인 소유의 건물 150 평을 임대기간 ○년으로 하여 임대하여 동인으로 하여금 사용수익하게 하고 있었으므로 위 건물을 재차 임대하여 줄 수 없다는 사정을 잘 알면서도, 그 사실을 모르는 배상신청인에게 이를 즉시 임대하여주겠다고 거짓말을 하여 이에 속은 배상신청인과 20○○. ○. ○.경 임대차계약을 체결하여 당일 계약금 ○○○원을 수령하여 이를 편취함으로써 배상신청인에게 동액 상당의 손해를 가하였으므로 그 피해를 보상받기 위하여 본 건 신청에 이르게 된 것입니다.

첨 부 서 류

1. 전세계약서 사본
2. 영수증 사본

20○○.   ○.   ○.
위 배상신청인   ○   ○   ○(인)

○ ○ 지 방 법 원 귀 중

10-1. 배상의 대상과 범위

① 대상 범죄

상해, 중상해, 상해치사, 폭행치사상, 과실치사상, 절도, 강도, 사기, 공갈, 횡령, 배임, 손괴죄(위 각 범죄에 대하여 가중처벌하는 특정범죄가중처벌등에관한법률 등 특별법상의 범죄도 포함됩니다)에 관하여 유죄판결을 선고할 경우와 위 죄뿐만 아니라 그 이외의 죄에 대한 피고사건에 있어서, 피고인과 피해자 사이에 손해배상액에 관하여 합의가 이루어진 경우입니다.

② 배상의 범위

2006. 6. 14. 이전에는 배상명령을 할 손해는 '직접적인 물적 피해 및 치료비 손해'로 한정되지만, 그 이후에는 위자료도 포함됩니다. 예컨대 절도, 강도 등 재산범죄에 있어서는 피고인이 당해 범죄행위로 인하여 불법으로 얻은 재물 또는 이익의 가액이, 손괴의 경우에는그 수리비가, 상해 등 신체에 대한 범죄에 있어서는 치료비 손해, 그리고 위와 같은 범죄로 피해자나 그 유족이 입은 정신적 고통으로 인한 손해가 그것입니다. 그 외에 기대수입 상실의 손해 등은 모두 제외됩니다. 다만, 피고인과 피해자 사이에 손해배상액에 관하여 합의가 이루어진 경우에는 그 합의된 금액입니다.

10-2. 배상신청인과 상대방

위 각 범죄로 인하여 직접적인 물적 피해 및 치료비 손해, 정신적 고통을 입은 피해자 및 그 상속인, 그리고 피고인과 손해배상액에 관하여 합의한 피해자나 그 상속인이 배상신청을 할 수 있습니다. 그 상대방은 당해 형사공판절차의 피고인이므로, 기소되지 아니한 다른 공범자나 약식명령이 청구된 피고인을 상대방으로 하여 배상신청을 할수는 없습니다.

10-3. 신청절차

피해자의 배상신청은 신청서에 피고사건의 번호·사건명 및 사건이 계속된 법원, 신청인의 성명·주소, 대리인이 신청할 때에는 그 성명·주소, 상대방 피고인의 성명·주소, 배상의 대상과 그 내용, 배상을 청구하는 금액을 기재하고 서명날인한 다음 상대방인 피고인의 수에 따른 부본을 첨부하여, 제1심 또는 항소심 공판의 변론종결시까지 당해 형사공판절차가 계속된 법원에 제출하여야 합니다. 신청서에는 필요한 증거서류를 첨부할 수 있습니다.

10-4. 배상명령의 효력

① 배상신청은 민사소송에 있어서의 소의 제기와 동일한 효력이 있고, 법원은 배상신청인에게 공판기일을 통지하여야 하며, 배상신청인은 공판기일에 출석하여 진술하고 증거를 제출할 수 있으나, 배상신청인이 불출석한 경우에도 법원은 그 진술 없이 배상신청에 관하여 재판할 수 있습니다.

② 확정된 배상명령 또는 가집행선고 있는 배상명령이 기재된 유죄판결서의 정본은 집행력 있는 민사판결 정본과 동일한 효력이 있으므로, 배상신청인은 그 정본을 이용하여 민사집행법 절차에 따라 강제집행을 할 수 있습니다.

③ 다만, 배상신청인은 법원이 배상신청을 각하하거나 또는 신청을 일부만 인용하는 경우에도 이에 대하여 불복할 수 없습니다. 왜냐하면 그러한 경우에는 일반 민사소송을 제기할 수 있기 때문입니다. 또한 신청을 전부 인용하거나 일부 인용하는 배상명령이 확정된 때에는 피해자는 그 인용된 금액의 범위 안에서는 다른 절차에 의한 손해배상을 청구할 수 없습니다.

10-5. 형사소송절차에서의 화해

피고인과 피해자 사이에 민사상 다툼에 관하여 합의한 경우, 당해 형사사건이 계속 중인 1심 또는 2심 법원에 공동으로 그 합의 내용을 공판조서에 기재하여 줄 것을 신청할 수 있으며, 이 경우 민사소송법상의 화해와 동일한 효력이 있습니다. (2006년 6월 14일 이후부터)

■ 배상명령을 받은 이후, 배상명령에 대한 금액을 지급하지 않는 데 어떻게 해야 하나요?

Q 저는 甲으로부터 1,000만원의 사기를 당하여 고소를 하였고 甲에 대한 형사재판절차에서 배상명령을 신청하여 배상명령결정을 받았습니다. 이후 甲이 위 배상명령에 대한 금액을 지급하지 않는 데 어떻게 해야 하나요?

A 소송촉진등에관한특례법 제34조 제1항은 "확정된 배상명령 또는 가집행선고가 있는 배상명령이 기재된 유죄판결서의 정본은 민사집행법에 따른 강제집행에 관하여는 집행력 있는 민사판결 정본과 동일한 효력이 있다."라고 규정하고 있습니다. 즉 위와 같이 형사재판절차에서 피고인에 대한 유죄판결과 함께 배상명령결정까지 받았음에도 불구하고 피고인이 배상명령결정에 따른 금액을 임의로 지급하지 아니할 경우, 위 배상명령결정은 민사판결 정본과 동일한 효력이 있으므로 甲은 그 결정문에 의거하여 민사집행법에 따라 강제집행을 신청하시면 될 것으로 보입니다. 그리고 배상명령은 확정되더라도 기판력이 발생하는 것은 아니고 단지 집행력만 있는 것이므로 형사상 유죄판결에도 불구하고 추후 손해배상책임이 없는 것이 밝혀진다면 채무자는 청구이의의 소나 부당이득반환청구소송을 통해 다툴 수 있습니다.

(관련판례)

소송촉진 등에 관한 특례법 제25조 제1항의 규정에 의한 배상명령은 피고인의 범죄행위로 피해자가 입은 직접적인 재산상 손해에 대하여 피해금액이 특정되고 피고인의 배상책임 범위가 명백한 경우에 한하여 피고인에게 배상을 명함으로써 간편하고 신속하게 피해자의 피해회복을 도모하고자 하는 제도로서, 위 특례법 제25조 제3항 제3호의 규정에 의하면 피고인의 배상책임의 유무 또는 그 범위가 명백하지 아니한 경우에는 배상명령을 하여서는 아니 되고, 그와 같은 경우에는 위 특례법 제32조 제1항에 따라 배상명령신청을 각하하여야 한다. 이러한 취지에 비추어 볼 때, 피고인이 재판과정에서 배상신청인과 민사적으로 합의하였다는 내용의 합의서를 제출하였고, 합의서 기재 내용만으로는 배상신청인이 변제를 받았는지 여부 등 피고인의 민사책임에 관한 구체적인 합의 내용을 알 수 없다면, 사실심법원으로서는 배상신청인이 처음 신청한 금액을 바로 인용할 것이 아니라 구체적인 합의 내용에 관하여 심리하여 피고인의 배상책임의 유무 또는 그 범위에 관하여 살펴보는 것이 합당하다(대법원 2013. 10. 11. 선고 2013도9616 판결).

■ 형사재판절차에서 상해로 인한 치료비를 받을 수 있는지요?

Q 저는 甲으로부터 12주의 치료를 요하는 상해를 입었으며 甲은 그 사건으로 구속·기소되어 현재 재판 중에 있습니다. 저는 개인사정상 치료비 등 손해배상에 대하여 甲을 상대로 민사소송을 제기할 형편이 못되어 형사재판절차에서 바로 치료비 등을 청구하려고 하는데 그 절차가 어떻게 되는지요?

A 소송촉진등에관한특례법 제25조는 "① 제1심 또는 제2심의 형사공판 절차에서 형법 제257조제1항, 제258조제1항 및 제2항, 제258조의2제1항(제257조 제1항의 죄로 한정한다), 제258조의2제2항(제258조제1항·제2항의 죄로 한정한다), 제259조제1항, 제262조(존속폭행치사상의 죄는 제외한다), 같은 법 제26장, 제32장(제304조의 죄는 제외한다), 제38장부터 제40장까지 및 제42장에 규정된 죄, 성폭력범죄의 처벌 등에 관한 특례법 제10조부터 제14조까지, 제15조(제3조부터 제9조까지의 미수범은 제외한다), 아동·청소년의 성보호에 관한 법률 제12조 및 제14조에 규정된 죄에 관하여 유죄판결을 선고할 경우, 법원은 직권에 의하여 또는 피해자나 그 상속인(이하 "피해자"라 한다)의 신청에 의하여 피고사건의 범죄행위로 인하여 발생한 직접적인 물적(物的) 피해, 치료비 손해 및 위자료의 배상을 명할 수 있다. ② 법원은 제1항에 규정된 죄 및 그 외의 죄에 대한 피고사건에서 피고인과 피해자 사이에 합의된 손해배상액에 관하여도 제1항에 따라 배상을 명할 수 있다."라고 규정하고 있습니다. 이는 형사사건의 피해자가 피고인의 형사재판 과정에서 간편한 방법으로 민사적인 손해배상명령까지 받아 낼 수 있는 제도로 배상명령의 대상으로 상해, 폭행, 과실치사, 절도, 강도, 사기, 공갈, 횡령, 배임 및 성폭력범죄 등도 배상명령의 대상으로 하고 있고, 그 이외의 죄에 대한 형사사건에 있어서는 피고인과 피해자 사이에 손해배상액에 관한 합의가 이루어진 경우에도 배상을 명할 수 있습니다.

배상명령신청을 할 수 있는 손해배상의 범위는 피고인과 피해자 사이에 손해배상액이 합의된 경우 이외에는 피고사건의 범죄행위로 인하여 발생한 직접적인 물적 손해 및 치료비손해에 한정되었으나, 2005. 12. 14. 개정·공포(법률 제7728호)되고 2006. 6. 15.부터 시행된 「소송촉진등에관한특례법」 제25조 제1항에 따라 위자료도 청구가 가능합니다. 이러한 배상명령의 신청방법은 같은 법 제26조에 규정하고 있는데, 피해자나 그 상속인이 제1심 또는 제2심 공판의 변론종결시까지 배상명령신청서를 사건이 계속된 법원에 제출하면 되고, 다만 피해자나 그 상속인이 증인으로 법정에 출석할 때에는 피해자는 말로써 배상신청을 할 수 있으므로 별도로 신청서를 제출할 필요는 없습니다.

신청서에는 배상의 대상과 그 내용, 배상을 청구하는 금액 등 일정사항을 기재하여야 하며 필요한 경우 증거서류를 첨부할 수 있습니다. 신청서를 제출할 때에는 상대방 피고인의 수에 상응한 신청서 부본을 제출하여야 하고 인지는 첨부하지 않아도 됩니다.

그리고 확정된 배상명령 또는 가집행선고가 있는 배상명령이 기재된 유죄판결서의 정본은 「민사집행법」에 따른 강제집행에 관하여는 집행력 있는 민사판결의 정본과 동일한 효력이 있습니다(소송촉진등에관한특례법 제34조 제1항).

한편 소송촉진등에관한특례법 제25조 제3항은 "①피해자의 성명·주소가 분명하지 아니한 경우, ② 피해금액이 특정되지 아니한 경우, ③피고인의 배상책임의 유무 또는 그 범위가 명백하지 아니한 경우, ④배상명령으로 인하여 공판절차가 현저히 지연될 우려가 있거나 형사소송절차에서 배상명령을 함이 타당하지 아니하다고 인정되는 경우에는 배상명령을 하여서는 아니된다."라고 규정하고 있습니다. 이와 관련하여 배상책임의 유무 또는 범위가 명백하지 아니한 경우 판례는 "배상책임의 유무 또는 범위가 명백하지 아니하여 배상명령을 할 수 없음에도 불구하고 이를 지나친 나머지 피고인에 대하여 편취금액 전액의 배상을 명한 원심판결의 배상명령 부분은 배상명령에 관한 법리를 오해한 위법이 있다는 이유로 원심판결 중 배상명령 부분을 취소하고 배상명령 신청을 각하하였습니다(대법원 1996. 6. 11. 선고 96도945 판결).

배상명령신청을 각하하거나 그 일부만을 인정한 재판에 대하여 신청인은 불복을 신청하지 못하며 다시 동일한 배상신청을 할 수 없습니다. 다만, 민사소송절차에 의하여 손해배상을 청구할 수는 있습니다(소송촉진등에관한특례법 제32조 제4항).

■ 배상명령 확정 후 인용금액을 넘어선 부분에 대해서 소를 제기할 수 있는지요?

> **Q** 甲은 형사공판절차에서 피해배상을 신청하여 일정액의 금전의 지급을 명하는 배상명령을 선고받고 그 배상명령이 확정되었는데, 배상명령에서 인용된 금액을 넘어선 금액을 지급받기 위해서 별도로 손해배상소송을 제기할 수 있나요

> **A** 확정된 배상명령이 기재된 유죄판결의 정본은 강제집행에 관하여는 집행력 있는 민사판결정본과 동일한 효력이 있습니다(소송촉진 등에관한특례법 제34조 제1항). 그래서 배상명령이 확정된 때에는 그 인용금액의 범위 내에서는 피해자는 민사소송 등 다른 절차에 의한 배상청구를 할 수 없지만, 인용금액을 넘어선 부분에 대해서는 별도의 소를 제기할 수 있습니다(소송촉진등에관한특례법 제34조 제2항). 따라서 甲은 형사공판절차에서 피해배상을 신청하여 일정액의 지급을 명하는 배상명령을 선고받고 그 배상명령이 확정되었다 하더라도 배상명령에서 인용된 금액을 넘어선 금액을 지급받기 위해서 손해배상소송을 제기할 수 있을 것으로 보입니다.

11. 보석

① 보석이란 법원이 적당한 조건을 붙여 구속의 집행을 해제하는 재판 및 그 집행을 말합니다. 피고인이 도망하거나 지정된 조건에 위반한 경우에 과태료 또는 감치에 처하거나 보석을 취소하고 보증금을 몰취하는 등의 심리적 강제를 가하여, 공판절차에의 출석 및 나중에 형벌의 집행단계에서의 신체확보를 기하고자 하는 제도입니다.

② 신체를 구속하지 않으면서도 구속과 동일한 효과를 얻을 수 있게 함으로써 불필요한 구속을 억제하고 이로 인한 폐해를 방지하려는 데 그 존재의의가 있습니다.

11-1. 보석 청구권자

① 보석을 청구할 수 있는 사람은 피고인, 피고인의 변호인·법정대리인·배우자·직계친족·형제자매·가족·동거인·고용주입니다.

② 다만, 청구가 없을지라도 법원은 상당한 이유가 있는 경우에는 직권으로 보석을 허가할 수 있습니다.

11-2. 보석 허가사유

① 법원은 보석의 청구가 있으면

   1. 피고인이 사형·무기 또는 장기 10년이 넘는 징역이나 금고에 해당하는 죄를 범한 때

   2. 피고인이 누범에 해당하거나 상습범인 죄를 범한 때

   3. 피고인이 죄증을 인멸하거나 인멸할 염려가 있다고 믿을 만한 충분한 이유가 있는 때

   4. 피고인이 도망하거나 도망할 염려가 있다고 믿을 만한 충분한 이유가 있는 때

   5. 피고인의 주거가 분명하지 아니한 때

   6. 피고인이 피해자, 당해 사건의 재판에 필요한 사실을 알고 있다고 인정되는 자 또는 그 친족의 생명·신체나 재산에 해를 가하거나 가할 염려가 있다고 믿을 만한 충분한 이유가 있을 때를 제외하고는 보석을 허가하여야 합니다.

② 또한, 법원은 위에서 열거한 예외사유에 해당하는 경우에도 상당한 이유가 있으면 직권 또는 청구에 의하여 보석을 허가할 수 있습니다.

[서식] 보석허가 청구서

보 석 허 가 청 구 서

사　　　건 :
피 고 인 :

청 구 취 지

피고인 _____ 에 대한 보석을 허가한다.
라는 결정을 구합니다.

청 구 원 인

첨부서류 : 1. 주민등록등본(호적등본)
　　　　　 2. 재산관계진술서
　　　　　 3.
　　　　　 4.

20○○.　　○　.　　○○.

청구인의　성명　　　　　　　　　　㊞
피고인과의　관계
주　　　　　소
전　　　　　화　(　　　)　－

○○○○법원 ○○지원 형사 제___(단독,부)귀중

보 석 허 가 청 구

사건번호 및 재판부 : 20○○고단 ○○○호 (제 ○단독)
사   건   명 : 교통사고처리특례법위반
피   고   인 : ○   ○   ○
직   업 : 회 사 원
생 년 월 일 : 19○○년 ○월 ○○일생

 위사건에 관하여 피고인의 변호인은 아래와 같은 이유로 보석을 청구합니다.

청 구 취 지

피고인 ○○○의 보석을 허가한다.
라는 결정을 구합니다.

청 구 이 유

1. 피고인은 형사소송법 제95조에 규정된 필요적 보석의 예외사유, 즉, 사형, 무기, 또는 10년 이상의 징역에 해당하는 범죄를 범하지 아니하였으며, 또한 피고인은 모든 범죄사실을 시인하고 있을 뿐만 아니라 이에 대하여 충분한 조사가 완료되어 증거인멸의 우려가 없습니다. 더구나 피고인은 1남 3녀를 둔 가정의 세대주로서 주거가 분명하여 도주의 우려도 없습니다.

2. 피고인의 이 사건 범죄사실은 피고인의 고의에 의한 것이 아니고, 작은 과실에서 비롯하여 악천후 속에서 이처럼 큰 결과를 가져온 것입니다. 사고 발생일인 20○○. ○. ○. 12:30경 갑자기 쏟아진 우천으로 인하여 도로가 미끄러웠을 뿐만 아니라, 전방의 시야마저 확보되지 못한 상황이었습니다. 당시 피고인은 앞서가던 봉고승합차의 뒤를 따라 진행하고 있었는데, 앞서가던 승합차가 왕복 2차선의 좁은 교량상에서 갑자기 급제동을 하는 것을 보고 추돌을 피하기 위하여 피고인도 순간적으로 급제동 조치를 취하였던 것입니다. 도로가 미끄러운 상태에서의 급제동이 위험한 것은 익히 알고 있었으나, 앞서가던 차량과의 추돌을 방지하기 위해서는 불가피한

것이었습니다. 이러한 순간적인 과실이 화근이 되어 차가 빗길에 미끄러지면서 오른쪽 다리난간을 충격하고는 바로 중앙선을 침범하여 피해자들이 타고 있던 승용차가 피고인 운전의 화물차의 측면을 들이받았던 것입니다. 더구나 당시 폭우로 인하여 반대방향에서 오던 피해차량을 발견하지 못한 것이 원인이 되기도 하였습니다. 이러한 사고 당시의 정황을 잘 살펴주시기 바랍니다.

3. 또한 피고인은 피해자의 유가족에게 피고인의 사정이 허락하는 최대한의 성의를 들여 그 유가족들 및 피해자 이◎◎와 원만히 합의하였고, 이에 피해자 이□□, 전□□의 유가족 및 위 이◎◎도 피고인의 관대한 처벌을 탄원하고 있습니다.

4. 한편 피고인 ○○○는 단 한번의 전과도 없는 초범입니다. 즉, 피고인은 아버지를 전장에서 잃은 국가유공자의 자녀(전몰군경유족)로서, 가난 속에서 어렵게 성장하였습니다. 그러나 피고인은 그 어려운 환경 속에서도 성실히 성장하여 그동안 단 한번의 처벌도 받은 사실이 없습니다.

5. 피고인 ○○○는 현재 1남3녀의 자녀를 둔 한 가정의 가장입니다. 지난 22년간 피고인은 ○○시 ○○구 ○○길 ○○에 소재한 (주)☆☆에서 근속하였고, 위 회사의 소유주가 바뀌면서 200○. ○. ○. 현재의 근무지인 ★★제재소로 직장을 바꾸게 되었습니다. 위 ★★제재소의 운전기사로 근무하면서 ○○○원이 조금 넘는 많지 않은 급여를 가지고 1남 3녀를 양육하는 등 근근히 가계를 이끌어 왔고, 큰 딸은 출가도 시켰습니다. 그런데 이제 이 사건으로 인하여 피해자들에게 속죄하기 위하여 그동안 피고인이 모은 재산의 대부분을 지급하였을 뿐만 아니라, 더구나 이제는 피고인의 구속이 장기화되면서 나머지 가족들의 생계마저 위협받는 상황이 되었습니다.

6. 경위야 어떻든 피고인 ○○○는 지난 40여일의 긴 구속기간동안 자신의 잘못을 깊이 뉘우치고 있을 뿐만 아니라, 다시는 자신의 생업인 운전업무에 있어서 작은 실수도 저지르지 않겠다고 다짐하고 있습니다.
   이상과 같은 사실을 참작하여 상당한 보석보증금과 기타 적당한 조건을 붙여 보석을 허가하여 주시기 바랍니다.

첨 부 서 류

1. 합의서	1통
1. 재산관계진술서	1통

```
        1. 탄원서                              1통
        1. 탄원인명부                          1통
        1. 국가유공자증명서                    1통


                20○○.   ○.   ○.


            위 피고인  변호인   ○ ○ ○ (인)


  ○ ○ 지 방 법 원  귀 중
```

[서식] 보석허가청구서(배우자가 신청하는 경우)

```
                        보석허가청구서

  사    건    2015고단○○○ 죄명
  피 고 인    ◇ ◇ ◇ (주민등록번호)
             서울 서초구 △△대로 ▽▽▽


                    청  구  취  지


  피고인의 보석을 허가한다.
  보증금은 피고인의 처 ○○○(주민등록번호, 주소 : 서울 서초구 △△
  대로 ▽▽▽)가 제출하는 보석보증보험증권 첨부의 보증서로 갈음할 수
  있다.
  라는 결정을 구합니다.


                    청  구  이  유


  1. 피고인은 이 사건 범행을 모두 자백하고 있으며, 이에 죄증을 인멸
     할 여지가 전혀 없습니다. 주거가 일정하여 도주의 우려가 없을 뿐
     만 아니라 죄증을 인멸할 염려가 없는 등, 형사소송법이 정한 필요
     적 보석의 요건을 모두 갖추고 있습니다.
  2. 피고인은 주거가 일정하고, 주거지에서 가족들과 함께 거주하고 있
```

어 도주의 우려가 없습니다. 또한 피고인은 피해자에게 용서를 빌고 원만히 합의하였으며, 그동안의 구금생활을 통하여 깊이 반성하고 있습니다.

3. 이에 피고인이 불구속 상태에서 재판을 받을 수 있도록 피고인에 대한 보석을 청구하오니 허가하여 주시기 바라며, 보석보증금은 신청인이 보증보험회사와 체결한 보증보험증권으로 대체할 수 있도록 하여 주시기 바랍니다.

첨 부 서 류

1. 청구서 부본	1통
1. 재산관계진술서	1통
1. 가족관계증명서	1통
1. 주민등록표 등본	1통

20 . . .

피고인의 처 ○○○

○○지방법원 귀중

11-3. 보석의 심리 및 재판

① 법원은 보석이 청구되면 검사의 의견을 물어 보석의 허가 여부를 결정하게 됩니다.

② 또한 법원은 결정을 하기에 앞서서 원칙적으로 구속된 피고인을 심문하여야 하지만, 이미 제출한 자료만으로 보석의허가 여부를 판단하는 데에 지장이 없는 경우에는 심문을 하지 않을 수도 있습니다.

11-4. 보석의 조건 및 취소

① 법원은 보석을 허가하는 경우에는 필요하고 상당한 범위 안에서 지정 일시·장소에 출석하고 증거를 인멸하지 않겠다는 서약서 제출, 보증금 납입 약정서 제출, 주거 제한 등 도주 방지 조치 수인, 피해자 등 위해 및 접근 금지, 제3자 출석보증서 제출, 법원 허가 없는

외국 출국 금지, 금원 공탁 또는 담보 제공, 보증금 납입 또는 담보 제공, 출석 보증조건 이행의 조건 중 하나 이상의 조건을 정합니다. 보석 허가 결정에서 명한 조건이 이행되지 않는 경우 석방이 되지 않거나 보석이 취소될 수 있습니다.

② 법원이 보석보증금 납부를 조건으로 보석을 허가함에 있어 보석보증보험증권을 첨부한 보증서(보험보증서)로써 보증금에 갈음할 수 있음을 허가한 때에는 보석보증금을 현금으로 납부하지 않고 보험보증서의 제출만으로도 피고인이 석방될 수 있습니다.

③ 보석청구인이나 피고인의 법정대리인, 배우자, 직계친족, 형제자매, 가족, 동거인 또는 고용주는 법원에 보험보증서의 제출허가를 구할 수 있습니다.

④ 법원은 피고인이 법원의 소환을 받고도 정당한 이유 없이 출석하지 아니하거나 주거의 제한 기타 법원이 정한 조건을 위반한 때 등의 경우에는 검사의 청구 또는 직권으로 보석을 취소할 수 있고, 보석이 취소되면 피고인은 다시 구금됩니다.

⑤ 법원은 피고인이 정당한 사유 없이 보석조건을 위반한 경우에는 결정으로 1천만원 이하의 과태료를 부과하거나 20일 이내의 감치에 처할 수 있습니다. 출석보증서를 제출하고 석방된 피고인이 정당한 사유 없이 기일에 불출석하는 경우에도 그 출석보증인에게 500만원 이하의 과태료를 부과할 수 있습니다.

■ 보석 조건 위반 시 무조건 보석이 취소되는 것인지요?

Q 저희 남편은 구속되어 재판을 받던 중 법원이 지정하는 장소로 주거를 제한한 조건이 부가된 보석허가결정이 나와 석방되었습니다. 그런데 남편이 불가피한 사정이 있어 일시로 주거를 이탈하였습니다. 법원이 정한 조건을 위반한 것은 잘못한 것이지만 불가피한 사정이 있었고 재판에도 빠짐없이 잘 참석하고 있어 위반의 정도가 경미한 것 같은데, 어쨌든 위반은 맞으니까 무조건 보석이 취소되는 것인지요?

A 형사소송법 제102조는 '법원은 피고인이 정당한 사유 없이 보석조건을 위반한 경우에는 결정으로 피고인에 대하여 1천만원 이하

의 과태료를 부과하거나 20일 이내의 감치에 처할 수 있다'라고 규정하고 있습니다. 즉, 보석조건을 위반한 경우에도 일률적으로 보석허가결정의 취소를 하는 것은 아니고 보석조건을 위반하였으나, 보석을 취소하여 재구속 하는 것이 가혹할 경우 보석결정을 취소하는 대신 과태료를 부과하거나 감치처분을 하는 것도 가능합니다. 따라서 귀하의 남편이 보석허가결정의 취소를 피하기 위하여는 위반의 정도가 경미하고 남편을 재구속 하는 것은 가혹한 것임을 적극적으로 소명하실 필요가 있을 것입니다.

■ 보석으로 석방된 사람에 대한 주거의 제한을 조건으로 부가하는 것이 타당한 것인지요?

Q 저는 형사사건으로 구속되었다가 보석이 허가되어 보석보증금을 납부하고 석방되었으나 주거지에 제한을 받게 되었습니다. 그런데 보석을 허가하면서 주거의 제한을 조건으로 부가하는 것이 타당한 것인지요? 그리고 주거의 제한에도 불구하고 사업상 필요에 의하여 지방을 가기 위해서는 어떠한 절차를 밟아야 하는지요?

A 형사소송법 제98조는 "법원은 보석을 허가하는 경우에는 필요하고 상당한 범위 안에서 다음 각 호의 조건 중 하나 이상의 조건을 정하여야 한다."고 하면서 9가지의 조건을 규정하고 있으며, 제3호에서 "법원이 지정하는 장소로 주거를 제한하고 이를 변경할 필요가 있는 경우에는 법원의 허가를 받는 등 도주를 방지하기 위하여 행하는 조치를 수인할 것"을 그 조건 중 하나로 규정하고 있습니다.
그리고 같은 법 제102조는 법원이 직권 또는 검사의 청구에 의하여 결정으로 보석을 취소할 수 있는 경우로서, 피고인이 ①도망한 때, ②도망하거나 죄증(罪證)을 인멸할 염려가 있다고 믿을 만한 충분한 이유가 있는 때, ③소환을 받고 정당한 이유없이 출석하지 아니한 때, ④피해자, 당해 사건의 재판에 필요한 사실을 알고 있다고 인정되는 자 또는 그 친족의 생명 신체나 재산에 해를 가하거나 가할 염려가 있다고 믿을 만한 충분한 이유가 있는 때, ⑤그 밖에 법원이 정한 조건을 위반한 때를 규정하고 있습니다.

보석이 취소되면 보증금의 전부 또는 일부를 몰수할 수 있으며 검사는 취소결정에 의하여 피고인을 다시 구금하게 됩니다. 또한, 보석허가결정의 취소 여부와 상관없이 피고인이 정당한 사유 없이 보석조건을 위반한 경우에는 결정으로 피고인에 대하여 1천만원 이하의 과태료를 부과하거나 20일 이내의 감치에 처할 수도 있습니다(같은 법 제102조 제3항).

따라서 귀하에게 주거의 제한조건이 부가되어 있을 경우에는 법원이 정한 제한을 위반하지 않아야 할 것이며, 주거의 제한을 변경하고자 할 경우에는 법원의 허가를 받아야 할 것입니다.

■ 보석 이외에 급박하게 이용할 수 있는 다른 방법은 없는지요?

Q 저희 아버지는 현재 구속되어 재판을 받고 계시는 중입니다. 그런데 최근 할아버지가 많이 위독해지셔서 곧 돌아가실 것으로 보여 아버지가 석방되어 할아버지의 임종을 지켜보고 장례식에도 참석하였으면 합니다. 보석을 신청하면 결정까지 일정한 시간이 걸린다고 해서 그러는데 보석 이외에 급박하게 이용할 수 있는 다른 방법은 없는지요?

A 시간적으로 보석 제도를 이용하기 어려울 정도로 급박한 사정이 있다면 구속의 집행정지 제도를 고려하는 것이 보다 적당할 것으로 보입니다. 즉, 형사소송법 제제101조 제1항은 "법원은 상당한 이유가 있는 때에는 결정으로 구속된 피고인을 친족·보호단체 기타 적당한 자에게 부탁하거나 피고인의 주거를 제한하여 구속의 집행을 정지할 수 있다."고 규정하고 있고 이러한 구속의 집행정지 결정은 심문 없이 법원의 결정으로 이뤄질 수 있으므로 급박한 사정이 있는 경우 이를 이용함이 보다 적당할 것입니다. 다만, 귀하나 귀하의 아버지에게 구속집행정지를 신청할 권리가 있는 것은 아니므로 귀하는 법원에 귀하의 아버지의 상황을 소명하여 구속집행정지에 관한 직권발동을 촉구하여야 할 것이고, 장례식장 참석 등이 반드시 구속집행정지 사유가 되는 것은 아니고 구속의 집행을 정지할만한 상당한 이유가 인정되어야 하므로 상당한 이유에 관한 사정을 적극적으로 소명하실 필요가 있을 것입니다.

11-5. 보석보증금의 몰수 및 환부

① 보증금의 몰수

보석이 취소되는 경우에는 법원은 결정으로 보증금의 전부 또는 일부를 몰수할 수 있습니다(임의적 몰수). 그리고 보석으로 석방된 사람이 형의 선고를 받고 판결이 확정된 후에 집행하기 위한 검사의 소환을 받고도 이유 없이 이에 불응하거나 도망한 때에도 법원은 직권 또는 검사의 청구에 의하여 결정으로 보증금의 전부 또는 일부를 몰수하게 됩니다(필요적 몰수).

② 보증금의 환부

피고인이 공판절차를 통해 집행유예나 벌금 등의 판결을 받고 석방되는 등 구속영장의 효력이 소멸한 때, 또는 구속 또는 보석이 취소되었으나 법원이 보증금을 몰수하지 않은 때에는 보증금을 환부받을 수 있습니다. 다만, 보증금의 환부에 관한 업무는 법원의 사무가 아니라 검찰청의 사무이므로 검사의 지휘에 의하여 환부를 받게 됩니다.

[서식] 보석보증금 납입방법 변경신청서

보석보증금납입방법변경신청

사건명 20○○고단○○○호 사기
피 고 인   ○   ○   ○

위 사건에 관하여 귀원의 20○○. ○. ○.자 보석보증금 금 ○○○원으로 하는 보석허가결정이 있었는바, 피고인은 현재 국민기초생활보장 수급자로 가정형편상 동 보증금의 납입이 곤란하므로 동 납입방법을 보석보증보험증권을 첨부한 보증서 제출로 갈음할 수 있도록 변경하여 주시기 바랍니다.

20○○년   ○월   ○일
위 신청인 피고인   ○   ○   ○ (인)

○ ○ 지 방 법 원 귀 중

■ 보석으로 석방된 사람이 입원치료 중 도주한 경우 보석의 효력은 어떻게 되는지요?

Q 저희 부친은 사기죄로 구속·기소되어 재판을 받던 중 질병이 악화되어 보석을 청구하였고, 법원의 보석허가결정으로 석방되어 병원에 입원한 후 치료를 받던 중 도주하였습니다. 이 경우 보석의 효력은 어떻게 되는지요?

A 형사소송법 제102조 제2항은 "법원은 직권 또는 검사의 청구에 의하여 결정으로 보석 또는 구속의 집행정지를 취소할 수 있다."라고 규정하고 있습니다.

이 경우 보석취소사유로는 피고인이 ①도망한 때, ②도망하거나 또는 죄증을 인멸할 염려가 있다고 믿을 만한 충분한 이유가 있는 때, ③소환을 받고 정당한 이유 없이 출석하지 아니한 때, ④ 피해자, 당해 사건의 재판에 필요한 사실을 알고 있다고 인정되는 자 또는 그 친족의 생명·신체나 재산에 해를 가하거나 가할 염려가 있다고 믿을 만한 충분한 이유가 있는 때, ⑤그 밖에 법원이 정한 조건을 위반한 때 등입니다(다만, 국회의원에 대하여는 예외규정 있음). 보석이 취소되면 피고인은 그 취소결정서의 등본에 의해서 재수감되며(형사소송규칙 제56조), 납입한 보증금의 전부 또는 일부가 법원의 결정에 의해 몰수될 수 있습니다(형사소송법 제103조 제1항).

따라서 귀하의 부친이 보석 중 도주하였다면 법원의 직권 또는 검사의 청구에 의해 보석이 취소되어 재수감될 수 있고, 보석보증금 역시 전부 또는 일부가 몰수될 수도 있을 것입니다.

■ 보증금 없이 보석결정을 받을 수 있는지요?

Q 저는 구속되어 있어 보석을 신청하려고 합니다. 그런데 제가 경제적으로 여유가 없어 보증금이 나오면 보증금을 낼 방법이 없을 것 같습니다. 보증금 없이 보석결정을 받을 수 있는 방법은 없는지요?

A 보석의 조건에 대하여 형사소송법 제98조는 "법원은 보석을 허가하는 경우에는 필요하고 상당한 범위 안에서 다음 각 호의 조건

중 하나 이상의 조건을 정하여야 한다. 1. 법원이 지정하는 일시·장소에 출석하고 증거를 인멸하지 아니하겠다는 서약서를 제출할 것 2. 법원이 정하는 보증금 상당의 금액을 납입할 것을 약속하는 약정서를 제출할 것 3. 법원이 지정하는 장소로 주거를 제한하고 이를 변경할 필요가 있는 경우에는 법원의 허가를 받는 등 도주를 방지하기 위하여 행하는 조치를 수인할 것 4. 피해자, 당해 사건의 재판에 필요한 사실을 알고 있다고 인정되는 자 또는 그 친족의 생명·신체·재산에 해를 가하는 행위를 하지 아니하고 주거·직장 등 그 주변에 접근하지 아니할 것 5. 피고인 외의 자가 작성한 출석보증서를 제출할 것 6. 법원의 허가 없이 외국으로 출국하지 아니할 것을 서약할 것 7. 법원이 지정하는 방법으로 피해자의 권리회복에 필요한 금원을 공탁하거나 그에 상당한 담보를 제공할 것 8. 피고인 또는 법원이 지정하는 자가 보증금을 납입하거나 담보를 제공할 것 9. 그 밖에 피고인의 출석을 보증하기 위하여 법원이 정하는 적당한 조건을 이행할 것"이라고 규정하고 있습니다. 또한 법원이 보석의 조건을 정할 때는 '범죄의 성질 및 죄상, 증거의 증명력, 피고인의 전과·성격·환경 및 자산, 피해자에 대한 배상 등 범행 후의 정황에 관련된 사항'을 고려하여야 하고(형사소송법 제99조 제1항) 법원은 피고인의 자력 또는 자산 정도로는 이행할 수 없는 조건을 정할 수 없습니다. (형사소송법 제99조 제2항) 즉, 법원이 보석을 허가하는 결정을 하면서 반드시 보증금을 조건으로 할 필요가 없고 다른 조건을 부과하는 것도 가능하고 보증금의 납입을 조건으로 정하였다고 하더라도 피고인의 자력 또는 자산 정도로는 이행할 수 없는 조건을 정할 수 없습니다. 따라서 귀하는 보석을 신청하면서 자력 또는 자산의 정도를 상세히 소명하시고 다른 조건으로도 출석 등을 담보할 수 있음을 적극적으로 소명하실 필요가 있을 것입니다. 또한, 법원은 유가증권 또는 피고인 외의 자가 제출한 보증서로써 보증금에 갈음함을 허가할 수 있으므로 (형사소송법 제100조 제3항) 귀하는 이를 활용하는 방법을 고려해 볼 수도 있을 것입니다.

12. 상소(항소 · 상고)

제1심 판결에 대하여 제2심 법원에 불복을 하는 것을 항소라 하고, 제2심 판결에 대하여 상고심에 불복을 하는 것을 상고라고 하며, 항소와 상고를 통틀어 상소라고 합니다.

[서식] 항소장(고등법원)

항 소 장

사   건   20○○고합 ○○○○호 사기
피 고 인   ○   ○   ○

위 사건에 관하여 귀 법원(○○지방법원)은 20○○. ○. ○. 피고인에 대하여 징역 ○년에 처하고, 다만, 그 형의 집행을 ○년간 유예하는 판결을 선고한 바 있으나, 피고인은 위 판결에 모두 불복하므로 항소를 제기합니다.

20○○.   ○.   ○.

위 피고인   ○   ○   ○ (인)

○ ○ 고 등 법 원 귀 중

항 소 이 유 서

사　　건　20○○노○○○호 상해
피 고 인　○　○　○

위 사건에 관하여 피고인의 변호인은 다음과 같이 항소이유서를 제출
합니다.

다　음

1. 피고인은 이 사건 공소사실을 모두 인정하며 자신의 잘못을 깊이
   반성하고 있습니다.
2. 피고인의 이 사건 범행은 젊은 혈기에 취중에 우발적으로 저질러
   진 범행입니다. 피고인은 오랜만에 만난 친구인 공소외 □□□가
   피해자와 시비가 붙어 피해자 일행으로부터 폭행을 당하는 것을
   보고 순간적으로 격분하여 이 건 범행에 이르게 된 것으로 그 동
   기에 참작할 만한 점이 있습니다. 당시 피고인은 상당량의 술을 마
   셔 만취된 상태여서 경솔하게도 이 건 범행에 이르게 된 것입니다.
3. 피고인의 범행 정도에 비추어 제1심에서 선고된 형이 결코 중하다
   고는 할 수 없을 것입니다. 그러나 피고인은 이 건 범행 전에 아무
   런 범법행위를 저지른 바 없는 초범이고 자신의 잘못을 깊이 뉘우
   치고 있으며 또한 대학교에 재학 중인 학생입니다. 또한 이 건으로
   피고인도 상해를 입었습니다. 피고인은 어려운 가정형편 속에서도
   나름대로 성실히 살아오던 학생이었습니다. 이러한 점을 참작하시
   어 법이 허용하는 한 최대한의 관용을 베풀어주시기를 바랍니다.

20○○.　○.　○.
위 피고인의 변호인　○　○　○ (인)

○ ○ 지 방 법 원　형 사 항 소 ○ 부　귀 숭

[서식] 항소보충이유서(상해)

항 소 보 충 이 유 서

사　　건　20○○노 ○○○○ 상해
피 고 인　○　○　○

위 피고인에 대한 상해 사건에 관하여 위 피고인의 변호인은 다음과
같이 항소이유를 보충합니다.

다　　　음

1. 원심 판시 범죄사실의 인부
　피고인은 원심 판시 범죄사실은 모두 시인합니다.
2. 양형부당의 점
　가. 피고인은 정신분열증 진단을 받아 병원에서 입원치료를 받은 적
　　　이 있고 지금도 약을 복용하고 있으며 장애인복지법에 따른 정신
　　　지체 3급의 장애인입니다. 피고인은 고등학교 1학년 때부터 갑자
　　　기 학교를 나가지 않는 등 정상인과 같은 정도의 사회적응력을
　　　갖추지 못하고 있습니다. 이 사건 범행도 특별한 동기 없이 범행
　　　당시의 기분에 따라 우발적으로 행한 것입니다.
　나. 이 사건 피해자는 피고인의 아버지가 운영하는 정육점에 자주 들
　　　러 피고인 부모님과 알고 지내는 사이입니다. 피고인의 어머니는
　　　피해자에게 치료비 조로 금 100만원을 주려하였으나 피해자가
　　　금 500만원을 요구하여 합의에는 이르지 못하였습니다.
　다. 피고인에게는 폭력행위로 인하여 벌금 100만원을 선고받은 외에
　　　는 다른 범죄전력이 없으며 5개월이 넘는 미결구금기간을 통해
　　　본 건 범행을 깊이 반성하고 있습니다.
3. 결 론
　이상의 정상과 기타 기록상 드러나는 자료를 참작하시어 피고인에
　게 원심보다 관대한 형을 선고하여 주시기를 바라며, 항소보충이
　유서를 제출합니다.

20○○.　○.　○.
위 피고인의 변호인　○　○　○ (인)

○ ○ 지 방 법 원 형 사 항 소 제 ○ 부 귀 중

상 고 장

사 건   20○○노 ○○○○ 교통사고처리특례법위반등
피 고 인   ○ ○ ○

위 사건에 관하여 ○○법원에서 20○○. ○. ○. 피고인에게 징역 ○
년 ○월에 처한다는 판결을 선고 하였으나 이에 모두 불복하므로 상
고를 제기 합니다.

상 고 이 유

1. 원심판결의 법령위반의 점에 관하여,
   원심판결에서는 증거능력없는 증거를 유죄의 증거로 채택한 위법
   을 범하여 판결에 영향을 미치고 있습니다.
 (가) 원심법원에서 피고인에 대한 공소사실을 인정하는 증거로서 증
      인 □□□의 피고인이 범행을 자백하더라는 취지의 증언을 인
      용하고 있으나, 증인 □□□의 증언은 형사소송법 제316조 제
      1항의 전문진술에 해당하고, 전문진술의 경우에는 그 진술이
      특히 신빙할 수 있는 상태하에서 이루어졌을 때에 한하여 증
      거로 할 수 있는 것이고 그 특신상태의 인정 여부는 진술당시
      의 피고인의 상태 등이 참작되어야 하는 것입니다.
 (나) 그런데 증인 □□□은 20○○. ○. ○. 밤에 피고인이 사람을
      죽였고 그때 사용한 것이라면서 칼을 꺼내 보였다는 취지의
      증언을 하고 있고, 그 진술 중 사람을 칼로 죽였다는 진술부분
      은 원진술자가 피고인이고 증인 □□□은 피고인의 진술을 법
      정에서 진술한 것이어서 전문진술에 해당하는바, 피고인은 그
      와 같은 말을 한 사실이 없다고 부인하고 있는 데다가 그 당
      시 피고인이 몹시 술에 취해있었다는 점은 증인 □□□의 진
      술에 의해서도 인정되고 있는 바이며, 피고인이 설사 사람을
      죽였더라도 그 사실을 처음 본 사람에 함부로 밀한나는 깃
      은 우리의 경험칙상 이례에 속하는 일이라는 점 등을 종합해
      보면 위 전문진술은 특신상태를 인정하기 어렵고 달리 특신상

태를 인정할 만한 자료가 없는 본 사건에서 피고인이 범행을 부인하고 있는 상태에서 위 전문진술만을 근거로 범죄사실을 인정한 것은 전문진술의 증거능력에 관한 법리를 오해한 위법을 범하고 있는 것입니다.

(다) 그리고 원심에서 인용한 다른 증거를 보면, 압수조서, 압수물 등을 들고 있으나, 압수조서나 압수물은 범죄사실에 대한 직접적인 증거는 아니고 모두 간접증거일 뿐이어서 증인 □□□의 전문진술 외에는 직접증거가 전혀 없는 것이고, 위 전문진술은 유죄의 증거로 할 수 없는 것이므로, 피고인에 대한 공소사실은 전혀 증거가 없는 것임에도 불구하고 원심은 증거 없이 사실을 인정한 위법을 범하고 있는 것입니다.

이상과 같은 이유로 원심판결은 파기를 면치 못할 것입니다.

20○○. ○. ○.

피 고 인 ○ ○ ○ (인)

○ ○ 법 원 귀 중

[서식] 답변서(검사의 상고이유에 대한)

답　　변　　서

사　　건　　20○○도 ○○○ 폭력행위등처벌에관한법률위반
피 고 인　　○　○　○

위 피고인에 대한 폭력행위등처벌에관한법률위반 사건에 대한 검사의 상고이유에 관하여, 피고인은 다음과 같이 답변합니다.

다　　　　　음

1. 원심법원이 채용한 반대되는 증거에 관하여
 가. ○○○의 진술부분
  (1) 검사의 상고이유
     ○○○의 진술부분에 관한 원심법원의 판단에 관하여 검사는

△△△의 진술부분은 "△△△이 파출소에서 소란을 피웠다", "△△△의 상처부위를 확인한 응급실의사가 '치과의사가 아니라 자세히 모르겠다'고 진술하였다"는 것인데 이는 피고인인 피해자에게 폭력을 행사하였다거나 행사하지 않았다는 것과는 직접 관련이 없고, 상해의 부위와 정도를 나타내거나 피해자의 상해가 원인불명이라는 것으로 피해자 △△△의 진술의 신빙성을 탄핵하기에 적절하지 못하다고 주장하고 있습니다.

(2) ○○○의 법정진술

그러나 이 사건을 처음 조사한 노형파출소의 ○○○의 원심에서의 법정진술 내용은 '조사당시 △△△의 얼굴 및 피고인 손 등을 관찰하였지만 △△△의 입술부위, 얼굴 그리고 잇몸에 상처가 없었고 피고인의 손에도 전혀 상처가 없었다', '△△△의 상처를 확인하기 위하여 한국병원에 △△△과 함께 갔으나 피고인이 △△△의 얼굴부위를 폭행하였다고 볼 수 있는 외상을 발견할 수 없었다', '조사당시 △△△은 피고인으로부터 주먹으로 폭행을 당하여 치아가 손상되었다고 주장하였고 넘어져서 다친 얘기는 하지 않았다'는 내용이 그 주요부분입니다.

(3) ○○○의 수사보고서

기록에 편철된 ○○○ 작성의 수사보고서에서도 '병원에 가서 상처부위를 확인하려고 하자 △△△이 이를 거부하며 파출소에서 소란을 피웠고, 병원에 가서도 상처부위를 확인하려 하지 않고 소란을 피웠다', '파출소에서 ○○○이 △△△에게 운전기사에게 택시비는 주라고 하자 택시비를 주었는데도 △△△이 술에 취하여 진술조서 작성 과정에서 택시비는 아직 주지 않았다고 하였다', '피해부위에 대해 알아보려고 집에 전화를 하여 부인에게 피해부위에 대해 조사할 때 부인은 상황설명을 듣기보다는 잠깐 기다리라며 전혀 상황 설명을 듣지 않으려고 하였다'는 내용의 기재가 있습니다.

(4) △△△ 진술의 신빙성

위 ○○○의 진술부분은 이 사건의 초기 조사 당시 △△△이 파출소에서는 피고인에게 주먹으로 1회 구타당하여 이빨이 부러졌다고 진술하였음에도 이빨이 부러질 정도로 강하게 주먹으로 구타당하였을 때 생길 수 있는 얼굴 및 잇몸의 상처가 없는 것을 확인하였고 당시 △△△이 진술이 진위를 확인하기 위하여 병원까지 함께 동행하여 의사에게 상처부위를 확인하는 과정과 △△△의 부인에게 이전에 상처부위가 있었는지 여부를 확인하는 과정에서도 소란을 피우는 등 의심가는 부분이 있다는 내용인데 이에 의하여 △△△의 위와 같은 진술의 신빙성에 의심이 있다고 판단한 원심판결에 검사주장과 같은 채증법칙위반이 있다고 할 수 없습니다.

또한 위 ○○○의 진술부분에 의하면 △△△의 처음의 진술내용은 주먹으로 인한 구타로 이빨이 부러졌다는 것인데, 이후 △△△이 이 부분 진술을 주먹으로 구타당하고 넘어져서 이빨이 부러진 취지로 번복하였기 때문에 그 진술의 비일관성을 신빙성을 의심하는 근거로 차용한 원심에 채증법칙위반이 있다고 할 수 없습니다.

나. 상해진단서의 기재부분

(1) 검사의 상고이유

또한 검사는 원심이 상해진단서의 기재는 상해사실 자체에 대한 직접증거가 되는 것은 아니고 다른 증거에 의하여 상해행위가 인정되는 경우에 상해의 부위나 정도의 점에 대한 증거가 될 뿐이라 하여 이 사건 상해가 피고인의 구타에 의한 것인지에 대한 증거가 될 수 없다고 한 점에 관하여, ○○○의 진술부분이나 치과의사 □□□의 진술을 기재한 검찰주사보 △△△ 작성의 수사보고서에서 "△△△의 치아부분에 엑스레이 촬영 후 진단서를 발급하였으나 치아가 상한 원인에 대하여는 타인으로부터 구타당한 것인지 쓰러진 것인지 여부를 치과 의사로서 분별이 불가능하다"라는 부분은 상해의 부위와 정도의 점에 대한 증거가 될 뿐이므로 이를 상해원인의 인정여부에 대한 증거로 사용한 것은 스스로 모순된 판단을 하고 있는 것이라고 주장하고 있습니다.

(2) △△△ 진술의 신빙성

그러나 의사의 소견에 의하여 상처부위가 주먹의 가격에 인한 것인지를 조사하는 것은 주먹으로 강하게 구타당하여 이빨이 부러졌다는 △△△ 진술의 진실성의 근거에 관한 것으로서 피고인에게 유죄를 인정하기 위하여 합리적 의심이 없는 증거를 채택하여야 한다는 점에 비추어 볼 때 주먹의 가격에 의한 것인지가 불명하다는 의사의 소견을 △△△ 진술의 신빙성판단의 기준으로 삼은 것에 검사주장과 같은 채증법칙위반이 있다고 할 수는 없을 것입니다.

2. 본 건 상해의 인정여부에 있어서의 고려요소

가. △△△의 진술부분

(1) 검사의 상고이유

검사는 상고이유에서 '△△△의 1회 진술조서 작성시 술에 취하였고, 흥분한 상태였으며 피고인을 반드시 처벌하여야 한다는 의사가 강했고, 2회 진술조서 작성시에는 진술내용을 바꾸었으나 이는 수사경찰의 질문에 따라 대답하다보니 진술의 일관성이 없어 보이는 것일뿐 오히려 일관되게 피고인의 폭행으로 상해를 입었다고 진술하고 있어 상당한 신빙성이 있다'는 취지로 주장하고 있습니다.

(2) 상해의 원인에 관한 피해자의 진술

그러나, 상해사건에 있어 본건과 같이 가해자와 피해자의 진술이 모순되고 피해자의 진술외에 달리 유력한 증거가 없는 경우에 피해자의 상해의 원인상황에 관한 진술은 과연 가해자의 행위로 인하여 피해자의 상해가 발생하였는가를 판단하는데 있어 가장 중요한 내용이라고 할 것입니다. 따라서 이 부분 진술이 일관되고 있는지의 여부가 △△△ 진술의 신빙성 판단에 중요한 기준이 되지 않을 수 없습니다. △△△은 분명히 상해의 원인에 관하여

진술을 번복하고 있는데도 오직 폭행으로 상해를 입었다는 측면에서만은 진술이 일관되고 있으므로 신빙성이 있다는 검사의 주장은 타당하지 않다고 할 것입니다. 또한 검사는 "피해자의 상해의 부위 및 정도에 관하여"라는 항목에서 △△△의 상처는 주먹으로 가격당한 것을 직접원인으로 하여 발생하였다고 보는 것이 경험칙에 부합한다고 주장하고 있으나 이는 오히려 △△△이 이후 번복한 진술내용에도 부합하지 않는 주장이라고 할 것입니다.

검사는 △△△이 당시 술에 취해있었다는 것을 하나의 이유로 들고 있으나 △△△ 자신이 작성한 진술서의 기재에 의하면 "....실랑이가 붙었다. 순간 내가 술 한잔 먹고 그냥 내렸구나 하는 생각이 들었지만 심한 욕설에 화가 났었고 그러는 와중에 기사가 때리는 주먹에...."라고 되어 있어 △△△의 진술대로라면 구타당시의 상황에 대하여 △△△이 정확히 인식하고 있었다는 것이고 그렇다면 이후 조사과정에서 이 부분 진술을 달리할 합리적 개연성이 있다고 보기 어렵다고 하여야 할 것입니다.

원심이 이 부분 △△△의 진술에 관하여 신빙성이 의심을 가지게 된 것은 △△△이 처음 조사 당시부터 피고인이 택시요금을 내라고 실랑이를 벌이는 중에 피고인이 손으로 밀쳐 △△△의

등이 택시에 부딪치게 한 사실은 있다고 스스로 인정하고 있음에도 오히려 손으로 밀쳐 몸이 밀리거나 한 사실은 전혀 없다고 강력하게 부인하면서 위 주먹으로 인한 1회구타에 의하여 이빨이 부러졌다고 주장하였으나 피고인이 △△△이 넘어진 것을 부축한 사실이 있다고 진술하고 이후의 조사에서 경찰관이 1회 구타당하여 넘어졌는지에 관한 질문을 하자 그제서야 이에 맞추어 자신의 진술을 바꾸었다는 점에서 신빙성에 의심을 두게 된 것입니다. 그렇다면 상해원인에 관한 △△△ 진술의 비일관성을 신빙성 판단의 하나의 기준으로 채용한 원심의 판결 부분에 검사 주장의 채증법칙위반이 있다고는 할 수 없을 것입니다.

나. 상해의 부위 및 정도에 관한 검사의 주장

검사는 상고이유에서 '피해자의 상처는 한정된 부위에 발생하였는데, 이는 주먹의 마디 부분과 같이 돌출한 부분에 강하게 맞았을 경우에 발생하는 것이 일반적이고, 피고인 진술대로 실수로 땅에 넘어졌다면 앞니 1개가 부러지는 정도의 상처가 아니라, 적어도 2개 이상의 이가 손상을 입었을 것이므로, 피해자의 상해는 경험칙상 피고인의 주먹에 의한 가격에 의해서 발생했다고 봄이 타당하다'고 주장하고 있습니다.

그러나 치아의 손상에 관하여 잘 알고 있는 치과의사의 소견에 의해서도 그 원인이 불명하다고 판단되었으며, 일반적으로 검사주장의 위와 같은 경험법칙이 존재한다고 할 수는 없을 것입니다.

3. 결 론

그렇다면 피고인의 주먹에 의한 가격으로 인하여 상해를 입었다는 점에 관한 유력한 증거인 △△△의 진술의 신빙성에 의심이 있어 이를 유죄의 증거로 할 수 없기 때문에 피고인에게 무죄를 선고한 원심판결에 검사주장과 같이 판결에 결정적 영향을 미친 채증법칙위반이나 경험법칙위반이 있다고 할 수 없으므로 검사의 상고는 기각되어야 할 것입니다.

20○○년 ○월 ○일
위 피고인 ○ ○ ○ (인)

대 법 원 귀 중

12-1. 상소권자

① 피고인을 위하여 상소할 수 있는 사람은 피고인·피고인의 법정대리인·배우자·직계친족·형제자매 또는 원심의 대리인이나 변호인입니다.

② 다만 피고인의 배우자·직계친족·형제자매 또는 원심의 대리인이나 변호인은 피고인의 명시한 의사(상소포기 등)에 반하여 상소할 수는 없습니다.

12-2. 상소제기의 방식

상소의 제기는 서면에 의하여야 하며 구술에 의한 상소는 허용되지 않습니다. 또한 상소장은 상소의 대상인 판결을 한 법원에 제출하여야 합니다.

12-3. 상소법원

서울중앙지방법원 단독판사가 선고한 판결에 대한 항소사건은 서울중앙지방법원 항소부에서, 서울중앙지방법원 합의부가 선고한 판결에 대한 항소사건은 서울고등법원에서 담당하게 되고, 제2심 판결에 대한 상고사건은 대법원에서 담당하게 됩니다.

12-4. 상소제기기간

① 항소 또는 상고의 제기기간은 판결 선고일부터 7일(판결 선고일은 기산하지 아니합니다) 이내입니다. 민사소송과 달리 판결 송달일은 아무 관계가 없습니다.

② 주의할 것은 상소제기기간 내에 포함된 공휴일 또는 토요일까지 모두 계산하여 7일 이내에 상소를 제기하여야 한다는 점입니다. 다만, 상소제기기간의 마지막 날이 공휴일인 경우에는 그 다음날까지, 토요일인 경우에는 그 다음 주 월요일까지 상소하면 됩니다.

③ 또한 상소는 상소장이 상소기간 내에 제출처인 법원에 도달하여야만 효력이 있습니다. 다만 교도소 또는 구치소에 있는 피고인이 상소의 제기기간 내에 상소장을 교도소장 또는 구치소장 등에게 제출한 때에는 상소장이 상소의 제기기간 후에 법원에 도달되었더라도 상소의 제기기간 내에 상소한 것으로 간주됩니다.

④ 상소장이 상소제기기간 경과 후에 법원에 도달하게 되면 상소권 소멸 후의 상소가 되어 원심에서 상소기각결정을 합니다.

12-5. 상소이유서 제출기간

① 제출기간

항소 또는 상고를 제기할 때에는 항소장 또는 상고장만을 제출하여도 됩니다. 하지만 항소 또는 상고에 따라 원심법원은 그 소송기록을 상소법원에 송부하게 되고, 상소법원이 기록을 접수하였을 때에는 상소인에게 그 소송기록접수통지를 하게 되는데, 상소인은 그 통지를 받은 날부터 20일 이내에 상소법원에 항소이유서 또는 상고이유서를 제출하여야 합니다.

② 기각결정

상소이유서 제출 기간 내에 이유서의 제출이 없으면 원칙적으로 항소 또는 상고의 당부에 대한 판단 없이 결정으로 항소기각 또는 상고기각 됩니다. 따라서 항소장이나 상고장에 항소이유 또는 상고이유를 미리 기재해 두면 이러한 불이익을 피할 수 있습니다. 다만 교도소 또는 구치소에 있는고인이 상소이유서 제출기간 내에 상소이유서를 교도소장 또는 구치소장 또는 그 직무를 대리하는 자에게 제출한 때에는 상소이유서가 상소이유서 제출기간 후에 법원에 도달되었더라도 상소이유서 제출기간 내에 상소이유서를 제출한 것으로 간주됩니다.

12-6. 항소이유와 상고이유

항소심에서는 원심판결 기재 범죄를 저지른 사실이 없다거나 양형이 무겁다는 등의 사유를 자유롭게 항소이유로 할 수 있지만, 상고심에서는 사형, 무기 또는 10년 이상의 징역이나 금고가 선고된 사건이 아니면 양형이 무겁다는 사유를 상고이유로 할 수 없습니다.

12-7. 불이익변경의 금지

검사는 상소하지 않고 피고인만이 상소한 경우에는 상소심 법원은 피고인에게 원심판결의 형보다 중한 형을 선고할 수 없습니다.

■ 선고내용을 잘못 듣고 항소하지 못한 때 상소권회복청구 가능한지요?

Q 甲은 횡령죄로 기소된 형사사건의 제1심 선고기일에 법정에 출석하였으나, 징역 8월의 실형선고를 집행유예를 선고한 것으로 잘못 듣고 항소를 제기하지 않은 채 항소기간을 도과하였습니다. 이 경우 甲이 상소권회복청구를 할 수 없는지요?

A 형사소송법 제345조는 "제338조 내지 제341조의 규정에 의하여 상소할 수 있는 자는 자기 또는 대리인이 책임질 수 없는 사유로 인하여 상소의 제기기간 내에 상소를 하지 못한 때에는 상소권회복의 청구를 할 수 있다."라고 규정하고 있습니다.

그런데 위 사안에서와 같이 형의 선고를 잘못 알아듣고 항소를 하지 못한 경우와 관련하여 판례는 "징역형의 실형이 선고되었으나 피고인이 형의 집행유예를 선고받은 것으로 잘못 전해 듣고, 또한 판결주문을 제대로 알아들을 수가 없어서 항소제기기간 내에 항소하지 못한 것이라면 그 사유만으로는 형사소송법 제345조가 규정한 '자기 또는 대리인이 책임질 수 없는 사유로 상소제기기간 내에 상소하지 못한 경우'에 해당된다고 볼 수 없다."라고 하였습니다(대법원 2000. 6. 15.자 2000모85 결정, 1987. 4. 8.자 87모19 결정).

따라서 위 사안에서 甲이 형의 선고를 잘못 듣게 되어 항소기간 내에 항소를 하지 못한 것이「형사소송법」제345조가 규정한 '자기 또는 대리인이 책임질 수 없는 사유로 상소제기기간 내에 상소하지 못한 경우'에 해당된다고 볼 수 없을 것이므로, 그러한 이유로 상소회복청구를 하지 못할 것으로 보입니다.

(관련판례)

형사소송법은 유죄의 확정판결과 항소 또는 상고의 기각판결에 대하여 각 그 선고를 받은 자의 이익을 위하여 재심을 청구할 수 있다고 규정함으로써 피고인에게 이익이 되는 이른바 이익재심만을 허용하고 있으며(제420조, 제421조 제1항), 그러한 이익재심의 원칙을 반영하여 제439조에서 "재심에는 원판결의 형보다 중한 형을 선고하지 못한다."라고 규정하고 있는데, 이는 단순히 원판결보다 무거운 형을 선고할 수 없다는 원칙만을 의미하는 것이 아니라 실체적 정의를 실현하기 위하여 재심을 허용하지만 피고인의 법적 안정성을 해치지 않는 범위 내에서 재심이 이루어져야 한다는 취지이다.

다만 재심심판절차는 원판결의 당부를 심사하는 종전 소송절차의 후속절차가 아니라 사건 자체를 처음부터 다시 심판하는 완전히 새로운 소송절차로서 재심판결이 확정되면 원판결은 당연히 효력을 잃는다. 이는 확정된 판결에 중대한 하자가 있는 경우 구체적 정의를 실현하기 위하여 그 판결의 확정력으로 유지되는 법적 안정성을 후퇴시키고 사건 자체를 다시 심판하는 재심의 본질에서 비롯된 것이다. 그러므로 재심판결이 확정됨에 따라 원판결이나 그 부수처분의 법률적 효과가 상실되고 형 선고가 있었다는 기왕의 사실 자체의 효과가 소멸하는 것은 재심의 본질상 당연한 것으로서, 원판결의 효력 상실 그 자체로 인하여 피고인이 어떠한 불이익을 입는다 하더라도 이를 두고 재심에서 보호되어야 할 피고인의 법적 지위를 해치는 것이라고 볼 것은 아니다.

따라서 원판결이 선고한 집행유예가 실효 또는 취소됨이 없이 유예기간이 지난 후에 새로운 형을 정한 재심판결이 선고되는 경우에도, 그 유예기간 경과로 인하여 원판결의 형 선고 효력이 상실되는 것은 원판결이 선고한 집행유예 자체의 법률적 효과로서 재심판결이 확정되면 당연히 실효될 원판결 본래의 효력일 뿐이므로, 이를 형의 집행과 같이 볼 수는 없고, 재심판결의 확정에 따라 원판결이 효력을 잃게 되는 결과 그 집행유예의 법률적 효과까지 없어진다 하더라도 재심판결의 형이 원판결의 형보다 중하지 않다면 불이익변경금지의 원칙이나 이익재심의 원칙에 반한다고 볼 수 없다(대법원 2018. 2. 28. 선고 2015도15782 판결).

■ 피고인에게 소송기록접수통지가 되기 전에 변호인이 선임된 경우, 변호인의 항소이유서 제출기간의 기산일은 언제인가요?

> Q 피고인 甲이 2010. 8. 11. 제1심판결을 선고받고 같은 날 항소를 제기하였고, 원심은 2010. 8. 24. 제1심법원으로부터 기록송부를 받게 되자 피고인들에게 소송기록접수통지서를 각 발송하였는데, 피고인 甲은 2010. 8. 30. 11:34. 위 통지서를 송달받았고, 피고인 甲이 2010. 8. 30. 09:00경 변호인선임서를 원심에 제출하자 원심은 2010. 9. 2. 변호인에게 다시 소송기록접수통지를 하였습니다. 이후 피고인 甲의 변호인은 2010. 9. 24. 원심에 항소이유서를 제출하였습니다 (2010. 9. 22. 및 2010. 9. 23.은 추석공휴일이었음). 피고인 甲은 항소이유서 제출기간이 도과하기 전에 적법하게 항소이유서를 제출한 것인지요?

A 대법원은 2011.5.13. 자, 2010모1741. 결정에서 "「형사소송법」

제361조의2와 제361조의3 제1항에 의하면, 항소법원이 기록의 송부를 받은 때에는 즉시 항소인과 그 상대방에게 통지하여야 하고, 이 통지 전에 변호인의 선임이 있는 때에는 변호인에게도 통지를 하여야 하며, 항소인 또는 변호인은 이 통지를 받은 날로부터 20일 이내에 항소이유서를 제출하도록 되어 있다. 그러므로 피고인에게 소송기록접수통지를 한 후에 사선변호인이 선임된 경우에는 변호인에게 다시 같은 통지를 할 필요가 없고, 설령 사선변호인에게 같은 통지를 하였다 하여도 항소이유서의 제출기간은 피고인이 그 통지를 받은 날부터 계산하면 된다(대법원 1965. 8. 25.자 65모34 결정 등 참조). 그리고 피고인에게 소송기록접수통지가 되기 전에 변호인의 선임이 있는 때에는 변호인에게도 소송기록접수통지를 하여야 하고, 변호인의 항소이유서 제출기간은 변호인이 이 통지를 받은 날부터 계산하여야 한다(대법원 1996. 9. 6. 선고 96도166 판결 등 참조)."고 판시한바 있습니다. 피고인 甲은 소송기록접수통지를 송달받기 전에 원심에 변호인 선임서를 제출하였으므로, 위 피고인을 위한 변호인의 항소이유서 제출기간은 변호인이 소송기록접수통지를 받은 2010. 9. 2.부터 계산하여야 합니다. 그런데 변호인의 항소이유서 제출기간의 말일인 2010. 9. 22.과 그 다음날은 추석연휴 공휴일로서 위 기간에 산입되지 아니하므로, 그 다음날인 2010. 9. 24.이 위 기간의 말일이 되며, 따라서 2010. 9. 24. 제출된 위 항소이유서는 그 제출기간이 경과되기 전에 적법하게 제출된 것이라고 할 것입니다.

■ 형사사건의 항소절차와 상고절차는 어떻게 되는지요?

Q 저는 「폭력행위 등 처벌에 관한 법률」위반사건으로 제1심에서 징역 2년에 집행유예 4년이라는 판결을 선고받았습니다. 사건 당시 제가 술을 마시고 있을 때 피해자가 의도적으로 시비를 걸어왔고 술김에 맥주병을 던진 것이 피해자의 머리에 맞아 4주 진단의 상해를 입혔고 피해자와는 합의를 하였습니다. 제1심 판결결과가 너무 무겁게 나온 것 같아 항소를 제기하여 다시 심판을 받고자 하는데, 이 경우 항소제기절차는 어떻게 되며

항소제기 시 제1심 판결보다 형량이 무거워질 수도 있는지? 그리고 대법원에 상고할 경우 그 절차는 어떻게 되는지요?

A 항소제기의 절차는 먼저 제1심 판결을 선고한 후 7일 이내에 항소장을 원심법원에 제출하여야 하며(형사소송법 제357조, 제358조, 제359조), 항소장에는 항소의 대상인 판결과 항소를 한다는 취지를 기재하여야 합니다.

항소법원은 제1심 법원으로서 지방법원 단독판사가 선고한 것은 지방법원본원 합의부에, 지방법원 합의부가 선고한 것은 고등법원에 항소하는 것이지만 항소장은 원심법원에 제출합니다.

원심법원은 항소장을 심사하여 항소의 제기가 법률상 방식에 위반하거나 항소권 소멸 후의 것이 명백한 때에는 결정으로 항소를 기각할 수 있습니다.

항소기각결정을 하는 경우 이외에는 원심법원은 항소장을 받은 날로부터 14일 이내에 소송기록과 증거물을 항소법원에 송부하여야 하고, 항소법원이 기록송부를 받은 때에는 즉시 항소인과 상대방에게 그 사유를 통지하여야 하고, 기록접수통지 전에 변호인의 선임이 있는 때에는 변호인에게도 통지하여야 합니다(형사소송법 제361조의2).

항소인 또는 변호인은 항소법원의 소송기록접수통지를 받은 날로부터 20일 이내에 항소이유서를 항소법원에 제출하여야 하고, 항소이유서의 제출을 받은 항소법원은 지체없이 그 부본 또는 등본을 상대방에게 송달하여야 하며, 상대방은 항소이유서를 송달받은 날로부터 10일 이내에 답변서를 항소법원에 제출하여야 합니다(형사소송법 제361조의3 제1항 내지 제3항).

항소인이나 변호인이 항소이유서 제출기간 내에 항소이유서를 제출하지 아니하면 결정으로 항소를 기각하게 되는데, 항소장에 항소이유의 기재가 있거나 항소법원의 직권으로 조사할 사유가 있는 때에는 그러하지 않습니다(형사소송법 제361조의4).

항소이유가 있다고 인정한 때는 항소법원은 원심판결을 파기하고 다시 판결하게 됩니다(형사소송법 제364조 제6항).

상고(上告)란 제2심 판결에 대하여 불복이 있는 경우 대법원에 상소하는 것으로서 예외적으로 제1심 판결에 대하여 상고가 인정되는 경우도 있습니다(형사소송법 제371조, 제372조). 이 경우 상고도 7일 내에 상고장을 원심법원에 제출하여야 합니다.

상고심은 일반적으로 법률문제를 심리·판단하기 때문에 변호인이 아니면 피고인을 위하여 변론하지 못하며, 변호인선임이 없거나 변호인이 공판기일에 출석하지 아니한 때에도 필요적 변호사건을 제외하고는 검사의 진술만을 듣고 판결할 수 있습니다(형사소송법 제387조, 제389조). 또한 상고장, 상고이유서 기타 소송기록에 의해 변론없이 서면심리만으로도 판결할 수 있습니다(형사소송법 제390조).

피고인이 항소 또는 상고한 사건과 피고인을 위하여 항소 또는 상고한 사건에 관하여 상소심은 원심판결의 형보다 중한 형을 선고하지 못하는데 이를 불이익변경금지원칙(不利益變更禁止原則)이라고 합니다(형사소송법 제368조, 제399조). 이를 인정하고 있는 이유는 피고인이 중형변경의 위험 때문에 상소제기를 단념함을 방지함으로써 피고인의 상소권을 보장함에 있는 것입니다.

그러나 검사가 형이 가볍다고 판단하여 상소한 경우는 이 적용이 배제됩니다(대법원 1964. 9. 30. 선고 64도420 판결, 1980. 11. 11. 선고 80도2097 판결).

따라서 귀하의 경우 제1심 판결 선고 후 7일 이내에 제1심 법원에 항소장을 제출하여야 하고, 항소법원으로부터 기록접수통지를 받은 날로부터 20일 이내에 항소이유서를 항소법원에 제출하여야 하며, 검사가 형량이 가볍다고 항소한 경우 이외는 귀하의 항소만으로는 제1심 판결의 형보다 무거운 형이 선고되지는 않습니다.

■ 형사재판의 항소심에서 형량이 늘어날 수도 있는지요?

Q 얼마 전 저는 절도죄로 징역 6개월을 선고받았습니다. 이전에도 비슷한 전과가 있어서 실형을 선고받게 된 것으로 보입니다. 하지만 잘못에 비하여 형량이 너무 과한 것 같아 항소를 하고 싶습니다. 그런데 혹시라도 항소심에서 형량이 더 늘어날까봐 걱정이 됩니다. 주변에 물어보니 불이익변경금지의 원칙이라는 것이 있다던데, 이에 따르면 항소심에서는 형량이 늘어날 수 없는 것 아닌가요?

A "형사소송법 제368조(불이익변경의 금지) 피고인이 항소한 사건과 피고인을 위하여 항소한 사건에 대하여는 원심판결의 형보다

중한 형을 선고하지 못한다."

위 규정과 같이 우리 형사소송법은 불이익 변경 금지의 원칙을 규정하고 있습니다. 원심의 판결에 불합리가 있다면 상소를 하여 이를 바로잡을 수 있습니다. 하지만 만약 항소심에서 형량이 늘어나게 될 것이 두려워 항소를 하지 못하게 된다면 피고인의 항소할 권리를 실질적으로 보장받을 수 없을 것이기 때문에 우리 법이 불이익변경금지의 원칙을 두고 있는 것입니다.

하지만 불이익변경금지의 원칙은 피고인이 항소한 사건과 피고인을 위하여 항소한 사건에만 적용되는 것입니다. 만약 검사도 항소를 하였다면 항소심에서 형량이 늘어나게 될 가능성도 있습니다. 우리 판례도 "불이익변경금지의 원칙은 피고인이 상소한 사건과 피고인을 위하여 상소한 사건에 있어서는 원심판결의 형보다 중한 형을 선고하지 못한다는 것이므로, 피고인과 검사 쌍방이 상소한 사건에 대하여는 적용되지 않는다(대법원 1999. 10. 8. 선고 99도3225 판결, 2006. 1. 26. 선고 2005도8507 판결 등 참조)"고 합니다.

따라서 귀하의 형량이 항소심에서 늘어날 가능성이 있는지는 검사가 항소를 하였는지 안하였는지에 따라 결론이 달라질 것이며, 만약 검사는 항소하지 않고 귀하만이 항소한 경우라면 불이익변경금지의 원칙이 적용되므로 귀하의 형량이 항소심에서 더 늘어나지는 않을 것입니다.

■ 항소심 법원 판결에 불복하여 대법원에 상고하였는데, 변론없이 서면심리에 의하여만 판결을 받았을 경우, 이는 재판받을 권리를 침해당한 것이 아닌지요?

Q 피고인 甲은 항소심 법원 판결에 불복하여 대법원에 상고하였는데, 대법원에서의 변론없이 서면심리에 의하여만 판결을 받았는데, 이는 피고인 甲의 재판받을 권리를 침해당한 것이 아닌지요?

A 형사소송법 제390조 제1항은 "상고법원은 상고장, 상고이유서 기타의 소송기록에 의하여 변론 없이 판결할 수 있다."고 규정하고 있습니다. 이에 대하여 형사소송법 제383조가 상고이유를 제한하

고, 같은법 제390조가 상고법원이 서면심리에 의하여, 변론 없이 판결할 수 있도록 규정한 것이 재판을 받을 권리를 규정한 헌법 제27조에 위반된다고 할 수 없다는 것이 판례의 태도입니다 (대법원 1991.3.27.선고, 91도316 판결).

■ 양형부당을 이유로 항소한 경우 사실오인을 이유로 상고할 수 있는지요?

Q 저는 30여 년간 무사고로 택시를 운전한 운전기사입니다. 얼마 전 심야에 신호위반을 하여 교차로를 지나간 후 얼마 안 되어 갑자기 뛰쳐나온 할아버지 한분을 치어 돌아가시게 했습니다. 피해자의 유가족과 원만히 합의하였고 1심에서 징역 6월에 집행유예 1년을 선고 받았습니다. 그러나 검찰에서 양형부당을 이유로 항소하였고, 항소심에서는 신호위반을 하여 사람을 치사케 하였다는 이유로 징역 1년에 집행유예 2년이 선고되었습니다. 1심에서는 제가 유가족과 합의하러 다니느라 정신이 없었고 형이 낮아 신경을 쓰지 않고 있었는데, 저는 신호위반은 했지만 신호위반과 피해자의 사망과는 관련이 없다고 생각합니다. 이를 이유로 대법원에 상고할 수 있는지요?

A 형사소송법 제383조는 "1. 판결에 영향을 미친 헌법·법률·명령 또는 규칙의 위반이 있을 때, 2. 판결후 형의 폐지나 변경 또는 사면이 있는 때, 3. 재심청구의 사유가 있는 때, 4. 사형, 무기 또는 10년 이상의 징역이나 금고가 선고된 사건에 있어서 중대한 사실의 오인이 있어 판결에 영향을 미친 때 또는 형의 양정이 심히 부당하다고 인정할 현저한 사유가 있는 때에는 원심판결에 대한 상고이유로 할 수 있다."라고 규정하고 있습니다. 그런데 검사만이 양형부당을 이유로 항소하여 선고된 항소심 판결에 대하여 피고인이 사실오인, 법령위반 등을 이유로 상고할 수 있는지에 관하여 판례는 "제1심 판결에 대하여 검사만이 양형부당을 이유로 항소하였을 뿐이고 피고인들은 항소하지 아니한 경우, 피고인으로서는 사실오인, 채증법칙 위반, 심리미진 또는 법령위반의 사유를 상고이유로 삼을 수 없다."라고 하였습니다(대법원 1996. 10. 11. 선고 96도1212 판결). 또한 판례는 "검사만이 항고한 경우

만이 아니라, 피고인이 제1심판결에 대하여 양형부당만을 이유로 항소한 경우, 이를 인용하여 제1심 판결을 파기하고 그보다 가벼운 형을 선고한 원심판결에 대하여, 피고인으로서는 사실오인이나 법리오해 등의 점을 상고이유로 삼을 수 없다."라고 하였습니다 (대법원 1996.11.8. 선고 96도2076 판결).

위 사안과 같이 제1심 판결에 대하여 검사만이 양형부당을 이유로 항소하였을 뿐이고 피고인인 귀하는 항소를 하지 않은 경우 귀하는 사실오인을 이유로 상고를 할 수 없을 것으로 보입니다.

따라서 피고인이 1심 판결에 대하여 가장 관심을 가지는 부분은 양형이지만, 후에 상고심까지 다툴 수 있다는 것을 염두에 두시고 항소를 할 경우에는 양형부당 만이 아니라 문제가 될 수 있는 다른 부분도 항소 이유에 꼭 포함시켜야 할 것으로 보입니다.

■ 상고심에서 그동안 주장하지 않은 새로운 주장을 할 수 있는지요?

Q 저는 얼마 전 저지른 범죄로 항소심에서 유죄의 판결을 받았습니다. 1심의 형이 너무 과한 것 같아 양형부당을 이유로 항소를 했던 것이지만 받아들여지지 않았습니다. 이제는 상고를 해서 대법원에서 재판을 받고 싶은데, 그동안의 재판 과정을 차근차근 살펴보니 저의 유죄판결의 근거가 된 증인의 증언 중 이상한 것이 있는 것 같습니다. 이런 경우 잘못된 증거조사를 이유로 상고를 할 수 있는지 궁금합니다.

A 대법원에서 하는 3심을 상고심이라고 합니다. 우리 판례는 상고심은 항소법원 판결에 대한 사후심이므로 항소심에서 심판대상이 되지 않은 사항은 상고심의 심판범위에 들지 않는 것이라고 봅니다. 따라서 피고인이 항소심에서 항소이유로 주장하지 아니하거나 항소심이 직권으로 심판대상으로 삼은 사항 이외의 사유에 대하여 이를 상고이유로 삼을 수는 없습니다(대법원 2006. 6. 30. 선고 2006도2104 판결, 대법원 2008. 7. 24. 선고 2008도3808 판결 등 참조).

항소법원은 직권조사사유에 관하여는 항소제기가 적법하다면 항소이유서가 제출되었는지 여부나 그 사유가 항소이유서에 포함되었는지 여부를 가릴 필요 없이 반드시 심판하여야 할 것이고, 직권조사사유가 아닌 것에 관하여는 그것이 항소장에 기재되어 있거나 그렇지 아니하면 소정 기간 내에 제출된 항소이유서에 포함된 경우에 한하여 심판대상으로 할 수 있습니다.

또한 판결에 영향을 미친 사유에 한하여서는 예외적으로 항소이유
서에 포함되지 아니하였다 하더라도 직권으로 심판할 수 있습니
다. 이처럼 항소심에서는 항소이유에 기재된 것이 아니라도 심판
의 범위에 포함시키는 것이 가능합니다.

하지만 상고심의 경우에는 앞서 말씀드린 판례의 입장대로 항소심
에서 항소이유로 주장하지 아니하거나 항소심이 직권으로 심판대
상으로 삼은 사항 이외의 사유에 대하여 이를 상고이유로 삼을
수는 없는 것입니다.

그러므로 귀하가 언급하신 증인의 증언을 문제 삼아 귀하가 이를 항
소이유에 포함시켰거나 항소심이 직권으로 심판대상으로 삼아 조사한
것이 아니었다면 이 사유만으로 상고를 제기할 수는 없을 것입니다.

13. 재심

① 재심이란 확정된 유죄판결에 대하여 일정한 사유가 있는 경우에 유
   죄판결을 받은 자의 이익을 위하여 주로 사실인정의 부당을 시정함
   을 내용으로 하는 비상구제절차입니다.
② 재심절차는 재심을 개시할 것인지 여부를 결정하는 절차와 사건 자
   체에 대하여 다시 심판하는 절차의 2단계로 구분되어 있습니다.

13-1. 재심청구의 대상과 재심사유
① 유죄의 확정판결
   재심은 유죄의 확정판결에 일정한 사유가 있는 경우에 유죄판결을
   받은 자의 이익을 위하여만 청구할 수 있습니다. 그러므로 약식명
   령이나 즉결심판은 재심의 대상이 되나, 무죄, 면소, 공소기각의 판
   결은 재심의 대상이 되지 않습니다.
② 재심사유
   1. 원판결의 증거가 된 증서서류 또는 증거물이 확정판결에 의하여
      위조 또는 변조되었음이 증명된 때
   2. 원판결의 증거가 된 증언, 감정, 통역, 번역이 확정판결에 의하

여 허위임이 증명된 때
3. 무고로 인하여 유죄판결을 받은 경우에 그 무고의 죄가 확정판결에 의하여 증명된 때
4. 원판결의 증거로 되었던 재판이 확정판결에 의하여 변경된 때
5. 무죄 등을 선고할 명백한 새로운 증거가 발견된 때
6. 저작권, 특허권, 실용신안권, 의장권, 상표권을 침해한 죄로 유죄의 선고를 받은 사건에 대하여 그 권리에 관한 무효의 심결 또는 판결이 확정된 때
7. 원판결에 관여한 법관, 기소 또는 수사에 관여한 검사나 사법경찰관이 그 직무에 관한 범죄를 범하였음이 확정판결에 의하여 증명된 때
8. 형사법률에 관하여 헌법재판소의 위헌결정이 있는 경우
③ 유죄판결에 대한 상소를 기각한 확정판결
상소법원이 원심의 유죄판결을 유지하여 상소를 기각한 판결에 대하여도 재심의 청구를 할 수 있되, 다만 위 ①, ②, ⑦ 사유만을 재심사유로 할 수 있고, 나머지 사유에 의해서는 원심의 유죄판결에 대해서만 재심청구를 할 수 있습니다.

13-2. 재심의 청구
① 청구권자
검사, 유죄의 선고를 받은 사람(피고인이었던 사람), 그의 법정대리인, 그가 사망하거나 심신장애가 있는 경우에는 그 배우자, 직계친족, 형제자매, 변호인 등이 청구할 수 있습니다.
② 청구기간
재심청구는 피고인이었던 사람이 사망한 후에도 할 수 있고, 형의 집행이 종료되거나 그 집행을 받지 않기로 된 후에도 할 수 있습니다.
③ 청구의 방식
재심청구를 함에는 재심청구서에 재심청구의 취지와 이유를 구체적으로 기재하고, 여기에 재심의 대상이 되는 판결의 등본 및 증거자료를 첨부하여 재심대상판결을 한 법원에 제출하여야 합니다.

재 심 청 구

재심청구인　　○　○　○
　　　　　　　주민등록번호 :
　　　　　　　주거 : ○○시 ○○구 ○○길 ○번지
　　　　　　　등록기준지 : ○○시 ○○구 ○○길 ○번지

원판결의 표시 및 청구취지

피고인은 20○○. ○. ○.경부터 같은 해 ○. ○.경까지 3회에 걸쳐 피해자 △△△에게 원단을 공급하여 주겠다고 거짓말하여 계약금 명목으로 금 350만원을 편취하였다는 이유로 ○○지방법원 ○○지원에서 20○○. ○. ○. 벌금 100만원을 선고받고, 청구인이 항소하였으나 20○○. ○. ○. ○○지방법원 항소부에서 항소기각되었고, 다시 청구인이 상고하였으나 20○○. ○. ○.경 대법원에서 상고기각되어 동 판결은 확정되었지만 원판결에는 아래 이유와 같은 형사소송법 제420조 제2호 소정의 재심사유가 있어 재심청구하오니 재심개시결정하여 주시길 바랍니다.

재심청구 이유

1. 피고인에 대한 범죄사실은 공소장기재와 같은 바, 피고인이 고소인을 기망, 오신케 하여 재산상의 이익을 편취한 것으로 되어 있고 이에 대하여 대법원까지 피고인에게 불리한 판결이 선고되어 확정되었습니다.
2. 피고인은 피해자로부터 금 350만원을 교부받은 것은 사실이지만 원단공급계약 후 계약금조로 교부받은 것이 아니고 종전에 차용하여 준 차용금에 대한 변제조로 교부받은 것이라고 주장하였으나 피해자의 사주를 받은 피해자의 종업원 증인 □□□이 이건 금전은 원단공급계약을 체결후 계약금으로 교부한 것이라는 허위의 증언을 하자 이를 믿은 나머지 피고인의 주장을 배척하고 피고인에게 유죄선고를 하였던 것입니다.
3. 그러나 당시 위 □□□은 금전 수수현장에 있지도 아니하고, 사실도 모르면서 허위의 증언을 한 것이 명백하여 피고인은 동인을 상

대로 위증죄로 고소를 하였던 바, 동 증언이 허위임이 확정되어 위 □□□은 유죄의 처벌을 받았습니다.
4. 그러므로 이 사건 피고인의 유죄판결의 중요한 증거인 위 □□□의 증언이 허위임이 확정된 이상 이 건에 대한 재심의 사유가 충분하다고 사료되어 이 건 청구에 이른 것입니다.

첨 부 서 류

1. 판결등본
2. 위 □□□에 대한 위증죄 확정판결문등본

20○○. ○. ○.
위 피고인 ○ ○ ○ (인)

○ ○ 지 방 법 원 ○ ○ 지 원 귀 중

[서식] 재심청구 취하서

재 심 청 구 취 하

사   건   20○○ 재고합 ○○○호 ○○

재심청구인   ○   ○   ○

위 재심청구 사건에 관하여 재심청구인은 사정에 의하여 이 건 청구를 취하합니다.

20○○. ○. ○.
위 청구인 ○ ○ ○ (인)

○ ○ 지 방 법 원 ○ ○ 지 원 귀 중

■ 상고기각 판결이 부당하다는 취지만으로 재심청구가 가능한지요?

Q
甲은 특수절도, 특수강도 등의 범죄사실로 항소심에서 징역형을 선고받고 곧바로 상고하였으나 상고기각판결을 산고 받았습니다. 그런데 甲이 위 상고기각판결에 대하여 항소심 판결이 유지한 제1심판결이 甲의 범죄사실로서 특수절도의 범행을 인정한 것은 채증법칙 위반으로 인한 사실오인이었는데도 피고인 상고를 이유 없다 하여 기각하였으니 부당하다는 취지만을 기재하여 재심청구를 하는 것이 가능한가요?

A
형사소송법 제421조 제1항에 의하면, 항소 또는 상고의 기각판결에 대하여는 같은법 제420조 제1호(원판결의 증거된 서류 또는 증거물이 확정판결에 의하여 위조 또는 변조인 것이 증명된 때), 제2호(원판결의 증거된 증언, 감정, 통역 또는 번역이 확정판결에 의하여 허위인 것이 증명된 때), 제7호(원판결, 전심판결 또는 그 판결의 기초 된 조사에 관여한 법관, 공소의 제기 또는 그 공소의 기초 된 수사에 관여한 검사나 사법경찰관이 그 직무에 관한 죄를 범한 것이 확정판결에 의하여 증명된 때 단, 원판결의 선고 전에 법관, 검사 또는 사법경찰관에 대하여 공소의 제기가 있는 경우에는 원판결의 법원이 그 사유를 알지 못한 때에 한한다)의 사유가 있는 경우에 한하여 재심을 청구할 수 있게 되어 있으므로 항소 또는 상고의 기각 판결에 대하여 이와 같은 사유가 있음을 이유로 하는 것이 아닌 재심청구는 법률상의 방식에 위반된다 할 것입니다.

따라서 사안에서 甲의 재심청구는 상고기각판결에 대하여 위 형사소송법 규정에 따른 재심 사유가 있다는 내용이
아니므로 이 사건 재심청구는 법률상의 방식에 위반된 경우에 해당하여 기각될 것입니다.

■ 재심청구인이 재심 청구를 한 후 청구에 대한 결정이 확정되기 전에
   사망한 경우, 재심절차를 배우자나 자녀들이 계속하여 진행할 수 있는
   가요?

> **Q** 甲이 사기죄의 확정판결에 대하여 자신의 무죄를 입증해 줄
> 새로운 증인의 소재를 최근에야 파악하여 법원에 재심청구를
> 하였으나, 그 청구에 대한 결정이 확정되기도 전인 2017. 9.
> 15. 지병의 악화로 사망한 경우, 갑에 대한 재심절차를 배우
> 자나 자녀들이 계속하여 진행할 수 있는가요?

> **A** 형사소송법이나 형사소송규칙에는 재심청구인이 재심의 청구를 한
> 후 그 청구에 대한 결정이 확정되기 전에 사망한 경우에 재심청
> 구인의 배우자나 친족 등에 의한 재심청구인 지위의 승계를 인정
> 하거나 형사소송법 제438조와 같이 재심청구인이 사망한 경우에
> 도 절차를 속행할 수 있는 규정이 없으므로, 재심청구절차는 재심
> 청구인의 사망으로 당연히 종료하게 됩니다(대법원 2014. 5.
> 30. 자 2014모739 결정 참조).
> 따라서 사안의 경우 甲에 대한 재심절차는 그 배우자나 친족 등
> 에 의해 승계되지 아니하고, 법원은 "이 사건 재심청구절차는
> 2017. 9. 15. 재심청구인의 사망으로 종료하였다"는 결정을 내
> 립니다.

■ 재심사건에 불이익변경금지의 원칙이 적용되는지요?

> **Q** 저는 특수절도죄로 유죄판결을 선고받고 확정된 후, 형의 선
> 고의 효력을 상실케 하는 특별사면을 받았습니다. 그런데 위
> 판결에 대해 재심청구를 한 경우 만일 여전히 범죄사실이 유
> 죄로 인정된다면 특별사면을 받은 것과 상관없이 또 다시 유
> 죄 판결을 선고받을 수도 있는가요?

> **A** 형사소송법은 유죄의 확정판결과 항소 또는 상고의 기각판결에 대
> 하여 각 그 선고를 받은 자의 이익을 위하여 재심을 청구할 수
> 있다고 규정함으로써 피고인에게 이익이 되는 이른바 이익재심만
> 을 허용하고 있으며(제420조, 제421조 제1항), 그러한 이익재심
> 의 원칙을 반영하여 제439조에서 "재심에는 원판결의 형보다 중

한 형을 선고하지 못한다"고 규정하고 있는데, 이는 실체적 정의를 실현하기 위하여 재심을 허용하지만 피고인의 법적 안정성을 해치지 않는 범위 내에서 재심이 이루어져야 한다는 취지로서, 단순히 재심절차에서 전의 판결보다 무거운 형을 선고할 수 없다는 원칙만을 의미하고 있는 것이 아니라, 피고인이 원판결 이후에 형선고의 효력을 상실하게 하는 특별사면을 받아 형사처벌의 위험에서 벗어나 있는 경우라면, 재심절차에서 형을 다시 선고함으로써 위와 같이 특별사면에 따라 발생한 피고인의 법적 지위를 상실하게 하여서는 안 된다는 의미도 포함되어 있는 것으로 보아야 하므로 甲에 대한 유죄의 확정판결에 대하여 재심개시결정이 이루어져 재심심판법원이 그 심급에 따라 다시 심판한 결과 무죄로 인정되는 경우라면 무죄를 선고하여야 하겠지만, 그와 달리 유죄로 인정되는 경우에는, 피고인에 대하여 다시 형을 선고하거나 피고인의 항소를 기각하여 제1심판결을 유지시키는 것은 이미 형 선고의 효력을 상실하게 하는 특별사면을 받은 피고인의 법적 지위를 해치는 결과가 되어 앞서 본 이익재심과 불이익변경금지의 원칙에 반합니다(대법원 2015. 10. 29. 선고 2012도2938 판결 참조).

따라서 재심심판법원으로서는 甲에 대하여 유죄판결을 선고하는 대신 '피고인에 대하여 형을 선고하지 아니한다'는 주문을 선고하게 될 것입니다.

■ 해외에 유학 중인 아들을 대신해 재심을 청구할 수 있는가요?

Q 甲은 절도죄로 유죄의 확정판결을 받은 성년의 아들을 둔 아버지로 최근 아들의 무죄를 입증할 만한 명백한 새로운 증거를 발견하게 되어 법원에 확정판결에 대해 재심을 청구하고자 하는데, 甲이 해외에 유학 중인 아들을 대신해 재심을 청구할 수 있는가요?

A 형사소송법 제424조는 (1) 검사, (2) 유죄의 선고를 받은 자, (3) 유죄의 선고를 받은 자의 법정대리인, (4) 유죄의 선고를 받은 자가 사망하거나 심신장애가 있는 경우에는 그 배우자, 직계친족 또는 형제자매를 재심청구권자로 제한적으로 규정하고 있습니다.

따라서 甲의 아들에 대해 민법상 성년후견, 한정후견이 개시되는 등 장애, 노령, 그 밖의 사유로 인한 정신적 제약으로 사무를 처리할 능력이 지속적으로 결여되거나 부족하여 심신장애가 있는 것으로 인정되는 경우가 아니라면, 미성년이 아닌 성년의 아들을 대신하여 아버지가 재심청구를 할 수는 없습니다(서울고등법원 1975. 5. 26. 자 75로17 결정 참조).

14. 형사보상청구

형사보상이란 형사상의 재판절차에서 억울하게 구금 또는 형의 집행을 받거나 재판을 받느라 비용을 지출한 사람에 대하여 국가가 그 손해를 보상해 주는 제도를 말합니다.

14-1. 구금 등에 의한 형사보상
14-1-1. 요건
① 무죄판결의 확정
   형사소송법에 따른 일반 절차 또는 재심, 비상상고, 상소권회복에 의한 상소절차에서 무죄판결을 받아 확정되었음을 요합니다.
② 미결구금, 구금형 집행 등
   재판 확정 전 구금을 당하였거나 재판의 집행으로 구금되거나 형 집행을 받았을 것을 요합니다.

14-1-2. 보상하지 아니할 수 있는 경우
형사미성년자 또는 심신상실을 이유로 무죄재판을 받은 경우, 본인이 수사를 또는 심판을 그르칠 목적으로 거짓자백을 하거나 다른 유죄의 증거를 만듦으로써 기소, 미결구금 또는 유죄재판을 받게 된 것으로 인정된 경우, 1개의 재판으로 경합범의 일부에 대하여 무죄재판을 받고 다른 부분에 대하여 유죄판결을 받은 경우에는 법원은 보상을 하지 않거나 금액을 일부 감액할 수 있습니다.

14-1-3. 보상의 내용

구금일수에 따라 1일당 보상청구의 원인이 발생한 연도의 최저임금법에 따라 일급 최저금액 이상 일급 최저금액의 5배 이하의 비율에 의한 금액을 지급하되, 법원은 보상금액을 정함에 있어서 구금의 종류, 구금기간의 장단, 재산상 손실과 얻을 수 있었던 이익의 상실, 정신적 고통과 신체적 손상, 경찰·검찰·법원의각 기관의 고의·과실 유무, 그 밖에 보상금액 산정과 관련되는 모든 사정을 고려하여 보상금액을 결정합니다.

14-1-4. 보상의 절차

① 관할법원

　무죄재판을 한 법원이며 심급을 묻지 아니합니다.

② 청구권자

　무죄재판을 받은 사람 본인이며 그 본인이 무죄재판을 받은 후 보상청구 전에 사망한 때에는 그 상속인이 청구권자가 되고, 이미 사망한 사람에 대하여 재심 또는 비상상고절차에서 무죄재판이 있었을 때에는 보상의 청구에 있어서는 사망한 때에 무죄재판이 있었던 것으로 보므로 그 사망 당시의 상속인이 청구권자가 됩니다.

③ 청구기간

　보상청구는 무죄재판이 확정된 사실을 안 날부터 3년, 무죄재판이 확정된 때부터 5년 이내에 하여야 합니다.

④ 청구의 방식

　청구서에 청구자의 등록기준지, 주소, 성명, 생년월일 및 청구의 원인사실과 청구액을 기재하고, 무죄판결등본과 그 확정증명서를 첨부하여 제출하여야 합니다.

⑤ 상속인의 청구

　위 서류 외에 상속인과 본인의 관계 및 동 순위 상속인 유무를 소명할 자료(가족관계등록부, 제적등본 등)를 제출하여야 하고 청구는 대리인에 의해서도 할 수 있는데 이때는 위임장을 제출하여야 합니다.

14-1-5. 불복절차

보상결정에 대하여는 1주일 이내에 즉시항고를 할 수 있습니다. 보상청구기각결정에 대하여는 즉시항고를 할 수 있습니다.

14-2. 비용의 보상
14-2-1. 요건

무죄판결의 확정 : 형사소송법에 따른 일반 절차 또는 재심, 비상상고, 상소권회복에 의한 상소절차에서 무죄판결을 받아 확정되었음을 요합니다.

14-2-2. 보상하지 아니할 수 있는 경우

피고인이었던 자가 수사 또는 재판을 그르칠 목적으로 거짓 자백을 하거나 다른 유죄의 증거를 만들어 기소된 것으로 인정된 경우, 1개의 재판으로써 경합범의 일부에 대하여 무죄판결이 확정되고 다른 부분에 대하여 유죄판결이 확정된 경우, 형사미성년자 또는 심신상실을 이유로 무죄판결이 확정된 경우, 그 비용이 피고인이었던 자에게 책임지울 사유로 발생한 경우에는 그 비용의 전부 또는 일부를 보상하지 아니할 수 있습니다.

14-2-3. 보상의 내용

재판에 소요된 비용으로, 피고인이었던 자 또는 그 변호인이었던 자가 공판준비 및 공판기일에 출석하는데 소요된 여비·일당·숙박료와변호인이었던 자에 대한 보수에 한합니다.

14-2-4. 보상의 절차

① 관할법원
   무죄판결을 선고한 법원의 합의부입니다.
② 청구권자
   무죄재판을 받은 사람 본인이며 그 본인이 무죄재판을 받은 후 보상청구 전에 사망한 때에는 그 상속인이 청구권자가 되고, 이미 사망한 사람에 대하여 재심 또는 비상상고절차에서 무죄재판이 있었

을 때에는 보상의 청구에 있어서는 사망한 때에 무죄재판이 있었던 것으로 보므로 그 사망 당시의 상속인이 청구권자가 됩니다.

③ 청구기간

보상청구는 무죄판결이 확정된 사실을 안 날부터 3년, 무죄판결이 확정된 때부터 5년 이내에 하여야 합니다.

④ 청구의 방식

청구서에 청구자의 등록기준지, 주소, 성명, 생년월일 및 청구의 원인사실과 청구액을 기재하고, 무죄판결등본과 그 확정증명서를 첨부하여 제출하여야 합니다.

⑤ 상속인의 청구

위 서류 외에 상속인과 본인의 관계 및 동 순위 상속인 유무를 소명할 자료(가족관계등록부, 제적등본 등)를 제출하여야 하고 청구는 대리인에 의해서도 할 수 있는데 이때는 위임장을 제출하여야 합니다.

14-2-5. 불복절차

비용보상에 관한 결정에 대하여는 즉시항고를 할 수 있으며, 즉시항고기간은 3일입니다.

[서식] 구금에 의한 형사보상청구서

```
┌─────────────────────────────────────────────────┐
│              구금 등에 의한 형사보상청구서              │
│                                                   │
│  청   구   인 :                                    │
│  주       소 :                                    │
│  등 록 기 준 지 :                                  │
│  성       명 :                                    │
│  주민등록번호 :                                    │
│                                                   │
│  1. 청 구 금 액    금                   원          │
│  2. 청구원인사실                                   │
│                                                   │
│       가. 구속년월일                               │
│       나. 구 속 장 소                              │
│                                                   │
└─────────────────────────────────────────────────┘
```

다. 석방년월일

라. 구 금 일 수

마. 재판진행상황

심급	사건번호	법원	선고년월일	재판결과	확정년월일

3. 청구인은 위 2항과 같이 구속되었다가 무죄판결을 선고 받고 석방된 사실이 있는 바, 판결이 확정된 사실을 안 날부터 3년이 경과하지 않았고, 판결이 확정된 날부터도 5년이 경과하지 않았기에 형사보상 및 명예회복에 관한 법률 제2조(3조)에 의하여 위 1항 청구금액과 같이 형사보상청구를 합니다.

4. 첨부서류

　가. (무죄) 판결등본 각 1통.

　나. 판결 확정증명 1통.

　다. 청구인이 상속인일 경우 상속을 증명하는 서면(발행일로부터 3월 이내) 각 1통

　(예시) 피상속인의 사망 사실 및 상속권자와 상속인을 확인할 수 있는 제적등본, 가족관계증명서, 기본증명서, 친양자입양관계증명서 등

　　　　　　　　　　청구인　　　　　　　　　　㊞

　　　　　　　　　　전 화 (　　) 　－

〇〇〇〇법원 〇〇지원 귀중

[서식] 비용보상청구서

비 용 보 상 청 구 서

청 구 인 :
주   소 :
등록기준지 :
성   명 :
주민등록번호 :

1. 청구금액　금　　　　　　　　　　　원

심급	사건번호	피고인이었던 자			변호인			
		여비	일당	숙박료	여비	일당	숙박료	보수

2. 청구원인사실
　가. 재판진행상황

심급	사건번호	법원	선고년월일	재판결과	확정년월일

3. 청구인은 위 2항과 같이 무죄판결을 선고받아 확정되었고, 아래 □
　가항 □나항에 해당합니다(해당 항목에 ☑ 표시).
　가. 무죄판결이 2014. 12. 29. 이전에 확정된 경우로서 무죄판결이
　　확정된 날부터 6개월이 경과하지 않았습니다.
　나. 무죄판결이 2014. 12. 30. 이후에 확정된 경우로서 무죄판결이
　　확정된 사실을 안 날부터 3년이 경과하지 않았고, 무죄판결이
　　확정된 날부터도 5년이 경과하지 않았습니다.

이에 형사소송법 제194조의2 제1항, 제194조의5에 의하여 위 1항
청구금액과 같이 재판에 소요된 비용의 보상을 청구합니다.

4. 첨부서류

　　가. (무죄) 판결등본 1통.

　　나. 판결 확정증명 1통.

　　다. 청구인이 상속인일 경우 상속을 증명하는 서면(발행일로부터
　　　　3월 이내) 각 1통

　　(예시) 피상속인의 사망 사실 및 상속권자와 상속인을 확인할 수
　　　　　있는 제적등본, 가족관계증명서, 기본증명서, 친양자입양관
　　　　　계증명서 등

　　　　　　　　　　　　　　청구인　　　　　　　　　㊞
　　　　　　　　　　　　　　전　화　(　　　)　　　－

　　○○○○법원 ○○지원 귀중

[서식] 형사보상금 청구서

형 사 보 상 금 청 구

청 구 인　　○　○　○

　　　　19○○년 ○월 ○일생 (주민등록번호 111111 - 1111111)

　　　　등록기준지 : ○○시 ○○구 ○○길 ○○번지

　　　　주거 : ○○시 ○○구 ○○길 ○○번지

청 구 취 지

청구인에게 금 ○○○원을 지급하라.

라는 결정을 구합니다.

청 구 원 인

1. 청구인은 20○○년 ○월 ○일 위증 피의사건으로 구속되어 같은 달 ○일 ○○지방법원 ○○지원에 기소되어, 20○○년 ○월 ○일 동원에서 징역 ○월 처한다는 선고를 받고 불복하여 항소심 공판 도중 구속만기로 20○○년 ○월 ○일 석방되고, 20○○년 ○월 ○일 ○○지방법원에서 무죄의 판결을 선고받았으며, 이에 대한 검사의 상고가 있었으나 대법원에서 20○○년 ○월 ○일 동 상고가 기각됨으로써 위 무죄판결은 확정되었습니다.

2. 그러므로 청구인은 형사보상법에 의하여 청구인이 20○○년 ○월 ○구속되어 20○○년 ○월 ○일 석방됨으로써 ○○일 동안 구금되어 그 구금에 관한 보상을 청구할 수 있다 할 것이므로, 위 보상 금원에 대하여 보건대 청구인이 구금되기 전 중견기업체의 사원으로서 정상적인 사회생활을 하고 있었으며, 이와 같이 구금당함으로 인한 막대한 재산상 손해는 물론 그 정신적 피해는 이루 말할 수 없다 할 것이므로, 동 법 소정의 보상금액의 범위내인 1일 금 50,000원의 비율에 따라 산정하면 금 ○○○(○○일×50,000원)이 되므로 청구취지와 같이 본 건 청구를 하는 바입니다.

첨 부 서 류

1. 판결등본	2통
2. 확정증명서	1통
3. 주민등록등본	1통

20○○.　○.　○.

청구인　○　○　○ (인)

○ ○ 지 방 법 원 귀 중

■ 무죄판결을 받았는데, 보상받을 방법은 없나요?

Q 누명을 쓰고 구속을 당했다가 재판에서 무죄판결을 받았습니다. 너무나 억울한데 보상받을 방법은 없나요?

A 사법 당국의 잘못으로 죄인의 누명을 쓰고 구속됐거나 감옥을 간 사람이 나중에 무죄판결을 받은 경우 국가에서 그 손해를 보상하도록 하고 있습니다.

◇ 보상금액

형사보상은 구금일수에 따라 지급됩니다. 보상금은 구금일수 1일당 보상청구의 원인이 발생한 연도의 「최저임금법」에 따른 최저임금액 이상, 구금 당시의 최저임금액의 5배 이하의 비율에 의한 금액입니다.

법원은 보상금액을 정할 때 구금의 종류, 구금기간의 장단(長短), 재산상 손실과 얻을 수 있었던 이익, 정신적 고통과 신체적 손상, 관계공무원의 고의·과실 유무, 그 밖의 모든 사정을 고려하여 보상금액을 결정합니다.

◇ 보상 절차

무죄판결을 받은 사람(사망한 경우에는 상속인)은 무죄재판이 확정된 사실을 안 날부터 3년, 무죄재판이 확정된 때부터 5년 이내에 형사보상청구서, 무죄재판서의 등본, 무죄재판의 확정증명서 등을 무죄판결을 한 법원에 제출해야 합니다.

법원으로부터 보상결정이 송달된 후 2년 이내에 검찰청에 보상지급청구서와 법원의 보상결정서를 제출합니다.

◇ 보상을 받을 수 없는 경우

다음 어느 하나에 해당하는 경우에는 법원은 보상을 하지 않거나 금액을 일부 감액할 수 있습니다.

① 형사미성년자라는 이유로 무죄판결을 받은 경우
② 심신장애를 이유로 무죄판결을 받은 경우
③ 기소, 미결구금 또는 유죄재판을 받게 된 이유가 본인이 수사나 재판을 그르칠 목적으로 거짓 자백을 하거나 자백 외 다른 유죄 증거를 만든 것 때문인 것이 인정되는 경우
④ 1개의 재판에서 경합범 중 이루는 유죄판결을 받고 일부는 유죄판결을 받은 경우
※ '경합범'이란, 판결이 확정되지 않은 여러 개의 범죄 또는 금

고 이상의 형에 처한 판결이 확정된 죄와 그 판결 확정 전에 저지른 죄를 말합니다.

■ 판결 이유에서 무죄로 판단된 경우, 형사보상청구를 할 수 있는지요?

Q 甲은 특정범죄가중처벌등에관한법률위반(절도)으로 구속 기소되어 1심에서 징역 1년 6월을 선고 받은 후 항소심에서 점유이탈물횡령의 점이 예비적 공소사실로 추가되어 특정범죄가중처벌등에관한법률위반(절도) 부분은 무죄를 선고받고 예비적 공소사실에 대하여는 유죄를 인정받아 벌금형이 확정되었습니다. 이런 경우에도 형사보상청구가 가능한가요?

A 「헌법」제28조는 "형사피의자 또는 형사피고인으로서 구금되었던 자가 법률이 정하는 불기소처분을 받거나 무죄판결을 받은 때에는 법률이 정하는 바에 의하여 국가에 정당한 보상을 청구할 수 있다."라고 규정하고 있습니다.
한편, 형사 판결의 주문이 아닌 판결이유에서 무죄판단이 있을 뿐인 경우 형사보상청구가 가능한지 여부에 대하여 판례는 "「형사보상 및 명예회복에 관한 법률」제2조 제1항은 '형사소송법에 따른 일반 절차 또는 재심이나 비상상고절차에서 무죄 재판을 받아 확정된 사건의 피고인이 미결구금을 당하였을 때에는 이 법에 따라 국가에 대하여 그 구금에 대한 보상을 청구할 수 있다.' 라고 규정하고 있고 위와 같은 형사보상 및 명예회복에 관한 법률 조항은 그 입법 취지와 목적 및 내용 등에 비추어 재판에 의하여 무죄의 판단을 받은 자가 그 재판에 이르기까지 억울하게 미결구금을 당한 경우 보상을 청구할 수 있도록 하기 위한 것이므로 판결 주문에서 무죄가 선고된 경우 뿐만 아니라 판결 이유에서 무죄로 판단된 경우에도 미결구금 가운데 무죄로 판단된 부분의 수사와 심리에 필요하였다고 인정된 부분에 관하여는 보상을 청구할 수 있고, 다만 형사보상 및 명예회복에 관한 법률 제4조 제3호를 유추 적용하여 법원의 재량으로 보상청구의 전부 또는 일부를 기각할 수 있을 뿐이나." 라고 하였습니다(대법원 2016. 3. 11. 자 2014모2521결정). 따라서 甲의 경우 형사보상청구는 가능하지만 법원의 재량에 의하여 전부 또는 일부가 기각 될 수 있습니다.

■ 형사보상청구권자가 사망하였을 경우 상속인이 청구할 수 있는지요?

Q 乙은 과거 특수절도죄로 징역 2년을 선고받고 그 형의 집행을 완료하였습니다. 형 집행 완료 후 10여년이 지나 진범이 나타났고 이에 乙은 재심청구를 하여 무죄재판을 받아 그 판결이 확정되었으나 판결이 확정된 후 사망하고 말았습니다. 甲은 乙의 직계존속이며 단독상속인입니다. 甲이 乙을 대신하여 형사보상청구를 할 수 있나요?

A 헌법 제28조는 "형사피의자 또는 형사피고인으로서 구금되었던 자가 법률이 정하는 불기소처분을 받거나 무죄판결을 받은 때에는 법률이 정하는 바에 의하여 국가에 정당한 보상을 청구할 수 있다."라고 규정하고 있습니다. 또한「형사보상 및 명예회복에 관한 법률」제3조 제1항은 "제2조에 따라 보상을 청구할 수 있는 자가 그 청구를 하지 아니하고 사망하였을 때에는 그 상속인이 청구할 수 있다."라고 하고 있습니다.
따라서 위 사례에서 甲은 사망한 乙의 단독상속인으로서 형사보상 청구를 할 수 있습니다.

■ 구속피고인이 무죄확정판결을 받은 경우, 형사보상을 청구할 수 있는지요?

Q 저는 절도죄로 구속·기소되어 징역 10월에 집행유예 2년의 형을 선고받고 석방된 후 항소하였습니다. 항소심에서 공소사실에 대한 증명이 없다는 이유로 제1심 판결을 파기하고 무죄를 선고하였으며, 이에 검사가 상고하였으나 대법원에서 상고가 기각되어 무죄판결이 확정되었습니다. 이 경우 저는 국가에 대하여 보상을 청구할 수 있는지요?

A 형사상의 재판절차에서 억울하게 구금 또는 형의 집행을 받은 사람에 대하여 국가가 그 손해를 보상해주는 제도가 있는데 이를 형사보상이라고 합니다. 이에 관하여는「헌법」제28조가 명문으로 규정하고 있으며 또한「형사보상 및 명예회복에 관한 법률」이 이를 구체적으로 규정하고 있습니다. 다만, 적극적 요건을 충족하는 경우에도 ①형사책임능력 없음을 이유로 무죄판결을 받은 경

우, ② 본인이 수사나 심판을 그르칠 목적으로 거짓자백을 하거나 다른 유죄의 증거를 만듦으로써 기소, 미결구금, 유죄재판을 받았다고 인정된 경우, ③1개의 재판으로 경합범의 일부에 대하여 무죄, 나머지에 대하여 유죄재판을 받은 경우에는 보상청구의 전부 또는 일부를 기각할 수 있습니다(형사보상 및 명예회복에 관한 법률 제4조).

그리고 보상내용으로는 구금에 대한 보상을 할 때에는 그 구금일수(拘禁日數)에 따라 1일당 보상청구의 원인이 발생한 연도의 「최저임금법」에 따른 일급(日給) 최저임금액 이상으로 하고 일급(日給) 최저임금액 5배 이하의 비율에 의한 보상금을 지급합니다(형사보상 및 명예회복에 관한 법률 제5조 제1항, 같은 법 시행령 제2조). 형집행에 대한 보상은 「형사보상 및 명예회복에 관한 법률」 제5조 제3항 이하에서 규정하고 있습니다.

보상청구는 확정된 무죄판결을 한 법원에 무죄의 판결을 받은 자 본인 또는 그 상속인이 보상청구를 할 수 있습니다. 보상결정 및 보상의 청구를 기각하는 결정에 대하여는 즉시항고를 할 수 있습니다.(같은 법 제20조) 청구기간은 보상청구는 무죄재판이 확정된 사실을 안 날부터 3년, 무죄재판이 확정된 때부터 5년 이내에 하여야 한다.(같은 법 제8조)

보상금 지급청구는 보상을 결정한 법원에 대응한 검찰청에 하여야 하며, 청구서에는 법원의 보상결정서를 첨부하여야 합니다. 보상결정이 도달된 후 2년 이내에 보상금 지급청구를 하지 아니할 때에는 권리를 상실합니다.

한편, 피의자로 구금되었던 자 중 검사로부터 공소를 제기하지 아니하는 처분을 받은 자는 국가에 대하여 그 구금에 관한 보상을 청구할 수 있습니다(다만, 구금된 이후 공소를 제기하지 아니하는 처분을 할 사유가 있는 경우와 공소를 제기하지 아니하는 처분이 종국적인 것이 아니거나 불기소처분의 내용이 기소유예일 경우에는 청구할 수 없음). 이를 '피의자보상'이라 하는데, 피의자보상의 청구는 불기소처분의 고지 또는 통지를 받은 날로부터 3년 이내에 그 보상청구서에 공소를 제기하지 아니하는 처분을 받은 사실을 증명하는 서류를 첨부하여 관할지방검찰청에 설치된 피의자보상심의회에 신청하면 됩니다(형사보상 및 명예회복에 관한 법률 제27조, 제28조).

15. 약식명령

① 공판절차를 거치지 아니하고 원칙적으로 서면심리만으로 피고인에게 벌금·과료를 부과하는 간이한 형사절차를 약식절차라고 하는데, 위 절차에서 한 재판을 약식명령이라고 합니다.
② 약식절차는 형사재판의 신속을 기하는 동시에 공개재판에 따르는 피고인의 심리적·사회적 부담을 덜어준다는 점에 그 존재 의의가 있습니다.

15-1. 약식명령의 청구

약식명령의 대상이 되는 사건은 벌금·과료 또는 몰수에 처할 수 있는 사건이고, 약식명령은 검사가 공소제기와 동시에 서면으로 청구합니다.

15-2. 약식사건의 처리

① 검사가 약식명령을 청구하면 판사는 그 기록을 검토하여 약식명령을 발령하는데, 사건이 중하거나 공판절차에 의한 신중한 심리를 요하여 약식명령을 하는 것이 적당하지 아니하다고 인정되는 때에는 판사는 통상의 공판절차에 회부하여 재판할 수도 있습니다.
② 판사가 약식명령을 발령하면 약식명령등본을 검사와 피고인에게 송달하고 약식명령이 확정되면(송달받은 날로부터 7일이 경과) 그 약식명령은 확정판결과 동일한 효력이 있습니다.

■ 약식명령이란 무엇인지요?

> **Q** 저는 귀가하던 중 甲과 乙이 싸움하는 것을 보고 이를 말렸으나 甲이 저에게 폭행당했다며 고소하여 경찰서에서 조사를 받았습니다. 그런데 며칠 전 법원으로부터 그 일로 인하여 벌금 10만원에 처한다는 내용의 약식명령을 받았습니다. 저는 甲과 乙간의 싸움을 말린 것 밖에 없는데 도대체 '약식명령'이란 무엇인지요?

> **A** 약식명령이란 약식절차에 의해 벌금·과료 또는 몰수를 과하는 재판을 말하는데, 약식절차는 공판절차 없이 서면심리만으로 진행되

는 간이한 형사절차입니다.

이러한 약식명령은 형사재판의 신속을 기하여 공개재판에 따른 피고인의 심리적·사회적 부담을 덜어준다는 점에 그 의의가 있는바, 이 약식명령이 부당하다고 생각하여 불복하고자 하는 경우에 그 구제방법으로는 정식재판청구권이 인정되어 있습니다.

형사소송법 제453조에 의하면 검사 또는 피고인은 약식명령의 고지를 받은 날로부터 7일 이내에 정식재판의 청구를 할 수 있고, 정식재판의 청구는 약식명령을 한 법원에 서면으로 제출하여야 하며, 제1심 판결선고 전까지 취하할 수 있습니다. 그리고 약식명령은 정식재판의 청구에 의한 판결이 있는 때에는 그 효력을 잃고, 정식재판의 청구기간이 경과하거나 그 청구의 취하 또는 청구기각의 결정이 확정한 때에는 확정판결과 동일한 효력이 있습니다(형사소송법 제456조, 제457조).

위 사안의 경우 귀하는 잘못이 없음을 이유로 약식명령에 불복하려고 하는 것으로 보이는데 이 때에는 약식명령등본을 송달받은 날로부터 7일 이내에 약식명령을 한 법원에 서면(정식재판청구서)으로 정식재판을 청구하여야 합니다.

정식재판의 청구가 법령상의 방식에 위반하거나 청구권의 소멸 후인 것이 명백한 때에는 결정으로 기각하는데, 이 결정에 대해서는 즉시항고를 할 수 있습니다(형사소송법 제455조). 정식재판청구가 적법한 때에는 일반적인 형사재판절차인 공판절차에 의하여 심판하게 됩니다. 또한, 피고인이 정식재판을 청구한 사건에 대하여는 약식명령의 형보다 중한 형을 선고하지 못합니다(불이익변경금지, 형사소송법 제457의2).

(관련판례)

불이익변경금지의 원칙은 피고인의 상소권 또는 약식명령에 대한 정식재판청구권을 보장하려는 것으로서, 피고인만이 또는 피고인을 위하여 상소한 상급심 또는 정식재판청구사건에서 법원은 피고인이 같은 범죄사실에 대하여 이미 선고 또는 고지받은 형보다 중한 형을 선고하지 못한다는 원칙이다. 이러한 불이익변경금지의 원칙을 적용할 때에는 주문을 개별적·형식적으로 고찰할 것이 아니라 전체적·실질적으로 고찰하여 그 경중을 판단하여야 하는데, 선고된 형이 피고인에게 불이익하게 변경되었는지 여부는 일단 형법상 형의 경중을 기준으로 하되, 한 걸음 더 나아가 병과형이나 부가형, 집행유예, 노역장 유치기간 등 주문 전체를 고려하여 피고인에게 실질적으로 불이익한가에 의하여 판단하여야 한다(대법원 2013. 12. 12. 선고 2012도7198 판결).

■ 음주운전에 대한 약식명령이 확정된 후 무면허운전을 처벌할 수 있는지요?

Q 甲은 무면허 상태에서 음주운전을 하다가 적발되었고 음주운전에 대하여 약식명령이 발령되어 확정되었습니다. 그 후 무면허운전에 대하여 공소가 제기되었는데 甲은 무면허운전으로 처벌되는지요?

A 판례에 따르면 하나의 운전행위로 무면허, 음주운전을 한 경우에 무면허운전과 음주운전죄는 상상적 경합의 관계에 있습니다(대법원 1987. 2. 24. 선고 86도2731 판결). 상상적 경합관계란 1개의 행위가 수개의 죄에 해당되는 것을 의미합니다. 상상적 경합관계에 있는 죄들 중 하나의 죄에 대하여 약식명령이 확정된 경우에 그 확정된 약식명령의 기판력은 나머지 범죄에 미칩니다. 따라서 이 사안에서 甲의 음주운전에 대한 확정된 약식명령의 기판력은 甲의 무면허운전죄에 대하여도 미치므로 무면허운전죄에 대해 재판하는 법원으로서는 공소사실에 관하여 '확정판결이 있은 때'에 해당한다고 보아 형사소송법 제326조 제1호에 의하여 면소판결을 선고하게 될 것이고 甲은 무면허운전으로 처벌되지 않을 것으로 보입니다.

■ 약식명령에 대한 정식재판절차에서 유죄판결이 선고되어 확정된 경우 재심청구를 할 수 있는가요?

Q 甲은 음주운전으로 벌금 150만원의 약식명령을 고지받고 정식재판청구를 하여 위 벌금형을 그대로 선고받아 확정되었는데, 위 약식명령에 대하여도 다시 재심청구를 할 수 있는가요?

A 형사소송법 제420조 본문은 재심은 유죄의 확정판결에 대하여 그 선고를 받은 자의 이익을 위하여 청구할 수 있도록 하고, 같은 법

- 542 -

제456조는 약식명령은 정식재판의 청구에 의한 판결이 있는 때에는 그 효력을 잃도록 규정하고 있습니다.. 위 각 규정에 의하면 약식명령에 대하여 정식재판 청구가 이루어지고 그 후 진행된 정식재판 절차에서 유죄판결이 선고되어 확정된 경우, 재심사유가 존재한다고 주장하는 피고인 등은 효력을 잃은 약식명령이아니라 유죄의 확정판결을 대상으로 재심을 청구하여야 합니다(대법원 2013. 4. 11. 선고 2011도10626 판결 참조).

따라서 사안에서 甲이정식재판절차에서 확정된 유죄판결에 대하여 재심청구를 하지 아니하고, 정식재판청구로 인하여 그 효력을 잃은 약식명령에 대하여는 재심청구를 할 수 없습니다.

15-3. 정식재판청구

① 정식재판청구란 약식명령에 불복이 있는 사람이 법원에 대하여 통상의 공판절차에 의하여 다시 심판하여 줄 것을 청구하는 것입니다.
② 정식재판을 청구할 수 있는 사람은 검사, 피고인, 피고인을 대리하여 상소할 수 있도록 법에 정해진 사람(배우자, 직계친족, 형제자매 원심의 대리인 또는 변호인)입니다.
③ 청구는 약식명령의 고지를 받은 날로부터 7일 이내에 약식명령을 한 법원에 서면으로 하여야 합니다. 피고인이 정식재판을 청구한 사건에 대하여는 약식명령보다 중한 형을 선고하지 못합니다.

정 식 재 판 청 구 서

공판절차	
사건번호	
재판부	

사건	20 고약 (죄명) ※ 우측 음영부분은 기재하지 마십시오.	20 . . . : 공판기일 통지서 및 국선변 호인선정고지를 각 받았음 20 . . . 영수인 ㉑
피고인	성명 : **송달가능한 주소** : **전화번호** : **휴대전화:** 이메일 주소 :	
약식명령	벌금( )만원의 약식명령을 20 . . . 수령하 였습니다.	
신청이유	위 약식명령에 대하여 아래와 같은 이유로 정식재판을 청구합니다. (해 당란에 ∨ 표시) □ 벌금액수가 너무 많다. □ 공소사실을 인정할 수 없다. □ 기타 [구체적 내용과 이유 및 기타 특별한 사정이나 재판에서 참작해 주기 를 바라는 사항(분량이 많으면 별지 사용 가능)]	

관련사건	□ 없음
	□ 있음 [계류중인 기관(경찰,검찰,법원명) : 사건번호 :]
	※ 관련사건은 피고인에 대한 본건 이외의 관련 형사사건, 피해자와 사
	  이에 손해배상 청구 등 민사사건, 공소사실과 관련된 인.허가처분의
	  취소등을 구하는 행정사건을 말함	

접수인	20 . . . 청구인 **날인 또는 서명** (피고인과의 관계:)	

주 ① 피고인의 주소가 변경되면 법원에 신고하여야 하며, 신고하지 않을 경
   우에는 피고인의 출석 없이 재판이 진행될 수 있습니다.
  ② 정식재판을 청구한 경우에도 나중에 이를 취하할 수 있습니다. 취하는
   정식재판청구 취하서를 제출하거나 법정에서 구두로 밝히면 됩니다.
참조 : 형소 453, 454, 458, 365

정 식 재 판 청 구 취 하 서

사　　　건　20○○고약 ○○○ 실화
피 고 인　○ ○ ○
　　　　　○○시 ○○구 ○○길 ○○

　위 피고인에 대한 귀원 20○○고약 ○○○호 약식명령사건에 관하여
피고인은 20○○. ○. ○. 정식재판을 청구하였는바, 위 정식재판의 청
구를 취하합니다.

　　　　　　　　　　　　20○○. ○. ○.
　　　　　　　　　　　　　위 피고인 ○　○　○ (인)

○ ○ 지 방 법 원　귀 중

■ 약식명령에 대해 정식재판을 청구할 경우 형이 가중될 수 있는지요?

Q　저는 얼마 전 저지른 범죄로 벌금 200만원의 약식명령을 받았
습니다. 이에 대하여 억울함이 있어서 정식재판을 청구하려고
합니다. 하지만 혹시 판사님이 나름대로 선처를 해주신 것인
데 거기에 정식재판을 청구했다가 괘씸하게 보여 벌금이 늘어
나거나 수강명령 등을 받게 되는 것은 아닌지 고민입니다.

A　"형사소송법 제457조의2(불이익변경의 금지) 피고인이 정식재판
을 청구한 사건에 대하여는 약식명령의 형보다 중한 형을 선고하
지 못한다."
위 규정에 따라 약식명령에 대하여 피고인이 정식재판을 청구한
경우 약식명령의 형보다 중한 형을 선고할 수 없습니다. 또한 우
리 판례는 "형사소송법 제457조의2 에서 규정하는 불이익변경금
지의 원칙은 피고인의 약식명령에 대한 정식재판청구권을 보장하

려는 것으로, 피고인이 정식재판을 청구한 사건에서 법원은 같은 범죄사실에 대하여 피고인이 고지받은 약식명령의 형보다 중한 형을 선고하지 못한다는 원칙이며,그 적용에 있어 형의 경중은 이를 개별적·형식적으로 고찰할 것이 아니라 주문 전체를 고려하여 피고인에게 실질적으로 불이익하게 변경되었는지 여부로 판단하여야 한다(대법원 2009. 12. 24. 선고 2009도10754판결)."고 판시하여, 엄격한 의미의 형벌(사형, 징역, 금고, 벌금 등)의 경우에만 불이익변경금지원칙을 적용하는 것은 아니고 실질적으로 형벌과 유사한 효과를 내는 것에는 불이익변경금지를 적용하고 있습니다. 따라서 정식재판 절차에서 귀하가 받은 벌금 200만원 보다 중한 형이 선고되지는 않을 것이며, 수강명령 등은 비록 형벌은 아니지만 실질적으로 귀하에게 불리한 처분이므로 수강명령이 추가되지도 않을 것으로 보입니다.

형사소송법 제457조의2는 1995. 12. 29. 신설된 규정으로, 과거 이 규정이 있기 전에는 약식명령은 상소가 아니므로 불이익변경금지의 원칙이 적용되지 않는다고 보아 약식명령에 대하여 피고인이 정식재판을 청구한 경우 더 중한 형을 선고받는 사례들도 있었습니다.

하지만 위 규정의 신설로 약식명령에 대한 정식재판의 절차에도 불이익변경금지의 원칙이 적용되도록 입법적 해결이 있었으므로, 억울함이 있으시다면 걱정하지 말고 정식재판을 청구하시기 바랍니다.

15-4. 정식재판청구권회복청구

① 약식명령이 고지된 날로부터 7일 이내에 정식재판의 청구가 없어 형식적으로는 약식명령이 확정된 경우에도, 정식재판을 청구할 수 있는 사람이 자기 또는 대리인의 책임질 수 없는 사유로 말미암아 정식재판청구를 할 수 없었던 때에는 정식재판청구권회복청구를 할 수 있습니다.

② 회복청구를 할 때에는 정식재판청구권회복청구서와 함께 정식재판청구서를 작성하여 사유를 기재한 후 약식명령을 발령한 법원에 제출하면 됩니다. 정식재판청구권이 회복되면 새로이 사건번호가 부여되고 담당재판부에서 정식재판절차에 따라 재판을 하게 됩니다.

정 식 재 판 청 구 권 회 복 청 구

사   건   20○○고약 ○○○ 상해
피 고 인   ○ ○ ○

청 구 취 지

피고인에 대한 귀원 20○○고약 ○○○호 상해사건에 관하여 피고인의 정식재판청구권을 회복한다.
라는 재판을 구합니다.

청 구 이 유

1. 본 건 피고인에 대한 약식명령은 송달불능을 이유로 하여 공시송달로 종결되었습니다.
2. 피고인은 20○○. ○. ○. 검찰청으로부터 벌금을 내라는 통보를 받고 비로소 약식명령이 있었던 사실을 알았으며 곧 기록을 조사하여 본즉 위 공시송달은 법원의 착오에 의한 것임을 발견하였습니다. 즉, 피고인의 주거는 ○○시 ○○구 ○○길 ○○번지임에도 불구하고 이를 ○○번지로 송달함으로써 송달불능이 되자 이를 간과하고 그대로 공시송달을 하여 사건을 종결한 것입니다.
3. 따라서 피고인은 피고인이 책임질 수 없는 사유로 인하여 위 약식명령에 대한 정식재판을 소정기간 내에 청구하지 못하였으므로 이건 청구를 하는 바입니다.

첨부서류 : 주민등록등본 1통

20○○. ○. ○.
위 피고인 ○ ○ ○ (인)

○ ○ 지 방 법 원 귀 중

■ 정식재판 청구를 함께 하지 아니한 약식명령에 대한 정식재판청구권 회복청구가 적법한지요?

Q 甲은 자신이 책임질 수 없는 사유로 약식명령이 고지된 사실을 모르고 기간 내에 정식재판을 청구하지 못하였다가 최근에서야 이를 알고서 법원에 서면으로 정식재판청구권의 회복청구서를 작성하여 제출하면서 약식명령에 대한 정식재판청구를 빠뜨린 경우 구제받을 수 있나요?

A 약식명령에 대하여 정식재판을 청구할 수 있는 자가 자기 또는 대리인이 책임질 수 없는 사유로 인하여 약식명령이 고지된 사실을 모르고 소정기간내에 정식재판을 청구하지 못하였다 하여 정식재판청구권 회복의 청구를 할 경우에는 형사소송법 제458조, 제345조, 제346조 제1항, 제3항의 규정에 따라 위 사유가 종지한 날 즉 약식명령이 고지된 사실을 안 날로부터 정식재판청구기간에 상당한 기간인 7일 이내에 서면으로 정식재판청구권의 회복청구를 함과 동시에 정식재판청구를 하여야 하므로 위 7일 이내에 정식재판청구권 회복청구만을 하였을 뿐 정식재판청구를 하지 아니하였다면 그 정식재판청구권 회복청구는 소정 방식을 결한 것으로서 허가될 수 없습니다(대법원 1983.12.29. 자 83모48 결정 참조).
따라서 甲이 정식재판청구권의 회복청구를 하면서 동시에 약식명령에 대한 정식재판청구를 하지 않은 경우에는 정식재판청구권의 회복허가를 받기 어렵습니다.

16. 즉결심판

즉결심판이란 판사가 죄질이 경미한 범죄사건에 대하여 형사소송법에 규정된 통상의 공판절차에 의하지 않고 간단하고 신속한 절차에 의하여 형을 선고하는 절차를 말합니다.

16-1. 즉결심판의 대상
즉결심판이 허용되는 형사사건은 20만원 이하의 벌금, 구류, 과료에 처할 범죄사건입니다.

16-2. 즉결심판의 청구권자
즉결심판은 관할 경찰서장 또는 관할 해양경찰서장이 서면으로 청구합니다.

16-3. 심판절차
① 장소

　　즉결심판은 경찰서가 아닌 공개장소에서 열립니다. 피고인이 출석하는 것이 원칙이지만, 피고인이 불출석 심판을 청구하여 법원이 이를 허가한 경우에는 불출석 재판을 할 수 있습니다.

② 심리

　　판사는 피고인에게 사건 내용을 알려주고 변명의 기회도 주며, 피고인은 변호사를 선임할 수도 있지만 신속·간편한 심리를 위하여 피고인의 자백만을 증거로 삼아 유죄를 선고할 수도 있습니다.

③ 결정

　　판사는 보통 구류, 과료 또는 벌금형을 선고하지만 즉결심판을 할 수 없거나 즉결심판절차에 의하여 심판함이 적당하지 아니하다고 인정할 때에는 즉결심판의 청구를 기각할 수 있고, 청구기각된 사건은 경찰서장이 지체 없이 검찰에 송치하여 일반의 형사절차에 따라 처리됩니다.

16-4. 불출석심판청구

① 의의

경범죄처벌법 또는 교통법규 위반으로 범칙금납부스티커를 발부받은 사람이 2차 납부기한 내에 범칙금을 납부하지 않을 경우 즉결심판에 회부되는데, 일정금액의 예납금을 납부한 후 법정에 출석하지 않고 서면으로 즉결심판을 청구하는 것을 의미합니다.

② 불출석심판 청구대상

경범죄처벌법위반이나 교통법규위반으로 통고처분을 받고 범칙금을 납부하지 않아 즉결심판출석통지를 받은 사람이 청구할 수 있습니다.

③ 불출석심판 청구절차

통고처분 발급 경찰서 또는 파출소에 범칙금액의 1.5배(상한 20만원)를 납부하고 불출석심판 청구서를 작성하여 제출하면 됩니다.

16-5. 즉결심판의 효력

① 확정판결과 동일한 효력

정식재판은 검사의 기소로 재판을 받게 되나, 즉결심판은 경찰서장의 청구로 즉결심판을 받은 후 정식재판청구기간 내에 정식재판청구가 없어 확정되면, 일반 형사재판의 확정판결과 동일한 효력을 가지므로, 동일한 사건으로 또 다시 처벌받지 않는 "일사부재리"의 원칙이 적용됩니다.

② 불복절차

즉결심판결과에 대해 이의가 있는 사람은 선고를 받은 날로부터 7일 이내에 관할 경찰서장에게 정식재판청구서를 제출함으로써 정식재판을 청구할 수 있고, 이 경우 즉결심판의 효력은 정지되고 정식재판절차에 따라 재판을 받을 수 있습니다. 단, 가납명령이나 유치명령이 있는 경우에는 확정 여부와는 상관없이 일단 그 형을 집행하게 됩니다.

■ 즉심에 대한 정식재판청구 시 국선변호인선정이 가능한지요?

Q 甲은 「도로교통법」 위반으로 벌금 10만원을 부과받고 납부하지 않아 즉결심판에 회부되어 역시 벌금 10만원의 형을 선고받았습니다. 그런데 甲은 즉결심판에 불복하여 정식재판을 청구하였는데, 甲은 71세의 고령으로 자기를 변호하기 어려운 형편인바, 이 경우에도 국선변호인이 선정될 수 있는지요?

A 즉결심판에 관한 절차법 제14조에는 "①정식재판을 청구하고자 하는 피고인은 즉결심판의 선고·고지를 받은 날부터 7일 이내에 정식재판청구서를 경찰서장에게 제출하여야 한다. 정식재판청구서를 받은 경찰서장은 지체없이 판사에게 이를 송부하여야 한다. ④ 형사소송법 제340조 내지 제342조, 제344조 내지 제352조, 제354조, 제454조, 제455조의 규정은 정식재판의 청구 또는 그 포기·취하에 이를 준용한다."라고 규정하고 있습니다.
그리고 형사소송법 제455조 제3항은 "정식재판의 청구가 적법한 때에는 공판절차에 의하여 심판하여야 한다."라고 규정하고 있고, 「형사소송법」제283조 및 제33조 제1항 제3호는 피고인이 70세 이상의 자인 때에 변호인이 없거나 출석하지 아니한 때에는 법원은 직권으로 변호인을 선정하여야 한다고 규정하고 있습니다.
위 규정에 따라 피고인이 즉결심판에 대하여 적법한 정식재판 청구를 한 경우 공판절차가 개시되고, 귀하께서는 만 70세 이상이므로 위 공판절차의 수행과정에서 변호인이 없을 경우라면 국선변호인 선정이 될 수 있을 것으로 보여 집니다.

(관련판례)
헌법상 보장되는 '변호인의 조력을 받을 권리'는 변호인의 '충분한 조력'을 받을 권리를 의미하므로, 일정한 경우 피고인에게 국선변호인의 조력을 받을 권리를 보장하여야 할 국가의 의무에는 형사소송절차에서 단순히 국선변호인을 선정하여 주는 데 그치지 않고 한 걸음 더 나아가 피고인이 국선변호인의 실질적인 조력을 받을 수 있도록 필요한 업무 감독과 절차적 조치를 취할 책무까지 포함된다고 할 것이다(대법원 2012.2.16. 자 2009모1044 전원합의체 결정).

■ 즉심 받은 후 피해자가 사망한 경우 다시 처벌받게 되는지요?

Q 저는 23세의 청년으로 시장에서 노점상을 하는데, 자리문제로 甲과 다투던 중 심한 욕설을 하기에 甲을 밀어 넘어뜨리자 주변 사람들이 말렸고 경찰관이 와서 싸움을 중단하였습니다. 경찰관이 화해를 종용하여 서로 합의하였으나 당시 경찰관은 시장에서 불안감을 조성하였다는 이유로 저를 즉결심판에 넘겼습니다. 그런데 15일쯤 지나서 甲의 남편이 나타나 자신의 처가 그때 싸움 도중 콘크리트 바닥에 넘어져 뇌를 다친 후 그 후유증으로 사망하였다며 충분한 보상을 해주지 않으면 형사고소하여 구속시키겠다고 협박하고 있습니다. 저는 보상해 줄 만한 재력이 없고 또한 고소를 당하여 처벌받는다면 그 전과기록으로 인해 앞으로 사회생활에 막대한 지장을 받을까 걱정도 됩니다. 좋은 방법이 없는지요?

A 즉결심판절차는 지방법원, 지원 또는 시·군법원의 판사가 20만원 이하의 벌금·구류 또는 과료에 처할 경미한 범죄에 대하여 경찰서장의 청구로 간이절차에 의해 처벌하는 심판절차로서, 경미한 형사사건의 신속·적절한 처리를 통하여 소송경제를 도모하는 데 주된 목적이 있습니다.

이와 같은 즉결심판절차는 간이한 소송절차이면서도 확정된 때에는 확정판결과 동일한 효력이 있습니다(즉결심판에관한절차법 제16조).

위 사안의 경우 귀하는 정식재판을 청구하지 않았으므로 정식재판 청구기간(선고·고지를 받은 날부터 7일)이 지나서 확정되었다면 위의 재판은 당연히 기판력을 발생하게 됩니다. 그런데 위 사안에서는, 첫째 즉결심판을 받은 사건에 대하여 다시 폭행 등의 혐의로 공소를 제기하여 처벌할 수 있는지, 둘째 피해자의 사망까지 즉결심판의 기판력이 미칠 수 있느냐가 문제됩니다.

첫 번째 문제에 대하여는 정당한 이유없이 싸움을 하여 불안감을 조성한 행위와 폭행 등을 가한 행위가 동일하다고 볼 수 있느냐에 관하여 학설·판례는 기본적으로 동일한 사실관계에 해당한다고 보고 있으므로 공소사실의 동일성이 인정되어 처벌할 수 없습니다. 즉결심판이 확정된「경범죄처벌법」위반죄의 범죄사실과「폭력행위 등 처벌에 관한 법률」위반죄의 공소사실 사이에 동일성이 있는지에 관하여 판례는, "공소사실이나 범죄사실의 동일성 여부는 사실의 동일성이 갖는 법률적 기능을 염두에 두고 피고인의 행위와 그 사회적인 사실관계를 기본으로 하되 그 규범적 요소도 고려에 넣어 판단하여야 하고, 경범죄처벌법위반죄의 범죄사실인 음주소란과 폭력행위등처벌에관한법률위반죄의 공소사실은 범행장소가 동일하고 범행일시도 같으며 모두 피고인과 피해자의 시비에서 발단한 일련의 행위들임이 분명하므로, 양 사실은 그 기본적 사실관계가 동일한 것이어서 이미 확정된 경범죄처벌법위반죄에 대한 즉결심판의 기판력이 폭력행위등처벌에관한법률위반죄의 공소사실에도 미친다."라고 보아 면소의 판결을 선고한 원심판결을 수긍하였습니다(대법원 1996. 6. 28. 선고 95도1270 판결, 1998. 8. 21. 선고 98도749 판결).

따라서 설령 공소를 제기하더라도 공소사실에 대하여 이미 판결이 확정되었다면 위의 재판은 당연히 기판력을 발생하게 됩니다.

■ 즉결심판에 불복하는 경우 불이익변경금지의 원칙이 적용 되는지요?

Q 저는 경범죄처벌법 위반으로 즉결심판에서 벌금 5만원을 선고 받고 이에 불복하여 정식재판을 청구하려고 합니다. 그런데 이 경우에도 불이익변경금지의 원칙이 적용되어 형이 더 무겁게 선고되지는 않는지요?

A 즉결심판에 대하여 피고인만이 정식재판을 청구한 경우, 불이익변경금지의 원칙이 적용되는지에 관하여 종전 판례는 "즉결심판에관한절차법 제14조 제1항 및 제2항의 규정에 의하면, 피고인 및 경찰서장은 즉결심판에 불복하는 경우 정식재판을 청구할 수 있고, 즉결심판에관한절차법 제19조의 규정에 의하면 즉결심판절차에 있어서 즉결심판에관한절차법에 특별한 규정이 없는 한 그 성질에 반하지 아니한 것은 형사소송법의 규정을 준용하도록 하고 있으며, 한편 형사소송법 제453조 및 제457조의2의 규정에 의하면 검사 또는 피고인은 약식명령에 불복하는 경우 정식재판을 청구할 수 있되, 피고인이 정식재판을 청구한 사건에 대하여는 약식명령의 형보다 무거운 형을 신고하지 못하도록 하고 있는바, 약식명령에 대한 정식재판청구권이나 즉결심판에 대한 정식재판청구권 모두 벌금형 이하의 형벌에 처할 범죄에 대한 약식의 처벌절차에

의한 재판에 불복하는 경우에 소송당사자에게 인정되는 권리로서의 성질을 갖는다는 점에서 동일하고 그 절차나 효력도 유사한 점 등에 비추어, 즉결심판에 대하여 피고인만이 정식재판을 청구한 사건에 대하여도 즉결심판에관한절차법 제19조의 규정에 따라 형사소송법 제457조의2 규정을 준용하여, 즉결심판의 형보다 무거운 형을 선고하지 못한다."라고 하였습니다(대법원 1999. 1. 15. 선고 98도2550 판결).

그러나, 형사소송법의 개정으로 정식재판청구의 '불이익변경 금지 원칙'이 '형종 상향 금지' 원칙으로 바뀌었습니다(형사소송법 제457조의2. 2017. 12. 19. 이후 정식재판청구한 사건부터 적용). 이에 따라 즉결심판에 대하여 귀하만이 정식재판을 청구한 경우 징역형으로는 선고할 수 없지만, 즉결심판에서 선고된 벌금형보다 더 많은 벌금을 내야할 수도 있을 것입니다.

◆ 편저 김 종 석 ◆

• 실무법률 연구회 회장(전)

저서 : 계약서 작성방법, 여기 다 있습니다.
소법전
계약서작성 처음부터 끝까지(공저)
이것도 모르면 대부업체 이용하지마세요
민법지식법전
불법행위와 손해배상

일상생활에 꼭 알아두어야 할 생활법률백과	정가 24,000원

2023年 3月 5日 2판 인쇄
2023年 3月 10日 2판 발행
편 저 : 김 종 석
발행인 : 김 현 호
발행처 : 법문 북스
공급처 : 법률미디어

서울 구로구 경인로 54길4(우편번호 : 08278)
TEL : 2636-2911~2, FAX : 2636~3012
등록 : 1979년 8월 27일 제5-22호
Home : www.lawb.co.kr

▌ISBN 978-89-7535-709-1 (13360)
▌이 도서의 국립중앙도서관 출판예정도서목록(CIP)은 서지정보유통지
원시스템 홈페이지(http://seoji.nl.go.kr)와 국가자료종합목록시스템
(http://www.nl.go.kr/kolisnet)에서 이용하실 수 있습니다. (CIP제
어번호 : CIP2019003682)